kleintier.konkret | praxisbuch

Anja Ewringmann

Barbara Glöckner

Leitsymptome bei Meerschweinchen, Chinchilla und Degu

Diagnostischer Leitfaden und Therapie

2., überarbeitete Auflage

315 Abbildungen
44 Tabellen

Enke Verlag · Stuttgart

**Bibliografische Information
der Deutschen Nationalbibliothek**

Die Deutsche Nationalbibliothek verzeichnet diese Publikation in der Deutschen Nationalbibliografie; detaillierte bibliografische Daten sind im Internet über http://dnb.d-nb.de abrufbar.

Anschriften der Autorinnen

Dr. med. vet. Anja Ewringmann
Praxis für kleine Heimtiere
Potsdamer Str. 1
12205 Berlin

Dr. med. vet. Barbara Glöckner
c/o Tierarztpraxis Dr. Brieger
Anhaltiner Str. 2A
14163 Berlin

1. Auflage 2005

© 2012 Enke Verlag in
MVS Medizinverlage Stuttgart GmbH & Co. KG
Oswald-Hesse-Str. 50, 70469 Stuttgart

Unsere Homepage: www.enke.de

Printed in Germany

Eine Veröffentlichung der Redaktion der Zeitschrift
kleintier konkret
Enke Verlag in MVS Medizinverlage Stuttgart
GmbH & Co. KG

Umschlaggestaltung: Thieme Verlagsgruppe
Umschlagfotos: Anja Ewringmann, Berlin;
Barbara Glöckner/Thorsten Schäfer, Berlin
Zeichnungen: Heike Hübner, Berlin
Satz: medionet Publishing Services Ltd, 10777 Berlin
gesetzt in: Adobe InDesign CS5
Druck: Grafisches Centrum Cuno, 39240 Calbe

ISBN 978-3-8304-1091-1   1 2 3 4 5 6

Auch erhältlich als E-Book:
eISBN (PDF) 978-3-8304-1188-8
eISBN (ePub) 978-3-8304-1198-7

Wichtiger Hinweis: Wie jede Wissenschaft ist die Medizin ständigen Entwicklungen unterworfen. Forschung und klinische Erfahrung erweitern unsere Erkenntnisse, insbesondere was Behandlung und medikamentöse Therapie anbelangt. Soweit in diesem Werk eine Dosierung oder eine Applikation erwähnt wird, darf der Leser zwar darauf vertrauen, dass Autoren, Herausgeber und Verlag große Sorgfalt darauf verwandt haben, dass diese Angabe dem Wissensstand bei Fertigstellung des Werkes entspricht.

Für Angaben über Dosierungsanweisungen und Applikationsformen kann vom Verlag jedoch keine Gewähr übernommen werden. Jeder Benutzer ist angehalten, durch sorgfältige Prüfung der Beipackzettel der verwendeten Präparate und gegebenenfalls nach Konsultation eines Spezialisten festzustellen, ob die dort gegebene Empfehlung für Dosierungen oder die Beachtung von Kontraindikationen gegenüber der Angabe in diesem Buch abweicht. Eine solche Prüfung ist besonders wichtig bei selten verwendeten Präparaten oder solchen, die neu auf den Markt gebracht worden sind. Jede Dosierung oder Applikation erfolgt auf eigene Gefahr des Benutzers. Autoren und Verlag appellieren an jeden Benutzer, ihm etwa auffallende Ungenauigkeiten dem Verlag mitzuteilen.

Geschützte Warennamen (Warenzeichen ®) werden nicht besonders kenntlich gemacht. Aus dem Fehlen eines solchen Hinweises kann also nicht geschlossen werden, dass es sich um einen freien Warennamen handelt.

Das Werk, einschließlich aller seiner Teile, ist urheberrechtlich geschützt. Jede Verwertung außerhalb der engen Grenzen des Urheberrechtsgesetzes ist ohne Zustimmung des Verlags unzulässig und strafbar. Das gilt insbesondere für Vervielfältigungen, Übersetzungen, Mikroverfilmungen und die Einspeicherung und Verarbeitung in elektronischen Systemen.

Vorwort zur 2. Auflage

Seit der 1. Auflage der „Leitsymptome bei Meerschweinchen, Chinchilla und Degu" sind nunmehr sechs Jahre vergangen, in denen wir uns sehr über die guten Kritiken von Seiten der Kollegenschaft gefreut haben. Da sich die Kenntnisse auf dem Gebiet der Heimtiermedizin aber während dieser Zeit stetig weiterentwickelt haben, wurde nun dringend eine Überarbeitung erforderlich, um das Buch auf einen neuen Stand zu bringen. Dies hat natürlich zur Folge, dass der Umfang etwas zugenommen hat, was nicht zuletzt aus einem Zuwachs an Bildmaterial und Tabellen resultiert.

Das Layout der 2. Auflage hat sich zwar verändert, nicht jedoch das Grundkonzept des Buches. Auch in dieser Auflage wird wieder die Intention verfolgt, die Erkrankungen der Meerschweinchenverwandten möglichst praxisnah anhand von Leitsymptomen zu vermitteln. Nach bewährtem Konzept werden die wichtigsten Differenzialdiagnosen zu den einzelnen Leitsymptomen anhand von Fließdiagrammen dargestellt und die Krankheiten im Anschluss ausführlich bezüglich Ätiologie und Pathogenese, Klinik, Diagnose, Therapie und Prognose besprochen.

Natürlich konnte auch die 2. Auflage nur mit Hilfe verschiedener Kollegen und mit Unterstützung des Enke Verlags entstehen. Somit möchten wir uns auch dieses Mal wieder bei denjenigen Kollegen bedanken, deren Fotos wir für das Buch verwenden durften. Unser Dank gilt zudem Frau Gesina Cramer, die das gesamte Termin- und Zeitmanagement für das Buch übernommen hat, sowie Frau Jennifer Nehls, die als Lektorin das Manuskript genauestens durchgearbeitet hat.

Berlin, im Sommer 2011
Anja Ewringmann
Barbara Glöckner

Vorwort zur 1. Auflage

Meerschweinchen, Chinchillas und Degus gehören zu den *Hystricomorpha* oder *Caviomorpha* (Meerschweinchenartige) und sind eng miteinander verwandt. Daher sind viele anatomische und physiologische Gegebenheiten sehr ähnlich. Daraus resultiert wiederum ein ähnliches Krankheitsspektrum, so dass die Idee entstand, ein Buch zu verfassen, in dem diese drei Tierarten gemeinsam behandelt werden.

Meerschweinchen gehören bereits seit Jahren zu den beliebtesten Heimtieren, aber auch die Zahl der in der tierärztlichen Praxis vorgestellten Chinchillas und Degus steigt stetig an. Die Besitzer dieser Tierarten sind erfreulicherweise zunehmend bemüht, die Tiere möglichst artgerecht zu halten und stellen auch immer höhere Ansprüche an die tierärztliche Versorgung.

Um das Erkrankungsspektrum von Meerschweinchen, Chinchillas und Degus kompakt und praxisorientiert zusammenzufassen, greift dieses Buch die wichtigsten Leitsymptome bei diesen Tierarten auf. Mit Hilfe von Fließdiagrammen wird der diagnostische Weg von der klinischen Untersuchung bis hin zu sinnvollen weiterführenden Maßnahmen möglichst detailliert und übersichtlich beschrieben. Weiterhin soll die Interpretation von Befunden durch Normwerttabellen und die Darstellung von Röntgenaufnahmen gesunder Tiere erleichtert werden. Alle Erkrankungen werden zudem, zugeordnet zu ihrer entsprechenden Leitsymptomatik, ausführlich nach Ätiologie, Klinik, Diagnose und Therapie besprochen.

Wir hoffen, dass dieses Buch im Praxisgebrauch als Ratgeber und Hilfestellung fungieren kann und stehen Anregungen zur Verbesserung jederzeit offen gegenüber.

Letztlich möchten wir uns bei allen bedanken, die zum Gelingen dieses Buches beigetragen haben. Dr. Cornelia Heile, Prof. Eberhard Schein, Dr. Friedrich Roes, Thorsten Schäfer und Hans-Joachim Rachow danken wir für die Bereitstellung von Fotos. Unser Dank gilt außerdem dem Enke Verlag, der uns die Realisierung eines solchen Buches ermöglicht hat. Insbesondere bei Frau Dr. Ulrike Arnold, Frau Sigrid Unterberg und Frau Heike Listmann bedanken wir uns für die Unterstützung des gesamten „Produktionsablaufes", angefangen bei der Entwicklung des Konzeptes über unermüdliches Korrigieren des Manuskriptes bis hin zum Erstellen des Layouts.

Teltow, im September 2005
Anja Ewringmann
Barbara Glöckner

Abkürzungsverzeichnis

AS = Augensalbe
AT = Augentropfen
BU = bakteriologische Untersuchung
d = Tag
EL = Esslöffel
US = Untersuchung
UV = Umfangsvermehrung

Symbole:
CH = Chinchilla
D = Degu
MS = Meerschweinchen
Z = Zoonose
88 = Verweis auf das Medikamentenverzeichnis im Anhang; hier Medikament Nr. 88

Inhaltsverzeichnis

Vorwort zur 2. Auflage V

Vorwort zur 1. Auflage VI

Abkürzungsverzeichnis VI

Teil I
Allgemeinuntersuchung 1

1	**Anamnese**	2
2	**Klinische Untersuchung**	9
2.1	**Adspektion**	10
2.1.1	Allgemeinbefinden	10
2.1.2	Ernährungszustand	10
2.1.3	Pflegezustand	11
2.1.4	Fortbewegung, Bewegungsapparat	11
2.1.5	Atmung	11
2.1.6	Schleimhäute	11
2.1.7	Haut, Haarkleid	11
2.1.8	Augen	12
2.1.9	Ohren	12
2.1.10	Nase	12
2.1.11	Maulhöhle, Zähne	12
2.2	**Palpation**	14
2.2.1	Hautturgor	14
2.2.2	Körperoberfläche	14
2.2.3	Abdomen	14
2.3	**Auskultation**	14
2.3.1	Herz	14
2.3.2	Atmungsapparat	14
2.3.3	Magen-Darm-Trakt	15
2.4	**Körpertemperatur**	15

Teil II
Leitsymptome, Diagnostik und Therapie 17

3	**Dyspnoe**	18
3.1	**Tierartliche Besonderheiten**	18
3.2	**Therapiegrundsätze**	19
3.3	**Wichtige Ursachen**	20
3.4	**Diagnostik: Dyspnoe**	21
	Diagnostischer Leitfaden	22
3.5	**Erkrankungen**	25
	Adenoviruspneumonie	25
	Lymphozytäre Choriomeningitis (LCM)...	25
	Bakterielle Atemwegsinfektion	26
	Allergie...........................	28
	Neoplasien der Lunge	29
	Lungenblutung	31
	Epistaxis	31
	Oronasale Fistel....................	32
	Herzerkrankungen	33
	Erkrankungen von Abdominalorganen ...	35
	Zwerchfellruptur	35
	Septikämie........................	36
	Hitzschlag	36
4	**Durchfall**	38
4.1	**Tierartliche Besonderheiten**	38
4.2	**Therapiegrundsätze**	40
4.3	**Wichtige Ursachen**	41
4.4	**Diagnostik: Durchfall**	42
	Diagnostischer Leitfaden	44
4.5	**Erkrankungen**	46
	Zahnerkrankungen	46
	Fütterungsfehler	47
	Erkrankungen mit Inappetenz	48
	Kokzidiose	48
	Trichomoniasis....................	49
	Amöbiasis	50
	Giardiasis	51
	Nematodenbefall	52
	Darmmykose	53
	Bakterielle Enteritis	54
	Antibiotikaintoxikation	55
	Vergiftung	56
	Hyperthyreose.....................	57
5	**Augenveränderungen**	58
5.1	**Tierartliche Besonderheiten**	58
5.2	**Therapiegrundsätze**	58
5.3	**Wichtige Ursachen**	59

5.4	Diagnostik: Augenveränderungen	60	7.4	Diagnostik: Schmerzsymptomatik und/oder Umfangsvermehrung im kranialen Abdomen	101
	Diagnostischer Leitfaden	62		Diagnostischer Leitfaden	102
5.5	Erkrankungen	64	7.5	Erkrankungen	105
	Konjunktivitis	64		Magentympanie	105
	Keratitis	65		Fettleber	108
	Uveitis	66		Stauungsleber	109
	Glaukom	68		Traumatisch bedingte Hepatitis	110
	Osseäre Choristie	68		Infektiöse Hepatitis	110
	Exophthalmus	69		Leukose	111
	Dacryocystitis	71			
	Katarakt	72			
6	**Äußerliche Umfangsvermehrung**	74	8	**Schmerzsymptomatik und/oder Umfangsvermehrung im kaudalen Abdomen**	112
6.1	Tierartliche Besonderheiten	74	8.1	Tierartliche Besonderheiten	112
6.2	Therapiegrundsätze	74	8.2	Therapiegrundsätze	112
6.3	Wichtige Ursachen	74	8.3	Wichtige Ursachen	112
6.4	Diagnostik: Äußerliche Umfangsvermehrung	76	8.4	Diagnostik: Schmerzsymptomatik und/oder Umfangsvermehrung im kaudalen Abdomen	113
	Diagnostischer Leitfaden	78		Diagnostischer Leitfaden	116
6.5	Erkrankungen	83	8.5	Erkrankungen	118
	Kieferabszesse	83		Darmtympanie	118
	Weichteilabszesse	86		Obstipation	121
	Knochentumor	87		Nephritis	123
	Atherome/Talgdrüsenadenome	87		Zystitis	123
	Lipome	88		Urolithiasis, Nephrolithiasis	124
	Maligne Neoplasien der Haut	89		Konkremente der akzessorischen Geschlechtsdrüsen	125
	Leukose	90		Ovarialzysten	125
	Lymphadenitis	90		Ovarialtumor	127
	Allergische Reaktionen	91		Erkrankungen der Gebärmutter	127
	Speicheldrüsenabszesse, Speicheldrüsenzysten	92		Milztumor	129
	Neoplasien/Hyperplasien der Schilddrüse	93		Neoplasien anderer innerer Organe	130
	Hernien	94		Intraabdominale Abszesse	131
	Gynäkomastie	95	9	**Umfangsvermehrung im Anogenitalbereich**	132
	Mastitis	95			
	Gesäugeabszess	97			
	Mammatumor	98	9.1	Tierartliche Besonderheiten	132
	Gesäugehyperplasie	99	9.2	Therapiegrundsätze	133
7	**Schmerzsymptomatik und/oder Umfangsvermehrung im kranialen Abdomen**	100	9.3	Wichtige Ursachen	134
			9.4	Diagnostik: Umfangsvermehrung im Anogenitalbereich	135
7.1	Tierartliche Besonderheiten	100		Diagnostischer Leitfaden	136
7.2	Therapiegrundsätze	100	9.5	Erkrankungen	138
7.3	Wichtige Ursachen	100			

	Präputialödem, Penisprolaps, Biss-	
	verletzungen des Penis	138
	Rektumprolaps	139
	Uterusprolaps	140
	Durchfall, Enteritis	141
	Zystitis	141
	Harnröhrensteine	142
	Anschoppung der Perinealtaschen	143
	Orchitis	144
	Hodentumor	144
	Kastrationsabszesse	145
	Myiasis (Fliegenmadenbefall)	147
10	**Vaginalausfluss**	**149**
10.1	Tierartliche Besonderheiten	149
10.2	Therapiegrundsätze	151
10.3	Wichtige Ursachen	152
10.4	Diagnostik: Vaginalausfluss	152
	Diagnostischer Leitfaden	154
10.5	Erkrankungen	157
	Trächtigkeitsstörungen, Geburts-	
	störungen	157
	Endometriale Hyperplasie, Hämometra	159
	Uterustumor	162
	Endometritis, Pyometra	164
	Scheidentumor	165
11	**Urinveränderungen**	**167**
11.1	Tierartliche Besonderheiten	167
11.2	Therapiegrundsätze	167
11.3	Wichtige Ursachen	168
11.4	Diagnostik: Urinveränderungen	169
	Diagnostischer Leitfaden	170
11.5	Erkrankungen	173
	Zystitis	173
	Urolithiasis, Nephrolithiasis	174
	Konkremente der akzessorischen	
	Geschlechtsdrüsen	179
	Blasentumor	180
	Endometriale Hyperplasie, Hämometra,	
	Uterustumor	182
	Hydrometra, Mukometra	183
	Scheidentumor	184
12	**Polydipsie**	**185**
12.1	Tierartliche Besonderheiten	185
12.2	Therapiegrundsätze	185
12.3	Wichtige Ursachen	185
12.4	Diagnostik: Polydipsie	186
	Diagnostischer Leitfaden	188
12.5	Erkrankungen	190
	Diabetes mellitus	190
	Hyperthyreose	192
	Haltungsbedingte Polydipsie	193
	Fütterungsbedingte Polydipsie	193
	Zahn-/Kiefererkrankungen	194
	Kortisoninduzierte Polydipsie	195
13	**Neurologische Ausfallerscheinungen**	**197**
13.1	Tierartliche Besonderheiten	197
13.2	Therapiegrundsätze	197
13.3	Wichtige Ursachen	197
13.4	Diagnostik: Neurologische Ausfall-	
	erscheinungen	199
	Diagnostischer Leitfaden	202
13.5	Erkrankungen	206
	Otitis media/interna	206
	Schädeltrauma, Schädelfraktur	207
	Degenerative Wirbelsäulenerkrankungen	209
	Wirbelsäulentrauma, Rückenmarkläsion	210
	Neoplasien der Wirbelsäule	210
	Meerschweinchenlähme	212
	Hitzschlag	212
	Oleandervergiftung	213
	Trächtigkeitstoxikose	214
	Septikämie	215
	Hepatopathien	216
	Nephropathien	217
	Insulinom, Neoplasien der Bauchspeichel-	
	drüse	217
	Herzerkrankungen	218
	Enzephalitozoonose	218
	Toxoplasmose	219
	Sarcoptesräude	220
	Hypokalzämie	220
14	**Lahmheit**	**222**
14.1	Tierartliche Besonderheiten	222
14.2	Therapiegrundsätze	223
14.3	Wichtige Ursachen	224

14.4	Diagnostik: Lahmheit	224		Ovarialzysten	268	
	Diagnostischer Leitfaden	226		Hyperthyreose, Hypothyreose	270	
14.5	Erkrankungen	228		Fellbruch/Fellbeißen	270	
	Traumatische Fraktur	228				
	Spontanfraktur	232	16	**Abmagerung**	273	
	Osteodystrophie	233	16.1	**Tierartliche Besonderheiten**	273	
	Osteomyelitis	234	16.2	**Therapiegrundsätze**	273	
	Knochentumor (Osteosarkom)	235	16.3	**Wichtige Ursachen**	274	
	Weichteiltrauma	235	16.4	**Diagnostik: Abmagerung**	275	
	Infektiöse Arthritis	236		Diagnostischer Leitfaden	276	
	Arthrose	236	16.5	**Erkrankungen**	281	
	Pododermatitis ulcerosa (Sohlengeschwür)	237		Altersbedingte Gewichtsverluste	281	
				Zahn- und Kiefererkrankungen	282	
				Pharyngitis	286	
15	**Fell- und/oder Hautveränderungen**	240		Knochentumor	287	
15.1	**Tierartliche Besonderheiten**	240		Chronische Enteritis	289	
15.2	**Therapiegrundsätze**	241		Herzerkrankungen	289	
15.3	**Wichtige Ursachen**	242		Chronische Niereninsuffizienz	292	
15.4	**Diagnostik: Fell- und/oder Hautveränderungen**	244		Stressbedingte Gewichtsverluste	292	
				Diabetes mellitus	293	
	Diagnostischer Leitfaden	246		Hyperthyreose	294	
15.5	**Erkrankungen**	250		Hypothyreose	295	
	Bissverletzungen	250		Osteodystrophie	296	
	Hautnekrosen durch Injektion	253		Ovarialzysten	298	
	Zahn-/Kiefererkrankungen	254		Neoplasien von Abdominalorganen	299	
	Rohfasermangel	254		Leukose	300	
	Sarcoptesräude	255		Rodentiose (Pseudotuberkulose)	301	
	Pelzmilbenbefall	257		Tularämie	302	
	Demodikose	259		Fütterungsbedingte Gewichtsverluste	302	
	Cheyletiellose	259				
	Ornithonyssus-bacoti-Befall	260	17	**Unspezifische Symptomatik**	303	
	Haarlingsbefall	261	17.1	**Allgemeines**	303	
	Läusebefall	262	17.2	**Therapiegrundsätze**	303	
	Flohbefall	263	17.3	**Wichtige Ursachen**	305	
	Dermatomykose	263	17.4	**Anamnese**	307	
	Bakterielle Dermatitis	265	17.5	**Klinische Untersuchung**	308	
	Cheylitis (Lippengrind)	266	17.6	**Weiterführende Untersuchungen**	309	
	Entzündung/Neoplasie des Kaudalorgans	267				
	Abriss der Schwanzhaut	268	18	**Schock**	311	
			18.1	**Therapiegrundsätze**	311	

Teil III

Weiterführende Untersuchungen 315

19	Blutuntersuchung	316
19.1	Blutentnahme	316
19.2	Hämatologie	317
19.3	Blutchemische Parameter	320
19.3.1	Elektrolyte	320
19.3.2	Enzyme	320
19.3.3	Weitere blutchemische Werte	323
19.4	Serologische Untersuchung	324
20	Harnuntersuchung	325
20.1	Harngewinnung	325
20.2	Harnanalyse	326
20.2.1	Makroskopische Untersuchung	326
20.2.2	Sensorische Untersuchung	327
20.2.3	Chemische Untersuchung	327
20.2.4	Physikalische Untersuchung	327
20.2.5	Mikroskopische Untersuchung	328
20.2.6	Mikrobiologische Untersuchung	328
21	Kotuntersuchung	329
22	Röntgendiagnostik	330
22.1	Allgemeines	330
22.2	Technische Voraussetzungen	330
22.3	Lagerung und Durchführung	330
22.4	Interpretation von Röntgenaufnahmen	331
22.4.1	Thorax	331
22.4.2	Abdomen	334
22.4.3	Schädel	338
22.5	Kontrastmitteluntersuchung	341
23	Ultraschalldiagnostik	342
23.1	Abdominale Sonografie	342
23.2	Echokardiografie	343
24	Elektrokardiografie (EKG)	344
25	Dermatologische Diagnostik	345
25.1	Parasitologische Untersuchungen	345
25.2	Mykologische Untersuchungen	345
25.3	Bakteriologische Untersuchungen	345
25.4	Histologische Untersuchungen	346
25.5	Untersuchungen bei Verdacht auf hormonelle Erkrankungen	346

Teil IV

Anhang 347

26	Medikamentenverzeichnis	348
27	Abbildungsnachweis	361
28	Sachverzeichnis	362

Teil I
Allgemeinuntersuchung

1 Anamnese 2
2 Klinische Untersuchung 9

1 Anamnese

Allgemeines

Das Meerschweinchen (Cavia aperea porcellus), das Chinchilla (Chinchilla lanigera) und der Degu (Octodon degus) werden als Heimtiere zunehmend beliebter und sind inzwischen regelmäßige Patienten in der Kleintierpraxis.

Diese 3 Tierarten gehören innerhalb der **Ordnung Rodentia** (Nagetiere) zu der **Unterordnung Hystricomorpha** oder **Caviomorpha** (Meerschweinchenverwandte). Sie weisen also einige wesentliche gemeinsame anatomische und physiologische Besonderheiten auf, sodass die Krankheitsbilder, mit denen sie in den Tierarztpraxen vorgestellt werden sowie deren Behandlung meist sehr ähnlich sind.

Allen 3 Arten gemeinsam ist zudem ihr Ursprungsgebiet in Südamerika, in den Andengebieten im Norden Chiles.

Der **tagaktive Degu** lebt in der Natur in gemischtgeschlechtlichen Sippen von 5–10 Tieren, das **dämmerungsaktive Meerschweinchen** in Familienverbänden, die aus einem Männchen und mehreren Weibchen mit ihren Jungtieren bestehen. Das **nachtaktive Chinchilla** lebt in kleinen Kolonien, die ebenfalls nur aus einem fortpflanzungsfähigen männlichen Tier mit seiner Partnerin und den weiblichen Nachkommen bestehen.

Allen diesen Tieren ist unter anderem die Gruppenhaltung gemeinsam, sodass Erkrankungen eines Einzeltiers von den Besitzern oftmals erst spät erkannt werden. Insbesondere bei den noch „jüngeren" Heimtieren, wie dem Chinchilla und dem Degu, kommen häufig als krankheitsauslösende Faktoren vielfältige Haltungs- und Fütterungsfehler hinzu. Daher ist eine ausführliche Anamnese neben einer gründlichen allgemeinen klinischen Untersuchung von besonderer Bedeutung.

Signalement

- Rasse
- Alter
- Geschlecht
- Gewicht

Bei **Degu** und **Chinchilla** werden keine Rassen, sondern lediglich **Farbvarianten** unterschieden. Prädisponierende Krankheitsfaktoren für die unterschiedlichen Farbschläge sind bisher nicht bekannt.

Bei den **Meerschweinchen** sind sowohl **Lang-** als auch **Kurzhaarrassen** bekannt; jede davon mit unterschiedlichen Farbschlägen oder Fellvarianten. Bisher sind nur wenige Rassedispositionen bekannt, dazu gehören z.B. die Osteodystrophie der Satinmeerschweinchen sowie eine häufig im Jungtieralter auftretende oberflächliche Keratitis bei Rex- und Teddymeerschweinchen durch ein Entropium oder eine Distichiasis.

Das **Alter** des vorgestellten Tieres muss ebenfalls berücksichtigt werden. Tumorerkrankungen sind bei älteren Tieren deutlich häufiger anzutreffen. Auch treten beispielsweise Ovarialzysten mit allen Folgesymptomen in der Regel erst bei älteren Meerschweinchen auf. Endoparasitosen, z.B. die Giardiasis bei Chinchillas, werden in klinisch manifester Form vorwiegend bei sehr jungen sowie bei sehr alten Patienten beobachtet, deren Immunstatus noch nicht ausgereift bzw. wieder geschwächt ist.

Bei neu zugekauften Tieren sollte grundsätzlich das **Geschlecht** bestimmt werden, um zum einen eine optimale Vergesellschaftungsberatung durchführen zu können und zum anderen unerwünschten Nachwuchs auszuschließen. Insbesondere bei Chinchillas und Degus treten bei der Geschlechtsbestimmung durch Laien häufig Irrtümer auf, da der Harnröhrenzapfen des weiblichen Tieres leicht mit Präputium und Penis des männlichen Tieres verwechselt werden kann (▶ Abb. 1.1 a, b, ▶ Abb. 1.2 a, b, ▶ Abb. 1.3 a, b).

Eine Selbstverständlichkeit sollte die Kontrolle des **Gewichts** im Rahmen jeder allgemeinen Untersuchung sein. Hierbei ist es unabdingbar, dass Waagen eingesetzt werden, die mindestens in 10 g-, besser jedoch in 2 g-Schritten messen (▶ Abb. 1.4). Je kleiner der Patient, desto wichtiger ist die genaue Kenntnis des Gewichts, um die individuell benötigte Medikamentendosis exakt berechnen zu können. Zudem spiegelt sich das Fortschreiten einer Erkrankung oder auch der Therapieerfolg in der Gewichtsentwicklung wider.

1 – Anamnese

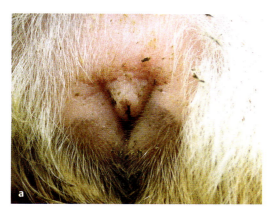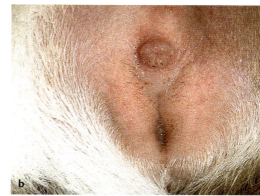

▶ **Abb. 1.1 a** Meerschweinchen, weiblich. **b** Meerschweinchen, männlich.

▶ **Abb. 1.2 a** Chinchilla, weiblich. **b** Chinchilla, männlich.

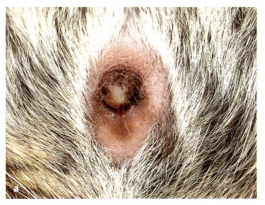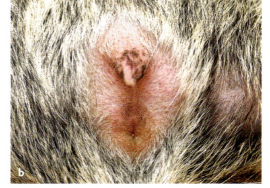

▶ **Abb. 1.3 a** Degu, weiblich. **b** Degu, männlich.

1 – Anamnese

▶ Abb. 1.4 Für kleine Heimtiere geeignete Waage.

Allgemeine Anamnese
- Herkunft
- Haltung
- Fütterung
- frühere Erkrankungen

Insbesondere bei Neuzugängen ist das Erfragen der **Herkunft** des Tieres von Bedeutung. Tiere aus Großzuchten weisen beispielsweise im Durchschnitt häufiger Parasitosen oder Dermatophytosen auf als Tiere aus einer Privathaltung mit wenigen Individuen.

Die **Haltung** ist ebenfalls anamnestisch genau zu hinterfragen, da Haltungsfehler zu Stress und Immunsuppression führen, wodurch die Tiere deutlich empfänglicher für Krankheiten werden.

- **Lebt das Tier allein, in Paar- oder Gruppenhaltung?**
  - Für alle 3 hier besprochenen Tierarten gilt, dass sie immer zumindest als Paar gehalten werden sollten. Der psychische Stress einer Einzelhaltung kann sogenannte Faktorenerkrankungen begünstigen oder auch Symptome wie das Fellfressen beim Chinchilla bedingen.
- **Wie setzt sich die Gruppe zusammen?**
  - Stress und somit eine erhöhte Anfälligkeit für Krankheiten kann auch dadurch ausgelöst werden, dass es in Tiergruppen zu permanenten Unverträglichkeiten und Rangordnungskämpfen kommt. Diese können sowohl durch „individuelle Antipathien" ausgelöst werden als auch durch eine fehlerhafte Gruppenzusammensetzung (z.B. Haltung mehrerer Meerschweinchenböcke und -weibchen in einem Gehege). Die Gruppenhaltung sollte sich daher möglichst an der natürlichen Lebensweise der Tiere orientieren.
- **Ist das Tier mit einer anderen Tierart vergesellschaftet** (dies ist z.B. leider immer noch häufig bei Meerschweinchen und Kaninchen der Fall) **oder leben zumindest noch andere Tiere mit im Haushalt?**
  - Die gemeinsame Haltung mehrerer Tierarten in einem Käfig oder einer Voliere ist allein schon aufgrund der unterschiedlichen Aktivitätszeiten der Tiere (Tagaktivität, Dämmerungs- oder Nachtaktivität) als problematisch anzusehen. In der Heimtierhaltung sind kaum so große Gehege zu finden, dass z.B. zusammen lebende Chinchillas und Degus genug Ausweich- und Rückzugsmöglichkeiten besitzen, um einander nicht zu stören.
  - Die gemeinsame Haltung von Kaninchen und Meerschweinchen ist prinzipiell abzulehnen, da die Tiere über vollständig unterschiedliche Kommunikationsweisen verfügen. Für beide Tierarten entsteht daher ein erheblicher Stress und es kommt immer wieder zu Beißereien mit schweren Verletzungen auf beiden Seiten.
  - Andere im Haushalt lebende Tiere, wie Hunde oder Katzen, können beispielsweise durch ihren Jagdinstinkt zur Gefahr werden, sodass auf die Sicherung der Heimtierkäfige und auf eine Überwachung des Freilaufs zu achten ist.
- **Wie groß sind Käfig, Voliere oder Gehege?**
  - Grundsätzlich kann der „Wohnraum" für Chinchillas, Meerschweinchen oder Degus kaum zu groß gewählt sein. Lebt eine Gruppe in einem sehr beengten Käfig, kann das vor allem im Rahmen von Rangordnungskämpfen dazu führen, dass das unterlegene Tier oftmals starke Verletzungen davonträgt, da ihm keine Flucht- oder Rückzugsmöglichkeit zur Verfügung steht.
  - Bewegungs- und Beschäftigungsmangel können zudem zu Erkrankungen, wie Adipositas und Pododermatitis, führen.
- **Ist der Käfig artgerecht eingerichtet?**
  - Alle Meerschweinchenverwandten benötigen ausreichend Versteckmöglichkeiten (mindestens 1 Unterschlupf pro Tier), um

sich in Streitsituationen aus dem Weg gehen zu können.
- Für Degus und Chinchillas müssen Klettermöglichkeiten in Form von dicken Ästen, Weidenbrücken etc. vorhanden sein, damit die Tiere ihren großen Bewegungsdrang ausleben können.
- Die Einrichtungsgegenstände müssen aus Holz oder anderen verträglichen Materialien sein. Äste müssen von ungespritzten und ungiftigen Bäumen stammen. Andernfalls kann es zu Vergiftungen oder, beim Benagen von Plastik, zu Verletzungen kommen.
- Degus und Chinchillas benötigen ein Sandbad mit Spezialsand (Attapulgit, Sepiolith). Steht dies nicht zur Verfügung, so verfettet das Fell. Ungeeignete Badesubstrate können zu Hautverletzungen führen.
- Laufräder für Degus müssen so konzipiert sein, dass das Tier mit geradem Rücken darin laufen kann und Verletzungen durch Einklemmen ausgeschlossen sind. Ungeeignete Laufräder können die Bildung von Spondylarthrosen, Schwanzabrisse und Pfotenverletzungen zur Folge haben.

- **Welcher Standort wurde für den Käfig gewählt?**
  - Direkte Sonneneinstrahlung kann insbesondere in den Sommermonaten zum Hitzschlag führen. Ein zugiger Standort begünstigt Erkrankungen der Augen und der Atemwege.
  - Werden die Tiere während ihrer Ruhephasen permanent gestört (dies ist besonders bei den nachtaktiven Chinchillas zu berücksichtigen), so führt dies zu Immunsuppression.
- **Bekommen die Tiere Freilauf?**
  - Bei unbeaufsichtigtem Freilauf kann es zur Aufnahme von giftigen Zimmerpflanzen, zum Benagen von Stromkabeln oder zu Stürzen kommen.
- **Innen- oder Außenhaltung?**
  - Meerschweinchen können prinzipiell draußen gehalten werden. Voraussetzung ist jedoch, dass sie sich an die klimatischen Bedingungen gewöhnen können (Einzug ins Außengehege im Frühsommer), ausreichend gut isolierte Schutzhütten zur Verfügung stehen und das Gehege vor Raubtieren und Greifvögeln geschützt ist.

Die genaue Kenntnis der **Fütterung** des vorgestellten Tieres ist ebenfalls von großer Bedeutung. Fehlerhafte Rationszusammensetzungen sind begünstigend oder auslösend für Erkrankungen, z. B. der Zähne und des Gastrointestinaltrakts.

- **Wie setzt sich die Ration exakt zusammen (▶ Tab. 1.1, ▶ Tab. 1.2, ▶ Tab. 1.3)?**
  - Die Rationszusammenstellung inklusive aller „Leckerbissen", die Fütterungszeiten und auch die Lagerung des Futters sollten genauestens erfragt werden.
- **Bekommt/frisst das Tier ausreichend Heu?**
  - Heu guter Qualität muss bei allen Meerschweinchenverwandten ad libitum zur Verfügung stehen, um einen Rohfasergehalt der Ration von mindestens 17 % zu sichern, andernfalls resultieren Instabilitäten der Darmflora und ein unzureichender Zahnabrieb.
  - Bei Tieren, die aufgrund einer Zahnerkrankung Heu meiden, müssen Alternativen angeboten werden, um die Rohfaserversorgung zu sichern. Hierzu eignen sich getrocknete Kräuter- und Blütenmischungen, die bei Degus und Chinchillas ohnehin regelmäßig angeboten werden sollten. Diese Futtermittel sind leichter zu zerkleinern als harte Heuhalme.
- **Welches Trockenfutter bekommt das Tier?**
  - Leider werden für alle 3 Tierarten immer noch getreidehaltige Mischfuttermittel im Handel angeboten, die erhebliche Probleme verursachen können. Aus diesem Futter werden insbesondere die Getreidekomponenten selektiert und die mit Mineralstoffen supplementierten Pellets verschmäht, sodass es (besonders bei Chinchillas) zu Kalziummangel-Situationen kommen kann. Übermäßige Aufnahme solcher Futtermittel führt außerdem zu Adipositas. Da nur wenig Kauaktivität erforderlich ist, um das konfektionierte Futter zu zerkleinern, bleibt der Zahnabrieb ungenügend. Zudem kommt es durch übermäßige Zufuhr an Kohlenhydraten zu Instabilitäten der

Darmflora. Aus diesen Gründen sind solche Mischfuttermittel abzulehnen.
- Meerschweinchen und Degus können in geringen Mengen ein Gemisch aus getreidefreien Pellets und Trockengemüse erhalten. Bei Degus wird dieses durch verschiedene Sämereien ergänzt. Chinchillas sollte ausschließlich ein getreidefreies und rohfaserreiches pelletiertes Futter angeboten werden.

- **Welches Frischfutter bekommt das Tier?**
  - Meerschweinchen sollten prinzipiell morgens und abends eine Portion Frischfutter erhalten. Der überwiegende Anteil sollte aus strukturiertem Grünfutter und Gemüse bestehen. Obst sollte wegen der Gehalte an Fruchtzucker und Fruchtsäuren nur begrenzt verfüttert werden. Fruchtsäuren begünstigen bei manchen Meerschweinchen die Entstehung von Lippengrind.
  - Auch Degus sollten Frischfutter erhalten, das sich ebenso wie beim Meerschweinchen zusammensetzt. Obst darf dagegen nicht an Degus verfüttert werden, da es die Entstehung diabetischer Erkrankungen fördern kann.
  - Chinchillas vertragen Frischfutter nur bedingt. In kleinen Mengen kann gelegentlich strukturiertes Grünfutter (z. B. Kräuter) und Gemüse (z. B. Karotte) verfüttert werden.

- **Welche Futtermittelergänzungen stehen zur Verfügung?**
  - Alle Meerschweinchenverwandten sollten regelmäßig Mischungen aus getrockneten Kräutern und Blüten zur Verfügung gestellt bekommen. Diese dienen sowohl der Rohfaser- als auch der Kalziumergänzung. Bei Tieren mit Neigung zur Bildung von Harnkonkrementen sollte auf diese Futtermittel jedoch verzichtet werden.
  - Während Meerschweinchen meist keinen ausgeprägten Nagetrieb zeigen, ist dieser bei Degus und Chinchillas umso stärker ausgeprägt. Daher muss regelmäßig Nagematerial in Form von Ästen und Zweigen zur Verfügung gestellt werden.

- **Welche „Leckerli" bekommt das Tier?**
  - Zucker- und/oder kohlenhydrathaltige Futtermittel, wie Joghurtdrops, Knabberstangen und Nagerwaffeln, fördern insbesondere Instabilitäten der Darmflora. Bei Degus kann zudem Diabetes ausgelöst werden.

- **Hat das Tier freien Zugang zu Trinkwasser?**
  - Frisches Wasser muss jederzeit zugänglich sein. Flüssigkeitsmangel führt insbesondere bei Chinchillas, die in der Regel kaum oder kein Frischfutter erhalten, schnell zu Obstipationen und Exsikkosen.

Zudem sollten **vorangegangene Erkrankungen** sowohl des aktuell vorgestellten Patienten als auch der gesamten Gruppe erfragt werden.

▶ **Tab. 1.1** Rationsgestaltung für Meerschweinchen.

Futtermittel	Menge/Fütterungsintervall
Heu	ad libitum
Frischfutter	2 abwechslungsreiche Portionen täglich
strukturiertes Grünfutter (z. B. Petersilie, Dill und andere Kräuter, Möhrengrün, Kohlrabiblätter, Blumenkohlblätter, Radieschenblätter, Löwenzahn)	
Salate (kein Kopfsalat, aber z. B. Rucola, Feldsalat, Römersalat, Endivie, Radicchio)	
Gemüse (z. B. Paprika, Gurke, Fenchel, Karotte, Broccoli, Tomate, Sellerie, Mangold, Chicorée)	
Obst (z. B. Apfel, Birne, Banane, Weintraube, Melone)	nur in kleinen Mengen
getreidefreies Trockenfutter Pellets Trockengemüse-Mischungen	maximal 1 EL pro kg/KGW des Tieres pro Tag
Ergänzungen	gelegentlich
Äste von ungespritzten Bäumen (z. B. Haselnuss, Apfel- oder Birnbaum, Weide) mit frischen Blättern	
getrocknete Kräuter-/Blütenmischungen	

▶ **Tab. 1.2** Rationsgestaltung für Chinchillas.

Futtermittel	Menge/Fütterungsintervall
Heu	ad libitum
pelletiertes/uniform konfektioniertes Trockenfutter	abends anbieten
Frischfutter	nur gelegentlich in geringen Mengen
Kräuter (z. B. Löwenzahn, Kamille)	
Gemüse (z. B. Karotte)	
Salate (z. B. Ruccola, Endivie)	
Ergänzungen	mehrmals wöchentlich
Äste von ungespritzten Bäumen (z. B. Haselnuss, Apfel- oder Birnbaum, Weide)	
getrocknete Kräuter	
getrocknete Blüten	
„Leckerbissen"	nur gelegentlich in geringen Mengen
getrocknete Hagebutten, Trockenobst	
Nüsse (z. B. Haselnuss, Erdnuss)	

▶ **Tab. 1.3** Rationsgestaltung für Degus.

Futtermittel	Menge/Fütterungsintervall
Heu	ad libitum
Trockenfutter	1 x tgl.
getreidefreie Pellets (z. B. Chinchillapellets)	
Trockengemüse-Mischungen	
Sämereien (z. B. Grassamen, Fenchelsamen, Hagebuttensamen, Distelsamen, verschiedene Hirsearten)	
Frischfutter	1–2 x tgl. in kleinen Portionen
Kräuter (z. B. Petersilie, Löwenzahn, Kamille)	
Gemüse (z. B. Fenchel, Karotte, Broccoli, Paprika, Kohlrabi, Gurke)	
Salate (z. B. Rucola, Chicorée, Chinakohl, Feldsalat, Endivie)	
Ergänzungen	mehrmals wöchentlich
Äste von ungespritzten Bäumen (z. B. Haselnuss, Apfel- oder Birnbaum, Weide)	
getrocknete Kräuter	
getrocknete Blüten	
„Leckerbissen"	nur gelegentlich in kleinen Mengen
Nüsse (z. B. Haselnuss, Erdnuss), Sonnenblumenkerne, Kürbiskerne	
getrocknete Hagebutten	

Spezielle Anamnese
- Art und Dauer der Symptome
- Futter- und Wasseraufnahmeverhalten
- Kot- und Harnabsatzverhalten
- Vorbehandlungen

Der Besitzer sollte zunächst genau befragt werden, **welche Symptome** ihm aufgefallen sind. Eine detaillierte Schilderung ist wichtig, da der Praxisbesuch für den Patienten eine Stresssituation darstellt, in der er sich anders verhält als in der gewohnten Umgebung. Auch das Verhalten innerhalb der Gruppe kann in der Praxis nicht beurteilt werden. Ebenfalls von Bedeutung ist die **Dauer der Symptome**. Wann sind sie zum ersten Mal aufgefallen? Haben sie sich seit dem ersten Auftreten verstärkt oder sind die Veränderungen gleich geblieben?

Hat sich etwas am **Fressverhalten** des Tieres verändert? Eine Selektion weicher, rohfaserarmer Futtermittel wird bei Zahnerkrankungen beobachtet. Bei Erkrankungen, die mit Störungen des Allgemeinbefindens einhergehen, besteht in der Regel kein Interesse am Futter mehr. Dagegen zeigen Patienten mit Diabetes mellitus oder Meerschweinchen im Anfangsstadium einer Hyperthyreose oft Polyphagien.

Verweigert das Tier die **Wasseraufnahme** oder zeigt es im Gegenteil eine Polydipsie? Gerade bei Tieren, die paarweise oder in der Gruppe gehalten werden, ist es wichtig, genau zu fragen, da dem Besitzer geringgradige Veränderungen vielleicht nicht wesentlich erscheinen oder nur schwer einem bestimmten Individuum zuzuordnen sind. Polydipsie wird v. a. bei Diabetes mellitus und chronischer Niereninsuffizienz, gelegentlich aber auch bei Hyperthyreosen beobachtet. Auch Tiere, die aufgrund einer Zahnerkrankung nicht mehr fressen, nehmen oft erhöhte Wassermengen auf.

Auch Veränderungen im **Kot- oder Harnabsatzverhalten** können wichtige Hinweise liefern. Presst das Tier mit halbgeschlossenen Augen oder gesträubtem Fell immer wieder ohne/mit wenig Erfolg auf Urin oder Kot? Ist sein Allgemeinbefinden so gestört, dass der Patient in seinem Kot/Urin sitzen bleibt? Verliert das Tier scheinbar ohne es zu bemerken Harn?

Der letzte anamnestisch zu erfragende Punkt befasst sich mit den bereits in diesem Fall erfolgten **Vorbehandlungen**. Hierbei sind nicht nur bei Kollegen erfolgte Behandlungen zu berücksichtigen, sondern es muss auch genauestens erfragt werden, was der Besitzer selbst bereits unternommen hat.

2 Klinische Untersuchung

Generell ist zu beachten, dass sowohl Meerschweinchen als auch Chinchillas und Degus Fluchttiere sind, die in fremder Umgebung, insbesondere mit lauten Geräuschen, wie bellenden Hunden im Wartezimmer und fremden Gerüchen, rasch ein panikartiges Verhalten entwickeln können, das möglicherweise Krankheitssymptome überdeckt oder sogar zu Verletzungen führt. Im Gegensatz dazu ist jedoch auch ein Verfallen in eine sogenannte Schreckstarre möglich.

Die klinische Untersuchung sollte daher in einem ruhigen Raum stattfinden. Das sichere Herausnehmen von **Meerschweinchen, Chinchilla** und **Degu** aus der Transportbox erfolgt durch Umfassen des Brustkorbs des Tieres von unten her. Gleichzeitig unterstützt die 2. Hand die hintere Körperhälfte und die Hinterläufe (▶ Abb. 2.1).

Um dem Patienten ein zusätzliches Gefühl von Sicherheit zu vermitteln, ist eine rutschsichere Unterlage auf dem Untersuchungstisch ideal. Bewegungen sollten nicht hektisch sein, und eine gleichmäßig ruhige Stimmlage trägt ebenfalls dazu bei, die Aufregung des Tieres zu senken. Der Patient muss zudem durch den/die Tiermedizinische/n Fachangestellte/n sanft, aber sicher fixiert werden.

Beim **Meerschweinchen** steht der/die FTA schräg hinter dem Tier und umfasst den Kopf- und Brustbereich mit beiden Händen. Die Unterarme werden neben dem Körper des Patienten auf den Tisch aufgelegt und verhindern ein Ausweichen nach rechts oder links (▶ Abb. 2.2). Das **Chinchilla** wird auf die gleiche Art oder aber auch mit einer Hand von unten um den Brustkorb gehalten, während die 2. Hand die Schwanzbasis (niemals die Schwanzmitte oder -spitze!) fixiert. **Degus** können in der Regel gut in der Hohlhand fixiert werden (▶ Abb. 2.3). Bei sehr widerspenstigen Tieren besteht die Möglichkeit der Fixation im Nackenfell (▶ Abb. 2.4); diese muss jedoch so gut wie nie angewendet werden, da es sich in der Regel um sehr friedliche Tiere handelt.

> ❗ Degus dürfen niemals am Schwanz festgehalten werden! Die Schwanzhaut kann dabei vollständig oder teilweise abreißen, sodass die freiliegende Schwanzwirbelsäule u. U. amputiert werden muss.

▶ **Abb. 2.1** Fixation eines Chinchillas auf dem Arm.

▶ **Abb. 2.2** Fixation eines Meerschweinchens auf dem Behandlungstisch.

▶ Abb. 2.3 Fixierung eines Degus in der Hohlhand.

▶ Abb. 2.4 Feste Fixierung eines Degus im Nackenfell.

2.1 Adspektion

- Allgemeinbefinden
- Ernährungszustand
- Pflegezustand
- Fortbewegung und Bewegungsapparat
- Atmung
- Schleimhäute
- Haut und Haarkleid
- Augen
- Ohren
- Nase
- Maulhöhle und Zähne

2.1.1 Allgemeinbefinden

Zunächst ist das Allgemeinbefinden zu beurteilen. Während **Meerschweinchen** und **Degus** sich entweder neugierig zeigen oder bei sehr großer Aufregung laute Alarmpfiffe hören lassen, machen einige **Chinchillas** einen fälschlich als apathisch interpretierten Eindruck, während andere sich sehr lebhaft darstellen.

❗ Beim nachtaktiven Chinchilla ist zu berücksichtigen, dass die Untersuchung in der Praxis in der Regel in der physiologischen Ruhezeit des Tieres durchgeführt wird! Befunde hinsichtlich z. B. der Aufmerksamkeit des Patienten müssen daher entsprechend vorsichtig interpretiert und durch Berichte des Besitzers ergänzt werden!

2.1.2 Ernährungszustand

Bei **adipösen** Tieren sind Rippen und Dornfortsätze der Wirbelsäule bei oberflächlicher Palpation nicht zu ertasten. Liegt eine **Kachexie** vor, so stehen diese Knochenpunkte deutlich hervor. Insbesondere beim Chinchilla ist die rein adspektorische Beurteilung meist nicht ausreichend. Durch das Fell wird bei diesen Tieren oftmals optisch mehr Körperfülle vorgetäuscht als tatsächlich vorhanden ist.

2.1.3 Pflegezustand

Zur Beurteilung des Pflegezustands des Tieres sind verschiedene Kriterien unter Berücksichtigung der Symptome, die zur Vorstellung führten, zu beachten: Sind, insbesondere beim Meerschweinchen, die **Krallen** kurz und sauber? Sind die **Pfoten** und ist das **Fell** an den Gliedmaßen sauber und trocken?

2.1.4 Fortbewegung, Bewegungsapparat

Oftmals ist es in der Praxis in der für das Tier fremden Umgebung und unter den eingeschränkten Platzmöglichkeiten nicht ganz einfach zu beurteilen, ob der Patient eine tierartspezifische Fortbewegung zeigt, sodass hier wiederum besonderer Wert auf die Anamnese zu legen ist. Beurteilt werden sollte aber grundsätzlich, ob das Tier alle Gliedmaßen gleichmäßig belasten kann und ob beim **Degu** und **Chinchilla** beidseits ein Greifen mit den Vorderpfoten möglich ist.

2.1.5 Atmung

Die Atmung sollte ruhig und regelmäßig erfolgen. Ist adspektorisch eine hochfrequente, flache Atmung festzustellen, so kann dies auf einen Schockzustand oder starke Schmerzen hindeuten. Eine Dyspnoe mit abdominaler Atmungstätigkeit fällt hingegen beispielsweise bei einem Thoraxerguss oder einer Pneumonie auf, wobei letztere oftmals von deutlichen Atemgeräuschen begleitet wird.

> ❗ Eine Maulatmung tritt nur bei höchstgradiger Dyspnoe auf und ist als äußerstes Alarmsignal zu werten!

2.1.6 Schleimhäute

Beurteilt werden insbesondere die Konjunktivalschleimhäute (▶ **Abb. 2.5**) sowie die Maulschleimhaut, um die **Kreislaufsituation** des Tieres einzuschätzen. Die Schleimhäute sollten hellrosa (beim Meerschweinchen rötlich), feucht, glatt und leicht glänzend sein. Porzellanfarbene Schleimhäute weisen auf ein Schockgeschehen oder einen starken Blutverlust hin, gerötete Schleimhäute auf Entzündungen, fieberhafte Erkrankungen oder, seltener, auf hochgradige Aufregung.

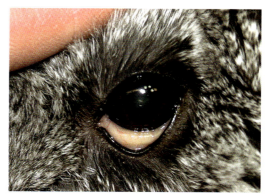

▶ **Abb. 2.5** Adspektion der Schleimhäute des Auges bei einem Chinchilla.

> ❗ Eine zyanotische Verfärbung ist immer als absoluter Notfall anzusehen, der eine sofortige Versorgung mit Sauerstoff und eine vorsichtige, gründliche Abklärung der Herz- und Lungenfunktion erfordert.

2.1.7 Haut, Haarkleid

Der Zustand von Haut und Haarkleid kann wertvolle Hinweise auf verschiedene Erkrankungen geben und ist deshalb genau zu untersuchen. Ist die Haut trocken und schuppig, so können z. B. sowohl **Mängel in der Ernährung** als auch **Parasitosen** oder **Dermatomykosen** zugrunde liegen. Kratzverletzungen können ebenfalls auf einen Parasitenbefall hinweisen. Bei **Bissverletzungen** sind die Haltungsbedingungen und die Rangordnung bzw. Zusammenstellung der Gruppe zu hinterfragen.

Haarlose Areale sind zu beachten: Ursächlich kommen je nach Lokalisation, Ausprägung, Aussehen der Haut und weiterer Symptomatik, z. B. **hormonelle Dysfunktionen, Mykosen, Parasitosen** oder auch psychisch bedingte Erkrankungen wie **Fellfressen** in Betracht.

> ❗ Beim Meerschweinchen sind rundliche haarlose Flecken hinter den Ohren physiologisch.

Das Fell sollte bei gutem Licht gescheitelt oder leicht gegen den Strich betrachtet werden, um Ektoparasiten, wie Haarlinge, Pelzmilben oder Flöhe, entdecken zu können. Meerschweinchen sind hierbei erheblich häufiger betroffen als Chinchillas oder Degus.

Bei strähnig-fettigem Fell muss insbesondere beim Degu oder Chinchilla nicht zwingend eine Erkrankung zugrunde liegen. Ein fehlendes oder unzureichendes Sandbad kann hier ebenfalls ursächlich sein. Insbesondere bei Meerschweinchen der Langhaarrassen ist zudem auf Verfilzungen zu achten.

Verklebungen des Felles weisen aufgrund ihrer Lokalisation auf Erkrankungen verschiedener Organsysteme hin. Bei Verklebungen und Verkrustungen im Nasenbereich ist der Respirationstrakt genauer zu untersuchen, im Kinnbereich ist an eine Hypersalivation aufgrund einer Zahnerkrankung zu denken, im Anogenitalbereich wird bei Fellverklebungen eine gründliche Untersuchung des Harn-, Geschlechts- und Verdauungstrakts notwendig.

2.1.8 Augen

Zunächst wird beurteilt, ob beide Augen symmetrisch zueinander sind, um einseitige Veränderungen, wie **Buphthalmus** oder **Exophthalmus**, auch in geringgradiger Ausprägung zu erkennen. Danach erfolgt eine **vollständige Untersuchung beider Augen** und der **Konjunktiven**. Zu beachten sind Schwellungen oder Rötungen der Lidbindehäute sowie Konsistenz und Farbe eines eventuellen **Augenausflusses**. Zudem sollte der Tränenpunkt im Unterlid beurteilt werden. Ist er frei zugänglich oder sichtbar verlegt? Entleert sich beispielsweise nach sanftem Druck im Bereich des Tränennasenkanals ein weißlich-milchiges Sekret, sind Rückschlüsse auf eine **Dacryocystitis** möglich.

Die Kornea sollte vollständig klar und durchsichtig sein. Trübungen, auch des Kammerwassers oder der Linse, erfordern stets weiterführende Untersuchungen, z. B. mithilfe einer Spaltlampe.

Die Augenuntersuchung sollte zudem eine Beurteilung des **Augenhintergrunds** beinhalten. Ist eine **Augeninnendruckbestimmung** notwendig, so ist die Messung mithilfe eines Tono-Pen® empfehlenswert.

2.1.9 Ohren

Bei der Untersuchung der Ohren werden zunächst die **Ohrmuscheln** betrachtet. Sind Zusammenhangstrennungen oder auch insbesondere beim Chinchilla Bissverletzungen nach Rangordnungskämpfen zu beobachten?

Sind die **Gehörgänge** sauber und frei von Auflagerungen und ist das **Trommelfell** einsehbar? Zu berücksichtigen ist hierbei, dass auch beim gesunden Meerschweinchen immer deutliche Zerumenauflagerungen in den Ohrmuscheln zu finden sind.

2.1.10 Nase

Beide **Nasenöffnungen** sollten trocken, frei und sauber sein. Beim Meerschweinchen sollten auch die **Nasengänge** soweit möglich vorsichtig inspiziert werden. Dies kann mithilfe eines feinen Otoskoptrichters geschehen. Geachtet wird auf Schwellungen oder Rötungen der Schleimhäute, Sekretauflagerungen oder Fremdkörper, z. B. Heubestandteile. Die Beurteilung der Nasengänge von Chinchilla und Degu ist aufgrund deren geringerer Größe in der Regel nur sehr eingeschränkt möglich.

Selten kann beim Meerschweinchen bei großer Aufregung ein klarer, seröser **Nasenausfluss** in geringer Menge auftreten; ansonsten weisen Ausfluss oder verklebte Nasenöffnungen immer auf ein Krankheitsgeschehen hin. Zum einen müssen Krankheiten des Respirationstrakts berücksichtigt werden, zum anderen aber auch Erkrankungen des Ductus nasolacrimalis, z. B. Dacryocystitis (▶ S. 71).

2.1.11 Maulhöhle, Zähne

Zu einer vollständigen klinischen Untersuchung gehört stets eine gründliche Adspektion der Maulhöhle und der Zähne.

Zunächst werden durch ein Hochziehen der Oberlippe die Inzisivi nach ihrem Längenverhältnis zueinander, Vollständigkeit, Verfärbungen und Zahnqualität beurteilt (▶ Abb. 2.6). Das Verhältnis der Ober- zu den Unterkieferschneidezähnen sollte etwa 1:2–3 betragen.

Besonderes Augenmerk ist bei **Chinchilla** und **Degu** auf die **Farbe der Inzisivi** zu richten. In physiologischem Zustand sind die Schneidezähne dieser Tiere stets von dunkelgelber bis oranger Farbe.

2.1 Adspektion

▶ **Abb. 2.6** Adspektion der Inzisivi beim Meerschweinchen.

▶ **Abb. 2.7** Adspektion der Maulhöhle mit Maulspreizer bei einem Degu.

❗ Eine Aufhellung oder gar vollständige Entfärbung der Schneidezähne bei Chinchilla und Degu deutet auf einen massiven Mangel an Kalzium hin. Ist nur ein einzelner Inzisivus entfärbt, so ist die Ursache dafür meist eine Entzündung des Zahnes.

Das **Meerschweinchen** besitzt im Gegensatz dazu grundsätzlich weiße Inzisivi. Im Alter tritt gelegentlich eine Spaltung einer Zahnanlage auf, sodass v. a. im Unterkiefer ein 3., schmalerer Inzisivus auffallen kann.

Allen 3 Tierarten gemein ist, dass die Schneidezähne vollständig glatt sein sollen.

❗ Querrillen auf den Inzisivi sind ein Hinweis auf eine Mineralisationsstörung oder ein Entzündungsgeschehen im apikalen Bereich.

Die Maulhöhle sollte mit einem der Größe des Patienten angepassten **Maulspreizer** und **Wangenspreizer** so geöffnet werden, dass eine vollständige Beurteilung ermöglicht wird (▶ Abb. 2.7). Die Maulhöhle muss zudem gut ausgeleuchtet werden. Eine Adspektion mithilfe eines Otoskops mit Trichteraufsatz ist nicht ausreichend, um sowohl alle Zähne als auch die Schleimhaut vollständig zu beurteilen.

Die Backenzähne werden nun wiederum auf Vollzähligkeit, Verfärbungen sowie gleichmäßige Längen und Durchmesser überprüft. Zudem wird auf das Vorhandensein von Zahnspitzen geachtet. Aufgrund der leichten physiologischen Neigung der Unterkieferbackenzähne nach lingual ist dort besonders häufig, z. B. als Folge von Fehlstellungen oder Fehlernährung, die Entstehung von **Zahnspitzen** festzustellen. Diese können insbesondere beim Meerschweinchen zu einer **Brückenbildung** über die Zunge und damit zu deren Bewegungseinschränkung und dem Unvermögen zu Kauen und Abzuschlucken führen. Sind die Zähne hochgradig nach lingual verkippt, kann dies zu einem Einwachsen in die Zunge führen. In den selteneren Fällen, in denen sich Spitzen im Unterkiefer nach buccal bilden, sind auch dort massive Schleimhautverletzungen möglich.

Die Oberkieferbackenzähne weisen physiologisch eine Neigung nach buccal auf, sodass bei Fehlabrieb vorwiegend Läsionen der Wangenschleimhaut entstehen.

❗ Die Ober- und Unterkieferbackenzähne müssen stets auf Spitzen nach lingual und buccal überprüft werden!

Weiterhin ist darauf zu achten, ob einer oder mehrere Zähne gelockert sind. Fallen im Speichel Eiterbeimengungen auf, so muss lokalisiert werden, aus welcher Alveole oder Verletzung dieser austritt.

Zuletzt muss nicht nur die Maulschleimhaut, sondern insbesondere bei Meerschweinchen auch der **Rachen** adspektorisch beurteilt werden. Hierbei ist auf Rötungen, Schwellungen, Auflagerungen oder Bläschen/Pusteln zu achten.

2.2 Palpation

- Hautturgor
- Körperoberfläche
- Abdomen

2.2.1 Hautturgor

Durch kurzes Anheben einer Hautfalte wird der Hautturgor geprüft. Verstreicht die Falte nicht unmittelbar, so ist von einer Dehydrierung auszugehen. Die Menge der zu verabreichenden Infusionslösung muss abhängig vom Grad der Exsikkose und dem Körpergewicht des Patienten berechnet werden.

> ⚠ Beim Meerschweinchen fällt ein verzögertes Verstreichen einer Hautfalte aufgrund der sehr straffen und dicken Haut erst bei höhergradigen Exsikkosen auf.

2.2.2 Körperoberfläche

Die gesamte Körperoberfläche wird beidseits vergleichend am Kopf beginnend abgetastet. Beachtet werden müssen Umfangsvermehrungen (Zubildungen von Knochen oder Weichteilen, Abszesse, Lymphknotenschwellungen etc.), Verletzungen, Hyperästhesien und vermehrt warme Areale.

2.2.3 Abdomen

Die gründliche und vorsichtige Palpation des gesamten Bauchraums ist ein wichtiger Bestandteil jeder Allgemeinuntersuchung. Ein Hauptaugenmerk ist auf **Schmerzhaftigkeiten** zu legen, die sich meist durch Anspannen der Bauchdecke oder Abwehrreaktionen zeigen. Der Magen-Darm-Trakt wird auf **Aufgasungen, Anschoppungen** oder **flüssigen Inhalt** hin vorsichtig durchgetastet. Besondere Aufmerksamkeit ist hierbei auf den Magen und das Zäkum zu legen. Die **Nieren** werden soweit möglich aufgesucht und ihre Größe und Oberflächenbeschaffenheit kontrolliert. Bei der Palpation des kaudalen Abdomens wird die **Harnblase** untersucht, um Hinweise auf Blasengrieß oder Blasensteine zu erhalten. Beim weiblichen Tier ist zudem auf Veränderungen der **Ovarien** oder der **Metra** zu achten. Hierbei fallen beim weiblichen Meerschweinchen oftmals **Ovarialzysten** auf, die je nach Größe und hormoneller Aktivität für unterschiedlichste Symptome, wie bilaterale Alopezie an den Flanken, Inappetenz oder Verdauungsstörungen, verantwortlich sein können.

2.3 Auskultation

- Herz
- Atmungsapparat
- Magen-Darm-Trakt

> ⚠ Für die Auskultation von Meerschweinchen, Chinchilla und Degu hat sich die Verwendung von Phonendoskopen aus der Kinder- bzw. Säuglingsmedizin bewährt.

2.3.1 Herz

Bei der Auskultation des Herzens wird auf die Regelmäßigkeit, Gleichmäßigkeit und Abgesetztheit der Herztöne sowie eventuelle Herzgeräusche geachtet.

Bei physiologischen Herzfrequenzen von 230–280 Schlägen/Minute (Meerschweinchen), 200–350 Schlägen/Minute (Chinchilla) und 240–390 Schlägen/Minute (Degu) ist es dabei jedoch kaum möglich, die Frequenz genau zu bestimmen.

Eine Dämpfung der Herztöne steht meist im Zusammenhang mit einem Thorax- oder Perikarderguss, seltener sind Lungentumoren die Ursache.

2.3.2 Atmungsapparat

Reibende, verschärfte Atem- oder Rasselgeräusche sind meist im Rahmen von Bronchitiden oder Pneumonien festzustellen. Ein Knisterrauschen weist auf ein Lungenemphysem hin. Wird eine Dyspnoe durch einen Thoraxerguss oder Lungentumore verursacht, so ist auskultatorisch in der Regel kein auffälliger Befund zu erheben; lediglich eine Dämpfung der Herztöne kann hier hinweisend sein. Eine röntgenologische Untersuchung des Thorax sollte sich in diesen Fällen anschließen.

> ⚠ Auch bei gesunden Tieren sind immer leise in- und exspiratorische Atemgeräusche zu hören.

2.3.3 Magen-Darm-Trakt

Die physiologisch leise gluckernden Verdauungsgeräusche sind bei Enteritiden deutlich verstärkt zu hören, bei schwerwiegenden Obstipationen hingegen sind sie nicht mehr vorhanden.

2.4 Körpertemperatur

Die physiologische Körpertemperatur (▶ Tab. 2.1) liegt beim **Meerschweinchen** zwischen 37,9 °C und 39,7 °C, beim **Chinchilla** zwischen 38,2 °C und 39,4 °C und beim **Degu** zwischen 37,9 °C und 39,5 °C. Eine routinemäßige Messung der Temperatur mittels eines Digitalthermometers ist nicht angezeigt, da durch Stresshyperthermien oftmals verfälschte Werte entstehen. Sinnvoll ist eine Messung jedoch bei gestörtem Allgemeinbefinden mit Verdacht auf Hypothermie oder auch bei Hitzschlag.

▶ **Tab. 2.1** Physiologische Daten von Meerschweinchen, Chinchilla und Degu.

Parameter	Meerschweinchen	Chinchilla	Degu
maximales Lebensalter	6–8 Jahre	15–20 Jahre	5–7 Jahre
Herzfrequenz	230–280 Schläge/min	200–350 Schläge/min	240–390 Schläge/min
Atemfrequenz	50–120 Atemzüge/min	60–150 Atemzüge/min	80–150 Atemzüge/min
Körpertemperatur	37,9–39,7 °C	38,2–39,4 °C	37,9–39,5 °C
Zahnformel	I1 C0 P1 M3 I1 C0 P1 M3	I1 C0 P1 M3 I1 C0 P1 M3	I1 C0 P1 M3 I1 C0 P1 M3
Geschlechtsreife männl. Tier weibl. Tier	3–6 Wochen 4–10 Wochen	20–26 Wochen 20–24 Wochen	8–12 Wochen 8–10 Wochen
Zuchtreife männl. Tier weibl. Tier	3–4 Monate 6–8 Monate	9–10 Monate 9–12 Monate	4–5 Monate 6–7 Monate
Zyklus	16–17 Tage, polyöstrisch	28–35 Tage, polyöstrisch	18–25 Tage, polyöstrisch
Trächtigkeitsdauer	65–67 Tage	105–115 Tage	85–93 Tage
Wurfgröße	1–5 Jungtiere	1–3 Jungtiere	2–7 Jungtiere
Säugezeit	4–5 Wochen	6–8 Wochen	6 Wochen

Teil II
Leitsymptome, Diagnostik und Therapie

3	Dyspnoe	18
4	Durchfall	38
5	Augenveränderungen	58
6	Äußerliche Umfangsvermehrung	74
7	Schmerzsymptomatik und/oder Umfangsvermehrung im kranialen Abdomen	100
8	Schmerzsymptomatik und/oder Umfangsvermehrung im kaudalen Abdomen	112
9	Umfangsvermehrung im Anogenitalbereich	132
10	Vaginalausfluss	149
11	Urinveränderungen	167
12	Polydipsie	185
13	Neurologische Ausfallerscheinungen	197
14	Lahmheit	222
15	Fell- und/oder Hautveränderungen	240
16	Abmagerung	273
17	Unspezifische Symptomatik	303
18	Schock	311

3 Dyspnoe

Atembeschwerden können mit den folgenden Symptomen einhergehen:
- Nasen- und Augenausfluss
- Verklebungen des Felles um Nase und Augen sowie an den Medialflächen der Vorderbeine
- Atemgeräusche
- Änderungen von Atemfrequenz und -tiefe
- verstärkte Flankenatmung
- Atmung mit geöffnetem Maul
- Schocksymptomatik

> **P Praxistipp**
>
> **Notfallmaßnahme bei Apnoe:** Durch vorsichtiges horizontales Schwenken des Tieres um seine Querachse wird die Aktivität des Zwerchfells nachgeahmt. Wird dabei das Hinterteil nach unten, der Kopf nach oben gehalten, so entsteht ein Zug der Bauchhöhlenorgane am Diaphragma. In umgekehrter Position wird dagegen Druck auf das Zwerchfell ausgeübt (▶ Abb. 3.2).

3.1 Tierartliche Besonderheiten

Sowohl bei Meerschweinchen als auch bei Chinchillas und Degus sind die letzten Rippenpaare beweglich. Sie sind nicht durch eine Knorpelbrücke mit dem Brustbein verbunden (▶ Abb. 3.1). Dadurch wird eine ausgeprägte „Brustatmung" ermöglicht.

Die Atmungsaktivität wird überwiegend durch Zwerchfellkontraktionen aufrechterhalten. Dies kann man sich bei Narkosezwischenfällen mit Apnoe zu Nutzen machen (siehe unten).

Bei den Caviomorpha ist der Thorax im Verhältnis zum Bauchraum sehr klein. Kommt es zu einer Größenzunahme von Organen der Bauchhöhle, insbesondere des Magen-Darm-Trakts bei Tympanien, wird das Zwerchfell vorgewölbt und Druck auf die Thoraxorgane ausgeübt. Dadurch kommt es schnell zu einer Beeinträchtigung der Atmung und der Herz-Kreislauf-Funktion.

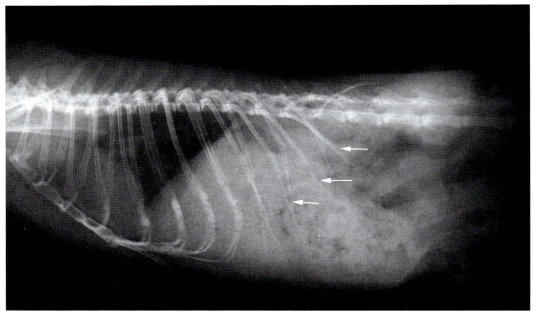

▶ **Abb. 3.1** Thoraxaufnahme eines Meerschweinchens: Die letzten Rippenpaare enden frei (Pfeile) und sind nicht mit dem übrigen Rippenbogen verbunden.

3.2 Therapiegrundsätze

✚ Sofortmaßnahmen
1. Freihalten der Atemwege, Erleichterung der Atmung:
   - Schleim aus der Maulhöhle entfernen
   - Brust-Bauch-Lage
2. Sicherung der Sauerstoffzufuhr:
   - Sauerstoffbox
   - Narkosemaske
3. Kreislaufstabilisierung:
   - Prednisolon **76** (z. B. Solu Decortin®), 10–20 mg/kg i.v., i.m.
   - Infusionen (Vollelektrolytlösung **89**), 20–40 ml/kg i.v., s.c.
   - ggf. Furosemid **47** (bei Verdacht auf Herzinsuffizienz, Lungenödem), 5 mg/kg i.m.
4. Tier in ruhigen, abgedunkelten Raum verbringen
5. Temperaturkontrolle

▶ **Abb. 3.2** Schwenken bei Apnoe: Das Tier wird vorsichtig um seine Querachse geschwenkt. **a** Dabei entsteht durch Senken des Kopfes Druck der Bauchhöhlenorgane auf das Zwerchfell. **b** Beim Anheben der vorderen Körperhälfte wird Zug auf das Diaphragma ausgeübt.

Sofortmaßnahmen zielen darauf ab, die Atmungs- und die Herz-Kreislauf-Funktion zu stabilisieren. Der Patient wird zunächst in eine Position verbracht, die das Atmen erleichtert. Bewährt hat sich dabei die Brust-Bauch-Lage, wobei der Kopf leicht angehoben wird. Es muss außerdem so schnell wie möglich eine Sauerstoffzufuhr erfolgen. Der Sauerstoff wird entweder direkt über eine Narkosemaske verabreicht oder in eine abgedeckte Transportbox eingeleitet. Eine Intubation ist bei den kleinen Tieren nur mit extra feinen Spezialtuben ohne Cuff möglich (▶ Abb. 3.3). Beim Meerschweinchen ist das Intubieren mit erheblichen Risiken verbunden. In der Maulhöhle der Tiere befinden sich immer Futterreste, die beim Einführen eines Tubus fast zwangsläufig in die Trachea gelangen, sodass Aspirationspneumonien entstehen.

Eine Stabilisierung des Kreislaufs erfolgt mit Infusionen und schnell wirkenden Prednisolon-Präparaten. Bei Verdacht auf eine kardiale Genese der Dyspnoe muss der Patient umgehend hochdosiert entwässert werden.

Es sollte weiterhin jeglicher Stress vermieden werden, indem das Tier an einen ruhigen Ort verbracht wird. Die Transportbox wird mit einem Handtuch abgedeckt. Regelmäßige Temperaturkontrollen sind unbedingt erforderlich, um auf Hypothermien reagieren zu können.

▶ **Abb. 3.3** Für kleine Heimtiere geeigneter kleiner Tubus ohne Cuff.

3.3 Wichtige Ursachen

Die häufigsten Ursachen für Atembeschwerden sind **bei allen 3 hier besprochenen Meerschweinchenverwandten** infektiöse Erkrankungen der Lunge, wobei **bakterielle Atemwegsinfektionen** im Vordergrund stehen (▶ Tab. 3.1).

Neoplasien der Lunge sind bei den Caviomorpha nur relativ selten zu diagnostizieren. Gleiches gilt für **Lungenblutungen** und **Rupturen des Zwerchfells**, die infolge massiver Traumen ausgelöst werden können. **Herzerkrankungen** führen bei den Tieren erst in weit fortgeschrittenen Fällen mit Dekompensation zu Dyspnoe. Auch raumfordernde Erkrankungen des Bauchraums können die Atemfunktion beeinträchtigen, indem sie Druck auf das Zwerchfell ausüben. Bei akuten Verdauungsstörungen entstehen häufig **Magen-** oder **Darmtympanien**, die zu einer hochgradigen Ausdehnung des Organs führen. Gelegentlich führen vereiterte Backenzähne über **oronasale Fisteln** zu Eiteransammlungen in der Nasenhöhle und damit zu Dyspnoe.

Letztlich werden Atemstörungen auch bei Allgemeinerkrankungen mit **Septikämie** oder bei **Hitzschlag** beobachtet, wenn das Krankheitsgeschehen in eine Schocksymptomatik mündet.

▶ **Tab. 3.1** Wichtige Ursachen für Dyspnoe.

Ursache	Bedeutung	siehe Seite	Bemerkungen, siehe auch andere Leitsymptome
bakterielle Atemwegsinfektion	+++	▶ S. 26	–
Adenoviruspneumonie	++	▶ S. 25	MS
Herzerkrankungen	++	▶ S. 33	Abmagerung, ▶ S. 273
Erkrankungen des GIT	++	▶ S. 35	Durchfall, ▶ S. 38
Septikämie	++	▶ S. 36	Neurolog. Ausfallerscheinungen, ▶ S. 197
Allergie	+	▶ S. 28	v. a. bei MS
Neoplasien der Lunge	+	▶ S. 29	–
oronasale Fistel	+	▶ S. 32	–
Lungenblutung	+	▶ S. 31	–
Epistaxis	+	▶ S. 31	v. a. bei MS
Ovarialzysten	+	▶ S. 35, ▶ S. 125	MS, Fell-/Hautveränderungen, ▶ S. 240, Abmagerung, ▶ S. 273
abdominaler Tumor	+	▶ S. 35	v. a. bei MS, Schmerzen/UV kaudales Abdomen, ▶ S. 112, Abmagerung, ▶ S. 273
Hitzschlag	+	▶ S. 36	Neurolog. Ausfallerscheinungen, ▶ S. 197
lymphozytäre Choriomeningitis	(+)	▶ S. 25	MS
Zwerchfellruptur	(+)	▶ S. 35	–

Bei **Meerschweinchen** kommen außerdem Infektionskrankheiten viraler Genese, wie die Adenoviruspneumonie und, deutlich seltener, die lymphozytäre Choriomeningitis, vor. Allergien, die mit einer Beeinträchtigung der Atmung einhergehen, werden ebenfalls besonders bei dieser Tierart beobachtet. Zudem wird bei Meerschweinchen gelegentlich Dyspnoe durch einseitiges, aber heftiges Nasenbluten ausgelöst, das von blutenden Umfangsvermehrungen im Bereich der Nasenhöhlen herrührt.

Als raumfordernde Prozesse, die zu einer Verdrängung anderer Bauchhöhlenorgane führen und dadurch erhöhten Druck auf das Diaphragma auslösen, sind bei Meerschweinchen außerdem Ovarialzysten sowie Milztumore zu nennen, die erhebliche Größen erreichen können.

3.4 Diagnostischer Leitfaden: Dyspnoe (▶ S. 22)

3.4.1 Besonderes Augenmerk bei der Anamnese

Das **Alter** des Patienten sollte erfragt werden. Tumorerkrankungen der Milz (▶ S. 129) oder der Geschlechtsorgane (▶ S. 127), die durch Verdrängung anderer Abdominalorgane auf das Diaphragma drücken und dadurch die Atmung beeinträchtigen, sind vorwiegend bei älteren Tieren zu erwarten.

Auch die **Fütterung** ist von Interesse. Plötzliche Futterumstellungen oder andere Fütterungsfehler können zu akuten Tympanien (▶ S. 105) führen, die die Atmung beeinträchtigen. Besonders bei Meerschweinchen kommt es häufig vor, dass die Tiere im Frühjahr nach erstmaliger Aufnahme von frischem Gras an erheblichen Verdauungsstörungen mit Aufgasungen leiden.

Die **Haltungsbedingungen** können Auskunft über mögliche übermäßige Wärmeeinwirkung geben, die für einen Hitzschlag (▶ S. 36) verantwortlich sein kann (z. B. Stehenlassen des Käfigs in der Sonne). Sie müssen zudem erfragt werden, wenn eine Allergie (▶ S. 28) als Ursache für Atemwegsprobleme vermutet wird, da solche Reaktionen oft in Zusammenhang mit staubender Einstreu beobachtet werden.

Traumata, wie Stürze, Angriffe durch Hund, Katze, Fuchs etc. oder ein Einklemmen in Türen, müssen erfragt werden, falls sich keine Anhaltspunke für ein infektiöses Geschehen ergeben. Dies gilt insbesondere, wenn anhand des klinischen Bildes der Verdacht auf Lungenblutung (▶ S. 31) oder Zwerchfellruptur (▶ S. 35) besteht.

Das **Allgemeinbefinden** des Tieres kann wichtige Informationen über die Ursache der Erkrankung liefern. So sind bei Atemwegsproblemen, die durch Allergien (▶ S. 28) ausgelöst werden, oft weder der Allgemeinzustand noch die Futteraufnahme des Tieres beeinträchtigt, obwohl massive Atemgeräusche sowie hochgradiger Augen- und Nasenausfluss vorliegen. Bei infektiösen oder durch Traumata verursachten Erkrankungen ist das Allgemeinbefinden dagegen fast immer gestört.

Vorerkrankungen sind besonders dann von Interesse, wenn der Verdacht auf einen septikämischen Krankheitsverlauf (▶ S. 36) besteht.

3.4.2 Besonderes Augenmerk bei der klinischen Untersuchung

Besteht Schocksymptomatik?

Schocksymptome sind Brust-Bauch- oder Seitenlage, blasse oder zyanotische Schleimhäute, flache oder pumpende Atmung sowie ein flacher, frequenter Puls.

> ❗ Bei Schocksymptomatik ist umgehend eine Notfallbehandlung einzuleiten, bevor weitere diagnostische Maßnahmen durchgeführt werden.

Eine Schocksymptomatik kann infolge einer Atemnot entstehen, sie kann jedoch auch durch Erkrankungen ausgelöst werden, die nicht den Respirationstrakt betreffen. Die Dyspnoe entsteht in solchen Fällen sekundär.

Diagnostischer Leitfaden: Dyspnoe

Anamnese

- Trauma
- Haltung
  - staubende Einstreu
  - hohe Temperaturen
- Fütterung
  - Fütterungsfehler
- Vorerkrankungen
- Alter

Klinische Untersuchung

- Nase
  - einseitig eitriger Ausfluss → Röntgen Schädel
  - blutiger Ausfluss, ein-/beidseitig
  - blutig-schaumiger Ausfluss, beidseitig

- Nase, Augen
  - seröser bis eitriger Ausfluss
  - hochgradig seröser Ausfluss, gutes Allgemeinbefinden
  - dezent seröser Ausfluss, schlechtes Allgemeinbefinden

- Thorax
  - verschärfte/feuchte Atemgeräusche → Röntgen Thorax
  - pumpende, flache Atmung
    - Hyperthermie
    - Hypothermie
  - Lunge auskultatorisch o.b.B., Herztöne evtl. gedämpft
  - Herzgeräusch, Herz evtl. gedämpft → Röntgen Thorax
  - perkutorisch thorakale Dämpfung, Verdauungsgeräusche im Thorax

- Abdomen
  - paradoxe Bewegungen → Röntgen Abdomen
  - prall

3.4 Diagnostischer Leitfaden: Dyspnoe

- ▶ Lungenblutung? — ▶ S. 31
- ▶ Zwerchfellruptur? — ▶ S. 35
- ▶ Allergie? — ▶ S. 28
- ▶ Hitzschlag? — ▶ S. 36
- ▶ Magentympanie? — ▶ S. 105
- ▶ Septikämie? — ▶ S. 36
- ▶ Tumor? — ▶ S. 29

- ▶ apikales Wachstum/Entzündungsherde am Backenzahn des Oberkiefers — ▶ oronasale Fistel — ▶ S. 32
- ▶ evtl. Frakturlinien (Schädelfraktur)/osteolytische Veränderungen (Neoplasie) — ▶ Epistaxis — ▶ S. 31
- ▶ diffus fleckige, unscharf begrenzte Lungenareale — ▶ Lungenblutung — ▶ S. 31
- ▶ Thoraxverschattung — ▶ bakt. US — ▶ bakterielle Atemwegsinfektion — ▶ S. 26
- ▶ massive Flüssigkeitsansammlungen in den Bronchien — ▶ Allergie — ▶ S. 28
- ▶ evtl. dezent verstärkte bronchiale Zeichnung — ▶ Adenoviruspneumonie — ▶ S. 25
- ▶ lymphozytäre Choriomeningitis — ▶ S. 25
- ▶ Hitzschlag — ▶ S. 36
- ▶ z.B. Kot-, Harn- oder Blut-US — ▶ Septikämie — ▶ S. 36
- ▶ einzelne/multiple Rundschatten — ▶ Lungentumor — ▶ S. 29
- ▶ Kardiomegalie, Gefäßstauung, Thoraxverschattung, Hepatomegalie — ▶ Herzerkrankung — ▶ S. 33
- ▶ Zwerchfelllinie unvollständig, evtl. Verdauungsorgane im Thorax — ▶ Zwerchfellruptur — ▶ S. 35
- ▶ homogene UV beidseits der Lendenwirbelsäule — ▶ Ovarialzysten — ▶ S. 35 / S. 125
- ▶ röntgendichte Verschattung — ▶ abdominaler Tumor — ▶ S. 35 / S. 129
- ▶ Magen massiv vergrößert, gashaltig — ▶ Magentympanie — ▶ S. 35 / S. 105

Liegt ein anderes Leitsymptom vor?

Ein umfangsvermehrtes Abdomen weist auf einen raumfordernden Prozess in der Bauchhöhle hin (▶ S. 100, ▶ S. 112). Ursächlich kommen hierfür vor allem Tympanien (▶ S. 105) sowie bei Meerschweinchen Ovarialzysten (▶ S. 125) oder Tumore der Milz (▶ S. 129) oder der weiblichen Geschlechtsorgane (▶ S. 127) infrage. Durch Druck dieser Abdominalorgane auf das Zwerchfell werden die Funktionen von Herz und Lunge beeinträchtigt.

> ❗ Tympanien können zwar die primäre Ursache einer Dyspnoe sein, entstehen aber auch sekundär, wenn das Tier bei bestehender Atemnot vermehrt Luft abschluckt.

Durch vorsichtige Abdomenpalpation wird versucht, die Ursache der Umfangsvermehrung zu ermitteln.

> ❗ Bestehen starke Schmerzen, so sollte auf eine Abdomenpalpation verzichtet werden, da durch Schmerzverstärkung ein Schock ausgelöst werden könnte.

Alternativ kann in solchen Fällen eine vorsichtige Perkussion vorgenommen werden. Besteht eine Tympanie (▶ S. 105), so ergibt sich ein hohler Klang. Andernfalls muss von einer tumorösen Veränderung oder einer flüssigkeitsgefüllten Umfangsvermehrung (z. B. Ovarialzyste, ▶ S. 125) ausgegangen werden.

Sind Veränderungen der Atmungsqualität feststellbar?

> ❗ Pumpende Flankenatmung oder Maulatmung sind Anzeichen einer hochgradigen Atemnot, die umgehend eine Versorgung mit Sauerstoff erforderlich macht.

Gleiches gilt, wenn sich das Tier in einem Schockzustand mit flacher, frequenter oder deutlich verlangsamter Atmung befindet.

Paradoxe Bewegungen des Abdomens sind ein typisches Symptom einer Zwerchfellruptur (▶ S. 35). Bei der Exspiration kommt es dann zur Ausdehnung, bei der Inspiration dagegen zur Verkleinerung des Abdomens.

Sind Atemgeräusche vorhanden?

Sekretansammlungen in den Nasenhöhlen führen meist zu deutlichen nasalen Stenosegeräuschen, die sich bis auf die Lunge fortpflanzen können und unbedingt von Lungengeräuschen abgegrenzt werden müssen.

> ❗ Auch gesunde Tiere weisen leise Atemgeräusche sowohl bei der Inspiration als auch bei der Exspiration auf.

Flüssigkeitsansammlungen in den Bronchien lösen feuchte bis rasselnde oder pfeifende Atemgeräusche aus, unabhängig davon, ob es sich um eitrige oder seröse Sekrete, Ödemflüssigkeit oder Blut handelt. Hochgradig feuchte Geräusche sind insbesondere bei Meerschweinchen zu erwarten, die unter allergischen Erkrankungen (▶ S. 28) des Respirationstrakts leiden. Trotz des auffälligen Auskultationsbefunds weisen solche Tiere meist ein gutes Allgemeinbefinden auf.

Bei Thorax- oder Perikarderguss (▶ S. 33) oder dem Vorliegen von Lungenmetastasen (▶ S. 29) sind trotz hochgradiger Atemnot keine Atemgeräusche vorhanden. Zudem sind die Herztöne meist deutlich gedämpft, sodass die Herzaktivität nicht beurteilt werden kann. In solchen Fällen kann das Auffinden derber Umfangsvermehrungen im Abdomen den Verdacht auf ein Tumorgeschehen erhärten.

Bestehen Augen- oder Nasenausfluss?

Beidseitig eitriger Nasen- und Augenausfluss sind Anzeichen für eine bakterielle Infektion des Respirationstrakts (▶ S. 26). Bei einer Vereiterung von Backenzähnen, die zu einer oronasalen Fistel (▶ S. 32) führt, ist einseitig eitriger Nasenausfluss zu beobachten.

Seröser Ausfluss kann sowohl bei bakteriellen als auch bei viralen Erkrankungen (s. u.) sowie außerdem bei Lungenödemen (▶ S. 33) oder Allergien (▶ S. 28) auftreten. Beidseitig blutiger oder blutigschaumiger Ausfluss entsteht nach Traumata mit Lungenblutungen (▶ S. 31). Aber auch Schädeltraumata können Nasenbluten (▶ S. 31) nach sich ziehen. Bei Meerschweinchen kommen zudem gelegentlich Tumore im Bereich der Nasenhöhlen vor, die rezidivierendes, einseitiges Nasenbluten hervorrufen.

3.4.3 Diagnosesicherung durch weiterführende Untersuchungen

Röntgenaufnahmen des Thorax sind anzufertigen, wenn bei der klinischen Untersuchung auffällige Atemgeräusche wahrgenommen werden. Nur so kann das Ausmaß der Lungenschädigung bestimmt werden. Auch wenn trotz massiver Atemnot keine Atemgeräusche zu hören sind und zudem die Herztöne gedämpft erscheinen, muss der Thorax geröntgt werden, um Lungenmetastasen (▶ S. 29) und einen Thoraxerguss (▶ S. 33) differenzieren zu können.

Röntgenaufnahmen des Abdomens werden erforderlich, wenn raumfordernde Prozesse im Bauchraum (▶ S. 35) für die Dyspnoe verantwortlich zu machen sind.

Röntgenaufnahmen des Schädels sind anzuraten, wenn einseitiger eitriger Nasenausfluss besteht. Nur so können Veränderungen der Backenzähne und oronasale Fisteln (▶ S. 32) sicher diagnostiziert werden.

Eine weitergehende kardiologische Untersuchung mit EKG und Echokardiografie muss eingeleitet werden, falls sich aufgrund der klinischen Allgemeinuntersuchung und der Röntgenaufnahmen der Verdacht auf eine Herzerkrankung (▶ S. 33) ergibt.

Mikrobiologische Untersuchungen von Nasentupfern werden durchgeführt, um die an Atemwegsinfektionen beteiligten Erreger nachzuweisen. Allerdings gelangt man nur mit äußerst dünnen Tupfern in die Nasengänge. Das dort vorhandene Keimspektrum kann von demjenigen in den Nasenhöhlen oder der Lunge abweichen.

3.5 Erkrankungen

Adenoviruspneumonie [MS]

▶ Bei **Meerschweinchen** vorkommende Lungenentzündung mit geringer Morbidität und hohen Mortalitätsraten.

Ätiologie & Pathogenese

Viruspneumonien des Meerschweinchens werden durch Adenoviren hervorgerufen. Die Erreger sind besonders in Meerschweinchenzuchten weit verbreitet. Nur wenige Tiere erkranken, vermutlich begünstigt durch immunsupprimierende Faktoren, die Mortalitätsrate beträgt jedoch nahezu 100 %.

Eine Ansteckung erfolgt durch Kontakt mit infizierten Tieren, die nicht zwangsläufig klinisch erkrankt sein müssen.

Klinik

Es kommt zu akuten respiratorischen Symptomen. Die Tiere weisen eine deutliche pumpende Flankenatmung auf; es besteht meist nur dezenter seröser Augen- und Nasenausfluss. Die Meerschweinchen verfallen zusehends, sitzen mit gesträubtem Fell in einer Käfigecke und nehmen kein Futter mehr auf. Sie versterben in der Regel nach 24–48 Stunden.

Diagnose

Eine sichere Diagnose ist intra vitam kaum möglich. Der Verdacht einer Viruserkrankung ergibt sich bei akuter Atemwegssymptomatik mit den beschriebenen Symptomen, ohne dass unterstützende Maßnahmen Wirkung zeigen.

Bei der pathologischen Untersuchung sind typische Veränderungen zu finden: nekrotisierende Bronchitis und Bronchiolitis. In den Epithelzellen der Bronchien und Alveolen sind intranukleäre Einschlusskörperchen nachzuweisen.

Therapie & Prognose

Eine ätiologische Therapie ist aufgrund der Virusgenese nicht möglich. Symptomatische Behandlungsversuche mit Antibiotika, Flüssigkeitsersatz [89], Vitaminsubstitution, Paramunitätsinducern [118] und Zwangsernährung [115] bringen in der Regel keinen Erfolg.

Lymphozytäre Choriomeningitis (LCM) [MS] [Z]

▶ Bei **Meerschweinchen** selten vorkommende Virusinfektion mit Beteiligung des Respirationstrakts.

Ätiologie & Pathogenese

Der Erreger der Infektion ist ein Arenavirus, dessen Hauptwirt Labor- und Wildmäuse sind. Eine Virusübertragung ist sowohl diaplazentar von der Mutter auf die Jungtiere möglich als auch horizontal mit allen Sekreten und Exkreten. Eine Infektion von als Heimtieren gehaltenen Meerschweinchen ist vorwiegend bei Kontakt mit Wildmäusen zu erwarten.

❗ Der Erreger der lymphozytären Choriomeningitis ist humanpathogen!

Das LCM-Virus induziert in den von ihm infizierten Zellen die Bildung neuer Antigene. Gegen diese Antigene entwickelt sich eine von den T-Lymphozyten ausgehende Immunreaktion, die zur Zerstörung der Zellen führt. Durch Virusfreisetzung nach Zellauflösung wird die Immunreaktion weiter verstärkt.

Klinik

Meerschweinchen durchlaufen meist eine latente Infektion. Gelegentlich werden jedoch Krankheitsausbrüche mit Fieber, seröser Konjunktivitis, Bronchopneumonien und Pleuritiden beobachtet. Die Tiere stellen das Fressen ein und dehydrieren schnell. Bei der Auskultation der Lunge lassen sich deutlich verschärfte Atemgeräusche wahrnehmen.

Diagnose & Differenzialdiagnosen

Eine Diagnose ist am lebenden Tier nur durch serologischen Antikörpernachweis möglich. Spricht der Patient auf eine antibiotische Behandlung nicht an, so besteht zumindest der Verdacht auf eine virale Ätiologie der Symptome. Post mortem kann Antigen aus Organmaterial isoliert werden.

Wichtigste Differenzialdiagnosen zur lymphozytären Choriomeningitis sind die Adenoviruspneumonie sowie bakterielle Infektionen des Respirationstrakts.

Therapie & Prognose

Eine gezielte Behandlung der Virusinfektion ist nicht möglich. Die Tiere erhalten Antibiotika, Flüssigkeitsersatz sowie Vitaminsubstitutionen und werden zwangsgefüttert. In den meisten Fällen versterben die Meerschweinchen jedoch nach einer Erkrankungsdauer von 1–2 Wochen. Paramunitätsinducer sollten bei der Erkrankung nicht eingesetzt werden, da durch eine erhöhte unspezifische Immunreaktion der Verlauf verstärkt werden kann.

Die lymphozytäre Choriomeningitis ist eine Zoonose. Daher ist eine Euthanasie erkrankter Tiere zu erwägen.

❗ LCM als Zoonose: Auch beim Menschen verläuft eine Infektion meist inapparent. Erkrankungsfälle sind durch grippeähnliche Symptome wie Fieber, Kopf- und Gliederschmerzen, gekennzeichnet. Seltener sind Meningoenzephalitis, Pneumonien und Arthritiden anzutreffen. Bei Schwangeren ist eine Schädigung des Ungeborenen möglich.

Bakterielle Atemwegsinfektion

▶ Häufigste infektiöse Atemwegserkrankung mit Beteiligung verschiedener Erreger.

Ätiologie & Pathogenese

Häufige Erreger von Atemwegsinfektionen sind *Pasteurella multocida, Bordetella bronchiseptica, Klebsiella pneumoniae, Staphylococcus* spp. und *Streptococcus* spp. Die Keime können sowohl einzeln als auch in Form von Mischinfektionen vorkommen. Beim **Meerschweinchen** können zudem Chlamydien respiratorische Symptome mit Konjunktivitis verursachen.

Je nach Lokalisation der Erreger werden Infektionen des oberen Atmungstrakts oder Erkrankungen der tieferen Atemwege mit Bronchitis und Pneumonie (▶ **Abb. 3.4**) hervorgerufen. Die Erregerübertragung erfolgt über direkten Kontakt sowie durch Aerosole. Immunsupprimierende Faktoren begünstigen den Ausbruch einer Erkrankung. Insbesondere im Winter bei trockener Hei-

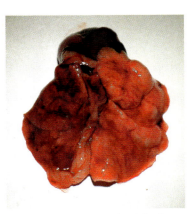

▶ **Abb. 3.4** Lunge eines Chinchillas bei Pneumonie: Die linke Lungenhälfte ist deutlich hyperämisiert und fleckig verändert.

zungsluft können sich Keime leicht auf den ausgetrockneten Schleimhäuten ansiedeln.

Klinik

Die Symptome sind vielfältig. Rhinitiden gehen mit serösem bis eitrigem Nasen- und Augenausfluss einher (▶ Abb. 3.5). Es entstehen deutliche nasale Atemgeräusche. Die Nasenöffnungen können durch eitriges Sekret vollständig verklebt sein. Bei Infektionen der tieferen Abschnitte des Respirationstrakts, wie Bronchitis und Pneumonie, weisen die Tiere eine verstärkte Flankenatmung auf, sind abgeschlagen und verweigern die Futteraufnahme.

Diagnose

Die Diagnose einer Atemwegsinfektion ergibt sich meist bereits durch das klinische Bild. Bei Lungenbeteiligung lassen sich auskultatorisch deutlich verschärfte Atemgeräusche wahrnehmen. Röntgenaufnahmen des Thorax geben Auskunft über den Zustand der Lunge (▶ Abb. 3.6).

❗ Eine exakte Isolierung der Erreger ist meist nicht möglich, da sie einer Probenentnahme am lebenden Tier nicht zugänglich sind. Versuchsweise können Tupferproben aus den Nasengängen entnommen werden; das eigentliche Erregerreservoir wird dadurch jedoch meist nicht erreicht.

Therapie & Prognose

Die Tiere erhalten ein Antibiotikum mit möglichst breitem Wirkungsspektrum. Unterstützend können Paramunitätsinducer [118] und Mukolytika (z. B. Acetylcystein [39], Bromhexin [40]) appliziert werden. Auch Inhalationen sind geeignet, um Schleim in den Atemwegen zu lösen. Die Tiere werden dazu in eine Transportbox verbracht. Die Box wird mit einem Handtuch abgedeckt. Acetylcystein-Injektionslösung kann über ein Inhalationsgerät verdampft werden. Der Verdampfer wird von außen am Transportgefäß angebracht, sodass

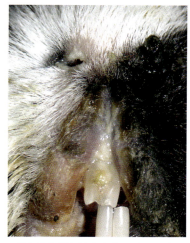

▶ Abb. 3.5 Rhinitis bei einem Meerschweinchen: Nasenlöcher und Lippen sind mit eitrigem Sekret verklebt.

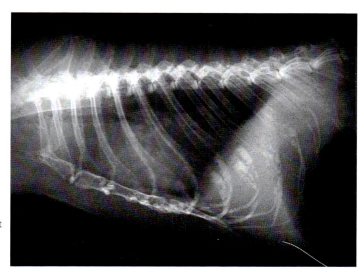

▶ Abb. 3.6 Pneumonie bei einem Meerschweinchen: Die Lunge erscheint fleckig, die Bronchien sind mit Sekret angefüllt. Es besteht eine deutliche präkardiale Verschattung.

die Tiere den Dampf einatmen können ohne festgehalten werden zu müssen. Alternativ kann auch eine Schüssel mit z. B. Thymian- oder Salbeitee vor den Behälter gestellt werden. Es muss jedoch darauf geachtet werden, dass die Temperaturen in der Box durch den heißen Dampf nicht zu hoch werden.

Inappetente Patienten müssen zwangsgefüttert werden; zudem ist eine ausreichende Flüssigkeitszufuhr in Form von Infusionen erforderlich. Die Haltungs- und Fütterungsbedingungen sind zu optimieren; auch andere Stressoren sind so weit wie möglich auszuschalten. Während der Heizperiode ist insbesondere die Luftfeuchtigkeit der Räume zu erhöhen, um ein Austrocknen der Schleimhäute zu verhindern.

Besteht lediglich eine Infektion des oberen Respirationstrakts und weist der Patient noch einen recht guten Allgemeinzustand auf, so ist die Prognose bei rechtzeitigem Einsatz eines geeigneten Antibiotikums als gut zu bewerten. Liegt bereits eine Infektion von Lunge und Bronchien bei fortgeschrittenen Störungen des Allgemeinbefindens vor oder kommt es bei hochakuten Infektionen unmittelbar zu einer Beteiligung der tieferen Abschnitte des Atmungstrakts, so ist die Prognose deutlich vorsichtiger zu stellen. Oft kommt eine antibiotische Behandlung dann zu spät.

> **T Therapie bei bakteriellen Atemwegsinfektionen**
> - Antibiotikum, z. B.
>   - Enrofloxacin [4] (Baytril®), 1 × tgl. 10 mg/kg s.c., p.o.
>   - Marbofloxacin [6] (Marbocyl®), 1 × tgl. 4 mg/kg s.c., p.o.
>   - Chloramphenicol [1] (Chloromycetin Palmitat®), 2 × tgl. 50 mg/kg p.o.
>   - Sulfadoxin/Trimethoprim [9] (Cotrim K-ratiopharm®), 2 × tgl. 40/8 mg/kg p.o.
> - Mukolytikum, z. B.
>   - Acetylcystein [39], 2 × tgl. 3 mg/kg s.c., p.o.
>   - Bromhexin [40], 2 × tgl. 0,5 mg/kg p.o.
> - Inhalation
>   - Acetylcystein [39] über einen Ultraschallverdampfer (0,1 ml Injektionslösung auf 5 ml NaCl)
>   - Tee (z. B. Salbei, Thymian)

> - Paramunitätsinducer, z. B.
>   - Zylexis® [118], 0,5–1 ml/Tier s.c. am 1., 2./3. und 7./8. Behandlungstag
>   - Engystol® [143], 1 × tgl. 0,2–0,5 ml/Tier s.c., p.o. über 7–10 d

Allergie

▶ Überempfindlichkeitsreaktion; häufig durch Einstreumaterial hervorgerufen.

Ätiologie & Pathogenese

Allergische Atemwegserkrankungen kommen besonders bei **Meerschweinchen** vor. Die Ursache ist nicht in allen Fällen zu ermitteln. Häufig liegt jedoch eine Überempfindlichkeit gegen Einstreumaterialien, besonders gegen die handelsüblichen Holzspäne, vor. Durch das Allergen kommt es zu verstärkter Bronchosekretion, sodass eine deutlich feuchte Atmung hörbar wird.

Klinik

Die Tiere weisen hochgradig feuchte, rasselnde Atemgeräusche auf und es besteht seröser Augen- und Nasenausfluss. Auch Husten und Würgen sind zu beobachten. Allgemeinbefinden und Futteraufnahme sind in der Regel dennoch kaum gestört.

Diagnose & Differenzialdiagnosen

Eine Verdachtsdiagnose kann schon anhand des klinischen Bildes gestellt werden. Auf Röntgenaufnahmen des Thorax sind deutliche Flüssigkeitsansammlungen in den Bronchien sichtbar (▶ **Abb. 3.7**). Bringt eine Behandlung mit Antibiotika keine Veränderung der Symptome, kann dies als weiterer Hinweis auf ein allergisches Geschehen gewertet werden. Zur Sicherheit empfiehlt sich zudem eine echokardiografische Untersuchung, da auch Herzveränderungen mitunter sehr feuchte Atemgeräusche hervorrufen können, ohne dass die Patienten nennenswert im Allgemeinbefinden gestört sind.

Die Haltungsbedingungen, besonders bezüglich des Einstreumaterials, sollten detailliert hinterfragt werden.

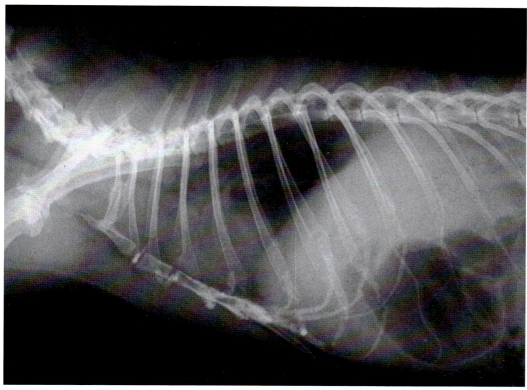

▶ **Abb. 3.7** Meerschweinchen mit Allergie: Durch Flüssigkeitsansammlungen in den Bronchien erscheint die Lunge verschattet, die Herzkontur kann nicht abgegrenzt werden (Röntgenbild vergrößert).

Therapie & Prognose

Versuchsweise sollten in jedem Fall die Haltungsbedingungen verändert werden. Holzspäne werden gegen Presspellets, Holzgranulat oder Hanfstreu ausgetauscht. Wenn möglich, sollten die Tiere vermehrt Auslauf bekommen, um engen Kontakt mit der Einstreu zu vermeiden. Prednisolon **76** kann anfangs in geringer Dosierung verabreicht werden, um die Symptome zu mildern.

Nicht immer ist das Allergen zu ermitteln und mit Kortikoiden kann in vielen Fällen keine Besserung der Symptomatik erzielt werden. Dennoch besteht in der Regel kein Grund zur Euthanasie. Betroffene Tiere müssen jedoch besonders sorgfältig auf Verschlechterungen des Allgemeinbefindens hin beobachtet werden, da sie besonders anfällig für Sekundärinfektionen der Lunge sind, die dann einer antibiotischen Behandlung bedürfen.

Neoplasien der Lunge

▶ Metastasierung, meist ausgehend von Primärtumoren der Geschlechtsorgane, der Milz oder des Skeletts.

Ätiologie & Pathogenese

Lungentumoren kommen bei den Caviomorpha relativ selten vor. Es handelt sich um Metastasen, die von Primärtumoren anderer Organe absiedeln. Als Ausgangsneoplasien kommen v.a. maligne Tumoren der Geschlechtsorgane sowie bei Meerschweinchen insbesondere Milz- und Knochentumoren in Betracht.

Klinik

Die Tiere zeigen eine deutliche Dyspnoe mit intensiver Flankenatmung, die Lunge ist auskultatorisch jedoch unauffällig. Die Herztöne können gedämpft sein, wenn Neoplasien über dem Auskultationsfeld liegen.

3 – Dyspnoe

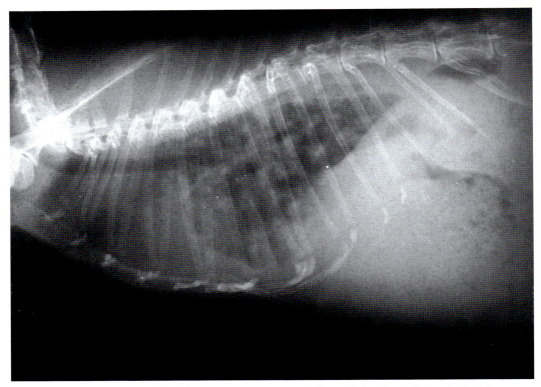

▶ **Abb. 3.8** Lungentumore beim Chinchilla. Die gesamte Lunge ist mit röntgendichten Rundschatten durchsetzt (Röntgenbild vergrößert).

Diagnose

Besteht hochgradige Atemnot, ohne dass Lungengeräusche zu auskultieren sind, dafür aber eine Herzdämpfung vorliegt, so besteht bereits der Verdacht auf einen raumfordernden Prozess im Thorax. Differenzialdiagnostisch ist vor allem eine Herzerkrankung mit Thorax- oder Perikarderguss auszuschließen. Das Auffinden eines Primärtumors bei der klinischen Untersuchung erhärtet die Vermutung einer Metastasenbildung in der Lunge. Auf Röntgenaufnahmen des Thorax lassen sich röntgendichte Rundschatten nachweisen (▶ Abb. 3.8).

Therapie & Prognose

Eine Behandlung von Patienten mit Lungenmetastasen ist weder möglich noch sinnvoll. Betroffene Tiere sind umgehend zu euthanasieren.

Euthanasie

Die schonendste Methode zur Euthanasie ist die Verwendung von Pentobarbital [114] (Narcoren®, Eutha 77®). Das Medikament hat keine reizenden Eigenschaften und kann daher intraperitoneal im linken Flankenbereich appliziert werden. Es wird dann aus der Bauchhöhle resorbiert und die Tiere fallen in eine zunehmend tiefe Narkose, die letztlich zum Atem- und Herzstillstand führt. Der Atemlähmer T61® ist dagegen stark gewebereizend und darf nur in tiefer Narkose streng intravenös oder intrakardial verabreicht werden.

> ⚠ **Eine Anwendung von T61® ohne vorherige Sedation sowie seine intraperitoneale Gabe stellen einen Verstoß gegen das Tierschutzgesetz dar!**

Lungenblutung

▶ Traumatisch bedingte Erkrankung mit Ruptur von Lungengefäßen.

Ätiologie
Verschiedene Traumata können Lungenblutungen auslösen. Häufigste Ursache sind Stürze aus größerer Höhe. Aber auch Angriffe von Raubtieren oder das Einklemmen in Türen können Thoraxquetschungen und Rupturen von Lungengefäßen zur Folge haben.

Klinik
Die Tiere weisen meist eine Schocksymptomatik mit Seitenlage auf. Aus der Nase tritt Blut oder blutiger Schaum aus. Bei Rupturen größerer Gefäße kommt es schnell zum Exitus.

Diagnose
Die Diagnose kann in der Regel bereits anhand der Anamnese und des klinischen Bildes gestellt werden. Es sollten dennoch möglichst Röntgenaufnahmen des Thorax in 2 Ebenen angefertigt werden, um die Lokalisation der Blutung bestimmen zu können.

Therapie & Prognose
Der Patient muss umgehend notfallversorgt werden. Er benötigt Sauerstoff und erhält Infusionen [89] sowie ein schnell wirkendes Prednisolonpräparat [76]. Das Tier sollte auf die Körperseite gelegt werden, auf der die Blutung besteht. So kann sich die gesunde Lungenhälfte frei entfalten, ohne dass die Atemluft mit Blut vermischt wird. Es muss weiterhin eine antibiotische Abschirmung erfolgen, um Infektionen des geschädigten Lungengewebes zu verhindern.
 Die Prognose ist in hohem Maße vom Umfang der Blutung abhängig. Werden größere Gefäße verletzt, so kommt es meist schnell zum Erstickungstod.

Epistaxis

▶ Durch Schädeltrauma oder Neoplasien hervorgerufenes Nasenbluten, das mit Dyspnoe unterschiedlicher Ausprägung einhergehen kann.

Ätiologie
Schädeltraumata, insbesondere durch Stürze oder versehentliche Fußtritte, können zu Nasenbluten mit zum Teil erheblicher Einschränkung der Atmung führen. Bei Meerschweinchen, v. a. bei älteren Tieren, können Neoplasien, die im Bereich der Nasenhöhlen lokalisiert sind, zu rezidivierendem und teils heftigem Nasenbluten führen, welches dann meist einseitig auftritt.

Klinik
Es besteht nach Schädeltraumata meist beidseitiges, bei Tumorerkrankungen meist einseitiges Nasenbluten, das von deutlich feuchten nasalen Atemgeräuschen begleitet wird und zu erheblicher Dyspnoe mit Maulatmung führen kann.

Diagnose
Bei Nasenbluten sollten in jedem Fall Röntgenaufnahmen des Schädels in mehreren Ebenen angefertigt werden. So können nach Traumata Schädelfrakturen diagnostiziert und prognostisch bewertet werden. Neoplasien im Bereich des Schädels sind nur dann röntgenologisch nachweisbar, wenn eine Knochenbeteiligung vorliegt. Es lassen sich dann meist osteolytische Veränderungen darstellen. Eine tumoröse Entartung von Weichteilstrukturen (z. B. Schleimhaut) lässt sich nur durch weitergehende bildgebende Verfahren (CT, MRT) nachweisen.

Therapie & Prognose
Liegen nach einem Trauma Frakturen der Schädelknochen vor, so ist die Prognose stets als vorsichtig zu beurteilen. Bestehen zudem starke Störungen des Allgemeinbefindens (Somnolenz, neurologische Ausfallserscheinungen), so sollte eine Euthanasie erwogen werden. Liegen keine Frakturen vor und weist das Tier keine gravierenden neurologischen Störungen auf, so sollte eine Behandlung mit nicht-steroidalen Antiphlogistika (z. B. Meloxicam [102]) und einem Antibiotikum eingeleitet werden. Besteht Dyspnoe, so muss natürlich zunächst eine Behandlung mit Sauerstoff erfolgen.

Ist die Blutung bereits zum Stillstand gekommen und befindet sich noch geronnenes Blut in den Nasengängen, das die Atmung behindert, so werden vorsichtige Nasenspülungen mit Kochsalzlösung vorgenommen.

Liegt dem Nasenbluten eine tumoröse Erkrankung zugrunde, so ist eine kausale Therapie nicht möglich. Das Tier sollte dauerhaft ein nicht-steroidales Antiphlogistikum erhalten. Bei Verschlechterung des Allgemeinbefindens oder ständig wiederkehrenden bzw. anhaltenden Blutungen ist eine Euthanasie angezeigt.

Oronasale Fistel

▶ Durch Vereiterung von Zähnen hervorgerufene Erkrankung.

Ätiologie & Pathogenese

Oronasale Fisteln, die zu Nasenausfluss und dadurch zu Atemproblemen führen, werden bei den Meerschweinchenverwandten in aller Regel durch Entzündungen und Vereiterungen des Prämolaren im Oberkiefer hervorgerufen.

Solchen Veränderungen liegen meist Zahnfehlstellungen zugrunde, durch die es zu veränderten Druckbelastungen beim Kauvorgang kommt, sodass ein retrogrades Zahnwachstum resultiert. Dabei kann es letzlich zum Durchbruch des Prämolaren in die Nasenhöhle kommen.

Klinik

Die Patienten weisen einen einseitigen Nasenausfluss auf. Dieser ist anfangs oft noch serös, gewinnt aber schnell einen eitrigen Charakter. Die betreffende Nasenöffnung weist Sekretverklebungen auf, das Tier niest vermehrt und es kann zu Atemstörungen unterschiedlichen Ausmaßes kommen. Die Futteraufnahme kann eingeschränkt, aber auch vollständig erhalten sein.

Diagnose

Einseitig eitriger Nasenausfluss sollte immer den Verdacht auf eine Zahnerkrankung aufkeimen lassen. Durch Inspektion der Nasengänge mit einem Otoskop kann abgesichert werden, dass Sekret tatsächlich nur aus einem Nasenloch fließt. Es sollte sich dann eine Inspektion der Maulhöhle anschließen. Bei Degus und Chinchillas lassen sich dabei meist weitere Hinweise auf eine Zahnbeteiligung sammeln. Der betroffene Prämolare weist bei diesen Tierarten häufig Verfärbungen und Stellungsanomalien auf sowie eine ausgeprägte Hypertrophie der Gingiva (▶ **Abb. 3.9**). Bei Meerschweinchen sind von der Maulhöhle aus dagegen nur selten Veränderungen des Zahnes festzustellen.

Zur weiteren Absicherung der Diagnose müssen Röntgenaufnahmen des Schädels angefertigt werden. Auf diesen lässt sich ein retrogrades Zahnwachstum sicher feststellen. Oft weist der Zahn röntgenologisch zudem einen deutlichen Strukturverlust auf und ist periapikal von einem deutlichen osteolytischen Saum umgeben (▶ **Abb. 3.10** und ▶ **Abb. 3.11**).

Therapie & Prognose

Das Problem kann in der Regel nur dann dauerhaft beseitigt werden, wenn der erkrankte Zahn extrahiert wird. Nach Extraktion muss die Alveole vorsichtig, aber gründlich mit einem scharfen Löffel kürettiert werden, um Granulomgewebe vollständig zu entfernen. Es schließen sich Spülungen des Zahnfachs an, bei denen das Tier kopfüber nach unten gehalten werden muss, damit über die Nase ablaufende Spülflüssigkeit nicht in den Rachenraum und die Lunge gelangen kann. Da das Zahnfleisch der Meerschweinchenverwandten sehr brüchig ist und meist nicht stabil über der Extraktionswunde vernäht werden kann, muss diese austamponiert werden, um zu verhindern, dass Futterbestandteile einwandern. Zu diesem Zweck haben sich granulationsfördernde Gelastypt®-Würfel bewährt, die vollständig resorbiert werden und daher in der Wunde blassen werden können. Der Patient muss anschließend über mindestens 2 Wochen mit einem knochengängigen Antibiotikum behandelt werden. Bis zur ausreichenden Wiederherstellung der Futteraufnahme wird zudem ein Analgetikum (z. B. Meloxicam **102**) verabreicht.

Eine ausschließlich medikamentelle Behandlung mit Antibiotika und nicht-steroidalen Antiphlogistika bringt dagegen nur selten Erfolg. Sie sollte allenfalls dann versucht werden, wenn röntgenologisch noch keine weitreichenden osteolytischen Veränderungen vorliegen und das Narkoserisiko für den Patienten (z. B. aufgrund anderer Erkrankungen) als zu hoch eingestuft werden muss.

3.5 Erkrankungen

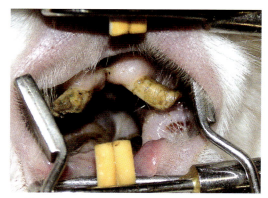

▶ **Abb. 3.9** Maulhöhle eines Chinchillas: Beide Prämolare sind fehlgestellt und verfärbt. Die Gingiva ist deutlich hypertrophiert.

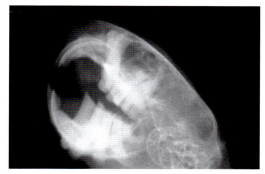

▶ **Abb. 3.10** Röntgenaufnahme eines Degus: Der Prämolare des Oberkiefers weist massives apikales Wachstum auf und ragt bis in die Nasenhöhle.

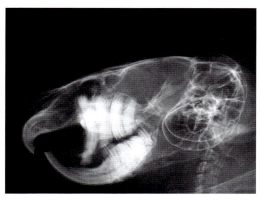

▶ **Abb. 3.11** Röntgenaufnahme eines Chinchillas: Der Prämolare des Oberkiefers wächst retrograd Richtung Nasenhöhle, M1 ist apikal nicht klar begrenzt. M3 des Unterkiefers weist periapikal einen entzündlichen Saum auf.

Herzerkrankungen

▶ Häufig vorkommende Erkrankungen, die durch Thoraxerguss oder Lungenödem Atembeschwerden verursachen können.

Ätiologie

Ursachen kardialer Erkrankungen können sowohl angeborene als auch erworbene Herzveränderungen sein. Bei älteren Tieren kommt es durch Gewebealterung gehäuft zu Klappeninsuffizienzen. Weiterhin können bakterielle Infektionen zu Entzündungen des Myokards, des Endokards und der Herzklappen führen. Chronische Lungenerkrankungen bedingen ein Cor pulmonale. Bei Meerschweinchen, gelegentlich auch bei Chinchillas, werden Herzveränderungen zudem als Begleiterscheinung einer Schilddrüsenfunktionsstörung (meist Hyperthyreose) gesehen.

Klinik

Die Symptome einer Herzerkrankung sind vielgestaltig und oft unspezifisch. Neben Apathie, Inappetenz (▶ S. 303) und Abmagerung (▶ S. 273) kommen auch Anfallsgeschehen (▶ S. 197) gelegentlich vor. Dyspnoe ist meist Anzeichen einer dekompensierten Herzinsuffizienz mit Lungenödem, Perikard- oder Thoraxerguss. Die Patienten weisen dann eine pumpende Atmung mit verstärkter Flankenbeteiligung auf. Sie fressen nicht, sind apathisch und haben ein gesträubtes Fell.

Diagnose

Bei der klinischen Untersuchung lassen sich bei Meerschweinchen und Chinchilla Herzgeräusche in der Regel gut feststellen. Bei Degus sind diese, aufgrund der deutlich höheren Herzfrequenz, meist nur in ausgeprägteren Stadien wahrzunehmen. Bestehen Flüssigkeitsansammlungen im Thorax oder im Herzbeutel, so sind die Herztöne deutlich gedämpft und Herzgeräusche oft nicht mehr hörbar. Besteht ein Lungenödem, sind feuchte Lungengeräusche zu hören, die die Herztätigkeit überlagern können, sodass diese nur sehr eingeschränkt beurteilt werden kann.

Röntgenaufnahmen des Thorax geben weitere Hinweise auf eine Herzerkrankung. Die Herzkontur kann vergrößert sein und abgerundet erscheinen. Bei starker Größenzunahme des Herzens wird die Trachea nach dorsal angehoben, sodass sie paral-

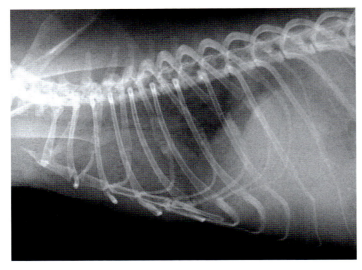

▶ **Abb. 3.12** Thoraxerguss bei einem Meerschweinchen: Durch Flüssigkeitsansammlungen ist die Herzkontur nicht abgrenzbar.

lel zur Wirbelsäule verläuft. Besteht ein Perikarderguss, so erhält der Herzschatten eine kugelige Form. Durch Flüssigkeitsansammlungen im Thorax ist die Herzsilhouette oft nicht mehr klar abzugrenzen (▶ **Abb. 3.12**). Anzeichen für Stauungserscheinungen sind eine Verbreiterung der großen Gefäße (Vena cava, Aorta) sowie eine Hepatomegalie. Eine konkrete Diagnose der Herzerkrankung muss durch echokardiografische Untersuchung erfolgen. Diese ist bei **Meerschweinchen** und **Chinchillas** meist gut durchführbar, bei den kleinen **Degus** mit den üblichen Schallköpfen jedoch nicht möglich.

Therapie & Prognose

Die Behandlung richtet sich nach der Art der Veränderungen. Besteht aufgrund einer Herzerkrankung Atemnot, so muss in jedem Fall eine forcierte Entwässerung des Patienten mit Furosemid [47] erfolgen. Den Tieren wird außerdem Sauerstoff zugeführt; jeglicher Stress (z.B. durch weitere Diagnostik) ist zunächst zu vermeiden, bis sich der Zustand stabilisiert hat.

Weitere, spezifische Herzmedikamente sollten möglichst erst nach weiterer Abklärung der Erkrankung Anwendung finden. Ist dies nicht möglich, so können relativ gefahrlos ACE-Hemmer eingesetzt werden.

❗ **Digitalis-Präparate dürfen dagegen keinesfalls ohne gesicherte Diagnose verwendet werden!**

Die Prognose einer Herzerkrankung, die zu Atemnot führt, ist stets als äußerst vorsichtig zu beurteilen.

ⓣ Bei Meerschweinchen, Chinchilla und Degu einsetzbare Herzmedikamente

- Diuretika
  - Furosemid [47] (Dimazon®), 1–2 × tgl. 1–5 mg/kg s.c., p.o.
- ACE-Hemmer
  - Enalapril [45] (Enacard®), 1 × tgl. 0,5–1 mg/kg p.o.
  - Ramipril [54] (Vasaotop®), 1 × tgl. 0,125 mg/kg p.o.
  - Imidaprilhydrochlorid [48] (Prilium®), 1 × tgl. 0,125–0,25 mg/kg p.o.
  - Benazepril [43] (Fortekor®), 1 x tgl. 0,125–0,25 mg/kg p.o.
- Inotropika
  - Herzglykoside
    - Metildigoxin [50] (Lanitop®), 1 × tgl. 0,005–0,01 mg/kg p.o.
    - Digoxin [44] (Lenoxin liquidum®), 1 × tgl. 0,005–0,01 mg/kg p.o.
- weitere Inotropika
  - Pimobendan [51] (Vetmedin®), 2 × tgl. 0,25 mg/kg p.o.

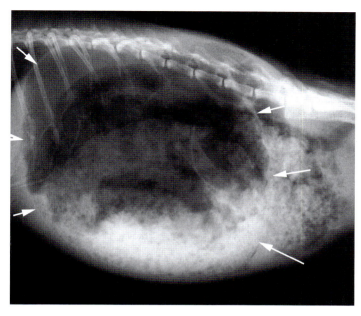

▶ **Abb. 3.13** Hochgradige Magentympanie beim Meerschweinchen: Der aufgegaste Magen nimmt fast die gesamte Bauchhöhle ein.

Erkrankungen von Abdominalorganen

▶ Durch Druck von Bauchhöhlenorganen auf das Zwerchfell ausgelöste Atemproblematik.

Ätiologie

Eine Größenzunahme von Organen der Bauchhöhle führt zu einer Verdrängung anderer Organe und zu einem erhöhten Druck auf das Zwerchfell. Dadurch wird die Funktion von Herz und Lunge beeinträchtigt. Es resultieren Kreislaufschwäche und Atemprobleme. Als Ursachen sind besonders Tympanien des Magen-Darm-Trakts sowie bei **Meerschweinchen** voluminöse Ovarialzysten und Milztumore zu nennen.

Klinik

Neben einer Dyspnoe steht vor allem ein umfangsvermehrtes Abdomen (▶ S. 100, ▶ S. 112) im Vordergrund.

Diagnose

Die Diagnose ergibt sich bereits durch das klinische Bild. Röntgenaufnahmen des Abdomens sind ein weiteres Hilfsmittel, um die Ursache für die Zunahme des Bauchumfangs zu ermitteln (▶ Abb. 3.13).

Therapie & Prognose

Die Prognose ist stets als äußerst vorsichtig zu beurteilen, wenn die Herz-Kreislauf- und Lungenfunktion durch raumfordernde abdominale Prozesse bereits eingeschränkt sind.

Die Behandlung richtet sich nach der jeweiligen Ursache. In jedem Fall muss eine Stabilisierung der Kreislaufsituation und der Atmung erfolgen. Gas- bzw. Flüssigkeitsansammlungen müssen so schnell wie möglich entfernt werden, um eine Entlastung zu erreichen.

Zwerchfellruptur

▶ Selten vorkommende, traumatisch bedingte Erkrankung.

Ätiologie

Rupturen des Zwerchfells werden vor allem durch Stürze aus größerer Höhe ausgelöst. Die Folge ist ein Vorfall von Bauchhöhlenorganen in den Thorax, wodurch die Kreislauf- und Lungenfunktion eingeschränkt wird.

Klinik

Typisches Symptom einer Zwerchfellruptur ist eine paradoxe Abdomenbewegung: Verkleinerung bei Inspiration, Ausdehnung bei Exspiration. Das Ausmaß der Atemnot ist abhängig vom Ausmaß des Vorfalls der Abdominalorgane in den Thorax. In besonders schweren Fällen bestehen hochgradige Dyspnoe und Zyanose.

Diagnose
Bereits eine paradoxe Abdomenbewegung ist deutlicher Hinweis auf eine Zwerchfellruptur. Bei der Auskultation des Thorax lassen sich möglicherweise Darmgeräusche wahrnehmen, die Herztöne können entsprechend gedämpft sein. Eine Absicherung der Diagnose ist anhand von Röntgenaufnahmen möglich.

Therapie & Prognose
Zwerchfellrupturen sind immer als kritisch anzusehen, insbesondere wenn Bauchhöhlenorgane in den Thorax vorgefallen sind und eingeklemmt werden, da dies zu zusätzlichen Kreislaufbeeinträchtigungen führt.

Besteht eine Schocksymptomatik, so muss der Patient zunächst stabilisiert werden. Die vordere Körperhälfte sollte höher gelagert werden, um den Druck auf die Thoraxorgane zu senken. Letztlich ist eine chirurgische Versorgung erforderlich, bei der das Tier intubiert werden muss.

Septikämie
▶ Von bakteriellen Infektionen ausgehende Erkrankung mit meist akutem Verlauf.

Ätiologie
Septikämien können aus allen infektiösen Erkrankungen hervorgehen. Besonders oft nehmen sie ihren Ausgang von Erkrankungen des Magen-Darm-Trakts. Im veränderten Darmmilieu vermehren sich schnell pathogene Keime, die letztlich die Darmschranke durchbrechen und in die Blutbahn gelangen.

Klinik
Die Tiere befinden sich in hochgradig gestörtem Allgemeinzustand, oft mit Bewusstseinstrübung (▶ S. 197); es besteht eine Hypothermie. Sie weisen eine pumpende Atmung mit verstärkter Flankenbeteiligung auf. Es lassen sich Symptome einer Primärerkrankung nachweisen.

Diagnose
Eine Verdachtsdiagnose lässt sich meist aus der Anamnese ableiten, aus der hervorgeht, dass das Tier an anderen Ursprungssymptomen litt. Der Nachweis einer Hypothermie bestärkt die Diagnose einer Septikämie. Weiterführende diagnostische Maßnahmen (z. B. Kot-, Harnuntersuchung) beziehen sich auf die Ausgangserkrankung, sofern der Zustand des Tieres es zulässt.

Therapie & Prognose
Das Tier erhält ein Antibiotikum. Es sind dabei Präparate vorzuziehen, die intravenös oder, bei kleineren Tieren, komplikationslos intraperitoneal verabreicht werden können (z. B. Marbocyl® [6]). Subkutane Medikamentendepots werden bei der schlechten Kreislaufsituation dagegen nicht mehr resorbiert. Gleiches gilt für Infusionen [89], die ebenfalls intraperitoneal appliziert werden können. Weiterhin muss der Patient warm gehalten werden und Sauerstoff erhalten. Besteht bereits eine Untertemperatur, so kommen Behandlungsversuche meist zu spät.

Hitzschlag
▶ In den Sommermonaten häufig vorkommende Erkrankung; akuter Notfall!

Ätiologie
Die Meerschweinchenverwandten besitzen keine Schweißdrüsen, sodass es bei Wärmeexposition schnell zum Hitzestau kommt. Ursächlich hierfür können direkte Sonneneinstrahlung (z. B. Käfigstandort am Fenster) oder auch mangelnde Luftzirkulation bei hohen Umgebungstemperaturen (z. B. Transporte im Auto, stickige Dachgeschosswohnung) sein.

Hyperthermien führen schnell zu Proteindenaturierung und Nekrosebildung in den verschiedensten Organsystemen, sodass es letztlich zu multiplem Organversagen kommen kann.

Klinik
Betroffene Tiere werden zunächst unruhig und entwickeln eine frequente und angestrengte Atmung. Die Schleimhäute sind hyperämisch. Später kommt es zu Ataxien und Muskelzittern (▶ S. 197), letztlich zum Schock (▶ S. 311) mit Kreislaufversagen und Krämpfen.

Diagnose

Die Diagnose ergibt sich aus der Anamnese, dem klinischen Bild und dem Nachweis einer Hyperthermie.

Therapie & Prognose

Die Tiere werden sofort an einen kühlen Ort verbracht und in feuchte, kühle Handtücher eingewickelt. Weiterhin muss eine ausreichende Sauerstoffzufuhr erfolgen und es werden kühle Infusionen mit Vollelektrolytlösung 89 verabreicht. Die Patienten erhalten außerdem ein Breitbandantibiotikum, da andernfalls die Gefahr einer Sepsis besteht. Die Körpertemperatur muss regelmäßig kontrolliert werden, da oft reaktive Hypothermien auftreten.

Die Prognose nach Hitzschlag sollte stets vorsichtig gestellt werden. Selbst, wenn der Patient sich scheinbar schnell erholt, kann es noch Tage später zu Komplikationen (z. B. Nierenversagen, DIC) aufgrund der bereits eingetretenen Proteindenaturierung kommen.

4 Durchfall

Durchfall ist ein Symptom, das auf eine Entzündung des Magen-Darm-Trakts hinweist. Eine (Gastro-)Enteritis kann sowohl primär als auch sekundär bedingt sein. Klinische Anzeichen bei Durchfallerkrankungen:
- kotverklebte und/oder nasse Anogenitalregion
- Störungen des Allgemeinbefindens (Apathie, Inappetenz)
- aufgetriebenes, schmerzhaftes Abdomen
- Schmerzäußerungen
- Exsikkose

4.1 Tierartliche Besonderheiten

Alle **Zähne** der Caviomorpha wachsen lebenslang und werden durch den Kauvorgang abgenutzt. Die sichtbaren Anteile der Inzisivi des Unterkiefers sind physiologischerweise etwa 2- bis 3-mal so lang wie die des Oberkiefers (▶ Abb. 4.1, ▶ Abb. 4.2, ▶ Abb. 4.3).

❗ **Bei Zahnkorrekturen ist zu berücksichtigen, dass die oberen und unteren Inzisivi keinesfalls auf die gleiche Längen gekürzt werden dürfen! Die Tiere sind dann nicht mehr in der Lage abzubeißen (▶ Abb. 4.4).**

Während die Schneidezähne des Meerschweinchens weiß sind, weisen die von Chinchilla und Degu eine intensive gelb-orange Färbung auf.

❗ **Entfärbungen aller Schneidezähne deuten auf ein Kalziumdefizit, Entfärbungen einzelner Zähne auf entzündliche Prozesse hin.**

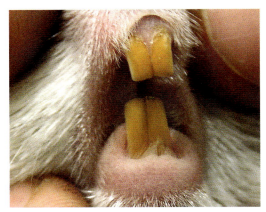

▶ Abb. 4.2 Physiologische Stellung und Färbung der Inzisivi beim Chinchilla.

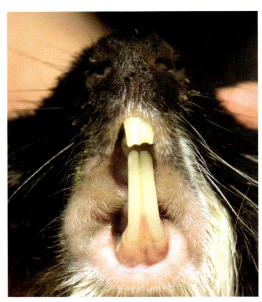

▶ Abb. 4.1 Physiologische Schneidezähne beim Meerschweinchen.

▶ Abb. 4.3 Physiologische Stellung und Färbung der Schneidezähne beim Degu.

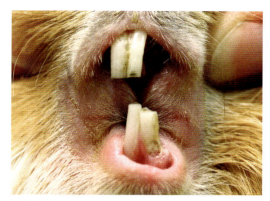

▶ **Abb. 4.4** Fehlerhaft gekürzte Inzisivi bei einem Meerschweinchen: Die unteren Schneidezähne sind so kurz, dass eine Okklusion nicht mehr gewährleistet und ein Abbeißen nicht mehr möglich ist.

▶ **Abb. 4.5** Physiologischer Kot eines Degus.

Die physiologische Nahrung der Tiere besteht vorwiegend aus Wildgräsern und -kräutern, deren Zerkleinerung eine intensive Kauaktivität erfordert.

Die Abnutzung der Inzisivi erfolgt sowohl durch die typische „Nageaktivität" als auch durch den normalen Kauvorgang, bei dem die Schneidezähne immer wieder gegeneinander reiben. Die mahlenden Kaubewegungen der Tiere werden durch die Ausbildung des **Kiefergelenks** als Schlittengelenk ermöglicht.

Der Magen-Darm-Trakt der Caviomorpha ist an die Verdauung großer Mengen Rohfaser angepasst. Der **Magen** besitzt, mit Ausnahme der Pylorusregion, nur eine schwach ausgebildete Muskelfaserschicht, sodass Eigenkontraktionen nicht möglich sind. Die Tiere sind daher nicht in der Lage zu erbrechen. Der Transport von Futter in den Darm ist nur gewährleistet, wenn ständig neue Nahrung aufgenommen und dadurch der Mageninhalt weiter geschoben wird.

Die Verdauungsvorgänge im **Dünndarm** entsprechen weitgehend denen bei anderen Monogastriern. Das Ende des Ileums mündet in den Blinddarmkopf, der wiederum mit dem Anfangsteil des Kolons verbunden ist. An dieser „Kreuzung" kommt es zu Separationsvorgängen: Unverdauliche Nahrungsbestandteile, die für die Verdauungsprozesse im Blinddarm nicht geeignet sind, werden vom Dünndarm aus sofort in das Kolon weitergeleitet. Aus ihnen entstehen die festen, länglichen Kotballen, die bei jedem gesunden Tier eine stets gleichmäßige Größe und Form besitzen (▶ Abb. 4.5).

Der **Blinddarm** besitzt das größte Fassungsvermögen aller Darmabschnitte. Er stellt eine Gärkammer dar, in der die wesentlichen mikrobiellen Aufschlussvorgänge der Rohfaser ablaufen. Bakterielle Fermentationsvorgänge im Blinddarm führen zur Bildung von flüchtigen Fettsäuren, Aminosäuren und wasserlöslichen Vitaminen (v. a. B-Vitamine). So sind die Caviomorpha in der Lage, trotz Aufnahme einer kargen Nahrung wichtige Nährstoffe selbst herzustellen. Die Blinddarmflora besteht aus einer Vielzahl verschiedener grampositiver Bakterien.

❗ **Antibiotika mit vorwiegend oder ausschließlich grampositivem Wirkungsspektrum dürfen nicht eingesetzt werden, um die Blinddarmflora nicht zu gefährden!**

Der Blinddarminhalt gelangt schließlich in das Kolon und wird dort zur Zäkotrophe geformt, die periodisch abgesetzt und von den Tieren unmittelbar vom Anus wieder aufgenommen wird. Dieser Kot ist weicher und etwas heller als die herkömmlichen Kotballen, jedoch von identischer Größe und Form. Er ist mit einer Schicht aus Muzin überzogen, die einen Angriff durch die Magensäure verhindert. Die Zäkotrophe dient sowohl der Aufrechterhaltung des Futtertransports im Gastrointestinaltrakt als auch der Versorgung mit B-Vitaminen und der besseren Proteinausnutzung.

❗ **Die Zäkotrophe darf nicht mit Durchfall verwechselt werden!**

4 – Durchfall

4.2 Therapiegrundsätze

> ⊕ **Sofortmaßnahmen**
> 1. Flüssigkeitsersatz:
>   - Infusionen (Vollelektrolytlösung [89], z. B. Jonosteril®), 60–100 ml/kg/d s.c., i.v.
>   - Glukose [87], 1–2 × tgl. bis zu 500 mg/kg s.c., i.v.
> 2. Stabilisierung der Darmflora: Probiotika (z. B. Bene Bac® [38])
> 3. Vitaminsubstitution: v. a. Vitamin B [82], bei Meerschweinchen auch Vitamin C [84]
> 4. ggf. Antitympanika [33] (z. B. Dimeticon Albrecht®), mehrmals tgl. 0,8–1 ml/kg p.o.
> 5. ggf. Metoclopramid [35] (MCP-ratiopharm®), 2–3 × tgl. 1–5 mg/kg p.o., s.c.
> 6. ggf. Analgetika, z. B.
>   - Metamizol [103] (Novalgin®), 2–3 × tgl. 20–50 mg/kg p.o., s.c.
>   - Carprofen [101] (Rimadyl®), 1 × tgl. 5 mg/kg s.c.
> 7. ggf. Antibiotika, z. B.
>   - Chloramphenicol [1] (Chloromycetin Palmitat®), 2 × tgl. 50 mg/kg p.o.
>   - Sulfadoxin/Trimethoprim [9] (Cotrim K-ratiopharm®), 2 × tgl. 40/8 mg/kg p.o.
> 8. ggf. Zwangsernährung [115]

Die Behandlung einer Durchfallerkrankung lässt sich grundsätzlich in 2 Komplexe untergliedern:
Ätiologische Therapie: Ein dauerhafter Behandlungserfolg ist nur gegeben, wenn die Ursache der Erkrankung, die eine Instabilität der Darmflora begünstigt, abgeschaltet wird. Die ätiologische Therapie beinhaltet, je nach Erkrankung, Zahnkorrekturen, Futterumstellungen oder die Gabe von Antibiotika, Antiparasitika oder Antimykotika.

Symptomatische Therapie: Bei Durchfallerkrankungen muss zudem eine symptomatische Behandlung durchgeführt werden:
- Infusionen dienen der Stabilisierung des Flüssigkeits- und Elektrolythaushalts. Den Infusionslösungen [89] wird bei inappetenten Patienten außerdem Glukose [87] zugesetzt. Durch diese Nährstoffzufuhr soll ein überstürzter Abbau von Fettreserven verhindert werden.
- Bestehen Tympanien mit feinschaumiger Gärung, so erhalten die Patienten mehrmals täglich, ggf. stündlich, Antitympanika (z. B. Dimeticon Albrecht® [33]).
- Zusätzlich wird Metoclopramid [35] verabreicht, um die orthograde Darmperistaltik anzuregen und dadurch Gase aus dem Magen-Darm-Trakt zu eliminieren.
- Die Tiere erhalten weiterhin Probiotika (z. B. Bene-Bac® [38]) oder Kotsuspensionen gesunder Artgenossen, um die Darmflora zu stabilisieren.
- Da die bakterielle Vitaminsynthese bei Durchfallerkrankungen gestört ist, sollte v. a. Vitamin B [82] substituiert werden. Bei Meerschweinchen ist zudem eine Zufuhr von Vitamin C [84] erforderlich.
- Bei kolikartigen Bauchschmerzen, die meist durch tympanische Zustände verursacht werden, erhalten die Patienten Analgetika. Hierbei ist Metamizol [103] das Mittel der Wahl, da es neben der analgetischen auch eine spasmolytische Wirkung besitzt.

> ❗ **Reine Spasmolytika sollten nicht verwendet werden! Sie senken die Darmmotorik und begünstigen dadurch eine weitere Aufgasung.**

Bei Erkrankungen des Magen-Darm-Trakts kommt es schnell zu Instabilitäten der physiologischen Mikroflora, zur Schädigung der Darmschleimhaut und zur übermäßigen Ansammlung unerwünschter Stoffwechselprodukte im Darm. Eine diesen Verhältnissen angepasste **Fütterung** ist daher extrem wichtig. Eine ausschließliche Heu- und Wasserdiät ist nicht geeignet, um den Bedürfnissen der Tiere gerecht zu werden. Durch sie kann nicht ausreichend Energie bereitgestellt werden, zumal berücksichtigt werden muss, dass die normalen Resorptions- und Aufschlussvorgänge gestört sind.
- Qualitativ hochwertiges Heu muss in jedem Fall ad libitum angeboten werden. Auf diese Weise wird hochverdauliche Rohfaser zur Verfügung gestellt, die zur Unterstützung physiologischer Fermentationsvorgänge wichtig ist. Durch einen ausreichenden Rohfasergehalt wird zudem die Darmmotorik gefördert. Zusätzlich können schmackhafte Kräuter- und Blütenmischungen angeboten werden. Diese

werden von Patienten, die nur zögerlich fressen oft bedeutend besser angenommen als Heu.
- Möhren und andere Gemüse liefern leicht, aber langsam fermentierbare Kohlenhydrate in Form von Zellulose und Pektinen. Aus ihnen entstehen flüchtige Fettsäuren, die eine ausreichende Schleimhauternährung sicherstellen. Diese Futtermittel dürfen daher auch bei Chinchillas in geringen Mengen angeboten werden.
- Bananen bilden einen gelähnlichen Film aus, der sich schützend auf die Schleimhautoberfläche des Darms legt.
- Strukturieres Grünfutter (z. B. Kräuter) bietet ebenfalls einen hohen Rohfaseranteil und wird zudem von schlecht fressenden Tieren lieber angenommen als Heu. Chinchillas sollten solche Futtermittel nur in geringen Mengen erhalten und nur dann, wenn sie auch sonst zu der üblichen Futterration gehören.
- Kleien (v. a. Haferkleie) binden laxierend wirkende Gallensäuren.

Unterstützende Fütterungsmaßnahmen bei Durchfall
- hochwertiges Heu
- Möhren und andere Gemüse
- Bananen (v. a. bei Meerschweinchen)
- strukturiertes Grünfutter (z. B. Möhrengrün, Kräuter)
- Haferkleie

Bei inappetenten Patienten muss sofort mit einer regelmäßigen und ausreichenden **Zwangsernährung** begonnen werden. Die Tiere gelangen sonst schnell in ein Energiedefizit. Dies hat eine überstürzte Einschmelzung der körpereigenen Fettreserven mit daraus resultierender Leberschädigung zur Folge. Bei Inappetenz sistiert zudem die Magen-Darm-Passage. Fehlgärungsprozesse mit weiteren Tympanien sind dann das Resultat.

Zur Zwangsernährung eignen sich:
- handelsübliche Fertigprodukte [115] (z. B. Critical Care®, Rodi care instant®)
- zermahlene Pellets, die mit Babybrei aus dem Gläschen (HIPP®, Alete®) versetzt werden

Bei der Auswahl der Zwangsernährung ist zu bedenken, dass die Zusammensetzung nicht wesentlich von der sonst üblichen Ration abweichen sollte. Plötzliche Umstellungen können ein Durchfallgeschehen verstärken. Dies gilt insbesondere für Chinchillas, die üblicherweise keine größeren Mengen an Frischfutter erhalten. Bei diesen Tieren sollten daher Fertigprodukte oder Breimischungen, die überwiegend aus den kommerziellen Pellets hergestellt werden, vorgezogen werden.

4.3
Wichtige Ursachen

Die häufigsten Ursachen für Durchfallerkrankungen **bei allen 3 Tierarten** sind **Zahnerkrankungen** und **Fütterungsfehler**, die schnell Instabilitäten der Darmflora nach sich ziehen (▶ Tab. 4.1). **Erkrankungen mit Inappetenz** führen ebenfalls häufig zu Enteritis, da durch Veränderungen der Darmpassage die physiologische Mikroflora gestört wird.

Eine wichtige Rolle bei Durchfällen spielen zudem **infektiöse Erkrankungen**, wobei besonders Jungtiere mit noch instabiler Darmflora schwere Krankheitsverläufe aufweisen.

Bei allen Meerschweinchenverwandten sind **Darmmykosen** häufig anzutreffen, bei denen es sich jedoch nur um Sekundärinfektionen handelt, da Hefen sich ausschließlich im bereits veränderten Darmmilieu ansiedeln können. **Bakterielle Enteritiden** sind in der Heimtierhaltung ebenfalls meist Sekundärerkrankungen, wobei besonders *Escherichia coli* große Bedeutung zukommt. Andere Erkrankungen, wie die **Salmonellose**, die **Tyzzer's Disease** oder bei Chinchillas auch eine Infektion mit *Yersinia enterocolitica*, kommen seltener vor und lösen besonders bei immunsupprimierten Tieren Erkrankungen aus.

Parasitäre Infektionen des Magen-Darm-Trakts sind bei den Caviomorpha vergleichsweise selten anzutreffen. **Meerschweinchen** leiden häufiger an einem Befall mit **Kokzidien** oder **Oxyuren**. Eine **Amöbiasis** oder eine **Trichomoniasis** wird vorwiegend bei Tieren diagnostiziert, die andere primäre Darmerkrankungen aufweisen oder bei Patienten, deren Immunsystem geschädigt ist. Bei **Chinchillas** spielt die **Giardiasis** die wichtigs-

4 – Durchfall

▶ **Tab. 4.1** Wichtige Ursachen für Durchfall.

Ursache	Bedeutung	siehe Seite	Bemerkungen, siehe auch andere Leitsymptome
Zahnerkrankungen	+++	▶ S. 46	Abmagerung, ▶ S. 273
Fütterungsfehler	+++	▶ S. 47	–
Erkrankungen mit Inappetenz	+++	▶ S. 48	–
Darmmykosen	+++	▶ S. 53	nur Sekundärinfektionen!
bakterielle Enteritis	++	▶ S. 54	überwiegend Sekundärinfektionen
Parasitosen			
● Nematodenbefall	++	▶ S. 52	MS
● Giardiasis	++	▶ S. 51	CH
● Trichomoniasis	+	▶ S. 49	MS
● Amöbiasis	+	▶ S. 50	MS
● Kokzidiose	+	▶ S. 48	MS CH
Antibiotikaintoxikation	+	▶ S. 55	durch Antibiotika mit grampositivem Spektrum
Hyperthyreose	+	▶ S. 57	MS
Vergiftung	(+)	▶ S. 56	v. a. durch Giftpflanzen

te Rolle unter den Endoparasitosen; Kokzidiosen sind dagegen nur selten zu diagnostizieren. Bei wild lebenden **Degus** konnten verschiedenste Parasiten isoliert werden. Diese spielen bei den heutigen Nachzuchten jedoch keine Rolle.

Weitere, wenn auch seltenere Ursachen für Durchfallerkrankungen sind **Antibiotikaintoxikationen** durch Wirkstoffe mit vorwiegend grampositivem Wirkungsspektrum sowie **Vergiftungen** durch Aufnahme toxischer Pflanzenteile. Bei Meerschweinchen werden chronische Verdauungsstörungen außerdem im Zusammenhang mit **Hyperthyreosen** beobachet.

4.4 Diagnostischer Leitfaden: Durchfall (▶ S. 44)

4.4.1 Besonderes Augenmerk bei der Anamnese

Alter: Besonders Jungtiere weisen noch keine stabile Darmflora auf. Parasitosen (▶ S. 48 ff) oder Fütterungsfehler (▶ S. 47) führen bei ihnen besonders schnell zu Durchfallerkrankungen.

Fütterung: Die Rationszusammensetzung muss detailliert erfasst werden, um Fütterungsfehler (▶ S. 47) erkennen zu können. Dabei sollten auch alle Arten von „Leckerli" erfragt werden.

Fressverhalten: Bestehen Zahnerkrankungen (▶ S. 46), so ändert sich meist auch das Futteraufnahmeverhalten. Es werden meist vorzugsweise weiche, wenig rohfaserhaltige Futtermittel aufgenommen. Eine insgesamt reduzierte Futteraufnahme kann sowohl Hinweise auf Erkrankungen von Zähnen und/oder Kiefer liefern, aber auch bei allen anderen Allgemeinerkrankungen anzutreffen sein.

Haltung: Besonderes Augenmerk ist darauf zu legen, ob die Tiere möglicherweise Zugang zu giftigen Pflanzen haben. Neu in den Bestand aufgenommene Tiere können zudem Infektionen, v. a. Parasitosen (▶ S. 48 ff), eingeschleppt haben.

Vorbehandlungen: In diesem Zusammenhang ist besonders die Applikation ungeeigneter Antibiotika von Interesse. Im Zweifelsfall sollte der vorbehandelnde Kollege kontaktiert werden.

Symptome: Neben einer genauen Beschreibung der Magen-Darm-Symptome (Dauer, Kotfarbe und -konsistenz, Durchfall evtl. nur zu bestimmten Tageszeiten) sollte auch nach anderen Auffälligkeiten gefragt werden, die Hinweise auf eine Erkrankung außerhalb des Verdauungstrakts geben können.

4.4.2 Besonderes Augenmerk bei der klinischen Untersuchung

Besteht eine Zahn- oder Kiefererkrankung?

Zunächst werden die Kieferknochen abgetastet, um Auftreibungen und Exostosenbildungen durch apikales Zahnwachstum erfassen zu können. Eine gründliche Untersuchung der Maulhöhle mit Maul- und Wangenspreizer schließt sich an. Dabei ist auf Verfärbungen, Fehlstellungen, Kantenbildung und Lockerung von Zähnen ebenso zu achten wie auf Schleimhautläsionen und Eiterherde.

Welche Veränderungen finden sich im Verdauungstrakt?

Durch vorsichtige, aber sorgfältige Abdomenpalpation kann der Magen-Darm-Trakt beurteilt werden. Dabei wird der Füllungszustand ebenso beurteilt wie die Konsistenz des Darminhalts. Bei Durchfallerkrankungen ist der Nahrungsbrei oft deutlich verflüssigt; auch im Dickdarmbereich lassen sich keine geformten Kotballen palpieren. Weiterhin können auch Gasansammlungen im Darmlumen palpatorisch erkannt werden. Bei chronischen Verdauungsstörungen ist oft eine Verdickung der Darmwände nachzuweisen. Durch Auskultation des Magen-Darm-Trakts wird eine Zu- oder Abnahme von Verdauungsgeräuschen deutlich und es sind laute Gluckergeräusche durch Fehlgärungsprozesse erkennbar.

Besteht eine Erkrankung anderer Organsysteme?

Geht aus der Anamnese hervor, dass Inappetenz oder zumindest ein reduziertes Futteraufnahmeverhalten besteht, so muss eine gründliche klinische Allgemeinuntersuchung erfolgen, die alle Organsysteme berücksichtigt.

Liegt ein Fliegenmadenbefall vor?

Eine kotverschmierte Anogenitalregion bietet einen Angriffspunkt für Fliegen, die dort ihre Eier ablegen. In der wärmeren Jahreszeit müssen daher die Anogenitalregion, ebenso wie angrenzende Hautareale, gründlich nach Fliegenmaden abgesucht werden. Dies gilt insbesondere für Meerschweinchen in Außenhaltung sowie generell für Tiere, die ein gestörtes Allgemeinbefinden mit reduziertem Putzverhalten aufweisen.

4.4.3 Diagnosesicherung durch weiterführende Untersuchungen

Kotuntersuchungen sind bei allen Verdauungsstörungen die wichtigste weitergehende diagnostische Maßnahme. Zunächst wird ein Nativpräparat angefertigt, um Hefen (▶ S. 53) und Flagellaten (▶ S. 49 f) nachweisen zu können. Eine Flotation dient der speziellen Anreicherung von Kokzidienoozysten (▶ S. 48) und Helmintheneiern (▶ S. 52). Besonders bei akuten wässrigen Durchfällen empfiehlt sich zudem eine bakteriologische Kotuntersuchung. Da Chinchillas häufig unter einer Giardiasis (▶ S. 51) leiden, sind bei dieser Tierart stets auch serologische Kotuntersuchungen sinnvoll.

Röntgenaufnahmen des Schädels sind stets anzuraten, wenn Auftreibungen des Kieferknochens zu finden sind. Gleiches gilt bei Eiteransammlungen in der Maulhöhle oder bei Fehlstellungen, Lockerungen oder deutlichen Verfärbungen von Zähnen. Im Zweifelsfall sollten Röntgenbilder aber auch erstellt werden, wenn sich bei der Inspektion der Maulhöhle keine abweichenden Befunde ergeben, aus der Anamnese aber hervorgeht, dass das Tier Probleme mit dem Kauvorgang hat.

Diagnostischer Leitfaden: Durchfall

Anamnese

- Alter — Jungtier
- Fütterung — falsche Rationszusammensetzung
- Haltung
  - Giftpflanzenaufnahme
  - Zukauf von Tieren
- Vorbehandlung — Antibiotika

Klinische Untersuchung

- akute Symptomatik, Kot wässrig-schleimig
  - schnelle Verschlechterung des Allgemeinbefindens, evtl. Enterotoxämie-Symptome
    - neues Tier im Bestand
    - Vorbehandlung mit Antibiotika
    - Giftpflanzenaufnahme
    - bereits vorher ggr. weiche Kotkonsistenz

- chronische Symptomatik, evtl. Abmagerung
  - verminderte Futteraufnahme
    - Zähne überlang, locker, mit Kanten, Eiterbildung in der Maulhöhle
    - Symptome einer Erkrankung außerhalb des Gastrointestinaltrakts
    - evtl. Fellverluste, Abmagerung, UV am Hals
  - erhaltene Futteraufnahme
    - isolierte Gastrointestinaltrakt-Symptome

4.4 Diagnostischer Leitfaden: Durchfall

Röntgenaufnahmen des Abdomens werden insbesondere angefertigt, um Lokalisation und Ausmaß von Tympanien (▶ S. 105, ▶ S. 112) exakt bestimmen zu können. Sie können aber auch erforderlich werden, um andere Erkrankungen zu diagnostizieren, die zu einer Inappetenz geführt haben.

Ist eine Erkrankung mit Inappetenz, die nicht dem Gastrointestinaltrakt zuzuordnen ist, für die Verdauungsstörungen verantwortlich, so können, je nach Symptomatik, **Blutuntersuchungen**, **Harnuntersuchungen** oder **Ultraschalluntersuchungen** zur Diagnosefindung beitragen.

4.5 Erkrankungen

Zahnerkrankungen

▶ Häufigste Ursache für Verdauungsstörungen bei Meerschweinchen, Chinchillas und Degus.

Ätiologie & Pathogenese

Zahnerkrankungen können verschiedene Ursachen haben (▶ S. 282). Genetisch bedingte Fehlstellungen, Fütterungsfehler und Veränderungen der Zahnstellung in höherem Alter sind die wichtigsten Gründe. Aber auch Erkrankungen mit Inappetenz, tumoröse Kiefererkrankungen und Traumata spielen eine Rolle.

Unabhängig von der Ursache der Zahnerkrankung kommt es zu einem veränderten Futteraufnahmeverhalten:

- Die Kauaktivität nimmt ab; die Nahrung wird unzureichend zerkleinert. Dadurch entstehen im Verdauungskanal Fehlgärungen, durch die die physiologische Darmflora gestört wird.
- Tiere mit Zahnproblemen selektieren meist weiches, rohfaserarmes Futter. Rohfasermangel führt zu Veränderungen des Darmmilieus. Zudem sinkt die Darmmotilität.
- Die Gesamtmenge des aufgenommenen Futters sinkt. Dadurch wird die Verweildauer des Nahrungsbreis im Magen-Darm-Trakt verlängert.

Klinik

Die Tiere haben meist weichen, schmierigen Kot, der durch eine sekundäre Vermehrung von Hefen im veränderten Darmmilieu hervorgerufen wird. Die Anogenitalregion ist kotverklebt. Oft lassen sich bereits offensichtliche Anzeichen einer Zahnerkrankung, wie vermehrter Speichelfluss mit verklebtem Fell an Kinn und Hals, finden. Besteht die Erkrankung bereits längere Zeit, so sind die Patienten abgemagert (▶ S. 273).

Diagnose

Bereits die Anamnese kann wichtige Hinweise auf eine Zahnerkrankung liefern. Typische Anzeichen sind eine Selektion weicher Futtermittel und das erhaltene Interesse an der Nahrung. Viele Tiere nehmen Futter auf und spucken es nach einigen Kaubewegungen wieder aus. Bei manchen Tieren wird gehäuft beobachtet, dass sie sich mit der Pfote über die Wange streichen. Insbesondere bei Meerschweinchen sind oftmals ausladende, „verrenkende" Bewegungen des Unterkiefers zu beobachten.

Bei der klinischen Untersuchung sollten Ober- und Unterkiefer sorgfältig abgetastet werden, um Auftreibungen erkennen zu können. Durch gründliche Untersuchung der Maulhöhle werden Zahnfehlstellungen (▶ Abb. 4.6), Schleimhautläsionen, Verfärbungen und Lockerungen der Zähne, Veränderungen des Zahndurchmessers sowie Eiteransammlungen diagnostiziert. Bei Meerschweinchen weist bereits eine dezente schräge

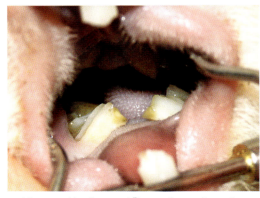

▶ **Abb. 4.6** Fehlstellung und Überwachstum der Backenzähne im Unterkiefer bei einem Meerschweinchen.

Abnutzung der Inzisivi auf eine Beeinträchtigung des Kauvorganges hin.

> ❗ Finden sich fehlgestellte, gelockerte, deutlich verfärbte oder im Durchmesser veränderte Zähne sowie Eiteransammlungen in der Maulhöhle, so sind unbedingt Röntgenaufnahmen des Schädels anzufertigen.

Nur so können Zahngranulome und osteomyelitische Veränderungen des Kiefers erkannt und behandelt werden.

Therapie & Prognose

Zahnfehlstellungen werden korrigiert (▶ S. 282), frische Schleimhautverletzungen lokal antiseptisch behandelt und die Tiere erhalten über einige Tage ein Analgetikum. Sind Verletzungen infiziert, so ist der systemische Einsatz eines Antibiotikums angezeigt. Werden gelockerte oder vereiterte Zähne gefunden, so sind diese in Allgemeinanästhesie zu extrahieren. Auch hier schließt sich eine Behandlung mit Antibiotika und Schmerzmitteln an.

Bei Patienten mit Zahnfehlstellungen muss, aufgrund der ständig nachwachsenden Zähne, stets mit rezidivierenden Verdauungsstörungen (v. a. durch Darmmykosen) gerechnet werden. Um ihr Auftreten zu reduzieren, müssen regelmäßige Zahnkontrollen und -korrekturen erfolgen, sodass die Futteraufnahme und der Kauvorgang so optimal wie möglich erfolgen können.

Tieren, die aufgrund schwerer Zahnerkrankungen schlecht und vor allem kein Heu fressen, müssen rohfaserhaltige Alternativen angeboten werden. Keinesfalls sollten größere Mengen an Getreideprodukten (z. B. Haferflocken) verfüttert werden, nur weil diese leichter gekaut werden können, denn die Kohlenhydrate dieser Futtermittel führen zu Instabilitäten der Darmflora und damit zu weiteren Verdauungsstörungen. Stattdessen sollten Kräuter- und Blütenmischungen angeboten werden, die einen hohen Rohfasergehalt haben, aber deutlich leichter zerkleinert werden können als Heu. Rohfaserhaltige und getreidefreie Pellets können eingeweicht, Gemüse geraspelt oder püriert werden.

Fütterungsfehler

▶ Häufige Ursache für Durchfallerkrankungen.

Ätiologie & Pathogenese

Verschiedenste Fütterungsfehler können zu Störungen der physiologischen Darmflora und somit zum Auslösen von Verdauungsstörungen mit Durchfällen führen. Die häufigsten Probleme sind:
- zu geringer Rohfaseranteil der Ration (mangelndes Angebot an Heu)
- zu hoher Gehalt an Kohlenhydraten: Getreide und Getreideprodukte, z. B. Haferflocken, Knabberstangen, Brot
- zu hoher Gehalt an Proteinen, z. B. junges Gras
- zu hoher Gehalt an Fetten, z. B. Nüsse, Sonnenblumenkerne
- Futtermittel mit ungeeigneten Inhaltsstoffen (Zucker, Milchprodukte), z. B. Müsli, Joghurtdrops
- unhygienisches Futter, z. B. schimmeliges Brot, angewelktes Frischfutter
- kaltes Frischfutter, z. B. frisch aus dem Kühlschrank, Lagerung auf Balkon/Terrasse im Winter
- Phasen des Fastens: unregelmäßige Fütterung, Nahrungskarenz vor Operationen
- plötzliche Futterumstellung
- bei Chinchillas, in geringerem Maße auch bei Degus, kann eine übermäßige Fütterung von Frischfutter zu Durchfällen führen

Klinik

Bei Instabilitäten der Darmflora, die durch chronische Fehlfütterung ausgelöst wird (z. B. zu hoher Gehalt an Kohlenhydraten, zu geringer Rohfaseranteil), wird der Kot zunächst etwas weicher, dann schmierig-matschig, bedingt durch eine Vermehrung von Hefen. Das Allgemeinbefinden und das Futteraufnahmeverhalten der Tiere sind dabei meist unbeeinträchtigt.

Bei gravierenderen Fehlern (z. B. plötzliche Futterumstellung, plötzlicher hoher Proteingehalt) sind die Symptome dagegen schwerwiegender. Neben Tympanien mit Störungen des Allgemeinbefindens werden schnell akute Durchfälle mit schleimiger bis wässriger Konsistenz beobachtet, die durch sekundäre Vermehrung bakterieller Infektionserreger hervorgerufen werden.

Diagnose

Es muss eine detaillierte Fütterungsanamnese erhoben werden. Andere Ursachen der Erkrankung sind auszuschließen. Eine Kotuntersuchung im Nativpräparat ist unbedingt erforderlich, um sekundäre Hefeinfektionen nachweisen zu können. Bei akuten Durchfällen empfiehlt sich außerdem eine bakteriologische Untersuchung.

Therapie & Prognose

Besteht eine chronische Durchfallproblematik, so ist es oft ausreichend eine Korrektur des Fütterungsregimes vorzunehmen. Auch dabei ist zu beachten, dass eine Umstellung der Ration nur langsam erfolgen sollte. Sind im Kot Hefen nachweisbar, so sind diese mit Nystatin [29] zu behandeln.

Bei akuten Durchfällen, die oft auch mit ausgeprägten Tympanien einhergehen, ist die Prognose immer vorsichtig zu beurteilen. Es müssen umgehend unterstützende Maßnahmen eingeleitet werden (▶ S. 40). Vorrangiges Ziel ist in diesem Fall eine Sicherung der Flüssigkeits- und Elektrolytzufuhr und die Vermeidung einer Enterotoxämie.

Erkrankungen mit Inappetenz

▶ Erkrankungen mit Inappetenz können sekundär zu Durchfällen führen.

Ätiologie & Pathogenese

Sowohl Meerschweinchen als auch Chinchillas und Degus sind auf eine regelmäßige Nahrungszufuhr angewiesen, um einen gleichmäßigen Transport des Futterbreis aufrecht zu erhalten. In Phasen des Fastens verlängert sich die Verweildauer der Nahrung im Gastrointestinaltrakt und es kommt zu Fehlgärungen. Daraus resultieren Tympanien und eine Instabilität der physiologischen Darmflora.

Klinik

Die Tiere haben zunächst matschigen bis schmierigen Kot, der meist durch eine initiale Vermehrung von Hefepilzen verursacht wird. Im weiteren Verlauf können sich auch pathogene Bakterien ansiedeln, sodass der Durchfall eine zunehmend weichere oder flüssige Konsistenz erhält.

Diagnose

Durch Kotuntersuchungen wird die sekundäre Ursache des Durchfalls abgeklärt. Besonders wichtig ist es jedoch, die primäre Ursache zu ermitteln, das heißt, die Erkrankung, die für die sistierende Futteraufnahme verantwortlich ist.

Therapie

Neben einer Verbesserung der Kotkonsistenz durch Probiotika [38] und adäquate Zwangsfütterung sowie ggf. Antimykotika [29] und Antibiotika, muss die Behandlung in erster Linie auf die Primärerkrankung abzielen.

4.5.1 Infektionen des Magen-Darm-Trakts

Kokzidiose [MS] [CH]

▶ Besonders bei Jungtieren zu Durchfällen führende Parasitose.

Ätiologie & Pathogenese

Eine Infektion mit Kokzidien führt gelegentlich bei **Meerschweinchen**, selten auch bei **Chinchillas** zu Verdauungsstörungen mit Durchfällen. Bei Meerschweinchen ist *Eimeria caviae*, bei Chinchillas *Eimeria chinchillae* zu finden. Beide Parasiten sind streng wirtsspezifisch.

Durch den Kokzidienbefall wird die Darmschleimhaut geschädigt und die Darmflora gestört. Sekundär entstehen Darmmykosen und letztlich bakterielle Enteritiden, die in einer Enterotoxämie enden können.

Klinik

Oftmals verläuft die Infektion klinisch inapparent, wobei die infizierten Tiere allerdings als Dauerausscheider fungieren. Von klinischen Erkrankungen sind besonders Jungtiere mit noch instabiler Darmflora sowie Patienten mit Immunsuppression betroffen. Die Symptome sind sehr unterschiedlich. Sie reichen von intermittierend matschiger Kotkonsistenz bei völlig ungestörtem Allgemeinbefinden bis hin zu schmierigen bis blutig-schleimigen Durchfällen mit Tympanien, die schnell zu Exsikkose, Apathie und Inappetenz führen.

Diagnose

Kokzidienoozysten können mithilfe der **Flotationsmethode**, bei akuter Erkrankung meist auch bereits im **Nativausstrich**, nachgewiesen werden (▶ Abb. 4.7). Es ist zu beachten, dass die Parasiten nicht kontinuierlich, sondern intermittierend ausgeschieden werden. Es empfiehlt sich daher im Zweifelsfall eine Untersuchung von **Sammelkotproben** (über mindestens 3 Tage), um falsch negative Ergebnisse zu vermeiden. Bei der Kotuntersuchung muss weiterhin auf Sekundärinfektionen mit Hefen sowie bei Meerschweinchen auch auf eine Vermehrung von Flagellaten geachtet werden. Eine bakteriologische Untersuchung zur Identifizierung pathogener Keime ist ebenfalls sinnvoll, wenn ein akuter und schwerer Krankheitsverlauf vorliegt.

Therapie & Prognose

Die Behandlung der Kokzidiose erfolgt mit Toltrazuril [25] (Baycox®), wobei eine Intervallbehandlung (3 d Behandlung – 3 d Pause – 3 d Behandlung) durchzuführen ist. Nach jedem Behandlungsintervall sollten gründliche hygienische Maßnahmen (Auswechseln der gesamten Einstreu, Auswaschen der Käfigunterschalen, Reinigung des Inventars) durchgeführt werden, um Reinfektionen zu vermeiden. Dabei ist zu beachten, dass Holzoberflächen porös und daher nicht rückstandsfrei zu reinigen sind. Daher sollte Holzinventar nach Beendigung der Behandlung möglichst vollständig entfernt und entsorgt werden.

Besteht eine klinisch manifeste Erkrankung, so muss eine unterstützende Therapie mit Flüssigkeitsersatz [89], Vitaminsubstitution (v. a. B-Vitamine [82]), Probiotika [38], Antitympanika [33] und Zwangsernährung [115] erfolgen. Zudem ist in der Regel eine Behandlung mit Nystatin [29] erforderlich, da Kokzidiosen meist auch von sekundären Darmmykosen begleitet werden. Eine antibiotische Abdeckung des Patienten ist sinnvoll, um Enterotoxämien zu verhindern.

Eine klinisch manifeste Kokziodiose ist prognostisch immer vorsichtig zu beurteilen, insbesondere wenn das Tier bereits die Futteraufnahme eingestellt hat und massive Tympanien bestehen. Dies gilt v. a. für sehr junge Patienten im Absetzalter sowie alte Tiere, deren Immunsystem noch nicht bzw. nicht mehr vollständig intakt ist. In solchen Fällen empfiehlt sich die zusätzliche Gabe von Immunstimulanzien.

> **T Therapie der Kokzidiose**
> - Toltrazuril [25] (Baycox®), 1 × tgl. 10 mg/kg p.o., Behandlungsschema 3-3-3
> - ggf. Antibiotikum
> - ggf. Antimykotikum
> - allgemein unterstützende Durchfalltherapie (▶ S. 40)

Trichomoniasis

▶ Zu chronischen Durchfällen führende, nicht kontagiöse Flagellateninfektion des **Meerschweinchens**.

Ätiologie & Pathogenese

Trichomonas caviae und *Trichomonas flagellipora* besiedeln bei gesunden Meerschweinchen Zäkum und Kolon und sind als physiologische Darmkommensalen anzusehen. Bei Änderungen des Darmmilieus (durch Zahnerkrankungen, Fütterungsfehler, andere Parasitosen) oder bei Immunsuppression können sie sich massiv vermehren und zu Erkrankungen des Wirtstiers führen.

Klinik

Die Meerschweinchen leiden unter schmierigen Durchfällen, weisen häufig ein reduziertes Allgemeinbefinden auf und magern ab.

▶ Abb. 4.7 Kokzidienoozysten.

Diagnose

Flagellatenzysten lassen sich in **Nativausstrichen** von Kotproben gut nachweisen. Kotausstriche können zudem mit **Schnellfärbemethoden** angefärbt werden (▶ Abb. 4.8). Während bei gesunden Meerschweinchen Einzeller nur äußerst selten und vereinzelt im Kot zu finden sind, werden sie bei von ihnen verursachten Durchfällen massenhaft beobachtet.

In jedem Fall sollte nach einer Ursache für Veränderungen des Darmmilieus gesucht und diese abgeschaltet werden.

Therapie & Prognose

Die Trichomoniasis kann mit Metronidazol [7] behandelt werden, aber auch Fenbendazol [12] zeigt in der Regel eine gute Wirksamkeit. Gleichzeitig sollte auf eine rohfaserreiche und kohlenhydratarme Fütterung geachtet werden. Kotsuspensionen gesunder Partnertiere oder Probiotika [38] stabilisieren die Darmflora. Sekundär bestehende Hefedurchfälle werden mit Nystatin [29] behandelt.

Ein dauerhafter Behandlungserfolg ist nur gegeben, wenn die Ursache für primäre Änderungen des Darmmilieus gefunden und abgeschaltet werden kann (z.B. Fütterungsfehler, andere Parasitosen, Zahnerkrankungen). Andernfalls kommt es nach Beendigung der Therapie schnell zu erneuter Flagellatenvermehrung.

Amöbiasis [MS]

▶ Nicht kontagiöse Infektion mit Flagellaten, die mit chronischen Verdauungsstörungen einhergeht.

Ätiologie & Pathogenese

Entamoeba caviae ist ein harmloser Kommensale in Zäkum und Kolon von Meerschweinchen. Bei Immunsuppression und Änderungen des Darmmilieus kann es zu einer verstärkten Vermehrung und zum Auslösen von Krankheitssymptomen kommen.

Klinik

Die Tiere leiden unter Durchfällen, fressen schlecht und magern ab. Das Haarkleid ist glanzlos und struppig.

Diagnose

Die Einzeller können bei Durchfallerkrankungen in großen Mengen im ungefärbten **Nativausstrich** nachgewiesen werden; auch eine Anfärbung der Ausstriche ist möglich (▶ Abb. 4.9). Dabei ist auch auf eine sekundäre Vermehrung von Hefen zu achten, die sich im veränderten Darmmilieu ebenfalls gut ansiedeln können.

Therapie & Prognose

Eine Behandlung kann mit Metronidazol [7] oder Fenbendazol [12] durchgeführt werden. Prädisponierende Faktoren, die zu Immunsuppression oder Instabilitäten der Darmflora führen, müssen beseitigt werden. Andernfalls kommt es schnell wieder zu einer erneuten Vermehrung der Einzeller.

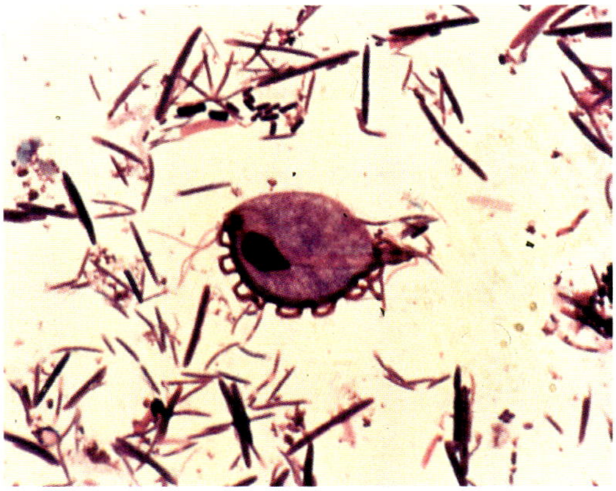

▶ **Abb. 4.8** *Trichomonas* sp.

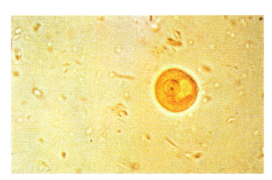

▶ **Abb. 4.9** *Entamoeba* sp.

Giardiasis CH

▶ Häufigste Parasitose des **Chinchillas,** die besonders bei Jungtieren mit hohen Verlusten einhergehen kann.

Ätiologie & Pathogenese

Auslöser der Giardiasis bei **Chinchillas** ist *Giardia duodenalis*. Der Erreger scheint sich antigenetisch jedoch von bei Hunden und Katzen vorkommenden Giardien zu unterscheiden. Einzelne Zysten können als Zufallsbefund im Kot nachweisbar sein, ohne dass klinische Symptome vorliegen. Bei prädisponierenden Faktoren, wie Immunsuppression oder Instabilitäten der Darmflora, können sich die Einzeller massenhaft vermehren und Erkrankungen auslösen. Es kommt dann zu katarrhalischen Entzündungen der Darmschleimhaut, die von Zottenatrophie und Desquamationen von Epithel begleitet sein kann.

Klinik

Die Giardiasis ist eine Faktorenkrankheit, die erst bei Vorliegen einer entsprechenden Disposition manifest wird. Meistens verläuft die Infektion subklinisch, wobei infizierte Tiere jedoch als Ausscheider fungieren. Symptome sind besonders bei Jungtieren im Absatzalter zu beobachten, aber auch bei Chinchillas, die aufgrund einer anderen Grunderkrankung geschwächt sind. Bei Jungtieren kommt es häufig zu akuten Durchfällen, die mit starkem Pressreiz verbunden sind, sodass sekundär ein Rektumprolaps resultieren kann (▶ S. 139). Bei älteren Tieren stehen eher chronische Verlaufsformen mit schmierigem Kot und Gewichtsverlusten im Vordergrund. Bestehen wässrige Durchfälle, so weisen die Patienten schnell ein gestörtes Allgemeinbefinden mit Exsikkose auf und stellen die Futteraufnahme ein.

Diagnose

Bei massivem Befall mit akuten Durchfällen kann evtl. ein Nachweis der Flagellaten im Kotausstrich gelingen (▶ Abb. 4.10 a und b). Diese Untersuchungen können jedoch, besonders bei symptomlosem Befall, falsch negativ verlaufen. Im Zweifelsfall ist daher eine **serologische Kotuntersuchung** durch ein kommerzielles Labor anzuraten. Auch die mittlerweile erhältlichen Giardien-Schnelltests sind zum Nachweis geeignet.

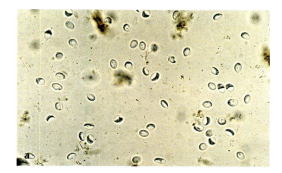
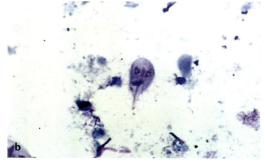

▶ **Abb. 4.10 a** Giardien im Nativausstrich. **b** Giardien im gefärbten Kotausstrich.

Therapie & Prognose

Eine Behandlung der Giardiasis kann mit Metronidazol [7] oder Fenbendazol [12] durchgeführt werden. Alle Partnertiere werden in die Behandlung einbezogen sowie Käfig und Umgebung gründlich desinfiziert, da es sonst zu ständigen Reinfektionen kommt. Käfiginventar aus Holz muss ggf. ausgetauscht werden. Besteht bereits Durchfall, so muss außerdem eine unterstützende Durchfalltherapie mit Infusionen [89], Glukosezusatz [87], Vitaminsubstitution und Zwangsernährung [115] durchgeführt werden. Probiotika [38] dienen der Stabilisierung der Darmflora. Gaben von Antibiotika sind bei akutem Krankheitsverlauf in jedem Fall sinnvoll, um eine Vermehrung pathogener Keime mit der Folge einer Septikämie zu verhindern.

Besteht ein Darmvorfall, so ist die Prognose als äußerst vorsichtig zu bewerten. Ist die Darmschleimhaut bereits eingetrocknet und nekrotisch, so kann das Tier meist nicht mehr gerettet werden. Bei noch vitaler Darmschleimhaut wird in Kurznarkose (am besten Isofluraninhalation) mithilfe von Gleitgel und Wattestäbchen versucht, den Darm zu reponieren. Der Anus muss mit einer

Tabaksbeutelnaht so weit verschlossen werden, dass kein weiterer Vorfall mehr möglich ist, Kot aber noch abgesetzt werden kann. Das Tier erhält ein Spasmolytikum oder Spasmoanalgetikum, um den Pressreiz einzudämmen. Außerdem muss der Patient einen Halskragen bekommen, damit er die Naht nicht aufbeißt. Einstreu wird ebenso wie Sandbäder aus dem Käfig entfernt.

Prophylaxe
Aufgrund der Gefahr akuter Erkrankungsausbrüche bei entsprechender Disposition erscheint es sinnvoll, zumindest größere Chinchillagruppen und -bestände sowie Neuzugänge serologisch auf einen Befall mit Giardien untersuchen zu lassen und bei einem Nachweis eine Behandlung durchzuführen.

> **T Therapie des Flagellatenbefalls**
> - Metronidazol [7] (Metronidazol Artesan®), 2× tgl. 10–20 mg/kg p.o. über 7–10 d oder
> - Fenbendazol [12] (Panacur®), 1× tgl. 20–50 mg/kg p.o. über 7–10 d
> - ggf. Antibiotikum
> - ggf. Antimykotikum
> - allgemein unterstützende Durchfalltherapie

Nematodenbefall [MS]
▶ Zu chronischen Durchfällen führende Infektion mit Oxyuren.

Ätiologie & Pathogenese
Ein Befall mit Nematoden kommt unter Praxisbedingungen nur bei **Meerschweinchen** vor. Bei Wildfängen von Degus und Chinchillas konnten zwar eine Reihe verschiedener Wurmarten nachgewiesen werden, diese spielen aber bei den heutigen Nachzuchten, die als Heimtiere gehalten werden, keine Rolle.

Bei Meerschweinchen kann häufiger ein Befall mit der Oxyurenart *Paraspidodera uncinata* nachgewiesen werden. Die Würmer parasitieren im Zäkum und Kolon und führen bei starkem Befall zu einer vorwiegend katarrhalischen Enteritis. Die dickschaligen Eier gelangen mit dem Kot in die Außenwelt. In ihnen entwickelt sich in 5–7 Tagen eine infektiöse Larve, die von Meerschweinchen oral aufgenommen wird.

Klinik
Ein geringer Befall verläuft meist symptomlos. Bei höherer Befallsdichte können chronische Durchfälle mit Gewichtsverlusten und gestörtem Allgemeinbefinden auftreten.

Diagnose
Die Eier von *Paraspidodera uncinata* können mithilfe der Flotationsmethode, bei starkem Befall oft auch bereits im **Nativpräparat** nachgewiesen werden (▶ Abb. 4.11 a). Adulte Würmer werden nur selten mit dem Kot ausgeschieden (▶ Abb. 4.11 b). Ein Kot-Nativpräparat sollte in jedem Fall untersucht werden, um sekundäre Infektionen mit Hefen oder Flagellaten diagnostizieren zu können.

Therapie & Prognose
Eine Behandlung der Oxyuren kann mit Fenbendazol [12], Mebendazol [18] oder Febantel + Pyrantel [11] erfolgen. Auch eine Therapie mit Ivermectin [16] kann versucht werden, ist nach eigenen Erfahrungen aber meist weniger wirksam.

Besteht die Erkrankung bereits seit längerer Zeit, so ist trotz der antiparasitären Behandlung nicht umgehend mit dem Verschwinden der Durchfallsymptomatik zu rechnen. Die empfindliche Darmflora des Meerschweinchens wird durch die chronische Infektion oft so nachhaltig gestört,

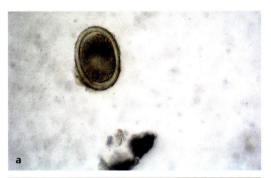

▶ **Abb. 4.11 a** Ei von *Paraspidodera uncinata*. **b** *Paraspidodera uncinata*, adulte Stadien.

dass eine Stabilisierung nicht selten mehrere Wochen, in manchen Fällen gar Monate in Anspruch nimmt. Die Fütterungsration muss bei solchen Tieren einen hohen Rohfaseranteil enthalten, Kohlenhydrate in Form von Getreide sollten nicht verfüttert werden. Probiotika **38** oder Kotsuspensionen gesunder Partnertiere haben einen zusätzlichen stabilisierenden Effekt. Der Kot sollte zudem in regelmäßigen Abständen nativ untersucht werden, um eine übermäßige Vermehrung von Hefepilzen erkennen und sofort behandeln zu können.

> **Therapie des Nematodenbefalls**
> - Fenbendazol **12** (Panacur®), 1 × tgl. 20 mg/kg p.o. über 5 d oder
> - Mebendazol **18** (Telmin®), 1 × tgl. 20 mg/kg p.o. über 3–5 d oder
> - Febantel + Pryantel **11** (Welpan Susp.®), 1 × tgl. 10 mg/kg p.o. über 3 d oder
> - Ivermectin **16** (Ivomec®), 1-malig 0,3–0,5 (–1) mg/kg s.c., Wiederholung nach 5–7 d
> - ggf. allgemein unterstützende Durchfalltherapie

Darmmykose

▶ Nicht kontagiöse, immer sekundär bedingte Infektion mit Hefepilzen.

Ätiologie & Pathogenese

Verursacher von Darmmykosen bei Meerschweinchen, Chinchillas und Degus ist *Cyniclomyces guttulatus*. Diese Hefen kommen immer in geringen Mengen im Darmtrakt der Caviomorpha vor. Bei Änderungen des Darmmilieus können sie sich sprunghaft vermehren und Durchfälle auslösen. Bei Meerschweinchen können zudem häufiger *Candida* spp. nachgewiesen werden.

❗ **Darmmykosen sind immer nur als sekundäre Erkrankungen zu werten.**

Als Ursachen für Instabilitäten der Darmflora kommen in diesem Zusammenhang besonders Zahnerkrankungen, Fütterungsfehler und Parasitosen infrage.

▶ **Abb. 4.12** Hefekot von Chinchillas: Die Kotballen weisen inhomogene Größen und Formen auf. Der rote Pfeil kennzeichnet physiologische, gleichmäßig geformte Kotballen eines gesunden Tieres.

Klinik

Die Kotballen, die normalerweise eine bei jedem Tier konstante Form und Größe aufweisen, beginnen sich zu verformen und werden feuchter und weicher (▶ Abb. 4.12). Mitunter fällt eine unregelmäßige Färbung auf. Bei starkem Befall wird der Kot matschig, verliert gänzlich seine Form und besitzt einen säuerlichen Geruch. Die Anogenitalregion ist meist kotverschmutzt. Der Darmtrakt enthält in solchen Fällen vermehrte Gasansammlungen und es fallen verstärkte Verdauungsgeräusche auf.

Diagnose

Cyniclomyces guttulatus kann leicht im ungefärbten Nativausstrich nachgewiesen werden (▶ Abb. 4.13). Auch *Candida* spp. sind im Nativpräparat zu finden (▶ Abb. 4.14), sie sind jedoch kleiner und weniger auffällig, sodass sie leicht übersehen werden, sodass im Zweifelsfall eine Schnellfärbung des Ausstrichs anzuraten ist.

Wird eine Darmmykose diagnostiziert, so muss weiterhin vor allem die Ursache der Erkrankung ermittelt werden, wobei eine Fütterungsanamnese, eine gründliche Zahnuntersuchung und weiterführende Kotuntersuchungen unerlässlich sind.

4 – Durchfall

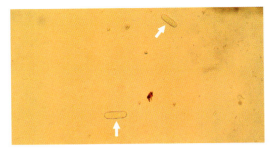

▶ **Abb. 4.13** Hefen *(Cyniclomyces guttulatus)* im Nativausstrich (Pfeile).

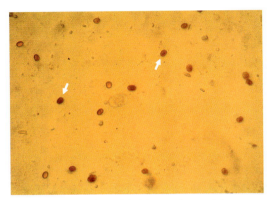

▶ **Abb. 4.14** *Candida* sp. (Pfeile) im Nativausstrich

Therapie & Prognose

Darmmykosen werden mit Nystatin **29** behandelt, das über einen Zeitraum von etwa 7–10 Tagen zu verabreichen ist. Gleichzeitig muss die Ursache der Erkrankung beseitigt werden, da es sonst umgehend wieder zu einer massiven Vermehrung der Hefen kommt.

Besonders bei Patienten mit Zahnfehlstellungen sind rezidivierende Hefedurchfälle keine Seltenheit. Die Besitzer sollten darauf hingewiesen werden, dass regelmäßige Zahnkorrekturen erforderlich sind, spätestens wenn sich die Kotkonsistenz verändert.

> **T Therapie der Darmmykose**
> - Nystatin **29** (Nystatin-Albrecht®), 2 × tgl. 60.000–90.000 I.E./kg p.o. über 7–10 d
> - Diagnose und Therapie der auslösenden Ursache!
> - ggf. allgemein unterstützende Durchfalltherapie

Bakterielle Enteritis **Z**

▶ Primäre oder sekundäre Infektionen unterschiedlicher Kontagiosität.

Ätiologie & Pathogenese

Als Erreger von Durchfällen kommen verschiedenste Keime in Betracht.

Die **Tyzzer's Disease** wird durch *Bacillus piliformis* (Synonym: *Clostridium piliforme*) hervorgerufen. Die Infektion erfolgt oral. Sie verläuft häufig latent. Zum Ausbruch klinischer Symptome kommt es bevorzugt, wenn resistenzmindernde Faktoren vorliegen. Besonders häufig sind Jungtiere betroffen.

Salmonellosen werden durch *Salmonella typhimurium* und *S. enteritidis* verursacht. Erkrankungen spielen überwiegend in großen Tierbeständen eine Rolle, kommen bei Heimtieren jedoch nur äußerst selten vor.

Yersinia enterocolitica konnte besonders bei Chinchillas als Verursacher von Durchfallerkrankungen isoliert werden.

> ❗ *Salmonella enteritidis*, *S. typhimurium* und *Yersinia enterocolitica* sind humanpathogen!

Eine große Rolle bei Durchfällen spielt außerdem *Escherichia coli*. Dieser Keim gehört nicht zur physiologischen Darmflora der Caviomorpha, kann sich bei Änderungen des Darmmilieus jedoch ansiedeln und explosionsartig vermehren. *E. coli* ist der häufigste Verursacher von Enterotoxämien. Weiterhin können auch verschiedene *Streptococcus* spp. und *Staphylococcus* spp. an Durchfallgeschehen beteiligt sein.

Klinik

Bakteriell induzierte Durchfälle verlaufen oft mit akuter Symptomatik. Die Tiere sind abgeschlagen und sitzen mit gesträubtem Fell in einer Ecke des Käfigs. Die Futteraufnahme wird verweigert. Der Kot bekommt schnell eine breiige oder schleimig-wässrige Konsistenz und verschmutzt die Anogenitalregion. Durch Schädigungen der Darmschleimhaut können Blutbeimengungen enthalten sein. Es entstehen Exsikkosen und es besteht die Gefahr der Septikämie.

Infektionen mit *Bacillus piliformis* können in größeren Beständen seuchenhaft verlaufen. Neben Erkrankungen mit Durchfall, Fieber, Apathie und Inappetenz können auch perakute Verlaufsformen mit plötzlichen Todesfällen auftreten.

Diagnose

Bei akuten Durchfällen mit Beeinträchtigung des Allgemeinbefindens besteht immer der Verdacht, dass bakterielle Krankheitserreger an dem Geschehen beteiligt sind. Bei Heimtieren handelt es sich dabei meist um sekundäre Erkrankungen, die durch eine primäre Instabilität der Darmflora begünstigt werden. Daher müssen durch Anamnese und klinische Allgemeinuntersuchung zunächst besonders Fütterungsfehler und Zahnerkrankungen als Ursache ausgeschlossen werden. Es sind weiterhin Kotuntersuchungen im Nativpräparat und mithilfe der Flotationsmethode durchzuführen, um andere Darmerkrankungen (z. B. Darmmykosen, Parasitosen) diagnostizieren zu können. Eine bakteriologische Kotuntersuchung mit Antibiogramm kann eine gezielte Behandlung erleichtern.

Es ist zu beachten, dass *Bacillus piliformis* durch herkömmliche Anzuchtverfahren nicht nachweisbar ist; hier kann nur eine serologische Untersuchung Aufschluss geben. Bei Bestandsproblemen kann die Sektion und histologische Untersuchung eine Diagnose der Tyzzer's Disease erleichtern. Besonders charakteristisch ist eine nekrotisierende Hepatitis. Bereits makroskopisch bestehen deutliche Schwellungen, Stauungen und Fleckungen des Organs. Am Darm finden sich hämorrhagische bis diphtheroide und nekrotisierende Veränderungen.

Therapie & Prognose

Die Behandlung erfolgt mit einem Antibiotikum. Außerdem muss bei akuten Durchfällen umgehend eine Flüssigkeitssubstitution mit Vollelektrolytlösung [89] unter Zusatz von Glukose [87] erfolgen. Zusätzliche Maßnahmen beinhalten eine Stabilisierung der Darmflora mit Probiotika [38], eine Vitaminsubstitution (v. a. B-Vitamine [82], bei Meerschweinchen auch Vitamin C [84]) sowie eine adäquate Zwangsernährung [115].

Werden eine Salmonellose oder eine Yersiniose nachgewiesen, so ist der Besitzer über die Risiken der Humanpathogenität aufzuklären. Eine Behandlung sollte strikt nach Antibiogramm erfolgen und der Erfolg ist durch wiederholte bakteriologische Untersuchungen abzusichern.

Bei der Tyzzer's Disease sind Behandlungsversuche meist wenig erfolgreich. Versuchsweise können Tetrazykline [10] parenteral eingesetzt werden. Bei klinischer Erkrankung bestehen aber bereits weitreichende Veränderungen der Leber und der Darmschleimhaut, sodass der Patient meist nicht mehr zu retten ist. Hatte das erkrankte Tier Kontakt zu anderen für die Krankheit empfänglichen Tieren, so sollte eine Behandlung dieser Tiere erwogen werden. Weiterhin sind (ebenso wie bei der Salmonellose) regelmäßige gründliche Reinigungen des Käfigs erforderlich. In größeren Beständen sind Tiere mit Krankheitssymptomen in jedem Fall zu isolieren.

> **T Therapie der bakteriellen Enteritis**
> - Antibiotikum (mögl. nach Antibiogramm), z. B.:
>   - Chloramphenicol [1] (Chloromycetin Palmitat®), 2× tgl. 50 mg/kg p.o.
>   - Sulfadoxin/Trimethoprim [9] (Borgal®, Cotrim E®), 2× tgl. 40/8 mg/kg s.c., p.o.
>   - Enrofloxacin [4] (Baytril®), 1× tgl. 10 mg/kg s.c., p.o.
> - allgemein unterstützende Durchfalltherapie

Antibiotikaintoxikation

▶ Iatrogen bedingte, oft lebensbedrohlich verlaufende Vergiftung mit ungeeigneten antimikrobiellen Wirkstoffen.

Ätiologie & Pathogenese

Die Caviomorpha haben eine äußerst empfindliche Darmflora, die vorwiegend aus grampositiven Keimen besteht. Medikamente, die ausschließlich oder überwiegend gegen diese Bakterien gerichtet sind, führen zu ihrem Absterben. Durchfälle sind die Folge; außerdem können sich pathogene, gramnegative Mikroorganismen vermehren, die lebensbedrohliche Enterotoxämien auslösen.

Besonders problematisch ist der Einsatz von Penicillinen und deren Abkömmlingen, die oft bereits nach erstmaliger Applikation heftige Durchfälle mit letalem Ausgang auslösen können und daher bei den Meerschweinchenverwandten weder oral noch parenteral eingesetzt werden dürfen. Gleiches gilt jedoch auch für andere Antibiotika mit überwiegend grampositivem Wirkungsspektrum, wie Cephalosporine und Makrolid-Antibiotika. Auch bei oraler Gabe von Tetrazyklinen werden gehäuft Durchfallerkrankungen beobachtet.

Klinik

Betroffene Tiere leiden unter akuten breiigen bis wässrigen Durchfällen, die schnell zur Dehydratation führen. Oft bestehen begleitende Tympanien. Meist liegen deutliche Störungen des Allgemeinbefindens vor und die Futteraufnahme wird verweigert.

Diagnose

Eine sichere Diagnose ist nur zu stellen, wenn die Vorbehandlung des Patienten bekannt ist. Der vorbehandelnde Tierarzt sollte ggf. kontaktiert werden.

Therapie & Prognose

Antibiotikaintoxikationen verlaufen oft mit tödlichem Ausgang. Bereits die einmalige Gabe eines ungeeigneten Wirkstoffs kann unstillbare Durchfälle hervorrufen.

Ungeeignete Antibiotika müssen umgehend abgesetzt und durch ein geeignetes Präparat mit gramnegativem Wirkungsspektrum ersetzt werden, damit Enterotoxämien durch solche Erreger verhindert werden können.

Um schnell fortschreitenden Exsikkosen entgegenzuwirken, werden Infusionslösungen [89] mit Glukosezusatz [87] appliziert. Vitaminsubstitutionen sind sinnvoll, da die geschädigte Darmflora nicht mehr zur Vitaminsynthese fähig ist. Eine Stabilisierung der Mikroflora erfolgt mit Probiotika [38] oder Kotsuspensionen gesunder Partnertiere. Inappetente Patienten werden zwangsgefüttert.

Vergiftung

▶ Seltene, meist durch Aufnahme von Giftpflanzen ausgelöste Erkrankung.

Ätiologie

Vergiftungen sind äußerst selten. Sie können bei Freilauf in der Wohnung oder bei der Außenhaltung in Freigehegen (Meerschweinchen) durch das Anfressen von Giftpflanzen verursacht werden. Gelegentliche Vergiftungsfälle werden durch die Aufnahme von Tomatenpflanzen, Efeu oder Oleander beobachtet. Schwerwiegende Verdauungsstörungen bei Meerschweinchen, mitunter auch mit letalem Ausgang, werden immer wieder durch das Verfüttern roher Kartoffeln verursacht.

Klinik

Neben Durchfällen, die zum Teil von heftigen Tympanien begleitet werden, werden weitere unspezifische Symptome, wie Apathie und Inappetenz, beobachtet. Bei Oleanderintoxikation (▶ S. 213) sind neben Verdauungsstörungen auch zentralnervöse Erscheinungen und kardiale Arrhythmien zu erwarten.

Diagnose

Eine sichere Diagnose ist meist nur möglich, wenn die Giftaufnahme beobachtet wurde oder angefressene Pflanzenteile gefunden wurden. Ein Vergiftungsverdacht kann andernfalls lediglich nach Ausschluss aller anderen möglichen Differenzialdiagnosen gestellt werden.

Therapie

Eine Behandlung zielt darauf ab, die Giftausscheidung durch gesteigerte Diurese zu forcieren: Die Tiere erhalten Infusionen [89] und Furosemid [47]. Weiterhin wird die Darmflora durch Probiotika [38] oder Kotsuspensionen gesunder Partnertiere stabilisiert. Bei schwerer Vergiftungssymptomatik ist zudem eine antibiotische Abschirmung sinnvoll. Nach frisch erfolgter Giftaufnahme können Toxine durch Eingabe von Aktivkohle [30] im Darm gebunden und schneller ausgeschieden werden.

4.5 Erkrankungen

⚠️ **Aktivkohle darf nur bei gesicherter Diagnose einer Vergiftung verabreicht werden. Bei infektiösen Erkrankungen kann durch das Medikament die Verweildauer von Bakterien im Darm verlängert und der Krankheitsverlauf erschwert werden.**

🇹 Therapie bei Vergiftungsverdacht
- symptomatische Vergiftungstherapie:
  - Infusionen (Vollelektrolytlösung **89**), 60–100 ml/kg/d s.c.
  - Furosemid **47** (Dimazon®), 1–2 × tgl. 1–5 mg/kg p.o., s.c.
  - evtl. Aktivkohle **30**, 1 g/kg p.o.
- allgemein unterstützende Durchfalltherapie

Hyperthyreose MS
▶ Überfunktion der Schilddrüse beim **Meerschweinchen**.

Ätiologie
Hyperthyreosen können von Hyperplasien sowie von Neoplasien (Adenome, Karzinome) der Schilddrüse ausgehen.

Klinik
Klassische Symptome einer Hyperthyreose beim Meerschweinchen sind Hyperaktivität und Abmagerung bei erhaltener Futteraufnahme (▶ S. 273). Weiterhin werden oft Fellverluste (▶ S. 240) sowie Polydipsie und Polyurie (▶ S. 185) beobachtet.

Zudem können chronisch-schmierige Durchfälle sowohl als Begleitsymptom als auch als einziges Anzeichen einer Schilddrüsenüberfunktion auftreten.

Diagnose
Eine Verdachtsdiagnose wird zunächst anhand der Anamnese und durch gründliche klinische Allgemeinuntersuchung, ergänzt durch Kotuntersuchungen, gestellt.

Anamnestisch müssen insbesondere Fütterungsfehler als Ursache einer Durchfallerkrankung ausgeschlossen werden. Zudem sind etwaige Symptome einer Hyperthyreose zu erfragen.

Meerschweinchen mit einer Überfunktion der Schilddrüse fallen bei der klinischen Untersuchung oft durch Tachykardien auf. Mittig am Hals lässt sich möglicherweise eine solitäre Umfangsvermehrung (▶ S. 93) feststellen. Diese weist im Falle einer Hyperplasie oft nur die Größe eines Reiskorns auf, ist bei neoplastischen Erkrankungen in aller Regel aber deutlich größer.

Kotuntersuchungen ergeben, trotz der auffällig schmierigen Kotkonsistenz, meist keine auffälligen Befunde. Gelegentlich sind Hefen nachweisbar, deren Behandlung jedoch keine deutliche Verbesserung des Zustands erbringt.

Die definitive Diagnose einer Hyperthyreose muss letztlich nach Blutentnahme durch die Bestimmung des T4- und fT4-Wertes erfolgen.

Therapie
Eine Behandlung der Hyperthyreose erfolgt mit Thiamazol **77** oder Carbimazol **70**. Die Verdauungsfunktion sollte zusätzlich durch Gabe von Probiotika unterstützt werden.

5 Augenveränderungen

Augenveränderungen können sowohl als Anzeichen isolierter Augenerkrankungen auffallen als auch im Rahmen von Allgemeinerkrankungen beobachtet werden. Folgende klinische Symptome können auftreten:
- Augenausfluss (serös, eitrig)
- Korneatrübung
- Linsentrübung
- Blepharospasmus
- Buphthalmus/Exophthalmus
- Photophobie
- Schwellung von Lidern, Konjunktiven oder Drüsengewebe

5.1 Tierartliche Besonderheiten

Meerschweinchen, **Chinchillas** und **Degus** sind Nestflüchter. Ihre Jungen werden mit geöffneten Augen geboren.

Beim **Meerschweinchen** liegen die Bulbi oculi weit lateral gut geschützt in einer vollständig knöchernen Orbita. Diese wird jedoch nur etwa zur Hälfte vom runden Augapfel ausgefüllt und enthält zudem außer Fettgewebe die ventrotemporal liegende Glandula lacrimalis sowie die eher kaudomedial und dorsal befindliche Glandula zygomatica. Das Fettgewebe kann bei adipösen Tieren oder auch bei einigen Rassen so ausgeprägt sein, dass das sogenannte „Fettauge" mit scheinbarem Ektropium des Unterlids entsteht (▶ Abb. 5.1).

Das Gesichtsfeld des Meerschweinchens umfasst ca. 340°. Aufgrund der Ausbildung von 2 verschiedenen Zapfenarten als Photorezeptoren ist nicht nur eine gute Orientierung bei Dämmerlicht, sondern auch Farbsehen möglich. Der Fundus ist anangiotisch.

Das Meerschweinchen besitzt sowohl im Ober- als auch Unterlid nasal je einen Tränenpunkt. Das Tränensekret sammelt sich im Saccus lacrimalis und läuft dann durch den Tränennasenkanal ab. Dieser mündet jeweils in der lateralen Nasenwand. Die Conjunctiva palpebrae enthält beim Meerschweinchen sehr viel lymphatisches Gewebe und kann sich nach Reizungen papillomartig vorwölben. Eine Membrana nictitans ist lediglich rudimentär ausgebildet.

Beim **Chinchilla** sind die Orbita und auch der Bulbus deutlich abgeflachter als beim Meerschweinchen. Sowohl beim **Chinchilla** als auch beim **Degu** ist die Pupille jeweils schlitzförmig ausgebildet. Beide Tierarten weisen ebenfalls einen anangiotischen Fundus auf.

5.2 Therapiegrundsätze

Sofortmaßnahmen sind bei allen hochschmerzhaften Erkrankungen sowie bei Veränderungen, die zum Verlust der Sehkraft des Auges führen können, einzuleiten.

> **⊕ Sofortmaßnahmen**
> 1. systemische Gabe eines Analgetikums, z. B.
>   - Meloxicam [102] (Metacam®), 0,2 mg/kg s.c., p.o.
>   - Carprofen [101] (Rimadyl®), 5 mg/kg s.c.
> 2. bei Kornealäsionen
>   - antibiotische Augentropfen /-salbe (z. B. Floxal® [63], Refobacin® [60])
>   - reepithelisierende Salbe (z. B. Regepithel® [67], Actihaemyl® Augengel [61])
> 3. bei Uveitis
>   - Atropin-Augentropfen [55]
>   bei Exophthalmus
>   - Röntgen des Schädels in 2 Ebenen, um die Ursache abzuklären und bei guter Prognose kurzfristig therapieren zu können
>   bei gleichzeitiger Allgemeininfektion
>   - systemische Antibiotikaapplikation (Wirkstoff mit dem des antibiotischen Augenpräparats abstimmen!)

Die systemische Applikation eines Analgetikums ist bei allen schmerzhaften Veränderungen des Auges (Uveitis, Keratitis, Exophthalmus, Glaukom) eine wichtige Sofortmaßnahme, um den Zustand des Patienten schnell zu verbessern. Ebenso wichtig ist eine kurzfristige Abklärung der Erkran-

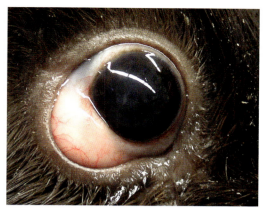

▶ Abb. 5.1 „Fettauge" bei einem Rassemeerschweinchen.

kungsursache, um eine gezielte Therapie einleiten zu können.

Der **lokale Einsatz von antibiotikahaltigen Präparaten** ist bei allen infektiös bedingten Erkrankungen von Lidern, Lidbindehäuten, Kornea, vorderer Augenkammer, Linse, Iris und Ziliarkörper angezeigt. Die Applikationshäufigkeit sollte 3× tgl. nicht unterschreiten; ideal wäre eine Behandlung 5× tgl. zumindest in der Initialphase.

Bei weit fortgeschrittenen Veränderungen, Erkrankungen der hinteren Augenabschnitte oder einer Augensymptomatik im Rahmen einer Allgemeininfektion ist die lokale mit der **systemischen Antibiotikagabe** zu kombinieren. Einen optimalen Effekt erzielt man durch die Verabreichung von Präparaten mit identischen oder eng verwandten Wirkstoffen (Beispiel: Enrofloxacin [4] systemisch, Ofloxacin [63] lokal).

Eine **lokale Applikation von Glukokortikoiden** ist bei allen nicht infektiös bedingten Veränderungen angezeigt, insbesondere bei allergischen Geschehen oder nach Traumata, sofern die Kornea unverletzt ist.

> ❗ Es ist stets durch einen Fluoreszeintest sicherzustellen, dass die Kornea keinerlei Läsionen aufweist, um die Entstehung iatrogen bedingter Hornhautulzera zu vermeiden.

Mydriatika (Atropin [55]) dienen einerseits der Weitstellung der Pupille bei der Augenuntersuchung, sie werden aber auch therapeutisch eingesetzt. Sie verhindern oder lösen Synechien und beheben zudem schmerzhafte Spasmen der Ziliarmuskeln bei Erkrankungen der Kornea bzw. der Uvea.

> ❗ Durch die Weitstellung der Pupille besteht erhöhte Lichtempfindlichkeit. Die Tiere sollten daher in einem abgedunkelten Raum untergebracht werden.

Bei Meerschweinchen, Chinchilla und Degu treten Überempfindlichkeitsreaktionen, wie eine Kontaktdermatitis bzw. eine Lidschwellung, erheblich häufiger nach Applikation einer Augensalbe als nach Präparaten in Tropfen- oder Gelform auf. Daher sind diese Tropfen oder Gels den Salben vorzuziehen. Zusätzlich bieten Augentropfen den Vorteil, dass sie sich auch zur lokalen Behandlung von Erkrankungen des Ductus nasolacrimalis eignen. Weiterhin verkleben Augensalben das Fell und werden beim Putzen häufig im Gesicht verteilt. Insbesondere bei Degu und Chinchilla bleibt an solchen Verklebungen zusätzlich Badesand haften, sodass bis auf die Haut verbackene Krusten entstehen können.

5.3 Wichtige Ursachen

Ursächlich für **Augenausfluss** sind Erkrankungen, die zu einer erhöhten Produktion von Tränenflüssigkeit führen oder Veränderungen, die ein Abfließen der Tränen verhindern. Dies können zum einen primäre Augenerkrankungen sein, die infektiösen oder traumatischen Ursprungs sind. Zum anderen ist Augenausfluss ein Symptom einer **Dacryocystitis**, die bei den Caviomorpha ebenso wie beim Kaninchen meist durch apikales Zahnwachstum bedingt ist (▶ Tab. 5.1).

Nicht zuletzt fällt eine übermäßige Tränenproduktion bei Allgemeinerkrankungen mit hochgradig gestörtem Allgemeinbefinden sowie bei Meerschweinchen mit Vitamin-C-Mangelerscheinungen auf.

Hornhauttrübungen treten infolge von Entzündungen und Ödematisierung der Kornea auf; insbesondere beim Meerschweinchen kann oftmals ein eingespießter Fremdkörper (v.a. Heubestandteile) als Ursache ausgemacht werden (▶ Tab. 5.2).

5 – Augenveränderungen

▶ **Tab. 5.1** Wichtige Ursachen für Augenausfluss.

Ursache	Bedeutung	siehe Seite	Bemerkungen
Konjunktivitis	+++	▶ S. 64	–
Keratitis	++	▶ S. 65	–
Dacryocystitis	++	▶ S. 71	häufiger bei CH
Uveitis	+	▶ S. 66	–
Glaukom	+	▶ S. 68	–
osseäre Choristie	+	▶ S. 68	MS
Exophthalmus	+	▶ S. 69	meist durch retrobulbären Abszess

▶ **Tab. 5.2** Wichtige Ursachen für Augentrübung.

Ursache	Bedeutung	siehe Seite	Bemerkungen
Keratitis	+++	▶ S. 65	–
osseäre Choristie	++	▶ S. 68	MS
Uveitis	+	▶ S. 66	–
Glaukom	+	▶ S. 68	–
Exophthalmus	+	▶ S. 69	v. a. durch retrobulbären Abszess
Katarakt			
● altersbedingt	++	▶ S. 72	–
● diabetogen	++	▶ S. 72	–
● osmotisch	+	▶ S. 72	D
● erblich bedingt	+	▶ S. 72	v. a. beim MS

Linsentrübungen können sich altersbedingt, erblich bedingt oder auch im Rahmen eines Diabetes mellitus entwickeln. Beim Degu ist zusätzlich eine der diabetogenen sehr ähnliche osmotisch bedingte Linsentrübung bekannt.

5.4 Diagnostischer Leitfaden: Augenveränderungen (▶ S. 62)

5.4.1 Besonderes Augenmerk bei der Anamnese

Haltungsbedingungen: Einstreu und Badesand können ursächlich für Reizungen der Konjunktiven (mechanische Reibung, Allergie) oder Verletzungen der Kornea (▶ S. 65) sein. Zugluft kann ebenfalls zu einer Konjunktivitis (▶ S. 64) führen; daher sollte der Käfigstandort berücksichtigt werden. Anamnestisch spielt auch die Käfighygiene eine Rolle, da hohe Ammoniakkonzentrationen eine intensiv reizende Wirkung auf die Schleimhäute ausüben.

Zudem sollten Rangordnungskämpfe bedacht werden, da Meerschweinchen, Chinchillas und Degus idealerweise stets in der Gruppe gehalten werden.

Futteraufnahmeverhalten: Frisst das Tier selektiv weiche Nahrung, kaut es langsamer als sonst oder evtl. nur einseitig? Nimmt es im Vergleich deutlich weniger Futter auf? Veränderungen dieser Art können Hinweise auf eine zugrunde liegende Zahnerkrankung (▶ S. 282) geben.

Fällt eine Polyphagie oder gleichbleibende Futteraufnahme bei gleichzeitigem Gewichtsverlust auf, so muss bei Chinchilla und Degu ein Diabetes mellitus (▶ S. 190) in Betracht gezogen werden. Auch die angebotenen Futtermittel selbst sind zu hinterfragen, um Vitaminmangelsituationen (Vitamin C beim Meerschweinchen) berücksichtigen zu können.

Trinkverhalten: Polydipsie kann zum einen ein Symptom für einen Diabetes mellitus (▶ S. 190) sein, tritt zum anderen aber auch bei Zahnerkrankungen (▶ S. 282) gleichzeitig mit verminderter Futteraufnahme auf.

Weitere Symptome: Der Besitzer sollte genauestens darüber befragt werden, welche weiteren Symptome aufgefallen sind; vielen Besitzern sind die Zusammenhänge zwischen einzelnen Veränderungen nicht bewusst, sodass sie manches für bedeutungslos halten und nicht erwähnen. Beispielsweise tritt Augenausfluss im Verlauf einiger Erkrankungen des Respirationstrakts auf, so dass z. B. häufiges Niesen ein weiteres Symptom sein könnte.

Ebenfalls von Bedeutung ist die Frage, ob noch andere Tiere der Gruppe erkrankt sind oder waren.

5.4.2 Besonderes Augenmerk bei der klinischen Untersuchung

Zunächst werden die Augenlider in Hinblick auf Schwellungen, Verletzungen etc. untersucht. Die Untersuchung des vorsichtig gesäuberten Auges ist dann nach Möglichkeit mithilfe einer Spaltlampe, ersatzweise mit Ophthalmoskop oder Lupenlampe, durchzuführen.

Um eventuelle Fremdkörper auszuschließen, folgt insbesondere bei Schwellungen eine Kontrolle der Innenseiten der Augenlider unter Lokalanästhesie. Die Fluoreszeinprobe hilft, Korneaverletzungen (▶ S. 65) in ihrem Ausmaß zu erkennen oder auszuschließen. Im Falle eines Glaukomverdachts (▶ S. 68) ist der intraokuläre Druck mittels eines Tono-Pen® zu ermitteln.

> ❗ Da eine Augenveränderung auch ein Symptom für eine andere Grunderkrankung sein kann, muss grundsätzlich eine vollständige klinische Untersuchung durchgeführt werden.

Liegen Hinweise auf eine Zahnerkrankung vor?

Insbesondere bei tränenden Augen/Epiphora und Dacryocystitis (▶ S. 71) sowie bei Exophthalmus (▶ S. 69) sollte stets eine gründliche Untersuchung der Maulhöhle erfolgen. Hierbei ist auf lockere oder fehlende Zähne, Eiteraustritt aus den Alveolen oder Zahnfehlstellungen und -spitzen zu achten. Durch die Palpation der Kieferknochen können Auftreibungen erkannt werden, die Anzeichen für apikales Zahnwachstum sind.

Bestehen weitere Symptome?

Erkrankungen des Respirationstrakts gehen oftmals auch mit Augenausfluss einher. Auskultatorische Rassel- oder Reibegeräusche lassen sich besonders bei bakteriellen Pneumonien (▶ S. 26) und Allergien (▶ S. 28) nachweisen. Auch Nasenausfluss ist als Hinweis auf eine Allgemeinerkrankung zu deuten.

Zeigt der Patient Anzeichen von Schmerzen?

Einige Augenerkrankungen, wie ein hochgradiges Glaukom (▶ S. 68), eine Uveitis (▶ S. 66) oder eine Keratitis (▶ S. 65), können mit erheblichen Schmerzen verbunden sein. Als Schmerzsymptome sind z. B. Blepharospasmus, Apathie, Inappetenz, Rückzug aus der Gruppe oder eine zusammengekauerte Sitzstellung zu werten. Eine Schmerzbekämpfung sollte in diesem Fall umgehend eingeleitet werden.

Diagnostischer Leitfaden: Augenveränderungen

Anamnese

- Haltungsbedingungen — Zugluft, hoher Ammoniakgehalt, Rauch, Staub (Badesand, Heu, Streu etc.)
- Fütterung — massiver Vitamin-C-Mangel
- Trauma — Bissverletzung bei Rangordnungskämpfen, Fremdkörpereinspießungen

Klinische Untersuchung

- tränende Augen → intraokuläre Strukturen o.b.B. → Chemosis, Hyperämie der Konjunktiven
  - → keine weitere Symptomatik
  - → nach Druck auf den Tränensack entleert sich Eiter

- tränendes Auge mit Korneatrübung → Gefäßeinsprossung, Blepharospasmus → Fluoreszeintest
  - → positiv
  - → negativ

- [MS] weiße, zungenförmige/zirkuläre Strukturen um Iris → osseäre Choristie

- vorstehendes Auge
  - → Mydriasis, konjunktivale u. episklerale Gefäße injiziert → Tonometrie
  - → intraokuläre Strukturen o.b.B. → Röntgen Schädel

- Linsentrübung → sonst. intraokuläre Strukturen o.b.B. → Blut-US
  - → hgr. Hyperglykämie (> 250 mg/dl)
  - → o.b.B.
  - [D] → milde Hyperglykämie (bis 150 mg/dl)

5.4 Diagnostischer Leitfaden: Augenveränderungen

5.4.3 Diagnosesicherung durch weiterführende Untersuchungen

Eine **Röntgenuntersuchung** des Schädels in 2 Ebenen sollte immer dann in Betracht gezogen werden, wenn eine eitrige Dacryocystitis (▶ S. 71) vorliegt, insbesondere, wenn sich bereits bei Adspektion der Maulhöhle Hinweise auf Zahnerkrankungen (▶ S. 282) finden oder palpatorisch Unebenheiten oder Auftreibungen am Oberkieferknochen auffallen. Weiterhin ist das Anfertigen von Röntgenaufnahmen in allen Fällen, in denen ein Exophthalmus (▶ S. 69) vorliegt, unverzichtbar.

Die Entnahme von Tupferproben zur Einleitung einer **mikrobiologischen Untersuchung** empfiehlt sich bei therapieresistenten infektiösen Augenerkrankungen. Während der Untersuchungsdauer ist der Patient mit Augentropfen mit breitem antibiotischen Spektrum zu versorgen (z. B. Floxal® [63]).

Blutuntersuchung, Harnuntersuchung: Liegt ein- oder beidseitig eine Katarakt (▶ S. 72) vor, kann ein Verdacht auf Diabetes mellitus (▶ S. 190) durch Nachweis einer Hyperglykämie und/oder einer Glukosurie untermauert werden.

5.5 Erkrankungen

Konjunktivitis

▶ Häufige Erkrankung bei **Meerschweinchen, Chinchillas** und **Degus**; kann infektiös oder durch äußere Reize bedingt sein.

Ätiologie & Pathogenese

Konjunktividen sind vielfach primär **nicht infektiösen Ursprungs**: Sie können durch Zugluft oder auch durch reizende Ammoniakgase bei einer unhygienischen Haltung entstehen. Allergische Reaktionen sind besonders häufig bei Meerschweinchen zu beobachten und werden offenbar durch Heustaub oder harzige Einstreuspäne hervorgerufen. Oftmals spießen sich, insbesondere beim Meerschweinchen, kleine Heubestandteile in die Lidbindehäute ein. Beim Degu oder Chinchilla kann es außerdem durch die Staubentwicklung im Sandbad oder durch mechanische Reizung durch Sandkörnchen zur Ausbildung einer Konjunktivitis kommen. Zudem ist ursächlich auch eine Bissverletzung im Zuge von Rangordnungskämpfen möglich.

Beim Meerschweinchen kann außerdem eine Lidbindehautentzündung im Rahmen eines massiven Vitamin-C-Mangels auftreten. Bereits ein etwa 10–14-tägiger Mangel an Vitamin C kann hierbei auslösend wirken.

Die **infektiösen Ursachen** für eine Konjunktivitis sind ebenfalls vielfältig; sie können bakteriellen und auch viralen Ursprungs sein. Beim **Meerschweinchen** können z. B. *Bordetella* sp., *Pseudomonas* sp., *Streptococcus pneumoniae*, Mykoplasmen und Chlamydien häufig nachgewiesen werden. Als virale Erreger spielen insbesondere das Zytomegalievirus (Herpesviridae) und das LCM-Virus (Arenaviridae) eine Rolle.

Infektiös bedingte Konjunktividen treten selten isoliert auf, sondern sind meist Begleiterscheinung einer Dacryocystitis, einer Erkrankung des Respirationstrakts oder Symptom einer Allgemeinerkrankung.

Klinik

Eine Konjunktivitis geht mit Rötung und Schwellung der Lidbindehäute einher (▶ Abb. 5.2), wobei bei Meerschweinchen mitunter blumenkohlartige und hochrote Wucherungen der Konjunktiva zu beobachten sind. Meist fällt seröser bis eitriger Augenausfluss auf. Blepharospasmus oder Photophobie sind möglich.

Diagnose

Die Diagnose wird durch das meist eindeutige klinische Bild gestellt. Auf die Ursache kann durch genaue Anamnese und gründliche Allgemeinuntersuchung geschlossen werden.

Therapie

Eine Therapie muss abhängig von der Ursache eingeleitet werden. Selbstverständlich sind optimale Haltungs- und Fütterungsbedingungen. Infektiös bedingte Lidbindehautentzündungen sollten zunächst mit einem breit wirksamen Antibiotikum lokal behandelt werden; ggf. ist eine bakteriologische Untersuchung einzuleiten. Zusätzlich muss die Grunderkrankung therapiert werden.

5.5 Erkrankungen

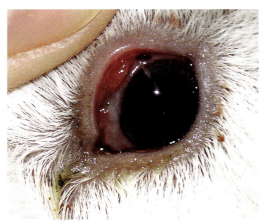

▶ **Abb. 5.2** Konjunktivitis mit deutlicher Ödematisierung der Konjunktiva bei einem Meerschweinchen.

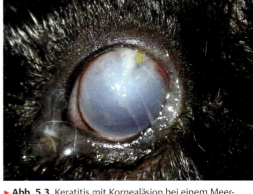

▶ **Abb. 5.3** Keratitis mit Kornealäsion bei einem Meerschweinchen aufgrund eines in die Bindehaut eingespießten Fremdkörpers (Heuhalm).

Im Falle einer allergisch bedingten Konjunktivitis oder bei starken Schwellungen der Bindehäute sind kortikoidhaltige Präparate anzuwenden. Zu berücksichtigen ist hierbei jedoch, dass das Tier sich aufgrund starken Juckreizes gekratzt oder beim Versuch der Säuberung des Auges selbst verletzt haben könnte. Eine genaue Untersuchung der Kornea ist daher erforderlich. Alternativ zu Kortikoiden können jedoch auch mitunter pflanzliche Präparate (z.B. OculoHeel® 135, Euphravet® 135) zu einer deutlichen Besserung der allergisch bedingten Konjunktivitiden führen.

Eine Kombination aus kortison- und antibiotikahaltigen Augentherapeutika ist beispielsweise nach Bissverletzungen oder Fremdkörpereinspießungen in die Konjunktiva angezeigt, wenn eine starke Schwellung vorliegt und gleichzeitig davon auszugehen ist, dass eine bakterielle Infektion stattgefunden hat. Auch hier ist ein negativer Fluoreszeintest die Grundlage für die Medikation.

❗ **Kortikoidhaltige Augenpräparate dürfen nur bei vollständig intakter Kornea angewendet werden!**

T Therapie der Konjunktivitis
- Infektiös bedingte Konjunktivitis:
  - antibiotikahaltige Augenpräparate (z.B. Floxal® AT 63, Fucithalmic Gel® 59), 3–5× tgl.
  - bei Therapieresistenz Einleitung einer mikrobiologischen Untersuchung
- Verletzungsbedingte Konjunktivitis:
  - antibiotikahaltige Augenpräparate, 3–5× tgl.
  - bei starken Schwellungen und negativem Fluoreszeintest zusätzlich kortikoidhaltige Augenpräparate oder Kombinationspräparate, 3× tgl.
- Allergische oder durch ein Trauma bedingte Konjunktivitis:
  - bei intakter Kornea kortikoidhaltige Augenpräparate 57 (z.B. Dexagel® oder Dexa EDO® Augentropfen), 3× tgl.

Keratitis

▶ Entzündung der Hornhaut, die überwiegend durch Verletzungen hervorgerufen wird und häufig mit Korneaödemen einhergeht.

Ätiologie & Pathogenese

Die häufigsten Ursachen für eine Hornhautentzündung sind vor allem beim Meerschweinchen, aber auch bei Chinchilla und Degu, Verletzungen durch Fremdkörper (Einstreu, Heu, Badesand) oder – deutlich seltener – Läsionen durch Kratzer oder Bisse. Eine längerfristig bestehende eitrige

Konjunktivitis kann ebenfalls ursächlich für eine Keratitis sein.

Für das Meerschweinchen sind zudem Einzelfälle von Keratitiden beschrieben, die durch eine Pilzinfektion bedingt wurden.

Klinik

Bei der Untersuchung fällt meist neben der Verletzung der Kornea eine Eintrübung auf, die sich von dem Defekt ausgehend ausbreitet (▶ Abb. 5.3). Dieses zunächst oberflächliche Korneaödem entsteht insbesondere beim Meerschweinchen sehr rasch. Im Falle einer tiefen und bereits länger bestehenden Keratitis sind zusätzlich Gefäßeinsprossungen zu erkennen. Der Patient hat Schmerzen und zeigt häufig Blepharospasmus, Epiphora sowie Photophobie.

Diagnose

Neben einer gründlichen Augenuntersuchung ist hier eine Fluoreszeinprobe unverzichtbar, um das Ausmaß und die Tiefe der Korneaveränderung einschätzen zu können.

Therapie & Prognose

Nach dem vorsichtigen und vollständigen Entfernen eventueller Fremdkörper unter Lokalanästhesie erfolgt eine Behandlung mit antibiotikahaltigen Augenpräparaten, die ein breites Wirkspektrum aufweisen. Zusätzlich müssen reepithelisierende Salben oder Gelpräparate verordnet werden. Aufgrund der Schmerzhaftigkeit einer Keratitis empfiehlt sich insbesondere bei tiefen Veränderungen die lokale Applikation von Atropin-Augentropfen sowie die systemische Gabe eines Analgetikums.

Ist ein Fremdkörper Ursache für eine Keratitis mit Kornealäsion, so kommt es nach Entfernung und konsequenter Behandlung meist zu einer schnellen Abheilung. Bei tieferen Verletzungen der Hornhaut, wie sie insbesondere durch Kratzer und Bisse entstehen, kann die Abheilung deutlich mehr Zeit in Anspruch nehmen. Zeigt die Läsion trotz intensiver Behandlung nur eine schlechte Heilungstendenz, so ist die Entnahme einer Tupferprobe zur bakteriologischen Untersuchung zu erwägen, um ggf. die antibiotische Behandlung gezielt umstellen zu können.

T Therapie der Keratitis

- antibiotikahaltige Augenpräparate mit breitem Wirkspektrum (z. B. Floxal® 63), 3–5× tgl.
- reepithelisierende Präparate (z. B. Regepithel® AS 67, Actihaemyl® Augengel 61), 3× tgl.
- ggf. Atropin-Augentropfen 55, 2 x. tgl.
- ggf. systemische Gabe von Analgetika (z. B. Metacam® 102), 1× tgl. 0,2 mg/kg s.c., p.o.

Uveitis

▶ Entzündung der unterschiedlichen Abschnitte der mittleren Augenhaut infolge von Infektionen oder Traumata.

Ätiologie & Pathogenese

Eine Entzündung eines oder mehrerer Anteile der Uvea (Chorioidea, Ziliarkörper und Iris) ist bei Meerschweinchen, Chinchilla und Degu eher selten. Sie kann durch stumpfe oder perforierende Traumata oder auch im Zuge von schwerwiegenden Allgemeininfektionen auftreten. Eine reaktive Uveitis kann sich zudem beim Meerschweinchen im Rahmen einer ausgeprägten osseären Choristie entwickeln (▶ Abb. 5.7 c).

Grundsätzlich ist bei einseitigen Veränderungen an eine traumatische Genese zu denken, beidseitig manifestierte Uveitiden sind eher infektiös bedingt.

Klinik

Das betroffene Tier zeigt Blepharospasmus, Epiphora und Photophobie. Aufgrund der Schmerzhaftigkeit der Erkrankung fallen häufig Inappetenz und Apathie auf.

Bei traumatisch bedingten Uveitiden entwickelt sich zudem in der Regel ein Korneaödem. Es besteht weiterhin meist eine Chemosis, eine Miosis und eine deutliche episklerale Gefäßinjektion. Als Folge der Erweiterung der uvealen Gefäße ist eine Exsudation von Fibrin zu beobachten, die begünstigend auf die Ausbildung von Synechien wirkt. Daraus kann eine unregelmäßige Pupillenverformung resultieren (▶ Abb. 5.4, ▶ Abb. 5.5).

Durch die Entzündung des Ziliarkörpers kommt es zur verminderten Kammerwasserse-

▶ **Abb. 5.4** Uveitis bei einem Chinchilla.

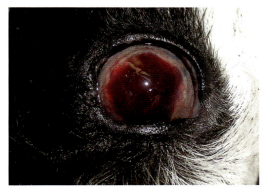

▶ **Abb. 5.5** Uveitis mit starken Einblutungen in die vordere Augenkammer bei einem Meerschweinchen.

kretion und somit zur Hypotonie des Auges. Falls durch Fibrinablagerungen im Kammerwinkel oder Goniosynechien gleichzeitig eine Abflussstörung des Kammerwassers vorliegt, kann sich sekundär ein Glaukom entwickeln.

Diagnose
Die Diagnose kann durch eine gründliche Augenuntersuchung gestellt werden. Im Falle eines Glaukomverdachts sollte der intraokuläre Druck mittels Tono-Pen® gemessen werden. Eine Fluoreszeinprobe gibt Auskunft über die Unversehrtheit der Kornea.

Therapie & Prognose
Das therapeutische Vorgehen ist abhängig von der Ausprägung und der Ursache der vorgefundenen Veränderungen.

Traumatisch bedingte Uveitiden werden mit kortikoidhaltigen Augentropfen behandelt, eine unversehrte Kornea vorausgesetzt. Als besonders vorteilhaft in der Wirksamkeit haben sich hierbei Prednisolonacetat-haltige Augenpräparate [65] erwiesen. Parallel wird Atropin 1% [55] lokal verabreicht. Durch die mydriatische Wirkung wird die Bildung von Synechien vermindert, durch die lähmende Wirkung auf die spastisch kontrahierten Ziliarmuskeln lässt der Schmerz nach. Eine systemische analgetische Behandlung ist dennoch zusätzlich anzuraten.

Bei infektiös bedingten Entzündungen der Uvea und bei nicht-intakter Kornea sind anstelle von kortisonhaltigen Präparaten antibiotische Zubereitungen zu applizieren. Sollte eine Allgemeininfektion vorliegen, empfiehlt es sich, das systemisch und lokal angewandte Antibiotikum aufeinander abzustimmen (z. B. Baytril® [4] oder Marbocyl® [6] und Floxal® AT [63]).

> **T Therapie der Uveitis**
> - Traumatisch bedingt, Kornea intakt:
>   - Atropin 1%-Augentropfen [55], 2× tgl.
>   - Prednisolonacetat-haltige Augentropfen [65] (z. B. Ultracortenol®), 4–5 × tgl.
>   - Analgetikum zur oralen oder parenteralen Gabe (z. B. Metacam® [102])
> - Infektiös bedingt oder mit Kornealäsion einhergehend:
>   - Atropin 1%-Augentropfen [55]
>   - antibiotikahaltige Augenpräparate (z. B. Floxal® [63]), 4–5 × tgl.
>   - reepithelisierende Augenpräparate (z. B. Regepithel® [67], Actihaemyl Augengel® [61]), 4–5 × tgl.
>   - Analgetikum zur oralen oder parenteralen Gabe (z. B. Metacam® [102])

Liegen Läsionen der Kornea vor, darf grundsätzlich weder bei traumatisch noch infektiös bedingten Uveitiden ein Kortikoid zur Anwendung kommen. Vielmehr müssen reepithelisierende Präparate (z. B. Regepithel® [67], Actihaemyl Augengel® [61]) und auch bei traumatisch bedingten Entzündungen zusätzlich ein Antibiotikum lokal verabreicht werden. Die ansonsten beschriebene Therapie bleibt hiervon unberührt.

Die Prognose einer Uveitis ist stets abhängig von der Ursache und dem Ausmaß der Veränderungen am Auge. Durch stumpfe Traumata hervorgerufene Entzündungen sind in aller Regel gut beeinflussbar. Liegen weitreichende Entzündungen oder Läsionen der Kornea zugrunde, so besteht die erhöhte Gefahr einer Korneaperforation, die dann eine Bulbusenukleation erforderlich macht. Infektiöse Ursachen können, wenn der Erreger nicht eliminiert werden kann, durch weitreichende Synechien letztlich zu einem Glaukom führen, sodass als letzte Konsequenz ebenfalls eine Entfernung des Bulbus erforderlich wird.

Glaukom

▶ Erhöhter Augeninnendruck, meist durch Abflussstörungen des Kammerwassers bedingt.

Ätiologie & Pathogenese

Primärglaukome durch erbliche Kammerwinkelmissbildungen sind bei Meerschweinchen, Chinchilla und Degu nicht bekannt.

Auch ein Sekundärglaukom ist bei den hier beschriebenen Tierarten eher selten anzutreffen. Es kann als Folge einer Uveitis entstehen, wenn durch Goniosynechien der Kammerwasserabfluss gestört ist. Auch im Rahmen einer osseären Choristie beim Meerschweinchen kann nach Verlegung des Kammerwinkels durch die heterotrope Knochenneubildung der Kammerwasserabfluss behindert werden, sodass sich ein Glaukom bildet (▶ Abb. 5.6)

Klinik

Der Bulbus tritt hervor und die Episkleralgefäße sind stark erweitert. Der intraokuläre Druck steigt auf über 25 mmHg und es entwickelt sich eine Mydriasis. Durch den unvollständigen Lidschluss entstehen zentrale Korneadefekte und ein Korneaödem. Ein Glaukom ist hochschmerzhaft, weshalb sich das betroffene Tier oftmals zurückzieht, apathisch wirkt und die Futteraufnahme einstellt.

Diagnose

Die Diagnose ergibt sich aus dem beschriebenen klinischen Bild und dem Nachweis der Erhöhung des intraokulären Druckes.

Therapie & Prognose

Eine konservative Therapie verspricht leider wenig Erfolg, sodass eine Bulbusexstirpation anzuraten ist.

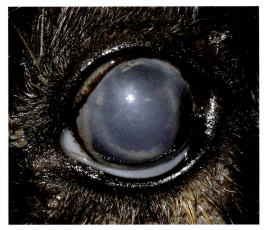

▶ **Abb. 5.6** Glaukom bei einem Meerschweinchen.

Osseäre Choristie MS

▶ Heterotrope Knochenbildung des Ziliarkörpers, die nur beim **Meerschweinchen** bekannt ist.

Ätiologie & Pathogenese

Die Ätiologie der osseären Choristie ist bisher unbekannt. Verschiedene mögliche Ursachen werden derzeit diskutiert, so unter anderem eine erbliche Genese oder auch ein Zusammenhang mit einer hohen Vitamin-C-Konzentration im Ziliarkörper, die die Knochenbildung induzieren soll.

Klinik

Die knöchernen Zubildungen beginnen meist zungenförmig im medialen oder lateralen Augenwinkel (▶ **Abb. 5.7 a**), um sich dann im Laufe der Zeit zirkulär auszubreiten (▶ **Abb. 5.7 b**). Die Breite dieser Spange variiert. Die Veränderung ist weißlich bis rosafarben, je nach Dichte des Kapillargeflechts, das den neugebildeten Knochen überzieht. Eine osseäre Choristie kann ein- oder beidseits ausgebildet sein und scheint meist keinerlei Beschwerden zu verursachen. In Einzelfällen kann es jedoch zu einer Abflussstörung des Kammerwassers durch Verlegung des Kammerwinkels und somit zu einem Sekundärglaukom kommen. Auch die Entwicklung einer reaktiven Uveitis ist gelegentlich möglich (▶ **Abb. 5.7 c**).

5.5 Erkrankungen

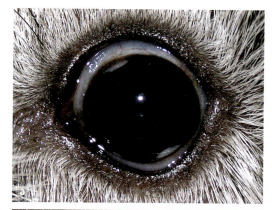

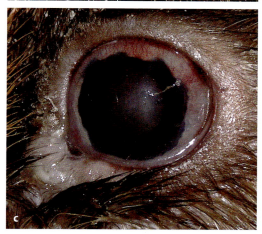

▶ **Abb. 5.7** Verschiedene Stadien der osseären Choristie. Beginnende Verknöcherungen bei 5 Uhr und 11 Uhr (**a**), fortgeschrittene zirkuläre Verknöcherung des Ziliarkörpers (**b**) und osseäre Choristie mit sekundärer Uveitis (**c**).

Diagnose
Die Diagnose ergibt sich durch das typische klinische Bild, das sich in der Augenuntersuchung eindeutig darstellt. Eine Messung des intraokulären Druckes mittels Tono-Pen® sollte sich in fortgeschrittenen Fällen anschließen.

Therapie & Prognose
Eine Therapie ist nicht bekannt und in der Regel auch nicht erforderlich. Lediglich im Falle einer reaktiven Uveitis sollte diese je nach Zustand der Kornea rein antibiotisch/reepithelisierend oder mit einem kortikoidhaltigen Augenpräparat behandelt werden. Gleichzeitig ist eine systemische Verabreichung eines Analgetikums sinnvoll.
    Bei ausgeprägter Verknöcherung des Ziliarkörpers besteht die Gefahr einer Verlegung des Kammerwinkels, sodass ein Sekundärglaukom entstehen kann. Den Augeninnendruck senkende Ophtalmologika bringen in solchen Fällen in aller Regel keine Verbesserung des Zustands. Führt der erhöhte Druck zu Folgeerscheinungen (unvollständiger Lidschluss mit Eintrocknung der Kornea, Schmerzzustände), so ist eine Bulbusexstirpation anzuraten.

Exophthalmus
▶ Hervortreten des Bulbus aus der Orbita, meist durch retrobulbäre Abszesse verursacht.

Ätiologie & Pathogenese
Ein Exophthalmus entsteht meist infolge eines retrobulbären Abszesses, der sowohl beim Meerschweinchen wie auch beim Chinchilla und Degu häufiger vorkommt. Zugrunde liegt meist ein apikales Spitzenwachstum der Molaren, die in der Folge die knöcherne Orbita perforieren.
    Tumoren sind als Ursache eines Exophthalmus differenzialdiagnostisch zwar zu berücksichtigen, treten jedoch außerordentlich selten auf.

Klinik
Zunächst fällt einseitig eine leichte, bei Größenzunahme der retrobulbären Prozesse deutliche Vorverlagerung des Augapfels auf (▶ Abb. 5.8). In der Regel sind zunächst keine weiteren okulären Strukturen betroffen. Wenn jedoch aufgrund des Exophthalmus kein vollständiger Lidschluss mehr möglich ist und die Kornea auszutrocknen

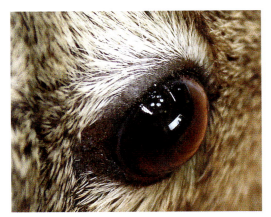

▶ **Abb. 5.8** Leichter Exophthalmus bei einem Degu. Der Bulbus ist noch vollständig intakt.

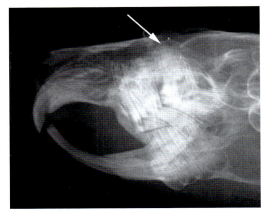

▶ **Abb. 5.10** Röntgenaufnahmen eines Meerschweinchens mit retrobulbärem Abszess: M2 und M3 des Oberkiefers weisen ausgeprägtes retrogrades Wachstum auf (Pfeil). Auch P und M1 sind apikal nicht klar abgegrenzt.

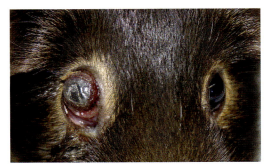

▶ **Abb. 5.9** Exophthalmus bei einem Meerschweinchen. Der Bulbus ist eingetrocknet.

> ❗ **Liegt ein Exophthalmus vor, so müssen grundsätzlich Röntgenaufnahmen des Schädels in beiden Ebenen angefertigt werden!**

Nur mithilfe dieser Aufnahmen ist es möglich, die verursachenden Zähne zu lokalisieren und einzuschätzen, wie weit mögliche Veränderungen des Kieferknochens bereits fortgeschritten sind (▶ Abb. 5.10).

Therapie & Prognose

Eine Therapie ist nur Erfolg versprechend, wenn die beteiligten Zähne extrahiert werden. Sofern das Auge bereits Veränderungen aufweist (Eintrocknung der Kornea, Keratitis), muss zudem eine Bulbusenukleation durchgeführt werden. Ist die Kornea noch intakt, so kann versucht werden, das Auge zu erhalten.

Ist das Auge nicht mehr intakt, so wird zunächst der Bulbus enukleiert und es werden zudem sämtliche Drüsenreste vollständig aus der Orbita entfernt, um die Gefahr von Wundheilungsstörungen zu senken. Die Wundhöhle wird kürettiert und gründlich gespült (z. B. mit verdünnten Jodlösungen 98). Je nach Sitz der beteiligten Zähne können diese nun nach gründlicher Lockerung von oral oder aus der Wundhöhle heraus entfernt werden. Oftmals ist die Extraktion aus der Orbita erheblich leichter, da in der Maulhöhle nur wenig Platz bleibt, einen Zahn vollständig

beginnt (▶ Abb. 5.9), können in der Folge Infektionen auf verschiedene Anteile des Auges übergreifen. Durch die Schmerzhaftigkeit dieser Prozesse sind die betroffenen Tiere oftmals inappetent und apathisch.

Diagnose

Die Diagnose ergibt sich durch das klinische Bild. Eine gründliche Augenuntersuchung ist trotzdem selbstverständlich, um den Zustand des Auges genau beurteilen zu können. Bei milden/beginnenden Veränderungen kann mithilfe der Tonometrie ein Buphthalmus ausgeschlossen werden.

Nach einer gründlichen adspektorischen Untersuchung der Maulhöhle, bei der insbesondere auf Eiterungen, Zahnverfärbungen und lockere Zähne geachtet werden muss, schließt sich eine röntgenologische Untersuchung des Schädels an.

herauszuziehen. Falls möglich, sollte die Gingiva über der leeren Alveole vernäht werden, um ein Eindringen von Futterbestandteilen in die Orbita auszuschließen. Ist dies nicht möglich, so wird die Extraktionswunde austamponiert, wobei sich Gelastypt®-Würfel sehr bewährt haben. Schließlich wird nach erneuter gründlicher Spülung der Orbita eine Drainage eingelegt und die Wundhöhle zunächst verschlossen. Die Drainage wird nach etwa 2 Tagen gezogen und die Orbita ggf. wieder etwas weiter eröffnet. Regelmäßige Wundspülungen in 2- bis 3-tägigem Abstand schließen sich an, bis die Wundhöhle geschlossen ist. Nach der Wundtoilette hat es sich als sinnvoll erwiesen, die Wundhöhle jeweils mit enzymhaltigen Präparaten (z. B. Nekrolyt® [93]) oder lokal wirkenden Antibiotikakegeln aufzufüllen.

Ist der Bulbus noch intakt, so werden die den Abszess verursachenden Zähne über die Maulhöhle extrahiert. Die Wundhöhle muss anschließend gründlich gespült und kürettiert werden, um sowohl den Eiter als auch alle Abszesskapselanteile vollständig zu entfernen. Gelingt dies, so gleitet der Bulbus wieder in seine ursprüngliche Position in der Orbita zurück. Die Extraktionswunde wird wiederum austamponiert, um ein Eindringen von Futterbestandteilen zu verhindern. Anschließend müssen regelmäßige Wundkontrollen im Abstand von wenigen Tagen erfolgen. Die Tamponade muss dann ggf. entfernt und nach Spülung der Wunde erneuert werden. Kann bei diesen Behandlungen kein Eiter mehr ausgespült werden, so kann Gelastypt® dauerhaft im Zahnfach belassen werden, damit die Wunde schneller ausgranuliert.

Unabhängig von der Art des chirurgischen Eingriffs ist zusätzlich eine langfristige Antibiose über mindestens 4 Wochen angezeigt. Zunächst empfiehlt sich die Gabe eines gut verträglichen Breitbandpräparats, das sich zudem durch gute Knochengängigkeit auszeichnen muss (z. B. Baytril® [4], Marbocyl® [6]); je nach Ergebnis der mikrobiologischen Untersuchung des Abszesskapselmaterials und des Eiters muss die Antibiose ggf. umgestellt werden. Zumindest für die 1. Woche post operationem ist der Patient außerdem mit einem Analgetikum (z. B. Metacam® [102]) zu versorgen.

Die Prognose bei einem Exophthalmus durch retrobulbären Abszess ist immer sehr vorsichtig einzuschätzen! Sie ist umso schlechter einzustufen, je mehr Zähne an dem Prozess beteiligt sind und je größer die Verbindung von der Maulhöhle zur Orbita ist.

> **T** Therapie bei Exophthalmus durch retrobulbären Abszess
> - ggf. Bulbusexstirpation
> - Extraktion aller beteiligten Zähne
> - Antibiotikum (knochengängige Wirkstoffe, ggf. Umstellung nach Antibiogramm), z. B.
>   - Enrofloxacin [4] (Baytril®), 1 × tgl. 10 mg/kg s.c., p.o.
>   - Marbofloxacin [6] (Marbocyl®), 1 × tgl. 4 mg/kg s.c., p.o.
> - Analgetikum, z. B.
>   - Meloxicam [102] (Metacam®), 1–2 × tgl. 0,2 mg/kg s.c., p.o.
>   - Carprofen [101] (Rimadyl®), 1 × tgl. 5 mg/kg s.c.
> - Drainage der Wundhöhle
> - regelmäßige Wundtoilette mit Spülung der Wundhöhle (z. B. Rivanol® [94]) und Einlegen von Wundkegeln oder enzymhaltigen Präparaten (z. B. Nekrolyt® [93])

Dacryocystitis

▶ Eine Entzündung des Tränennasenkanals kann infektiös bedingt oder auf apikales Zahnwachstum zurückzuführen sein.

Ätiologie & Pathogenese

Dacryocystitiden entstehen meist nach Kompression des Tränennasenkanals durch apikales Zahnwachstum. Die sich ansammelnde Tränenflüssigkeit fungiert dann als idealer Keimnährboden, sodass sich eine eitrige Entzündung bilden kann. Teilweise perforieren auch bereits entzündete apikale Zahnspitzen den Ductus lacrimalis und führen so zu dessen Infektion. Deutlich seltener kommt es im Rahmen einer bakteriellen Allgemeininfektion zur Besiedelung des Tränennasengangs. Dacryocystitiden kommen beim Chinchilla häufiger vor als bei Meerschweinchen oder Degus.

Klinik

Meist fällt zunächst eine Epiphora auf. Das zunächst noch serös-klare Tränensekret wird zunehmend klebrig weißlich-trübe bis eitrig (▶ Abb. 5.11). Die Lidbindehäute sowie sämtliche okuläre

5 – Augenveränderungen

▶ **Abb. 5.11** Eitrige Dacryocystitis bei einem Meerschweinchen.

Strukturen sind zu Beginn der Erkrankung noch vollkommen unbeeinträchtigt; insbesondere die Konjunktiven können aber bei längerem Krankheitsverlauf durch die ständige Vereiterung in das Entzündungsgeschehen miteinbezogen werden und mit Rötungen und Schwellungen reagieren. Wird das betroffene Tier mit diesen Symptomen dann erstmalig vorgestellt, so scheint auf den ersten Blick eine Konjunktivitis als Primärproblem zu bestehen.

Diagnose
Nach gründlicher klinischer Untersuchung zum Ausschluss einer Allgemeininfektion und zur Beurteilung sämtlicher okulärer Strukturen sollten Röntgenaufnahmen des Schädels angefertigt werden, um eine Zahnbeteiligung aufzuzeigen. Ggf. kann durch Einbringen von iodhaltigen Röntgenkontrastmitteln (z. B. Telebrix®) der genaue Sitz einer Stenose ermittelt werden.

Therapie & Prognose
Bei geringgradigeren Verlegungen des Tränennasenkanals kann dieser durch vorsichtiges Spülen (aufgrund seiner geringen Größe nicht beim Degu!) wieder durchgängig werden. Eine Applikation von antibiotikahaltigen und – bei unversehrter Kornea – kortikoidhaltigen Augentropfen (z. B. Kombipräparate, wie Dexa-Polyspektran® [68]) zur Abschwellung der Schleimhäute sollte 3- bis 5-mal täglich erfolgen. Bei einer Abszedierung des Ductus lacrimalis oder gleichzeitiger Allgemeininfektion ist zudem ein knochengängiges Antibiotikum (Enrofloxacin [4], Marbofloxacin [6]) systemisch zu verabreichen. Bei vollständiger Verlegung oder Perforation des Tränennasenkanals muss, je nach Umfang der Knochenbeteiligung, die Extraktion des beteiligen Zahnes/der beteiligten Zähne als einzig sinnvolle Therapiemöglichkeit erwogen werden.

> ⚠ Bei Verdacht auf eine Dacryocystitis sollten lokal grundsätzlich nur Augentropfen angewendet werden. Präparate in Salbenform dringen nicht ausreichend weit in den Tränennasenkanal ein!

Katarakt
▶ Linsentrübungen können altersbedingt, erblich, diabetogen oder osmotisch bedingt auftreten.

Ätiologie & Pathogenese
Katarakte werden sowohl beim Meerschweinchen als auch beim Chinchilla regelmäßig gesehen; besonders gehäuft fällt die Ausbildung von Linsentrübungen jedoch beim Degu auf.
- **Senile Katarakte** entstehen durch degenerative und sklerosierende Veränderungen von Linsenkapsel und Linsenkern.
- Das Auftreten von **erblich bedingten Katarakten** ist insbesondere für das Meerschweinchen, jedoch auch für den Degu beschrieben worden.
- Im Rahmen eines Diabetes mellitus können sich bei allen 3 Tierarten **metabolisch bedingte Katarakte** entwickeln. Für das Meerschweinchen wird unter anderem die Möglichkeit einer viralen Genese diskutiert.
- Der diabetogenen Katarakt sehr ähnlich ist die **osmotische Katarakt der Degus**, die bereits bei normoglykämischen oder sehr milden hyperglykämischen Stoffwechsellagen mit einem Blutglukosewert von maximal 150 mg/dl auftritt. Ursache ist ein auffallend hoher Aldose-Reduktase-Gehalt der Linse, durch den die Verstoffwechselung von Glukose und Galaktose in ihre osmotisch wirksamen Polyole Sorbitol und Galaktilol forciert abläuft.

Der Entwicklung der osmotischen Katarakt kann durch entsprechende Fütterung vorgebeugt werden.

▶ **Abb. 5.12** Katarakt bei einem Meerschweinchen.

Klinik

Betroffene Tiere weisen ein- oder beidseitige Linsentrübungen unterschiedlicher Ausprägung auf (▶ **Abb. 5.12**). Liegt ein Diabetes mellitus zugrunde, so können zudem Polydipsie (▶ S. 185), Polyurie und Polyphagie auftreten; eine gleichzeitige Gewichtsabnahme wird nicht regelmäßig beobachtet.

Diagnose

Die Diagnose erfolgt durch das klinische Bild. Zur Ermittlung der Ursache sind eine genaue und ausführliche Anamnese sowie bei Verdacht auf Diabetes mellitus eine Blut- und/oder Harnuntersuchung zum Nachweis einer Hyperglykämie/Glukosurie unverzichtbar.

Therapie & Prognose

Eine erfolgversprechende konservative Therapie von Katarakten ist derzeit nicht bekannt. Ist ein Diabetes mellitus ursächlich für die Linsentrübung, so sollte dieser entsprechend therapiert werden. Liegen grobe Fütterungsfehler beim Chinchilla und insbesondere beim Degu vor (z. B. regelmäßige Verfütterung von frischem Obst oder Trockenfrüchten), so ist dies mit dem Besitzer ausführlich zu besprechen und zu korrigieren.

6 Äußerliche Umfangsvermehrung

Meerschweinchen, Chinchillas oder Degus werden häufig mit Umfangsvermehrungen vorgestellt, die auf ganz unterschiedliche Veränderungen oder Erkrankungen zurückzuführen sind. Zum einen können z. B. verschiedene Tumore der Haut, Unterhaut, des Gesäuges und der Schilddrüse auftreten, zum anderen werden aber auch Abszesse, insbesondere Kieferabszesse, Veränderungen des Kaudalorgans des Meerschweinchens oder Entzündungen des Gesäuges unter dem weitgefassten Oberbegriff „Schwellung/Umfangsvermehrung" vorgestellt.

6.1 Tierartliche Besonderheiten

Die Haut des Meerschweinchens ist ausgesprochen derb und straff; das Stratum corneum bildet eine auffallend dicke Schicht im Hautaufbau. Schweißdrüsen befinden sich in der Ballenhaut, Talgdrüsen sind wenig dicht und unregelmäßig verteilt, befinden sich jedoch vor allem in der Haut der Ohren und der Perinealtaschen. Als tierartliche Besonderheit ist zudem das im Kreuzbeinbereich befindliche Kaudalorgan (Glandula caudalis) zu nennen, das aus einer Ansammlung von Talgdrüsen und Haarfollikeln gebildet wird und bei unkastrierten Meerschweinchenböcken besonders große Sekretmengen produziert.

Das Gesäuge ist bei allen 3 Tierarten unterschiedlich ausgeprägt. Während Meerschweinchen lediglich über 2 Zitzen im Inguinalbereich verfügen, weisen Chinchillas 3 Mammakomplexe auf, von denen im Regelfall nur die beiden kranialen Milch produzieren. Degus besitzen 4 Zitzenpaare.

6.2 Therapiegrundsätze

Im Regelfall stellen Schwellungen der Unterhaut und des Gesäuges keinen lebensbedrohlichen Zustand dar, eine Einschränkung des Allgemeinbefindens ist jedoch insbesondere bei infektiös bedingten Veränderungen sehr häufig. Eine systemische antibiotische Behandlung sowie die Gabe von Analgetika sollten daher sofort eingeleitet werden. Liegt ein Abszess vor, so ist zusätzlich ein kurzfristiger Operationstermin anzuberaumen.

Bei tumorösen Prozessen ist je nach Art des diagnostizierten Tumors ebenfalls eine rasche operative Entfernung des veränderten Gewebes anzustreben.

6.3 Wichtige Ursachen

Umfangsvermehrungen im **Kopfbereich** können verschiedenen Ursprungs sein (▶ Tab. 6.1). Diffuse Schwellungen werden in Einzelfällen durch **anaphylaktische Reaktionen** hervorgerufen. Bei begrenzten Umfangsvermehrungen handelt es sich besonders oft um **Kieferabszesse**, die in den meisten Fällen am Unterkiefer lokalisiert sind. Differenzialdiagnostisch müssen besonders **Knochentumore** abgegrenzt werden. Auch **Weichteilabszesse** im Wangen- oder Lippenbereich kommen vor. Diese können sowohl von Verletzungen der Maulschleimhaut (z. B. durch einspießende Fremdkörper) als auch von äußeren Verletzungen (z. B. Bisse bei Rangordnungskämpfen) ausgehen.

Umfangsvermehrungen am **Hals** kommen besonders oft bei Meerschweinchen vor. Bei dieser Tierart kommt es im Rahmen der **Leukose** häufig zu einer generalisierten Schwellung der oberflächlichen Lymphknoten, inklusive der des Kopfes und des Halses. Diese Veränderungen sind von einer infektiösen **Lymphadenitis** zu differenzieren. Bei Meerschweinchen werden zudem häufig Umfangsvermehrungen mittig am Hals oder im Kehlgangsbereich gefunden, bei denen es sich sowohl um **Abszesse** oder **Zysten der Speicheldrüsen** als auch um **Hyperplasien** oder **Neoplasien der Schilddrüse** handeln kann.

Auch im Bereich des **Rumpfes und der Gliedmaßen** können Umfangsvermehrungen verschiedener Genese vorkommen. Vereinzelt sind **Abszesse**, die v. a. aus Bissverletzungen hervorgehen, oder auch **Hernien** zu beobachten. Im Vordergrund stehen allerdings **Neoplasien** unterschiedlicher Dignität. **Lipome** können in verschiedenen

▶ **Tab. 6.1** Wichtige Ursachen für subkutane Schwellungen.

Ursache	Bedeutung	siehe Seite	Bemerkungen, siehe auch andere Leitsymptome
Kieferabszesse	+++	▶ S. 83	häufiger am Unterkiefer
Talgdrüsenadenome	+++	▶ S. 87	MS
Weichteilabszesse	++	▶ S. 86	durch Bissverletzungen oder eingespießte Futterbestandteile
Lipome	++	▶ S. 88	v. a. beim MS
Leukose	++	▶ S. 90	Schwellung der oberflächlichen Lymphknoten nur beim MS, Abmagerung, ▶ S. 273
Neoplasien/Hyperplasien der Schilddrüse	++	▶ S. 93	MS, Durchfall, ▶ S. 38, Polydipsie, ▶ S. 185, Fell-/Hautveränderungen, ▶ S. 240, Abmagerung, ▶ S. 273
Speicheldrüsenabszess	+	▶ S. 92	MS
Liposarkome	+	▶ S. 89	v. a. beim MS
Fibrosarkome	+	▶ S. 89	–
Knochentumore	+	▶ S. 87	Lahmheit, ▶ S. 222, Abmagerung, ▶ S. 273
Lymphadenitis	+	▶ S. 90	MS
Sialozele	+	▶ S. 92	MS
Hernien	+	▶ S. 94	–
Melanome	+	▶ S. 89	–
allergische Reaktionen	(+)	▶ S. 91	–

Körperregionen lokalisiert sein. Besonders oft finden sich Fetteinlagerungen bei Meerschweinchen um die Achsel- und Kniefaltenlymphknoten, die nicht mit leukotischen Veränderungen verwechselt werden dürfen. Atherome kommen ebenfalls bei Meerschweinchen vor. Sie sind sehr häufig am Rücken, der Kruppe und an den Oberschenkeln, seltener auch im Kopfbereich, lokalisiert. Neben solchen gutartigen Umfangsvermehrungen können auch immer wieder maligne Neoplasien, wie Fibrosarkome, Liposarkome oder Melanome, diagnostiziert werden. Auch Osteosarkome, die zu deutlichen Auftreibungen einzelner Gliedmaßenabschnitte führen, kommen gelegentlich vor.

Eine physiologische Anbildung des **Gesäuges** ist im Rahmen der Laktation zu beobachten. Pathologische Veränderungen des Gesäuges kommen bei Chinchillas und Degus nur relativ selten vor. Mastitiden stehen bei ihnen im Vordergrund (▶ Tab. 6.2). Bei Meerschweinchen sind, unabhängig vom Geschlecht, dagegen gehäuft **Mammatumore** und **Hyperplasien des Gesäuges** zu beobachten. Auch Gynäkomastien bei Meerschweinchenböcken, die mit deutlicher Zitzenschwellung einhergehen, kommen vor.

▶ **Tab. 6.2** Wichtige Ursachen für Gesäugeschwellungen.

Ursache	Bedeutung	siehe Seite	Bemerkungen
Neoplasien des Gesäuges	++	▶ S. 98	v. a. beim MS , geschlechtsunabhängig
Gesäugehyperplasie	++	▶ S. 99	oft mit zystischen Veränderungen
Mastitis	++	▶ S. 95	–
Gynäkomastie	+	▶ S. 95	MS
Gesäugeabszess	+	▶ S. 97	–

6.4 Diagnostischer Leitfaden: Äußerliche Umfangsvermehrung (▶ S. 78)

6.4.1 Besonderes Augenmerk bei der Anamnese

Haltungsbedingungen: Unzureichend strukturierte Käfige, in denen Rückzugsmöglichkeiten fehlen, neue Käfige, neue Gruppenzusammensetzung oder auch der Tod eines Gruppenmitglieds können Rangordnungskämpfe auslösen. Aus Bissverletzungen entwickeln sich nicht selten Weichteilabszesse (▶ S. 86). Bei Veränderungen des Gesäuges ist es wichtig zu erfragen, wann das betroffene Tier zuletzt geworfen hat, um eine physiologische Gesäugeanbildung von Gesäugehyperplasien (▶ S. 99) abgrenzen zu können.

Futteraufnahmeverhalten: Eine reduzierte Nahrungsaufnahme oder die Selektion weicher Futterbestandteile ist oft die Folge einer Zahnerkrankung, aus der Kieferabszesse (▶ S. 83) resultieren können.

Sonstige Symptome: Einschränkungen des Allgemeinbefindens können Hinweise auf die Art der Erkrankung liefern. Bei infektiös bedingten Veränderungen, wie Lymphadenitis (▶ S. 90), Leukose (▶ S. 90) oder akuten Mastitiden (▶ S. 95), tritt häufig Apathie als unspezifisches, aber auffälliges Symptom in den Vordergrund.

Aus einer verminderten Kondition oder gar Atemnot lassen sich Hinweise auf eine eventuelle Metastasierung maligner Umfangsvermehrungen in die Lunge ableiten.

6.4.2 Besonderes Augenmerk bei der klinischen Untersuchung

Bei der klinischen Untersuchung steht die Palpation im Vordergrund. Die gesamte Körperoberfläche muss vom Kopf ausgehend gründlich abgetastet werden. Alle aufgefundenen Schwellungen werden zudem adspiziert und in Hinblick auf ihre Konsistenz, Oberflächenstruktur, Verschieblichkeit, Schmerzhaftigkeit und Abgesetztheit beurteilt. Auch die Temperatur der Umfangsvermehrung(en) im Vergleich zur Temperatur der übrigen Körperoberfläche muss berücksichtigt werden. Alle diese Merkmale lassen Rückschlüsse auf die Ursache und Art der Schwellung zu.

Sind das Allgemeinbefinden und die Futteraufnahme gestört?

Bei infektiösen Prozessen, wie einer akuten Mastitis (▶ S. 95), einer Lymphadenitis (▶ S. 90) oder einer Leukose (▶ S. 90), ist das Wohlbefinden des Tieres meist erheblich eingeschränkt, die Futteraufnahme reduziert. Benigne Umfangsvermehrungen, wie Lipome (▶ S. 88) oder Atherome/Talgdrüsenadenome (▶ S. 87) sowie Gesäugehyperplasien (▶ S. 99), beeinträchtigen die Patienten dagegen in der Regel nicht. Tiere mit Kieferabszessen (▶ S. 83) nehmen häufig noch in der ersten Zeit der Erkrankung Futter auf, oftmals ist aber eine Selektion weicherer Futterbestandteile auffallend. Maligne Hauttumoren (▶ S. 89) bleiben ebenfalls häufig lange Zeit ohne weitere Folgen. Durch Metastasierung können jedoch Allgemeinsymptome hinzutreten.

Wo ist die Umfangsvermehrung lokalisiert und wie ist ihre Konsistenz?

Die häufigste Umfangsvermehrung im **Kopf- und Halsbereich** ist bei den Caviomorpha der **Kieferabszess** (▶ S. 83), da die Tiere permanent wachsende und oftmals fehlgestellte Backenzähne besitzen. Kieferabszesse sitzen in der Regel fest auf dem Knochen oder weisen eine strangartige Verbindung zum Kiefer auf. „Reife" Kieferabszesse sind prall-fluktuierend. In frühen Stadien sind sie jedoch oft von harter Konsistenz und palpatorisch kaum von einem wesentlich seltener auftretenden **Knochentumor** (▶ S. 87) abzugrenzen. Auch dieser kann dem Kieferknochen, aber auch beispielsweise dem Jochbogen aufsitzen und muss durch weiterführende Untersuchungen differenziert werden. Auch **Weichteilabszesse** (▶ S. 86), ausgehend von Verletzungen der Maulschleimhaut oder Bissverletzungen, können am Kopf vorkommen. Sie haben palpatorisch keinen Knochenkontakt. In Zweifelsfällen müssen jedoch weitergehende Untersuchungen (Röntgenaufnahmen des Schädels) erfolgen.

Insbesondere beim Meerschweinchen lassen sich häufig Umfangsvermehrungen im Bereich der Kopf- oder Halslymphknoten ertasten. Bei Veränderungen im Rahmen einer **Leukose** (▶ S. 90) sind multiple Umfangsvermehrungen zu ertasten, die sich prall-elastisch bis derb-knotig anfühlen. Abszedierungen im Sinne einer **Lymphadenitis** (▶ S. 90) treten meist solitär auf. Bei massiver Infektion und/oder schlechtem Immunstatus können jedoch auch multiple Veränderungen vorliegen. Abszedierte Lymphknoten weisen eine prall-elastische, evtl. fluktuierende Konsistenz auf.

Differenzialdiagnostisch müssen beim Meerschweinchen v. a. Umfangsvermehrungen der Speicheldrüse und der Schilddrüse abgegrenzt werden. Sowohl **Speicheldrüsenabszesse** (▶ S. 92) als auch **Sialozelen** (▶ S. 92) befinden sich in der Regel mittig am Hals und weisen eine pralle bis fluktuierende Konsistenz auf. Eine Abgrenzung kann nur durch weiterführende Untersuchungen (Ultraschall, Punktion) erfolgen. **Umfangsvermehrungen der Schilddrüse** (▶ S. 93) finden sich in gleicher Lokalisation. Sie können sowohl von der Größe als auch von der Konsistenz erheblich variieren. Während hyperplastische Veränderungen und Adenome eine prall-elastische Konsistenz und eine glatte Oberfläche aufweisen, sind Adenokarzinome als derbe bis harte Umfangsvermehrung mit höckriger Oberfläche zu palpieren.

Auch im **Rumpfbereich** entwickeln sich gelegentlich nach Rangordnungskämpfen **Weichteilabszesse** (▶ S. 86), die sich meist gut abgegrenzt und prall-fluktuierend darstellen. Häufiger werden jedoch Tumore festgestellt: Zum einen weisen insbesondere Meerschweinchen sehr häufig gutartige Umfangsvermehrungen, wie **Atherome** (▶ S. 87) oder **Lipome** (▶ S. 88), auf. Während letztere sich weichelastisch und in der Unterhaut verschieblich darstellen, können **Atherome** (▶ S. 87) unterschiedliche Konsistenzen von sehr fest bis teigig-weich besitzen und eine beträchtliche Größe erreichen. Sie sitzen fest in der Haut, sind aber zur Unterlage verschieblich. **Fibrosarkome** (▶ S. 89) wachsen im Gegensatz dazu infiltrativ und sind von derber bis harter Konsistenz. Sie treten beim Chinchilla oftmals im Bereich des Schwanzansatzes auf, während sie beim Meerschweinchen vorwiegend am Körperstamm lokalisiert sind.

Umfangsvermehrungen der Körperlymphknoten können ggf. auf eine **Leukose** (▶ S. 90) zurückzuführen sein, dürfen aber nicht als alleiniges Kriterium für diese Diagnose herangezogen werden. Insbesondere bei adipösen Meerschweinchen sind die Axillar- und Kniefaltenlymphknoten häufig nur scheinbar vergrößert, da sie von massiven Fettpolstern umgeben sind. Der Zustand der Kopf- und Halslymphknoten ist hier wesentlich aussagekräftiger und sollte im Zweifelsfall durch eine Punktion bestätigt werden.

Vorwiegend beim jungen Degu fallen gelegentlich **Nabelbrüche** (▶ S. 94) auf; oftmals ist die Bruchpforte weit und leicht zu ertasten. Im Anschluss an unsachgemäß durchgeführte Kastrationen kann es bei männlichen Tieren zudem zu **Inguinalhernien** (▶ S. 94) kommen.

Werden multiple, quaddelartige Umfangsvermehrungen am Körper gefunden, so ist dies ein Hinweis auf ein **allergisches Geschehen** (▶ S. 91).

6 – Äußerliche Umfangsvermehrung

Diagnostischer Leitfaden: Äußerliche Umfangsvermehrung

Anamnese
- ▶ Futteraufnahmeverhalten
- ▶ Lokalisation und Enstehungszeit
- ▶ saugende Jungtiere

Klinische Untersuchung

- ▶ Kopf-/Halsbereich
  - ▶ UV mit Kontakt zu Schädel-/Kieferknochen
    - ▶ Röntgen Schädel
      - ▶ knochendichte, wolkige Verschattung
      - ▶ apikales Durchbrechen retrograd wachsender Zahnspitzen, apikale Granulome, rundliche Weichteilverschattungen
  - ▶ UV ohne Knochenkontakt
    - ▶ solitär, mittig am Hals
      - ▶ Sonografie/ Punktion, Zytologie
    - ▶ solitär, verschiedene Lokalisationen
      - ▶ Punktion, Zytologie
    - ▶ multipel
      - ▶ Blutbild/ Punktion, Zytologie

- ▶ Rumpf
  - ▶ gut abgesetzt
    - ▶ vergrößerte Körperlymphknoten, derb-elastisch
      - ▶ Blutbild/ Punktion, Zytologie
    - ▶ prall-elastisch, fluktuierend
    - ▶ reponierbar, Bruchpforte tastbar
    - ▶ weich-elastisch, auch multipel auftretend
    - ▶ intrakutan, zur Unterlage verschieblich, hart bis teigig-fluktuierend
  - ▶ schlecht abgesetzt
    - ▶ infiltrativ wachsend, solitär
    - ▶ diffuse verteilte intrakutane Quaddeln, evtl. gerötet

6.4 Diagnostischer Leitfaden: Äußerliche Umfangsvermehrung

- ▶ Gesäugeabszess? — ▶ S. 97
- ▶ Mastitis? — ▶ S. 95

- ▶ Knochentumor — ▶ S. 86

- ▶ Kieferabszess — ▶ S. 83

- ▶ echogene Struktur, evtl. durchzogen mit flüssigkeitsgefüllten Kavernen/Zellbild der Schilddrüse — ▶ Hyperplasie/Neoplasie der Schilddrüse — ▶ S. 92
- ▶ abgekapselter Hohlraum mit echoarmem Inhalt/eitriges Sekret — ▶ Speicheldrüsenabszess — ▶ S. 92
- ▶ abgekapselter Hohlraum mit echolosem Inhalt/klare, farblose bis leicht bräunlich gefärbte Flüssigkeit — ▶ Sialozele — ▶ S. 92
- ▶ eitriges Sekret — ▶ Weichteilabszess — ▶ S. 86

MS

- ▶ Leukozytose bei Granzulozytose und Lymphopenie/eitriges Sekret — ▶ Lymphadenitis — ▶ S. 90
- ▶ Leukozytose bei unverändertem Differenzialblutbild/veränderte Lymphozyten, mitosereiche Kerne — ▶ Leukose — ▶ S. 89
- ▶ Blutbild o.b.B., Lymphozyten o.b.B., Fettzellen — ▶ Adipositas — ▶ S. 88

- ▶ Weichteilabszess — ▶ S. 86
- ▶ Hernie — ▶ S. 94
- ▶ Lipom — ▶ S. 88
- ▶ Talgdrüsenadenom — ▶ S. 87

- ▶ Punktion und Zytologie, histopathologische US — ▶ Neoplasie — ▶ S. 89
- ▶ allergische Reaktion — ▶ S. 91

6 – Äußerliche Umfangsvermehrung

Fortsetzung: **Äußerliche Umfangsvermehrung**

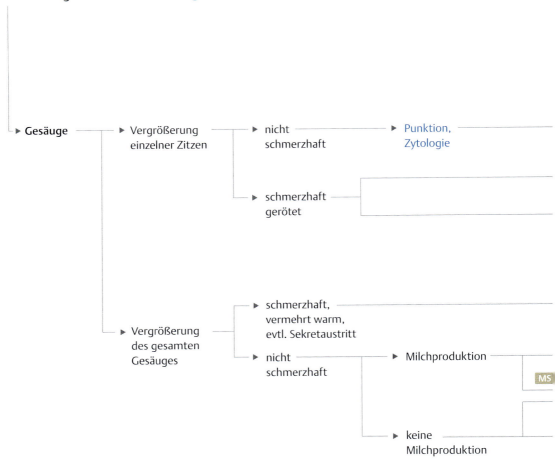

- ▸ Gesäuge
  - ▸ Vergrößerung einzelner Zitzen
    - ▸ nicht schmerzhaft — ▸ Punktion, Zytologie
    - ▸ schmerzhaft gerötet
  - ▸ Vergrößerung des gesamten Gesäuges
    - ▸ schmerzhaft, vermehrt warm, evtl. Sekretaustritt
    - ▸ nicht schmerzhaft
      - ▸ Milchproduktion — MS
      - ▸ keine Milchproduktion

6.4 Diagnostischer Leitfaden: Äußerliche Umfangsvermehrung

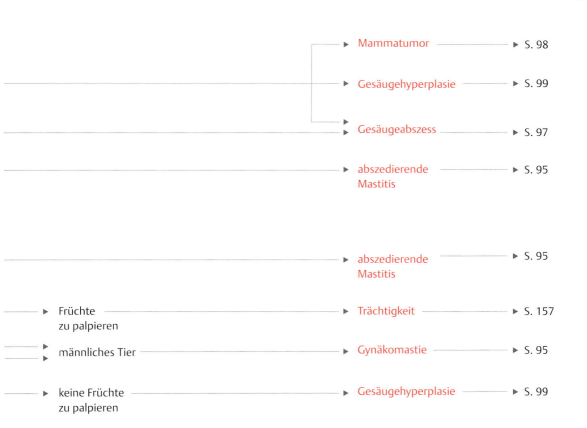

Auch am **Gesäuge** sind verschiedene Schwellungen und Umfangsvermehrungen voneinander abzugrenzen: **Gesäugeabszesse** (▶ S. 97) und **Mammatumore** (▶ S. 98) stellen sich in der Regel als solitäre Prozesse dar. Während Neoplasien eine derbe Konsistenz und eine meist höckrige Oberfläche aufweisen, stellen sich Abszesse prall-elastisch oder leicht fluktuierend dar. **Mastitiden** (▶ S. 95) können das gesamte Gesäuge oder einzelne Zitzen betreffen. Das Gewebe ist gerötet, vermehrt warm und meist schmerzhaft. Meist lässt sich entzündliches Sekret aus der Zitze ausmassieren. Auch **Gesäugehyperplasien** (▶ S. 99) können unterschiedlich viele Mammakomplexe betreffen. Das Gewebe fühlt sich verdickt, durch kleinzystische Veränderungen evtl. auch knotig verändert an, ist aber in der Regel nicht schmerzhaft. Auch großzystische Hyperplasien kommen vor, sodass sich dann eine prall-fluktuierende Konsistenz ergibt. Oft lässt sich seröses oder blutig-seröses Sekret über die zugehörige Zitze entleeren.

Bestehen weitere Symptome?

Maligne **Neoplasien der Haut** (▶ S. 89) oder des **Gesäuges** (▶ S. 98) sowie auch **Osteosarkome** (▶ S. 87) metastasieren meist zunächst in die Lunge, sodass verminderte Kondition und Dyspnoe (▶ S. 18) resultieren können. Sowohl **Kieferabszesse** (▶ S. 83) als auch **Tumore der Kieferknochen** (▶ S. 87) führen in fortgeschrittenen Stadien zu einer Einschränkung der Futteraufnahme. Dies hat Verdauungsstörungen zur Folge, die sich in Durchfällen äußern (▶ S. 38). Eine Abmagerung (▶ S. 273) ist bei allen Erkrankungen zu beobachten, die mit Störungen des Allgemeinbefindens und einer gestörten Futteraufnahme einhergehen. Zu ihnen zählen insbesondere die **Leukose** (▶ S. 90) sowie **Schilddrüsenerkrankungen** (▶ S. 93). Bei Schilddrüsenfunktionsstörungen fallen als weitere Symptome zudem häufig Alopezien (▶ S. 240) auf, die besonders am Bauch und der Medialfläche der Oberschenkel lokalisiert sind.

6.4.3 Diagnosesicherung durch weiterführende Untersuchungen

Zytologische Untersuchung: Liefert die klinische Untersuchung keine ausreichenden Hinweise auf die Art der Schwellung, so kann eine Punktion oder Feinnadelbiopsie durchgeführt werden, um mithilfe des gewonnenen Zellmaterials eine exakte Diagnose stellen zu können. Dabei ist zu berücksichtigen, dass sich z. B. der eitrige Inhalt von **Kieferabszessen** (▶ S. 83) oftmals so käsig-zäh darstellt, dass nur wenig oder kein Material aus dem Inneren abpunktiert werden kann. Bei Veränderungen des Gesäuges kann eine zytologische Untersuchung des Milchsekrets sehr hilfreich sein, um Entzündungen von neoplastischen Veränderungen abzugrenzen.

Eine **Röntgenuntersuchung** ist bei allen Umfangsvermehrungen des Kopfes sinnvoll. Zum einen ist sie notwendig, um die ursächlichen Zahnveränderungen für einen **Kieferabszess** (▶ S. 83) finden zu können, zum anderen kann ein **Knochentumor** (▶ S. 87) abgegrenzt werden. Bei allen malignen Umfangsvermehrungen – insbesondere wenn ein **Adenokarzinom der Mamma** (▶ S. 98) vorliegt – sollten Röntgenaufnahmen des Thorax in 2 Ebenen angefertigt werden, um Lungenmetastasen mit größtmöglicher Sicherheit auszuschließen, unabhängig davon, ob das erkrankte Tier Dyspnoe zeigt. Der laterolaterale Strahlengang sollte dabei sowohl rechts- als auch linksanliegend durchgeführt werden.

Ultraschalluntersuchungen können insbesondere hilfreich sein, um Umfangsvermehrungen des Halses beim Meerschweinchen weiter abzuklären.

Eine **mikrobiologische Untersuchung** des Milchsekrets wird bei **Mastitis** (▶ S. 95) durchgeführt, da sich oftmals Keime mit weitreichenden Resistenzen nachweisen lassen. Auch der eitrige Inhalt eines **Kiefer-** (▶ S. 83) oder **Weichteilabszesses** (▶ S. 86) sollte mikrobiologisch untersucht werden. Insbesondere bei Kieferabszessen empfiehlt es sich, auch einen Anteil der Abszesskapsel zur Untersuchung einzusenden, denn aus dem eitrigen Inhalt lassen sich die Keime oftmals nicht mehr anzüchten.

Bestehen **Umfangsvermehrungen der Schilddrüse** (▶ S. 93), so empfehlen sich **Blutuntersuchungen**, um den T4-Wert bestimmen zu lassen.

6.5 Erkrankungen

Kieferabszesse

▶ Häufigste Ursache für eine Umfangsvermehrung im Kopfbereich bei allen Meerschweinchenverwandten.

Ätiologie & Pathogenese

Ein Kieferabszess entsteht als Folge einer Zahnerkrankung. Überwiegend ist die Abszedierung auf ein retrogrades Zahnwachstum zurückzuführen, das durch eine ererbte oder erworbene Zahnfehlstellung und daraus resultierenden veränderten Druckverhältnissen beim Kauvorgang bedingt wird. Apikal bilden sich zunächst Granulome, die bei fortschreitendem Zahnwachstum und damit auch zunehmender Reibung zur Ausprägung eines Abszesses führen können. Der eitrige Inhalt kann steril sein. Infizierte Abszedierungen sind durch Einspießen von Futterbestandteilen bzw. Einwandern von Keimen entlang der Alveolen gelockerter Zähne zu erklären.

Klinik

Je nach seiner Lokalisation fällt ein Abszess oftmals erst auf, wenn er bereits einen Durchmesser von mehreren Zentimetern erreicht hat, da er insbesondere am Unterkiefer oftmals vollständig im Fell „verschwindet". Kleine Abszesse können also durchaus Zufallsbefunde bei einer routinemäßigen Untersuchung oder einer Vorstellung des Tieres wegen verschiedener Veränderungen sein. Das erste Symptom, auf das der Besitzer aufmerksam wird, ist häufig ein verändertes Fressverhalten, bei dem die Menge des aufgenommenen Futters sinkt und weiche Nahrungsbestandteile selektiert werden. Eine Hypersalivation sowie langsame und ausweichende Kaubewegungen werden ebenfalls häufig beobachtet.

Ist der Abszess im Oberkiefer lokalisiert, so kann auch der Tränennasenkanal betroffen sein, sodass Symptome einer Dacryocystitis auffallen. Weiterhin sind Verdauungsstörungen möglich, resultierend aus einem mangelhaften Zerkauen der Nahrung. Die Kotballen erscheinen dann meist weicher und feucht glänzend. Sie sind überwiegend kleiner als gewöhnlich. Bei länger bestehender Problematik kommt es zur Abmagerung (▶ S. 273).

Diagnose

Die Diagnose kann in der Regel bereits anhand des Palpationsbefunds gestellt werden: Die Auftreibung am Kiefer (▶ Abb. 6.1) stellt sich teils derb mit geringgradiger Fluktuation, teils auch knochenhart dar. Sie sitzt fest auf dem Knochen auf. Seltener ist der Abszess scheinbar frei oder mit strangartigem Fistelgang zwischen den Unterkieferästen oder am Hals zu fühlen. Oftmals sind auch außerhalb des eigentlichen Abszesses kleinere Auftreibungen am Kieferknochen, bedingt durch apikales Wachstum, zu ertasten. Die Untersuchung der Maulhöhle muss besonders sorgfältig erfolgen. Deutlich fehlgestellte, verfärbte oder gelockerte Zähne sind besonders zu beachten, ebenso wie deutliche Veränderungen des Zahndurchmessers (▶ Abb. 6.2). Oftmals entleert sich auf vorsichtigen Druck auf den Abszess Eiter aus einer Alveole in die Maulhöhle, was die Lokalisation des verursachenden Zahnes oder der verursachenden Zähne erleichtert.

> ❗ Liegt ein Kieferabszess vor, so müssen in jedem Fall Röntgenaufnahmen des Schädels in verschiedenen Ebenen angefertigt werden!

Nur so ist es möglich, das Ausmaß des apikalen Zahnwachstums und der Kieferknochenveränderungen einzuschätzen sowie alle den Abszess verursachenden Zähne zu identifizieren (▶ Abb. 6.3).

Insbesondere beim Meerschweinchen empfiehlt sich bei Abszessen des Unterkiefers eine

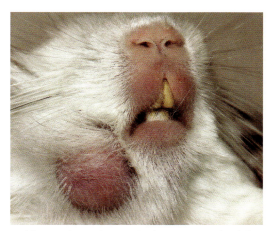

▶ **Abb. 6.1** Abszess des Unterkiefers bei einem Chinchilla.

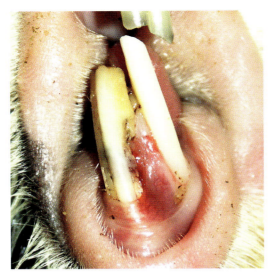

▶ **Abb. 6.2** Schneidezähne eines Meerschweinchens: Der rechte Inzisivus des Unterkiefers ist verdickt und verfärbt und weist deutliche Defekte auf; das Zahnfleisch ist entzündet.

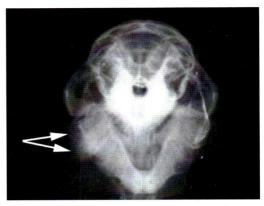

▶ **Abb. 6.4** Schädelaufnahme eines Meerschweinchens im rostro-kaudalen Strahlengang: M2 und M3 (Pfeile) weisen apikales Wachstum und Strukturverluste auf.[2]

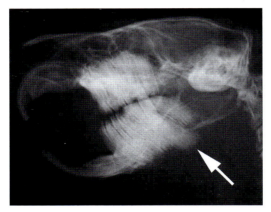

▶ **Abb. 6.3** Röntgenaufnahme eines Meerschweinchens mit Unterkieferabszess: M3 (Pfeil) weist eine deutliche Vergrößerung des Durchmessers sowie Strukturverluste auf.

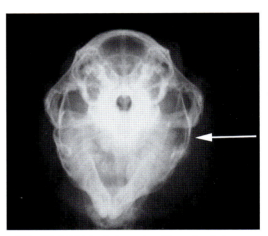

▶ **Abb. 6.5** Schädelaufnahme eines Meerschweinchens im rostrokaudalen Strahlengang: M3 (Pfeil) zeigt apikal eine Aufhellung, die auf einen Substanzverlust des Zahnes hindeutet.

rostro-kaudale Projektion (▶ Abb. 6.4, ▶ Abb. 6.5). Da die Backenzähne bei dieser Tierart mit einer relativ starken Neigung von ca. 40° im Kiefer stehen, kommt es bei retrogradem Zahnwachstum nicht zu Exostosenbildungen am ventralen, sondern am lateralen Kieferrand. Diese kann auf laterolateralen Aufnahmen nicht dargestellt werden.

> ❗ **Für das Anfertigen der Röntgenaufnahmen wird in der Regel keine Narkose benötigt!**

Dies gilt zumindest für die Standard-Lagerungstechniken (laterolaterale, dorsoventrale und rostro-kaudale Projektion). Spezielle Lagerungstechniken bei geöffnetem Maul oder Dentalröntgen erfordern dagegen eine Sedation.

Therapie & Prognose

Die Prognose ist grundsätzlich in Abhängigkeit vom Ausmaß der röntgenologisch ersichtlichen Veränderungen zu stellen. Wird der Abszess nur von einem Zahn oder wenigen, eindeutig zu identifizierenden Zähnen verursacht, so ist die Prognose für den Erfolg einer Operation eher günstig.

Je mehr Zähne betroffen sind und je massiver der Kieferknochen bereits Veränderungen im Sinne einer Osteomyelitis aufweist, desto vorsichtiger ist die Prognose zu stellen. Sind bereits deutliche Fehlstellungen oder fortgeschrittenes apikales Wachstum an weiteren Zähnen in anderen Kiefervierteln sichtbar, so ist ebenfalls der Sinn einer Operation sorgfältig abzuwägen. Ist das Allgemeinbefinden des Patienten dabei bereits deutlich gestört oder hat er die Futteraufnahme eingestellt, so ist eine Euthanasie zu erwägen.

Zunächst ist der Patient mit einem Breitbandantibiotikum, das sich auch im Knochengewebe anreichert, zu versorgen. Aufgrund der eher günstigen Resistenzlage hat sich Enrofloxacin [4] als Antibiotikum der 1. Wahl erwiesen. Da Meerschweinchen bei oraler Applikation von Baytril® zeitweilig mit Inappetenz reagieren können, sollte bei Tieren, die ihre Futteraufnahme bereits eingeschränkt haben, auf Marbofloxacin [6] ausgewichen werden. Eine Anpassung der antibiotischen Behandlung sollte ausschließlich nach Antibiogramm erfolgen. Analgetika sollten ebenfalls verabreicht werden. Hier haben sich insbesondere Meloxicam [102] und Carprofen [101] als geeignet erwiesen.

❗ **Ein Kieferabszess darf keinesfalls lediglich gespalten und gespült werden, ohne dass alle beteiligten Zähne extrahiert werden!**

Im Gegenteil sollte der Abszess sogar nach Möglichkeit zunächst geschlossen bleiben und ein kurzfristiger Operationstermin vereinbart werden. Ziel ist es, den Abszess weitestgehend in toto zu resezieren, um die Abszesskapsel mit der pyogenen Membran vollständig entfernen zu können. Falls dies nicht möglich ist, muss der Abszess eröffnet, die Kapsel mit der pyogenen Membran sorgfältig abpräpariert und die Wundhöhle gründlich mit einem scharfen Löffel kürettiert werden. Die äußere Wundhöhle wird nach weiterer Versorgung offen gelassen, um bei regelmäßigen Wundtoiletten eine Kontrolle über den Heilungsverlauf und eventuelle Eiterneubildungen zu haben. Teile der Membran sollten mit eitrigem Sekret zur mikrobiologischen Untersuchung eingesandt werden. Oftmals sind Keime nur noch aus diesem Kapselmaterial zu isolieren.

Alle Zähne, die an der Abszessentstehung beteiligt sind, müssen sorgfältig von allen Seiten gelockert und vollständig extrahiert werden. Für diesen Zweck haben sich die speziell entwickelten Nagerzahnluxatoren sehr bewährt. Der Verschluss der Alveole ist empfehlenswert, um ein Eindringen von Futterresten in die Wunde zu verhindern. Besonders gut ist hierfür eine feine Nadel-Faden-Kombination mit resorbierbarem Nahtmaterial (z. B. Vicryl® oder PDS®) der Stärke 6/0 oder 7/0 USP geeignet. Insbesondere bei Meerschweinchen gelingt der Verschluss der Alveole häufig jedoch nicht, da das Zahnfleisch sehr brüchig und die Extraktionswunde sehr groß ist. In solchen Fällen sollte die Alveole austamponiert werden. Bewährt haben sich hierfür Gelastypt®-Würfel, die vollständig resorbiert werden.

Die Wundkontrollen mit ausgiebiger Wundtoilette erfolgen zunächst täglich, dann – je nach Heilungsverlauf – in größer werdenden Abständen. Die Dauer der antibiotischen und analgetischen Therapie richtet sich ebenfalls nach dem Befinden des Tieres und dem Heilungsverlauf; eine antibiotische Behandlung von mehreren Wochen ist jedoch die Regel.

Vorgehen bei Kieferabszessen
- sorgfältige Exploration der Maulhöhle
- Röntgen des Schädels in mehreren Ebenen
- Antibiose beginnend mit knochengängigen Wirkstoffen, wie Enrofloxacin [4] oder Marbofloxacin [6], ggf. Umstellung nach Antibiogramm
- Analgetikum, z. B. Meloxicam [102] oder Carprofen [101]
- chirurgische Resektion der Abszesskapsel und der pyogenen Membran
- Wundtoilette mit Kürettage, Spülungen, evtl. Einbringen von Wundkegeln (z. B. Leukase-Kegel®) oder enzymhaltigen Salben (z. B. Nekrolyt® [93])
- Extraktion aller beteiligten Zähne, Verschluss der Extraktionswunde
- regelmäßige Spülung der Wundhöhle, z. B. mit verdünnter Jodlösung [98] und Einbringen von Wundkegeln oder enzymhaltigen Salben (z. B. Nekrolyt® [93])

Weichteilabszesse

▶ Abszesse unterschiedlicher Genese in Haut, Unterhaut und Muskulatur.

Ätiologie & Pathogenese

Weichteilabszesse entstehen oftmals nach Bissverletzungen, z. B. im Rahmen von Rangordnungskämpfen. Veränderungen in der Gruppenzusammensetzung oder ein Umzug in einen anderen Käfig liegen häufig erst kurze Zeit zurück. Die meist sehr kleinen äußeren Wunden schließen sich schnell wieder, sodass die tief unter die Haut eingestanzten Keime ein ideales Milieu vorfinden und nach einigen Tagen sehr rasch an Größe zunehmende Umfangsvermehrungen auffallen.

Im Lippen- und Wangenbereich sind Weichteilabszesse gelegentlich auch auf eingespießte Heu- oder andere Futterbestandteile zurückzuführen, die die Schleimhaut perforiert haben (▶ Abb. 6.6). Aus den Abszessen können meist Staphylokokken oder Streptokokken isoliert werden (siehe auch Lymphadenitis des Meerschweinchens, ▶ S. 90).

▶ **Abb. 6.6** Wangenabszess nach Verletzung der Backenschleimhaut durch spitze Futterbestandteile bei einem Degu.

Klinik

Weichteilabszesse stellen sich als pralle, teils geringgradig fluktuierende Umfangsvermehrungen in der Haut oder Unterhaut dar. Anamnestisch sind sie oft sehr schnell gewachsen, teilweise vermehrt warm und schmerzhaft. Perlschnurartige Verbindungen zu den Lymphknoten, insbesondere im Halsbereich, sind möglich. Das Allgemeinbefinden kann gestört sein. Die Primärläsion lässt sich bei Bissverletzungen oftmals nur noch als kleine Verkrustung erkennen, eingespießte Fremdkörper oder Heubestandteile können hingegen häufig gefunden werden.

Diagnose

Eine Verdachtsdiagnose lässt sich bereits bei der Palpation stellen. Zur Diagnosesicherung ist eine Punktion der Umfangsvermehrung möglich. Hierbei muss berücksichtigt werden, dass der Eiter bei Meerschweinchen, Chinchilla und Degu oftmals sehr zäh und pastös ist, sodass nur wenig Material gewonnen werden kann.

Befindet sich der Abszess an Kopf oder Hals, so ist die Maulhöhle gründlichst zu untersuchen und in Zweifelsfällen röntgenologisch ein von den Zähnen ausgehender Prozess auszuschließen.

Therapie & Prognose

Bei solitären, gut abgegrenzten Abszessen ist die Prognose günstig zu stellen. Sind jedoch bereits zusätzlich regionale Lymphknoten abszedierend verändert oder im Umfeld weitere (Mikro-)Abszesse aufzufinden, so ist die Prognose sehr vorsichtig einzustufen. Gleiches gilt, wenn deutliche Störungen des Allgemeinbefindens, wie Sistieren der Futteraufnahme oder Apathie, aufgefallen sind.

Eine antibiotische Therapie wird sofort eingeleitet. Breitbandpräparate, wie Baytril® [4] oder Marbocyl® [6], haben sich hier als besonders günstig erwiesen. Eine Umstellung sollte nur nach Antibiogramm erfolgen. Eine chirurgische Versorgung ist unumgänglich und sollte kurzfristig anberaumt werden, um die Gefahr einer Erregerstreuung oder gar Septikämie zu mindern. Ein schmerzlinderndes Präparat (z. B. Metacam® [102]) wird bereits vor der Operation verabreicht.

Der Abszess sollte nach Möglichkeit in toto exstirpiert werden. Ist dies nicht möglich, so muss nach Spalten des Prozesses die Abszesskapsel mit der pyogenen Membran sorgfältig abpräpariert und Reste durch Kürettage entfernt werden. In diesem Fall verbleibt die Wundhöhle zur regelmäßigen Wundtoilette offen.

Knochentumor

▶ Osteosarkome treten nur vereinzelt auf. Bevorzugte Lokalisationen sind der Schädel bzw. Kiefer und die proximalen Gliedmaßenknochen (v. a. Humerus).

Ätiologie & Pathogenese

Osteosarkome treten bei Meerschweinchen, Chinchillas und Degus eher vereinzelt auf. Sie sind immer von hoher Malignität und bilden schon in einem frühen Stadium intramedulläre und Lungenmetastasen. Rasse-, geschlechts- oder altersassoziierte Prädispositionen sind nicht bekannt.

Klinik

Osteosarkome treten besonders häufig am Schädel- (Jochbogen) oder Kieferknochen in Form von knochenharten Umfangsvermehrungen unterschiedlicher Größe auf. Ist der Tumor in der Mandibula lokalisiert, so kann er den betroffenen Anteil eines Unterkieferasts komplett von medial und lateral umfassen. In frühen Stadien sind Störungen des Allgemeinbefindens selten. Mit zunehmender Größe und abhängig von der genauen Lokalisation des Sarkoms können Symptome, wie selektive Futteraufnahme, Inappetenz und Hypersalivation, auftreten. Bei der Untersuchung der Maulhöhle fallen in diesen Fällen oft gelockerte Zähne oder Zahnverschiebungen auf.

Ist das Osteosarkom an den Gliedmaßenknochen angesiedelt, so ist besonders häufig der proximale Humerus betroffen. Auch hier fallen die harten, oft höckrigen Umfangsvermehrungen erst bei zunehmender Größe aufgrund der beginnenden Bewegungseinschränkungen auf.

Diagnose

Nach gründlicher Palpation im Rahmen der Allgemeinuntersuchung sollten grundsätzlich Röntgenaufnahmen angefertigt werden. Insbesondere bei Umfangsvermehrungen, die am Kiefer lokalisiert sind, ist dies hilfreich, um differenzialdiagnostisch ein abszedierendes Geschehen auszuschließen. Osteosarkome stellen sich röntgenologisch als wolkig-unruhige Auftreibung bzw. Auflösung der Knochenstruktur oder als knochendichtes solides Gewebe dar (▶ Abb. 6.7). In den seltenen Zweifelsfällen, in denen eine Abgrenzung zu einem Kieferabszess mit massiver Exostose im Röntgenbild nicht eindeutig ist, kann eine Biopsie die Diagnose festigen.

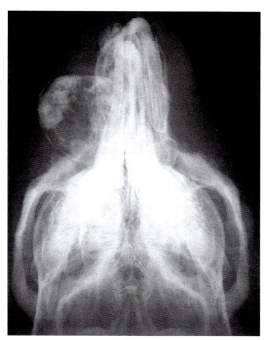

▶ **Abb. 6.7** Osteosarkom am Kieferknochen eines Meerschweinchens.

Therapie & Prognose

Die Prognose ist infaust, eine Therapie ist nicht möglich. Sobald der Patient trotz Unterstützung durch Analgetika eine Beeinträchtigung des Allgemeinbefindens aufweist, ist die Euthanasie anzuraten.

Atherome/Talgdrüsenadenome MS

▶ Häufigste Umfangsvermehrung der Haut des Meerschweinchens.

Ätiologie & Pathogenese

Die sogenannten Atherome entstehen durch Verlegung von Drüsenausgängen und Anschoppung von Haarfragmenten, Keratin und vor allem Talgdrüsensekret. Sie treten besonders häufig im Bereich des Kaudalorgans sowie im kaudalen Rücken- und Flankenbereich auf, können aber seltener auch an anderen Körperstellen lokalisiert sein.

Klinik

Talgdrüsenadenome sind gut abgesetzte, zur Unterlage verschiebliche Umfangsvermehrungen in der Haut und Unterhaut, die dunkel pigmentiert sein können. Kleinere Atherome sind palpatorisch

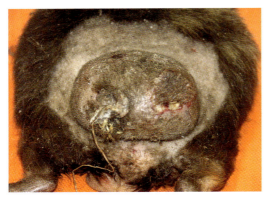

▶ **Abb. 6.8** Talgdrüsenadenom im Kruppenbereich eines Meerschweinchens.

oft sehr hart; je größer sie werden, desto weicher ist meist ihre Konsistenz, da die derbe Kapsel gedehnt wird. Atherome können bis zu Hühnereigröße anwachsen. Häufig ulzerieren sie zuvor jedoch und hinterlassen tiefe, schlecht heilende Wunden, die sich infizieren können (▶ Abb. 6.8).

Diagnose
Palpatorisch ist bereits eine Verdachtsdiagnose möglich. In Zweifelsfällen sollte die Umfangsvermehrung punktiert werden. Das gewonnene Talgdrüsensekret ist überwiegend schmierig-fest und von hell- bis dunkelgrauer Farbe.

Therapie & Prognose
Das „Ausdrücken" eines Talgdrüsenadenoms ist keinesfalls ratsam. Auch eine reine antibiotische Versorgung mit regelmäßiger Wundtoilette führt nicht zu dauerhaftem Erfolg, da ein Abheilen durch die ständige Nachbildung von Talgdrüsensekret verhindert wird und sich der Prozess zusätzlich infizieren kann. Zudem besteht insbesondere in den Sommermonaten die Gefahr, dass sich eine Myiasis in der offenen, feuchten Wunde entwickelt.

Vielmehr sollte ein Atherom möglichst frühzeitig chirurgisch in toto durch Umschneiden im gesunden Gewebe entfernt werden (▶ Abb. 6.9). Bei der operativen Versorgung von bereits eröffneten Talgdrüsenadenomen ist auf ein vollständiges Präparieren und Entfernen der Kapsel besonderen Wert zu legen, um eine Neubildung zu verhindern.

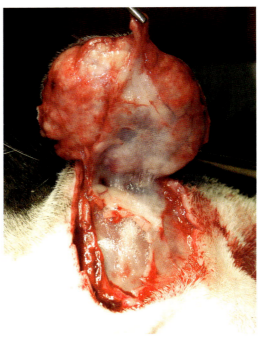

▶ **Abb. 6.9** Atherom mit gekammertem Aufbau: Die Umfangsvermehrung ist deutlich vom Unterhautgewebe abgegrenzt.

Lipome
▶ Fettgewebsgeschwulste treten, insbesondere beim Meerschweinchen, oftmals auch multipel auf.

Ätiologie & Pathogenese
Bei Lipomen handelt es sich um benigne Geschwulste des Fettgewebes. Die Häufigkeit ihres Auftretens steigt mit zunehmendem Alter. Eine familiäre Häufung ist für das Meerschweinchen beschrieben.

Klinik
Lipome stellen sich palpatorisch weich-elastisch dar. Sie sind verschieblich und gut abgesetzt. Sie können als solitäre Umfangsvermehrung auftreten, werden aber beim älteren Meerschweinchen gelegentlich auch multipel wachsend gesehen.

Diagnose
Der typische Palpationsbefund kann durch eine zytologische Untersuchung nach Punktion der Veränderung untermauert werden.

> ❗ Von Fettpolstern ummantelte Lymphknoten adipöser Tiere dürfen nicht mit einer Lymphknotenschwellung verwechselt werden! Meist sind lediglich die Achsel- und Kniefaltenlymphknoten betroffen. Bei Beteiligung der Kopflymphknoten ist jedoch ein Leukoseverdacht gegeben!

Therapie & Prognose
Bei Lipomen handelt es sich um benigne Prozesse, die lediglich durch ihr Wachstum je nach Lokalisation zu Bewegungseinschränkungen führen können. Eine chirurgische Exstirpation ist nur in diesen Fällen sinnvoll.

Maligne Neoplasien der Haut
▶ Maligne Umfangsvermehrungen von Haut und Unterhaut treten eher selten auf und sind meist durch ihre höckrige Oberfläche gekennzeichnet.

Ätiologie & Pathogenese
Fibrosarkome sind kollagenfaserreiche, maligne Tumoren des mesenchymalen Gewebes. Ein virusbedingtes Entstehen, wie es z. B. bei Katze und Kaninchen beschrieben ist, konnte für die eher vereinzelt vorkommenden Fibrosarkome bei Meerschweinchen, Chinchilla und Degu bisher nicht nachgewiesen werden. Auch ein Zusammenhang mit subkutan applizierten Stoffen scheint nicht zu bestehen.

Liposarkome sind maligne Neoplasien des Fettgewebes und werden häufiger bei Meerschweinchen gefunden. Sie weisen unterschiedliche Differenzierungsgrade auf und neigen zu Rezidiven und Metastasierung.

Maligne Melanome sind Entartungen der Pigmentzellen der Haut. Auch sie können in Einzelfällen diagnostiziert werden.

Klinik
Fibrosarkome können in unterschiedlichen Körperregionen vorkommen. Beim Meerschweinchen scheinen sie eher am Körperstamm aufzutreten (▶ Abb. 6.10), beim Chinchilla scheint häufiger der Schwanz(-ansatz) betroffen zu sein. Sie wachsen infiltrativ, sind hart mit unregelmäßiger Oberfläche, meist nicht verschieblich und ulzerieren zum Teil bereits bei geringer Größe. In der Regel treten sie solitär auf.

▶ **Abb. 6.10** Fibrosarkom bei einem Meerschweinchen.

Auch Liposarkome sind beim Meerschweinchen meistens am Rumpf anzutreffen. Sie sind palpatorisch deutlich derber als die benignen Lipome und mit der darüberliegenden Haut oft fest verbunden.

Melanome werden als dunkel pigmentierte, unterschiedlich prominente Erhebungen auf der Haut sichtbar.

Diagnose
Palpatorisch sprechen bereits die feste Konsistenz, die höckrige Oberfläche und die schlechte Abgrenzung zum umgebenden Gewebe für eine maligne Geschwulst. Eine zytologische Untersuchung kann den Verdachtsbefund bestätigen.

Therapie & Prognose
Zunächst sollten Röntgenaufnahmen des Thorax in 2 Ebenen angefertigt werden, um eine Metastasierung in die Lunge ausschließen zu können. Ist die Lunge unauffällig, so muss die Neoplasie kurzfristig chirurgisch entfernt werden. Dabei ist besonders auf die großzügige Umschneidung des veränderten Gewebes und ausreichend tiefe räparation im gesunden Gewebe Wert zu legen.

Um eine Prognose hinsichtlich der Rezidivwahrscheinlichkeit stellen zu können, sollte der Differenzierungsgrad der Tumorzellen pathohistologisch untersucht werden.

Leukose

▶ Viral bedingte Erkrankung, die bei Meerschweinchen zur Vergrößerung der oberflächlichen Lymphknoten führt.

Ätiologie & Pathogenese

Meerschweinchen erkranken überwiegend an lymphatischen Leukosen. Der Erreger der Meerschweinchen-Leukose ist bisherigen Untersuchungen zufolge ein Oncornavirus aus der Familie der Retroviren. Über die Inkubationszeit ist nichts bekannt und auch die Übertragungswege sind noch nicht vollständig geklärt. Als sicher gelten die diaplazentare Übertragung und die Infektion über die Muttermilch. Eine Ansteckung von Tier zu Tier scheint weiterhin jedoch keine Rolle zu spielen. Die erkrankten Tiere sind in der Regel mindestens 2 Jahre alt.

Vereinzelt treten auch Leukosefälle beim Chinchilla und Degu auf. Eine Virusgenese mit ähnlichen Übertragungswegen ist hier ebenfalls wahrscheinlich.

Klinik

Das klinische Bild kann vielfältig und unspezifisch sein. Der Verlauf der Erkrankung ist überwiegend schleichend. Oftmals sind Inappetenz, Abmagerung (▶ S. 273) und Apathie Gründe für die Vorstellung des erkrankten Tieres. Bei der klinischen Untersuchung fallen bei Meerschweinchen Schwellungen der oberflächlichen Körperlymphknoten (▶ Abb. 6.11), insbesondere aber auch der Kopf- und Halslymphknoten auf. Vereinzelt können auch die Konjunktiven durch leukotische Infiltrate deutlich verdickt erscheinen.

Diagnose

Eine generalisierte Lymphknotenschwellung ist typisch für die Leukose.

Zur Abgrenzung der Leukose von einer Lymphadenitis sollte ein Blutbild erstellt werden. Bei der Leukose findet sich eine Leukozytose bei unverändertem Differenzialblutbild, wogegen bei Lymphadenitis eine Verschiebung des Differenzialblutbilds im Sinne einer Granulozytose und Lymphopenie zu finden ist.

Die Lymphknotenpunktion kann in Zweifelsfällen die Diagnosefindung unterstützen. Vergrößerungen und Strukturveränderungen von Milz, Leber, Nieren und Darmlymphknoten lassen sich sonografisch nachweisen.

> ❗ Besonders bei adipösen Meerschweinchen sind häufig v. a. die Achsel- und Kniefaltenlymphknoten von einer deutlichen „Fettkapsel" umgeben, die nicht als Leukoseanzeichen angesehen werden darf. Sind die Kopf- und Halslymphknoten palpatorisch unauffällig, liegt in der Regel keine Leukose vor. Im Zweifelsfall kann jedoch auch hier eine hämatologische oder zytologische Untersuchung Klarheit schaffen.

Therapie & Prognose

Die Prognose ist infaust, eine grundsätzliche Therapiemöglichkeit besteht nicht. In Einzelfällen kann eine Therapie mit Interferon 117 zu einer Rückbildung der Lymphknotenschwellung und einer deutlichen Verbesserung/Stabilisierung des Allgemeinbefindens führen (▶ S. 273). Bei deutlicher Verschlechterung des Allgemeinbefindens sollte das betroffene Tier euthanasiert werden.

Lymphadenitis MS

▶ Abszedierung der Halslymphknoten nach Besiedelung mit Streptokokken.

Ätiologie & Pathogenese

Bei der zervikalen Lymphadenitis des Meerschweinchens handelt es sich um die lokale chronische Verlaufsform einer Infektion mit *Streptococcus zooepidemicus*. Dieser Keim weist hämolysierende

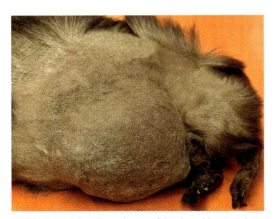

▶ **Abb. 6.11** Schwellung des Kniefaltenlymphknotens bei Leukose.

Eigenschaften auf und gehört in der serologischen Differenzierung der Lancefield-Gruppe C an.

Die Streptokokken dringen über Läsionen in der Maulschleimhaut, eingespießte Futterpartikel oder auch Bissverletzungen im Kopf- und Halsbereich ein. Ihre Ausbreitung und Ansiedlung in den regionalen Lymphknoten (Lnn. mandibulares und Lnn. cervicales profundi craniales) wird durch verschiedene immunsupprimierende Faktoren, wie suboptimale Haltungs- und Fütterungsbedingungen, begünstigt.

Klinik

Erkrankte Tiere weisen ein- oder seltener auch beidseitig eine Schwellung der Halslymphknoten auf. Gelegentlich kann eine leichte Fluktuation palpiert werden, meist fühlen sich die abszedierten Lymphknoten aufgrund einer starken bindegewebigen Kapsel jedoch eher derb an. Die Umfangsvermehrungen sind in der Regel nicht schmerzhaft. Das Allgemeinbefinden ist nur bei weiterer Erregerausbreitung gestört, die von einer Otitis media/interna mit Gleichgewichtsstörungen über Lungenaffektionen bis zur Septikämie führen kann.

Diagnose

Das klinische Bild gibt insbesondere bei einseitig ausgeprägten, gut abgesetzten Veränderungen erste Hinweise. Treten beidseitig Umfangsvermehrungen der Halslymphknoten auf, ist differenzialdiagnostisch eine Leukose zu berücksichtigen. Eine Punktion mit zytologischer und mikrobiologischer Untersuchung des Aspirats ermöglicht hier eine eindeutige Zuordnung. Ist die Schwellung so ausgeprägt, dass der Abszess direkt mit dem Kieferknochen in Verbindung zu stehen scheint, so sollten Röntgenaufnahmen des Schädels in 2 Ebenen angefertigt werden, um einen Kieferabszess auszuschließen.

Therapie & Prognose

Zunächst muss eine systemische Antibiose eingeleitet werden, die ggf. nach Antibiogramm gezielt umgestellt wird. Geeignet für die Erstversorgung sind Breitbandantibiotika, z.B. Marbofloxacin [6] (Marbocyl®), Enrofloxacin [4] (Baytril®) oder Chloramphenicol [1] (z. B. Chloromycetin Palmitat®).

Eine chirurgische Therapie sollte möglichst kurzfristig erfolgen. Optimal ist die Exstirpation der abszedierten Lymphknoten in toto. Sollte dies nicht möglich sein, so müssen die Abszesse großzügig gespalten und ausgeräumt werden. Wichtig ist zudem die weitgehende oder vollständige Präparation und Resektion der Abszesskapsel. Verbleiben Kapselreste, so muss die Wundhöhle offen gelassen werden. Eine regelmäßige Wundtoilette, z.B. mit verdünnter Jodlösung [98] und dem Einbringen von Leukase-Kegeln® oder enzymhaltigen Salben (z.B. Nekrolyt® [93]), schließt sich an. Selbstverständlich sollte in den ersten Tagen post operationem ein Analgetikum (z.B. Meloxicam [102], Carprofen [101]) verabreicht werden.

Prophylaxe

Zur Prophylaxe einer Erkrankung der Partnertiere sind die Haltungs- und Fütterungsbedingungen zu optimieren. Zusätzlich kann eine Behandlung mit immunstimulierenden Präparaten (z.B. Zylexis® [118], Echinacin [142]) eine sinnvolle Ergänzung sein.

Allergische Reaktionen

▶ Selten vorkommende Überreaktionen des Immunsystems, z.B. nach Insektenstichen oder Applikation lokal reizender Stoffe.

Ätiologie

Allergische Reaktionen, die mit subkutanen Schwellungen einhergehen, werden bei Meerschweinchen, Chinchillas und Degus eher vereinzelt beobachtet. Ursächlich sind insbesondere im Sommer Insektenstiche zu berücksichtigen.

Beim Meerschweinchen werden zudem selten Abstoßungsreaktionen auf Nahtmaterialien nach chirurgischen Eingriffen gesehen, bei denen es nach zunächst deutlicher Schwellung zu Nahtdehiszenzen kommen kann. Chinchillas reagieren gelegentlich auf die subkutane Applikation von Medikamenten mit vorübergehenden lokalen Überempfindlichkeiten; beides ist jedoch nicht als „echte" Allergie zu bezeichnen.

Der überwiegende Teil allergischer Reaktionen bei Meerschweinchen, Chinchilla und Degu geht weniger mit Schwellungen als vielmehr mit respiratorischen Symptomen, Diarrhoen oder Pruritus einher.

Klinik

Liegt eine allergische Reaktion nach einem Insektenstich vor, so kommt es innerhalb kurzer Zeit zu Schwellungen im Kopfbereich und/oder Quaddelbildung am Körper. In hochgradigen Fällen schwellen die Schleimhäute von Maul und Nase an, sodass es zu massiver Atemnot (▶ S. 18) kommen kann.

Diagnose
Die Diagnose ist aus der akut entstandenen Symptomatik im Zusammenhang mit dem typischen klinischen Bild abzuleiten.

Therapie
Ein kurzwirksames Prednisolon 76 (z. B. Solu-Decortin®) ist unverzüglich je nach Schweregrad der Symptome intramuskulär, intraperitoneal oder subkutan zu verabreichen. Bei frühzeitiger Applikation kommt es meist zu einer schnellen Erholung des Patienten sowie zu einer zügigen Abschwellung. Liegt bereits ein allergisches Schockgeschehen vor, so ist die Prognose fraglich. Der Patient muss neben einem schnell wirkenden Kortikoid zusätzlich Infusionen und Sauerstoffzufuhr erhalten und sollte zudem antibiotisch behandelt werden.

Speicheldrüsenabszesse, Speicheldrüsenzysten MS

▶ Am Hals häufig vorkommende Umfangsvermehrungen der Speicheldrüse beim Meerschweinchen.

Ätiologie & Pathogenese
Die genaue Enstehungsweise von Zysten und Abszessen in der Speicheldrüse des Meerschweinchens ist bisher nicht bekannt. Es muss jedoch davon ausgegangen werden, dass ähnliche Ursachen wie bei anderen Haussäugetieren vorliegen.

Speicheldrüsenzysten (Sialozelen) entstehen durch Zerreißung von Drüsengängen, sodass sich das austretende Sekret im Bindegewebe sammelt und von einer bindegewebigen Kapsel umgeben wird. Diese Zysten finden sich beim Meerschweinchen im ventralen Halsbereich und enthalten in der Regel eine klare bis leicht bräunlich eingefärbte, seröse Flüssigkeit.

Aus Speicheldrüsenabszessen lassen sich häufig *Streptococcus* spp. isolieren. Diese können über Mikroverletzungen in die Speicheldrüsen eindringen oder sich auch im Rahmen latenter Atemwegsinfektionen in ihnen absiedeln.

Klinik
Betroffene Meerschweinchen sind in der Regel klinisch unauffällig; es besteht lediglich eine Umfangsvermehrung ventral und mittig am Hals, die in ihrer Größe erheblich variieren kann.

Diagnose
Palpatorisch stellen sich sowohl Speicheldrüsenabszesse als auch Sialozelen als prall-fluktuierende Gebilde dar, die nicht schmerzhaft sind. Zur weiteren Differenzierung sowie ggf. auch zur Abgrenzung von Schilddrüsen- und Lymphknotenveränderungen sind weitergehende Maßnahmen erforderlich. Es empfiehlt sich zunächst eine sonografische Untersuchung, bei der sich sowohl Abszesse als auch Zysten der Speicheldrüsen als mit Flüssigkeit gefüllte Hohlräume darstellen, die von einer deutlichen Kapsel gut begrenzt sind. Eiter stellt sich im Ultraschall deutlich echogener dar als klare Zystenflüssigkeit. Im Zweifelsfall kann sich eine Punktion anschließen. Diese ist jedoch nicht unbedingt anzuraten. Da sowohl ein Speicheldrüsenabszess als auch eine Sialozele eines chirurgischen Eingriffs bedarf, sollte die Kapsel möglichst nicht verletzt werden, um sie später gut aus dem umgebenden Gewebe herauspräparieren zu können.

Therapie & Prognose
Eine Behandlung ist nur dann Erfolg versprechend, wenn Zysten und Abszesse chirurgisch und in toto entfernt werden. Die die Veränderung unmittelbar umgebenden Speicheldrüsenläppchen sollten dabei reseziert werden. Die Wunde wird im kaudalen Bereich über eine kleine Strecke offen belassen, da es im Anschluss an die Operation oft noch zu deutlicher Wundsekretion kommt. Das Wundsekret kann so ablaufen und Schwellungen können verhindert werden. Natürlich muss der Patient über einen Zeitraum von mindestens einer Woche antibiotisch behandelt werden und sollte zudem einige Tage ein Analgetikum erhalten.

Bei Abszedierungen empfiehlt es sich, Eiter und Abszesskapselmaterial bakteriologisch untersuchen zu lassen, um das Tier gezielt mit einem gegen die beteiligten Streptokokken wirksamen Antibiotikum behandeln zu können.

Neoplasien/Hyperplasien der Schilddrüse MS

▶ Endokrinologische Erkrankung des Meerschweinchens.

Ätiologie & Pathogenese
Eine funktionelle Hyperplasie der Schilddrüse entsteht TSH-gesteuert in Jodmangelsituationen, um durch Zunahme des hormonproduzierenden Gewebes die Versorgung zu gewährleisten. In diesen Fällen liegt zunächst gleichzeitig eine Hypothyreose vor.

Eine Vergrößerung oder Veränderung der Konsistenz der Schilddrüse im Zuge einer hyperthyreoten Stoffwechsellage ist meist mit der Bildung von Neoplasien vergesellschaftet. So produziert z.B. ein Schilddrüsenadenom Hormone im Überfluss, sodass die TSH-Ausschüttung eingeschränkt oder eingestellt wird und es zur knotigen Atrophie des Drüsengewebes kommt. Die Entartung dieses Gewebes ist ebenfalls möglich, sodass ein Schilddrüsenkarzinom entsteht.

Klinik
Die klinischen Symptome können vielgestaltig sein und sind abhängig von der Hormonproduktion der Schilddrüse. Liegt eine Hypothyreose vor, so fällt in fortgeschrittenen Stadien neben Apathie, Alopezie an den Innenschenkeln und am Bauch (▶ S.240) sowie Bradykardie vor allem ein Myxödem auf. Die Vergrößerung der Schilddrüse kann in diesen Fällen sehr massiv sein.

Wird durch die funktionelle Hyperplasie wieder ein euthyreoter Zustand hergestellt, so liegen außer der vergrößerten Schilddrüse keine weiteren Symptome vor.

Adenome oder Adenokarzinome der Schilddrüse, die nur maiskorngroß sein, aber auch beträchtliche Ausmaße erreichen können, sind meist mit einer Hyperthyreose vergesellschaftet.

Die betroffenen Tiere verlieren trotz zunächst noch guten Appetit kontinuierlich an Gewicht (▶ S.273), zeigen oft chronischen Durchfall (▶ S.38) und zunehmende Fellverluste (▶ S.240). Auskultatorisch fällt neben dem typisch pochenden, tachykarden Herzschlag bei manchen Patienten auch ein dezentes Herzgeräusch auf. Auch Polydipsie (▶ S.185) und Polyurie können zu den Symptomen gehören.

Diagnose
Eine Umfangsvermehrung mittig am Hals in Zusammenhang mit den beschriebenen Symptomen lässt eine Verdachtsdiagnose zu (▶ Abb. 6.12), die jedoch durch Bestimmung des T4-Werts im Serum bestätigt werden muss.

Besteht eine größere Umfangsvermehrung, ohne dass deutliche Symptome einer Schilddrüsenerkrankung vorliegen, so empfiehlt sich eine sonografische Untersuchung, um differenzialdiagnostisch infrage kommende Veränderungen der Speicheldrüse oder der Lymphknoten abgrenzen zu können (▶ Abb. 6.13).

Adenokarzinome weisen häufig deutliche Verkalkungstendenzen auf, die sowohl sonografisch als auch röntgenologisch dargestellt werden können (▶ Abb. 6.14). Wird ein Adenokarzinom fest-

▶ Abb. 6.12 Neoplasie der Schilddrüse.

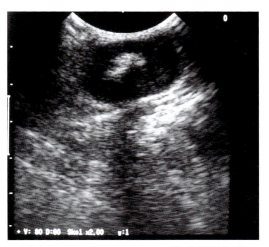

▶ Abb. 6.13 Ultraschalluntersuchung der Schilddrüse: Um einen echogenen Kern (Verkalkung) befindet sich ein echoloser Saum (Blutung).

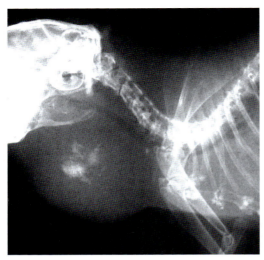

▶ **Abb. 6.14** Maligner Schilddrüsentumor mit zentraler Verkalkung.

gestellt, so sollte neben der palpatorischen Kontrolle der regionalen Lymphknoten in jedem Falle röntgenologisch nach Lungen- oder Knochenmetastasen gesucht werden.

Eine Punktion der Umfangsvermehrung kann nur bedingt empfohlen werden, da es durch sie oft zu starken Blutungen kommt, die nur schwer gestillt werden können.

Therapie & Prognose

Im Vordergrund steht die Korrektur des Schilddrüsenhormonspiegels, d.h. eine hyperthyreote Veränderung wird mit Thiamazol [77] oder Carbimazol [70] behandelt, eine Hypothyreose muss mit einer L-Thyroxin-Gabe [74] ausgeglichen werden.

Zudem erfolgt eine symptomatische Behandlung der begleitenden Krankheitsanzeichen. Bei raumfordernden benignen Prozessen ist eine – ggf. auch nur partielle – Thyreodektomie möglich; die fehlenden Hormone müssen danach ggf. dauerhaft substituiert werden.

Adenokarzinome der Schilddrüse sind in der Regel hochmaligne, sodass selbst bei geringer Tumorgröße meist Metastasen zu finden sind. Neben den Halslymphknoten ist hier insbesondere die Lunge betroffen. Können noch keine sichtbaren Tochtergeschwülste aufgefunden werden, so kann eine Entfernung der Schilddrüse mit nachfolgender Hormongabe versucht werden. Die Prognose ist aufgrund der hohen hämatogenen und lymphogenen Metastasierungsneigung des Tumors trotzdem sehr vorsichtig zu stellen.

Hernien

▶ Besonders häufig treten Umbilicalhernien auf, aber auch Abdominal- und Inguinalhernien können gelegentlich beobachtet werden.

Ätiologie & Pathogenese

Hernien können auf eine unterschiedliche Genese zurückzuführen sein.

Die **Umbilicalhernie** tritt gelegentlich bei Neugeborenen auf. Der Nabel kann unterschiedlich weit geöffnet sein, so dass z.T. auch größere Darmanteile im Bruchsack zu palpieren sind. Für die Entstehung des Nabelbruchs wird eine vorwiegend erbliche Genese diskutiert. Insbesondere beim Degu scheinen einzelne Zuchtlinien bevorzugt betroffen zu sein, bei denen ganze Würfe Hernien aufweisen. Brüche in der Linea alba nach Operationen, sogenannte „Narbenbrüche", sind eher selten zu beobachten. Sie sind zurückzuführen auf eine Unverträglichkeit des verwendeten Nahtmaterials und daraus resultierenden Wundheilungsstörungen.

Eine **Hernia abdominalis** entsteht nach einem Trauma. Das Auftreten von **Inguinalhernien** ist auf den physiologisch sehr weiten Leistenspalt zurückzuführen oder eine Folge von Kastrationen, bei denen nach Entnahme der Hoden der Processus vaginalis nicht verschlossen wurde.

Klinik

Bei **Umbilicalhernien** ist eine Schwellung im Nabelbereich zu palpieren (▶ **Abb. 6.15**). Meist ist die Bruchpforte zu ertasten und der im Bruchsack verschiebliche Inhalt kurzfristig manuell zurückzuverlagern. Solange keine Inkarzerationen oder Verwachsungen auftreten, ist die Veränderung nicht schmerzhaft; das Allgemeinbefinden bleibt ungestört.

Die sehr seltene, traumatisch bedingte **Abdominalhernie** geht hingegen mit Schmerzen und damit deutlichen Störungen des Allgemeinbefindens einher. Die Bruchpforte in der Bauchwand kann unterschiedlich groß sein und ist mit Schwellungen des umgebenden Gewebes und Einblutungen verbunden.

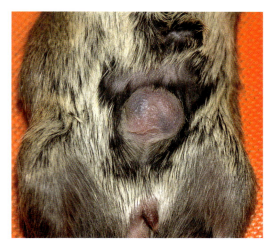

▶ Abb. 6.15 Nabelbruch bei einem jungen Degu.

Inguinalhernien können ebenfalls sehr unterschiedliche Ausmaße annehmen. Im ungünstigsten Fall sind neben Darmschlingen auch Blasenanteile in den Bruchsack vorgefallen und können für Kot- und/oder Harnabsatzschwierigkeiten verantwortlich sein.

Wundheilungsstörungen nach Operationen und daraus resultierenden Öffnungen in der Bauchdecke sind in ihrer Symptomatik ebenfalls abhängig von der Größe der Bruchpforte und der Art und Menge des vorgefallenen Gewebes.

Diagnose

Die Diagnose erfolgt palpatorisch, kann in Zweifelsfällen aber sonografisch abgesichert werden.

Therapie & Prognose

Hernien sollten stets chirurgisch versorgt werden, da die Gefahr von Inkarzerationen oder Verwachsungen besteht. Der Eingriff erfolgt analog zu Hund und Katze.

Ist der Bruch aufgrund einer Unverträglichkeit von Nahtmaterial aufgetreten, so sind sämtliche auffindbaren Reste in den verschiedenen Schichten des Wundverschlusses zu entfernen, die Wundränder aufzufrischen und vollständig neu mit einem anderen Material zu vernähen (z. B. PDS® anstelle des üblicherweise verwendeten Vicryl®).

Nabelbrüche und Abdominalhernien verheilen nach chirurgischer Versorgung in der Regel gut. Inguinalhernien sind aufgrund der dünnen Muskulatur schlecht zu verschließen. Aufgrund der starken Nahtbelastung im Leistenbereich kommt es zudem gelegentlich zu Nahtdehiszenzen.

Gynäkomastie [MS]

▶ Sehr seltenes Krankheitsbild, das durch hormonelle Dysregulation hervorgerufen wird.

Ätiologie

Die äußerst selten auftretende Gynäkomastie entsteht beim männlichen Meerschweinchen durch hormonelle Störungen, die bisher nicht genauer untersucht sind. Die Aufnahme hoher Dosen Phytoöstrogene mit dem Futter wird genauso wie eine Reihe von Endokrinopathien als Auslöser diskutiert. Die Gynäkomastie ist bisher lediglich beim Meerschweinchen beschrieben; Berichte über ähnliche Veränderungen bei Chinchilla und Degu fehlen.

Klinik

Bei dem betroffenen Meerschweinchenbock fällt eine Anbildung des Gesäuges auf; gelegentlich kann es auch zur Produktion und Entleerung von serösem oder milchigem Sekret kommen.

Diagnose

Die Diagnose ergibt sich aus dem klinischen Bild. Differenzialdiagnostisch sind neoplastische Veränderungen, die in der Regel aber nur einseitig ausgeprägt sind, und entzündliche Geschehen auszuschließen.

Therapie

Liegt parallel eine Lactatia falsa vor, so ist der Einsatz von Cabergolin [69] (Galastop®) anzuraten. Die Gabe erfolgt über 3–6 Tage in einer Dosierung von 12,5 µg/kg 1 × tgl. oral.

Mastitis

▶ Entzündliche Veränderung des Gesäuges; aufgrund der Schmerzhaftigkeit häufig mit Störungen des Allgemeinbefindens einhergehend.

Ätiologie & Pathogenese

Eine Mastitis entwickelt sich gelegentlich während einer oder im Anschluss an eine Laktation. Durch das Saugen und Beißen der Jungtiere ist die Haut gereizt, sodass Keime leicht durch diese Mikroläsionen eindringen können. Eine Lactatio falsa kann ebenfalls die Entstehung einer Mastitis begünstigen. Durch den Milchstau beginnt das betroffene Tier meist, das schmerzende Gesäuge selbst zu belecken und zu putzen, sodass auch darüber eine Keimeinwanderung möglich wird. Unhygienische Haltungsbedingungen wirken sich zusätzlich negativ aus.

Klinik

Das gesamte Gesäuge bzw. die betroffenen Komplexe sind hart, angeschwollen, vermehrt warm und schmerzhaft; die Haut kann rötlich-bläulich verfärbt sein (▶ **Abb. 6.16**). Das austretende Sekret kann im fortgeschrittenen Entzündungsstadium einen blutig-eitrigen Charakter aufweisen. Bedingt durch die Schmerzhaftigkeit der Erkrankung und/oder durch Absiedlung der Erreger ist das Allgemeinbefinden oft deutlich reduziert. Apathie und Inappetenz können auftreten.

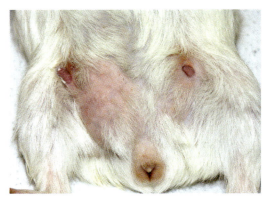

▶ **Abb. 6.16** Mastitis: Die Zitzen sind geschwollen und bläulich-rot verfärbt.

Diagnose

Die Diagnose ergibt sich aus dem klinischen Bild. Sind nur einzelne Komplexe betroffen, so muss differenzialdiagnostisch durch zytologische Untersuchung des Milchsekrets das Vorliegen von neoplastischen Veränderungen ausgeschlossen werden. Dringend empfiehlt sich die bakteriologische Untersuchung des entzündlichen Sekrets, da u. a. die sehr häufig isolierten Staphylokokken und Streptokokken multiple Resistenzen aufweisen.

Therapie & Prognose

Grundsätzlich müssen zunächst die Jungtiere abgesetzt und ggf. mit der Hand aufgezogen werden. Der Käfig des betroffenen Muttertiers sollte während der Behandlung nicht mit den handelsüblichen Heimtierspänen eingestreut werden, da diese häufig sehr stauben und durch kleinste Splitter weiter reizen können. Vielmehr sollte idealerweise ein leicht auswechselbarer Untergrund aus Handtüchern, ungebleichtem Zellstoff o. ä. gewählt werden. Weiches, sehr staubarmes Heu eignet sich mit einer Unterlage aus Strohpresspellets ebenfalls kurzfristig. Solange die Sekretion aus dem Gesäuge anhält, sollte Chinchillas und Degus das Sandbad entzogen oder nur kurz zu Verfügung gestellt werden.

Der Patient wird mit einem Breitbandantibiotikum, z. B. Enrofloxacin [4] oder Chloramphenicol [1], und einem Analgetikum, z. B. Carprofen [101] oder Meloxicam [102], versorgt. Das Auftragen von kühlenden oder durchblutungsfördernden Salben ist nicht anzuraten, da das betroffene Tier zum einen noch stärker angeregt wird, das Gesäuge zu belecken und zum anderen insbesondere beim Chinchilla Verklebungen und Verfilzungen des Fells die Folge wären.

Erfolgt eine konsequente Behandlung mit einem geeigneten Antibiotikum, so heilen Mastitiden meist gut ab. Ausgeprägte entzündliche Veränderungen können allerdings eine narbige Veränderung des Drüsengewebes oder eine Stenose des Zitzenkanals mit den Folgen einer eingeschränkten Laktationsleistung nach sich ziehen, sodass in jedem Einzelfall überlegt werden muss, ob von weiteren Bedeckungen des Tieres abgeraten werden sollte.

Mutterlose Aufzucht von Jungtieren

Die Handaufzucht von Jungtieren wird nicht nur bei Gesäugeerkrankungen, sondern auch bei anderen schweren Erkrankungen, Agalaktie oder dem Tod des Muttertiers erforderlich.

Als Milchersatz eignet sich hochwertige Hunde- bzw. Katzenersatzmilch, die mit einigen Tropfen Pflanzenöl versetzt werden muss, um den hohen Fettgehalt der natürlichen Milch zu imitieren. Der Zusatz eines Mineralstoffgemischs hat sich bewährt, um eine bessere Mineralisierung des Skeletts zu erreichen. Traubenzucker liefert nicht nur zusätzliche Energie, sondern erhöht auch die Akzeptanz des Milchaustauschers. Nach den ersten Lebenstagen können der Milch Schmelz- oder Instantflocken zugesetzt werden, um den Energie-

6.5 Erkrankungen

gehalt weiter zu steigern. Bei Meerschweinchen sollten außerdem zusätzliche Vitamin-C-Gaben [84] erfolgen.

Ersatzmilch für Meerschweinchen
- 5 g Milchaustauscher für Katzenwelpen
- 20 ml Wasser
- einige Tropfen Sonnenblumenöl
- Vitamin C [84] (eine Messerspitze Pulver oder 4 Tropfen)
- eine Messerspitze Mineralstoffsupplement (z. B. Korvimin® ZVT [81])
- ggf. etwas Traubenzucker zur Verbesserung der Akzeptanz
- zusätzlich: Gabe von Lactobacillus-Präparaten zum Aufbau der Darmflora (z. B. Bene Bac® [38])

Um die Darmflora der Jungtiere aufzubauen, kann die Milch mit Probiotika (z. B. Bene Bac® [38]) versetzt werden.

Die Milchmischung sollte stets frisch zubereitet und auf 38–39 °C erwärmt werden. Die Fütterung erfolgt mit kleinen Pipetten oder 1 ml-Spritzen, um die Kontrolle über die jeweils aufgenommene Milchmenge zu haben. Bei den kleinen Degus kann der Spritze eine flexible Braunüle aufgesetzt werden, die deutlich besser in das Maul der Jungtiere einzuführen ist. In den ersten Lebenstagen sollte der Abstand zwischen den Fütterungen etwa 3 Stunden betragen.

Es hat sich bewährt, den Tieren nach der Fütterung einige Tropfen eines Antitympanikums (z. B. Dimeticon-Albrecht® [33]) zu geben, um Aufgasungen vorzubeugen. Auch leichte Bauchmassagen sind sinnvoll, um die Verdauung anzuregen.

Ersatzmilch für Chinchillas und Degus
- 5 g Milchaustauscher für Hundewelpen
- 20 ml Wasser
- einige Tropfen Sonnenblumenöl
- eine Messerspitze Mineralstoffsupplement (z. B. Korvimin® ZVT [81])
- ggf. etwas Traubenzucker zur Verbesserung der Akzeptanz
- zusätzlich: Gabe von Lactobacillus-Präparaten zum Aufbau der Darmflora (z. B. Bene Bac® [38])

❗ Jungtiere aller 3 Tierarten nehmen bereits kurz nach der Geburt auch feste Nahrung zu sich. Hochwertiges Heu und pelletiertes Alleinfutter (für das Meerschweinchen ist dieses auch speziell für Jungtiere erhältlich) müssen daher stets zur Verfügung stehen. Die Gewöhnung an vielfältiges Grünfutter beim Meerschweinchen bzw. Kräuter und Gemüse beim Degu sollte ebenfalls frühzeitig erfolgen.

Die Thermoregulation ist bei allen 3 Tierarten bei der Geburt bereits recht gut ausgebildet. Meerschweinchen und Chinchillas werden phasenweise vom Muttertier gewärmt. Den Jungtieren sollte daher beim Verlust des Muttertiers eine Wärmflasche angeboten werden. Es muss allerdings gewährleistet sein, dass die Tiere sich der Wärme entziehen können. Degus werden in einem gut gepolsterten Nest abgelegt, das sie in den ersten Lebenstagen kaum verlassen. Sie werden dort von allen Familienmitgliedern gewärmt. Für mutterlose Degukinder sollte daher ein Nest aus Heu und ungebleichtem Zellstoff gebaut werden, unter das eine körperwarme Wärmflasche gelegt wird.

Während der gesamten Aufzuchtphase ist das Gewicht der Jungtiere täglich zu kontrollieren. Es müssen stetige Zunahmen zu verzeichnen sein.

Gesäugeabszess

▶ Mögliche Folge von Gesäugeverletzungen oder Mastitiden.

Ätiologie & Pathogenese

Ein Gesäugeabszess entsteht durch Eindringen von Keimen meist im Anschluss an eine Laktation oder kann im Zuge einer Mastitis auftreten. Auch Verletzungen des Gesäuges unterschiedlicher Genese können eine bakterielle Besiedlung und damit das Auftreten eines Abszesses fördern.

Klinik

Gesäugeabszesse sind gut abgegrenzte Umfangsvermehrungen mit eher glatter Oberfläche, die gelegentlich schmerzhaft und vermehrt warm sind. Vereinzelt entleert sich Eiter aus der Zitze des zugehörigen Gesäugekomplexes.

Das betroffene Tier putzt sich auffallend häufig im veränderten Bereich. Je nach Sitz und Größe des Abszesses ist insbesondere beim Degu der Bewegungsablauf eingeschränkt. Das Allgemeinbefinden des betroffenen Tieres ist bei schmerzhaften Prozessen deutlich reduziert.

Diagnose
Die palpatorische Untersuchung gibt in der Regel bereits deutliche Hinweise. Durch eine zytologische Auswertung von verändertem Milchsekret oder einem Punktat der Umfangsvermehrung kann differenzialdiagnostisch eindeutig ein neoplastisches Geschehen abgegrenzt werden.

Therapie & Prognose
Der Patient wird sowohl mit einem Breitbandantibiotikum (z. B. Enrofloxacin [4] oder Marbofloxacin [6]) als auch mit einem Analgetikum (z. B. Meloxicam [102]) versorgt. Der Abszess wird chirurgisch in toto entfernt. Sollte er bereits eröffnet sein, so ist darauf zu achten, die Abszesskapsel vollständig zu präparieren. Eiter und ein Teil des Kapselgewebes mit der pyogenen Membran sollten zur mikrobiologischen Untersuchung eingesandt werden. Die Antibiose wird dann ggf. nach Antibiogramm umgestellt.

Mammatumor
Insbesondere beim Meerschweinchen auftretende, oft maligne Neoplasie.

Ätiologie & Pathogenese
Mammatumoren treten vorwiegend bei älteren Tieren auf. Ihre Entstehung wird durch einen hohen Östrogenspiegel begünstigt. Auffallend ist beim Meerschweinchen, dass männliche Tiere mindestens ebenso häufig betroffen sind wie weibliche. Auch in diesen Fällen sind massive hormonelle Imbalancen für das neoplastische Geschehen verantwortlich.

Klinik
Mammatumoren treten zumeist als solitäre Veränderung auf. Sie sind von derber Konsistenz, die Oberfläche kann sowohl glatt als auch uneben oder höckrig sein (▶ Abb. 6.17). Maligne Prozesse sind oft schlecht abgegrenzt und ziehen strangartig in die Tiefe. Vereinzelt entleert sich ein blu-

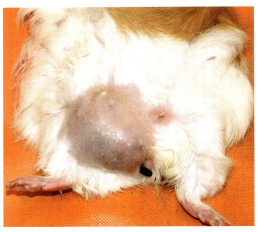

▶ **Abb. 6.17** Mammatumor bei einem weiblichen Meerschweinchen.

tiges oder auch milchartiges Sekret aus der Zitze des betroffenen Komplexes. Die Umfangsvermehrung ist in der Regel nicht schmerzhaft.

Das Allgemeinbefinden des erkrankten Tieres erscheint ungestört.

Diagnose
Neoplasien des Gesäuges sind palpatorisch oft nicht von hyperplastischen Veränderungen abzugrenzen, die häufig zystisch verändert sind und sich dadurch ebenfalls knotig anfühlen. Die Diagnose muss daher durch zytologische Untersuchung von Gesäugesekret bzw. Punktat des veränderten Gewebes gestellt werden.

Therapie & Prognose
Die großzügige chirurgische Exzision sollte baldmöglichst erfolgen, da es sich bei einem überwiegenden Anteil der Tumore um hochmaligne Adenokarzinome handelt. Männliche Tiere sind hiervon besonders häufig betroffen. Eine gleichzeitige Kastration des betroffenen Patienten ist anzuraten, um ein dauerhaftes Absenken des Hormonspiegels zu erreichen und damit einer neuen Geschwulstbildung vorzubeugen.

Im Vorfeld der Operation müssen Röntgenbilder der Lunge angefertigt werden, um eventuelle Metastasen darzustellen. Auch wenn die Lunge frei von Veränderungen erscheint, müssen die Besitzer über die Gefahr von Mikrometastasen aufgeklärt werden. Sind bereits sichtbare Tochtergeschwülste vorhanden, ist eine Operation wenig sinnvoll. Das betroffene Tier sollte dann bei Verschlechterung des Allgemeinbefindens, insbesondere bei beginnender Dyspnoe, euthanasiert werden.

Gesäugehyperplasie
▶ Seltene, nichtentzündliche, hormonell bedingte Vergrößerung des Gesäuges.

Ätiologie & Pathogenese
Eine Gesäugehyperplasie entwickelt sich gelegentlich bei weiblichen Tieren, die häufig tragend gewesen sind. Durch die häufige und langanhaltende hormonelle Stimulation nimmt die Zellzahl im Gesäuge zu, sodass ein scheinbar „angebildetes" Gesäuge auch außerhalb der Aufzucht der Jungtiere erhalten bleibt.

Auch bei männlichen Meerschweinchen werden zystische Hyperplasien des Gesäuges beobachtet, die meist eine Vorstufe zu Neoplasien darstellen und durch hormonelle Imbalancen ausgelöst werden.

Klinik
Das vergrößerte Gesäuge ist überwiegend weich und nicht schmerzhaft. Lediglich in Einzelfällen weist es zystische Veränderungen oder knotige Verhärtungen auf. Auch eine Sekretion von milchartigem, teilweise wässrigem oder blutig-serösem Sekret wird eher selten beobachtet (▶ Abb. 6.18). Das betroffene Tier zeigt keine Störungen des Allgemeinbefindens.

Diagnose
Eine eindeutige Diagnose ist nur durch zytologische Untersuchung eines Punktats zu stellen. Differenzialdiagnostisch können so beginnende entzündliche und neoplastische Veränderungen sicher ausgeschlossen werden.

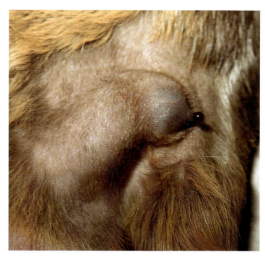

▶ **Abb. 6.18** Zystische Gesäugehyperplasie bei einem Meerschweinchenbock. Es entleert sich ein serös-blutiges Sekret.

Therapie & Prognose
Eine sofortige Therapie ist nicht zwingend erforderlich. Lediglich bei sehr deutlich ausgeprägten Hyperplasien, die mit Sekretion oder mit zystischen oder knotigen Neubildungen einhergehen, sollte kurzfristig eine Kastration erfolgen. Der überwiegende Teil der Veränderungen bildet sich danach innerhalb weniger Wochen zurück. Bleibt das betroffene Tier unkastriert, so sind regelmäßige Verlaufsuntersuchungen ratsam, da eine spätere Entartung der hyperplastischen Bezirke nicht ausgeschlossen werden kann.

7 Schmerzsymptomatik und/oder Umfangsvermehrung im kranialen Abdomen

Erkrankungen des kranialen Abdomens können je nach Ursache mit unterschiedlichen Symptomen einhergehen:
- Apathie und Inappetenz
- Schmerzzustände: zusammengekauerte Stellung, Zähneknirschen, halb geschlossene Augen, Schmerzäußerungen, gesträubtes Fell, Fortbewegung mit aufgekrümmtem Rücken
- blasse bis zyanotische Schleimhäute
- flache, frequente Atmung

7.1 Tierartliche Besonderheiten

Das Meerschweinchen und seine Verwandten haben einen großen **Magen**, der nur eine sehr dünne Muskelschicht besitzt (▶ **Abb. 7.1**). Die Tiere sind daher weder in der Lage zu Erbrechen, noch kann Mageninhalt durch Eigenkontraktionen in den Darm überführt werden. Im Rahmen von Fehlgärungsprozessen kann sich das Organ zudem massiv und sehr schnell ausdehnen. Dadurch entsteht Druck auf das Zwerchfell. Der ohnehin kleine Thorax wird dadurch eingeengt, sodass Herz und Lunge in ihrer Funktion beeinträchtigt werden.

Die **Leber** der Caviomorpha ist durch tiefe Einschnitte deutlich gelappt. Sie liegt dem Zwerchfell an und reicht im physiologischen Zustand nicht über den Rippenbogen hinaus.

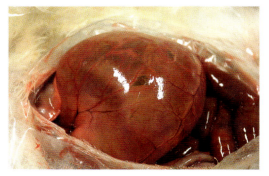

▶ **Abb. 7.1** Situs eines Meerschweinchens mit Magentympanie. Die dünne Magenwand ist gut erkennbar.

7.2 Therapiegrundsätze

Gezielte Maßnahmen sind von der Art der Grunderkrankung abhängig. Lebensbedrohliche Situationen sind besonders bei Magentympanien zu erwarten, bei denen es durch Ausdehnung des Organs zu einer Komprimierung von Gefäßen und verstärktem Druck auf das Zwerchfell kommt. Lebererkrankungen können in fortgeschrittenen Stadien zu einem Funktionsverlust des Organs mit lebensbedrohlichen Stoffwechselentgleisungen führen.

✚ Sofortmaßnahmen

Bei insuffizienter Kreislaufsituation sind generell folgende Sofortmaßnahmen einzuleiten:
1. Sauerstoffzufuhr
2. Infusion: Vollelektrolytlösung [89] (z. B. Jonosteril®), 40 ml/kg s.c., i.v.
3. Prednisolon [76] (z. B. Medrate solubile®), 10–20 mg/kg i.v., i.m.
4. Etilefrin [46] (Effortil®), 0,5–1 mg/kg p.o.
5. Temperaturkontrolle, ggf. Wärmezufuhr
6. bei Magentympanie zusätzlich: Entgasung des Magens über eine Sonde
7. bei Lebererkrankungen mit Stoffwechselentgleisung zusätzlich: Infusion von Glukoselösung [87], 500 mg/kg i.v., s.c.

7.3 Wichtige Ursachen

Ursachen für Umfangsvermehrungen und Schmerzen im vorderen Abdomen sind Erkrankungen von Magen und Leber, wobei Erkrankungen des Magens deutlich häufiger anzutreffen sind (▶ **Tab. 7.1**). In der Regel handelt es sich um **Magentympanien**, die durch massive Fehlgärungsprozesse unterschiedlicher Ursachen hervorgerufen werden. Sie können zu akuten und gravierenden Störungen des Allgemeinbefindens führen und stellen eine echte Notfallsituation dar.

▶ **Tab. 7.1** Wichtige Ursachen für ein angespanntes, schmerzhaftes Abdomen und Umfangsvermehrungen im kranialen Abdomen.

Ursache	Bedeutung	siehe Seite	Bemerkungen, siehe auch andere Leitsymptome
Magentympanie	+++	▶ S. 105	–
Leberverfettung	++	▶ S. 108	Neurolog. Ausfallerscheinungen, ▶ S. 197
Leberstauung	+	▶ S. 109	bei Herzerkrankung
traumatische Hepatitis	+	▶ S. 110	Neurolog. Ausfallerscheinungen, ▶ S. 197
infektiöse Hepatitis	+	▶ S. 110	Neurolog. Ausfallerscheinungen, ▶ S. 197
Lebertumor/ Leukose	+	▶ S. 111, ▶ S. 300	besonders bei MS, Neurolog. Ausfallerscheinungen, ▶ S. 197, Abmagerung, ▶ S. 273

Die häufigste Veränderung der Leber ist bei den Caviomorpha eine **Leberverfettung**, die primär aus einer zu reichhaltigen Fütterung resultiert. Das Organ kann in solchen Fällen palpatorisch deutlich vergrößert sein, ist aber in der Regel nicht schmerzhaft.

An zweiter Stelle stehen **Leberstauungen** als Folge einer Herzerkrankung. Die Leber reicht dabei meist deutlich über die Rippengrenze hinaus. **Tumoröse Leberveränderungen** werden in erster Linie bei Meerschweinchen im Rahmen der **Leukose** beobachtet. Es sind jedoch auch Metastasierungen in das Organ möglich, die von Primärtumoren anderer Organe ausgehen. Eine **infektiöse Hepatitis** kann im Verlauf bakterieller Allgemeininfektionen sowie bei der Tyzzer's Disease beobachtet werden. Nicht infektiöse, **traumatische Hepatitiden** werden vorwiegend durch Unfälle mit Fußtritten oder durch Quetschungen hervorgerufen. In solchen Fällen sind bei Palpation des Organs meist deutliche Schmerzreaktionen auszulösen.

7.4 Diagnostischer Leitfaden: Schmerzsymptomatik und/oder Umfangsvermehrung im kranialen Abdomen (▶ S. 102)

7.4.1 Besonderes Augenmerk bei der Anamnese

Fütterungsbedingungen: Plötzliche Futterumstellungen können akute **Magentympanien** (▶ S. 105) zur Folge haben. Dabei spielt besonders ein Angebot von Frischfutter an Tiere, die zuvor nur Heu und Trockenfutter erhielten, eine Rolle. Auch kann im Frühjahr bereits die Gabe geringer Mengen jungen, eiweißreichen Grases massive Verdauungsstörungen auslösen. Das Fütterungsregime ist außerdem im Hinblick auf eine **Leberverfettung** (▶ S. 108) von Interesse. Diese wird leicht durch eine zu gehaltvolle Ration (v. a. an Kohlenhydraten und Fetten) ausgelöst.

Futteraufnahmeverhalten: Hat das Tier noch bis vor wenigen Stunden gut gefressen, so ist ein akutes Geschehen (z. B. **Magentympanie**, ▶ S. 105) zu vermuten.

Traumata: Stumpfe Traumata durch Stürze oder versehentliche Fußtritte können eine **traumatische Hepatitis** (▶ S. 110) zur Folge haben.

Diagnostischer Leitfaden: Schmerzsymptomatik und/oder Umfangsvermehrung im kranialen Abdomen

Anamnese

- ▸ Fütterung
  - ▸ Futterumstellung
  - ▸ Energieüberschuss im Futter
- ▸ Trauma

Klinische Untersuchung

- ▸ Abdomen prall, blasse Schleimhäute, erhöhte Atemfrequenz
  - ▸ Hohlgeräusch bei Perkussion ▸ Röntgen Abdomen ▸ Magen vergrößert gasgefüllt

- ▸ Leber palpatorisch vergrößert, nicht schmerzhaft
  - ▸ chron. Abmagerung, Apathie ▸ Röntgen Abdomen ▸ Hepatomegalie
  - ▸ schlechtes Allgemeinbefinden, evtl. Adipositas ▸ Röntgen Abdomen ▸ Hepatomegalie

- ▸ Leberregion palpatorisch schmerzhaft
  - ▸ Traumaanamnese, Apathie ▸ Blut-US

- ▸ Symptome einer Allgemeininfektion ▸ Blut-US

7.4 Diagnostischer Leitfaden: Schmerzsymptomatik und/oder Umfangsvermehrung im kranialen Abdomen

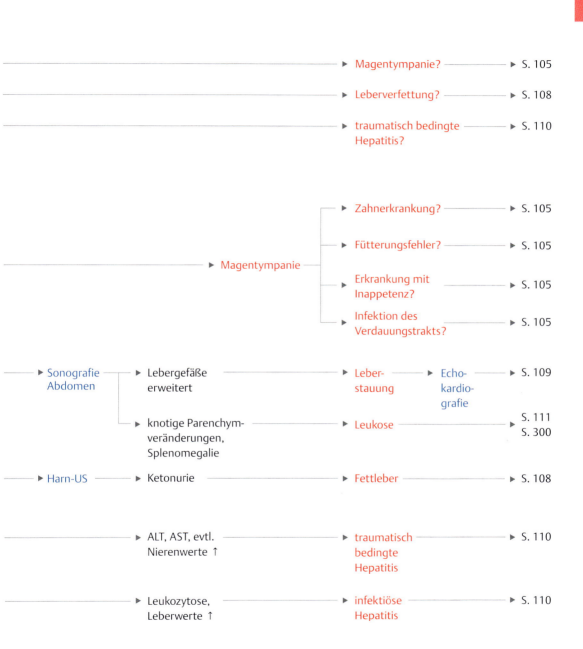

- ▸ Magentympanie? — ▸ S. 105
- ▸ Leberverfettung? — ▸ S. 108
- ▸ traumatisch bedingte Hepatitis? — ▸ S. 110

▸ Magentympanie
- ▸ Zahnerkrankung? — ▸ S. 105
- ▸ Fütterungsfehler? — ▸ S. 105
- ▸ Erkrankung mit Inappetenz? — ▸ S. 105
- ▸ Infektion des Verdauungstrakts? — ▸ S. 105

▸ Sonografie Abdomen
- ▸ Lebergefäße erweitert — ▸ Leberstauung — ▸ Echokardiografie — ▸ S. 109
- ▸ knotige Parenchymveränderungen, Splenomegalie — ▸ Leukose — ▸ S. 111 / S. 300

▸ Harn-US
- ▸ Ketonurie — ▸ Fettleber — ▸ S. 108
- ▸ ALT, AST, evtl. Nierenwerte ↑ — ▸ traumatisch bedingte Hepatitis — ▸ S. 110
- ▸ Leukozytose, Leberwerte ↑ — ▸ infektiöse Hepatitis — ▸ S. 110

7.4.2 Besonderes Augenmerk bei der klinischen Untersuchung

Besteht Schocksymptomatik?

Brust-Bauch- oder Seitenlage, Apathie bis hin zu getrübtem Bewusstsein, blasse oder zyanotische Schleimhäute und flache, pumpende Atmung sind Anzeichen für ein Schockgeschehen (▶ S. 311). Oft besteht eine Hypothermie.

> ❗ In diesem Fall sind zunächst lebensrettende Sofortmaßnahmen einzuleiten, bevor weitere diagnostische Schritte durchgeführt werden dürfen.

Welche Veränderungen bestehen im Abdomen?

Zunächst wird durch Palpation versucht, die Ursache für ein umfangsvermehrtes Abdomen zu ermitteln.

> ❗ Bei schmerzhaftem Abdomen darf die Palpation nur äußerst vorsichtig erfolgen. Durch weitere Schmerzauslösung kann ein Schock induziert oder verstärkt werden.

Kann der Bauch gut durchtastet werden, so können die Bauchhöhlenorgane meist gut differenziert werden. Ein mit Gas gefüllter Magen stellt sich als pralles Gebilde dar. Die Perkussion der Bauchwand ergibt einen hohlen Klang. Die Leber kann in der Regel nur dann gut ertastet werden, wenn sie vergrößert ist und über die Rippengrenze hinausreicht. Aussagen über die Qualität der Leberveränderung können palpatorisch meist nicht getroffen werden, es sei denn, es lassen sich große tumoröse Veränderungen feststellen.

7.4.3 Diagnosesicherung durch weiterführende Untersuchungen

Befindet sich der Patient in einem stabilen Kreislaufzustand, so werden weitergehende Untersuchungen durchgeführt:

Mithilfe von **Röntgenuntersuchungen** lassen sich Aufgasungen des Magens (▶ S. 105) leicht diagnostizieren. Hepatomegalien sind ebenfalls gut nachweisbar. Anhand von Thoraxaufnahmen kann eine kardiale Ursache für eine Lebervergrößerung ermittelt werden.

Ultraschalluntersuchungen müssen herangezogen werden, um die Leberstruktur beurteilen zu können. Tumoröse Veränderungen (▶ S. 111) werden als echoreiche Bezirke deutlich. Bei Stauungserscheinungen (▶ S. 109) sind erweiterte Lebergefäße sichtbar. In solchen Fällen ist eine echokardiografische Untersuchung erforderlich, um Herzerkrankungen (▶ S. 289) exakt charakterisieren zu können.

Das Ausmaß einer Leberschädigung kann weiterhin mithilfe von **Blutuntersuchungen** bestimmt werden: Als spezifischster Indikator bei der Blutuntersuchung kann die Glutamatdehydrogenase (GLDH) angesehen werden. Das Enzym ist in den Mitochondrien lokalisiert. Eine Erhöhung dieses Wertes im Serum spricht daher für eine Leberschädigung. Bei Meerschweinchen ist bereits nach Phasen kürzerer Inappetenz eine Erhöhung des Enzyms nachweisbar. Auch die Alanin-Aminotransferase (ALT) ist ein leberspezifisches Enzym. Es ist sowohl bei akuten als auch bei chronischen Hepatopathien in erhöhter Menge im Blut nachweisbar. Die Aspartat-Aminotransferase (AST) kommt v. a. in der Leber und in der Skelettmuskulatur, in geringeren Mengen auch in Niere, Herzmuskel und Pankreas vor. Sie ist daher nicht nur bei Lebererkrankungen, sondern v. a. auch bei Weichteiltraumata erhöht. Die alkalische Phosphatase (AP) ist zwar in der Leber (Gallengangsepithelien), aber auch in einer Vielzahl anderer Organe zu finden. Das Enzym kann bei Lebererkrankungen deutlich erhöht sein, spielt aber v. a. eine Rolle bei der Diagnose von Knochenerkrankungen. Die Gehalte im Serum sind altersabhängig; Jungtiere weisen höhere Werte auf als ältere Tiere. Erhöhte Bilirubin-Werte sind vorwiegend Folge von Gallengangsobstruktionen. Diese entstehen besonders im Rahmen tumoröser Erkrankungen, v. a. bei der Leukose (▶ S. 111).

7.5 Erkrankungen

Magentympanie

▶ Durch infektiöse und nicht infektiöse Ursachen ausgelöste Aufgasung; häufig vorkommend.

Ätiologie & Pathogenese

Magentympanien entstehen infolge von Fehlgärungsprozessen. Diese werden durch verschiedene Ursachen hervorgerufen:
- Als **Fütterungsfehler**, die akute Tympanien auslösen, sind besonders die Gabe von stark blähenden Futtermitteln sowie plötzliche Futterumstellungen zu nennen. Eine besondere Bedeutung kommt dabei der Verfütterung von jungem Gras zu, das sehr hohe Eiweißgehalte besitzt.
- **Erkrankungen, die mit verminderter oder sistierender Futteraufnahme einhergehen,** verlängern die Verweildauer der Nahrung im Magen. Besonders bei Meerschweinchen führt jede Form der verminderten Futteraufnahme sofort zu einer vermehrten Ansammlung von Gasen im Magen. Solche Aufgasungen sind oftmals bereits vorhanden bevor dem Besitzer auffällt, dass das Tier schlechter frisst.
- **Zahnerkrankungen** führen dazu, dass das Futter nur unzureichend zerkleinert wird. Zudem werden vorwiegend weiche, rohfaserarme Bestandteile selektiert (▶ S. 46).
- Auch **Infektionen des Verdauungstrakts** führen zu Veränderungen des Milieus im Magen-Darm-Trakt (▶ S. 48 ff).

Sowohl Veränderungen des Milieus als auch eine verlängerte Verweildauer der Nahrung im Magen bedingen Gärungsprozesse mit Gasbildung. Da die Muskelschicht des Organs nur äußerst dünn ist, kommt es schnell zu Dilatationen des Magens. Wegen der starken Überdehnung resultieren Durchblutungsstörungen der Magenwand mit der Folge von Magenulzera. Zudem übt das vergrößerte Organ Druck auf das Zwerchfell aus, sodass sowohl die Atmungs- als auch die Herztätigkeit behindert werden.

Klinik

Bereits bei geringen Gasansammlungen im Magen sind die Tiere weniger mobil. Dehnt sich der Magen weiter aus, so beginnen die Tiere mit den Zähnen zu knirschen, sitzen mit gesträubtem Fell zusammengekauert in einer Käfigecke und verweigern die Futteraufnahme. Der Abdomenumfang nimmt stetig zu. Durch Druck des Magens auf das Zwerchfell werden schließlich die Herz-Kreislauf- und Lungenfunktionen beeinträchtigt. Atemnot (▶ S. 18) sowie Schocksymptomatik (▶ S. 311) sind die Folge.

Diagnose

Gasansammlungen im Magen können bei der klinischen Untersuchung palpiert werden. Je mehr Gas sich im Magen befindet, desto abgerundeter, praller und größer stellt sich das Organ dar. Bei ausgeprägter Tympanie ergibt sich die Diagnose bereits durch das äußere Erscheinungsbild. Die Tiere haben (unmittelbar an den Rippenbogen angrenzend) ein ballonartig aufgetriebenes Abdomen, bei dessen Perkussion sich ein hohler Klang ergibt.

Röntgenaufnahmen zeigen das genaue Ausmaß der Veränderungen (▶ Abb. 7.2, ▶ Abb. 7.3, ▶ Abb. 7.4). Anfangs sind große Gasblasen nachweisbar, ohne dass Formveränderungen des Magens bestehen. Bei fortschreitender Gasbildung nimmt das Organ eine kugelige Form an und dehnt sich immer weiter nach kaudal aus.

Nach Stabilisierung des Patienten muss die weitere Diagnostik darauf abzielen, die Ursache der Aufgasung zu ermitteln. Durch sorgfältige Anamneseerhebung werden Fütterungsfehler aufgedeckt. Eine gründliche klinische Allgemeinuntersuchung ist erforderlich, um Veränderungen diagnostizieren zu können, die für eine verminderte Futteraufnahme verantwortlich sind. Zudem sollten stets Kotuntersuchungen durchgeführt werden, nicht nur um Ursachen, sondern auch Folgen der Verdauungsstörung (z.B. Vermehrung von Flagellaten bei Meerschweinchen, Darmmykosen) erkennen und behandeln zu können.

Therapie & Prognose

Leichte Aufgasungen sind in der Regel gut zu therapieren, sofern schnell eingegriffen und die Ursache erkannt und abgeschaltet wird. Ausgeprägtere Magentympanien sind dagegen prognostisch stets

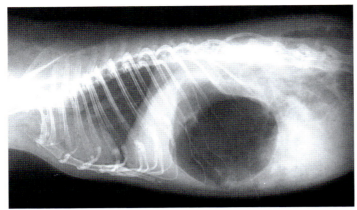

▶ **Abb. 7.2** Magentympanie bei einem Meerschweinchen.

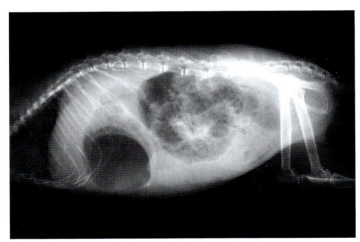

▶ **Abb. 7.3** Magentympanie und Obstipation des Blinddarms bei einem Chinchilla.

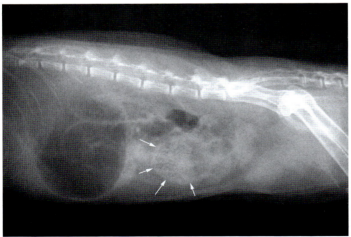

▶ **Abb. 7.4** Tympanie von Magen und kranialen Darmanteilen beim Degu aufgrund einer Obstipation im Zäkum (Pfeile).

vorsichtig zu bewerten, da es schnell zu Beeinträchtigungen der Herz- und Lungenfunktion, zu Mikrozirkulationsstörungen der Magenwand mit nachfolgenden Ulzerationen sowie zu Septikämien kommt.

Die Behandlung richtet sich nach dem Ausmaß der Tympanie:

- Bei leichter bis mittelgradiger Tympanie erhalten die Tiere Metoclopramid 35 zur Anregung der Peristaltik sowie Antitympanika 33 . Zudem sollte dem Patienten in jedem Fall ein Analgetikum appliziert werden, wobei Metamizol 103 das Mittel der Wahl darstellt. Die Darmflora wird mithilfe von Probiotika 38 oder Kotsuspensionen gesunder Tiere stabilisiert. Fressen die Tiere nicht, so erhalten sie Infusionen 89 und werden zwangsgefüttert. Wird noch selbständig Futter aufgenommen, so ist die Ration entsprechend zusammenzusetzen (▶ S. 40). Bauchmassagen regen die Magen-Darm-Passage an. Liegen bereits Beeinträchtigungen des Allgemeinbefindens vor, so sollte in jedem Fall ein Antibiotikum appliziert werden, um Septikämien zu verhindern, die eine häufige Folge von Verdauungsstörungen darstellen.
- Bei hochgradiger Tympanie müssen in der Regel lebensrettende Notfallmaßnahmen eingeleitet werden. Eine weitere Diagnostik darf erst erfolgen, wenn sich der Patient stabilisiert hat. Die Sofortmaßnahmen beinhalten eine Sauerstoffzufuhr, eine Stabilisierung der Kreislauffunktion mit schnell wirkenden Prednisolonpräparaten 76 und Infusionen 89 sowie die Entgasung des Magens über eine Sonde.

❗ Der Magen darf auf keinen Fall durch die Bauchdecke punktiert werden! Es besteht die Gefahr einer Ruptur mit Todesfolge.

Einführen einer Magensonde
(▶ Abb. 7.5 a–c)
Als Sonde dient eine weiche, abgerundete Ernährungssonde. Die einzuführende Länge wird durch den Abstand vom Maul bis zum Rippenbogen bestimmt. Ein exaktes Abmessen ist enorm wichtig, um später nicht gegen die Magenwand zu stoßen. Diese ist, da sie kaum Muskulatur besitzt, im gedehnten Zustand äußerst dünn und gespannt und kann leicht rupturieren.
▼

▼
Das Tier wird in Brust-Bauch-Lage verbracht und sein Maul mit einem Spreizer so weit geöffnet, dass ein Abbeißen der Sonde verhindert werden kann. Der Kopf des Patienten wird abgebeugt und die Sonde über die Maulhöhle und den Rachenraum vorsichtig, aber zügig in den Magen eingeschoben. Es ist sofort darauf zu achten, dass Gas nur schubweise entweichen kann. Andernfalls entsteht durch plötzlichen Volumenverlust ein Schock. Es ist daher ratsam, eine Spritze auf die Ernährungssonde zu setzen, um Gase kontrolliert absaugen zu können.

▶ **Abb. 7.5** Einführen einer Magensonde: Abmessung der Sondenlänge von der Maulöffnung bis zum Rippenbogen (**a**), Abbeugen des Kopfes nach ventral bei geöffnetem Maul (**b**), Einführen der Sonde bis zur angebrachten Markierung (**c**).

- Die weitere Behandlung erfolgt wie oben beschrieben. Die Tiere müssen in jedem Fall antibiotisch abgeschirmt werden. Regelmäßige Kontrollen der Körpertemperatur sind sinnvoll, da die Patienten aufgrund der Kreislaufdepressionen zu Hypothermien neigen.
- Neben der symptomatischen Behandlung muss in erster Linie die Ursache der Erkrankung beseitigt werden (z. B. Fütterungsfehler, Zahnerkrankung, andere Erkrankung mit Inappetenz, Parasitose).

T Therapie der Magentympanie
- ggf. Notfallbehandlung
  - Sauerstoffzufuhr
  - Prednisolon [76] (z. B. Solu Decortin®), 10–20 mg/kg i.v., i.m.
  - Gasentfernung über Magensonde
- Infusionen [89] (z. B. Sterofundin®), 1 × tgl. 20–40 ml/kg s.c.
- Metoclopramid [35] (z. B. MCP-ratiopharm®), 3 × tgl. 1–5 mg/kg s.c., p.o.
- Antitympanika [33] (z. B. Dimeticon-Albrecht®), mehrmals tgl. 0,8–1 ml/kg p.o.
- Analgetikum
  - Metamizol [103] (Novalgin®), 2–3 × tgl. 20–50 mg/kg s.c., p.o. (Mittel der Wahl!)
  - Carprofen [101] (Rimadyl®), 1 × tgl. 5 mg/kg s.c.
  - Meloxicam [102] (Metacam®), 1 × tgl. 0,2 mg/kg s.c., p.o.
- Probiotika [38] (z. B. Bene Bac®)
- ggf. Antibiotika
- ggf. Zwangsfütterung
- Bauchmassagen

Fettleber
▶ Häufige, durch Ernährungsfehler hervorgerufene Erkrankung.

Ätiologie & Pathogenese
Die Leberverfettung (▶ Abb. 7.6) ist die mit Abstand am häufigsten vorkommende Lebererkrankung. Die meisten kleinen Heimtiere werden zu gehaltvoll ernährt. Bei Meerschweinchen und Degus spielt dabei besonders ein Überangebot an Getreide und Getreideprodukten eine Rolle. Chinchillas werden oft mit Trockenobst und Nüssen im Übermaß gefüttert. Bei anhaltender Fehlfütterung kommt es zu einer Verfettung der Tiere: Es entstehen ausgeprägte abdominale und subkutane Fettdepots sowie Fetteinlagerungen in der Leber (alimentäre Verfettung), sodass die Organgröße erheblich zunehmen kann.

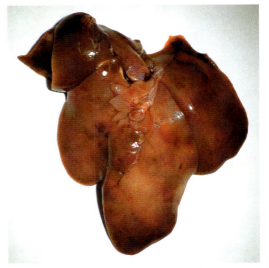

▶ **Abb. 7.6** Leberverfettung bei einem Chinchilla: Die Leber hat eine gelblich-braune Färbung.

Bei Erkrankungen, die mit Inappetenz oder auch nur verminderter Futteraufnahme einhergehen, kommen die kleinen Tiere mit ihrer hohen Stoffwechselrate schnell in ein Energiedefizit. Dies führt zum überstürzten Einschmelzen der Fettreserven durch Lipolyse. Dabei entstehen Ketonkörper, die zu einer toxischen Leberverfettung führen. Zudem kommt es zu einem hohen Zustrom von Fettsäuren auf die Leber, die von dem überlasteten Organ nicht mehr verstoffwechselt werden können. Daraus resultiert eine zusätzliche metabolische Verfettung. Die Leber ist immer weniger in der Lage, ihre Funktion aufrechtzuerhalten und es kommt letztlich zum vollständigen Organversagen.

Klinik
Bei ausgeglichener Energiebilanz führt eine Leberverfettung meist nicht zu klinischen Symptomen. Gelangen die Tiere aufgrund einer anderen Grunderkrankung in ein Energiedefizit, so entwickelt sich ein meist unspezifischer Krankheitsverlauf mit Apathie und Anorexie (▶ S. 303). Im Endstadium (Leberversagen) entstehen zentralnervöse Symptome in Form von Bewusstseinstrübungen und Krämpfen (▶ S. 197).

Diagnose

Eine durch Fetteinlagerungen vergrößerte Leber kann evtl. bereits palpatorisch, sicherer röntgenologisch festgestellt werden. Eine Abgrenzung zu anderen Leberveränderungen (Neoplasien, Leberstauung) muss anhand einer sonografischen Untersuchung erfolgen. Bei Tieren, die bereits im Stadium des Leberversagens vorgestellt werden, ist eine Harnuntersuchung mit dem Nachweis einer Ketonurie ein wertvolles diagnostisches Hilfsmittel.

Therapie & Prognose

Werden Patienten mit Symptomen eines Leberversagens (Krämpfe, Bewusstseinstrübung, ▶ S. 216) vorgestellt, so kommt meist jede Hilfe zu spät, da die Organschädigung bereits zu weit fortgeschritten ist.

In weniger gravierenden Fällen erfolgt eine initiale Stabilisierung vor allem durch Infusionen [89] mit Glukosezusatz [87]. Es muss außerdem umgehend mit einer Zwangsfütterung begonnen werden. Zudem ist so schnell wie möglich die Ursache einer Inappetenz zu ermitteln, die für eine Energieunterversorgung und dadurch ausgelöste Stoffwechselentgleisungen verantwortlich ist.

> ⚠ Vorsicht ist geboten beim Einsatz sogenannter „Leberschutzpräparate", die aus Kombinationen verschiedener Aminosäuren bestehen. Das Stoffwechselprodukt des meist in ihnen enthaltenen Methionin kann eine Leberschädigung noch forcieren.

Prophylaxe

Adipöse Tiere sollten auf eine hochwertige Diät gesetzt werden. Bei Chinchillas gilt es meist, das Angebot an Leckerbissen einzuschränken. Die Grundnahrung sollte aus Heu mit getrockneten Kräutern und einem pelletierten Chinchillafutter bestehen. Auch bei Meerschweinchen und Degus wird Heu als Hauptfutter angeboten, ergänzt durch ein vielseitiges Frischfutterangebot. Mischfuttermittel werden gegen pelletierte Futtermittel ausgetauscht. Insbesondere Knabberstangen und andere energiereiche „Leckerli" (z. B. Joghurtdrops, Nagerwaffeln) sind vom Speiseplan zu streichen.

Wird ein Patient mit Inappetenz vorgestellt, so muss umgehend mit einer Zwangsfütterung begonnen werden, die eine ausreichende Energiezufuhr sichert (▶ S. 304). Bei Meerschweinchen empfiehlt es sich, den üblichen Breimischungen noch zusätzlich Traubenzucker zuzusetzen. Auch Infusionen mit Glukosezusatz dienen einer schnellen Bereitstellung von Energie.

Stauungsleber

▶ Meist durch Herzerkrankungen hervorgerufene Leberveränderung.

Ätiologie & Pathogenese

Eine Leberstauung mit Erweiterung der Lebergefäße ist besonders bei Herzerkrankungen zu diagnostizieren. Das Herz kann seine Pumpleistung nicht mehr erfüllen, sodass ein Blutrückstau in der Leber und anderen Organen entsteht.

Klinik

Eine Vergrößerung der Leber durch Stauungserscheinungen ist oftmals nur ein palpatorischer oder röntgenologischer Nebenbefund. Im Vordergrund stehen Symptome einer Herzinsuffizienz, wie verminderte Mobilität, Inappetenz und Abmagerung (▶ S. 273).

Diagnose

Die Diagnose erfolgt meist anhand von Röntgenaufnahmen, auf denen neben einer Hepatomegalie (▶ Abb. 7.7) auch Zeichen einer Herzerkrankung festzustellen sind: Vergrößerung des Herzschattens, Herzsilhouette nicht abgrenzbar, Gefäßstauung. Bei der sonografischen Untersuchung der Leber ist eine deutliche Gefäßerweiterung darstellbar.

Therapie

Eine Behandlung bezieht sich auf die Stabilisierung der kardialen Funktionen, um einem Blutrückstau in die Organe entgegenzuwirken. Zur Therapie von Herzerkrankungen siehe ▶ S. 289.

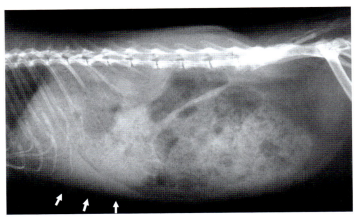

▶ **Abb. 7.7** Hepatomegalie bei einem Meerschweinchen: Der Leberschatten reicht weit über die Rippengrenze hinaus (vgl. ▶ Abb. 22.6)

Traumatisch bedingte Hepatitis

▶ Durch stumpfe Traumata verursachte Leberentzündung.

Ätiologie

Durch stumpfe Traumata, wie Stürze oder versehentliche Fußtritte, kann eine Entzündung der Leber ausgelöst werden. Nicht selten besteht gleichzeitig auch ein Nierentrauma.

Klinik

Je nach Schweregrad des Traumas kann das Allgemeinbefinden des Tieres hochgradig gestört sein.

Diagnose

Eine Verdachtsdiagnose ergibt sich oft bereits durch die Anamnese, aus der ein Trauma hervorgeht. Das Abdomen ist angespannt und schmerzhaft oder es sind Schmerzreaktionen bei Palpation der verletzten Organe zu beobachten. Blutuntersuchungen ergeben oft drastisch erhöhte Werte für AST und ALT. Auch eine Erhöhung der Nierenwerte kann vorliegen.

Therapie & Prognose

Wird eine unterstützende Behandlung eingeleitet, so erholen die meisten Patienten sich recht schnell. Die Tiere erhalten Infusionen [89] und ein Analgetikum. Beim Einsatz eines Schmerzmittels ist zu berücksichtigen, dass die Leber-, evtl. auch die Nierenfunktion eingeschränkt ist. Die Präparate sollten daher in erniedrigter Dosis verabreicht werden. Weiterhin ist eine antibiotische Abschirmung sinnvoll. Inappetente Patienten müssen zwangsgefüttert werden. Eine regelmäßige Kontrolle der Leber-, ggf. auch der Nierenwerte, ist anzuraten.

Infektiöse Hepatitis

▶ Meist im Rahmen von Allgemeininfektionen entstehende Entzündung der Leber.

Ätiologie & Pathogenese

Infektiöse Leberentzündungen kommen meist im Rahmen von Allgemeininfektionen vor und werden besonders häufig bei Meerschweinchen beobachtet. Insbesondere bei Allgemeinerkrankungen mit *Staphylococcus* spp. und *Streptococcus* spp. kommt es zur Absiedlung der Erreger in die Leber, wo Mikroabszesse entstehen, die letztlich zu einem Funktionsverlust des Organs führen. Eine nekrotisierende Hepatitis entwickelt sich bei allen Caviomorpha bei Infektionen mit *Bacillus piliformis* (Tyzzer's Disease).

Klinik

Bei Allgemeininfektionen stehen, abhängig vom Ort der Erregeransiedlung, andere Anzeichen, z.B. respiratorische oder gastrointestinale Störungen, im Vordergrund. Die Symptome einer Hepatitis sind meist unspezifisch und gehen mit Apathie und Inappetenz (▶ S. 303) einher. Beim Meerschweinchen wird häufig beobachtet, dass nach Ausheilung der Primärsymptome dennoch ein reduziertes Allgemeinbefinden besteht und die Tiere kümmern. Oft tritt nach wochenlanger Erkrankungsdauer der Tod ein.

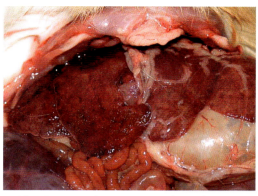

▶ Abb. 7.8 Hepatitis bei einem Meerschweinchen: Die Leber erscheint fleckig, die Oberfläche des Organs höckrig.

Diagnose

Die Diagnose einer infektiösen Hepatitis ist nicht einfach. Bei akuter Infektion sind eine Leukozytose, Neutrophilie und Lymphopenie sowie oft eine leichte Erhöhung der Plasmaenzyme GLDH und ALT zu verzeichnen. Bei chronischen Verlaufsformen sind die Leberwerte dagegen nicht mehr erhöht. Die Leber kann in Einzelfällen schmerzhaft und vergrößert sein. Durch sonografische Untersuchungen lassen sich Strukturveränderungen (z.B. Abszessbildung, Nekrosen) des Organs nachweisen. Eine exakte Diagnose mit Erregerisolierung lässt sich jedoch oft erst post mortem bei der Sektion stellen (▶ Abb. 7.8).

Therapie & Prognose

Eine Behandlung wird mit Antibiotika (z.B. Enrofloxacin [4]) und Infusionen [89] durchgeführt. Inappetente Patienten müssen zwangsernährt werden. Der Erfolg einer Therapie ist stets fraglich. Besonders wenn es zur Mikroabszedierung kommt, werden die Erreger nur unzulänglich erreicht.

Leukose

▶ Virusinduzierte Erkrankung mit unspezifischem Verlauf.

Ätiologie & Pathogenese

Leukosen werden vermutlich bei allen 3 Tierarten durch ein Oncornavirus hervorgerufen.

Die Erkrankung verläuft meist unspezifisch und geht mit Abmagerung (▶ S. 300) sowie Schwellungen von Lymphknoten, Leber und Milz einher. Generalisierte Lymphknotenschwellungen, besonders auch im Kopf- und Halsbereich (▶ S. 90), sind charakteristisch für die Leukose des Meerschweinchens.

⚠ In Fett eingelagerte Achsel- und Kniefaltenlymphknoten dürfen nicht mit leukotisch veränderten Lymphknoten verwechselt werden!

Diagnose

Palpatorisch, röntgenologisch und sonografisch lassen sich Vergrößerungen von Leber und Milz nachweisen. Auch die Mesenteriallymphknoten sind häufig vergrößert und von derber, speckiger Konsistenz. Durch Untersuchung von Punktaten der oberflächlichen Lymphknoten kann die Verdachtsdiagnose bestätigt werden. Bei den überwiegend vorkommenden leukämischen Verlaufsformen lassen sich zudem meist drastische Leukozytosen (bei unverändertem Differenzialblutbild) nachweisen.

Therapie & Prognose

Eine Behandlung erkrankter Tiere ist bei Organveränderungen bzw. Schwellungen innerer Lymphknoten nicht möglich und auch nicht sinnvoll; sie sollten euthanasiert werden.

8 Schmerzsymptomatik und/oder Umfangsvermehrung im kaudalen Abdomen

Die Leitsymptomatik kann, je nach Ursache, mit verschiedenen Anzeichen einhergehen:
- Störungen des Allgemeinbefindens (Apathie, Inappetenz)
- Schmerzzuständen: Schmerzlaute, Zähneknirschen, zusammengekauerte Stellung, gesträubtes Fell, halb geschlossene Augen, Nachziehen der Hinterhand, Fortbewegung mit aufgekrümmtem Rücken
- blassen bis zyanotischen Schleimhäuten
- flacher, frequenter Atmung
- Abmagerung

8.1 Tierartliche Besonderheiten

Der **Magen-Darm-Trakt** nimmt beim Meerschweinchen und seinen Verwandten einen Großteil der Bauchhöhle ein. Er ist physiologischerweise immer gut mit Futter gefüllt und überlagert auf Röntgenaufnahmen andere Abdominalorgane. Der Darm besitzt nur eine äußerst dünne Wand, sodass bei Fehlgärungsprozessen eine Aufgasung begünstigt wird (▶ Abb. 8.1).

Die Caviomorpha weisen **Fettdepots** besonders im Nierenbereich, im Mesometrium und im Mesovar auf. Diese sind jedoch, im Gegensatz zu denen des Kaninchens, selten so massiv ausgebildet, dass sie auf Röntgenaufnahmen als ausreichender Kontrastgeber fungieren können.

8.2 Therapiegrundsätze

✚ Sofortmaßnahmen

Gezielte Maßnahmen sind von der Art der Grunderkrankung abhängig. Bei insuffizienter Kreislaufsituation sind folgende Sofortmaßnahmen einzuleiten:
1. Sauerstoffzufuhr
2. Infusion: Vollelektrolytlösung **89** (z. B. Jonosteril®), 40 ml/kg s.c., i.v.
3. Prednisolon **76** (z. B. Medrate solubile®), 10–20 mg/kg i.v., i.m.
4. Etilefrin **46** (Effortil®), 0,5–1 mg/kg p.o.
5. Temperaturkontrolle

8.3 Wichtige Ursachen

Ein schmerzhaftes Abdomen kann durch Erkrankungen verschiedener Bauchhöhlenorgane verursacht werden (▶ Tab. 8.1).

Besonders oft kommen **Erkrankungen des Verdauungstrakts** vor. Hierbei stehen Darmtympanien im Vordergrund, wobei insbesondere das Zäkum häufig betroffen ist. Bei Chinchillas sind zudem oft Obstipationen anzutreffen, die bei Meerschweinchen und Degus dagegen seltener vorkommen. Es ist zu beachten, dass der Darm primär erkrankt sein kann, die Probleme aber auch sekundärer Natur sein können, z.B. wenn Darmschlingen durch Größenzunahme anderer Organe verdrängt werden oder eine Erkrankung zu Inappetenz und erst nachfolgend zu Verdauungsstörungen geführt hat.

Erkrankungen der Harnorgane betreffen bei den Caviomorpha meist die Blase; Zystitiden und Urolithen kommen am häufigsten vor. Bei älteren Meerschweinchen können zudem vereinzelt Neo-

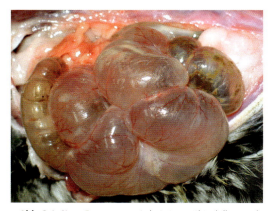

▶ **Abb. 8.1** Situs: Darmtympanie bei einem Chinchilla. Durch die dünne Darmwand wird eine Aufgasung begünstigt.

8.4 Diagnostischer Leitfaden: Schmerzsymptomatik und/oder Umfangsvermehrung im kaudalen Abdomen

▶ **Tab. 8.1** Wichtige Ursachen für ein angespanntes, schmerzhaftes Abdomen und Umfangsvermehrungen im mittleren bis kaudalen Abdomen.

Ursache	Bedeutung	siehe Seite	Bemerkungen, siehe auch andere Leitsymptome
Darmtympanie	+++	▶ S. 118	–
Zystitis	+++	▶ S. 123	Polydipsie, ▶ S. 185
Ovarialzysten	+++	▶ S. 125	MS, Fell-/Hautveränderungen, ▶ S. 240
Urolithiasis	++	▶ S. 124	Polydipsie, ▶ S. 185
Obstipation	++	▶ S. 121	v. a. bei CH
Erkrankungen der Gebärmutter	++	▶ S. 127	v. a. hormonell bedingte Erkrankungen, besonders häufig bei MS, Vaginalausfluss, ▶ S. 149
Milztumor	++	▶ S. 129	v. a. bei älteren MS, Abmagerung, ▶ S. 273
Nephritis	+	▶ S. 123	Polydipsie, ▶ S. 185
Nephrolithiasis	+	▶ S. 124	▶ S. 167
Konkremente der akzessorischen Geschlechtsdrüsen	+	▶ S. 125	MS, Polydipsie, ▶ S. 185 CH
Ovarialtumor	+	▶ S. 127	–
Neoplasien anderer innerer Organe	+	▶ S. 130	v. a. bei Leukose, Abmagerung, ▶ S. 273
intraabdominale Abszesse	(+)	▶ S. 131	–

plasien der Blase diagnostiziert werden. Krankheiten der Nieren, wie **Nephritis** und **Nephrolithiasis**, sind nur in Einzelfällen anzutreffen.

Von Veränderungen der Geschlechtsorgane sind alle Caviomorpha betroffen, sie kommen aber bei Meerschweinchen besonders häufig vor. An erster Stelle stehen bei dieser Tierart **Ovarialzysten**, die erhebliche Ausmaße annehmen und dadurch andere Organe, insbesondere das Darmkonvolut, verdrängen. Seltener sind auch **Ovarialtumore** zu finden, die die gleichen Folgen nach sich ziehen. Bei den Gebärmutterveränderungen der Meerschweinchenverwandten überwiegen nicht infektiöse Erkrankungen, wie **endometriale Hyperplasien** und **Uterustumore**, wogegen eine **Pyometra** nur selten zu diagnostizieren ist. Bei Meerschweinchen- und Chinchillaböcken können zudem **Konkremente der akzessorischen Geschlechtsdrüsen** Schmerzen im Abdomen auslösen.

Neben den bereits genannten neoplastischen Erkrankungen können zudem gelegentlich **Milztumore** (v. a. bei Meerschweinchen) sowie, meist im Rahmen der Leukose, **Neoplasien der Gekröselymphknoten** gefunden werden. Weiterhin sind in Einzelfällen **intraabdominale Abszesse** zu diagnostizieren.

8.4 Diagnostischer Leitfaden: Schmerzsymptomatik und/oder Umfangsvermehrung im kaudalen Abdomen (▶ S. 116)

8.4.1 Besonderes Augenmerk bei der Anamnese

Alter: Tumorerkrankungen kommen überwiegend bei älteren Tieren vor. So werden **Neoplasien der Milz** (▶ S. 129) vorzugsweise bei Meerschweinchen ab einem Alter von 5–6 Jahren beobachtet.

Leukosen (▶ S. 300), die eine virale Genese haben, treten dagegen altersunabhängig auf.

Geschlecht/Kastration: Bei weiblichen Tieren können Schmerzen oder Umfangsvermehrungen im Abdomen von den Ovarien oder der Gebärmutter ausgehen.

Fütterung: Plötzliche Futterumstellungen oder andere Fütterungsfehler können Verdauungsstörungen in Form von Tympanien (▶ S. 118) oder Obstipationen (▶ S. 121) zur Folge haben.

Harnabsatzverhalten: Harnträufeln, Pressen auf Urin, ein deutliches Anheben des Hinterteils oder Schmerzäußerungen beim Harnabsatz geben Hinweise auf eine Erkrankung der Harnorgane (▶ S. 123, ▶ S. 124).

Kotabsatzverhalten und Kotkonsistenz: Matschiger Kot gibt Hinweise auf Verdauungsstörungen, ebenso wie zu kleine, trockene und harte Kotkugeln, die Anzeichen für eine Obstipation (▶ S. 121) sein können. Gleiches gilt für sistierenden Kotabsatz.

8.4.2 Besonderes Augenmerk bei der klinischen Untersuchung

Wie ist der Ernährungszustand?

Der Ernährungszustand kann wichtige Hinweise auf die Art des Krankheitsgeschehens liefern. Bestehen bereits seit längerer Zeit raumfordernde Prozesse (z. B. bei Milztumoren, ▶ S. 129 oder großen Ovarialzysten, ▶ S. 125), so ist die Futteraufnahmekapazität des Tieres eingeschränkt. Trotz kontinuierlicher Zunahme des Bauchumfangs besteht eine Abmagerung (▶ S. 273), die sich insbesondere durch ein deutliches Hervorstehen der Wirbelsäule bemerkbar macht.

Ist die Anogenitalregion verschmutzt?

Verunreinigungen der Anogenitalregion mit Kot, Harn oder Vaginalausfluss können Hinweise auf Erkrankungen von Verdauungstrakt, Harn- oder Geschlechtsorganen liefern. Insbesondere bei Meerschweinchen sollte der Endteil der Harnröhre abgetastet werden, da sich dort oftmals Konkremente festsetzen, die zu Harnabsatzstörungen führen.

Welche Befunde ergeben sich bei Abdomenpalpation?

Ist das Abdomen weich und gut zu durchtasten, so sollten Lokalisation, Form, Konsistenz und Größe einer Umfangsvermehrung möglichst genau bestimmt werden. Es ist außerdem zu beurteilen, ob bei Druck auf bestimmte Organe oder die Umfangsvermehrung Schmerzen ausgelöst werden können. Um insbesondere Umfangsvermehrungen besser zuordnen zu können, empfiehlt es sich, die Bauchhöhlenorgane gezielt nacheinander aufzusuchen und zu beurteilen.

> ❗ Ist das Abdomen sehr prall und schmerzhaft, so ist eine zu heftige Palpation zu unterlassen, um Schockzustände durch Schmerzen zu vermeiden.

Bestehen Veränderungen der Blase?

Bei der Palpation der Blase wird zunächst der Füllungszustand überprüft. Bei Erkrankungen mit ständigem Harndrang ist das Organ nur mäßig gefüllt oder leer. Eine pralle Blase ist Anzeichen für eine Abflussstörung oder massive Schmerzen, die das Tier am Urinabsatz hindern.

> ❗ Eine maximal gefüllte und schmerzhafte Blase, die sich nicht durch milden Druck entleeren lässt, muss durch Zystozentese entleert werden.

Durch leichten Druck auf die Blase ist außerdem zu überprüfen, ob eine Schmerzhaftigkeit des Organs vorliegt. Es ist zu berücksichtigen, dass dabei auch gesunde Meerschweinchen häufig deutliche Abwehrbewegungen vollführen und quietschen. Kann das Organ gut durchtastet werden, so können auch Blasensteine durch die Palpation diagnostiziert werden.

Bestehen Veränderungen von Ovarien oder Gebärmutter?

Die Eierstöcke sind palpatorisch in der Regel nur dann zu finden, wenn sie zystisch oder tumorös verändert sind. Ovarialzysten (▶ S. 125) sind meist als pralle Gebilde seitlich der Wirbelsäule zu fühlen. Durch ihre meist polyzystische Beschaffenheit erhalten sie eine höckerige Oberfläche. Eine Zuordnung kann erschwert sein, wenn Zysten sehr groß sind und erhebliche Teile der Bauchhöhle ausfüllen.

Die Gebärmutter ist in physiologischem Zustand nicht zu fühlen. Kann sie palpiert werden, so ist zumindest von einer deutlichen Wandverdickung auszugehen. Tumoröse Veränderungen (▶ S. 127) oder größere Flüssigkeitsansammlungen sind in der Regel gut zu ertasten.

Bestehen Veränderungen der Nieren?

Erkrankungen der Nieren kommen bei den Caviomorpha nur relativ selten vor. Schmerzhaftigkeit bei Palpation kann besonders beim Vorliegen einer Nephrolithiasis (▶ S. 124) festgestellt werden.

Bestehen Veränderungen des Darmes?

Durch sorgfältige Palpation werden vermehrte Flüssigkeits- oder Gasansammlungen ebenso erkannt wie Kotanschoppungen. Bei prallem, schmerzhaftem Abdomen können übermäßige Gasansammlungen durch Perkussion diagnostiziert werden. Auch die Auskultation des Verdauungstrakts kann wertvolle Hinweise liefern. Bei Enteritiden (▶ S. 38) sind meist deutlich verstärkte Verdauungsgeräusche zu vernehmen. Bei Obstipationen (▶ S. 121) mit Darmträgheit können sie dagegen völlig fehlen. Wird der Darm durch raumfordernde Prozesse verdrängt, so sind Verdauungsgeräusche oft nur in bestimmten eng umschriebenen Bereichen des Abdomens wahrzunehmen.

Liegen Umfangsvermehrungen vor, die nicht abgrenzbar sind oder keinem Organ zugeordnet werden können?

Eine Zuordnung von Umfangsvermehrungen wird umso schwieriger, je größer sie sind. Probleme bereitet oftmals die Diagnose von großen Milz- (▶ S. 129) oder Ovarialtumoren (▶ S. 127) sowie Neoplasien (▶ S. 130) oder Abszessen der Darmlymphknoten (▶ S. 131). In solchen Fällen sind dann weiterführende Untersuchungen, wie Röntgen und Sonografie, erforderlich. In Zweifelsfällen muss eine Probelaparotomie durchgeführt werden.

8.4.3 Diagnosesicherung durch weiterführende Untersuchungen

Als weiterführende diagnostische Maßnahme bieten sich insbesondere **sonografische Untersuchungen** des Abdomens an, wenn das Abdomen einer gründlichen Palpation nicht zugänglich ist, Umfangsvermehrungen nicht sicher einem Organ zugeordnet werden können oder eine Zystitis von einer Urolithiasis abgegrenzt werden soll.

Ergänzend können **Röntgenuntersuchungen des Abdomens** angefertigt werden. Diese sind besonders dann sinnvoll, wenn Zystitis-Symptome (▶ S. 123) bestehen und eine Urolithiasis (▶ S. 124) differenzialdiagnostisch ausgeschlossen werden muss.

Röntgenaufnahmen des Thorax werden erforderlich, wenn Neoplasien diagnostiziert werden, um Metastasenbildungen in der Lunge (▶ S. 29) auszuschließen.

Urinuntersuchungen werden bei allen Erkrankungen der Harnorgane durchgeführt.

Blutuntersuchungen können bei verschiedenen Veränderungen sinnvoll sein. Bei Urolithiasis (▶ S. 124), die mit Harnabflussstörungen einhergeht oder bei Nephrolithiasis (▶ S. 124) empfiehlt sich eine Überprüfung der Nierenwerte. Bestehen Erkrankungen der Gebärmutter (▶ S. 127), die mit Blutungen einhergehen, so kann ein Blutbild Auskunft über das Ausmaß einer Anämie geben. Bei Verdacht auf tumoröse Veränderungen bei Leukoseerkrankungen (▶ S. 90, ▶ S. 300) können drastisch erhöhte Leukozytenzahlen die Diagnosefindung stützen.

Kotuntersuchungen sind bei allen Formen von Verdauungsstörungen einzuleiten, da stets von einer primären oder sekundären Störung der Darmflora ausgegangen werden muss.

Diagnostischer Leitfaden: Schmerzsymptomatik und/oder Umfangsvermehrung im kaudalen Abdomen

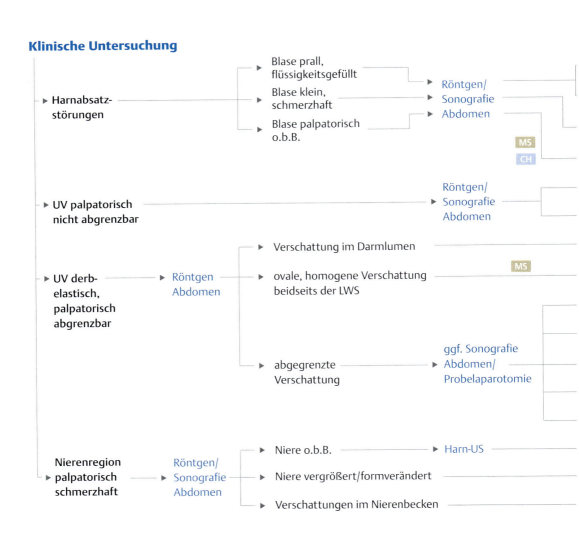

8.4 Diagnostischer Leitfaden: Schmerzsymptomatik und/oder Umfangsvermehrung im kaudalen Abdomen

- Ovarialzyste? → S. 125
- Tumor? → S. 130
- Hämo-, Hydro-, Muko-, Pyometra? → S. 127
- Darmtympanie? → S. 118
- Obstipation? → S. 121
- Zystitis? → S. 123
- Harngrieß/-steine? → S. 124
- Nephritis? → S. 123

- solitäre, runde Verschattung/echogene Struktur mit Schallauslöschung in Blase oder Harnröhre → Blasen-/Harnröhrenstein ┐
- diffuse Verschattungen/echogene Ablagerungen in der Blase → Harngrieß ┘ → Harn- und Blut-US → S. 124
- Blase frei von Verschattungen, Blasenwand evtl. verdickt → Zystitis → Harn-US → S. 123
- Konkrement außerhalb der Blase → Konkrement der akzessorischen Geschlechtsdrüsen → S. 125
- Darm gashaltig → Darmtympanie → Kot-US → S. 118
- Metraschlingen flüssigkeitsgefüllt → Hämo-, Hydro-, Muko-, Pyometra → Blut-US → S. 127
- Obstipation → Kot-US → S. 121
- Ovarialzysten → S. 125
- Ovarialtumor → S. 127
- Milztumor → S. 129
- Uterustumor → S. 127
- Tumor anderer Organe → S. 128
- Abszess → S. 131
- Leukozyten, Erythrozyten → Nephritis → Blut-US → S. 123
- Nierentumor → Blut-US → S. 130
- Nephrolithiasis → Blut-US → S. 124

8.5

Erkrankungen

Darmtympanie

▶ Häufig vorkommende Verdauungsstörungen unterschiedlicher Genese.

Ätiologie & Pathogenese

Aufgasungen des Darmes oder einzelner Darmabschnitte können durch verschiedene Ursachen hervorgerufen werden:

Zahnerkrankungen: Futter wird unzureichend gekaut und löst im Verdauungstrakt Fehlgärungen aus. Zudem wird vorwiegend weiche, unstrukturierte Nahrung selektiert. Daraus resultiert schnell ein Rohfaserdefizit, das weitere Instabilitäten der Darmflora begünstigt.

Fütterungsfehler: Plötzliche Futterumstellungen, ein geringer Rohfaseranteil der Ration (z. B. wenig Heu oder strukturiertes Frischfutter), ein hoher Proteingehalt (z. B. junges Gras), ein hoher Gehalt an Kohlenhydraten (Getreide, Getreideprodukte) sowie ungeeignete (z. B. Joghurtdrops, gezuckertes Müsli, Schokolade) oder unhygienische Futtermittel (z. B. schimmeliges Heu oder Brot, überlagertes Frischfutter) stören die physiologische Darmflora.

Infektionen des Verdauungstrakts mit Parasiten, Pilzen oder bakteriellen Erregern verdrängen die physiologische Mikroflora.

Bei **Erkrankungen mit Inappetenz** wird die Darmpassage verzögert und es entstehen Fehlgärungen.

Primäre **Obstipationen** können eine Aufgasung der kranial gelegenen Darmabschnitte nach sich ziehen.

Die **Applikation ungeeigneter Antibiotika** führt zum Absterben der physiologischen Darmbakterien.

In Einzelfällen können **Vergiftungen** mit Pflanzenteilen zu Tympanien führen.

Klinik

Die klinischen Symptome sind vom Ausmaß der Tympanie abhängig. Bereits bei dezenten Aufgasungen sind die Tiere oft deutlich ruhiger. Schreitet die Tympanie weiter fort, so werden die Tiere apathisch und stellen die Futteraufnahme ein. Sie sitzen mit gesträubtem Fell, aufgekrümmtem Rücken und knirschen mit den Zähnen. Dehnt sich der Darmtrakt weiter aus, so kommt es durch Druck auf das Zwerchfell zu einer Beeinträchtigung der Atmungs- und Herz-Kreislauf-Funktion. Durch ein „Umkippen" der Darmflora und die Vermehrung pathogener Mikroorganismen besteht zudem die Gefahr einer Enterotoxämie. Es entsteht eine Schocksymptomatik mit Seitenlage, blassen oder zyanotischen Schleimhäuten, flacher, pumpender Atmung und Untertemperatur.

Diagnose

Eine Tympanie kann bereits durch die klinische Allgemeinuntersuchung diagnostiziert werden. Ist das Abdomen einer Palpation noch zugänglich, so lassen sich vermehrt Gasansammlungen in den Darmschlingen feststellen. Bei prallem Abdomen ergibt sich bei Perkussion ein hohler Klang. Auf Röntgenaufnahmen des Abdomens können Ausmaß und exakte Lokalisation der Gasansammlungen sichtbar gemacht werden (▶ Abb. 8.2, ▶ Abb. 8.3, ▶ Abb. 8.4). Die weitere Diagnostik zielt darauf ab, die Ursache der Tympanie zu ermitteln. Dazu ist zunächst eine exakte Erhebung der Fütterungsanamnese erforderlich, um fütterungsbedingte Einflüsse ausschließen oder bestätigen zu können. Weiterhin müssen die Zähne gründlich untersucht werden. Auch eine Kotuntersuchung ist zwingend erforderlich. Durch sie werden nicht nur primäre Erkrankungen, sondern auch Folgeerscheinungen der Tympanie (z. B. Überwucherung der Darmflora mit Hefen) diagnostiziert. Besteht als Ursache der Verdauungsstörungen eine Erkrankung mit Inappetenz, so muss diese durch entsprechende weitere Maßnahmen (z. B. Blut-, Harnuntersuchung) abgeklärt werden.

Therapie

Die Behandlung richtet sich nach dem Ausmaß der Veränderungen:

Bei **leichter bis mittelgradiger Aufgasung** erhalten die Tiere ein Analgetikum (z. B. Novalgin® [103]), Metoclopramid [35], um die Darmperistaltik anzuregen, Antitympanika [33], Infusionen [89] sowie Probiotika [38] zur Stabilisierung der Darmflora. Die Darmpassage kann durch leichte Bauchmassagen unterstützt werden.

❗ **Spasmolytika dürfen nicht eingesetzt werden, da sie die Darmmotorik hemmen und eine weitere Aufgasung begünstigen.**

▶ **Abb. 8.2** Massive Blinddarmtympanie beim Meerschweinchen.

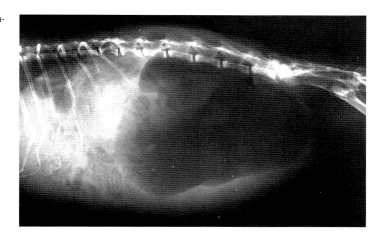

▶ **Abb. 8.3** Generalisierte Tympanie von Magen und Darm bei einem Degu, (**a**) laterolaterale Projektion (**b**), ventrodorsale Projektion.

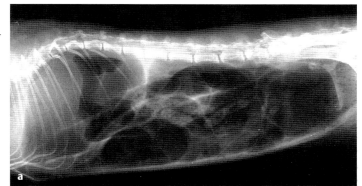

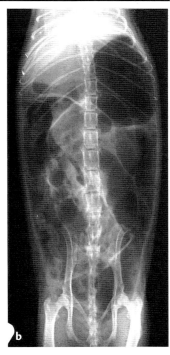

Der Einsatz eines Chemotherapeutikums sollte erwogen werden. Zwar können Antibiotika zu einer gewissen Beeinträchtigung der Darmflora führen, andererseits aber eine tödliche Septikämie verhindern, wenn sie rechtzeitig verabreicht werden.

In **schweren Tympaniefällen** mit Kreislaufsymptomatik müssen die Patienten zunächst stabilisiert werden, bevor weitere diagnostische Maßnahmen durchgeführt werden können. Sie erhalten eine Sauerstoffzufuhr, schnell wirkende Prednisolonpräparate [76] und Infusionen [89]. Zudem muss in jedem Fall ein Antibiotikum appliziert werden.

Der **Blinddarm** ist von Tympanien besonders oft betroffen. Um eine Entlastung zu schaffen, kann dieser Darmabschnitt mit einer feinen Kanüle punktiert werden. Dies erfolgt am besten mit aufgesetzter Spritze, sodass Gase langsam und kontrolliert entfernt werden können. Ein zu schnelles Entweichen kann eine Schocksymptomatik provozieren, da der plötzliche Volumenverlust zu groß ist.

Im Anschluss an die Notfallbehandlung werden die Patienten wie in Fällen leichter bis mittelgradiger Tympanien therapiert.

Im weiteren Verlauf ist vor allem eine ausführliche Diagnostik durchzuführen, um die Ursache der Verdauungsstörungen ermitteln und beseitigen zu können. Zudem müssen die Verdauungsvorgänge durch eine den Bedürfnissen angepasste Fütterung unterstützt werden (▶ S. 40).

T Therapie der Darmtympanie
- ggf. Notfallbehandlung:
  - Sauerstoffzufuhr
  - Prednisolon [76] (z. B. Solu Decortin®), 10–20 mg/kg i.v., i.m., s.c.
  - Infusionen [89] (z. B. Sterofundin®), 20–40 mg/kg i.v., s.c.
- ggf. Abgasen durch Blinddarmpunktion
- Antitympanikum [33] (z. B. Dimeticon Albrecht®), mehrmals tgl. 0,8–1 ml/kg p.o.
- Metoclopramid [35] (z. B. MCP-ratiopharm®), 3 × tgl. 1–5 mg/kg s.c., p.o.
- Analgetikum, z. B.
  - Metamizol [103] (Novalgin®), 3–4 × tgl. 20–50 mg/kg s.c., p.o. (Mittel der Wahl!)
  - Carprofen [101] (Rimadyl®), 1 × tgl. 5 mg/kg s.c.
  - Meloxicam [102] (Metacam®), 1 × tgl. 0,2 mg/kg s.c., p.o.
- Probiotikum [38] (z. B. Bene-Bac®)
- Bauchmassagen
- evtl. Antibiotikum (bei schwerer Tympanie immer!)
- ggf. Zwangsfütterung [115]

Die Prognose von Darmtympanien ist v. a. von deren Ausmaß und Verlauf abhängig. Bei starker Aufgasung kommt es durch Druck der Darmschlingen auf das Zwerchfell schnell zu einer Beeinträchtigung der Herz-Kreislauf- und Lungenfunktion. Durch Überdehnung der Darmwände resultieren Mirkozirkulationsstörungen und ein Umkippen der Darmflora begünstigt Enterotoxämien. Selbst bei schnellem Eingreifen sind manche Patienten daher nicht mehr zu retten.

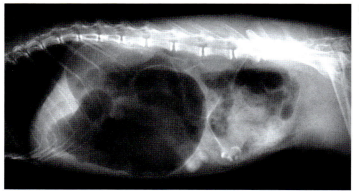

▶ **Abb. 8.4** Magen- und Darmtympanie beim Chinchilla.

Weil sich auch geringgradige Tympanien innerhalb kürzester Zeit intensivieren können, sollten beginnende Aufgasungen stets ernst genommen, adäquat behandelt sowie die Ursachen diagnostiziert und abgeschaltet werden.

Obstipation

▶ Durch Fütterungsfehler und verschiedene Primärerkrankungen hervorgerufene Darmerkrankung.

Ätiologie & Pathogenese

Obstipationen kommen besonders oft bei Chinchillas vor. Bei Meerschweinchen und Degus sind sie seltener anzutreffen. Die Erkrankung wird durch unterschiedliche Faktoren ausgelöst:
- Flüssigkeitsmangel
- trockenes, schlecht verdauliches Futter
- Infektionen des Magen-Darm-Trakts
- Fellfressen (besonders bei Chinchillas)
- Ration mit hohen Energie- und Eiweißgehalten bei geringem Rohfaseranteil
- Zahnerkrankungen
- Neoplasien von Abdominalorganen können zu einer Verdrängung von Darmschlingen führen. Außerdem kann es zu Verklebungen mit dem Darmkonvolut kommen, sodass keine ausreichende Kontraktilität mehr möglich ist (▶ Abb. 8.5).

Kotanschoppungen finden sich meistens im Dickdarmbereich; die kranial gelegenen Darmabschnitte gasen auf. Durch die Störung der normalen Darmpassage kommt es auch zu Störungen der physiologischen Mikroflora. Im veränderten Milieu können sich Hefepilze und pathogene Keime vermehren, sodass die Gefahr einer Enterotoxämie besteht.

Klinik

Erste Anzeichen einer Obstipation sind oft Veränderungen der Kotkonsistenz und der Größe der Kotballen. Der Kot wird trocken und kleiner (▶ Abb. 8.6). Schließlich sistiert der Kotabsatz vollständig. Kotanschoppungen im Darm führen meist zu erheblichen Bauchschmerzen, sodass das Allgemeinbefinden gestört ist und die Futteraufnahme verweigert wird.

Bleibt die Darmpassage über längere Zeit behindert, so treten, ausgelöst durch Fehlgärungsprozesse, Tympanien hinzu. Das Abdomen wird zunehmend prall.

Sowohl durch Tympanien als auch durch Septikämien kommt es zu fortschreitender Apathie, blassen Schleimhäuten, flacher, pumpender Atmung und Untertemperatur, die letzlich im Schock münden.

Diagnose

Kotanschoppungen (▶ Abb. 8.7) lassen sich bereits bei der klinischen Allgemeinuntersuchung durch sorgfältige Palpation nachweisen. Sie haben eine teigige bis derbe Konsistenz und können zerdrückt werden. Meist können bei Druck auf die Darmschlinge Schmerzreaktionen ausgelöst werden. Röntgenologisch stellt sich der eingedickte Nahrungsbrei deutlich röntgendichter dar als der übrige Darminhalt (▶ Abb. 8.8).

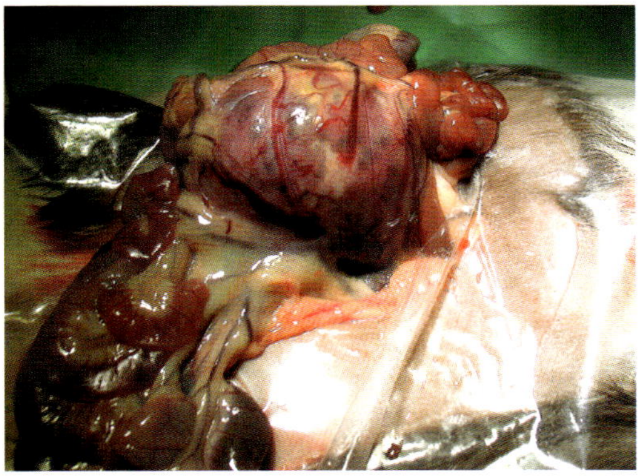

▶ Abb. 8.5 Darmtumor mit Verklebungen des Darmkonvoluts bei einem Meerschweinchen.

▶ Abb. 8.6 Trockener, harter Kot eines Chinchillas bei Obstipation.

Klinik & Diagnose

Die Tiere haben Beschwerden beim Harnabsatz. Das Fell der Anogenitalregion ist meist urinverschmiert. Der Allgemeinzustand der Patienten ist in unterschiedlichem Maße gestört. Die Blase ist durch ständigen Harndrang meist nur marginal gefüllt, palpatorisch schmerzhaft und ihre Wand ist verdickt. Differenzialdiagnostisch muss durch röntgenologische oder sonografische Untersuchung in jedem Fall eine Urolithiasis ausgeschlossen werden.

Therapie & Prognose

Zu Therapie und Prognose siehe ▶ S. 173.

Urolithiasis, Nephrolithiasis

▶ Durch speziellen Kalziumstoffwechsel und Fütterungsfehler hervorgerufene Konkrementbildung in den Harnorganen.

Ätiologie & Pathogenese

Konkremente in den Harnwegen kommen bei Meerschweinchen häufig, bei Chinchillas gelegentlich und bei Degus nur selten vor. Die Entstehung wird durch Besonderheiten des Kalziumstoffwechsels begünstigt (▶ S. 167).

Klinik & Diagnose

Blasensteine können zu sekundären Entzündungen der Blasenschleimhaut mit Zystitissymptomen führen. Harnröhrensteine verlegen die Urethra, sodass der Harnabfluss gestört wird. Die Blase ist dann als großes, pralles Organ zu ertasten. Bei Nephrolithiasis leiden die Patienten unter kolikartigen Bauchschmerzen, die vor allem dadurch entstehen, dass Konkremente in den Ureter abrutschen.

Konkremente sind durch eine Röntgenuntersuchung leicht nachweisbar, da sie immer kalziumhaltig sind. Solide Steine stellen sich als runde, röntgendichte Strukturen in der Blase (▶ **Abb. 8.9**) oder der Harnröhre dar. Blasengrieß wird als diffuse röntgendichte Verschattung in Blase oder Nieren sichtbar.

Auch sonografisch lassen sich Konkremente gut nachweisen. Die Ultraschalluntersuchung hat im Gegensatz zum Röntgen zudem den Vorteil, dass die Nierenstruktur und die Beschaffenheit der Blasenwand exakt beurteilt werden können.

Bei Tieren mit Harnabflussstörungen oder Nephrolithiasis sollten Blutuntersuchungen durchgeführt werden, um die Nierenfunktion zu überprüfen.

Therapie

Die Behandlung richtet sich nach der Art und Lokalisation der Konkremente (▶ S. 174); die Fütterung sollte umgestellt werden.

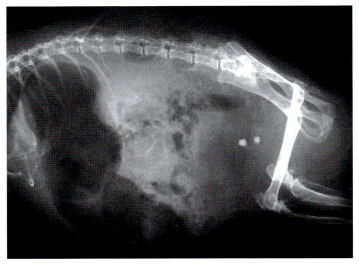

▶ **Abb. 8.9** Blasensteine bei einem Meerschweinchen.

Konkremente der akzessorischen Geschlechtsdrüsen MS CH

▶ Erkrankung durch Steine, sie meist in den Samenblasendrüsen lokalisiert sind.

Ätiologie & Pathogenese
Bei Meerschweinchen – in Einzelfällen auch bei Chinchillaböcken – können Konkremente in den Samenblasendrüsen gefunden werden, die von ihrer Zusammensetzung Steinen der Harnwege gleichen. Bei Meerschweinchen können solche Steine gelegentlich auch in der Prostata gefunden werden.

Klinik & Diagnose
Die Tiere haben Zystitissymptome; das Allgemeinbefinden ist in der Regel kaum gestört. Die Konkremente können röntgenologisch und sonografisch dargestellt werden.

Therapie
Die Konkremente müssen chirurgisch entfernt werden, wenn sie Störungen beim Harnabsatz auslösen (▶ S. 179).

Ovarialzysten MS

▶ Durch hormonelle Störungen hervorgerufene Veränderung der Eierstöcke bei Meerschweinchen.

Ätiologie & Pathogenese
Zystische Veränderungen der Eierstöcke kommen bei Meerschweinchen häufig vor. Es handelt sich hierbei um Follikelzysten, die entstehen, wenn Graaf'sche Follikel nicht zum Platzen kommen. Es muss davon ausgegangen werden, dass, wie auch bei anderen Tierarten, hormonelle Dysregulationen (unzureichende Ausschüttung von LH durch die Adenohypophyse) für dieses Geschehen verantwortlich sind.

Die Wand der Ovarialzysten besteht aus Bindegewebe, der Zysteninhalt ist meist klar und kann sowohl farblos als auch leicht blutig sein. Die Zysten enthalten in unterschiedlichem Maße Östrogene und Progesteron. Als Folge der Zystenbildung kann es zur Atrophie der Ovarien kommen. Durch die anhaltend hohen Hormonspiegel sind weitere Folgen möglich, wie Sterilität, hypersexuelles Verhalten, Gebärmutterveränderungen (endometriale Hyperplasie, Neoplasie), Knochenmarksuppressionen und Alopezie.

Die Ursachen für die hormonelle Dysregulation beim Meerschweinchen sind bisher nicht geklärt. Früher wurde vermutet, dass diese durch Einzelhaltung weiblicher Tiere ohne Kontakt zu männlichen Artgenossen ausgelöst werden. Probleme mit Ovarialzysten existieren jedoch auch in Zuchtbeständen mit regelmäßigen Deckaktivitäten, sodass auch andere Faktoren eine Rolle spielen müssen.

Klinik
Aus klinischer Sicht können unterschiedliche Arten von Zysten vorkommen, die auch mit unterschiedlichen Symptomen einhergehen:
- Große, hormonell inaktive Zysten führen zu einer Verdrängung anderer Bauchhöhlenorgane, besonders des Darmtrakts (▶ Abb. 8.10). Es resultieren Verdauungsstörungen durch Behinderung der Darmpassage sowie Abmagerung (▶ S. 273) durch Einschränkung der Futteraufnahmekapazität. Die Meerschweinchen fressen zwar kontinuierlich, sind aber dennoch nicht in der Lage ausreichende Futtermengen aufzunehmen. Solche Tiere haben ein umfangsvermehrtes, birnenförmiges Abdomen. Anhand der vorstehenden Wirbelsäule wird

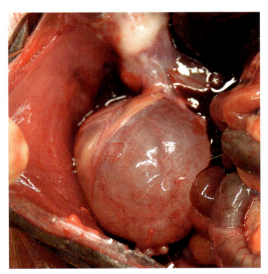

▶ Abb. 8.10 Situs: Ovarialzyste bei einem Meerschweinchen.

jedoch der Grad der Abmagerung deutlich. Durch Organverdrängung kann es außerdem zu einem verstärkten Druck auf das Zwerchfell kommen, sodass die Atemfunktion beeinträchtigt ist (▶ S. 18).
- Kleine, hormonell aktive Zysten führen über anhaltend hohe Östrogenspiegel zu Alopezie (▶ S. 240) und Suppression des Knochenmarks. Bei solchen Tieren ist zudem gehäuft ein hypersexuelles Verhalten zu beobachten.
- Große Zysten, die zudem eine hohe hormonelle Aktivität aufweisen, vereinen beide oben beschriebene Symptomkomplexe.
- Kleine, hormonell inaktive Zysten sind bei einem Großteil der Meerschweinchen ab einem Alter von 3-4 Jahren nachzuweisen und führen nicht zu klinischen Symptomen.

Diagnose

Zystisch veränderte Ovarien sind seitlich der Lendenwirbelsäule leicht zu ertasten. Es handelt sich meist um pralle, polyzystische Gebilde, wodurch sie palpatorisch eine höckrige Oberfläche erhalten. Große Zysten sind röntgenologisch darstellbar (▶ Abb. 8.11). Besser und sicherer ist jedoch der sonografische Nachweis (▶ Abb. 8.12). Die Ultraschalluntersuchung bietet zudem den Vorteil, zystische von neoplastischen Veränderungen abgrenzen zu können. Oft ist auch freie Flüssigkeit in der Bauchhöhle zu finden. Ursache dafür ist ein Platzen einzelner Zysten.

Therapie & Prognose

Liegen raumfordernde zystische Veränderungen vor, die andere Organfunktionen beeinträchtigen, so muss schnellstens eine Entlastung geschaffen werden:
- Prinzipiell besteht die Möglichkeit, Zysten durch die Bauchwand hindurch zu zerdrücken. Die frei werdende Zystenflüssigkeit wird dann resorbiert. Dies entspricht durchaus den physiologischen Abläufen, da pralle Zysten auch ohne äußere Einwirkung regelmäßig aufplatzen. Vorteilhaft an dieser Methode ist, dass dem Körper keine Flüssigkeit entzogen wird, es also nicht zu einem Volumenverlust kommt. Allerdings ist die oftmals sehr dicke und derbe, bindegewebige Zystenwand meist sehr widerstandsfähig, sodass extremer Druck nötig ist, um sie zum Platzen zu bringen. Den meisten Meerschweinchen ist jedoch bereits eine Palpation der Zysten unangenehm, sodass das Zerdrücken von Zysten nicht als Standardmethode empfohlen werden kann.

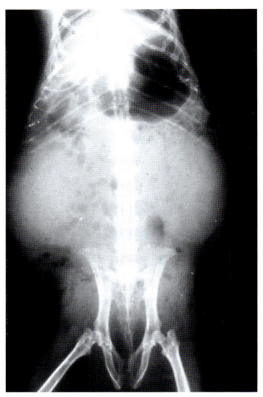

▶ **Abb. 8.11** Ovarialzysten bei einem Meerschweinchen: Die Zysten stellen sich als ovale, homogene Verschattungen beidseits der Wirbelsäule dar.

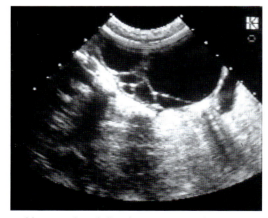

▶ **Abb. 8.12** Ultraschall: Gekammerte Ovarialzysten.

- Zysten können durch die Bauchdecke hindurch punktiert und die Flüssigkeit mit einer Spritze abgezogen werden. Diese Methode wird auch von empfindlichen Tieren meist gut toleriert. Sie hat allerdings den Nachteil, dass es zu deutlichen Volumenverlusten kommt. Das Entfernen der Flüssigkeit sollte daher entweder in mehreren Sitzungen erfolgen oder die Patienten erhalten vor dem Eingriff eine ausreichende Flüssigkeitszufuhr in Form von Infusionen [89]. Die Punktion erfolgt, nach Reinigung der Einstichstelle mit Alkohol, entweder unter Ultraschallkontrolle oder bei sicherer manueller Fixierung der Zyste.
- Im Anschluss können HCG-Präparate [72] verabreicht werden, deren Applikation 3-mal im Abstand von 10–14 Tagen zu wiederholen ist. So wird versucht einer übermäßigen Neubildung von Zysten entgegenzuwirken. Haben die Meerschweinchen dennoch rezidivierende Probleme, so ist eine Kastration des Tieres anzuraten.

Ovarialtumor

▶ Neoplastische Entartung der Eierstöcke; relativ selten.

Ätiologie & Pathogenese

Neoplasien der Eierstöcke kommen nur relativ selten vor. Als Ursache für ihre Entstehung wird eine hormonelle Dysregulation angenommen.

Klinik

Bei hoher hormoneller Aktivität des Tumors kann es bedingt durch anhaltende Östrogenwirkung zu Knochenmarksuppression mit erhöhter Infektanfälligkeit kommen. Es stehen dann Symptome einer Sekundärinfektion im Vordergrund. Bei Meerschweinchen kann außerdem, ähnlich wie bei Ovarialzysten, eine Alopezie (▶ S. 268) beobachtet werden.

Bei deutlicher Größenzunahme des Tumors kommt es außerdem zu einer Verdrängung anderer Bauchhöhlenorgane, sodass Verdauungsstörungen mit Durchfall oder Obstipation, Bauchschmerzen und Abmagerung (▶ S. 273) resultieren können.

Diagnose

Die Diagnose wird durch Abdomenpalpation und Röntgenaufnahmen (▶ Abb. 8.13 a+b) oder Ultraschalluntersuchung gestellt. Bei besonders raumfordernden Neoplasien kann die Zuordnung der Umfangsvermehrung dennoch Probleme bereiten. In solchen Fällen kann eine Probelaparotomie erforderlich werden (▶ Abb. 8.14).

Therapie

Die einzig sinnvolle Behandlung besteht in einer Kastration des Tieres, wobei bei gleichzeitigem Vorliegen von Gebärmutterveränderungen eine Ovariohysterektomie durchzuführen ist (▶ S. 149). Vor dem chirurgischen Eingriff muss in jedem Fall der Thorax geröntgt werden, damit Lungenmetastasen ausgeschlossen werden können.

Erkrankungen der Gebärmutter

▶ Durch ovariale Dysfunktionen oder Infektionen hervorgerufene Veränderungen des Uterus.

Ätiologie & Pathogenese

Ovariale Dysfunktionen können sekundär Veränderungen der Gebärmutter nach sich ziehen. Im Vordergrund stehen hierbei Hyperplasien des Endometriums (▶ Abb. 8.15) und Neoplasien des Uterus (▶ Abb. 8.16). Endometritiden kommen seltener vor. Sie entwickeln sich meist im Anschluss an Geburtsstörungen oder im Rahmen von Allgemeininfektionen.

Durch Größenzunahme des Uterus können andere Abdominalorgane verdrängt werden.

Klinik

Die klinischen Anzeichen sind variabel. Bei infektiöser Endometritis steht meist eine erhebliche Störung des Allgemeinbefindens mit Apathie und Inappetenz (▶ S. 303) im Vordergrund. Eitriger oder blutig-schleimiger, stinkender Vaginalausfluss kann auftreten. Bei endometrialer Hyperplasie, die mit starker Hyperämisierung einhergeht, bestehen oft Bauchschmerzen. Auch intermittierend blutiger Scheidenausfluss kann beobachtet werden (▶ S. 149). Ähnliche Symptome sind bei Uterustumoren zu beobachten. Bei deutlicher Größenzunahme der Gebärmutter treten Verdauungsstörungen, in drastischen Fällen auch Atemprobleme (▶ S. 18) auf.

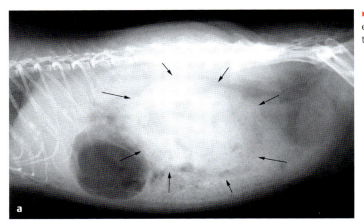

▶ **Abb. 8.13** Ovarialtumor (Pfeile) eines Meerschweinchens: (**a**) laterolaterale und (**b**) ventrodorsale Projektion.

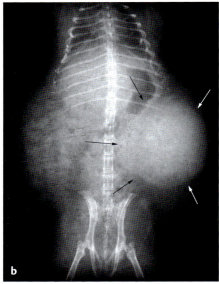

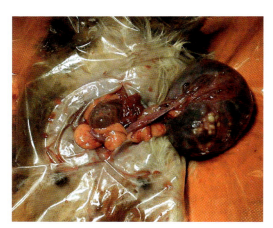

▶ **Abb. 8.14** OP-Situs: Ovarialtumor eines Meerschweinchens.

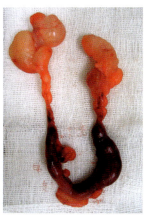

▶ **Abb. 8.15** Hämometra bei einem Meerschweinchen. Die Uteruswand ist massiv hyperämisiert.

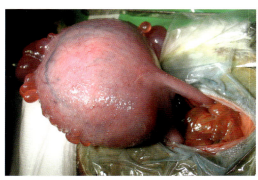

▶ **Abb. 8.16** OP-Situs: Großer, raumfordernder Uterustumor bei einem Meerschweinchen.

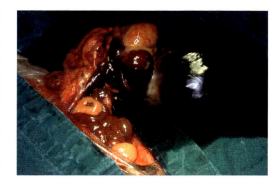

▶ **Abb. 8.17** Milztumor mit großem Hämatom.

Zur Diagnose & Therapie
siehe ▶ S. 159, ▶ S. 162, ▶ S. 164

Milztumor

▶ Bei älteren Meerschweinchen häufig vorkommende Entartung der Milz.

Ätiologie & Pathogenese
Neoplasien der Milz kommen gehäuft bei älteren Meerschweinchen ab einem Alter von 5–6 Jahren vor. Es handelt sich um Hämangiome oder Hämangiosarkome, die meist mit erheblicher Hämatombildung einhergehen und letztlich einen Großteil der Bauchhöhle ausfüllen können.

Klinik
Kleinere Tumore werden oft nur als Zufallsbefund bei der klinischen Untersuchung entdeckt, ohne dass klinische Symptome zu verzeichnen sind. Durch die stetig wachsende Neoplasie bzw. eine zunehmende Hämatombildung an dem Tumor werden später jedoch die Verdauungsorgane zusammengedrängt, sodass die Futteraufnahmekapazität der Tiere stetig sinkt. Die Meerschweinchen fressen kontinuierlich, nehmen jedoch fortschreitend ab (▶ S. 273). Da gleichzeitig der Bauchumfang zunimmt, fällt dem Besitzer der schlechte körperliche Zustand jedoch meist nicht auf.

Durch Ruptur von Gefäßen des stark durchbluteten Tumors kommt es oftmals zu plötzlicher Apathie und Inappetenz mit schnellem Tod durch Verbluten in die Bauchhöhle (▶ Abb. 8.17).

Diagnose
Bei der Abdomenpalpation findet sich eine derbe oder auch (durch Blut gefüllte Kavernen) pralle Umfangsvermehrung. Füllt diese bereits einen großen Teil der Bauchhöhle aus, so ist eine palpatorische Zuordnung jedoch oft nicht möglich. Ist der Tumor rupturiert, sind die Schleimhäute porzellanfarben. Aus der Bauchhöhle lässt sich freies Blut punktieren.

Auf Röntgenaufnahmen fällt eine vermehrt röntgendichte Verschattung auf, die, bei entsprechender Ausdehnung, von Neoplasien anderer Organe ebenfalls kaum zu unterscheiden ist (▶ Abb. 8.18). Ist es bereits zu Einblutungen ins Abdomen gekommen, so erscheint der gesamte Bauchraum „verwaschen". In solchen Fällen lässt sich auch bei der Ultraschalluntersuchung freie Flüssigkeit nachweisen. Bei noch intaktem Tumor sind sonografisch neben echoreichen Bezirken auch ausgedehnte flüssigkeitsgefüllte Kavernen zu diagnostizieren. Ähnlich können sich Ovarialtumoren mit Zysten und Uterustumoren bei flüssigkeitsgefüllter Metra darstellen. Gleiches gilt außerdem für entartete Lymphknoten, die Verklebungen mit dem Darm aufweisen, sodass dieser atonisch wird. Flüssigkeitsgefüllte Darmschlingen können dann ebenfalls eine Kavernenbildung vortäuschen. Eine exakte Diagnosesicherung kann daher oftmals nur durch eine Probelaparotomie erfolgen.

Therapie & Prognose
Die einzige Behandlungsmöglichkeit ist eine Milzexstirpation. Diese sollte jedoch nur durchgeführt werden, wenn zuvor eine Metastasenbildung in der Lunge durch Röntgenaufnahmen des

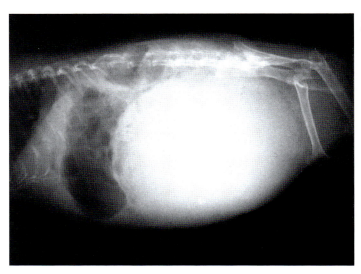

▶ **Abb. 8.18** Milztumor: Die Umfangsvermehrung füllt einen großen Teil der Bauchhöhle aus und verdrängt Magen und Darm nach kranial.

Thorax ausgeschlossen werden konnte. Eine Entfernung der Milz ist oftmals nur möglich, wenn das Tumorwachstum noch nicht weit fortgeschritten ist. Andernfalls bestehen meist weitreichende Verklebungen mit anderen Organen, die nicht mehr ohne Substanzverlust zu lösen sind. In solchen Fällen muss das Tier euthanasiert werden.

Neoplasien anderer innerer Organe
▶ Oft im Rahmen der Leukose auftretende Entartungen.

Ätiologie
In Einzelfällen können, besonders bei älteren Tieren, isolierte tumoröse Entartungen des Darmes und/oder der Darmlymphknoten diagnostiziert werden. Bei Leukosen (▶ S. 300), die auch oft bei jüngeren Patienten diagnostiziert werden, kommt es zur Tumorbildung an allen Mesenteriallymphknoten. Auch Leber- und Nierentumore sowie Neoplasien der zugehörigen Lymphknoten werden beobachtet.

Klinik
Neoplasien von Darm und Darmlymphknoten führen zu Verdauungsstörungen, meist mit Obstipationen. Durch Verdickung der Darmwand und Einengung des Darmlumens wird die Passage der Nahrung behindert. Liegen Neoplasien von Lymphknoten vor, so kommt es oft zu Verklebungen mit Darmschlingen. Diese werden atonisch, sodass ebenfalls ein Nahrungstransport erschwert wird. Die Tiere beginnen aufzugasen, der Kotabsatz sistiert.

Entartungen der Nieren führen zum Bild einer chronischen Niereninsuffizienz mit Abmagerung (▶ S. 292) und Exsikkose. Auch bei tumorösen Lebererkrankungen findet sich meist ein unspezifisches klinisches Bild mit Apathie, Inappetenz und Abmagerung (▶ S. 273). Durch Gallengangsobstruktion kann ein Ikterus induziert werden. Bestehen die Veränderungen aufgrund einer leukotischen Erkrankung, so besteht oft gleichzeitig eine Schwellung sämtlicher oberflächlicher Körperlymphknoten (▶ S. 90).

Diagnose
Die Diagnose wird anhand der klinischen Untersuchung sowie einer Röntgen- und Ultraschalluntersuchung gestellt (▶ Abb. 8.19). Blutuntersuchungen können Aufschluss über Funktionsstörungen von Leber und Nieren liefern. Bei den üblicherweise vorkommenden lymphatischen Leukosen sind zudem meist drastische Erhöhungen der Leukozytenwerte zu verzeichnen. Bestehen Lymphknotenschwellungen, so werden diese punktiert und die Punktate histologisch untersucht, um eine Leukose diagnostizieren zu können. Bei tumoröser Entartung einzelner Darmlymphknoten kann oft nur eine Probelaparotomie die Diagnose sichern.

▶ **Abb. 8.19** Tumor eines Darmlymphknotens beim Degu.

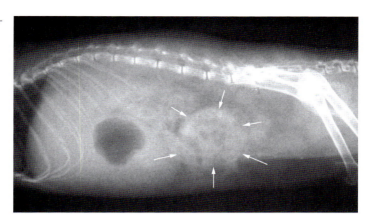

Therapie & Prognose
Eine Behandlung der Patienten ist meist nicht mehr möglich und es bleibt nur die Euthanasie des Tieres.

Intraabdominale Abszesse
▶ Abszedierende Entzündungen, die aus Allgemeininfektionen oder Neoplasien hervorgehen.

Ätiologie & Pathogenese
Abszesse in der Bauchhöhle sind relativ seltene Befunde. Sie entstehen infolge von Allgemeininfektionen (v. a. Staphylokokkose, Streptokokkose) oder entwickeln sich aus tumorösen Veränderungen von Bauchhöhlenorganen (v. a. abszedierte Tumore der Darmlymphknoten).

Klinik
Im Vordergrund der Symptomatik stehen Verdauungsstörungen durch Verklebungen des Darmkonvoluts sowie hochgradige Störungen des Allgemeinbefindens mit Apathie und Inappetenz. Die Tiere leiden unter heftigen Bauchschmerzen.

Diagnose
Abszedierende Veränderungen im Abdomen lassen sich meist sonografisch gut nachweisen. Oft kann eine abschließende Diagnose jedoch erst durch Probelaparotomie oder post mortem gestellt werden.

Therapie & Prognose
Meist ist eine Behandlung nicht mehr möglich. Abszesse können, aufgrund weitreichender Verklebungen, oft nicht aus der Bauchhöhle entfernt werden. Außerdem sind oftmals noch mehrere kleine Abszesse und zahlreiche winzige Mikroabszesse zu finden, sodass dann eine Euthanasie erforderlich wird.

9 Umfangsvermehrung im Anogenitalbereich

Umfangsvermehrungen im Anogenitalbereich können auf verschiedene Erkrankungen des Harntrakts, des Darmtrakts oder der Geschlechtsorgane zurückzuführen sein. Häufig anzutreffende Symptome sind daher:
- Harnabsatzstörungen
- Kotabsatzstörungen
- Durchfall

Unspezifische Symptome, wie Apathie und Inappetenz, sind meist auf die Schmerzhaftigkeit der Veränderungen zurückzuführen.

9.1 Tierartliche Besonderheiten

Beim Meerschweinchen sind als anatomisch-physiologische Besonderheit die sogenannten Perinealdrüsen (Glandulae perineales) zwischen Anal- und Geschlechtsöffnung ausgebildet. Es handelt sich hierbei um ein Hautdrüsenorgan, das bei männlichen und weiblichen Tieren vorhanden, jedoch bei männlich-unkastrierten Tieren am stärksten ausgeprägt ist. Das fettige Perinealdrüsensekret, dessen Bildung von Androgenen stimuliert wird, besteht aus Talg vermischt mit abgeschilferten Hautzellen. Es wird in der sogenannten Perinealtasche, einer unpaaren Hauttasche, in welche die Drüsenausführungsgänge münden, gesammelt und entwickelt hier seinen typischen Geruch (▶ Abb. 9.1).

Der Genitalbereich von weiblichen Meerschweinchen, Chinchillas und Degus weist ebenfalls verschiedene Besonderheiten auf. Beim Meerschweinchen sind die Harnröhrenöffnung, die von einem Präputium umgebene Klitoris und die waagerecht gestellte, außerhalb der Brunst durch eine epitheliale Membran verschlossene Vaginalöffnung voneinander zu unterscheiden. Im Gegensatz zu den beiden anderen Tierarten weist das Meerschweinchen Schamlippen auf.

Bei weiblichen Degus und Chinchillas mündet die Harnröhre in einem Harnröhrenzapfen. Von Laien wird dieser Zapfen oftmals als Penis fehlinterpretiert, sodass beim Erstbesuch in der

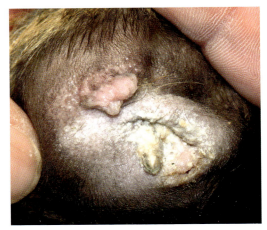

▶ Abb. 9.1 Perinealtasche bei einem unkastrierten Meerschweinchenbock.

▶ Abb. 9.2 Skrotum eines Meerschweinchenbocks.

Praxis das Geschlecht kontrolliert werden sollte. Die Mündung der Vagina liegt unmittelbar kaudal des Harnröhrenzapfens. Sie ist sichelförmig und, ebenso wie beim Meerschweinchen, außerhalb von Brunst und Geburtsvorgang durch eine epitheliale Membran verschlossen.

Bei allen 3 Tierarten ist bei den männlichen Individuen ein Penisknochen ausgebildet, der sich auch röntgenologisch gut darstellt. Hier besteht bei Konkrementbildung ein besonderer Engpass in der Harnröhre. Der Leistenkanal ist weit geöffnet, sodass die Hoden in die Bauchhöhle zurückverlagert werden können. Beim Meerschweinchen ist das Skrotum nur sehr schwach ausgebildet (▶ Abb. 9.2). Chinchilla und Degu weisen kein Skrotum auf. Bei ihnen liegen die Hoden inguinal bzw. abdominal. Allen 3 Tierarten gemeinsam sind ausgeprägte Fettkörper, die jedoch beim Meerschweinchen am mächtigsten ausgebildet sind (▶ Abb. 9.3 und ▶ Abb. 9.4).

9.2 Therapiegrundsätze

Sofortmaßnahmen sind bei allen Veränderungen einzuleiten, die mit einem deutlich reduzierten Allgemeinbefinden des Patienten, Schmerzen und Harnabsatzstörungen einhergehen. Besteht eine Anurie, so ist dies als absoluter Notfall zu behandeln, gleiches gilt für einen Rektum- oder Uterusprolaps.

✚ Sofortmaßnahmen
1. Zystozentese bei Anurie und hochgradig gefüllter Blase
2. Stabilisierung des Kreislaufs:
    - Infusion mit Vollelektrolytlösung **89** (z. B. Jonosteril®), 40 ml/kg s.c., i.p.
    - Prednisolonester **76** (z. B. Solu Decortin®), 10–20 mg/kg i.v., i.m.
    - Etilefrin **46** (Effortil®), 0,5–1 mg/kg p.o.
3. Analgetikum bei schmerzhaften Veränderungen, z. B.
    - Carprofen **101** (Rimadyl®), 1 × tgl. 5 mg/kg s.c.
    - Meloxicam **102** (Metacam®), 1 × tgl. 0,2 mg/kg s.c.
4. Antibiotikum zur Verhütung von Septikämien bei hochgradiger Apathie, z. B.
    - Enrofloxacin **4** (Baytril®), 1 × tgl. 10 mg/kg s.c., p.o.
    - Sulfadoxin/Trimethoprim **9** (Borgal®), 1 × tgl. 40/8 mg/kg s.c.
    - Chloramphenicol **1** (Chloromycetin Palmitat®), 2 × tgl. 50 mg/kg p.o.
5. bei einem Rektum- oder Uterusprolaps:
    - Kreislaufstabilisierung, Antibiose, Analgesie
    - Säuberung des prolabierten Gewebes
    - Repositionsversuch in Allgemeinanästhesie

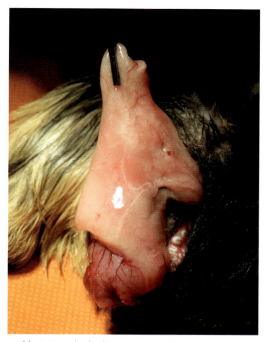

▶ Abb. 9.3 Hodenfettkörper eines ausgewachsenen Meerschweinchens.

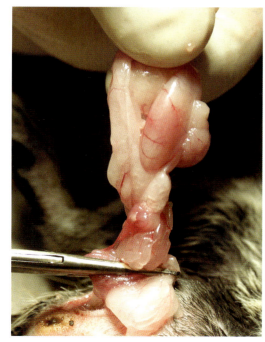

▶ Abb. 9.4 Hodenfettkörper eines jungen Degus.

9.3 Wichtige Ursachen

Schwellungen im Anogenitalbereich können eine Folge sehr unterschiedlicher Erkrankungen sein (▶ Tab. 9.1): Besonders häufig sind Schwellungen und Rötungen die Folge anderer Grunderkrankungen, wie Zystitis und Durchfall, wobei letzterer auch einen Rektumprolaps verursachen kann.

Insbesondere beim männlichen Tier sind anogenitale Veränderungen oftmals Folge von Verletzungen bei Rangordnungskämpfen oder hypersexuellem Verhalten (z.B. Penisprolaps, Präputialödem, Orchitis).

Eine Orchitis kann jedoch auch im Rahmen einer Allgemeininfektion entstehen und muss differenzialdiagnostisch von einem Hodentumor abgegrenzt werden. Beide Erkrankungen können eine Kastration erfordern. In sehr seltenen Fällen tritt nach dem Eingriff als Komplikation ein Kastrationsabszess auf.

Beim männlichen Meerschweinchen ist sehr häufig eine Anschoppung der Perinealtaschen festzustellen, die ebenfalls als Umfangsvermehrung im Anogenitalbereich auffällt. Weibliche Tiere können infolge von Geburtsstörungen oder im Rahmen einer Tumorerkrankung der Gebärmutter durch den starken Pressreiz einen Uterusprolaps entwickeln. Bei beiden Geschlechtern treten gelegentlich Harnröhrensteine auf, die sich kurz vor dem Harnröhrenausgang verkeilen. Diese verursachen oftmals eine lebensbedrohliche Anurie durch vollständige Verlegung der Urethra.

Alle genannten Erkrankungen, die mit Feuchtigkeit und Verklebungen im Anogenitalbereich einhergehen, können v. a. in den Sommermonaten durch einen Fliegenmadenbefall (Myiasis) kompliziert werden.

▶ Tab. 9.1 Wichtige Ursachen für Umfangsvermehrungen im Anogenitalbereich.

Ursache	Bedeutung	siehe Seite	Bemerkungen, siehe auch andere Leitsymptome
Durchfall	+++	▶ S. 141	Durchfall, ▶ S. 38
Zystitis	+++	▶ S. 141	Urinveränderungen, ▶ S. 167
Anschoppung der Perinealtaschen	+++	▶ S. 143	MS
Rektumprolaps	++	▶ S. 139	–
Harnröhrenstein	++	▶ S. 142	Urinveränderungen, ▶ S. 167
Myiasis	++	▶ S. 147	–
Präputialödem/Penisprolaps	+	▶ S. 138	–
Uterusprolaps	+	▶ S. 140	–
Kastrationsabszess	+	▶ S. 145	–
Orchitis	(+)	▶ S. 144	–
Hodentumor	(+)	▶ S. 144	–

9.4 Diagnostischer Leitfaden: Umfangsvermehrung im Anogenitalbereich (▶ S. 136)

9.4.1 Besonderes Augenmerk bei der Anamnese

Haltungsbedingungen/Sexualverhalten: Die genaue Zusammensetzung der Gruppe ist zu erfragen: Revierstreitigkeiten zwischen männlichen Tieren können oftmals zu Bissverletzungen am Penis (▶ S. 138) führen. Eine Orchitis (▶ S. 144) kann nach einem Biss im Hodenbereich entstehen. Ein hypersexuelles Verhalten und eine hohe Deckaktivität haben oftmals einen Penisprolaps (▶ S. 138) mit Präputialödem (▶ S. 138) zur Folge.

Werden die Tiere im Sommer im Freien gehalten, ist ein erhöhtes Risiko eines Fliegenmadenbefalls (▶ S. 147) von Kranken und Geschwächten gegeben.

Fütterungsbedingungen: Die genaue Kenntnis der Fütterungsbedingungen kann einen Hinweis auf die Ursache von Durchfall (▶ S. 141) geben, wenn z. B. eine plötzliche Umstellung erfolgte oder das Tier ungeeignetes Futter aufgenommen hat. Eine extrem kalziumreiche Fütterung kann das Risiko der Entstehung von Blasen- und Harnröhrensteinen (▶ S. 142) begünstigen.

Harnabsatzverhalten: Harnabsatzstörungen mit Schmerzäußerungen können sowohl bei Verletzungen des Penis (▶ S. 138) und Präputialödemen (▶ S. 138) als auch beim Vorliegen von Harnröhrensteinen (▶ S. 142) oder Blasenerkrankungen vorkommen.

Vorangegangene Behandlungen: Ist ein männliches Tier vor kurzem kastriert worden und entwickelt jetzt eine Schwellung im Anogenitalbereich, so ist dies ein Hinweis auf einen Kastrationsabszess (▶ S. 145). Ist die Operation nicht in der eigenen Praxis erfolgt, so ist mit dem vorbehandelnden Kollegen Kontakt aufzunehmen, um das verwendete Nahtmaterial zu erfragen, falls eine Überempfindlichkeit vorliegt.

9.4.2 Besonderes Augenmerk bei der klinischen Untersuchung

Bestehen Schwellungen der männlichen Geschlechtsorgane?

Sind Penis und Präputium angeschwollen oder liegt sogar ein Penisvorfall (▶ S. 138) vor, so ist sorgfältig nach Bissverletzungen (▶ S. 138) zu suchen. Auch ein Penisring aus verklebtem Fell kann ursächlich sein. Eine Schwellung nahe der Penisspitze kann ein Hinweis auf einen Harnröhrenstein (▶ S. 142) sein.

Umfangsvermehrungen der Hoden lassen auf einen Hodentumor (▶ S. 144) oder eine Orchitis (▶ S. 144) schließen. Während der Hodentumor insgesamt eher symptomlos bleibt, sind bei einer Hodenentzündung Verklebungen mit den Hodenhüllen und Schmerzhaftigkeit bereits palpatorisch auffällig.

Eine Schwellung unter einer frischen Kastrationsnarbe weist auf einen Kastrationsabszess (▶ S. 145) hin. Die genaue Ursache kann nur bei der Wundrevision ermittelt werden.

Bestehen Umfangsvermehrungen an den weiblichen Geschlechtsorganen oder Anteilen des Harntrakts?

Im Rahmen von Geburtsstörungen oder Uterus-/Vaginaltumoren kann es zu einem Uterusprolaps (▶ S. 140) kommen. Die prolabierte Gebärmutterschleimhaut muss sorgfältig auf Verletzungen und Nekrosen untersucht werden, um über das weitere Vorgehen entscheiden zu können.

Eine Schwellung im Bereich der Harnröhrenmündung ist auch beim weiblichen Tier als Hinweis auf Harnröhrensteine (▶ S. 142) zu werten.

Bestehen Schwellungen/Umfangsvermehrungen nur im Analbereich?

Insbesondere beim männlichen Meerschweinchen kommen häufig Anschoppungen der Perinealtaschen (▶ S. 143) vor, die mit hochgradigen Schwellungen einhergehen, aber das Allgemeinbefinden nicht beeinträchtigen. Liegt ein Rektumprolaps (▶ S. 139) vor, so sind die sorgfältige Untersuchung des Verdauungstrakts und auch weiterführende Kotuntersuchungen notwendig, um die genaue Ursache zu ermitteln und therapieren zu können.

Diagnostischer Leitfaden: Umfangsvermehrung im Anogenitalbereich

Anamnese

- ▶ Haltung
  - ▶ erhöhte Deckaktivität, hypersexuelles Verhalten
  - ▶ Rangordnungskämpfe
- ▶ Fütterung
  - ▶ plötzliche Umstellung des Futters, ungeeignetes Futter
  - ▶ extrem kalziumreiche und evtl. flüssigkeitsarme Versorgung

Klinische Untersuchung

- ▶ Schwellungen im Analbereich
  - ▶ Kotmassen und Perinealdrüsensekret ausmassierbar
  - ▶ Schleimhaut vorgefallen
- ▶ Schwellungen im Genitalbereich, weibliches Tier
  - ▶ Schleimhaut vorgefallen
- ▶ Schwellungen im Genitalbereich, männliches Tier
  - ▶ hgr. ödematöse Schwellung im Bereich der Harnröhrenmündung
  - ▶ evtl. Hämatome oder Ödeme
  - ▶ Hodenschwellung
  - ▶ Schwellung im Bereich von Kastrationswunden
- ▶ entzündliche Schwellung der Haut im Anogenitalbereich
  - ▶ Fell feucht, verklebt, evtl. Alopezie
    - ▶ urinverschmiert
    - ▶ kotverschmiert

9.4 Diagnostischer Leitfaden: Umfangsvermehrung im Anogenitalbereich

- ▶ Penisprolaps? — ▶ S. 138
- ▶ Bissverletzungen an Penis u. Hoden (Orchitis)? — ▶ S. 138 / ▶ S. 143
- ▶ Durchfall? — ▶ S. 141
- ▶ Harnröhrensteine? — ▶ S. 142

- ▶ Anschoppung der Perinealtaschen — ▶ S. 143
- ▶ vorberichtlich Durchfall unterschiedlicher Genese
- ▶ vorberichtlich Kotabsatzschwierigkeiten
  → ▶ Rektumprolaps — ▶ S. 139
- ▶ vorberichtlich Geburtsstörungen
- ▶ vorberichtlich Vaginalausfluss
  → ▶ Uterusprolaps — ▶ S. 140
  → ▶ Uterustumor — ▶ S. 162
- ▶ vorberichtlich Hämaturie, Pollakisurie, evtl. Anurie
  → ▶ Harnröhrensteine — ▶ S. 142
- ▶ vorberichtlich hypersexuelles Verhalten, hohe Deckaktivität
- ▶ vorberichtlich Rangordnungskämpfe/Bissverletzungen
- ▶ „Penisring" aus Haaren und Sekreten am Penisansatz
  → ▶ Penisprolaps/Präputialödem — ▶ S. 138
- ▶ nicht schmerzhaft, in Hodenhüllen verschieblich, derb, einseitig — ▶ Hodentumor — ▶ S. 144
- ▶ vermehrt warm, schmerzhaft, evtl. nicht frei in den Hüllen verschieblich
  - ▶ einseitig nach Bissverletzung
  - ▶ beidseits bei Allgemeininfektion
  → ▶ Orchitis — ▶ S. 143
- ▶ Punktion
  → ▶ eitriges Sekret → ▶ Kastrationsabszess — ▶ S. 143
- ▶ Harn-US, Röntgen oder Sonografie Abdomen → ▶ Zystitis — ▶ S. 141
  → ▶ Myiasis — ▶ S. 147
- ▶ Durchfall → ▶ Kot-US, US Maulhöhle u. Zähne, gründl. Palpation des Abdomens — ▶ S. 141

Ist die Haut im Anogenitalbereich gereizt und geschwollen?

Viele Erkrankungen, wie Durchfall (▶ S. 141) oder Zystitis (▶ S. 141), verursachen sekundär eine Reizung, weil Fell und Haut nass und mit Kot oder Urin verschmiert sind. In diesem Fall müssen sowohl der Harnapparat als auch der gesamte Verdauungstrakt gründlich untersucht werden, um eine ätiologische Behandlung einleiten zu können. Bei verklebtem und verschmiertem Fell muss außerdem gerade in den Sommermonaten sorgfältig nach Fliegeneiern und/oder -larven gesucht werden.

9.4.3 Diagnosesicherung durch weiterführende Untersuchungen

Mikrobiologische Untersuchungen können erforderlich werden, um die ursächlichen Keime bei Durchfall (▶ S. 141) oder Zystitiden (▶ S. 141) zu identifizieren. Parasitologische Kotuntersuchungen sind ebenfalls bei Durchfall (▶ S. 141) und bei einem Rektumprolaps (▶ S. 139) angezeigt. Harnuntersuchungen sollten bei Zystitis (▶ S. 141) und Urolithiasis (▶ S. 142) eingeleitet werden. In letzterem Fall ist zudem eine Röntgen- und/oder Ultraschalluntersuchung notwendig, um sämtliche Harnwegskonkremente auffinden zu können.

9.5 Erkrankungen

Präputialödem, Penisprolaps, Bissverletzungen des Penis

▶ Vorwiegend bei unkastrierten Meerschweinchen, Chinchillas und Degus.

Ätiologie & Pathogenese

Ein Präputialödem oder ein Penisvorfall ist oftmals Folge intensiver Decktätigkeit bzw. wiederholter Bedeckungsversuche. Dabei können Verletzungen auftreten, die eine Schwellung verursachen und damit das Unvermögen, den Penis wieder zurückzuverlagern. Weiterhin kann durch die Bildung eines sogenannten „Penisrings" aus Haaren und eingetrockneten Sekreten ein mechanisches Hindernis entstehen, das ebenfalls einen Penisprolaps zur Folge hat. Dieser Ring ist in der Regel nicht offensichtlich, sondern erst nach weiterer Rückverlagerung des Präputiums an der Ansatzstelle des Penis erkennbar. Beim älteren kastrierten Meerschweinchen scheinen gelegentlich hormonelle Imbalancen einen Vorfall auszulösen.

Bissverletzungen im Genitalbereich entstehen vorwiegend bei Rangordnungskämpfen unkastrierter Tiere. Meerschweinchen und Chinchillas sind häufiger betroffen als Degus.

Liegen ödematöse oder entzündliche Schwellungen des Wundgebiets sowie Hämatome vor, kann ebenfalls ein vollständig oder teilweise prolabierter Penis die Folge sein.

Klinik

Das Präputium kann massiv angeschwollen sein und eine Retraktion des Penis verhindern. Dieser stellt sich häufig hochgradig ödematös-entzündlich verdickt dar. Nach Bissverletzungen sind meist krustig-verklebte Wunden sichtbar. Besteht der Prolaps bereits über eine längere Zeit, so erscheint das Penisgewebe eingetrocknet und demarkiert. Aufgrund der Schmerzhaftigkeit entwickeln sich oft Apathie und Inappetenz.

Bei einem hormonell bedingten Penisprolaps älterer Meerschweinchenböcke sind in der Regel keine weiteren Symptome feststellbar. Der Penis kann evtl. verschmutzt sein und die Schleimhaut eingetrocknet erscheinen (▶ Abb. 9.5).

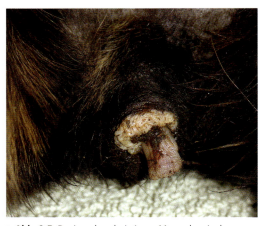

▶ **Abb. 9.5** Penisprolaps bei einem Meerschweinchen.

Diagnose

Die Diagnose ergibt sich aus dem klinischen Bild. Sind keine äußerlich sichtbaren Bisswunden oder andere Verletzungen erkennbar, sollte das Präputium vorsichtig noch etwas weiter zurückgeschoben werden, um zu beurteilen, ob ein Penisring vorliegt.

Therapie & Prognose

Die Therapie sollte bei frischen Vorfällen sofort eingeleitet werden, um Nekrosen und Demarkation des Gewebes zu verhindern, die eine Penisamputation unumgänglich machen.

Die Genitalregion wird zunächst vorsichtig mit handwarmem Wasser gereinigt, um einen Überblick über das Ausmaß der Verletzungen zu erhalten. Stehen Ödeme im Vordergrund, so ist der betroffene Bereich mit feuchten Tüchern zu kühlen. Haarringe müssen gelöst werden, Verletzungen sind mit antiseptischen, für Schleimhautverletzungen verträglichen Lösungen (z. B. Prontovet® 99) zu reinigen und lokal zu versorgen. Der Einsatz von antibiotikahaltigen oder kombiniert antibitioka- und kortikoidhaltigen Augensalben hat sich aufgrund ihrer Verträglichkeit besonders bewährt. Die lokale Behandlung soll zum einen das Abschwellen und die Heilung unterstützen, zum anderen einem Austrocknen des Gewebes vorbeugen. Um ein Belecken und Benagen der Genitalregion zu verhindern, sollte das Tier nach Möglichkeit einen Halskragen tragen. Einstreumaterialien und insbesondere Sandbäder beim Degu und Chinchilla müssen aus dem Käfig entfernt werden, um eine weitere mechanische Reizung und ein Verkleben des Wundbereichs zu verhindern. Der Käfig sollte stattdessen vorübergehend mit Tüchern ausgelegt werden.

Systemisch wird der Patient mit einem Analgetikum (z. B. Metacam® 102 oder Rimadyl® 101) versorgt. Im Falle eitriger Entzündungen muss zusätzlich eine systemische Antibiose (z. B. mit Marbocyl® 6 oder Cotrim K-ratiopharm® 9) eingeleitet werden.

Nach der vollständigen Ausheilung der Verletzungen sollte das betroffene Tier kastriert werden. Die Gruppenzusammensetzung muss mit dem Besitzer besprochen werden. Werden insbesondere bei Chinchillas und Meerschweinchen mehrere männliche Tiere mit Weibchen zusammen gehalten, wird es immer wieder zu Kämpfen kommen; die Gruppe sollte dann getrennt werden.

Bei älteren Meerschweinchenböcken, deren Penis dauerhaft leicht vorgefallen ist, bleibt in der Regel nur eine regelmäßige Reinigung und Pflege mit Wund- und Heilsalben (z. B. Bepanthen® 91), um Entzündungen der Schleimhaut zu verhindern.

Rektumprolaps

▶ Komplikation von Verdauungsstörungen, die mit starkem Pressreiz einhergehen.

Ätiologie & Pathogenese

Ein Rektumvorfall entsteht sekundär meist infolge von Verdauungsstörungen, die mit einem heftigen Pressreiz einhergehen, wie einer hochgradigen und länger andauernden Diarrhoe oder Obstipation. Sehr selten tritt ein Rektumprolaps auch unter der Geburt aufgrund starker Wehentätigkeit in der Austreibungsphase auf.

In der Regel ist nicht nur der Enddarm prolabiert, sondern es handelt sich vielmehr um eine Invagination, die auch andere Anteile des Kolons miteinbeziehen kann.

Ein Rektumprolaps tritt beim Chinchilla häufiger auf als bei Meerschweinchen und Degu. Er ist bei dieser Tierart oftmals eine Folge akuter Giardiasis (▶ S. 51).

Klinik

Der vorgefallene Darmabschnitt kann einige Millimeter bis zu mehreren Zentimetern aus dem Anus herausragen. Der Darm ist meist hochrot und ödematisiert (▶ Abb. 9.6). Je länger der Prolaps besteht, desto größer ist die Gefahr, dass Anteile der Schleimhaut bereits nekrotisch werden oder dass zusätzliche Verletzungen des Darmes entstanden sind.

Aufgrund der Schmerzhaftigkeit der Veränderung, der Erschöpfung durch das Pressen und der Symptome der Primärerkrankung ist das Allgemeinbefinden des Tieres meist erheblich reduziert.

Diagnose

Die Diagnose ergibt sich aus dem eindeutigen klinischen Bild. Auf der Basis der Anamnese und der Allgemeinuntersuchung sollte jedoch nach der für den Vorfall ursächlichen Erkrankung gesucht werden. Kotuntersuchungen sind in jedem Fall einzuleiten, um die Ursache für Durchfälle ermitteln zu können.

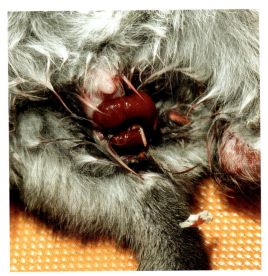

▶ **Abb. 9.6** Rektumprolaps bei einem jungen Chinchilla mit Giardienbefall.

Therapie & Prognose

Prognostisch ist ein Rektumprolaps vorsichtig bis ungünstig zu bewerten, da die Rezidivrate sehr hoch ist. Liegen bereits Verletzungen oder Nekrosen des prolabierten Gewebes vor, so ist die Prognose infaust.

Bei frischen Vorfällen mit vitaler Schleimhaut müssen zunächst der betroffene Darmanteil und die umliegende Anogenitalregion vorsichtig gesäubert werden. Mithilfe von Gleitgel und eines darin getränkten Wattestäbchens wird der Darmabschnitt dann in kurzer Inhalationsnarkose reponiert und der Durchmesser des Anus mithilfe einer Tabaksbeutelnaht soweit verringert, dass der Kotabsatz ungestört möglich bleibt, einem weiteren Rektumprolaps aber vorgebeugt wird. Um den Pressreiz und die Schmerzen zu reduzieren, wird der Patient mit einem Spasmoanalgetikum (Buscopan compositum® **32**) versorgt.

Das betroffene Tier erhält außerdem einen Halskragen, um ein Aufnagen der Naht zu verhindern. Die Käfigeinstreu ist zunächst durch Tücher zu ersetzen. Sandbäder sind aus den Käfigen von Chinchillas und Degus zu entfernen.

Die Therapie der ursächlichen Erkrankung ist unverzüglich einzuleiten.

Uterusprolaps

▶ Vorfall eines Anteils der Gebärmutter, meist infolge von Geburtsstörungen.

Ätiologie & Pathogenese

Ein Vorfall der Gebärmutter ist zumeist infolge übermäßigen Pressens im Zusammenhang mit Geburtsstörungen oder, insbesondere bei älteren Tieren, vergesellschaftet mit Uterustumoren zu beobachten.

Klinik

Anteile der Gebärmutter ragen bis zu mehreren Zentimetern aus der Vaginalöffnung hervor, z. T. sind massive Blutungen möglich. Bei frischen Vorfällen ist die Schleimhaut dabei hyperämisch und ödematös angeschwollen. Besteht der Prolaps bereits längere Zeit, so sind nekrotische, eingetrocknete Areale sowie Verletzungen festzustellen (▶ **Abb. 9.7**). Aufgrund des Blutverlusts und der Schmerzhaftigkeit der Veränderung weist der Patient meist eine deutliche Störung des Allgemeinbefindens auf.

Diagnose

Die Diagnose ergibt sich bereits aus dem klinischen Bild. Es empfiehlt sich jedoch eine sonografische Untersuchung, um Veränderungen der Gebärmutter diagnostizieren zu können, die den Prolaps ausgelöst haben.

Therapie & Prognose

Bestehen keine nachweisbaren Veränderungen am Uterus und ist das vorgefallene Gewebe vital, erfolgt ein Repositionsversuch in Allgemeinanästhesie. Mithilfe von Wattestäbchen und mit einem mit Lokalanästhetikum versetzten Gleitgel (z. B. Xylocain-Gel 2%) wird versucht, die Uterusschlingen zurückzuverlagern.

Sind bereits Nekrosen oder Verletzungen vorhanden oder besteht ein Uterustumor, so muss unverzüglich nach sorgfältiger Narkoseprämedikation eine Ovariohysterektomie durchgeführt werden (▶ **S. 149**).

Das betroffene Tier ist für mindestens 1 Woche mit einem Breitbandantibiotikum (z. B. Marbofloxacin **6**) sowie einem Analgetikum (z. B. Meloxicam **102**) zu versorgen.

Je nach Ausmaß der Nekrosen und Verletzungen und damit einhergehenden Störungen des All-

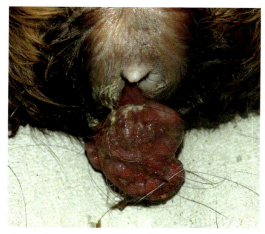

▶ **Abb. 9.7** Uterusprolaps bei einem Meerschweinchen.

gemeinbefindens ist die Prognose sehr vorsichtig zu stellen. In jedem Fall aber sollte das betroffene Tier auch bei erfolgreicher Reposition des Uterusanteils und komplikationslosem Heilungsverlauf aus der Zucht genommen werden.

Durchfall, Enteritis

▶ Durch vielfältige Faktoren ausgelöste Erkrankung.

Ätiologie

Durchfällen (▶ S. 38) können zahlreiche Ursachen, wie Fütterungsfehler, Zahnerkrankungen oder Infektionen, zugrunde liegen.

Klinik

Durch die weiche bis (sehr selten) flüssige Kotkonsistenz werden Haut und Fell im Anogenitalbereich verschmutzt. Durchfall und Fell können zu festen Klumpen im Anogenitalbereich verkleben, die einen weiteren Kotabsatz erschweren. Die Haut ist gereizt und gerötet. Insbesondere beim Meerschweinchen können sich die Kotmassen auch in den Perinealtaschen ansammeln (▶ S. 143). Durchfälle können je nach Ursache mit vielfältigen weiteren Symptomen einhergehen (▶ S. 38).

Diagnose

Die Diagnose ergibt sich aus dem klinischen Bild. Zur Ermittlung der Ursache sind besonders die Fütterungsanamnese, Zahnuntersuchungen und Kotuntersuchungen erforderlich.

Therapie

Neben einer ätiologischen und symptomatischen Durchfalltherapie (▶ S. 38) kommt auch der Behandlung der sekundären Entzündungserscheinungen im Anogenitalbereich eine große Bedeutung zu, um sich ausbreitende Dermatitiden zu verhindern. Verklebtes Fell sollte entfernt und der Anogenitalbereich muss vorsichtig mit lauwarmem Wasser gesäubert werden. Sind bereits gereizte und gerötete Hautstellen entstanden, sind diese mit einer Zink-Lebertran-Salbe **96** abzudecken. Bestehen starke Hautreizungen, so sollte das Einstreumaterial des Käfigs gegen Handtücher ausgetauscht werden. Der Besitzer ist darauf hinzuweisen, dass eine weitere regelmäßige Säuberung des Anogenitalbereichs bis zur Ausheilung der Durchfallerkrankung durchgeführt werden muss, da insbesondere in den Sommermonaten die Gefahr eines Fliegenmadenbefalls (▶ S. 147) besteht.

Zystitis

▶ Entzündungen der Harnblase aufgrund bakterieller Infektion oder Urolithiasis.

Ätiologie

Zystitiden entstehen meist aufgrund bakterieller Infektionen. Die Keime gelangen nach Schmierinfektionen aus dem Analbereich über die Harnröhre aufsteigend in die Blase. Ursächlich für eine Blasenentzündung kann aber auch die mechanische Reizung der Blasenwand infolge von Harngrieß oder Blasensteinen sein (▶ S. 167).

Klinik

Typische Symptome einer Blasenentzündung sind Strangurie und Hämaturie. Das betroffene Tier sitzt beim Harnabsatz mit aufgekrümmtem Rücken, auch Schmerzäußerungen kommen vor. Die Anogenitalregion ist nass, das Fell urinverschmiert und verklebt. Die gereizte Haut weist v. a. bei länger andauerndem Krankheitsgeschehen Rötungen und Schwellungen auf. Insbesondere in den Sommermonaten, besonders bei Meerschweinchen in Außenhaltung, besteht die erhöhte Gefahr eines Befalls mit Fliegenmaden (▶ S. 147).

Diagnose & Therapie

Zur Diagnose und Therapie der Zystitis siehe ▶ S. 173.

9 – Umfangsvermehrung im Anogenitalbereich

Die Anogenitalregion wird unter fließendem Wasser, anschließend mit einer milden antiseptischen Lösung gereinigt. Die gereizte Haut sollte mit einer Zink-Lebertran-Salbe [96] (z. B. Desitin®) abgedeckt werden. Die Einstreu ist aus dem Käfig zu entfernen und durch Handtücher zu ersetzen.

Harnröhrensteine

▶ Konkremente, deren Entstehung durch Besonderheiten im Kalziumstoffwechsel begünstigt wird.

Ätiologie & Pathogenese

Die Caviomorpha weisen einige Besonderheiten des Kalziumstoffwechsels auf, die eine Entstehung von Konkrementen der Harnorgane begünstigen (▶ S. 167).

Harnröhrensteine entstehen dann, wenn Konkremente in die Urethra abrutschen und sich dort verkeilen, sodass sie nicht ausgeschieden werden können. Weitere Kristalle lagern sich an, sodass der Stein langsam an Größe zunimmt und letztlich den Harnabsatz vollständig unterbinden kann. Bei männlichen Tieren ist der Bereich des Penisknochens als besonderes Passagehindernis zu berücksichtigen.

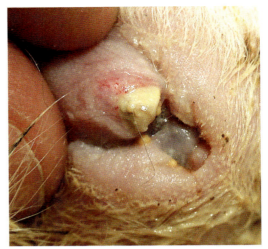

▶ **Abb. 9.8** Harnröhrenstein bei einem weiblichen Meerschweinchen: Das Konkrement befindet sich unmittelbar am Harnröhrenausgang.

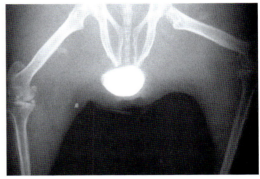

▶ **Abb. 9.9** Kirschgroßer Urethrastein bei einem weiblichen Meerschweinchen, der sich im Endteil der Harnröhre verkeilt hat.

Klinik

Das betroffene Tier zeigt zunächst Zystitis-Symptome, wie Strangurie und Hämaturie. Auch der Absatz von deutlichen Bluttropfen fällt bei Verletzungen der Urethra auf.

Durch die massiven Schmerzen ist das Allgemeinbefinden hochgradig gestört.

Verlegt der Stein die Harnröhre vollständig, z. B. wenn er direkt vor dem Harnröhrenausgang liegt, so ist kein Harnabsatz mehr möglich. Eine deutliche ödematöse Schwellung im Bereich des Harnröhrenausgangs ist hier ein eindeutiger Hinweis (▶ **Abb. 9.8**).

Diagnose

Im Endteil der Harnröhre verkeilte Konkremente können bei der klinischen Untersuchung meist palpiert werden. Zur Absicherung der Diagnose sowie zur Darstellung von Steinen im Beckenteil der Urethra, werden Röntgenaufnahmen des Abdomens in 2 Ebenen angefertigt (▶ **Abb. 9.9**). Kann Urin gewonnen werden, so sollte ein Harnstatus erhoben und ggf. Urin zur mikrobiologischen Untersuchung eingesandt werden. Die Bestimmung der Nierenwerte im Serum ist bei bereits länger bestehenden Krankheitsanzeichen anzuraten, insbesondere um bei der Narkose und der entsprechenden Vor- und Nachsorge Funktionseinschränkungen der Niere berücksichtigen zu können.

Therapie & Prognose

❗ Ist die Harnröhre vollständig verlegt, sodass kein Harnabsatz mehr möglich ist, stellt dies eine absolute Notfallsituation dar. Der Stein muss sofort entfernt werden!

Nach einer den Kreislauf stabilisierenden Behandlung, Applikation eines Schmerzmittels und eines Antibiotikums wird der Stein unter einer möglichst schonenden Narkose, ideal wäre hier eine reine Inhalationsanästhesie, entfernt. Ist die Harnblase prall gefüllt, so kann zunächst eine Entleerung durch Zystozentese erfolgen.

Liegt der Stein im kaudalen Harnröhrenbereich, so kann er beim weiblichen Tier evtl. nach Instillation von etwas Gleitgel und vorsichtiger Weitung des Harnröhrenausgangs durch eine feine Pinzette mit Hilfe einer 2. Pinzette gegriffen und entwickelt werden. Übersteigt die Größe des Konkrements den Durchmesser der Harnröhrenöffnung, so wird diese mit einem Skalpell vorsichtig erweitert. Gleiches gilt für Harnröhrensteine, die im Bereich der Penisspitze liegen. Auch hier wird die Harnröhre durch einen kleinen Schnitt eröffnet und der Stein entwickelt. In beiden Fällen sollte die Wunde nicht vernäht werden, da es dadurch zu Narbenstrikturen kommt, die Passagehindernisse darstellen. Die Schleimhaut heilt auch ohne weitere Versorgung innerhalb weniger Tage ab. Der Patient muss allerdings über einige Tage mit einem Analgetikum versorgt werden. Auch eine systemische antibiotische Behandlung über mindestens eine Woche ist erforderlich. Aus dem Käfig sollte das Einstreumaterial und das Sandbad entfernt werden, stattdessen werden Handtücher ausgelegt.

Anschoppung der Perinealtaschen MS

▶ Meist in Verbindung mit Veränderungen der Kotkonsistenz entstehende Veränderung.

Ätiologie

Die genaue Ursache einer Anschoppung der Perinealtaschen ist nicht bekannt. Sie tritt insbesondere bei älteren, vorzugsweise männlichen, unkastrierten Meerschweinchen auf. Die Taschen sind bei solchen Tieren oft auffällig dilatiert. Hormonelle Imbalancen können als Ursache dafür nicht ausgeschlossen werden. Eine Anschoppung kann jedoch auch in Verbindung mit einer eher weichen und klebrigen Kotkonsistenz entstehen.

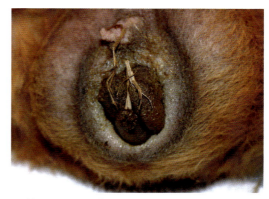

▶ **Abb. 9.10** Perinealtaschenanschoppung bei einem unkastrierten Meerschweinchenbock.

Klinik

Im Genitalbereich fällt eine z.T. deutliche Umfangsvermehrung auf. Die Perinealtaschen sind angefüllt mit fettig-schmierigen Sekretmassen und weichem Kot (▶ **Abb. 9.10**). Das Allgemeinbefinden des Patienten ist ungestört.

Diagnose

Das klinische Bild ist typisch. Abzuklären sind jedoch alle Erkrankungen, die zu einer Veränderung der Kotkonsistenz führen können, um ggf. gezielt therapieren zu können.

Therapie & Prognose

Die Perinealtaschen müssen ausgeräumt und mit einer milden antiseptischen Lösung gesäubert werden. Insbesondere in den Sommermonaten ist auf einen eventuellen Befall mit Fliegenmaden zu achten.

Konnte eine Ursache für die weiche Kotkonsistenz, die die Anschoppung der Perinealtaschen begünstigt, gefunden werden (z.B. Besiedlung mit Hefen), so ist diese zu beseitigen. Auch die Rationszusammensetzung ist in diesem Zusammenhang mit dem Besitzer noch einmal durchzusprechen und insbesondere in Hinblick auf den Rohfasergehalt zu optimieren. Kann keine den Kot betreffende Ursache ermittelt werden, so bleibt nur die regelmäßige Entleerung und Reinigung der Perinealtaschen durch den Besitzer.

Orchitis

▶ Hodenentzündung, die auf Verletzungen oder Allgemeininfektionen zurückzuführen ist.

Ätiologie & Pathogenese

Eine Orchitis entsteht gelegentlich insbesondere beim Meerschweinchen nach Bissverletzungen im Rahmen von Rangordnungskämpfen. In seltenen Fällen kann jedoch auch eine Erregerausbreitung aufgrund einer schwerwiegenden Allgemeininfektion ursächlich sein. In der Regel ist nicht nur der Hoden selbst, sondern auch der Nebenhoden und die anliegenden Hodenhüllen von der Entzündung betroffen.

Klinik

Der betroffene Hoden ist oftmals deutlich vergrößert, die darüber liegende Haut kann vermehrt warm sein. Wurde die Veränderung durch eine Bissverletzung hervorgerufen, so sind deutliche Krusten an den Einbissstellen zu finden. Durch die Entzündung entstehen oftmals Verklebungen mit den Hodenhüllen, die palpatorisch nachvollziehbar sind. Das erkrankte Tier zeigt meist aufgrund der Schmerzhaftigkeit der Orchitis unspezifische Krankheitsanzeichen, wie Apathie und Inappetenz. Ist die Orchitis im Rahmen einer Allgemeininfektion entstanden, so sind in der Regel beide Hoden betroffen. Zudem fallen die Symptome der Primärerkrankung und meist eine deutliche Reduzierung des Allgemeinbefindens auf.

Diagnose

Die Diagnose ist aus dem Palpationsbefund abzuleiten, oftmals sind auch nach Rangordnungskämpfen noch Bissverletzungen oder Verkrustungen sichtbar.

Therapie & Prognose

Besteht die Orchitis infolge einer Allgemeininfektion, so ist die Prognose deutlich vorsichtiger zu stellen als bei einer Entzündung infolge einer Bissverletzung.

Zunächst muss der Patient mit einem Breitbandantibiotikum (z. B. Chloramphenicol [1]) und einem Analgetikum (z. B. Carprofen [101]) systemisch versorgt werden. Bei Störungen des Allgemeinbefindens sind zudem unterstützende Maßnahmen (Infusion, Zwangsfütterung) sinnvoll.

Nach Bissverletzungen muss die Gefahr einer weiteren Ausbreitung der Entzündung, z. B. auf das Peritoneum berücksichtigt und eine zügige Kastration erwogen werden.

Sind die ursächlichen Verletzungen auf einen Rangordnungskampf zurückzuführen, so sind die Gruppenzusammensetzung und die Haltungsbedingungen (insbesondere Käfiggröße und -einrichtung) zu überprüfen. In der Regel muss eine räumliche Trennung der Rivalen durch Teilung der Gruppe oder Separierung und Neuvergesellschaftung eines der beteiligten Tiere erfolgen.

❗ Eine Kastration bereits rivalisierender männlicher Tiere führt in der Regel nicht zu einer Beseitigung der Rangordnungskämpfe.

Hodentumor

▶ Seltene Neoplasie, v. a. bei älteren Tieren.

Ätiologie

Hodentumore treten bei alten Meerschweinchen, Chinchillas und Degus nur äußerst selten auf. Sertoli- und Leydig-Zelltumoren scheinen etwa gleich häufig vorzukommen. Von undifferenzierten Karzinomen oder Neoplasien mesenchymalen Ursprungs wurde bisher nur in Einzelfällen berichtet.

Klinik

Der betroffene Hoden ist gleichmäßig oder knotig vergrößert, in der Regel aber frei in den Hodenhüllen verschieblich. Der 2. Hoden weist entweder keinerlei Veränderungen auf oder erscheint deutlich atrophiert. Hodentumore sind nicht schmerzhaft, das Allgemeinbefinden des Patienten bleibt ungestört.

Diagnose

Die Diagnose folgt aus dem klinischen Bild. Abzugrenzen ist vor allem eine Orchitis, die jedoch mit deutlichen Entzündungsanzeichen einhergeht und so ausgeschlossen werden kann. In Zweifelsfällen kann eine Punktion mit anschließender zytologischer Untersuchung die Diagnose verifizieren.

Therapie

Die Therapie besteht in der Kastration des betroffenen Tieres. Zur Sicherheit sollten im Vorfeld der Operation Röntgenaufnahmen der Lunge in 2 Ebenen angefertigt werden, um eine Metastasierung in die Lunge auszuschließen.

Kastrationsabszesse

▶ Eher selten vorkommende Abszedierung, meist infolge einer Unverträglichkeit des Nahtmaterials oder aufgrund von Fettgewebsnekrosen.

Ätiologie & Pathogenese

Die Bildung von eiternden Fisteln oder Abszessen infolge einer Kastration ist meist auf eine individuelle Unverträglichkeit gegenüber dem Nahtmaterial oder auf Nekrosen nach unvollständiger Entfernung der Hodenfettkörper zurückzuführen. Eine Kontamination mit Schmutzkeimen nach einer unsachgemäßen Kastration kommt ebenfalls infrage. Die Veränderungen können ein- oder beidseitig auftreten.

Klinik

Klinisch sind deutliche Schwellungen im Inguinalbereich zu beobachten, gelegentlich bilden sich Fistelkanäle zur äußeren Haut (▶ Abb. 9.11). Die Inguinalregion kann vermehrt warm sein. Je nach Ausmaß der Erkrankung kann das Allgemeinbefinden ungestört bleiben oder deutlich reduziert sein. Unspezifische Symptome, wie Apathie und Inappetenz, stehen zunächst im Vordergrund, aber auch ein ständiges Putzen im Bereich der Kastrationswunden und ein deutlicher Palpationsschmerz können auffallen. Durch den weiten Leistenspalt beim Meerschweinchen bzw. durch die bei Degu und Chinchilla generell inguinale bis abdominale Lage der Hoden ist bei Ausbreitung der Abszedierung die Gefahr einer Peritonitis und einer nachfolgenden Septikämie zu berücksichtigen.

Diagnose

Die Diagnose leitet sich aus dem Vorbericht und dem klinischen Bild ab. Um differenzialdiagnostisch ein Hämatom abzugrenzen, kann die Veränderung punktiert werden.

Therapie & Prognose

Der Patient muss sofort systemisch mit einem Breitbandantibiotikum (z. B. Baytril® 4) versorgt werden. Bedarfsweise sollte auch ein Analgetikum (z. B. Novalgin® 103) appliziert werden. Die Kastrationswunde muss in Allgemeinnarkose gründlich revidiert werden. Fadenreste und nekrotisches Material werden entfernt und Ligaturen mit einem anderen resorbierbaren Nahtmaterial gesetzt. Nachfolgend wird eine regelmäßige Wundtoilette mit Spülung der Wunde und Einbringen von antibiotischen Wundkegeln oder Salben bis zur vollständigen Abheilung durchgeführt. Staubende Einstreu sowie Sandbäder sind während des Heilungsprozesses aus dem Käfig zu entfernen. Werden alle diese Maßnahmen durchgeführt, so kommt es in der Regel zu einer schnellen Ausheilung.

In der Patientenkartei ist das zuerst verwendete Nahtmaterial zu notieren, damit es bei allen folgenden Operationen bei diesem Patienten nicht mehr zum Einsatz kommt.

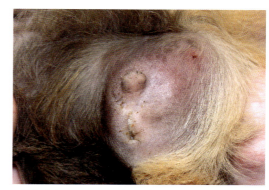

▶ Abb. 9.11 Kastrationsabszess bei einem Meerschweinchen.

Kastration von männlichen Meerschweinchen, Chinchillas und Degus (▶ Abb. 9.12 a–f)

Eine Kastration von männlichen Caviomorpha ist bei der Haltung in gemischtgeschlechtlichen Gruppen zur Kontrolle der Fortpflanzung sowie gelegentlich auch bei der ausschließlichen Haltung männlicher Tiere zur Unterbindung von Rangordnungskämpfen und sonstigem Revierverhalten angezeigt.
Die ideale Narkose für diesen kurzen Eingriff ist die sehr gut steuerbare Isofluran-Inhalationsnarkose. Eine vollständig antagonisierbare Injektionsnarkose ist ebenfalls geeignet.
Die Hoden von Meerschweinchen, Chinchilla und Degu liegen vorwiegend intraabdominal im durch den M. cremaster bedeckten Processus vaginalis. Lediglich beim Meerschweinchen ist ein schwach ausgebildetes Skrotum vorhanden.
Die Hoden werden vor dem jeweiligen Hautschnitt manuell fixiert, da sie ansonsten weit in die Bauchhöhle aufgezogen werden können und nicht mehr greifbar sind.
▼

Die Kastration erfolgt „halbbedeckt": Nach der Eröffnung der Haut und des Processus vaginalis werden jeweils der Hoden, der Nebenhoden und der Fettkörper vorgelagert. Dieser erreicht vor allem beim Meerschweinchen eine beträchtliche Größe und muss so vollständig wie möglich vorgelagert werden, um spätere Fettgewebs-▼ nekrosen und daraus resultierende Wundheilungsstörungen zu vermeiden. Mit einem Pean wird der Processus vaginalis körpernah wieder verschlossen und proximal davon mit einem resorbierbaren Faden der Stärke 3/0 oder 4/0 USP, z. B. Vicryl® oder PDS®, ligiert.

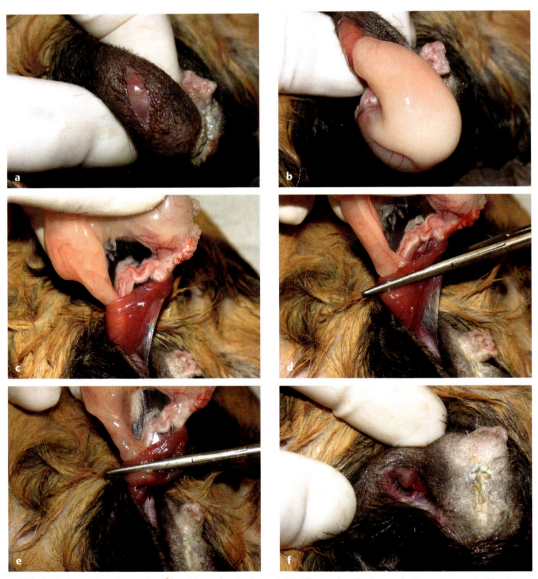

▶ **Abb. 9.12** Kastration eines männlichen Meerschweinchens: (**a**) Eröffnung des Skrotums; der Processus vaginalis wird sichtbar. (**b**) Vorlagerung des Fettkörpers, (**c**) aus dem Processus vaginalis vorgelagerter Hoden mit Fettkörper, Samenstrang und Nebenhoden, (**d**) Setzen des Pean zum Verschluss des Processus vaginalis, (**e**) Ligatur, (**f**) Kastrationswunde nach Absetzen der Strukturen und Rückverlagerung des Processus vaginalis.

! Im Gegensatz zu einer Ligatur von Samenstrang und Gefäßen und nachfolgendem Vernähen der Hodenhüllen hat die halbbedeckte Kastration den Vorteil, dass im Fall einer selten auftretenden Komplikation, wie einem Kastrationsabszess, der gesamte Stumpf mit allen Strukturen leicht wieder aufgefunden werden kann. Wurden die Gefäße, der Samenstrang und das Fettgewebe einzeln (ohne den Processus) ligiert und zurückgelagert, sind diese nur noch schwer aufzufinden und einer Wundrevision kaum zugänglich. Zudem liegen dann Fadenfisteln frei in der Bauchhöhle, wodurch sich die Gefahr von Komplikationen, wie einer Peritonitis oder Septikämie, deutlich erhöht.

P **Praxistipp**
Nach Absetzen des Hodens, Nebenhodens und Fettkörpers distal der Ligatur kann der Stumpf zurückgleiten. Der Hautschnitt wird mit resorbierbarem Nahtmaterial (z. B. Vicryl, 4/0 USP) oder mit Gewebekleber verschlossen.
Der Patientenbesitzer ist darauf hinzuweisen, dass das kastrierte Tier im Extremfall noch bis zu 6 Wochen deckfähig sein kann, da in diesem Zeitraum noch lebende Spermien in den ableitenden Samenwegen gespeichert sein können.

Myiasis (Fliegenmadenbefall)
▶ Vor allem in den Sommermonaten vorkommender Fliegenmadenbefall.

Ätiologie & Pathogenese
! Ein Fliegenmadenbefall ist nie eine primäre Erkrankung, sondern folgt sekundär anderen Veränderungen.

Fleisch- oder Schmeißfliegen legen ihre Eier in Hautläsionen oder verschmutzte, feuchte Regionen mit gereizter Haut ab, wobei der Anogenitalbereich besonders häufig betroffen ist. Durchfälle, Zystitiden oder auch mangelhafte Käfighygiene können dafür ursächlich sein.
Die Fliegenmaden zerstören die Haut, dringen in das Unterhautgewebe ein und verursachen dort großflächige Entzündungen und Nekrosen. Bei stark geschwächten Tieren werden weitere Eier in allen Körperöffnungen abgelegt.

Klinik
Bereits makroskopisch sind im meist kot- oder urinverschmierten Anogenitalbereich zahlreiche kleine weiße Fliegenmaden im Fell und auf der Haut sichtbar. Nach Reinigung der Region fallen die Läsionen auf, durch die die Maden unter die Haut eingedrungen sind oder es werden größere, hochgradig entzündete Hautareale sichtbar.
Oftmals sind zumeist tiefe Wundhöhlen sondierbar. Die Haut ist z. T. flächig von der Unterhaut gelöst. Aufgrund von weitreichenden Entzündungserscheinungen und Nekrosen besteht eine meist starke Wundsekretion, die weitere Fliegen anlockt.
Das Allgemeinbefinden des betroffenen Tieres ist je nach Ausdehnung des Befalls bis zu hochgradig gestört. Ein septikämischer Schock aufgrund der bakteriellen Besiedlung der großflächigen Wunden kann als Komplikation auftreten.

Diagnose
Das klinische Bild lässt eine eindeutige Diagnose zu. Wichtig ist jedoch trotzdem eine gründliche Allgemeinuntersuchung, um die ursprüngliche Erkrankung diagnostizieren zu können.

Therapie & Prognose
Je nach Befinden des Patienten muss zunächst eine Stabilisierung des Kreislaufs erfolgen. Die Versorgung des betroffenen Tieres mit einem Breitbandantibiotikum und einem Schmerzmittel ist in jedem Falle notwendig.
Nach Reinigung des Anogenitalbereichs und Entfernen des feuchten und mit Fliegeneiern kontaminierten Felles muss eine gründliche Toilette der entstandenen Wundhöhlen erfolgen. Alle auffindbaren Maden müssen abgesammelt werden. Dabei ist zu berücksichtigen, dass diese sich oft tief in den Wunden befinden können. Eine Auswanderung der Larven kann durch die Gabe von Nitenpyram [19] (Capstar®) erreicht werden. Anschließend müssen die veränderten Bezirke mit einer antiseptischen Lösung (z. B. Prontovet® [99]) gespült werden. Wundkegel (z. B. Leukase®) oder enzymhaltige Salben [93] (z. B. Nekrolyt®) werden

zur lokalen Versorgung in die Wundhöhlen eingebracht, oberflächliche Hautläsionen mit Zink-Lebertran-Salben [96] (z. B. Desitin®) abgedeckt.

Zusätzlich ist ein Antiparasitikum (z. B. Stronghold® [24]) lokal im Nacken zu applizieren, um eine Weiterentwicklung evtl. noch vorhandener Maden zu unterbinden. In den ersten Tagen erfolgt die Kontrolle und erneute Wundtoilette täglich. Die ursprüngliche Primärerkrankung (z. B. Durchfall oder Zystitis) muss diagnostiziert und ebenfalls behandelt werden.

Der Patient darf bis zur vollständigen Abheilung nicht auf seiner gewohnten Einstreu untergebracht werden, sondern wird auf regelmäßig zu wechselnde Tücher gesetzt. Lebt z. B. ein betroffenes Meerschweinchen in Außenhaltung, so ist es für die Dauer der Therapie im Haus unterzubringen, um das Risiko eines erneuten Befalls weiter zu reduzieren. Der Käfig ist mit Fliegengaze abzuhängen.

Je großflächiger die Wunden und je schlechter das Allgemeinbefinden des betroffenen Tieres sind, desto ungünstiger ist die Prognose. Sind bereits tiefe Gänge in die Muskulatur vorhanden, so sollte eine Euthanasie des Patienten erwogen werden.

10 Vaginalausfluss

Vaginalausfluss kann als isoliertes Symptom auffallen oder mit Störungen des Allgemeinbefindens vergesellschaftet sein. Zu den häufigsten parallel auftretenden Symptomen zählen:
- Apathie
- Inappetenz
- Schmerzhaftigkeit im kaudalen Abdomen (häufig sichtbar durch zusammengekauerte Haltung bei gesträubtem Fell und halbgeschlossenen Augen)

10.1 Tierartliche Besonderheiten
(▶ Tab. 10.1)

Alle 3 Caviomorpha besitzen recht kurze Ovarialbänder, die bei den Meerschweinchen besonders straff ausgebildet sind. Bei ihnen ist ein Vorlagern der Eierstöcke im Rahmen einer Ovariektomie oder Ovariohysterektomie nur selten möglich. Die Ligaturen müssen daher innerhalb der Bauchhöhle erfolgen, wobei sorgfältig darauf geachtet werden muss, dass keine Darmanteile abgebunden werden. Viele Meerschweinchen besitzen zudem Ovarialzysten, die eine exakte Abgrenzung des Eierstockgewebes erheblich erschweren (▶ Abb. 10.1 a). Ligaturen müssen ausreichend weit vom zystisch entarteten Gewebe entfernt angebracht werden.

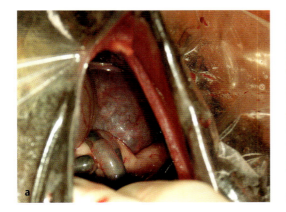
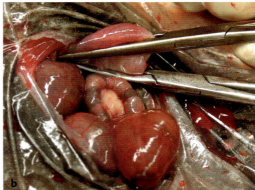
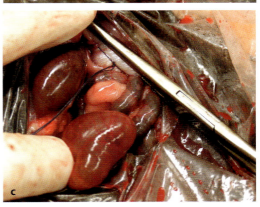

▶ **Abb. 10.1** Ovariektomie bei einem Meerschweinchen: (**a**) Blick auf eine Ovarialzyste nach Eröffnung der Bauchhöhle, (**b**) Anbringen der Klemmen an der Zystenwand, (**c**) Ligatur des Mesovars.

Ligieren der Ovarien beim Meerschweinchen

Große Ovarialzysten sollten intra operationem punktiert werden, um einen Teil der Flüssigkeit abzusaugen und dadurch die Übersicht in der Bauchhöhle zu verbessern. Es entstehen keinerlei Nachteile, wenn dabei Zystenflüssigkeit in die Bauchhöhle gelangt. Auch physiologischerweise platzen Zysten immer wieder auf; die Flüssigkeit wird dann resorbiert.

Die schlaffe Wand der Zyste kann nun mit einer Pean-Klemme fixiert werden. Unterhalb dieses Pean kann dann eine weitere Klemme angebracht werden (▶ Abb. 10.1 b). Der obere Pean wird gelöst und wiederum unter dem bereits befestigten angebracht. Auf diese Weise ist es möglich, sich langsam in Richtung des Ovarialbands „vorzuarbeiten" und letztlich einen ausreichenden Sicherheitsabstand zum Eierstockgewebe zu erhalten. Die Ligatur erfolgt dann mit einem entsprechend dicken Nahtmaterial (z. B. Vicryl 2-0 USP), das ausreichend stark ist, um die straffen Bänder zu komprimieren ohne sie zu zerreißen (▶ Abb. 10.1 c).

Das Meerschweinchen besitzt einen Uterus bicornis. Kaudal verlaufen die beiden Uterushörner auf einer Länge von 1–2 cm parallel. Sie werden durch das Ligamentum intercornuale vereinigt, sodass nach außen ein einheitliches Corpus uteri vorzuliegen scheint, sind im Inneren aber durch ein muskuläres Septum (Velum uteri) getrennt. Das Septum endet kranial der Zervix, die beim Meerschweinchen kranial des Pecten ossis pubis liegt und zum Teil mit der dorsalen Harnblasenwand verwachsen ist.

Die Gebärmutter von Chinchilla und Degu ist sehr ähnlich aufgebaut. Beide Tierarten weisen einen Uterus duplex auf, d.h. sie besitzen 2 vollständig voneinander getrennte Uteri, die im kaudalsten Abschnitt zwar von einem Ligamentum intercornuale verbunden werden, aber jeweils mit einer eigenen Zervix in die Vagina münden. Bei diesen Tierarten ist es daher möglich, dass die „Hörner" der Gebärmutter in sehr unterschiedlichem Maße von krankhaften Veränderungen betroffen sind.

▶ **Tab. 10.1** Physiologische Daten zur Fortpflanzung.

Parameter der Fortpflanzung	Meerschweinchen	Chinchilla	Degu
Geschlechtsreife			
männl. Tier	3–6 Wochen	20–26 Wochen	8–12 Wochen
weibl. Tier	4–10 Wochen	20–24 Wochen	8–10 Wochen
Zuchtreife			
männl. Tier	3–4 Monate	9–10 Monate	4–5 Monate
weibl. Tier	6–8 Monate	9–12 Monate	6–7 Monate
spätester Zeitpunkt für Erstbedeckung	mit 11 Monaten	mit 24 Monaten	mit 12 Monaten
Brunstzyklus	16–17 Tage, polyöstrisch	28–35 Tage, polyöstrisch	18–25 Tage, polyöstrisch
Brunst	1 Tag	3–5 Tage	–
Hauptbrunst	8–12 Stunden	10–15 Stunden	–
Dauer der Trächtigkeit	65–67 Tage	105–115 Tage	85–93 Tage
Wurfgröße	1–5 Junge, Rasseunterschiede	1–3 Jungtiere	2–7 Jungtiere
Säugezeit	4–5 Wochen	6–8 Wochen	6 Wochen
frühester Zeitpunkt der Trennung vom Muttertier	6 Wochen	8–10 Wochen	8 Wochen

Die Vagina ist bei allen 3 Tierarten außerhalb der Brunst und des Geburtsvorgangs durch eine epitheliale Membran verschlossen. Die Mündungen der Vagina und der Harnröhre verlaufen gut sichtbar voneinander getrennt (▶ Abb. 10.2 und ▶ Abb. 10.3). Bei Chinchilla und Degu mündet letztere in einem Harnröhrenzapfen, der unmittelbar kranial der Vaginalöffnung liegt und der durch seine Vorwölbung von Laien bei der Geschlechtsbestimmung von Jungtieren als Penis fehlinterpretiert werden kann.

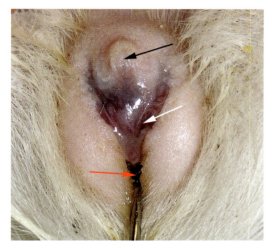

▶ Abb. 10.2 Anatomie von Harnröhren- und Vaginalöffnung beim Meerschweinchen: Harnröhrenöffnung (schwarzer Pfeil), Vaginalöffnung (weißer Pfeil), After (roter Pfeil).

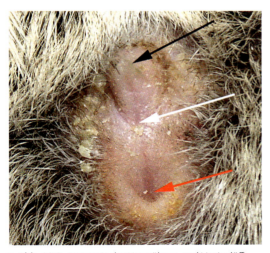

▶ Abb. 10.3 Anatomie der Harnröhren- und Vaginalöffnung beim Degu: Harnröhrenöffnung (schwarzer Pfeil), Vaginalöffnung (weißer Pfeil), After (roter Pfeil).

10.2 Therapiegrundsätze

Vaginalausfluss deutet immer auf eine schwerwiegende Veränderung hin, da die Vagina außerhalb von Östrus und Geburt durch eine epitheliale Membran fest verschlossen ist.

✚ Sofortmaßnahmen

Liegen folgende Symptome vor, so muss zunächst eine Erstversorgung erfolgen, bevor sich eine ausführliche klinische Untersuchung anschließen kann:
- Schocksymptomatik
- hochgradige Schmerzsymptomatik
- eitriger/übelriechender Ausfluss
- hochgradig blutiger Ausfluss (▶ Abb. 10.4)

Der betroffene Patient ist unverzüglich wie folgt zu versorgen:
1. Volumensubstitution
   - Vollelektrolytlösung [89], 40 ml/kg i.v., i.p.
   - Glukose [87], bis 500 mg/kg i.v., s.c.
2. Kreislaufstabilisation
   - kurzwirksamer Prednisolonester [76] (Solu Decortin®), 10–20 mg/kg i.v., i.m. nicht bei eitrigem Ausfluss!
   - Etilefrin [46] (Effortil®), 0,5–1 mg/kg p.o.
3. Analgetikum, z. B.
   - Meloxicam [102] (Metacam®), 0,2 mg/kg s.c.
   - Carprofen [101] (Rimadyl®), 5 mg/kg s.c.
   - Metamizol [103] (Novalgin®), 20–50 mg/kg s.c.
4. Breitbandantibiotikum, z. B.
   - Enrofloxacin [4] (Baytril®), 1 × tgl. 10 mg/kg s.c., p.o.
   - Marbofloxacin [6] (Marbocyl®), 1 × tgl. 4 mg/kg s.c., p.o.
   - Chloramphenicol [1] (Chloromycetin Palmitat®), 2 × tgl. 50 mg/kg p.o.
5. sofortige Ovariohysterektomie bei akuten und hochgradigen Blutungen

10 – Vaginalausfluss

▶ Abb. 10.4 Blutiger Vaginalausfluss bei einem Meerschweinchen mit Uterustumor.

10.3
Wichtige Ursachen

Das Auftreten von Vaginalausfluss ist meist auf Veränderungen der Gebärmutter zurückzuführen (▶ Tab. 10.2). Eitriger Ausfluss deutet dabei auf eine Pyometra hin, blutiger Ausfluss (▶ Abb. 10.4) kann von einer endometrialen Hyperplasie, einer Hämometra oder einem Uterustumor verursacht sein. Ein Vaginaltumor kann ebenfalls für blutigen, evtl. auch blutigschleimigen Ausfluss verantwortlich sein.

Treten Geburtsstörungen auf, kann der Vaginalausfluss sehr variieren: Ist er klar-schleimig und evtl. geringgradig blutig, zeigt dies zunächst lediglich an, dass die Zervix sich geöffnet hat und die Geburt beginnt. Innerhalb weniger Minuten sollte nun das 1. Jungtier geboren werden. Wird der Ausfluss deutlich blutig bei vorhandener Wehentätigkeit, ohne dass ein Jungtier geboren wird, so ist von einem mechanischen Geburtshindernis auszugehen. Geht bräunlich-übelriechendes Sekret ab, ist dies als Hinweis zu werten, dass die Früchte bereits abgestorben sind.

10.4
Diagnostischer Leitfaden: Vaginalausfluss (▶ S. 154)

10.4.1 Besonderes Augenmerk bei der Anamnese

Allgemeines: Viele Patienten mit Vaginalausfluss werden aufgrund einer vermeintlichen Zystitis vorgestellt. Bereits bei der Anamneseerhebung können meist bereits deutliche Hinweise gesammelt werden, ob tatsächlich eine Erkrankung der Harnorgane vorliegt oder ob es sich um eine Erkankung der Geschlechtsorgane handelt.

Beobachtet der Besitzer eine veränderte Farbe und Konsistenz der abgegangenen Flüssigkeit bei jedem Urinabsatz oder ist auch der Absatz von makroskopisch unverändertem Urin und einigen in Farbe und Konsistenz veränderten Tropfen zu beobachten? Trifft letzteres zu, so deutet dies auch bei sauberem Anogenitalbereich auf einen Vaginalausfluss und nicht auf eine Urinveränderung hin.

▶ Tab. 10.2 Wichtige Ursachen für Vaginalausfluss.

Ursache	Bedeutung	siehe Seite	Bemerkungen, siehe auch andere Leitsymptome
endometriale Hyperplasie/ Hämometra	+++	▶ S. 159	Schmerz/UV kaudales Abdomen, ▶ S. 112, Urinveränderungen, ▶ S. 167
Uterustumor	+++	▶ S. 162	Schmerz/UV kaudales Abdomen, ▶ S. 112, Urinveränderungen, ▶ S. 167
Geburts-/Trächtigkeitsstörungen	++	▶ S. 157	–
Pyometra	+	▶ S. 164	Schmerz/UV kaudales Abdomen, ▶ S. 112
Scheidentumor	+	▶ S. 165	v. a. beim MS, Urinveränderungen, ▶ S. 167

Wichtig ist zudem, ob der Patient Harnabsatzstörungen hat. Erkrankungen der Blase, die zu sichtbaren Blutbeimengungen im Urin führen, gehen in aller Regel auch mit Schmerzen beim Harnabsatz einher. Fehlen solche Symptome, so muss davon ausgegangen werden, dass das Blut aus den Geschlechtsorganen stammt.

Bedeckung: Falls eine Trächtigkeit (▶ S. 157) bekannt ist, sollte der genaue Decktermin erfragt werden. Ist nichts über eine eventuelle Bedeckung bekannt, so sollte die genaue Gruppenzusammensetzung besprochen werden. Auch der Zeitpunkt der Anschaffung des vorgestellten Tieres kann von Bedeutung sein. Da sowohl Meerschweinchen als auch Chinchillas und Degus eine sehr lange Trächtigkeit aufweisen und insbesondere Meerschweinchen sehr früh geschlechtsreif werden, werden oftmals unwissentlich bereits tragende Tiere zugekauft. Auch Irrtümer bei der Geschlechtsbestimmung beim Kauf von Jungtieren können dazu führen, dass plötzlich bei einem „gleichgeschlechtlichen" Paar Nachwuchs zu erwarten ist.

Art und Dauer des Vaginalausflusses: Wann ist der Ausfluss erstmalig aufgefallen? Oftmals sind schon über längere Zeit z. B. kleine blutige Flecken in der Einstreu oder auf Einrichtungsgegenständen aufgefunden worden, die aber nicht eindeutig einem Einzeltier zugeordnet werden konnten. Hat sich die Qualität des Ausflusses (Farbe und Geruch) seit Beginn des Auftretens verändert? Hat das Tier bereits viel Blut verloren?

Geburtsablauf: Ist bei tragenden Tieren Wehentätigkeit aufgefallen?

Falls die Geburt bereits in Gang gekommen ist, müssen auch folgende Fragen anamnestisch abgeklärt werden: Wann wurde das 1. Jungtier geboren und wieviel Zeit ist zwischen der Austreibung der einzelnen Jungen vergangen? Wann ist das letzte Jungtier geboren worden? Bei einer physiologisch ablaufenden Geburt werden die Jungtiere sehr zügig unmittelbar nacheinander entwickelt.

Allgemeinzustand und Fressverhalten: Sind bereits Veränderungen im Allgemeinbefinden, im Verhalten oder bei der Futteraufnahme aufgefallen? Hat ein Patient nur noch geringe Futtermengen zu sich genommen oder ist sein Allgemeinbefinden bereits deutlich reduziert, so ist dies sowohl bei der Behandlung (z. B. Narkosevorbereitung oder Art der Narkose bei einem Kaiserschnitt, einer Tumor-OP oder einer Ovariohysterektomie) als auch der Prognose zu berücksichtigen.

10.4.2 Besonderes Augenmerk bei der klinischen Untersuchung

Wie sind das Allgemeinbefinden und die Kreislaufsituation?

Wird das Tier in Brust-Bauch- oder Seitenlage vorgestellt und weist blasse Schleimhäute, eine flache Atmung und eine Hypothermie auf? In diesem Fall liegt ein Schockgeschehen vor, das sowohl aus starken Blutverlusten bei einer Hämometra (▶ S. 159) oder einer Tumorerkrankung (Uterus- ▶ S. 162 oder Vaginaltumor ▶ S. 165) als auch aus einer Septikämie (▶ S. 215) ausgehend von einer Pyometra (▶ S. 164) oder abgestorbenen, mazerierten bzw. infizierten Früchten resultieren kann. Die oben genannten Sofortmaßnahmen müssen ohne weitere Verzögerung eingeleitet werden.

Sind palpatorisch Befunde an der Gebärmutter zu erheben?

Ein Tastbefund der Metra kann nur bei Veränderungen erhoben werden; eine gesunde Gebärmutter ist nicht zu ertasten. Bei der Palpation müssen abhängig vom Vorbericht und der Art des Vaginalausflusses sehr unterschiedliche Befunde berücksichtigt werden. Sind Früchte und evtl. sogar Fruchtbewegungen zu palpieren? Oder fallen bei der Untersuchung der kaudalen Bauchhöhle eher in unterschiedlichem Maße flüssigkeitsgefüllte Schlingen auf, sodass eine endometriale Hyperplasie (▶ S. 159), eine Pyometra (▶ S. 164) oder eine Hämometra (▶ S. 159) durch weiterführende Untersuchungen voneinander abgegrenzt werden müssen?

Sowohl eine gleichmäßige und derbe Verdickung der Gebärmutter als auch kleinknotige Veränderungen können auf eine endometriale Hyperplasie (▶ S. 159) hinweisen. Solitäre, derbe und voluminöse Umfangsvermehrungen werden bei einem neoplastischen Geschehen (▶ S. 162) aufgefunden.

Diagnostischer Leitfaden: Vaginalausfluss

Anamnese
- ▸ Alter
- ▸ Bedeckung
  - ▸ ja
  - ▸ nein

Klinische Untersuchung

- ▸ **Ausfluss gelblich-grünlich, oft übelriechend**
  - ▸ gestörtes Allgemeinbefinden
    - ▸ flüssigkeitsgefüllte Schlingen zu palpieren
      - ▸ Röntgen/Sonografie Abdomen

- ▸ **Ausfluss rötlich-braun**
  - ▸ abdominale Palpation o.b.B.
    - ▸ Röntgen/Sonografie Abdomen
  - ▸ knotige UV im mittl. bis kaud. Abdomen
    - ▸ Röntgen/Sonografie Abdomen
  - ▸ Früchte zu palpieren
    - ▸ reduziertes Allgemeinbefinden
      - ▸ Röntgen/Sonografie Abdomen

- ▸ **Ausfluss schleimig-klar, evtl. leicht blutig**
  - ▸ Früchte zu palpieren
    - ▸ ungestörtes Allgemeinbefinden
      - ▸ Röntgen/Sonografie Abdomen

10.4 Diagnostischer Leitfaden: Vaginalausfluss

▸ Tumor?	▸ S. 102	
▸ physiologische Geburt?	▸ S. 152	
▸ Geburtsstörung?	▸ S. 157	
▸ Pyo-, Hämo-, Mukometra?	▸ S. 159, S. 164	
▸ Pyometra	▸ S. 164	

▸ Metra darstellbar, Flüssigkeitsansammlung — ▸ Hämometra, endometriale Hyperplasie — ▸ S. 159

▸ o.b.B. — ▸ Vaginoskopie — ▸ Scheidentumor — ▸ S. 165

▸ rundliche Verschattung am Uterus — ▸ Uterustumor — ▸ S. 162

▸ Früchte darstellbar — ▸ Geburtsstörung — ▸ S. 157

▸ Früchte darstellbar, Früchte leben — ▸ Geburt — ▸ S. 152

Sind weitere Symptome feststellbar?

Eine zusammengekauerte Haltung und halbgeschlossene Augen weisen auf akute Schmerzen hin. Eine krampfartige Wehentätigkeit zeigt meist eine Geburtsstörung (▶ S. 157) an. Liegt eine Dyspnoe (▶ S. 18) im Zusammenhang mit einem entsprechenden Palpationsbefund (derbknotige Umfangsvermehrung) der Metra vor? Dies muss als Hinweis auf eine Metastasierung eines Uterustumors (▶ S. 162) interpretiert werden. Atemnot kann jedoch auch Symptom einer Sepsis sein, die aus einer Pyometra (▶ S. 164) hervorgeht oder aus einer Geburtsstörung (▶ S. 157), die zum Absterben der Feten und nachfolgender Infektion geführt hat.

10.4.3 Diagnosesicherung durch weiterführende Untersuchungen

Durch eine **abdominale Sonografie** können Veränderungen der Gebärmutter am besten dargestellt und die Verdachtsdiagnosen Pyometra (▶ S. 164), Hämometra (▶ S. 159), endometriale Hyperplasie (▶ S. 159) und Uterustumor (▶ S. 162) bestätigt werden. Bei einer Pyo- (▶ S. 164) oder Hämometra (▶ S. 159) kann die Menge der Flüssigkeit beurteilt werden, bei einer endometrialen Hyperplasie (▶ S. 159) die Dicke und die Art der Veränderung der Gebärmutterwände (z. B. gleichmäßige Verdickung, kleinknotige Veränderung). Liegt ein Gebärmuttertumor (▶ S. 162) vor, so können mithilfe der Ultraschalluntersuchung dessen genaue Größe festgestellt und evtl. weitere, noch kleinere Neoplasien der Gebärmutter aufgefunden werden. Eine Ultraschalluntersuchung ist bei trächtigen Patienten zudem erforderlich, um die Vitalität der Jungtiere beurteilen zu können.

Eine **Röntgenuntersuchung des Abdomens** ist deutlich weniger zuverlässig, um Uterusveränderungen diagnostizieren zu können, da die Gebärmutter meist durch den voluminösen Blinddarm überlagert wird. Zudem besitzen die Meerschweinchenverwandten (im Vergleich zum Kaninchen) nur relativ mäßig ausgebildete abdominale Fettdepots, die als Kontrastgeber fungieren könnten. Eine Röntgenuntersuchung sollte jedoch stets bei trächtigen Tieren durchgeführt werden, da sie Auskunft über die Anzahl, Größe und Lage der Jungtiere gibt, sodass die Art einer Geburtsstörung (▶ S. 157) diagnostiziert und über das therapeutische Vorgehen entschieden werden kann.

Sind röntgenologisch flüssigkeitsgefüllte Schlingen erkennbar, so deutet dies auf eine Hämo- (▶ S. 159) oder Pyometra (▶ S. 164) hin. Eine endometriale Hyperplasie (▶ S. 159) kann sich je nach Ausprägungsgrad unterschiedlich darstellen: Die Metra kann röntgenologisch entweder geringgradig verdickt, leicht flüssigkeitsgefüllt oder kleinknotig verändert aussehen. Neoplasien des Uterus (▶ S. 162) treten meist solitär auf und sind als rundliche Verschattungen in der Gebärmutter zu erkennen. Sie können eine erhebliche Größe erreichen.

> ❗ Bei gesunden, nicht tragenden Tieren ist der Uterus röntgenologisch nicht darstellbar. Sind die Metraschlingen auf der Röntgenaufnahme erkennbar, ist dies bereits als Hinweis auf eine krankhafte Veränderung zu werten!
> Ausnahme: Bei hochgradig adipösen Tieren kann die Gebärmutter durch den Kontrast der im Ligamentum latum uteri eingelagerten Fettmassen sichtbar werden. In diesen Zweifelsfällen sollte sich eine Ultraschalluntersuchung anschließen.

> ❗ Wird durch Röntgenaufnahmen oder Sonografie ein Uterustumor (▶ S. 162) diagnostiziert, so müssen in jedem Falle zusätzlich Röntgenaufnahmen des Thorax in 2 Ebenen angefertigt werden, um eine Metastasierung auszuschließen.

Eine **endoskopische Untersuchung** sollte bei blutigem Vaginalausfluss vorgenommen werden, wenn keine Veränderungen der Gebärmutter festgestellt werden konnten. Es besteht dann der Verdacht, dass ein Vaginaltumor (▶ S. 165) vorliegt.

Die **Blutuntersuchung** liefert viele weitere Hinweise zum Krankheitsgeschehen. Ein Blutbild gibt Auskunft darüber, ob durch chronische Blutungen bei Hämometra (▶ S. 159) oder bei blutenden Uterus- (▶ S. 162) oder Vaginaltumoren (▶ S. 165) bereits eine Anämie vorliegt. Eine Leukozytose ist im Verlaufe einer Pyometra (▶ S. 164) oder oftmals auch bei einer Geburtsstörung (▶ S. 157) aufgrund von bereits länger abgestorbenen Feten festzustellen.

Die Nieren- sowie evtl. die Leberwerte können in diesen Fällen ebenfalls erhöht sein, sodass eine besonders sorgfältige Narkosevor- und Nachsorge mit regelmäßigen Infusionen notwendig wird. Liegt eine Geburtsstörung (▶ S. 157) aufgrund von Erschöpfung des Muttertiers oder einer primären Wehenschwäche vor, so hilft die Bestimmung der Blutglukose und der Elektrolyte dabei, die Zusammensetzung der notwendigen Infusion optimal abzustimmen.

Der eitrige Inhalt einer Pyometra (▶ S. 164) sollte zur **bakteriologischen Untersuchung** angesetzt oder eingesandt werden, da viele Keime weitreichende Resistenzen aufweisen können. Der Zeitraum bis zum Erhalt des Antibiogramms muss durch die Gabe eines Breitbandpräparats überbrückt werden.

10.5 Erkrankungen

Trächtigkeitsstörungen, Geburtsstörungen

▶ Beim Meerschweinchen häufiger als bei Degu und Chinchilla vorkommende Komplikationen.

Ätiologie & Pathogenese

Trächtigkeits- oder Geburtsstörungen treten bei den Caviomorpha insgesamt eher selten auf; am häufigsten sind jedoch Meerschweinchen betroffen. Die vielfältigen Ursachen für Störungen während der Tragezeit und im Geburtsablauf können sowohl von der Mutter als auch von den Jungtieren ausgehen:

- **Zu frühe Erstbedeckung:** Eine sehr frühe Erstbedeckung kann zum einen dadurch zu Komplikationen führen, dass das selbst noch wachsende junge Muttertier in eine Kalziummangelsituation gerät. Daraus kann sich eine primäre Wehenschwäche entwickeln. Zum anderen kommen bei Erstbedeckung sowohl beim Meerschweinchen als auch beim Chinchilla Einlingsträchtigkeiten mit absolut zu großer Frucht vor. Aber auch bei Zwillings- oder Mehrlingsträchtigkeiten können bei sehr jungen und zierlichen Müttern mit schmalem Geburtsweg Geburtsstörungen durch relativ zu große Früchte entstehen.
- **Zu späte Erstbedeckung:** Wird ein Tier erst relativ spät (▶ Tab. 10.1) zum 1. Mal gedeckt, so kann sich der knöcherne Geburtsweg bzw. die Beckensymphyse nur noch in geringem Maße weiten. Auch in diesem Fall sind besonders die Einlingsträchtigkeiten bei Chinchilla und Meerschweinchen mit einer sehr großen Frucht als Risiko zu bewerten.
- **Infektiöse Ursachen:** Im Rahmen einer Allgemeininfektion können die Früchte absterben. Zudem kann das Allgemeinbefinden des Muttertiers so massiv gestört sein, dass es zu einem Stocken der Geburt kommt.
- **Abgestorbene Früchte:** Zum Fruchttod eines oder mehrerer Feten kann es vor allem durch Infektionen oder nach Traumata kommen. Auch Missbildungen können ursächlich sein.
- **Lage-, Stellungs- oder Haltungsanomalien der Jungtiere**
- **Torsio uteri:** Eine Drehung eines oder beider Uterushörner um 360° wird sehr selten beobachtet und ist bei den Caviomorpha nur für das Meerschweinchen beschrieben. Ursächlich können starke Frucheigenbewegungen oder Traumata sein.
- **Mangelhafte Zuchtkondition des Muttertiers:** Durch fehlerhafte Fütterung vor und während der Trächtigkeit kann es unter der Geburt zum einen zu einer Kalziummangelsituation, zum anderen zu einem massiven Energiedefizit kommen. Beides bedingt eine primäre Wehenschwäche. Eine generalisierte Adipositas wiederum führt zu Geburtsstörungen durch Verengung der weichen Geburtswege.

Klinik

Abgesehen von dem Leitsymptom „Vaginalausfluss" können die klinisch sichtbaren Veränderungen je nach Ursache der Trächtigkeits- oder Geburtsstörung unterschiedlich aussehen.

Bei relativ oder absolut zu großen Früchten sowie Lage-, Stellungs- und/oder Haltungsanomalien kann es neben Fruchtwasseraustritt zu Blutungen kommen, wenn sich beispielsweise ein Jungtier im Geburtskanal verkeilt hat und trotz starker Wehentätigkeit feststeckt. Sind die Feten bereits abgestorben (▶ Abb. 10.5 und ▶ Abb. 10.6), so ist bräunlich-übelriechender Ausfluss festzustellen. Das Allgemeinbefinden des Muttertiers ist meist deutlich gestört. Bei der Torsio uteri des Meerschweinchens stehen Schmerzhaftigkeit des Abdomens und Mattigkeit im Vordergrund. Schleimig-blutiger Ausfluss ist in diesem Fall nur in geringem Maße zu beobachten. Leidet das Muttertier an einer primären Wehenschwäche, wird leider oftmals nach Abgang des Fruchtwassers von den Besitzern mindestens bis zum nächsten Tag abgewartet, da das Muttertier zunächst noch völlig unbeeinträchtigt erscheint. Bei der Vorstellung in der Praxis ist dieses leider häufig bereits inappetent und apathisch. Weist das Muttertier bräunlich-blutigen Ausfluss auf, so ist davon auszugehen, dass die Jungtiere bereits abgestorben sind.

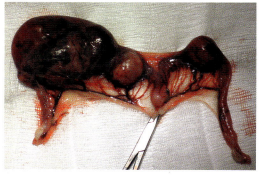

▶ **Abb. 10.5** Uterus eines Chinchillas: Die Früchte sind in unterschiedlichen Trächtigkeitsstadien abgestorben.

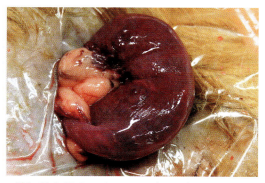

▶ **Abb. 10.6** OP-Situs eines Meerschweinchens: abgestorbenes Jungtier.

Diagnose

Die Anamnese und das klinische Bild führen bereits zur Diagnose. Die Ursache und Art der Trächtigkeits- oder Geburtsstörung muss nun jedoch sorgfältig abgeklärt werden. Während eine Röntgenaufnahme einen Überblick über Anzahl, Größe und Lage der Jungtiere ermöglicht (▶ Abb. 10.7), gibt die Ultraschalluntersuchung Auskunft darüber, ob die Jungtiere noch leben (▶ Abb. 10.8). Blutuntersuchungen des Muttertiers zur Diagnose von Infektionen, Stoffwechselimbalancen, Hypoglykämien oder Mineralstoffmängeln sollten sofort im Praxislabor eingeleitet werden. Ist dies nicht möglich, so müssen trotzdem kurzfristig therapeutische Maßnahmen basierend auf den ansonsten erhobenen Untersuchungsergebnissen eingeleitet werden. Die Laborergebnisse können dann noch wertvolle Hinweise auf die nötige Geburtsnachsorge geben. Falls bräunlich-übelriechender Ausfluss auftritt, sollte eine Probe zur mikrobiologischen Untersuchung eingesandt werden. Eine solche Untersuchung eines abgestorbenen Fetus kann ebenfalls sinnvoll sein, um das Muttertier gezielt behandeln zu können.

Therapie & Prognose

Auch die Therapie richtet sich nach der Ätiologie der Störungen von Trächtigkeit oder Geburt.

Verwirft ein Tier vor dem Geburtstermin, so sollten die Früchte untersucht werden. Ergeben sich Anzeichen für eine infektiöse Ursache (Mazeration, unangenehmer Geruch), so ist das Muttertier in jedem Fall mit einem Antibiotikum zu versorgen. Sind keine Infektionsanzeichen vorhanden und ist die Mutter bei ungestörtem Allgemeinbefinden, so ist zunächst keine Intervention erforderlich. Das Tier sollte jedoch in den nächsten Tagen sorgfältig beobachtet werden, um ggf. therapeutisch eingreifen zu können.

Im Fall primärer Wehenschwäche wird das Muttertier zunächst mit einer Glukoseinfusion [87], Kalziumglukonat [80] und Oxytocin [75] versorgt. Oftmals kann die Geburt nach dieser Behandlung auf natürlichem Wege ablaufen. Ist dennoch keinerlei Wehentätigkeit feststellbar, so muss eine Sectio caesarea eingeleitet werden.

Wenn ein Jungtier im Geburtskanal feststeckt, aber zum Teil bereits herausragt, kann mithilfe von sehr viel Gleitgel und evtl. unter einer leichten

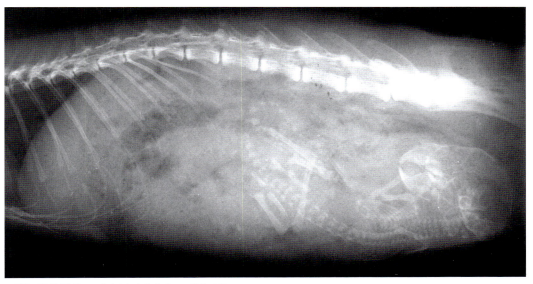

▶ Abb. 10.7 Einlingsträchtigkeit bei einem Chinchilla.

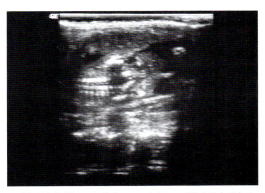

▶ Abb. 10.8 Ultraschall: fortgeschrittene Trächtigkeit bei einem Meerschweinchen.

Inhalationsnarkose versucht werden, das Jungtier vorsichtig zu entwickeln. Oftmals kommt dann die Geburt der dahinter liegenden Tiere wieder in Gang oder kann, wenn keine sonstigen Geburtshindernisse vorliegen, eingeleitet bzw. medikamentell unterstützt werden.

Ein Kaiserschnitt oder, je nach Zustand der Gebärmutter, eine Ovariohysterektomie ist dann unumgänglich, wenn eine Torsio uteri, abgestorbene Früchte oder absolut oder relativ zu große Früchte festgestellt werden.

Nach der Geburt wird das Muttertier weiter überwacht und ggf. analgetisch sowie antibiotisch versorgt. Insbesondere Meerschweinchen sind nach einem Kaiserschnitt bzw. einer Ovariohysterektomie noch einige Tage massiv mit Glukoseinfusionen [87] zu versorgen. Nach eigenen Erfahrungen erhöht diese intensive Nachsorge die Überlebensrate der doch häufig bereits in schlechtem Zustand vorgestellten Tiere erheblich.

Waren die Jungtiere bereits intrauterin abgestorben und bestand übelriechender Vaginalausfluss, so ist das Muttertier in jedem Fall antibiotisch zu versorgen. Gleiches gilt bei plötzlich auftretenden Störungen des Allgemeinbefindens oder Inappetenz. Überlebende Jungtiere sollten separiert und von Hand aufgezogen werden (▶ S. 96).

Endometriale Hyperplasie, Hämometra

▶ Auf einer hormonellen Dysfunktion beruhende Hyperplasie/Hyperämisierung der Uterusschleimhaut.

Ätiologie & Pathogenese

Die Entstehung einer endometrialen Hyperplasie ist auf eine längerfristige Stimulation des Uterus durch Östrogene und Progesteron bei sexuell aktiven Tieren zurückzuführen. Bei anhaltendem hormonellem Stimulus entwickeln sich in der hyperplastischen Uterusschleimhaut sowohl zystische als auch kleinknotige Veränderungen. Durch die gleichzeitig massive Hyperämisierung des Gewebes kann eine Hämometra entstehen (▶ Abb. 10.9 und ▶ Abb. 10.10). Diese Veränderungen können bereits bei jungen Tieren festgestellt werden, wobei das Meerschweinchen häufiger betroffen zu sein scheint als das Chinchilla. Beim Degu sind endometriale Hyperplasien eher vereinzelt anzutreffen. Im Alter können sich aus den zystischen oder kleinknotigen Veränderungen Uterustumore entwickeln.

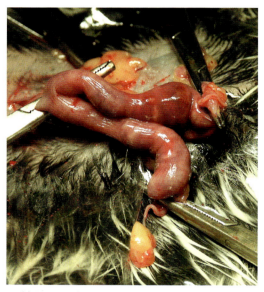

▶ **Abb. 10.9** Endometriale Hyperplasie mit Hämometra bei einem Chinchilla.

▶ **Abb. 10.10** Ampullenartig erweiterte Hämometra bei einem Meerschweinchen.

Klinik

Das typische Symptom einer endometrialen Hyperplasie sind intermittierend auftretende, meist geringgradige vaginale Blutungen, die vom Besitzer oftmals als Hämaturie betrachtet und damit als Anzeichen für eine Zystitis fehlinterpretiert werden. In einem frühen Stadium der Veränderung der Metra ist das Allgemeinbefinden des Patienten ansonsten meist völlig ungestört.

Im Rahmen einer Hämometra können zunächst ebenfalls nur gelegentlich geringe Blutverluste oder lediglich etwas Blut im Fell in der Anogenitalregion auffallen. Es kann aber auch zu plötzlich auftretenden hochgradigen vaginalen Blutungen kommen, die als Notfall zu behandeln sind. Gleichzeitig weist das Tier in diesen Fällen meist bereits Anzeichen für ein Schockgeschehen auf.

Zusätzlich können weitere, eher unspezifische Krankheitsanzeichen, wie Verdauungsstörungen, Apathie und Inappetenz, im Zusammenhang mit einer fortgeschrittenen endometrialen Hyperplasie oder einer Hämometra festgestellt werden. Diese Symptome sind vorwiegend auf die zunehmende Größe und Schmerzhaftigkeit der Veränderungen zurückzuführen, Apathie und Inappetenz können sich aber auch durch die Entstehung einer Anämie bei kontinuierlichen Blutverlusten entwickeln.

Diagnose

Bei vorberichtlicher Hämaturie kann bereits das Erfragen des Harnabsatzverhaltens Hinweise auf eine Erkrankung der Gebärmutter liefern. Bei Blasenerkrankungen, die mit makroskopisch sichtbaren Blutverlusten einhergehen, weisen die Tiere deutliche Harnabsatzbeschwerden und in der Regel eine urinverschmierte Anogenitalregion auf. Stammt das gleichzeitig mit dem Harn abgesetzte Blut aus der Metra, wird der Urin ohne Probleme abgesetzt. Die Anogenitalregion ist sauber. Leichte Blutkrusten um die Vagina sind evtl. zu finden.

Die Abdomenpalpation kann eine Verdachtsdiagnose erhärten. Im Falle einer Hämometra sind flüssigkeitsgefüllte Schlingen im kaudoventralen Abdomen zu ertasten, eine endometriale Hyperplasie kann sich auch kleinknotig verändert oder lediglich in Form von leicht verdickten Metraschlingen darstellen. Die Diagnose kann mithilfe einer Röntgen- oder Ultraschalluntersuchung verifiziert werden (▶ Abb. 10.11, ▶ Abb. 10.12, ▶ Abb. 10.13). Durch eine Blutuntersuchung ist abzuklären, ob sich bereits eine Anämie entwickelt hat.

▶ Abb. 10.11 a+b Durch Flüssigkeitsansammlungen vergrößerte Gebärmutter bei einem Meerschweinchen (derselbe Patient wie in ▶ Abb. 10.10).

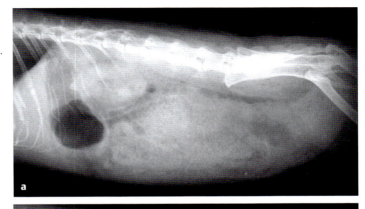

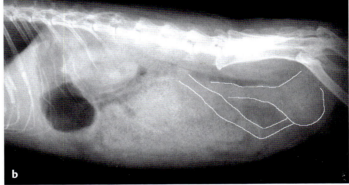

▶ Abb. 10.12 Flüssigkeitsansammlungen in der Metra eines Meerschweinchens.

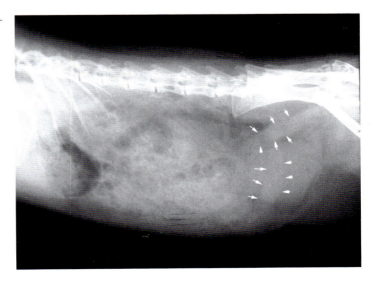

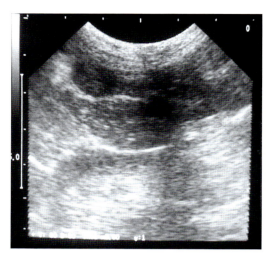

▶ **Abb. 10.13** Ultraschall: Flüssigkeitsgefüllte Metraschlingen bei Hämometra eines Chinchillas.

Therapie & Prognose

❗ **Akute, hochgradige vaginale Blutungen sind immer als Notfall zu betrachten!**

Der betroffene Patient muss bei akuten, hochgradigen Blutungen sofort mit Infusionen (Vollelektrolytlösung 89, z.B. Ringer-Laktat-Lösung, 50 ml/kg i.v., i.p.) und Medikamenten zur Kreislaufstabilisation (kurzwirksame Prednisolonester 76, z.B. Solu Decortin®, 10–20 mg/kg i.v, i.m., oder Etilefrin 46, Effortil®, 0,5–1 mg/kg p.o.) versorgt werden. Eine Ovariohysterektomie, möglichst unter ausschließlicher Inhalationsnarkose, muss umgehend durchgeführt werden. Dies ist die einzige Möglichkeit, die Blutungen zu stillen und ein Verbluten des Patienten zu verhindern. Postoperativ benötigt das Tier noch einige Tage, je nach Blutbefund und Allgemeinzustand, 1- bis 2-mal täglich eine Infusion zur Kreislaufunterstützung und Volumensubstitution. Es sollte zudem für mindestens 5 Tage analgetisch versorgt und etwa 1 Woche antibiotisch abgedeckt werden. Als Analgetikum eignet sich z.B. Metacam® 102, als Antibiotikum kann z.B. Marbocyl® 6 eingesetzt werden. Falls der Patient nicht noch am Operationstag mit der Nahrungsaufnahme beginnt, muss er zwangsgefüttert werden (z.B. mit Critical Care® 115).

Die Ovariohysterektomie ist auch bei einer geringgradig ausgeprägten Hämometra oder bei Vorliegen einer nur mäßigen endometrialen Hyperplasie die Therapie der Wahl, da die Gefahr einer chronischen Anämie bzw. einer späteren Entartung des Gewebes besteht. Ein Operationstermin sollte kurzfristig anberaumt werden.

Uterustumor

▶ Benigne und maligne Neoplasien, die sich aus endometrialen Hyperplasien entwickeln können.

Ätiologie & Pathogenese

Die Entstehung von Neoplasien der Gebärmutter ist ebenfalls auf hormonelle Imbalancen zurückzuführen. Im Regelfall treten diese Tumore bei älteren Tieren auf und entwickeln sich aus endometrialen Hyperplasien. Sie werden besonders oft bei Merschweinchen diagnostiziert. Neben malignen Adenokarzinomen, die in die Lunge metastasieren können, werden in über der Hälfte der Fälle benigne Neoplasien, wie Leiomyome und Adenome, vorgefunden. Diese wachsen allerdings mitunter sehr raumfordernd und können durch Verdrängung anderer Organe zu Symptomen führen.

Klinik

Neoplasien der Gebärmutter können über einen langen Zeitraum unentdeckt bleiben oder als Zufallsbefund bei einer routinemäßigen Untersuchung auffallen. Wenn sie das Allgemeinbefinden beeinträchtigen oder Symptome hervorrufen, werden diese oftmals nicht primär mit einer Gebärmuttererkrankung assoziiert. Die intermittierenden und häufig nur geringgradigen vaginalen Blutungen werden von den Besitzern oft als Hämaturie angesehen und das Tier wird mit Zystisverdacht vorgestellt. Ein weiterer Vorstellungsgrund können Verdauungsstörungen sein, die z.B. durch Verdrängung der Darmschlingen aufgrund der Größe des Tumors auftreten. Gewichtsverluste des Patienten sind ebenfalls auf die Raumforderung der Neoplasie zurückzuführen, da nur noch geringe Futtermengen pro Mahlzeit aufgenommen werden können. Dyspnoe (▶ S. 18) kann bei metastasierenden Uterustumoren auffallen. Apathie und Inappetenz treten z.B. aufgrund einer chronischen Anämie oder aufgrund von Schmerzen im Abdomen (▶ S. 112) in den Vordergrund.

Diagnose

Die Diagnose ergibt sich oft schon bei der klinischen Untersuchung. Bei Palpation der Metra fällt eine meist derbe, grobknotige Umfangsvermehrung auf, die druckschmerzhaft sein kann. Gelegentlich sind zusätzlich Bluttropfen im Fell der Anogenitalregion festzustellen oder durch Palpation der Gebärmutter entleert sich spontan blutiger Vaginalausfluss. Durch Röntgen- (▶ Abb. 10.14 a und b) und Ultraschalluntersuchungen (▶ Abb. 10.15) können die Befunde bestätigt werden. Steht die Diagnose „Uterustumor" fest, so sind grundsätzlich Röntgenaufnahmen des Thorax in 2 Ebenen anzufertigen, um Lungenmetastasen auszuschließen. Ein Blutbild gibt zudem Auskunft über eine bereits vorhandene Anämie.

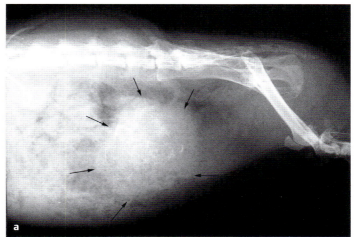

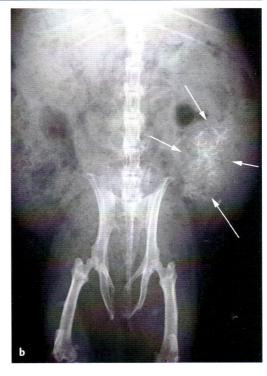

▶ **Abb. 10.14** Uterustumor mit Verkalkungen (Pfeile) bei einem Meerschweinchen: (**a**) laterolaterale und (**b**) ventrodorsale Projektion.

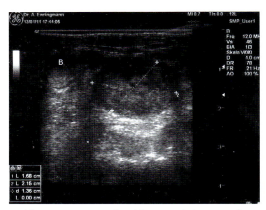

▶ **Abb. 10.15** Tumor im kaudalen Bereich des Uterus bei einem Meerschweinchen. Die Neoplasie befindet sich kurz vor dem Übergang in die Scheide und liegt in unmittelbarer Nähe der Harnblase (B).

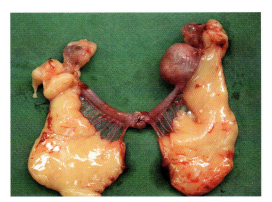

▶ **Abb. 10.16** Tumor im rechten Uterushorn eines Meerschweinchens. Die Ovarien sind zystisch verändert.

▶ **Abb. 10.17** Neoplasien der Gebärmutter (2) eines Meerschweinchens: Eine der Neoplasien liegt in unmittelbarer Nähe der Harnblase (1).

Therapie & Prognose

Die Therapie besteht in einer kurzfristigen Ovariohysterektomie (▶ **Abb. 10.16**). Aufgrund der in der Regel bestehenden Anämie ist eine besonders sorgfältige Narkosevor- und Nachsorge notwendig, die auch eine analgetische und antibiotische Versorgung beinhaltet. Die Prognose ist als günstig anzusehen, wenn noch keine Tochtergeschwülste oder Verwachsungen/Verklebungen mit anderen Organen vorhanden sind. Liegt jedoch eine Metastasierung in die Lunge vor, so ist die Prognose infaust. Eine Euthanasie sollte dann erfolgen, wenn eine Verschlechterung des Allgemeinbefindens eintritt oder eine Dyspnoe entsteht.

Problematisch stellt sich die Situation intra operationem oftmals dar, wenn Neoplasien im Zervixbereich lokalisiert sind, da sie sich, aufgrund der sehr kurzen Scheide, somit in unmittelbarer Nähe der Harnblase befinden (▶ **Abb. 10.17**). Adenome und Leiomyome können nach Inzision der Gebärmutterwand in der Regel gut herausgeschält werden, sodass anschließend eine Ligatur in ausreichendem Abstand zur Blase gewährleistet ist. Handelt es sich jedoch um infiltrativ wachsende Adenokarzinome, so ist eine vollständige Resektion oft nicht mehr möglich. Eine Euthanasie des Patienten sollte dann vorgezogen werden.

Endometritis, Pyometra

▶ Entzündung der Gebärmutter durch Allgemein- oder aufsteigende Infektionen.

Ätiologie & Pathogenese

Infektiöse Entzündungen des Uterus treten beim Meerschweinchen, Chinchilla und Degu eher selten auf. Sie entwickeln sich v. a. aufsteigend infolge von Geburtsstörungen. Aufsteigende Infektionen werden zudem begünstigt, wenn die Scheidenöffnung aufgrund hormoneller Störungen außerhalb der Brunst nicht epithelial verschlossen wird. Gelegentlich erfolgt die Keimbesiedlung auch nach dem Deckakt oder durch hämatogene Streuung im Verlauf hochgradiger bakterieller Allgemeininfektionen.

Auslösend können hier verschiedene Erreger sein, z. B. *Staphylococcus* spp., *Streptococcus* spp., *Pseudomonas* sp. oder *Pasteurella* sp.

Klinik
Das erkrankte Tier weist abgesehen von eitrigem, z.T. blutig durchsetztem und übelriechendem Vaginalausfluss meist ein hochgradig gestörtes Allgemeinbefinden auf. Es verweigert die Nahrungsaufnahme, zieht sich oftmals zurück und wirkt apathisch. Gesträubtes Fell, halbgeschlossene Augen und ein angespanntes Abdomen sind zudem als Schmerzsymptome festzustellen. In fortgeschrittenen Erkrankungsstadien kommt oft hohes Fieber hinzu. Bei Palpation der flüssigkeitsgefüllten Metraschlingen kann sich schwallartig eitriges Sekret aus der Vagina entleeren (▶ Abb. 10.18).

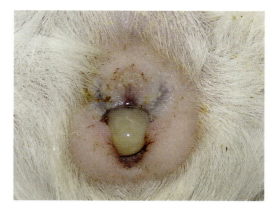

▶ **Abb. 10.18** Eitriger Vaginalausfluss bei Pyometra (Meerschweinchen).

Diagnose
Die Diagnose ergibt sich aus den klinischen Befunden und kann durch röntgenologische und sonografische Untersuchungen gestützt werden. Die blutchemische Untersuchung der Leber- und Nierenwerte gibt Auskunft über den Verlauf der Erkrankung und eine evtl. längerfristig nötige Infusionstherapie. Zudem können die Heilungsaussichten basierend auf den Untersuchungsergebnissen in Zusammenhang mit den klinischen Symptomen realistisch eingeschätzt werden. Eine Probe des eitrigen Entzündungssekrets sollte zur bakteriologischen Untersuchung eingesandt werden, da vielfältige Keime als Erreger infrage kommen und häufig bereits weitreichende Resistenzen vorliegen.

Therapie & Prognose
Weist der Patient bereits Anzeichen für einen septikämischen Schock auf, so ist unverzüglich eine Notfallbehandlung einzuleiten. Das Tier muss eine Infusion mit Vollelektrolytlösung [89] (z.B. Sterofundin®) sowie Etilefrin [46] (Effortil®) zur Kreislaufstabilisierung erhalten. Der Patient muss grundsätzlich sofort antibiotisch versorgt werden. Zur Erstbehandlung eignen sich Breitbandantibiotika, wie Enrofloxacin [4] (Baytril®), Marbofloxacin [6] (Marbocyl®) oder Chloramphenicol [1] (Chloromycetin Palmitat®). Die Antibiose wird ggf. nach Antibiogramm umgestellt.

Nach Stabilisation des Patienten muss kurzfristig die Ovariohysterektomie erfolgen; ein konservativer Therapieversuch ist nicht anzuraten. Da die betroffenen Tiere oftmals erst in fortgeschrittenen Krankheitsstadien vorgestellt werden, ist besonderen Wert auf eine sorgfältige Operationsvor- und Nachsorge sowie auf die gute Steuerbarkeit der Narkose zu legen.

Im Anschluss an die chirurgische Versorgung muss der Patient über einen Zeitraum von 1 Woche – 10 Tagen weiter antibiotisch versorgt werden. Die Verabreichung eines Analgetikums (z.B. Meloxicam [102]) sowie die adäquate Zufütterung bei anhaltender Inappetenz sind selbstverständlich.

Scheidentumor
▶ Neoplasie, die meist von der glatten Muskulatur ausgeht und bis in die Gebärmutter hineinragen kann.

Ätiologie
Vaginaltumore treten insbesondere beim Meerschweinchen häufig auf. Es handelt sich meist um gutartige Tumoren der glatten Muskulatur. Die Entstehung dieser Leiomyome scheint hormonell beeinflusst zu sein; die genaue Ursache ist jedoch nicht bekannt. Betroffen sind meist ältere Tiere.

Klinik
Im Regelfall verursacht ein Vaginaltumor keine Störungen des Allgemeinbefindens. Betroffene Tiere werden oftmals mit Zystitisverdacht vorgestellt, da sie, meist intermittierend, eine scheinba-

re Hämaturie aufweisen oder einzelne Bluttropfen aus der Scheide verlieren. Massive vaginale Blutungen treten nur selten auf.

Diagnose

Die Diagnose von Vaginaltumoren kann sich schwierig gestalten. Sie sind röntgenologisch in der Regel nicht darstellbar und entziehen sich, durch ihre Lage im Beckenbereich, auch meist der sonografischen Untersuchung. Die Diagnose muss dann im Rahmen einer endoskopischen Untersuchung erfolgen, die unter einer Inhalationsanästhesie durchgeführt werden sollte.

Sehr selten können gestielte vaginale Leiomyome auch in den Uterus hineinwachsen. Diese Tumore haben ihre Basis im kranialen Anteil der Scheide, der oft sehr schmale Stiel schiebt sich im Laufe der Zeit durch die Zervix und wächst dann in der Gebärmutter weiter. Dort ist dann eine Umfangsvermehrung palpierbar, die fälschlicherweise auf einen Uterustumor schließen lässt.

Therapie & Prognose

Eine vollständige chirurgische Entfernung eines Vaginaltumors ist nur äußerst selten möglich. Bei den Neoplasien, die sehr weit kranial in der Scheide liegen, kann eine Resektion im Rahmen einer Ovariohysterektomie versucht werden. Insbesondere beim Meerschweinchen ist jedoch die unmittelbare Nähe der dorsalen Blasenwand zu berücksichtigen.

11 Urinveränderungen

Die klinischen Anzeichen bei Veränderungen des Urins variieren in Abhängigkeit von der verursachenden Erkrankung:
- Störungen des Allgemeinbefindens (Apathie, Inappetenz)
- Bauchschmerzen
- Harnabsatzstörungen
- Verunreinigungen der Anogenitalregion

11.1 Tierartliche Besonderheiten

Bei allen 3 hier besprochenen Caviomorpha mündet die Harnröhre getrennt von der Vagina nach außen. Bei **Meerschweinchen** liegt die Mündung kranial der Scheide in einer flachen Grube der Klitoris (▶ Abb. 10.2). Bei **Chinchillas** und **Degus** mündet die Urethra in einem kleinen Zapfen, der sich unmittelbar kranial der Vaginalöffnung befindet (▶ Abb. 10.3).

Der physiologische Urin ist gelblich und etwas trübe (▶ Abb. 11.1). Beim Meerschweinchen kann er gelegentlich sogar eine eher weißliche Färbung aufweisen. Die Trübung wird durch einen hohen Gehalt an Kalziumkristallen verursacht, der durch einige Besonderheiten im Kalziumstoffwechsel bedingt ist. Diese sind für Meerschweinchen und Chinchillas nachgewiesen. Bei Degus liegen bisher keine entsprechenden Untersuchungen vor, die Verhältnisse dürften jedoch weitgehend denen von Meerschweinchen und Chinchilla gleichen.
- Kalzium wird bei diesen Tieren nicht bedarfsorientiert resorbiert, sondern in Abhängigkeit von der Menge, die mit der Nahrung aufgenommen wurde.
- Überschüssiges Kalzium wird nach der Resorption überwiegend über die Nieren ausgeschieden.
- Caviomorpha sind reine Pflanzenfresser. Sie weisen einen basischen Harn-pH-Wert auf, in dem Kalzium als Kristall ausfällt.

Physiologischer Urin von Meerschweinchen, Chinchillas und Degus
- gelblich-trüb
- pH 8–9
- dezente Proteinurie möglich
- mikroskopisch hoher Anteil an Kristallen (v. a. Kalziumkarbonat und Kalziumoxalat)

11.2 Therapiegrundsätze

✚ Sofortmaßnahmen

Notfallmaßnahmen sind stets dann einzuleiten, wenn ein hochgradig reduziertes Allgemeinbefinden vorliegt und/oder die Blase nicht mehr selbstständig entleert werden kann.
1. Kreislaufstabilisierung
   - Flüssigkeitszufuhr: Vollelektrolytlösung [89] (z. B. RingerLaktat®), 30 ml/kg s.c.
   - Prednisolon [76] (z. B. Medrate solubile®), 10–20 mg/kg i.v., i.m., i.p.
   - Etilefrin [46] (Effortil®), 0,5–1 mg/kg p.o.
2. ggf. Sauerstoffzufuhr
3. Entleerung der Blase durch Zystozentese bei Verlegung der Harnröhre
4. Antibiotikum, z. B.
   - Chloramphenicol [1] (Chloromycetin Palmitat®), 2× tgl. 50 mg/kg p.o.
   - Sulfadoxin/Trimethoprim [9] (z. B. Cotrim K®), 2× tgl. 40/8 mg/kg p.o.
   - Enrofloxacin [4] (Baytril®), 1× tgl. 10 mg/kg s.c., p.o.
   - Marbofloxacin [6] (Marbocyl®), 1× tgl. 4 mg/kg s.c., p.o.
5. Temperaturkontrolle, Wärmezufuhr

▶ Abb. 11.1 Physiologischer Urin eines Degus.

11.3 Wichtige Ursachen

Rotfärbungen des Urins sind nicht zwangsläufig als pathologisch anzusehen (▶ Tab. 11.1). Sowohl durch **Futterpigmente** (z.B. Rote Beete, Löwenzahn) als auch durch **Medikamente** kann es zu Verfärbungen kommen. Eine häufige Ursache für Farbveränderungen sind außerdem **Oxidationsprozesse** (▶ Abb. 11.2). Der Harn wird in physiologischer Farbe abgesetzt, an der Luft erhält er dann schnell eine rötlich-braune Färbung. In allen 3 genannten Fällen sind die Rotfärbungen gleichmäßig. Blutbeimengungen werden dagegen in der Regel als Schlieren, Koagel oder Tropfen im ansonsten makroskopisch gelben Urin sichtbar.

Bluttropfen sind dann zu finden, wenn sich das Blut erst kurz vor Austritt aus der Harnröhre mit dem Urin vermischt, z.B. beim Vorliegen eines **Harnröhrensteins**. Weiterhin kann es beim Pressen auf Urin zum Blutaustritt aus der Vagina kommen, wenn ein **Scheidentumor** oder mit Blutungen einhergehende Gebärmuttererkrankungen, wie **Hämometra** oder **Uterustumore**, vorliegen.

Liegen Veränderungen im Geschlechtstrakt vor, wird typischerweise nicht bei jedem Harnabsatz auch Blut verloren. Zwischenzeitlich kann physiologischer Urin bzw. Urin ohne makroskopisch sichtbare Blutbeimengungen, abgesetzt werden.

Blutungen der Blasenschleimhaut, die sich in makroskopisch sichtbaren Rotfärbungen des Urins manifestieren, können durch **Blasensteine** oder hochgradige **Zystitis** ausgelöst werden. Bei älteren Meerschweinchen kommen auch **Neoplasien der**

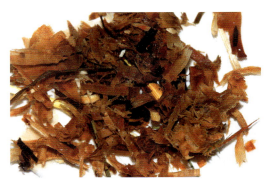

▶ **Abb. 11.2** Durch Oxidationsprozesse verfärbter Harn in der Streu (Degu).

▶ **Tab. 11.1** Wichtige Ursachen für Rotfärbungen des Urins.

Ursache	Bedeutung	siehe Seite	Bemerkungen, siehe auch andere Leitsymptome
Färbung durch Oxidation	+++	▶ S. 168	–
Blasensteine	+++	▶ S. 174	Schmerz/UV kaudales Abdomen, ▶ S. 112
Harnröhrensteine	+++	▶ S. 174	Schmerz/UV kaudales Abdomen, ▶ S. 112, UV Anogenitalbereich, ▶ S. 132
endometriale Hyperplasie, Hämometra	++	▶ S. 182	Schmerz/UV kaudales Abdomen, ▶ S. 112, Vaginalausfluss, ▶ S. 149
Uterustumor	++	▶ S. 182	Schmerz/UV kaudales Abdomen, ▶ S. 112, UV Anogenitalbereich, ▶ S. 132
Färbung durch Futterpigmente	++	▶ S. 168	–
Färbung durch Medikamente	+	▶ S. 168	–
Zystitis	+	▶ S. 173	Schmerz/UV kaudales Abdomen, ▶ S. 112
Konkremente der akzessorischen Drüsen	+	▶ S. 179	MS, CH, Schmerz/UV kaudales Abdomen, ▶ S. 112
Neoplasien der Blase	+	▶ S. 180	MS,
Scheidentumor	+	▶ S. 184	UV Anogenitalbereich, ▶ S. 132

Blasenwand als Ursache in Betracht. Es handelt sich im Harn dann in der Regel um schlierige Beimengungen. Auch kleine Blutkoagula sind oft zu finden. In solchen Fällen muss von erheblichen Entzündungen und Schleimhautläsionen ausgegangen werden.

Aber auch **makroskopisch gelber Urin** kann Blutbeimengungen enthalten, die dann durch eine chemische oder mikroskopische Untersuchung dargestellt werden. Für solche Veränderungen können ebenfalls Zystitiden, Blasensteine und Blasentumoren verantwortlich sein (▶ Tab. 11.2). Als weitere Ursachen kommen Erkrankungen der Nieren, wie Nephritis oder Nephrolithiasis, in Betracht. Bei männlichen Meerschweinchen und Chinchillas kommen zudem Konkremente der Samenblasendrüsen vor. Beim Meerschweinchenbock werden in Einzelfällen auch Konkremete in der Prostata aufgefunden. Geringe Mengen an Blut aus diesen akzessorischen Geschlechtsdrüsen werden dann ebenfalls mit dem Harn ausgeschieden.

Gelber Urin kann bei Zystitis eine schleimige Konsistenz erhalten, wenn in ihm in hohem Maße Leukozyten vorhanden sind. In selteneren Fällen sind schleimbildende Bakterien für solche Konsistenzveränderungen verantwortlich. Schleim kann aber auch durch verstärkte Sekretion der Uterindrüsen in der Gebärmutter entstehen und sich beim Harnabsatz mit Urin vermischen. Solche Veränderungen sind bei den Caviomorpha jedoch relativ selten und gehen meist auch mit zusätzlichen Blutungen einher.

11.4 Diagnostischer Leitfaden: Urinveränderungen (▶ S. 170)

11.4.1 Besonderes Augenmerk bei der Anamnese

Alter: Tumore der Blase (▶ S. 180) sind überwiegend bei älteren Tieren zu diagnostizieren. Auch hormonell bedingte Veränderungen der Gebärmutter sind bei jungen Patienten eher die Ausnahme.

Geschlecht: Bei Meerschweinchenböcken mit Harnabsatzstörungen und seltener auch bei männlichen Chinchillas muss daran gedacht werden, dass sich Konkremente in den akzessorischen Geschlechtsdrüsen (▶ S. 179) befinden können. Bei weiblichen Tieren können Blutbeimengungen des Urins aus der Gebärmutter oder der Scheide stammen.

Fütterung: Besonders kalziumreiche Fütterung oder ein mangelndes Flüssigkeitsangebot begünstigen die Entstehung von Konkrementen (▶ S. 174) in den Harnwegen.

Harnabsatzverhalten: Werden Urinveränderungen durch Erkrankungen der Blase hervorgerufen, so bestehen meist deutliche Probleme beim Harnabsatz. Die Tiere pressen verstärkt, krümmen den Rücken auf und geben Schmerzlaute von sich.

▶ **Tab. 11.2** Wichtige Ursachen für Veränderungen im gelblichen Urin.

Ursache	Bedeutung	siehe Seite	Bemerkungen, siehe auch andere Leitsymptome
Zystitis	+++	▶ S. 173	Schmerz/UV kaudales Abdomen, ▶ S. 112
Urolithiasis	+++	▶ S. 174	Schmerz/UV kaudales Abdomen, ▶ S. 112, UV Anogenitalbereich, ▶ S. 132
Nephrolithiasis	+	▶ S. 174	Schmerz/UV kaudales Abdomen, ▶ S. 112
Neoplasien der Blase	+	▶ S. 180	–
Konkremente der akzessorischen Drüsen	+	▶ S. 179	MS , CH , Schmerz/UV kaudales Abdomen, ▶ S. 112
Mukometra, Hydrometra	+	▶ S. 183	Schmerz/UV kaudales Abdomen, ▶ S. 112
Nephritis	(+)	▶ S. 123	Schmerz/UV kaudales Abdomen, ▶ S. 112

Diagnostischer Leitfaden: Urinveränderungen

Anamnese

Klinische Untersuchung

11.4 Diagnostischer Leitfaden: Urinveränderungen

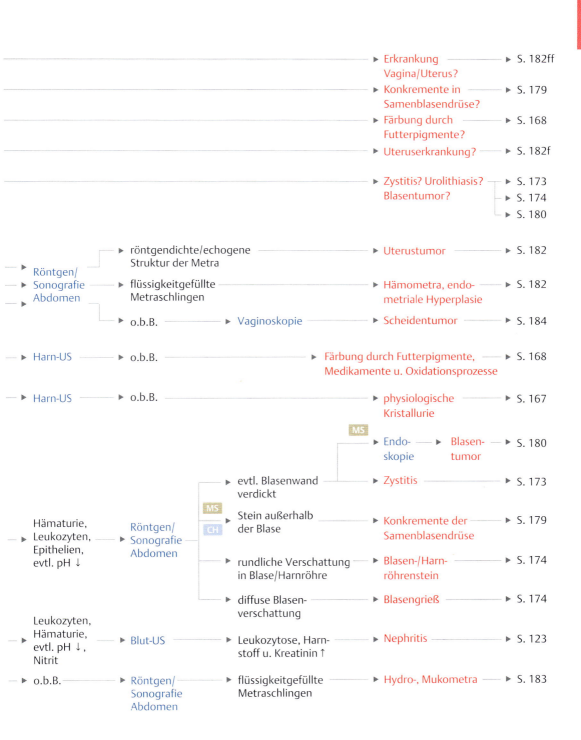

11 – Urinveränderungen

❗ **Bei der Anamneseerhebung ist zu beachten, dass die Besitzer die Schmerzen oftmals auf den Kotabsatz beziehen, da beim Pressen auf Urin meist auch Kot abgesetzt wird.**

Stammen die Beimengungen des Urins aus dem Geschlechtstrakt, so ist das Harnabsatzverhalten völlig unbeeinträchtigt. Eine Ausnahme können hier wiederum die Konkremente der akzessorischen Geschlechtsdrüsen bilden. Je nach Lage und Ausprägung können sie zu Schmerzhaftigkeiten während des Harnabsatzes führen.

Allgemeinbefinden: Entzündungen der Harnorgane gehen in der Regel mit deutlich gestörtem Allgemeinbefinden und reduziertem Futteraufnahmeverhalten einher. Hormonell bedingte Gebärmuttererkrankungen (▶ S. 182) beeinträchtigen die Tiere dagegen nur selten.

11.4.2 Besonderes Augenmerk bei der klinischen Untersuchung

Ist die Anogenitalregion verschmutzt oder geschwollen?

Blasenerkrankungen (▶ S. 173 ff), die mit Harnabsatzstörungen einhergehen, führen meist zu deutlichen Verunreinigungen des Felles in der Anogenitalregion. Das Haarkleid kann aber auch bis in die Kruppengegend feucht sein. Insbesondere langhaarige Meerschweinchenrassen sind hier betroffen. Grießreste lassen sich gut im Fell der Scheidenregion oder gelegentlich auch in den Präputialfalten nachweisen. Bei Gebärmuttererkrankungen (▶ S. 182), die zu Blutungen führen, ist das Fell dagegen meist sauber. Kleinere Blutverkrustungen im Scheidenbereich können vorhanden sein. Fallen jedoch deutliche Blutungen auf, so ist dies als Notfall anzusehen (▶ S. 149)!

Verkeilen sich Konkremente kurz vor dem Harnröhrenausgang, so ist bereits eine Vorwölbung zu erkennen (▶ S. 142). Deutlich blutiger Urin wird tröpfelnd abgesetzt.

Finden sich Veränderungen der Harnorgane?

Zunächst wird der Füllungszustand der **Blase** überprüft. Sie ist bei entzündlichen Prozessen, die von ständigem Harndrang begleitet werden, meist leer oder nur marginal gefüllt. Ist sie prall, so kann eine Harnabflussstörung vermutet werden. In solchen Fällen darf kein übermäßiger Druck auf das Organ ausgeübt werden. Ist die Blase nur mäßig gefüllt, so sollte palpatorisch überprüft werden, ob sie schmerzhaft ist. Auch größere Blasensteine (▶ S. 174) können palpatorisch nachgewiesen werden.

Eine Palpation der **Nieren** schließt sich an. Diese können bei akuter Entzündung oder Konkrementansammlungen im Nierenbecken (▶ S. 174) schmerzhaft sein.

Schließlich wird noch der distale Anteil der **Harnröhre** durchtastet, um dort befindliche Steine diagnostizieren zu können.

Finden sich Veränderungen der Geschlechtsorgane?

Der **Uterus** ist beim gesunden Tier palpatorisch nicht darstellbar. Kann er als Strang gefühlt werden, so muss von einer Verdickung ausgegangen werden. Deutliche Größenzunahmen durch Flüssigkeitsansammlungen (▶ S. 182, ▶ S. 183) oder Neoplasien (▶ S. 182) lassen sich gut nachweisen. Durch vorsichtigen Druck auf das Organ kann außerdem eine Schmerzhaftigkeit festgestellt und evtl. ein Scheidenausfluss (▶ S. 149) induziert werden.

Bei Meerschweinchen sollten immer auch die **Ovarien** aufgesucht werden. Sie können nur dann durch die Bauchdecke palpiert werden, wenn sie zystisch (▶ S. 125) oder tumorös (▶ S. 127) verändert sind. Ovarialtumoren können auch beim Chinchilla oder Degu vorkommen, sind dort aber extrem selten.

11.4.3 Diagnosesicherung durch weiterführende Untersuchungen

Eine **Harnuntersuchung** muss bei jeder Erkrankung der Harnwege durchgeführt werden. Bereits die makroskopische Untersuchung kann wichtige Hinweise auf die Art der Erkrankung liefern. Grießansammlungen sind ebenso nachweisbar wie Eiterflocken, die besonders bei schweren Blasenentzündungen des Meerschweinchens im Urin vorhanden sein können. Sichtbare Blutschlieren und -koagel sind nur bei hochgradigen Zystitiden (s.u.) und beim Vorliegen von Konkrementen (▶ S.174) zu erwarten. Stammt das Blut aus der Gebärmutter oder aus dem Vaginalbereich, so sind meist frische Blutstropfen im sonst physiologisch gelben Urin zu finden. Nach der Harnentnahme durch Blasenkompression träufelt häufig Blut nach.

Röntgenaufnahmen des Abdomens sind in jedem Fall beim Vorliegen von Symptomen einer Zystitis (s.u.) anzufertigen, um differenzialdiagnostisch eine Urolithiasis (▶ S.174) ausschließen zu können. Konkremente sind so immer darstellbar, da sie stets kalziumhaltig sind. Zudem können röntgenologisch kalziumhaltige Konkremente der akzessorischen Geschlechtsdrüsen (▶ S.179) diagnostiziert werden. Um diese möglichst sicher von Blasensteinen (▶ S.174) abgrenzen zu können, ist es unumgänglich, das Abdomen in 2 Ebenen zu röntgen. Eine Diagnose von Gebärmuttererkrankungen (▶ S.182, ▶ S.183) ist auf Röntgenaufnahmen nicht immer möglich, da der gut gefüllte Darmtrakt die Strukturen überlagert.

Besteht Verdacht auf eine Veränderung der Metra, so ist eine **sonografische Untersuchung** des Abdomens sinnvoller.

Die einzige Möglichkeit zur sicheren Diagnose einer tumorösen Blasenerkrankung (▶ S.180) bietet oftmals nur eine **Zystoskopie**, eine Ultraschalluntersuchung kann ggf. erste Hinweise liefern.

Blutuntersuchungen sind erforderlich, um die Nierenfunktion zu überprüfen, wenn Abflussstörungen des Urins vorliegen oder eine Nephrolithiasis (▶ S.174) besteht. Ein Blutbild sollte bei vaginalen Blutungen angefertigt werden, um bereits bestehende Anämien diagnostizieren zu können.

11.5 Erkrankungen

Zystitis

▶ Häufige, meist durch aufsteigende Infektionen oder Urolithiasis bedingte Erkrankung.

Ätiologie & Pathogenese

Blasenentzündungen entstehen häufig aufsteigend und nehmen ihren Ausgang nicht selten von einer kotverschmutzten Anogenitalregion bei Verdauungsstörungen. Die Keime wandern dann über die Harnröhre in die Blase ein. Da die weibliche Urethra weiter und kürzer ist, sind weibliche Tiere häufiger betroffen als männliche. Zystitiden entstehen aber auch bei Allgemeininfektionen, an denen besonders häufig *Streptococcus* spp. und *Staphylococcus* spp. beteiligt sind. Zudem kommt es bei Urolithiasis durch Schleimhautreizungen zu sekundären Entzündungen der Harnblase.

Klinik

Die Tiere zeigen Harnabsatzstörungen. Der Urin wird ständig träufelnd abgesetzt. Dabei wird das Hinterteil auffällig angehoben und der Rücken aufgekrümmt. Begleitende Schmerzäußerungen sind die Regel und besonders bei Meerschweinchen deutlich ausgeprägt. Als weiteres Schmerzzeichen sind Bewegungsstörungen zu beobachten, wobei die Hinterhand nachgezogen wird. Durch Urinkontaminierungen ist das Fell in der Anogenitalregion, oft bis zum Bauch oder hinauf in den Kruppenbereich, feucht (▶ Abb. 11.3). Das Allgemeinbefinden ist oft beeinträchtigt und die Patienten fressen schlecht.

Diagnose

Bereits die Anamnese einer Harnabsatzstörung lässt die Verdachtsdiagnose einer Zystitis zu. Die Blase ist meist klein und palpatorisch schmerzhaft. Bei der Harnuntersuchung sind Blutbeimengungen, Leukozyten, Blasenepithelien und oftmals Senkungen des pH-Werts in den neutralen oder sauren Bereich nachzuweisen. Durch einen hohen Leukozytenanteil kann der Urin eine schleimige Konsistenz erhalten. Je nach Art der beteiligten Keime ist ein Nachweis von Nitrit möglich. Besonders bei therapieresistenten oder rezidivierenden Entzündungen der Harnblase sind bakteriologische Untersuchungen des Urins anzuraten.

Differenzialdiagnostisch müssen röntgenologisch oder sonografisch Konkremente der ableitenden Harnwege, bei Meerschweinchen- und Chinchillaböcken auch der akzessorischen Geschlechtsdrüsen ausgeschlossen werden.

Therapie & Prognose
Eine antibiotische Behandlung sollte sofort begonnen werden. Bakteriologische Untersuchungen mit Antibiogramm sollten jedoch zuvor eingeleitet werden, um ggf. das Antibiotikum gezielt nach Antibiogramm umstellen zu können.

> ❗ Marbofloxacin ist auch bei Heimtieren als Antibiotikum bei Zystits sehr gut geeignet. Im Gegensatz zur gleichen Indikation bei Hund und Katze hat es jedoch bei den Heimtieren **keine** Depotwirkung durch Anreichungen in den Harnwegen, sondern muss alle 24 Stunden verabreicht werden.

Die Tiere erhalten zudem bis zum Abklingen der Harnabsatzstörungen ein Analgetikum. Eine schnellere Ausschwemmung pathogener Keime kann durch eine Steigerung der Diurese erzielt werden. Dies erfolgt entweder durch Infusionen 89 (evtl. auch durch Gabe von Furosemid 47) oder über das vermehrte Angebot von wasserhaltigem Frischfutter. Die letztgenannte Methode ist bei **Meerschweinchen** gut praktikabel. Bei **Degus** und **Chinchillas** führt die übermäßige Gabe solcher Futtermittel jedoch leicht zu Verdauungsstörungen.

Die Behandlung darf erst dann beendet werden, wenn der Harn frei von Veränderungen ist, andernfalls kommt es schnell zu Rückfällen. Eine Behandlungsdauer von 10 Tagen ist in der Regel erforderlich.

> **T Therapie der Zystitis**
> - Antibiotikum nach Antibiogramm, z. B.
>   - Marbofloxacin 6 (Marbocyl®), 1 × tgl. 4 mg/kg s.c., p.o.
>   - Chloramphenicol 1 (Chloromycetin Palmitat®), 2 × tgl. 50 mg/kg p.o.
>   - Sulfadoxin/Trimethoprim 9 (z. B. Cotrim E®), 2 × tgl. 40/8 mg/kg p.o.
>   - Enrofloxacin 4 (Baytril®), 1 × tgl. 10 mg/kg s.c., p.o.
> - Infusionen 89 (z. B. Sterofundin®), 1 × tgl. 20–40 ml/kg s.c.
> - Furosemid 47 (z. B. Dimazon®), ggf. 1–2 × tgl. 1 mg/kg s.c., p.o.
> - Analgetikum, z. B.
>   - Metamizol 103 (Novalgin®), 2–3 × tgl. 20-50 mg/kg s.c., p.o.
>   - Meloxicam 102 (Metacam®), 1–2 × tgl. 0,2 mg/kg s.c., p.o.

Urolithiasis, Nephrolithiasis
▶ Durch speziellen Kalziumstoffwechsel und kalziumreiche Fütterung bedingte Erkrankung.

Ätiologie & Pathogenese
Eine Entstehung von Konkrementen in den Harnwegen wird durch Besonderheiten des Kalziumstoffwechsels sowie durch besonders kalziumhaltige Fütterung begünstigt.

Kalzium wird bei den Caviomorpha nicht bedarfsorientiert, sondern in hohem Überschuss aus dem Darm resorbiert. Über die Nieren wird das nicht benötigte Kalzium dann wieder ausgeschieden. Da Pflanzenfresser einen basischen Harn-pH-Wert aufweisen, wird zudem gleichzeitig ein Ausfällen von Kalziumkristallen begünstigt.

Besonders kalziumhaltige Futtermittel sind Luzerneprodukte (z. B. Luzerneheu, „Grünrollis") sowie verschiedene Frischfutter, wie Kräuter, Löwenzahn, Kohlrabiblätter und Broccoli. Grünfutter ist in der Regel – solange nicht einseitig kalziumreich gefüttert wird – allerdings weniger proble-

▶ **Abb. 11.3** Urinverschmierte Anogenitalregion bei Zystitis bei einem Degu.

matisch, da mit ihm gleichzeitig auch große Flüssigkeitsmengen aufgenommen werden, die eine gesteigerte Diurese und Verdünnung des Harns bewirken.

Klinik
Die Tiere leiden unter Zystitissymptomen mit Strangurie und Pollakisurie. Beim Harnabsatz wird unter Schmerzäußerungen vermehrt gepresst und das Hinterteil angehoben. Verlegt ein Konkrement die Harnröhre, so wird der Harnabfluss unmöglich. Beim Pressen auf Urin werden mitunter makroskopisch sichtbare Bluttropfen abgesetzt. Der Harn kann zudem sichtbare Grießbeimengungen enthalten oder eingedickt und schlammig aussehen (▶ Abb. 11.4 und ▶ Abb. 11.5).

Besteht eine Nephrolithiasis, so treten kolikartige Bauchschmerzen auch unabhängig vom Urinabsatz auf, wenn Konkremente aus dem Nierenbecken in den Ureter abgehen. Das Allgemeinbefinden ist unterschiedlich stark und in einigen Fällen auch nur phasenweise gestört, die Futteraufnahme reduziert.

Diagnose
Größere Blasensteine können oft bereits in der Harnblase palpiert werden. Gleiches gilt für größere Konkremente im distalen Teil der Urethra. Auf Röntgenaufnahmen sind Uro- und Nephrolithen gut nachweisbar, da sie stets kalziumhaltig sind. Solide Steine in Harnröhre (▶ Abb. 11.6) und Blase (▶ Abb. 11.7 und ▶ Abb. 11.8) stellen sich als röntgendichte, rundliche Verschattungen dar.

▶ **Abb. 11.4** Grießhaltiger Urin eines Meerschweinchens.

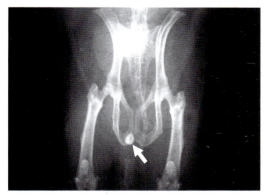

▶ **Abb. 11.6** Harnröhrenstein (Pfeil) bei einem Meerschweinchen.

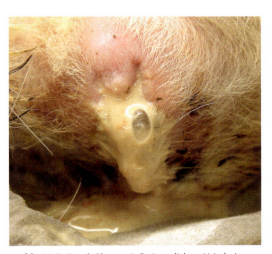

▶ **Abb. 11.5** Durch Blasengrieß eingedickter Urin beim Meerschweinchen.

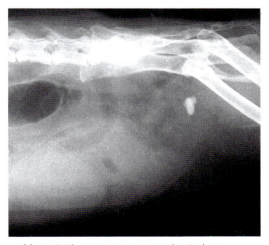

▶ **Abb. 11.7** Blasenstein eines Meerschweinchens.

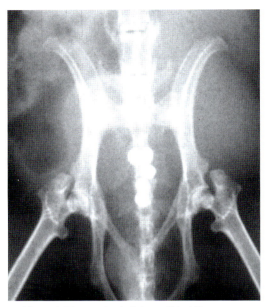

▶ **Abb. 11.8** Blasensteine bei einem Chinchilla.

Blasengrieß führt zu eher diffusen Verschattungen (▶ **Abb. 11.9** und ▶ **Abb. 11.10**). In den Nieren finden sich meist sehr kleine Konkremente, die sich im Nierenbecken zu unterschiedlich geformten röntgendichten Strukturen zusammenlagern (▶ **Abb. 11.11** und ▶ **Abb. 11.12**).

Auch sonografisch lassen sich Harnwegskonkremente gut nachweisen (▶ **Abb. 11.13**). Die Ultraschalluntersuchung hat zudem den Vorteil, dass sich die Organstrukturen (z. B. Beschaffenheit der Blasenwand, Veränderungen des Nierengewebes bei Nephrolithiasis) beurteilen lassen.

Eine Harnuntersuchung muss durchgeführt werden, um sekundäre Infektionen bei Konkrementerkrankungen diagnostizieren zu können. Neben Blut, Leukozyten und einer vermehrten Ansammlung von Blasenepithelien finden sich dann auch häufig ein niedriger Harn-pH-Wert und es lässt sich Nitrit nachweisen. Im Zweifelsfall wird eine bakteriologische Untersuchung eingeleitet.

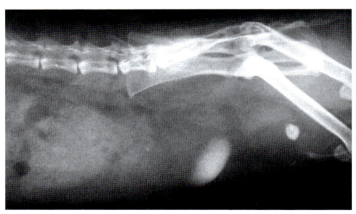

▶ **Abb. 11.9** Blasengrieß bei einem männlichen Meerschweinchen. Ein Harnröhrenstein befindet sich kurz vor dem Penisknochen.

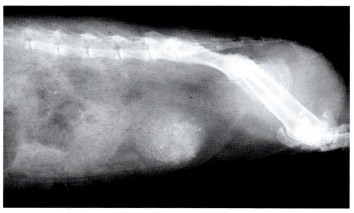

▶ **Abb. 11.10** Blasengrieß beim Meerschweinchen.

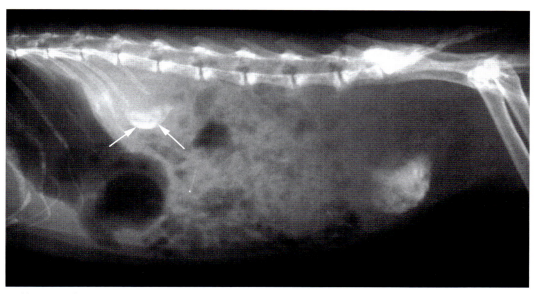

▶ **Abb. 11.11** Blasengrieß und Nephrolithiasis (Pfeile) bei einem Meerschweinchen.

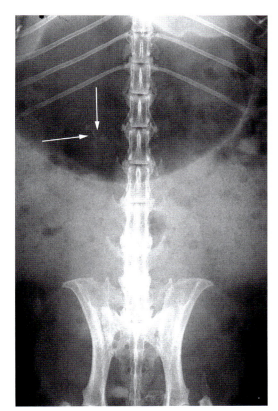

▶ **Abb. 11.12** Konkremente (Pfeile) in der rechten Niere eines Meerschweinchens.

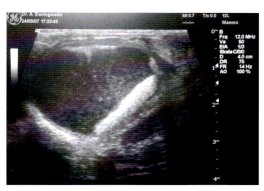

▶ **Abb. 11.13** Ultraschall: Ansammlungen von Grieß in der Blase eines Meerschweinchens.

Blutuntersuchungen sind bei allen Erkrankungen anzuraten, die mit Störungen des Harnabflusses einhergehen, um die Nierenfunktion zu überprüfen.

Therapie & Prognose

Die Tiere erhalten umgehend ein Analgetikum. In der Regel ist auch eine antibiotische Behandlung erforderlich. Blasengrieß und kleine Steinchen können häufig konservativ entfernt werden. Durch Infusionen werden zudem eine vermehrte Diurese und damit eine bessere Ausschwemmung der Konkremente erreicht.

Entfernung von Blasengrieß

Die Eliminierung von feinkörnigem Blasengrieß kann durch eine manuelle Entleerung der Harnblase erleichtert werden. Etwa 1 Stunde nach Infusionsapplikation wird das Tier in eine aufrecht hängende Position gebracht. Dadurch sinken die Konkremente in Richtung des Blasenhalses ab. Dann wird die Blase vorsichtig ausmassiert, sodass der Grieß ausgespült wird. Dies ist vor allem beim weiblichen Tier in der Regel problemlos. Beim physiologischen Harnabsatz besteht dagegen die Gefahr, dass Grieß sich im kranioventralen Blasenteil ansammelt und nur der klare Überstand ausgeschieden wird.

▶ **Abb. 11.14** Blasenspülung bei einem Meerschweinchen mithilfe einer Ernährungssonde.

> **!** Bei männlichen Tieren muss bei der manuellen Blasenentleerung besonders behutsam vorgegangen werden, da die Harnröhre aufgrund des Penisknochens kaum dehnbar ist.

Größere Konkremente können beim weiblichen Meerschweinchen endoskopisch aus der Blase entfernt werden, wenn sie den Durchmesser der Harnröhre nicht überschreiten. Es kann zudem versucht werden Konkremente mithilfe einer Ernährungssonde zu entfernen (▶ **Abb. 11.14**). Diese wird vorsichtig über die Harnröhre in die Blase eingeführt und so weit vorgeschoben, dass die Spitze wieder aus der Harnröhrenöffnung herauskommt. Auf diese Weise entsteht eine Schlinge, mit der kleinere Steine aus der Blase herausgezogen werden können. Das Konkrement sollte dabei einen Durchmesser von ca. 3–4 mm nicht überschreiten, da andernfalls die Gefahr von Verletzungen der Harnröhre zu groß ist. Bei größeren Steinen muss eine Zystotomie erfolgen (▶ **Abb. 11.15**, ▶ **Abb. 11.16 a+b**), die nach den gleichen Gesetzmäßigkeiten wie auch bei Hund und Katze durchzuführen ist.

Konkremente im Nierenbecken sind weniger gut beeinflussbar. Auch hier muss versucht werden, sie durch eine Steigerung der Diurese auszuschwemmen. Eine längere analgetische Behandlung ist dabei unumgänglich. Besteht die Nephrolithiasis beidseitig, so besteht die Gefahr einer chronischen Niereninsuffizienz, da es zu Druckatrophien des Nierengewebes kommt. In diesen Fällen ist die Prognose sehr vorsichtig einzuschätzen.

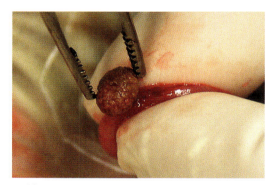

▶ **Abb. 11.15** Zystotomie bei einem Meerschweinchen.

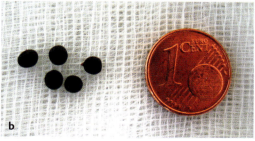

▶ **Abb. 11.16** Blasensteine von (**a**) Meerschweinchen und (**b**) Chinchilla.

Prophylaxe

Es muss vor allem auf eine ausreichende Flüssigkeitszufuhr geachtet werden. Dies wird beim Meerschweinchen am besten durch die Steigerung der Frischfutterration erreicht. Kalziumreiche Frischfuttermittel werden dabei reduziert und stets mit flüssigkeitsreichen Komponenten, wie Salaten oder Gurke, kombiniert. Kalziumreiches Trockenfutter (Luzernetrockenprodukte) wird vollständig vom Speiseplan gestrichen. Auch beim Degu kann ähnlich verfahren werden, wobei die Frischfutteranteile in der Ration deutlich unter denen des Meerschweinchens bleiben sollten. Bei Chinchillas gilt es, besonders kalziumreiche getrocknete Kräuter und wiederum vor allem Luzerneprodukte zu meiden. Ein übermäßiges Angebot von Frischfutter führt bei dieser Tierart schnell zu Verdauungsstörungen.

> **!** Bei einer Umstellung auf eine kalziumreduzierte Fütterung darf der Kalziumbedarf des Patienten nicht unterschritten werden! Eine alimentäre sekundäre Osteodystrophie, die sich zunächst in einer Verschlechterung der Zahnqualität äußert, wäre die Folge. Bei Chinchillas und Degus wird dies äußerlich sichtbar durch eine Entfärbung der Schneidezähne. Zudem würde bei Chinchillas eine erhöhte Krampfneigung resultieren.

Ergänzende Vitamin-C-Gaben [84] können dazu beitragen, den Harn anzusäuern und ein Ausfällen von Kalziumkristallen zu reduzieren. Eine mehrfach tägliche Vitaminapplikation ist allerdings erforderlich. Alternativ können auch handelsübliche Pasten für Hunde und Katzen (z.B. Urocid®, Uropet®) verwendet werden. Diese haben allerdings den Nachteil, dass sie hohe Eiweißgehalte aufweisen, sodass besonders bei Chinchillas die Gefahr von Verdauungsstörungen besteht.

> **Prophylaxe bei Urolithiasis**
> - kalziumreiche Futtermittel meiden, bzw. kalziumreiche Frischfuttermittel reduzieren (z.B. Kohlrabiblätter, Kräuter, Brokkoli und Luzerneprodukte, wie Luzerneheu und „Grünrollis")
> - vermehrte Gabe von Futtermitteln mit hohem Flüssigkeitsgehalt (z.B. Salate, Tomate, Gurke)
> - kalziumarmes Trinkwasser

Konkremente der akzessorischen Geschlechtsdrüsen MS CH

▶ Erkrankung des Meerschweinchens und des Chinchillas durch Steine in den Samenblasendrüsen, beim Meerschweinchen in Einzelfällen auch in der Prostata.

Ätiologie & Pathogenese

Männliche Meerschweinchen und Chinchillas besitzen große, paarige Samenblasendrüsen, die ausgehend von der Harnröhre weit nach kranial ins Abdomen reichen können (▶ **Abb. 11.17**). In ihnen werden gelegentlich Konkremente gefunden, die von ihrer Zusammensetzung Steinen der Harnwege gleichen. Ob diese Konkremente in den akzessorischen Geschlechtsdrüsen entstehen oder aus der Blase über die Harnröhre dorthin abrutschen ist nicht eindeutig geklärt. Da bei einer chirurgischen Entfernung der Steine jedoch häufig gleich große und geformte Veränderungen von gallertig-fester Konsistenz gefunden werden, scheint die Kalziumeinlagerung in der Glandula vesicularis stattzufinden (▶ **Abb. 11.18**).

Beim Meerschweinchen werden in sehr seltenen Fällen zudem Konkremente in der Prostata gefunden. Da diese von Form, Konsistenz und Oberfläche typischen Blasensteinen gleichen, scheinen sie in der Blase entstanden und dann abgerutscht zu sein.

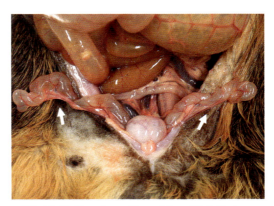

▶ **Abb. 11.17** Situs: Samenblasendrüsen (Pfeile) beim Meerschweinchen.

▶ **Abb. 11.18** Konkremente in der Samenblasendrüse eines Meerschweinchens: Bei den gelben Konkrementen handelt es sich um eingedicktes Sekret der Samenblasendrüse (röntgenologisch nicht sichtbar). Das dunkle Konkrement gleicht in seiner Zusammensetzung einem Stein aus den Harnwegen (röntgendicht).

Klinik
Es bestehen Symptome einer Harnblasenentzündung: Die Tiere haben Schmerzen beim Harnabsatz und pressen auf Harn, der Urin ist makroskopisch aber in der Regel nur wenig verändert. Meist sind geringe Mengen an Hämoglobin oder Erythrozyten enthalten, nur selten sind deutliche Blutbeimengungen sichtbar. Das Allgemeinbefinden ist meist nur wenig gestört.

Diagnose
Die kalziumhaltigen Konkremente sind röntgenologisch gut sichtbar (▶ Abb. 11.19 a+b), sie lassen sich jedoch nicht immer ohne Schwierigkeiten den akzessorischen Geschlechtsdrüsen zuordnen. Diese liegen seitlich der Blase und überlagern sie in laterolateralen Aufnahmen. In der ventrodorsalen Projektion ist oft eine bessere Zuordnung möglich, wenn der Stein offensichtlich deutlich von der Medianebene abweicht. Durch Ultraschalluntersuchung ist die Abgrenzung von Harnblase und Samenblasendrüsen meist leicht möglich.

Eine Urinuntersuchung kann weitere Anhaltspunkte dafür liefern, dass der Stein nicht in der Blase liegt. Zwar lassen sich Blutbeimengungen nachweisen, es bestehen aber keine weiteren Veränderungen, wie eine pH-Senkung oder vermehrte Ansammlungen von Blasenepithelien.

Therapie & Prognose
Lösen die Konkremente Beschwerden aus, so sollten sie chirurgisch entfernt werden. Die Bauchhöhle wird an der für eine Zystotomie üblichen Stelle eröffnet. Die Samenblasendrüsen sind leicht aufzufinden. Sie liegen paarig lateral der Harnblase. Die Wand ist dünn und durchscheinend, sodass der Drüseninhalt gut beurteilt und ein Konkrement leicht gefunden werden kann. Die betroffene Drüse wird eröffnet und nach Entfernung des Konkrements einstülpend vernäht. Falls notwendig, kann auch eine Teilamputation der Drüse erfolgen. Konkremente der Prostata müssen zunächst palpatorisch aufgesucht und dann entfernt werden. Die Prognose ist gut, erneute Konkrementbildungen können jedoch vorkommen.

Blasentumor MS
▶ Gelegentlich bei **Meerschweinchen** auftretende Erkrankung, die mit Zystitissymptomen einhergeht.

Ätiologie
Blasentumore können immer wieder bei älteren Meerschweinchen gefunden werden. Es handelt sich meist um flächige Karzinome der Blasenwand (▶ Abb. 11.20), aber auch gutartige Neoplasien in Form von Papillomen kommen vor.

Klinik
Die Tiere leiden unter Zystitissymptomen mit Harnabsatzstörungen bei gestörtem Allgemeinbefinden. Liegt ein Papillom vor, so kann auch als einziges Symptom lediglich eine intermittierende Hämaturie auffallen.

Diagnose
Die Diagnose einer Tumorerkrankung der Blase ist nicht immer einfach. Konkrementablagerungen in der Blase und eine infektiöse Zystitis müssen zunächst durch Harnuntersuchung und Röntgenaufnahmen des Abdomens ausgeschlossen werden. Es ist allerdings zu beachten, dass bei Tumorerkrankungen auch sekundäre Infektionen vorhanden sein können. Kann mit einer üblichen Zystitistherapie (▶ S. 173) keine entscheidende Verbesserung des Zustands erzielt werden, so sollte zunächst eine mikrobiologische Untersuchung eingeleitet werden, um ausschließen zu können, dass therapie-

11.5 Erkrankungen

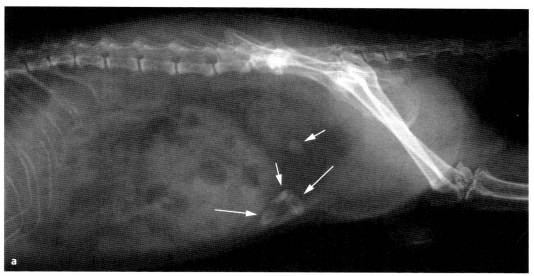

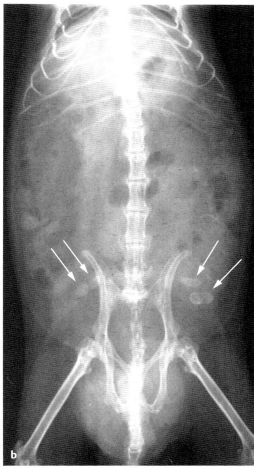

▶ **Abb. 11.19** Konkrement in der Samenblasendrüse (Pfeil) bei einem Chinchilla (**a**) laterolaterale Projektion, (**b**) ventrodorsale Projektion: Die Lage der Steine weicht deutlich von der Medianebene ab.

resistente Keime vorliegen. Ist dies nicht der Fall, so verdichtet sich der Verdacht auf eine Neoplasie, besonders, wenn der Patient bereits älter ist. Blasenkarzinome können nur in Ausnahmefällen röntgenologisch oder sonografisch nachgewiesen werden, wenn im Tumorgewebe deutliche Verdichtungen in Form von Verkalkungen vorliegen.

Bei weiblichen Meerschweinchen kann eine Zystoskopie mit Biopsieentnahme zur Diagnosefindung beitragen. Bei Böcken ist das Lumen der Harnröhre dagegen zu eng. Bei ihnen bleibt letztlich nur eine Probelaparotomie, um die Diagnose zu sichern. Papillome der Blasenwand sind hingegen oftmals gestielt und ragen in das Blasenlumen, sodass eine sonografische Darstellung je nach Sitz möglich sein kann (▶ Abb. 11.21).

Therapie & Prognose

Eine operative Entfernung der flächigen Tumoren ist meist nicht möglich, da sie infiltrativ in der Blasenwand wachsen. Bei manchen Tieren kann durch Gabe von Kortikoiden oder hoher Dosen Analgetika (insbesondere Meloxicam 102) noch eine Zeit lang Beschwerdefreiheit erreicht werden. Andernfalls muss der Patient euthanasiert werden.

Liegt ein Papillom vor, so muss eine Operation ebenfalls sorgfältig abgewogen werden. Da auch hier eine vollständige Entfernung der Veränderung meist nicht möglich ist, ist die Rezidivgefahr nach Abtragen des Papilloms hoch. Verursacht die Veränderung jedoch nur leichte, gelegentliche Blutungen, so kann das Allgemeinbefinden des Patienten meist auch ohne chirurgischen Eingriff noch über lange Zeit stabil gehalten werden.

Endometriale Hyperplasie, Hämometra, Uterustumor

▶ Durch hormonelle Störungen hervorgerufene Gebärmuttererkrankungen, die eine Hämaturie vortäuschen können.

Ätiologie & Pathogenese

Hyperplasien des Endometriums (▶ Abb. 11.22) und Neoplasien der Metra (▶ Abb. 11.23) werden durch hormonelle Dysfunktionen verursacht. Da

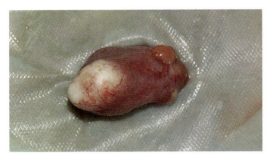

▶ Abb. 11.20 Karzinom der Harnblasenwand bei einem Meerschweinchen.

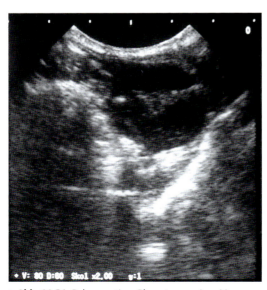

▶ Abb. 11.21 Polypenartiger Blasentumor eines Meerschweinchens.

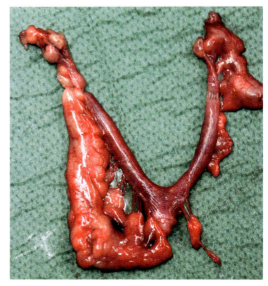

▶ Abb. 11.22 Endometriale Hyperplasie (Meerschweinchen).

die Veränderungen eine verstärkte Hyperämisierung des Organs nach sich ziehen, besteht erhöhte Blutungsneigung. Blut sammelt sich in der Vagina und wird oft gleichzeitig mit dem Urin abgesetzt.

Klinik
Die Tiere werden in der Regel wegen intermittierend blutigem Harnabsatz vorgestellt.

Diagnose
Bereits aufgrund der Anamnese kann der Verdacht auf eine Gebärmuttererkrankung geäußert werden. Auffällig sind makroskopisch sichtbare Bluttropfen, ohne dass die Patienten Probleme beim Harnabsatz haben. Auch der Nachweis rötlicher Flecken in der Einstreu oder auf dem Teppich, die unabhängig vom Harnabsatz entstehen, spricht für eine Erkrankung der Geschlechtsorgane, ebenso wie die Tatsache, dass immer wieder auch vollkommen unauffälliger Harn abgesetzt wird.

Umfangsvermehrungen oder deutliche Flüssigkeitsansammlungen im Uterus lassen sich bei der Abdomenpalpation nachweisen. Durch Druck auf die Metra kann möglicherweise ein Scheidenausfluss ausgelöst werden. Es sollte weiterhin Harn durch vorsichtige Blasenkompression gewonnen werden. Nach Urinentnahme tropft meist etwas Blut aus der Scheide nach. Der Urin ist abgesehen von Blutbeimengungen unauffällig. Eine Absicherung wird durch röntgenologische oder sonografische Untersuchung erreicht.

Therapie & Prognose
Es wird nach Ausschluss von Metastasen durch Röntgenaufnahmen des Thorax eine Ovariohysterektomie durchgeführt (▶ S. 149). Wenn zudem noch keine Anämie vorliegt, ist die Prognose als günstig, ansonsten abhängig vom Blutbild als vorsichtig einzuschätzen.

Hydrometra, Mukometra
▶ Schleimige oder wässrige Flüssigkeitsansammlungen im Uterus, die zu einer Konsistenzveränderung des Urins führen können.

Ätiologie & Pathogenese
Hydro- und Mukometra entstehen durch hormonelle Dysfunktionen mit verstärkter Sekretion der Uterindrüsen.

Klinik
Ist der Muttermund geöffnet, so sammelt sich Uterusinhalt in der Vagina und wird häufig gleichzeitig mit dem Urin ausgeschieden. Der Harn kann dadurch eine schleimige Konsistenz erhalten. Ist der Muttermund geschlossen, so nimmt der Umfang der Metra zu (▶ S. 127)

Diagnose
Eine vergrößerte und verdickte Gebärmutter kann oft bereits palpatorisch, ansonsten sonografisch dargestellt werden (▶ S. 159).

Differenzialdiagnostisch muss eine vermehrte Ansammlung von Leukozyten im Urin oder eine Infektion der Blase mit schleimbildenden Erregern durch eine Harnuntersuchung ausgeschlossen werden.

Therapie & Prognose
Einzig sinnvolle Behandlungsmaßnahme ist eine Ovariohysterektomie (▶ S. 149); die Prognose ist günstig.

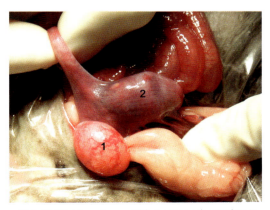

▶ **Abb. 11.23** Uterustumor (2) beim Meerschweinchen in unmittelbarer Nähe der Harnblase (1).

Scheidentumor

▶ Gelegentlich auftretende Erkrankung, die mit vaginalen Blutungen einhergehen kann.

Ätiologie & Pathogenese
Vaginale Tumoren sind nur gelegentlich und fast ausschließlich beim **Meerschweinchen** aufzufinden. In der Regel handelt es sich um Leiomyome. Eine hormonelle Induktion, insbesondere durch hohe Östrogenspiegel, z. B. bei gleichzeitigem Vorliegen von Ovarialzysten, ist von anderen Tierarten bekannt und wird auch für das Meerschweinchen angenommen.

Klinik
Die klinische Symptomatik gleicht der bei Gebärmuttererkrankungen. Der Urin enthält deutlich sichtbare Bluttropfen; Harnabsatzstörungen fehlen.

Diagnose
Durch klinische Untersuchung, Röntgen und Sonografie muss eine Erkrankung des Uterus ausgeschlossen werden. Jedoch liegt nur ein Teil der Leiomyome ausschließlich in der Vagina. Insbesondere größere Tumore sind häufig gestielt und ragen durch die Zervix in das Uteruslumen hinein, sodass sie zunächst als Uterustumor eingeordnet werden. Eine Diagnosesicherung ist nur durch Vaginoskopie möglich.

Therapie & Prognose
Neoplasien der Scheide sind aufgrund der engen Verhältnisse beim Meerschweinchen nur schwer zu entfernen. Polypen können endoskopisch beseitigt werden. Veränderungen der gesamten Scheidenwand sind meist inoperabel. Sie sind einem chirurgischen Eingriff nur dann gut zugänglich, wenn sie sich unmittelbar kaudal des Muttermunds befinden. Eine gleichzeitige Ovariohysterektomie ist sinnvoll.

12 Polydipsie

Eine vermehrte Flüssigkeitsaufnahme kann auf unterschiedlichste Grunderkrankungen zurückzuführen sein und daher mit verschiedenen Symptomen einhergehen. Die häufigsten sind:
- Gewichtsverluste
- schütteres oder struppiges Fell
- Katarakte
- Polyurie
- Polyphagie

12.1 Tierartliche Besonderheiten

Meerschweinchen zeigen von den 3 besprochenen Tierarten den größten Flüssigkeitsbedarf. Trotz Aufnahme großer Mengen wasserreichen Grünfutters trinken viele von ihnen noch regelmäßig aus der Trinkflasche. Große Schwankungen der aufgenommenen Trinkwassermenge werden in Abhängigkeit von den angebotenen Rationsbestandteilen beobachtet. Tiere, deren Futterschwerpunkt auf Heu und Trockenfutter liegt, trinken deutlich mehr als Tiere, die idealerweise neben dem frei zur Verfügung stehenden Heu 2-mal täglich eine abwechslungsreiche Grünfutterration erhalten.

Degus und **Chinchillas** weisen einen deutlich geringeren Flüssigkeitsbedarf auf, doch auch ihnen muss stets eine Tränke mit frischem Wasser zur Verfügung stehen.

12.2 Therapiegrundsätze

Ein Tier, das aufgrund einer Polydipsie vorgestellt wird, stellt in der Regel keinen akuten Notfall dar, bei dem Sofortmaßnahmen eingeleitet werden müssen. Jedoch können durchaus schwerwiegende endokrinologische Erkrankungen, wie Diabetes mellitus oder eine Hyperthyreose, ursächlich sein. Daher ist neben einer ausführlichen Anamnese bei entsprechendem Verdacht die kurzfristige Einleitung diagnostischer Maßnahmen, wie einer Blutentnahme, notwendig.

12.3 Wichtige Ursachen

Eine vermehrte Wasseraufnahme ist bei allen 3 Tierarten als typisches Symptom eines **Diabetes mellitus** zu beobachten (▶ Tab. 12.1). Gleichzeitig fallen auch Polyurie und Polyphagie auf. Als weitere endokrinologische Erkrankung, die mit Polydipsie einhergehen kann, ist zudem die **Hyperthyreose** beim Meerschweinchen zu nennen. Ebenfalls häufig wird eine vermehrte Wasseraufnahme im Rahmen einer **Zahnerkrankung** gesehen, insbesondere bei Überwachstum der Backenzähne oder Verletzungen der Maulschleimhaut. In diesen Fällen ist die Möglichkeit zur Nahrungsauf-

▶ **Tab. 12.1** Wichtige Ursachen für Polydipsie.

Ursache	Bedeutung	siehe Seite	Bemerkungen, siehe auch andere Leitsymptome
Diabetes mellitus	+++	▶ S. 190	Abmagerung, ▶ S. 273
Hyperthyreose	++	▶ S. 192	MS , Fell-/Hautveränderungen, ▶ S. 240, Abmagerung, ▶ S. 273
haltungsbedingte Polydipsie	++	▶ S. 193	–
fütterungsbedingte Polydipsie	++	▶ S. 193	MS
Zahnerkrankungen	++	▶ S. 194	Durchfall, ▶ S. 38, Abmagerung, ▶ S. 273
kortisoninduzierte Polydipsie	+	▶ S. 195	–

nahme oftmals bereits stark eingeschränkt oder mit Schmerzen verbunden.

Eine Polydipsie kann auch durch eine Therapie mit kortisonhaltigen Präparaten induziert oder auf Haltungs- und Fütterungsfehler zurückzuführen sein und somit nicht in Zusammenhang mit einer Erkrankung stehen.

12.4 Diagnostischer Leitfaden: Polydipsie (▶ S. 188)

12.4.1 Besonderes Augenmerk bei der Anamnese

Da die aufgenommene Wassermenge individuell und fütterungsabhängig stark schwanken kann, ist bei einer Vorstellung aufgrund von „Polydipsie" besonderen Wert auf eine ausführliche Anamnese zu legen. Insbesondere im Sommer ist nachzufragen, ob sich der Raum, in dem die Tiere leben, stark aufheizt oder sogar direkter Sonneneinstrahlung ausgesetzt ist. Im Winter ist zu berücksichtigen, wie stark geheizt wird. Beide Faktoren können eine ganz erhebliche Steigerung der aufgenommenen Trinkwassermenge bewirken, die vom Besitzer als Polydipsie wahrgenommen wird. Da die Toleranz für Wärme oder trockene Heizungsluft individuell ausgeprägt ist, kann es durchaus sein, dass aus einer Gruppe trotz identischer Klimabedingungen nur Einzeltiere ein auffälliges Trinkverhalten zeigen. Zudem ist zu berücksichtigen, dass das Symptom bereits länger bestehen könnte: Für den Besitzer ist es oftmals schwierig, das betroffene Tier aus der Gruppe zu bestimmen, solange keine weiteren äußerlich sichtbaren Veränderungen bestehen.

Haltungsbedingungen: Wird das betroffene Tier allein oder in der Gruppe gehalten? Wie groß ist der Käfig und wie ist er eingerichtet? Sind genügend Nagemöglichkeiten vorhanden? Haltungsbedingte Polydipsien (▶ S. 193) sind oft auf Langeweile oder Einsamkeit zurückzuführen.

Fütterung: Das genaue Erfragen der Zusammensetzung der Futterportionen und kürzlicher Veränderungen der Rationskomponenten ist in diesem Fall insbesondere bei Meerschweinchen von Bedeutung. Werden diese hauptsächlich oder überwiegend mit Trockenfutter und Heu ernährt, so werden entsprechend große Mengen aus der Wasserflasche getrunken. In diesem Zusammenhang ist auch zu besprechen, ob es sich bei der beobachteten Polydipsie um ein Einzeltierproblem handelt oder ob die gesamte Gruppe betroffen ist.

Fressverhalten: Frisst das betroffene Tier auffallend langsam, sehr wenig oder selektiert es weichere Futterbestandteile? Dies ist als Hinweis auf eine Zahnerkrankung (▶ S. 194) zu werten. Fällt hingegen eine Polyphagie auf, so ist zum einen nach einer vorangegangenen Behandlung mit Kortisonpräparaten (▶ S. 195) zu fragen, zum anderen ein Diabetes mellitus (▶ S. 190) in Betracht zu ziehen und abzuklären. Liegt eine Hyperthyreose (▶ S. 192) beim Meerschweinchen vor, so nimmt das erkrankte Tier zunächst ebenfalls übermäßige Futtermengen auf. In einem sehr fortgeschrittenen Stadium ist hingegen eher zunehmende Inappetenz zu beobachten.

Harnabsatzverhalten: Fällt gleichzeitig eine massive Polyurie, evtl. in Kombination mit einer Polyphagie auf? Dies kann wiederum als Hinweis auf einen Diabetes mellitus (▶ S. 190) gewertet werden.

Gewichtsentwicklung: Sind in letzter Zeit Veränderungen des Gewichts aufgetreten? Während Meerschweinchen mit einem Diabetes mellitus (▶ S. 190) zu Adipositas neigen, verlieren erkrankte Degus und Chinchillas kontinuierlich an Gewicht. Eine deutliche Gewichtsabnahme ist außerdem im Zusammenhang mit der Hyperthyreose (▶ S. 192) des Meerschweinchens zu beobachten.

Vorbehandlung: In diesem Zusammenhang ist besonders von Interesse, ob das Tier von einem vorbehandelnden Kollegen ein Glukokortikoid erhalten hat, das für eine Polydipsie verantwortlich sein kann.

12.4.2 Besonderes Augenmerk bei der klinischen Untersuchung

Wie ist der Ernährungszustand des Patienten?

Am Beginn der klinischen Untersuchung steht die Beurteilung des Ernährungszustands. Degus und Chinchillas verlieren im Zuge eines Diabetes mellitus (▶ S. 190) oder auch bei Zahnerkrankungen

(▶ S.194) rasch an Gewicht. Beim kachektischen Meerschweinchen muss neben einer Veränderung in der Maulhöhle auch eine mögliche Hyperthyreose (▶ S.192) berücksichtigt werden. Ein Meerschweinchen, das an Diabetes mellitus (▶ S.190) erkrankt ist, fällt dagegen eher durch einen guten bis sehr guten Ernährungszustand auf.

Sind Fellveränderungen/ -verschmutzungen zu beobachten?

Insbesondere beim Meerschweinchen muss auch das Haarkleid beurteilt werden. Fallen schüttere oder haarlose Areale auf, die meist inguinal beginnen und sich dann über den Bauch oder die Hinterextremitäten weiter ausbreiten, so kann dies ein Hinweis auf eine Hyperthyreose (▶ S.192) sein. Durch Kot verklebtes Fell im Anogenitalbereich wird oftmals im Zusammenhang mit einer Zahnerkrankung (▶ S.194) beobachtet, da sekundär Verdauungsstörungen resultieren.

Liegen Zahnveränderungen vor?

Besondere Aufmerksamkeit ist der Untersuchung der Maulhöhle zu schenken: Eine kurze Betrachtung mittels Otoskoptrichter ist nicht ausreichend, um alle Zähne sowie den Zustand der Maulschleimhaut vollständig beurteilen zu können. Vielmehr muss eine Untersuchung unter Zuhilfenahme eines Maul- und Wangenspreizers angepasster Größe und unter guten Beleuchtungsbedingungen erfolgen. Zudem sollte der Kieferknochen gründlich abgetastet werden, um Auftreibungen durch apikales Wachstum entdecken zu können.

Bestehen Augenveränderungen?

Bei der Untersuchung der Augen sollten Linsentrübungen besondere Beachtung geschenkt werden: Sie können auf einen Diabetes mellitus (▶ S.190) hinweisen. Ein- oder beidseitiger Augenausfluss durch Dacryocystitis wird häufig durch Zahnerkrankungen (▶ S.194) ausgelöst.

12.4.3 Diagnosesicherung durch weiterführende Untersuchungen

Eine Blutuntersuchung ist für eine Diagnose bzw. zum Ausschluss eines Diabetes mellitus (▶ S.190) oder einer Hyperthyreose (▶ S.192) unerlässlich.

Auch eine Urinuntersuchung mittels Teststreifen kann die Verdachtsdiagnose Diabetes mellitus (▶ S.190) erhärten. Neben deutlichen Glukosurien können bei bereits länger bestehender diabetischer Stoffwechsellage gelegentlich auch Ketonkörper im Harn nachgewiesen werden.

> ❗ Die Diagnosestellung darf jedoch nie ausschließlich auf dem einmaligen Nachweis einer Glukosurie beruhen, da diese auch in Zusammenhang z. B. mit einer Nephropathie stehen könnte!

Sind Auftreibungen des Kieferknochens zu ertasten, besteht eine Dacryocystitis oder liegen Fehlstellungen der Zähne vor, so ist es ratsam, Röntgenaufnahmen des Schädels in 2 Ebenen anzufertigen.

Diagnostischer Leitfaden: Polydipsie

Anamnese

- ▸ Tierart

- ▸ Fütterung

- ▸ Haltung

- ▸ Fressverhalten

- ▸ Vorbehandlung

Klinische Untersuchung

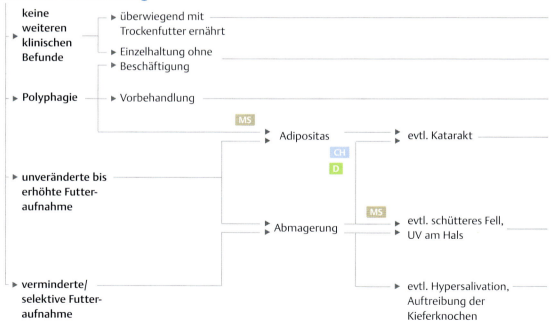

12.4 Diagnostischer Leitfaden: Polydipsie

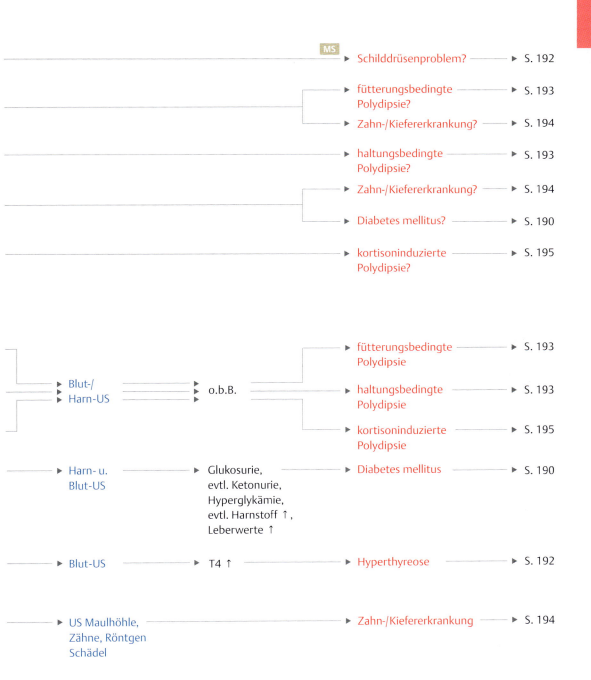

12.5

Erkrankungen

Diabetes mellitus

▶ Endokrine Erkrankung, die mit Polydipsie, Polyurie und Polyphagie einhergeht.

Ätiologie & Pathogenese

Die Entstehung des Diabetes mellitus bei **Meerschweinchen, Chinchilla** und **Degu** ist noch nicht eindeutig geklärt. Bei Meerschweinchen und Degu wird eine virale Genese diskutiert. Beim Degu fällt außerdem auf, dass Insulin und Glukagon eine besondere Struktur aufweisen, was möglicherweise die Fähigkeit des Glukoseabbaus negativ beeinflusst. Für alle 3 Tierarten wird zudem eine genetische Komponente in Betracht gezogen, da in manchen Zuchtlinien Häufungen auftreten.

Klinik

Allen 3 Tierarten gemeinsam sind die Leitsymptome Polydipsie und Polyphagie.

❗ Während Degus und Chinchillas trotz sehr guter Futteraufnahme kachektisch werden, fällt beim Meerschweinchen eine Gewichtszunahme bis hin zu einer ausgeprägten Adipositas auf.

Ein weiteres hinweisendes Symptom für alle 3 Tierarten sind Katarakte (▶ Abb. 12.1 und ▶ Abb. 12.2). Im Rahmen eines Diabetes mellitus kann sich außerdem eine Suppression des Immunsystems entwickeln, sodass sekundär auftretende Infektionen einen schwereren Verlauf nehmen können und die Heilung von Wunden verzögert wird. Im weit fortgeschrittenen Stadium eines unbehandelten Diabetes kann es schließlich zu Stoffwechselentgleisungen im Sinne von Hepatopathien und Nephropathien kommen. Der betroffene Patient entwickelt dann eine Anorexie und Apathie bis hin zur Somnolenz.

Diagnose

Die Diagnose eines Diabetes mellitus ergibt sich aus wiederholten Blutzuckermessungen. Bei Degu und Chinchilla liegt bereits bei Blutzuckerwerten über 200 mg/dl ein Diabetes-Verdacht vor, beim Meerschweinchen bei einer Hyperglykämie über 250 mg/dl. Eine Absicherung der Diagnose kann insbesondere beim Meerschweinchen und Chin-

▶ **Abb. 12.1** Diabetische Katarakt bei einem Degu.

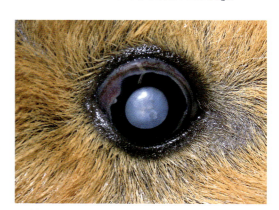

▶ **Abb. 12.2** Diabetische Katarakt bei einem Meerschweinchen.

chilla über die Bestimmung der Fructosamine erfolgen. Kann ausreichend Blut gewonnen werden, sollten initial auch zumindest eine Leukozytenzählung sowie eine Bestimmung der Leber- und Nierenwerte durchgeführt werden, um die Therapie optimal abstimmen zu können.

❗ Bei Meerschweinchen mit Hyperglykämien sollte stets auch der T4-Wert bestimmt werden, da Hyperthyreosen gelegentlich mit einer massiven Erhöhung des Blutzuckerspiegels einhergehen. Besonders häufig tritt dies bei Tieren unter 3 Jahren auf.

Im Harn ist eine Glukosurie nachweisbar. Ketonkörper können erst in fortgeschrittenen Erkrankungsstadien aufgefunden werden.

Therapie & Prognose

Zur Behandlung des Diabetes mellitus wird ein Insulin [73] mit möglichst langer Wirkung eingesetzt.

Eine Therapie kommt jedoch nur dann infrage, wenn die Diagnose durch wiederholte Blutzuckermessungen und/oder eine entsprechende Erhöhung der Fructosamine gesichert ist. Zudem muss der Besitzer darüber aufgeklärt werden, dass es sich um eine lebenslange Therapie handelt, die sehr sorgfältig und zuverlässig erfolgen muss. Viele Besitzer möchten ihr Tier nicht gern mit Injektionen behandeln. Beim Meerschweinchen liegt es zum einen oft daran, dass viele Tiere bei Manipulationen gleich welcher Art sofort gellende Alarmpfiffe verlauten lassen. Zum anderen kostet es viele Besitzer sehr viel Überwindung und Übung, die dicke Haut des Meerschweinchens zu durchstechen. Beim Chinchilla liegt die Sorge eher darin, dass die Haut extrem dünn ist und der Patient evtl. zur Therapie geweckt werden muss, beim Degu – insbesondere wenn er in einer größeren Gruppe gehalten wird – ist der Stress des regelmäßigen Herausfangens zu berücksichtigen.

Entscheidet der Besitzer, dass eine Therapie eingeleitet werden soll, so muss das betroffene Tier zunächst zur Erstellung eines Tagesprofils kurzfristig eingestellt werden. Es hat sich bewährt, nach Möglichkeit mindestens ein Partnertier mitbringen zu lassen und beide in einen ruhigen Raum zu verbringen, um eine möglichst stressfreie Umgebung zu schaffen. Wichtig ist auch, dass der Besitzer eine in Menge und Zusammenstellung typische Futterportion mitbringt. Auch dies trägt dazu bei, eine realistische, d. h. auf die häuslichen Verhältnisse übertragbare Blutzuckerkurve zu erhalten.

❗ **Die 1. Blutzuckermessung erfolgt frühestens eine ½ Stunde nachdem der Patient in der Praxis eingetroffen ist, um das Risiko von Verfälschungen des Messwerts (Stresshyperglykämien) zu minimieren.**

Liegen bei Behandlungsbeginn Infektionen vor, so sind diese antibiotisch zu behandeln. Leidet der Patient bereits unter Nephropathien oder Hepatopathien, so ist zudem eine Infusionstherapie einzuleiten. Im Falle von Nephropathien kann eine Unterstützung mit biologischen Präparaten, wie Renes viscum® [133] oder der Kombination Solidago/Ubichinon/Coenzyme comp.® [134] (SUC), hilfreich sein. Liegen Hepatopathien vor, so kann eine Unterstützung der Organfunktion, z. B. über die Gabe von B-Vitaminen [82] oder Präparaten, wie Hepar comp® [120] versucht werden. Inappetente Tiere sind regelmäßig zwangszufüttern. Die Prognose ist in allen Fällen mit bereits eingeschränkten Organfunktionen sehr vorsichtig zu stellen.

Das Tier erhält als Anfangsdosis 1 I.E./kg Insulin [73] s.c. Die Kontrollen des Blutzuckerwerts erfolgen idealerweise etwa alle 3 Stunden. Beim Degu und auch bei zarten Chinchillas müssen sicherlich größere Abstände gewählt werden, da die Venen nicht so häufig punktiert werden können. Die Kontrollen bei diesen Tieren erfolgen daher nach etwa 5–6 Stunden. Je nach Wirkdauer des gewählten Insulinpräparats und je nachdem, wie rasch der Blutzucker wieder deutlich ansteigt, wird nach 12 Stunden evtl. eine 2. Applikation notwendig. Erhöhungen der verabreichten Insulinmenge sollten frühestens nach 2–3 Tagen erfolgen. Bei kurz aufeinander folgenden Erhöhungen der Dosis besteht die Gefahr einer körpereigenen Gegenregulation (sogenannter Somogyi-Effekt). Trotz stetiger Steigerung der Insulingabe werden nach kurzfristigen Unterzuckerungen durch eine Ausschüttung kontrainsulinärer Hormone (z. B. Kortisol, Adrenalin, Glukagon) wieder Hyperglykämien erreicht. Wird auf deren Grundlage die Dosis weiter erhöht, bricht das Regulationssystem irgendwann zusammen und es kommt zu einer lebensbedrohlichen Hypoglykämie.

Konnte der Patient auf Insulin eingestellt werden, so überwacht zunächst der Besitzer den weiteren Behandlungserfolg, indem er regelmäßig das Gewicht des Tieres (v. a. bei Chinchillas und Degus), soweit möglich die Trinkmenge und mithilfe von Teststreifen den Glukosegehalt des Harns kontrolliert. Blutzuckerkontrollen in der tierärztlichen Praxis werden dann nur noch gelegentlich notwendig.

Neben der Insulintherapie ist auch die **Fütterung** des betroffenen Tieres zu besprechen. Kann eine regelmäßige Insulingabe nicht gewährleistet werden, so ist eine optimale Fütterung zumindest ein Schritt, um das Wohlbefinden des Patienten noch über einen gewissen Zeitraum erhalten zu können. Alle 3 Tierarten müssen stets freien Zugang zum Futter haben. Beim Chinchilla ist im Regelfall keine Umstellung der aus Heu, getrockneten Kräutern und pelletiertem Alleinfutter bestehenden Grundnahrung notwendig. Sollte das Tier bisher jedoch zeitweilig z. B. Obst – auch in getrockneter Form – oder andere zuckerhaltige „Leckerbissen" bekommen haben, so sind diese vom Speiseplan zu streichen. Degus sind durch den besonderen Aufbau des körpereigenen Insulins generell nicht in der Lage, größere Mengen Glukose zu verstoffwechseln. Daher sollte sich auch bei ihnen die Grundversorgung aus den für das Chinchilla genannten Komponenten gestalten. Zusätzlich können Degus noch in kleineren Mengen Gemüse, frische Kräuter und Salate angeboten werden.

Besonders radikal ist meist die Umstellung der Ernährung des Meerschweinchens. Heu, strukturiertes Grünfutter, wie Kräuter, Kohlrabiblätter und Möhrengrün, sowie Gemüse, Salate und in kleinen Portionen pelletiertes Trockenfutter bleiben erhalten. Obst, das von Meerschweinchen oftmals sehr gerne und in größeren Mengen gefressen wird, sollte langsam in den Hintergrund der Versorgung treten und – wenn überhaupt – nur kurz nach Insulingabe in kleinen Mengen angeboten werden, um ein zu rasches Abfallen des Blutzuckerspiegels zu verhindern. Bei einem Diabetes-Management nur über das Futter ist auf Obst grundsätzlich vollständig zu verzichten. Die zahlreichen für das Meerschweinchen angebotenen „Leckerbissen", die ohnehin nicht Teil der Rationsgestaltung sein sollten, wie Knabberstangen, Joghurtdrops und Stärkekissen sowie Zwieback und Brot, müssen immer vollständig gestrichen werden. Durch Austausch eines Getreidekörner und Extrudate enthaltenden Buntfutters gegen ein pelletiertes Alleinfutter ist eine weitere Minimierung des Kohlenhydratangebots zu erreichen.

Hyperthyreose [MS]

▶ Häufige Schilddrüsenerkrankung bei **Meerschweinchen**.

Ätiologie & Pathogenese

Hyperthyreosen entstehen vergesellschaftet mit funktionellen Hyperplasien oder neoplastischen Veränderungen der Schilddrüse (▶ S. 93).

Klinik

Klassische Symptome sind zunächst die Alopezie (▶ S. 270), die meist im Inguinalbereich beginnt und sich von dort über Bauch und Hinterextremitäten bis über den gesamten Rumpf ausbreiten kann, eine Abmagerung durch den gesteigerten Grundumsatz, den die zunächst noch vorhandene erhöhte Futteraufnahme nicht ausgleichen kann (▶ S. 294) und oftmals Umfangsvermehrungen im Halsbereich (▶ S. 93) unterschiedlicher Größe und Konsistenz. Auch Tachykardien kommen häufig vor. Bei vielen Patienten fallen zusätzlich auch eine Polydipsie und eine Polyurie auf.

Diagnose

Die typische Symptomatik einer Polydipsie, Polyurie und Polyphagie in Zusammenhang mit Abmagerung und Fellveränderungen geben bereits Hinweise auf eine Hyperthyreose. Eine gleichzeitig vorhandene Umfangsvermehrung im Schilddrüsenbereich kann den Verdacht erhärten. Eine weitere Bestätigung der Verdachtsdiagnose erfolgt durch Bestimmung des T4-Wertes ggf. in Verbindung mit dem fT4-Wert im Serum. Eine Einordnung der Umfangsvermehrung nach ihrer Dignität kann lediglich durch eine zytologische Untersuchung erfolgen.

Therapie & Prognose

Die Therapie besteht in einer lebenslangen Medikation mit Thyreostatika. Die Einstellung auf die individuelle Dosierung erfolgt durch Kontrollen des T4-Wertes in zunächst 4- bis 6-wöchigem Abstand in Verbindung mit der Beurteilung der Symptomatik. Die Initialdosis der Wirkstoffe Thiamazol [77] oder Carbimazol [70] liegt bei einer oralen Gabe von 1–2 mg/kg 1x täglich. Bei Bedarf kann auf eine 2-mal tägliche Gabe erhöht werden. Ist der Patient stabil eingestellt, können die Abstände der Blutwertkontrollen auf einen ½-Jahresrhythmus gedehnt werden.

Die Prognose ist von zahlreichen Faktoren abhängig. Ungünstig ist die Prognose immer dann, wenn das vorgestellte Meerschweinchen bereits kachektisch und inappetent ist, wenn durch das geschädigte Immunsystem bereits schwerwiegende Sekundärinfektionen aufgetreten sind oder wenn die Hyperthyreose durch ein Schilddrüsenkarzinom verursacht wird. Ist es hingegen noch möglich, den Patienten auf das Thyreostatikum einzustellen, so kann sein Befinden oftmals über Jahre stabil gehalten werden.

Haltungsbedingte Polydipsie
▶ Durch fehlende Beschäftigungsmöglichkeiten entstehende Ersatzhandlung.

Ätiologie & Pathogenese
Eine haltungsbedingte Polydipsie kann sowohl bei **Meerschweinchen** als auch bei **Chinchillas** und **Degus** entstehen. Sie ist immer als deutliche Verhaltensstörung anzusehen. Sie entsteht beispielsweise in wenig abwechslungsreich gestalteten Käfigen ohne Beschäftigungs- und Nagemöglichkeiten als Übersprungshandlung. Auch eine Einzelhaltung, z.B. nach dem Versterben des Partnertiers, kann zu einer übermäßigen Beschäftigung mit der Wasserflasche und damit zur Polydipsie führen.

Klinik
Das Allgemeinbefinden des Tieres ist in der Regel nicht gestört, die klinische Untersuchung bleibt meist ohne besonderen Befund. Gelegentlich kann jedoch beim Degu oder Chinchilla eine beginnende Alopezie als Folge von Fellbeißen (▶ S. 270) beobachtet werden. Dies ist in diesem Zusammenhang ebenfalls als Ausdruck von Stress durch fehlerhafte Haltungsbedingungen zu werten.

Diagnose
Bleibt die klinische Untersuchung ohne Befund, so sind die Haltungsbedingungen genau zu hinterfragen. Gezielt sollte dabei nicht nur auf die Zusammensetzung der Gruppe, sondern auch detailliert auf die Einrichtung und Größe des Käfigs eingegangen werden. Auch wenn sich aus dem Gespräch Anhaltspunkte auf Haltungsfehler ergeben, so sollte zumindest eine Urinuntersuchung durchgeführt werden, um eine Glukosurie und damit den Verdacht auf einen Diabetes mellitus auszuschließen. Eine eventuelle Hyperthyreose beim Meerschweinchen wird über eine T4-Bestimmung im Serum abgeklärt.

Therapie & Prognose
Die Therapie besteht in der Optimierung der Haltungsbedingungen. Der Käfig muss beim Meerschweinchen für 2 Tiere eine absolute Mindestgrundfläche von 120 cm × 60 cm aufweisen. Verschiedene Versteckmöglichkeiten (z.B. Holzhäuschen, Weidenbrücken, Korkröhren) sind anzubieten. Durch den Einbau einer Holzetage bieten sich weitere Gestaltungsmöglichkeiten. Für Chinchillas und Degus eignen sich Volieren mit einer Mindestgrundfläche von 120 cm × 60 cm und einer Mindesthöhe von 140 cm. Der Käfig muss mit mehreren Etagen, ausreichend Klettermöglichkeiten (z.B. ungespritzten Weidenästen), Verstecken (z.B. Holzhäuschen, Korkröhren), Nagemöglichkeiten und einem Sandbadenapf als Grundausstattung eingerichtet sein. Einzeltiere müssen wieder vergesellschaftet werden.

Besteht die Verhaltensstörung bereits über einen längeren Zeitraum, so kann sie in seltenen Fällen dauerhaft ausgeprägt bleiben. In der Regel verschwindet das Fehlverhalten jedoch rasch nach der Optimierung der Haltungsbedingungen.

Fütterungsbedingte Polydipsie MS D
▶ Durch Kürzung der Frischfutterration bedingte kompensatorische Wasseraufnahme.

Ätiologie & Pathogenese
Wird ein **Meerschweinchen** artgerecht mit Heu und 2-mal täglicher Gabe einer abwechslungsreichen Frischfutterportion ernährt, so wird es nur selten oder wenig Wasser aus der Trinkflasche zu sich nehmen. Nach Reduzierung der Frischfuttergabe oder bei ausschließlicher Heu- und Trockenfütterung kann das Tier jedoch seinen Flüssigkeitsbedarf nicht mehr aus der Nahrung decken und beginnt deutlich vermehrt aus der Wasserflasche zu trinken. Auch bei **Degus** führt eine Reduktion des Frischfutters umgehend zu einer gesteigerten Wasseraufnahme.

Klinik
Das betreffende Tier ist bei der klinischen Untersuchung ohne besonderen Befund. Oftmals sind dem Besitzer auch mehrere Tiere aus der Gruppe aufgefallen, die sehr viel trinken und ebenfalls keine weiteren Symptome aufweisen.

Diagnose
Die Verdachtsdiagnose ergibt sich aus der unauffälligen klinischen Untersuchung in Zusammenhang mit einer ausführlichen Fütterungsanamnese. Ist aus einer Gruppe lediglich ein Tier betroffen,

so kann eine Organerkrankung durch Kontrolle der entsprechenden Blutparameter ausgeschlossen werden.

Therapie

Die Therapie besteht in der Optimierung der Fütterung. Dem Besitzer muss eine ideale Rationszusammensetzung erläutert werden. Dabei ist es wichtig darauf hinzuweisen, dass eine alleinige Trockenfütterung nicht nur eine vermehrte Flüssigkeitsaufnahme aus der Wasserflasche zur Folge hat. Meerschweinchen und Degus nehmen zum einen nur durch Trinken niemals so viel Flüssigkeit zu sich, wie es bei einer schwerpunktmäßigen Frischfütterung der Fall wäre, sodass gerade bei älteren Tieren nicht nur Nephropathien, sondern auch der Bildung von Harnwegskonkrementen Vorschub geleistet wird. Zum anderen wirkt sich eine alleinige Trockenfütterung auch dauerhaft negativ auf die Zähne aus. Da das betreffende Tier nur eine geringe Menge Trockenfutter benötigt, um satt zu werden, beschäftigt es sich auch nur über eine verhältnismäßig kurze Zeit mit dem Futter. Erhält es hingegen Saftfutter, so muss es eine deutlich längere Zeit mit der Futteraufnahme verbringen, um seinen Bedarf zu decken, sodass ein ausreichender Zahnabrieb gewährleistet ist.

> ❗ Als günstig hat es sich erwiesen, Praxis-Infos für die einzelnen Tierarten zu erstellen. So kann dem Besitzer gleich ein Rationsvorschlag für sein Tier oder zumindest eine Übersicht über die möglichen Rationskomponenten überreicht werden, auf deren Basis die Fütterungsberatung erfolgen kann.

Zahn-/Kiefererkrankungen

▶ Eine reduzierte Futteraufnahme aufgrund von Zahnerkrankungen wird oft von kompensatorisch gesteigerter Wasseraufnahme begleitet.

Ätiologie & Pathogenese

Bei verschiedenen Zahnerkrankungen, insbesondere wenn Zahnspitzen vorliegen (▶ Abb. 12.3), die bereits Verletzungen der Zunge oder der Wangenschleimhaut verursacht haben, sind eine ungestörte Futteraufnahme und ein regelrechtes Kauen nicht mehr möglich. Bei **Meerschweinchen** können die Backenzähne so weit nach lingual überwachsen, dass die Zungenbeweglichkeit eingeschränkt ist und ein Futtertransport dadurch unterbunden wird (▶ Abb. 12.4). Oftmals fällt bei den betroffenen Patienten eine Polydipsie als Versuch auf, den Flüssigkeitshaushalt trotzdem auszugleichen. Zudem wird durch das Trinken auch ein kühlender Effekt an den Verletzungen erzielt.

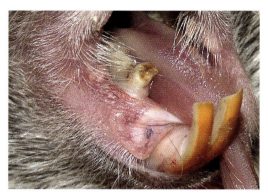

▶ **Abb. 12.3** Zahnfehlstellung beim Degu: Der Prämolare des rechten Unterkiefers bildet eine Spitze nach lingual aus.

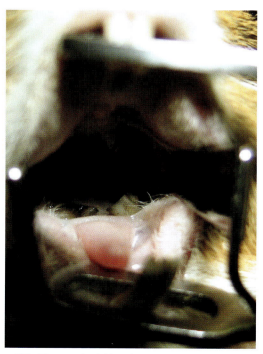

▶ **Abb. 12.4** Brückenbildung beim Meerschweinchen.

Klinik

Bei den betroffenen Tieren fallen oft ein vermehrter Speichelfluss und häufig bereits eine Abmagerung (▶ S. 273) auf. Durch Sistieren der Futteraufnahme oder die Selektion weicher, rohfaserarmer Futterbestandteile resultieren zudem Verdauungsstörungen, die sich in Durchfällen (▶ S. 38) äußern.

Diagnose

Erste Hinweise ergeben sich aus dem Vorbericht. Die Diagnose folgt aus der Palpation des Kieferknochens und einer gründlichen Untersuchung der Maulhöhle mithilfe von größenangepaßtem Maul- und Wangenspreizer, bei der jeder einzelne Zahn beurteilt und zusätzlich auf Veränderungen, wie Schleimhautverletzungen oder Eiteraustritte aus den Alveolen, geachtet werden muss. Ergeben sich weitere Hinweise für eine Erkrankung von Zähnen und/oder Kiefer, so sollten Röntgenaufnahmen in mindestens 2 Ebenen angefertigt werden, um eine Entscheidung für die langfristige Therapie treffen und die Prognose einschätzen zu können.

Therapie

Zahnkorrekturen werden auf ▶ S. 282 ff. ausführlich beschrieben. Sind nur geringfügige Zahnkorrekturen notwendig, so können diese ohne Sedation mit speziellem Instrumentarium durchgeführt werden. Bei hochgradigen Veränderungen, die die Angleichung ganzer Zahnreihen erfordern, um eine korrekte Okklusion wiederherzustellen, ist hingegen eine Sedation unverzichtbar. Auch für die Korrektur schwer zugänglicher Veränderungen einzelner Zähne, wie sie z. B. im Bereich der letzten Molaren des Unterkiefers des Meerschweinchens häufig vorkommen oder bei sehr panischen Tieren, die sich ansonsten Verletzungen durch heftiges Beißen auf den Maulspreizer zuziehen könnten, kann eine Sedation notwendig sein. In der Regel ist hier eine kurze Inhalationsnarkose ausreichend. Liegen bereits Verletzungen der Maulschleimhaut oder der Zunge vor, so sind ein Analgetikum und je nach Art der Wunde ein lokales Antiseptikum (z. B. Clorhexidin-Spray) oder ein Antibiotikum zu verordnen.

Die Therapie von Kieferabszessen ist stets mit der Extraktion sämtlicher beteiligter Zähne, einer ausführlichen Wundtoilette mit Kürettage und einer intensiven Nachbehandlung verbunden. Ein ausschließliches Spalten und Spülen kann nicht zu einer Ausheilung führen (▶ S. 83). Neben einer adäquaten Schmerzmedikation erhält das betroffene Tier zunächst, während eine bakteriologische Untersuchung von Abszessinhalt und -kapsel eingeleitet wird, ein Breitbandantibiotikum, das ausreichende Wirkstoffspiegel im Knochen erreicht (z. B. Marbofloxacin [6]). Dieses muss gegebenenfalls nach Erhalt des Antibiogramms gewechselt werden. Bei der Auswahl des geeigneten Präparats muss wiederum auf eine gute Knochengängigkeit geachtet werden.

Prognose

Liegen lediglich geringgradige Zahnfehlstellungen vor, so ist die Prognose bei regelmäßiger Kontrolle und Korrektur in der Regel als gut einzuschätzen. Auch der Verlust einzelner Zähne wird meist gut toleriert, wobei Meerschweinchen hier häufig erheblich empfindlicher reagieren als Chinchillas oder Degus. Haben sich bereits Kieferabszesse entwickelt, so ist die Prognose erheblich vorsichtiger zu stellen und kann je nach Ausmaß der röntgenologisch sichtbaren Veränderungen des Kieferknochens auch infaust ausfallen.

Kortisoninduzierte Polydipsie

▶ Durch eine Nebenwirkung von Kortisonpräparaten bedingte Polydipsie.

Ätiologie & Pathogenese

Glukokortikoide bewirken eine deutliche Diuresesteigerung, sodass das so behandelte Tier kompensatorisch eine größere Trinkwassermenge aufnimmt. Die gesteigerte Diurese folgt aus einer Erhöhung der glomerulären Filtrationsrate bei gleichzeitiger Herabsetzung der Wasserresorption im distalen Tubulus.

Klinik

Das betroffene Tier zeigt außer einer Polydipsie auch eine Polyurie und meist eine Polyphagie. In der klinischen Untersuchung ist es ansonsten unauffällig, es sei denn, Symptome der Erkrankung, gegen die das Glukokortikoid verabreicht wurde, sind noch vorhanden.

Diagnose

Für die Diagnosefindung ist eine ausführliche Anamnese unerlässlich. Berichtet der Besitzer von einer Vorerkrankung, so sollten alle angewandten Medikamente genau hinterfragt werden. Sind diese dem Besitzer nicht bekannt, so muss bei dem vorbehandelnden Kollegen nachgefragt werden.

Therapie & Prognose

Eine Therapie ist nicht nötig. Wenn die Wirkung des Glukokortikoids nachlässt, klingt auch die dadurch bedingte Polydipsie vollständig ab.

13 Neurologische Ausfallerscheinungen

Neurologische Ausfallerscheinungen können verschiedenster Art sein. Mögliche Symptome sind:
- Kopfschiefhaltung
- Ataxie
- Parese
- Paralyse
- Anfälle, Krämpfe
- Bewusstseinstrübung

13.1 Tierartliche Besonderheiten

Das Nervensystem von Meerschweinchen, Chinchillas und Degus weist keine Abweichungen im Vergleich zu dem von Hunden und Katzen auf.

Eine Besonderheit sind allerdings die bei Degus und besonders bei Chinchillas sehr groß ausgebildeten Paukenhöhlen, die sich auch auf Röntgenaufnahmen entsprechend darstellen (▶ Abb. 13.1).

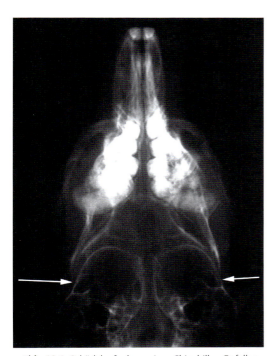

▶ **Abb. 13.1** Schädelaufnahme eines Chinchillas: Es fallen die großen, dünnwandigen Bullae tympanicae (Pfeile) auf.

13.2 Therapiegrundsätze

➕ Sofortmaßnahmen

Notfallmaßnahmen sind immer dann sofort einzuleiten, wenn das Tier eine Schocksymptomatik aufweist:
- Seitenlage
- blasse oder hyperämische Schleimhäute
- flacher Puls
- flache, frequente Atmung
- Hypothermie oder Hyperthermie

Folgende Sofortmaßnahmen sind einzuleiten:
1. Sauerstoffzufuhr
    - Flüssigkeitszufuhr (Vollelektrolytlösung) **89**, 40 ml/kg i.v., i.p., s.c.
    - bei Hypothermie körperwarme Infusionslösung
    - bei Hyperthermie kühle Infusionslösung
2. Prednisolon **76**, 10–20 mg/kg i.v., i.m., i.p.
3. Wärmezufuhr bei Hypothermie bzw. Kühlung bei Hyperthermie
4. Tier an ruhigen, abgedunkelten Ort verbringen
5. bei Krämpfen: Diazepam **107**, 1–5 mg/kg i.v., i.m.

Weitere Sofortmaßnahmen richten sich nach der Art der Symptome und müssen sorgfältig abgewogen werden. Da ähnliche Symptome durch völlig verschiedene Erkrankungen hervorgerufen werden können, die sich zudem häufig bereits in weit fortgeschrittenem Stadium befinden, kann eine übereilte Medikamentenapplikation evtl. sogar das Krankheitsgeschehen verschlechtern.

13.3 Wichtige Ursachen

Neurologische Ausfallerscheinungen kommen bei **Meerschweinchen**, **Chinchillas** und **Degus** nur relativ selten vor. Primäre Erkrankungen des Nervensystems stehen dabei eher im Hintergrund. Deutlich häufiger sind Allgemeinerkrankungen und Stoffwechselstörungen, die sekundär zu neurologischen Symptomen führen.

13 – Neurologische Ausfallerscheinungen

> ❗ Starke Schmerzzustände können mit hochgradiger Apathie einhergehen, die nicht als Bewusstseinsstörung fehlgedeutet werden darf.

Ausfallerscheinungen können durch verschiedenste Ursachen hervorgerufen werden.

Kopfschiefhaltung wird bei Otitis media oder interna beobachtet (▶ Tab. 13.1). Diese Erkrankungen können aus Allgemeininfektionen oder fortgeleiteten Entzündungen des äußeren Gehörgangs hervorgehen. Auch Schädeltraumata, die in erster Linie durch Stürze verursacht werden, führen häufig zu Kopfschiefhaltung. Bei Meerschweinchen kann gelegentlich eine Enzephalitozoonose für dieses Symptom verantwortlich gemacht werden.

Anfälle, Krämpfe und Bewusstseinstrübungen treten häufig durch Stoffwechselentgleisungen bei Hepatopathien und Trächtigkeitstoxikosen sowie bei Septikämien oder Hitzschlag auf (▶ Tab. 13.3). Bei Meerschweinchen werden Krampfgeschehen außerdem oft durch hochgradigen Pruritus bei Sarcoptesräude ausgelöst. Chinchillas leiden gehäuft unter Hypokalzämien, die Muskelzittern und Krämpfe nach sich ziehen. Differenzialdiagnostisch sind aber auch Herzerkrankungen abzugrenzen, die mit Arrhythmien einhergehen. Vergiftungen, Endstadien von Nephropathien und bei Meerschweinchen auch Insulinome sind weitere mögliche Ursachen für anfallsartige Krämpfe.

> ❗ Primäre Epilepsien sind bisher bei den Meerschweinchenartigen nicht bekannt. Anfallsgeschehen, Krämpfe und Bewusstseinstrübungen können jedoch auf unterschiedlichste, meist weit fortgeschrittene Erkrankungen mit häufig sehr vorsichtiger bis ungünstiger Prognose zurückzuführen sein. Umso wichtiger ist es, möglichst rasch und sorgfältig die genaue Grundursache zu ermitteln.

Ataxien und Lähmungserscheinungen werden in erster Linie durch degenerative Wirbelsäulenerkrankungen sowie traumatische Erkrankungen der Wirbelsäule und des Rückenmarks verursacht (▶ Tab. 13.2). Neoplasien der Wirbelkörper, die zu Einengungen des Wirbelkanals führen, sind dagegen selten. Bei Meerschweinchen spielen auch

▶ **Tab. 13.1** Wichtige Ursachen für Kopfschiefhaltung.

Ursache	Bedeutung	siehe Seite	Bemerkungen, siehe auch andere Leitsymptome
Otitis media/interna	+++	▶ S. 206	–
Schädeltrauma, Schädelfraktur	++	▶ S. 207	–
Enzephalitozoonose	(+)	▶ S. 218	MS

▶ **Tab. 13.2** Wichtige Ursachen für Lähmungserscheinungen.

Ursache	Bedeutung	siehe Seite	Bemerkungen, siehe auch andere Leitsymptome
degenerative Wirbelsäulenerkrankung	+++	▶ S. 209	v. a. bei MS
Wirbelsäulentrauma, Rückenmarkläsion	+++	▶ S. 210	–
Meerschweinchenlähme	+	▶ S. 212	MS
Neoplasien der Wirbelsäule	(+)	▶ S. 210	–
Enzephalitozoonose	(+)	▶ S. 218	MS
Toxoplasmose	(+)	▶ S. 219	–

13.4 Diagnostischer Leitfaden: Neurologische Ausfallerscheinungen

▶ **Tab. 13.3** Wichtige Ursachen für Anfälle, Krämpfe und Bewusstseinsstörungen.

Ursache	Bedeutung	siehe Seite	Bemerkungen, siehe auch andere Leitsymptome
Hypokalzämie	+++	▶ S. 220	bei CH
Hepatopathie	+++	▶ S. 216	besonders bei MS, Schmerz/UV kraniales Abdomen, ▶ S. 100
Septikämie	++	▶ S. 215	Dyspnoe, ▶ S. 18
Trächtigkeitstoxikose	++	▶ S. 214	–
Herzerkrankung	++	▶ S. 218	Anfälle besonders bei CH, Dyspnoe, ▶ S. 18, Abmagerung, ▶ S. 273
Sarcoptesräude	++	▶ S. 220	MS, Fell-/Hautveränderungen, ▶ S. 240
Hitzschlag	+	▶ S. 212	Dyspnoe, ▶ S. 18
Vergiftung	(+)	▶ S. 213	Durchfall, ▶ S. 38
Nephropathie	(+)	▶ S. 217	Schmerz/UV kaudales Abdomen, ▶ S. 112, Abmagerung, ▶ S. 273
Insulinom	(+)	▶ S. 217	MS

Infektionen, wie die Meerschweinchenlähme und die Enzephalitozoonose, eine Rolle.

13.4 Diagnostischer Leitfaden: Neurologische Ausfallerscheinungen (▶ S. 202)

13.4.1 Besonderes Augenmerk bei der Anamnese

Bei jeder neurologischen Ausfallerscheinung sollte zunächst in Erfahrung gebracht werden, ob ein **Trauma** bekannt ist, das zu Verletzungen der Wirbelsäule (▶ S. 210), des Rückenmarks (▶ S. 210) oder des Schädels (▶ S. 207) geführt haben kann. Bei älteren Patienten muss zudem an die Möglichkeit einer degenerativen Wirbelsäulenerkrankung (▶ S. 209) gedacht werden.

Kommt beides scheinbar zunächst nicht in Frage, so sollten die **Haltungsbedingungen** hinterfragt werden:
- Dabei ist von Interesse, ob das Tier **unbeaufsichtigten Freilauf** erhält. Bei Außenhaltung von Meerschweinchen können andere Tiere, z. B. Füchse, Marder, Katzen oder Greifvögel, in unzureichend gesicherte Freigehege eindringen. Auch nach **Kontakt zu Kindern** sollte gefragt werden. Viele Unfälle entstehen dadurch, dass das Tier einem Kind vom Arm springt; dieses traut sich aber manchmal nicht, den Unfall einzugestehen.
- Weiterhin muss in Erfahrung gebracht werden, ob es **Giftpflanzen** in erreichbarer Nähe des Tieres gibt. Besonders Oleandervergiftungen (▶ S. 213) gehen mit neurologischen Symptomen einher.
- In den warmen Monaten ist im Hinblick auf einen Hitzschlag (▶ S. 212) zu hinterfragen, ob das Tier **hohen Temperaturen** ausgesetzt war (ungeschützter Käfigstandort/Außengehege ohne Sonnenschutz, Transport, warme Dachgeschoßwohnung).
- Im Hinblick auf eine Enzephalitozoonose bei Meerschweinchen ist von Interesse, ob das Tier **Kontakt zu Kaninchen** hat oder hatte.

Die **Fütterung** ist speziell bei Krampfgeschehen zu berücksichtigen. Die genaue Rationszusammensetzung muss besonders im Hinblick auf eine Hypokalzämie (▶ S. 220) bei Chinchillas oder eine Trächtigkeitstoxikose (▶ S. 214) erfragt werden.

Weiterhin sind **Allgemeinbefinden** und **Fressverhalten** des Patienten wichtig. Während beides oftmals bei der Enzephalitozoonose (▶ S. 218) sowie außerdem in der Regel bei leichten Schädeltraumata (▶ S. 207) unbeeinträchtigt ist, verursachen die anderen Erkrankungen meist mehr oder weniger starke Beeinträchtigungen des Allgemeinzustands.

Auch **vorangegangene Erkrankungen** des Tieres sind zu erfassen. Bei Patienten, die eine Atemwegsinfektion überstanden haben, kann es ohne weitere respiratorische Symptomatik zu einer Otitis media/interna (▶ S. 206) kommen, wenn ein Erregerreservoir in den Nasenhöhlen zurückgeblieben ist. Erkrankungen mit Verschlechterung des Allgemeinbefindens können Hinweise auf Septikämien (▶ S. 215) liefern. Diese gehen besonders häufig von Verdauungsstörungen aus. Bei adipösen Tieren muss eine Hepatopathie (▶ S. 216) mit Stoffwechselentgleisung in Betracht gezogen werden, wenn aus der Anamnese hervorgeht, dass das Tier aufgrund einer Vorerkrankung nicht ausreichend gefressen hat.

Der **Verlauf des Krankheitsgeschehens** ist genau zu erfragen, um akute von protrahiert verlaufenden Erkrankungen abgrenzen zu können. Dabei ist allerdings zu berücksichtigen, dass manche Tiere, speziell wenn sie in Gruppen gehalten werden, leider nicht ausreichend beobachtet werden. Wird der Patient aufgrund von Anfallsgeschehen vorgestellt, so sollte der Besitzer trotzdem detailliert nach Häufigkeit, Dauer und Art der Anfälle befragt werden. Auch begleitende Symptome können als Hinweise dienen.

Tiere, die unter kardialen Anfällen (▶ S. 218) leiden, weisen häufig auch kontinuierlich fortschreitende Gewichtsverluste auf und sind weniger mobil. Die Krampfgeschehen gehen oft mit Lungenödemen einher, die von rasselnden Atemgeräuschen sowie serösem Ausfluss aus Nase und Maul begleitet werden. Bei anderen Grunderkrankungen kommt es häufig zu einer fortschreitenden Intensivierung der Krämpfe. So beginnen Hypokalzämien (▶ S. 220) oft zunächst mit plötzlichen Schwächen und Ataxien in der Hinterhand. Auch Muskelzittern kann anfangs gelegentlich beobachtet werden. Im weiteren Verlauf entstehen tonisch-klonische Krämpfe, das Allgemeinbefinden verschlechtert sich erheblich.

Anfallsgeschehen im Rahmen von Hepatopathien (▶ S. 216), Nephropathien (▶ S. 217), Trächtigkeitstoxikosen (▶ S. 214) oder Septikämien (▶ S. 215) stellen das Endstadium der Erkrankungen dar, sodass für die Besitzer eine andere Symptomatik (vorzugsweise unspezifisch: Apathie, Inappetenz, ▶ S. 303) im Vordergrund steht.

13.4.2 Besonderes Augenmerk bei der klinischen Untersuchung

Ist der Patient nicht mehr in der Lage eine physiologische Körperhaltung einzunehmen oder leidet er unter Bewusstseinstrübungen, so muss zunächst die **Rektaltemperatur** gemessen werden, um Hypo- und Hyperthermien voneinander abgrenzen zu können.

Durch Adspektion der Schleimhäute und Auskultation des Herzens wird die **Kreislaufsituation** beurteilt.

> ❗ Befindet sich der Patient in Seitenlage mit Schocksymptomatik, werden zunächst stabilisierende Sofortmaßnahmen eingeleitet.

Stabilisiert sich der Zustand oder besteht keine lebensbedrohliche Situation, so sollte eine gründliche Allgemeinuntersuchung durchgeführt werden, die alle Organe einschließt. Diese beinhaltet auch eine neurologische Untersuchung, um die Qualität der Ausfallserscheinungen einstufen zu können.

> ❗ Insbesondere wenn ausgeprägte Paresen vorliegen, muss bei der Untersuchung extrem vorsichtig vorgegangen werden, um eventuelle Instabilitäten der Wirbelsäule nicht zu verstärken. Zusätzliche Stresssituationen und Abwehrreaktionen des Tieres sollten möglichst vermieden werden.

Welche neurologischen Symptome liegen vor?

Um Differenzialdiagnosen besser abgrenzen zu können, sollten bei einer neurologischen Untersuchung alle Symptome zusammen betrachtet werden. So werden bei einer Enzephalitozoonose (▶ S. 218) neben offensichtlichen Veränderungen, wie Paresen, oft auch weitere Befunde erhoben, z. B. Nystagmus oder eine Verzögerung der Pupillenreflexe. Besteht dagegen eine Wirbelsäulenerkrankung (▶ S. 209, ▶ S. 210), so sind die Ausfallerscheinungen lediglich kaudal der Veränderung zu finden.

Bei Kopfschiefhaltung: Sind Veränderungen der Ohren zu finden?

Biss- oder Kratzwunden an den Ohren können bei Sekundärinfektion zu einer fortgeleiteten Entzündung in den äußeren Gehörgang und letztlich zu einer Otitis media (▶ S. 206) oder gar Otitis interna (▶ S. 206) führen. In solchen Fällen ist die Schleimhaut des Gehörgangs gerötet, geschwollen und feucht. Hat eine Keimausbreitung von den Nasenhöhlen über die Eustach'sche Röhre stattgefunden, so wird bei der Inspektion der Gehörgänge möglicherweise nur eine Vorwölbung des Trommelfells durch Eiter sichtbar. Der äußere Gehörgang selbst weist dann keine weiteren Veränderungen auf.

Liegen Anzeichen für eine Atemwegsinfektion vor?

Respiratorische Erkrankungen können Auslöser für eine Otitis (▶ S. 206) sein. Daher muss der Atmungsapparat sorgfältig untersucht werden. Bereits eine leichte Konjunktivitis und dezenter seröser Nasenausfluss können Anzeichen für eine latente Atemwegsinfektion sein. Bei der Auskultation der Nasenhöhlen können auch geringgradige Flüssigkeitsbewegungen bei der Atmung erkannt werden. Verschärfte Atemgeräusche beim Abhören des Kehlkopfs, der Trachea und der Lunge liefern weitere Hinweise.

Bei Ataxie, Parese und Paralyse: Sind Veränderungen an der Wirbelsäule festzustellen?

Die Wirbelsäule wird vorsichtig von kranial nach kaudal abgetastet. Dabei ist auf Stufenbildungen zu achten, wie sie bei Frakturen oder Dislokationen von Wirbeln (▶ S. 210) vorhanden sein können. Auftreibungen weisen auf tumoröse Veränderungen (▶ S. 210) hin. Weiterhin ist auf Schmerzhaftigkeit und Hyperästhesien zu achten, wie sie oft bei degenerativen Wirbelsäulenerkrankungen (▶ S. 209) auftreten.

Bestehen Veränderungen der Muskulatur?

Chronische Erkrankungen der Wirbelsäule führen zu progressiv fortschreitenden Atrophien der Muskulatur der Hintergliedmaßen. Ist die Muskulatur dagegen gut und kräftig ausgebildet, muss eher von einem akuten Krankheitsgeschehen ausgegangen werden.

Bei Anfällen, Krämpfen und Bewusstseinstrübung: Gibt es Anzeichen für eine andere Grunderkrankung?

Es sollte insbesondere auf Symptome einer Atemwegs- oder Darmerkrankung geachtet werden, da Infektionen dieser Organe besonders häufig zu Septikämien (▶ S. 215) führen. Bei Meerschweinchen fallen ausgeprägte Alopezien und Hautveränderungen auf, wenn die Anfälle durch Juckreiz bei Sarcoptesräude (▶ S. 220) ausgelöst werden. Chronische Nephropathien (▶ S. 217) gehen meist mit fortschreitender Abmagerung (▶ S. 273) einher und die Patienten haben ein ungepflegtes, struppiges Haarkleid.

Gibt es Anzeichen für eine Herzerkrankung?

Für Lähmungserscheinungen und Anfallsgeschehen können Herzerkrankungen (▶ S. 218) verantwortlich sein. Kardial bedingte Schwächen der Hinterhand treten aber nur bei dekompensierten Herzinsuffizienzen auf, sodass auskultatorisch deutliche Herzgeräusche zu hören sind. Die Herztöne können jedoch auch durch einen Thorax- oder Perikarderguss erheblich gedämpft sein. Solche Patienten weisen dann meist deutliche Störungen des Allgemeinbefindens sowie Atembeschwerden (▶ S. 18) auf. Kardiale Anfälle sind bei Chinchillas häufig zu beobachten. Ein Herzgeräusch bei der klinischen Untersuchung ist oft zunächst der einzige Anhaltspunkt.

Diagnostischer Leitfaden: Neurologische Ausfallserscheinungen

Anamnese

- ▶ Fütterung
- ▶ Trauma
- ▶ Haltung
  - ▶ Kontakt zu Infektionsquellen
  - ▶ Hitze ausgesetzt
  - ▶ Zugang zu Giftpflanzen, besonders Oleander
- ▶ Vorerkrankungen

Klinische Untersuchung

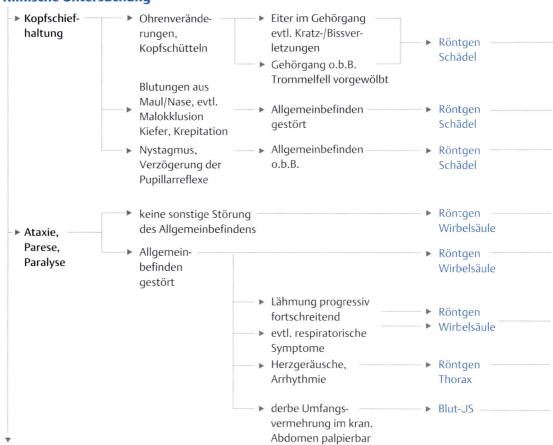

- ▶ Kopfschiefhaltung
  - ▶ Ohrenveränderungen, Kopfschütteln
    - ▶ Eiter im Gehörgang evtl. Kratz-/Bissverletzungen — ▶ Röntgen Schädel
    - ▶ Gehörgang o.b.B. Trommelfell vorgewölbt
  - Blutungen aus Maul/Nase, evtl. Malokklusion Kiefer, Krepitation
    - ▶ Allgemeinbefinden gestört — ▶ Röntgen Schädel
  - ▶ Nystagmus, Verzögerung der Pupillarreflexe
    - ▶ Allgemeinbefinden o.b.B. — ▶ Röntgen Schädel

- ▶ Ataxie, Parese, Paralyse
  - ▶ keine sonstige Störung des Allgemeinbefindens — ▶ Röntgen Wirbelsäule
  - ▶ Allgemeinbefinden gestört — ▶ Röntgen Wirbelsäule
    - ▶ Lähmung progressiv fortschreitend — ▶ Röntgen Wirbelsäule
    - ▶ evtl. respiratorische Symptome
    - ▶ Herzgeräusche, Arrhythmie — ▶ Röntgen Thorax
    - ▶ derbe Umfangsvermehrung im kran. Abdomen palpierbar — ▶ Blut-US

13.4 Diagnostischer Leitfaden: Neurologische Ausfallerscheinungen

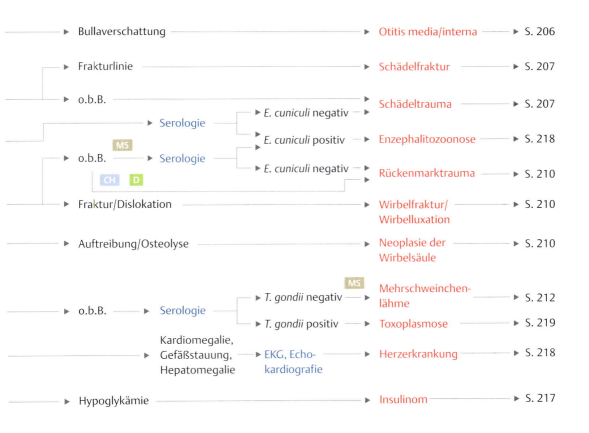

13 – Neurologische Ausfallerscheinungen

Fortsetzung: Neurologische Ausfallerscheinungen

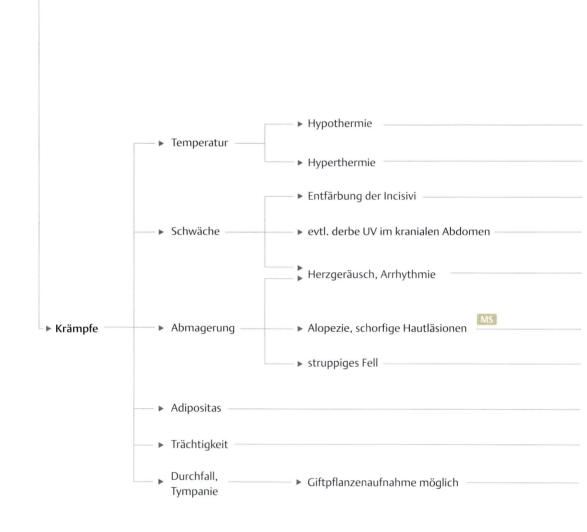

- **Krämpfe**
  - Temperatur
    - Hypothermie
    - Hyperthermie
  - Schwäche
    - Entfärbung der Incisivi
    - evtl. derbe UV im kranialen Abdomen
    - Herzgeräusch, Arrhythmie
  - Abmagerung
    - Alopezie, schorfige Hautläsionen [MS]
    - struppiges Fell
  - Adipositas
  - Trächtigkeit
  - Durchfall, Tympanie
    - Giftpflanzenaufnahme möglich

13.4 Diagnostischer Leitfaden: Neurologische Ausfallerscheinungen

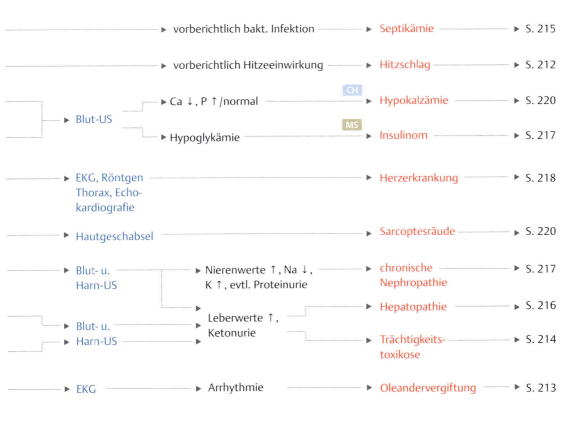

		▸ vorberichtlich bakt. Infektion	▸ Septikämie	▸ S. 215
		▸ vorberichtlich Hitzeeinwirkung	▸ Hitzschlag	▸ S. 212
	▸ Blut-US	▸ Ca ↓, P ↑/normal	▸ Hypokalzämie (CH)	▸ S. 220
		▸ Hypoglykämie	▸ Insulinom (MS)	▸ S. 217
	▸ EKG, Röntgen Thorax, Echokardiografie		▸ Herzerkrankung	▸ S. 218
	▸ Hautgeschabsel		▸ Sarcoptesräude	▸ S. 220
	▸ Blut- u. Harn-US	▸ Nierenwerte ↑, Na ↓, K ↑, evtl. Proteinurie	▸ chronische Nephropathie	▸ S. 217
	▸ Blut- u. Harn-US	▸ Leberwerte ↑, Ketonurie	▸ Hepatopathie	▸ S. 216
			▸ Trächtigkeitstoxikose	▸ S. 214
	▸ EKG	▸ Arrhythmie	▸ Oleandervergiftung	▸ S. 213

13.4.3 Diagnosesicherung durch weiterführende Untersuchungen

Röntgenaufnahmen sind das wichtigste Hilfsmittel bei neurologischen Störungen. Aufnahmen des Schädels werden bei Kopfschiefhaltung angefertigt. Besteht der Verdacht auf ein Schädeltrauma (▶ S. 207), so müssen in jedem Fall beide Ebenen erstellt werden. Zur Diagnose einer Otitis media (s. u.) wird vor allem die dorsoventrale Projektion benötigt, um Bullaverschattungen nachweisen zu können.

Bei jeder Parese sind Röntgenaufnahmen der Wirbelsäule im laterolateralen und ventrodorsalen Strahlengang erforderlich.

> ❗ Beim Anfertigen der Röntgenaufnahmen ist äußerst behutsam vorzugehen. Die Tiere dürfen keinesfalls an den Gliedmaßen in die Länge gezogen werden. Eine Sedation ist abzulehnen, da durch die Erschlaffung der Muskulatur Instabilitäten der Wirbelsäule verstärkt werden können.

Röntgenaufnahmen des Thorax sind erforderlich, um Herzerkrankungen ausschließen zu können.

Blutuntersuchungen dienen dem Nachweis von Stoffwechselentgleisungen bei Hepatopathien (▶ S. 216), Nephropathien (▶ S. 217) und Hypokalzämien (▶ S. 220) sowie Hypoglykämien bei Insulinomen (▶ S. 217). Sie dienen aber auch der Diagnose von Leukozytosen, die auf bakterielle Infektionen hindeuten.

Durch **serologische Untersuchungen** werden Antikörper gegen *Encephalitozoon cuniculi* (▶ S. 218) festgestellt.

13.5 Erkrankungen

Otitis media/interna

▶ Aus Atemwegsinfektionen oder Entzündungen des äußeren Gehörgangs hervorgehende Entzündung des Mittel- und Innenohrs.

Ätiologie & Pathogenese

Entzündungen des Mittel- oder Innenohrs können sich aus Atemwegsinfektionen entwickeln, wobei Erreger über die Tuba auditiva ins Ohr einwandern. Häufige Verursacher solcher Erkrankungen sind *Pasteurella multocida*, *Bordetella bronchiseptica*, *Streptococcus* spp. und *Staphylococcus* spp.

Eine Otitis media kann aber auch durch Perforation des Trommelfells aus primären Entzündungen des äußeren Gehörgangs entstehen, die meist durch Verletzungen (Bissverletzungen, Kratzwunden bei juckenden Parasitosen) hervorgerufen werden.

Klinik

Die Tiere neigen den Kopf zur Seite und kratzen sich vermehrt an dem betroffenen Ohr. Durch Beteiligung des Gleichgewichtsorgans können Ataxien und Manegebewegungen hinzutreten. Das Allgemeinbefinden ist in unterschiedlichem Ausmaß gestört.

Diagnose

Die Diagnose ist nicht immer leicht, da der Gehörgang bei den kleinen Tieren sehr eng ist. Er ist nur mit besonders feinen Otoskopaufsätzen oder Endoskopen bis zum Trommelfell einsehbar. Eine Otitis externa ist dennoch gut bei der klinischen Untersuchung zu diagnostizieren. Oft finden sich im Bereich des äußeren Ohres zusätzliche Biss- oder Kratzverletzungen.

Bei einer aus Allgemeininfektionen hervorgehenden Otitis media/interna stellt sich der äußere Gehörgang meist unverändert dar. Durch Eiteransammlungen im Mittelohr kann sich das Trommelfell vorwölben. Eine begleitende Atemwegssymptomatik kann weitere Hinweise liefern. Auch sollte der Besitzer nach vorangegangenen Rhinitiden befragt werden. Erreger können auch noch nach dem Abklingen der ursprünglichen klinischen Symptomatik zu einer Otitis führen.

Die Diagnostik wird besonders unterstützt durch Röntgenaufnahmen des Schädels im dorsoventralen Strahlengang. Auf ihnen können Bullaverschattungen dargestellt werden (▶ **Abb. 13.2**). Blutbilder sind geeignet, um eine bakterielle Infektion als Ursache der Symptome zu diagnostizieren. Die Tiere weisen deutliche Leukozytosen auf.

Ist der äußere Gehörgang entzündet, so können aus ihm Tupferproben zur bakteriologischen Untersuchung entnommen werden.

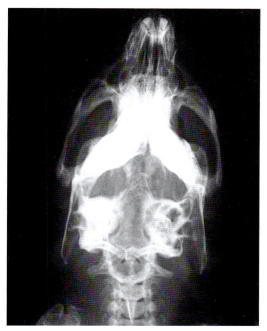

▶ **Abb. 13.2** Verschattung der linken Bulla tympanica bei Otitis media (Meerschweinchen).

Therapie & Prognose

Die Tiere werden mit einem ZNS-gängigen Antibiotikum systemisch behandelt. Bestehen Veränderungen des äußeren Gehörgangs, so sollte auch eine lokale Antibiotika-Applikation erfolgen. Am besten sind zu diesem Zweck wässrige Augentropfen geeignet. Sie gelangen gut in die Tiefe und verkleben das Fell der Tiere nicht. Es empfiehlt sich, den gleichen oder einen ähnlichen Wirkstoff zu verwenden wie bei der systemischen Behandlung. So kann z. B. Enrofloxacin [4] mit Floxal® AT [63] kombiniert werden.

❗ **Kortikoide sollten beim Vorliegen eitriger Entzündungen nicht eingesetzt werden.**

Bei primärer Otitis externa sind die Faktoren, die die Entzündung verursacht haben, auszuschalten: Rivalisierende Partnertiere sind zu trennen, Parasitosen müssen behandelt werden.

Ist das Tier im Allgemeinbefinden gestört, so muss eine allgemein unterstützende Therapie durchgeführt werden. Der Patient erhält Infusionen [89] mit Glukosezusatz [87], Vitaminpräparate und wird zwangsernährt. Auch Analgetika können den Zustand erheblich verbessern.

Die Prognose muss abhängig vom Fortschreiten der klinischen Symptomatik beurteilt werden. Besteht lediglich eine Kopfschiefhaltung bei noch recht gutem Allgemeinbefinden, so ist sie als gut zu beurteilen. Bestehen bereits ausgeprägtere neurologische Ausfälle, ist die Prognose deutlich vorsichtiger zu stellen; der Krankheitsverlauf kann trotz adäquater Behandlung oft nicht mehr aufgehalten werden. In Einzelfällen bleibt auch nach erfolgreicher Behandlung der Infektion eine Kopfschiefhaltung zurück, die den Patienten jedoch meist kaum beeinträchtigt.

🆃 Therapie der Otitis media/interna
- systemische Applikation eines ZNS-gängigen Antibiotikums, z. B.
  - Chloramphenicol [1], 2× tgl. 50 mg/kg p.o.
  - Enrofloxacin [4], 1× tgl. 10 mg/kg p.o., s.c.
  - Marbofloxacin [6], 1× tgl. 4 mg/kg p.o., s.c.
- lokale Applikation antibiotischer Augentropfen ins Ohr, z. B.
  - Ofloxacin [63] (Floxal® AT)
- ggf. antiparasitäre Behandlung
- ggf. Stabilisierung des Allgemeinzustands
- Flüssigkeitsersatz
- Vitaminsubstitution
- Zwangsfütterung

Schädeltrauma, Schädelfraktur

▶ Meist durch Stürze hervorgerufene Verletzungen mit unterschiedlich ausgeprägter Symptomatik.

Ätiologie & Pathogenese

Schädeltraumata mit und ohne Fraktur entstehen häufig durch Stürze. Oftmals geht aus der Anamnese hervor, dass das Tier einem Kind vom Arm gefallen ist. Eine weitere Ursache können Angriffe (Hund, Katze, Marder) sein. Auch versehentliche Tritte durch den Besitzer beim Freilauf kommen vor.

Klinik

Bei Stürzen aus mäßiger Höhe erleiden die Tiere oftmals nur eine Gehirnerschütterung, die mit Kopfschiefhaltung und Ataxien einhergeht (▶ **Abb. 13.3**). Das Allgemeinbefinden ist dabei erstaunlich

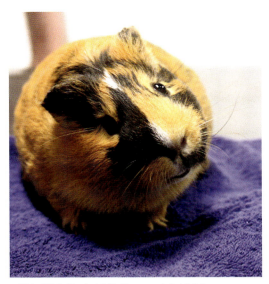

▶ **Abb. 13.3** Kopfschiefhaltung nach Schädeltrauma.

wenig beeinträchtigt, die Futteraufnahme meist erhalten.

Bei schwererem Trauma besteht häufig eine Schocksymptomatik: Die Tiere befinden sich in Seitenlage, haben blasse Schleimhäute, einen flachen Puls und ein flache, frequente oder stark verlangsamte Atmung. Auch Bewusstseinsstörungen und Hypothermien lassen sich häufig feststellen. Besteht eine Fraktur des Kiefers, so bestehen in vielen Fällen Blutungen im Maulbereich sowie Malokklusionen.

Diagnose

Die Diagnose muss vor allem anhand der Anamnese erfolgen, aus der ein Trauma hervorgeht. Wurde dieses nicht beobachtet, so ist nach unbeaufsichtigtem Freilauf oder Handling durch Kinder zu fragen.

Röntgenaufnahmen des Schädels, bei Lähmungserscheinungen auch der Wirbelsäule, müssen unbedingt angefertigt werden, um Frakturen diagnostizieren zu können.

❗ **Weiterführende diagnostische Maßnahmen dürfen nur dann durchgeführt werden, wenn der Patient sich in einem stabilen Zustand befindet. Andernfalls sind zunächst lebensrettende Sofortmaßnahmen einzuleiten.**

Therapie & Prognose

Tiere mit Kopfschiefhaltung und Ataxien, die ein unbeeinträchtigtes Allgemeinbefinden aufweisen, erhalten Dexamethason [71], B-Vitamine [82] und werden antibiotisch abgeschirmt. Der vollständige Regenerationsprozess nimmt oftmals mehrere Wochen in Anspruch. Eine Behandlungsdauer von etwa 7–10 Tagen ist jedoch ausreichend.

Bei ausgeprägterer Symptomatik ist die Prognose deutlich zweifelhafter. Bestehen Schocksymptome und Bewusstseinstrübungen, so wird eine Notfallbehandlung eingeleitet. In jedem Fell muss eine zügige Sauerstoffzufuhr erfolgen, da die häufigste Todesursache nach einem Schädeltraumata eine Hypoxie ist. Das betroffene Tier erhält zudem intravenöse oder intraperitoneale Infusionen [89]. Zur Vermeidung von Hirnödemen werden schnell wirkende Prednisolonester [76] (z.B. Solu Decortin®) appliziert. Um bereits bestehende Ödeme auszuschwemmen, ist Mannitol [49] geeignet, das allerdings nur streng intravenös verabreicht werden darf. Voraussetzung ist, dass keine Gehirnblutungen vorliegen. Blutungen aus Maul und Nase können dabei als Hinweise auf eine Gehirnblutung angesehen werden. Auch Furosemid [47] kann angewendet werden, es ist aber weniger effektiv. Der Patient wird zudem mit einem ZNS-gängigen Antibiotikum abgeschirmt und an einen ruhigen, abgedunkelten Ort gebracht. Kontinuierliche Temperaturkontrollen müssen durchgeführt werden. Dezente Hypothermien von 37,5–38 °C werden angestrebt, um einen intrakraniellen Druckanstieg durch Gefäßdilatation zu verhindern. Der Kopf des Tieres wird etwas erhöht gelagert. Regelmäßige Seitenwechsel sind anzuraten.

Fissuren und Frakturen des Kiefers können, sofern es sich um einfache Brüche handelt, ohne chirurgische Versorgung belassen werden. Die Tiere müssen bei Bedarf bis zur Ausheilung, die einige Wochen in Anspruch nimmt, mit einer adäquaten Breinahrung [115] versorgt werden. Anschließende Fehlstellungen des Kiefers und der Zähne sind möglich, sodass spätere regelmäßige Zahnkorrekturen erforderlich werden können.

Therapie bei Schädeltrauma/Schädelfraktur
- Sauerstoffzufuhr
- Infusion mit Vollelektrolytlösung [89]
- schnell wirkendes Prednisolonpräparat [76] (z.B. Solu Decortin®, 10 mg/kg i.v., i.m., s.c.)
- sofern kein Verdacht auf Hirnblutung besteht: Mannitol [49] (0,3 g/kg/h streng i.v.) oder Furosemid [47] (4–5 mg/kg i.v., i.m., s.c.)
- ZNS-gängiges Breitbandantibiotikum, z.B.
  - Enrofloxacin [4], 1 × tgl. 10 mg/kg s.c., p.o.
  - Chloramphenicol [1], 2 × tgl. 50 mg/kg p.o.
- Kopf hochlagern
- Temperaturkontrolle (leichte Hypothermie)

Degenerative Wirbelsäulenerkrankungen

▶ Besonders bei älteren Meerschweinchen zu beobachtende Veränderungen der Wirbelsäule.

Ätiologie & Pathogenese
Degenerative Wirbelsäulenveränderungen werden insbesondere bei älteren Tieren (v.a. bei Meerschweinchen) beobachtet. Durch Verkalkungen der Bandscheiben wird die Wirbelsäule zunehmend unflexibel. Durch Discusprolaps und/oder Spondylarthrosen werden Nerven eingeengt, sodass Lähmungserscheinungen unterschiedlichen Ausmaßes entstehen können. Zumeist ist die Lendenwirbelsäule betroffen.

Klinik
Lähmungen der Hinterhand können, je nach Ausprägung der Wirbelsäulenveränderung, ein- oder beidseitig ausgebildet sein. Zumeist liegen unvollständige Paresen vor. Das klinische Bild variiert dementsprechend von leichten Lahmheiten bis hin zu Hinterhandlähmungen, bei denen das Hinterteil nachgezogen wird und die Patienten nicht mehr stehfähig sind.

Diagnose
Erste Hinweise liefert bereits die klinische Untersuchung. Bei Palpation der Wirbelsäule und der Rückenmuskulatur sind oft Schmerzen auszulösen, die insbesondere dadurch sichtbar werden, dass das Tier Ausweichbewegungen macht (z.B. Absenken des Hinterteils). Die Muskulatur der Hintergliedmaßen, insbesondere die Oberschenkelmuskulatur, ist bei chronisch degenerativen Erkrankungen deutlich atrophiert. Die Korrekturreflexe sind in unterschiedlichem Ausmaß verzögert.

Zur Diagnosesicherung müssen Röntgenaufnahmen in 2 Ebenen angefertigt werden, auf denen Verkalkungen der Bandscheiben, Spondylarthrosen (▶ Abb. 13.4) sowie Verengungen der Zwischenwirbelräume (▶ Abb. 13.5) sichtbar gemacht werden können.

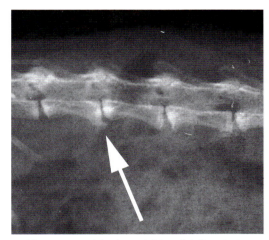

▶ **Abb. 13.4** Spondylarthrosenbildung (Pfeil) an der Lendenwirbelsäule eines Meerschweinchens.

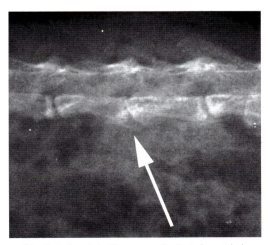

▶ **Abb. 13.5** Deutliche Verengung des Zwischenwirbelspalts (Pfeil) bei einem Meerschweinchen.

Therapie & Prognose

Durch Einsatz eines nicht-steroidalen Antiphlogistikums können Lähmungserscheinungen vielfach beseitigt oder zumindest verbessert werden. Zum Einsatz kommen insbesondere Meloxicam [102] und Carprofen [101], die zunächst in hoher Dosis und ggf. 2-mal täglich verabreicht werden. Bei Besserung der Symptomatik wird die Dosis gesenkt. Bewegt sich der Patient beschwerdefrei, so kann versucht werden, das Medikament abzusetzen. Patienten mit ausgeprägten degenerativen Veränderungen benötigen oft eine lebenslange medikamentelle Unterstützung.

Ergänzend zu nicht-steroidalen Antiphlogistika können pflanzliche Präparate, wie Traumeel® [140], Zeel® [141] oder Discus comp.® [138], eingesetzt werden.

Wirbelsäulentrauma, Rückenmarkläsion

▶ Durch verschiedene Arten von Traumata hervorgerufene Veränderungen mit meist schlechter Prognose.

Ätiologie & Pathogenese

Verletzungen der Wirbelsäule und/oder des Rückenmarks werden meist durch stumpfe Traumata, wie Stürze oder ein Einklemmen in Türen, verursacht. Auch Bisse von Fleischfressern können zu entsprechenden Veränderungen führen.

Klinik

Abhängig vom Ausmaß der Läsionen entstehen dezente Lähmungserscheinungen bis hin zu vollständigen Paresen mit Tonusverlust von Schwanz und Analsphinkter sowie Überlaufblase.

Diagnose

Zunächst müssen im Rahmen einer gründlichen Allgemein- und neurologischen Untersuchung alle Ausfallerscheinungen ermittelt werden. Danach helfen vor allem Röntgenaufnahmen der Wirbelsäule, die mit besonderer Vorsicht gelagert werden müssen, der weiteren Diagnosesicherung. So können Frakturen oder Dislokationen von Wirbeln sichtbar gemacht werden (▶ Abb. 13.6). Läsionen des Rückenmarks (Quetschungen, Ödeme, Hämatome) können allerdings nicht dargestellt werden.

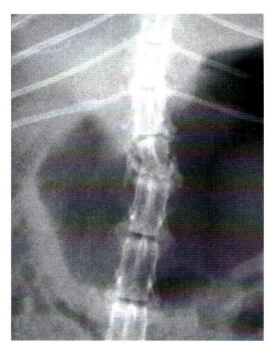

▶ **Abb. 13.6** Wirbelfraktur bei einem Meerschweinchen.

Therapie & Prognose

Die Prognose hängt vom Ausmaß der neurologischen Ausfälle und vom Befund der Röntgendiagnostik ab. Bestehen Frakturen oder deutliche Dislokationen von Wirbeln, so liegt eine massive Schädigung des Rückenmarks vor und die Tiere sollten euthanasiert werden. Sind keine knöchernen Veränderungen festzustellen, kann ein Therapieversuch mit Glukokortikoiden [71], Antibiotika und B-Vitaminen [82] durchgeführt werden. Unterstützende Maßnahmen beinhalten eine Dekubitusprophylaxe sowie eine Prävention von Muskelatrophie und Sehnenkontrakturen durch Physiotherapie.

Neoplasien der Wirbelsäule

▶ Seltene, vorwiegend bei alten Tieren vorkommende Erkrankung.

Ätiologie & Pathogenese

Osteosarkome der Knochen der Wirbelsäule sind äußerst selten, kommen aber in Einzelfällen vor und sollten daher bei Lähmungserscheinungen besonders bei älteren Patienten differenzialdiagnostisch in Betracht gezogen werden.

Tumoröse Veränderungen führen zu einer Einengung des Wirbelkanals, sodass das Rückenmark komprimiert wird. Fortschreitende Ausfälle sind die Folge.

Klinik
Anfangs kommt es zu Ataxien und Schwankungen in der Hinterhand, später zu vollständigen Lähmungserscheinungen, sodass die Tiere weder laufen noch aufstehen können.

Diagnose
Bei der klinischen Untersuchung fällt eine deutliche Atrophie der Muskulatur der Hintergliedmaßen auf, was als Hinweis auf ein chronisches Geschehen gewertet werden kann. Die Korrekturreflexe der Hinterbeine sind verzögert oder fallen aus. Die Hautsensibilität im hinteren Körperbereich ist deutlich herabgesetzt. Darm- und Blasenfunktion können nicht mehr kontrolliert werden. Auf Röntgenaufnahmen der Wirbelsäule werden osteolytische Prozesse oder wolkige Auftreibungen des Knochens sichtbar (▶ Abb. 13.7 a+b). Die Veränderungen sind meist auf 1 oder 2 benachbarte Wirbelkörper begrenzt.

Therapie & Prognose
Es gibt keine Behandlungsmöglichkeit. Durch Analgetika, wie Meloxicam 102 oder Carprofen 101, kann versucht werden, den Zustand des Patienten noch für einige Zeit zu verbessern oder zu stabilisieren. Das betroffene Tier sollte eingeschläfert werden, wenn es bereits zu Ausfallerscheinungen gekommen ist, die die Lebensqualität einschränken.

▶ **Abb. 13.7** Osteosarkom der Schwanzwirbelsäule bei einem Meerschweinchen, laterolaterale (**a**) und ventrodorsale (**b**) Projektion.

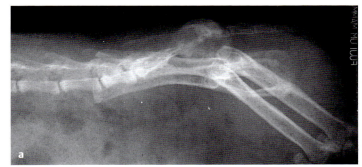
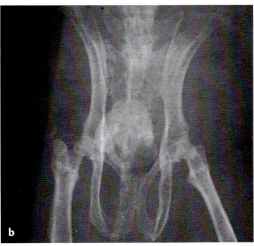

Meerschweinchenlähme MS

▶ Virusinduzierte Infektion von Gehirn und Rückenmark.

Ätiologie & Pathogenese
Die Meerschweinchenlähme tritt sporadisch auf. Ätiologie und Pathogenese sind noch in weiten Bereichen ungeklärt. Die Erkrankung wird vermutlich durch ein Poliovirus hervorgerufen, das dem Erreger der Kinderlähmung beim Menschen ähnelt. Das Virus hat einen neurotropen Charakter und verursacht Entzündungen von Gehirn und Rückenmark. Als Übertragungswege werden eine diaplazentare sowie eine orale Infektion angenommen. Die Inkubationszeit wird mit 9–23 Tagen angegeben.

Klinik
Die Ausprägung der klinischen Symptomatik scheint vom Immunstatus abzuhängen. Es werden neben hochgradigen Formen auch Erkrankungen beobachtet, bei denen unvollständige Paresen auftreten, die durch Behandlung mit Vitamin C und B-Vitaminen sowie Paramunitätsinducern wieder verschwinden.

Klassische Verlaufsformen beginnen meist mit plötzlicher Verschlechterung des Allgemeinbefindens und Inappetenz. Es kommt zu Muskelzittern und -zucken, dann zu fortschreitenden Lähmungen besonders im Bereich der Hinterbeine (▶ Abb. 13.8). Blasen- und Darmfunktion können im Endstadium nicht mehr kontrolliert werden und es entstehen Anschoppungen in den Perinealtaschen. Bei akutem Verlauf versterben die Patienten innerhalb von 2–3 Tagen. In anderen Fällen kümmern die Tiere und magern fortschreitend ab. Der Tod tritt nach mehreren Wochen Erkrankungsdauer ein.

Diagnose
Die Diagnose muss durch den Ausschluss möglicher Differenzialdiagnosen erfolgen, wobei besonders Traumata von Wirbelsäule und Rückenmark abzugrenzen sind. Oft ist eine exakte Diagnose jedoch erst post mortem möglich. Bei der histologischen Untersuchung fallen massive Hyperämisierungen von Gehirn und Rückenmark auf. Es bestehen ausgeprägte perivaskuläre histiozytäre und lymphozytäre Infiltrationen.

Therapie & Prognose
Eine ätiologische Behandlung der Erkrankung ist nicht möglich. Im Anfangsstadium sollten Vitamin C 84 und B-Vitamine 82 verabreicht und das Immunsystem mit Paramunitätsinducern 118 stabilisiert werden. Bringt dies keinen Erfolg oder wird der Patient bereits mit ausgeprägten Lähmungserscheinungen vorgestellt, so muss er euthanasiert werden.

Hitzschlag
▶ Durch Haltungsfehler ausgelöste Erkrankung; in den Sommermonaten sehr häufig.

Ätiologie & Pathogenese
Die Meerschweinchenverwandten besitzen keine Schweißdrüsen, sodass sie Wärme nur schlecht tolerieren. Zu einem Hitzschlag kommt es bei hohen Umgebungstemperaturen mit hoher Luftfeuchtigkeit. Besonders schnell entsteht eine Hyperthermie, wenn keine Luftbewegungen vorhanden sind und die Tiere über kein ausreichendes Flüssigkeitsangebot verfügen. Problematisch ist die Außenhaltung von Meerschweinchen im Sommer, wenn keine Schattenplätze oder nur schlecht isolierte Unterschlupfmöglichkeiten zu Verfügung stehen. Auch in der Wohnung (z. B. im Dachgeschoss) können in den Sommermonaten Temperaturen entstehen, die die Tiere nicht tolerieren. Transporte in stickigen Boxen mit fehlender Luftzirkulation können ebenfalls zu Hitzschlag führen.

▶ **Abb. 13.8** Parese der Hintergliedmaßen bei Meerschweinchenlähme.

Bei anhaltender Einwirkung hoher Temperaturen reagiert der Körper mit peripherer Vasodilatation, um Wärme abgeben zu können. Dadurch wird das Blut umverteilt und es kommt zum Kreislaufzusammenbruch. Steigt die Körperinnentemperatur auf Werte über 41 °C, so entstehen Schädigungen der Gefäßendothelien mit der Folge einer disseminierten intravasalen Gerinnung. Proteindenaturierung mit Nekrosenbildung führt zum Funktionsverlust der Organe.

Klinik
Zunächst werden die Tiere unruhig und versuchen den hohen Umgebungstemperaturen zu entkommen. Später treten Apathie, Ataxie und Muskelschwäche hinzu. Letztlich resultiert ein Schockgeschehen (▶ S. 311) mit Seitenlage, blassen Schleimhäuten, flachem Puls und Dyspnoe (▶ S. 18). Es werden Bewusstseinstrübungen und Muskelzittern sowie Krämpfe mit Ruderbewegungen beobachtet.

Diagnose
Die Diagnose ergibt sich aus der Haltungsanamnese und dem Nachweis einer Hyperthermie.

Therapie & Prognose
Die Prognose bei Hitzschlag ist immer als vorsichtig zu beurteilen. Auch bei Patienten, die sich bereits scheinbar erholt haben, kann es noch verzögert zu akutem Nierenversagen oder disseminierter intravasaler Gerinnung kommen.

Betroffene Tiere werden umgehend in kühle, feuchte Handtücher gewickelt und mit Sauerstoff versorgt. Kühle Infusionen mit Vollelektrolytlösungen [89] werden intravenös oder intraperitoneal verabreicht. Die Patienten müssen außerdem in jedem Falle mit einem Breitbandantibiotikum abgeschirmt werden, da Hyperthermien und Ischämien der Organe die Entstehung einer Sepsis begünstigen.

T Therapie bei Hitzschlag
- Tier an kühlen Ort bringen
- feuchte, kühle Umschläge/Abwaschen mit **lauwarmem** Wasser
- Sauerstoffzufuhr
- Infusion (Vollelektrolyte) [89], 40 ml/kg i.v., i.p.
- schnell wirkendes Prednisolon-Präparat [76] (z. B. Solu Decortin®, 10 mg/kg i.v., i.m.)
- Breitbandantibiotikum i.v., i.p. (z. B. Marbocyl® [6], 4 mg/kg i.v., s.c.)

Oleandervergiftung
▶ Intoxikation, die zu neurologischen, kardialen und gastrointestinalen Symptomen führen kann.

Ätiologie & Pathogenese
Der Oleander (Nerium oleander) ist eine beliebte Kübelpflanze, die sich häufig auf Terrassen und Balkonen findet. Alle Pflanzenteile sind giftig. Obwohl der Oleander einen ausgeprägt bitteren Geschmack hat, wird er von kleinen Heimtieren immer wieder aufgenommen.

Klinik
Es entstehen Symptome wie bei einer Digitalisvergiftung, die verschiedene Organsysteme betreffen können. Neben breiigen bis wässrigen Durchfällen mit Tympanien (▶ S. 38) werden auch kardiale Störungen hervorgerufen. Hierbei tritt zunächst eine Bradykardie auf, die von einer Tachykardie abgelöst wird. Im weiteren Verlauf entwickeln sich zusätzlich Arrhythmien mit Extrasystolen bis hin zum Kammerflimmern. Die zentralnervösen Symptome reichen von dezentem Muskelzittern bis hin zu Krämpfen mit Bewusstseinstrübung.

Diagnose
Eine sichere Diagnose ist meist nur dann möglich, wenn die Pflanzenaufnahme vom Besitzer beobachtet wurde oder angefressene Pflanzenteile aufgefunden wurden.

Therapie & Prognose
Bereits die Aufnahme einzelner Oleanderblätter reicht, um gravierende Vergiftungserscheinungen mit rascher Todesfolge auszulösen. Die Prognose sollte daher immer vorsichtig gestellt werden.

Die Behandlung erfolgt symptomatisch:
- Beschleunigung der Giftausscheidung durch erhöhte Diurese:
  - Infusion (Vollelektrolytlösung) [89], 60–100 ml/kg/d i.v., s.c., i.p.
  - Furosemid [47], 2 × tgl. 4–5 mg/kg s.c.
- Toxinbindung im Darm (nur möglich bei frisch erfolgter Giftaufnahme) mit Aktivkohle [30].

❗ **Aktivkohle darf nur bei gesichertem Vergiftungsverdacht verabreicht werden. Bei infektiösen Durchfällen wird ansonsten die Verweildauer von Bakterien im Darm verlängert!**

- Allgemein unterstützende Durchfalltherapie:
  - Probiotika [38] oder pro- und präbiotische Stoffe enthaltende Präparate [37] zur Stabilisierung der Darmflora
  - Flüssigkeitssubstitution: Vollelektrolytlösung [89] mit Glukosezusatz [87]
  - Antitympanika [33] (z. B. Dimeticon-Albrecht®), mehrmals täglich
  - Vitaminsubstitution: v. a. B-Vitamine [82], bei Meerschweinchen auch Vitamin C [84]
- Bei kardialen Symptomen richtet sich die Art der Medikamente nach der Symptomatik.

❗ **In keinem Fall dürfen bei Oleandervergiftung Digitalis-Präparate eingesetzt werden, da es sich bei der Erkrankung um eine Digitalis-Intoxikation handelt!**

- Bei Krampfgeschehen kommt Diazepam [107] (1–5 mg/kg i.v., i.m., s.c) zum Einsatz.
- In jedem Fall sollte der Patient mit einem Breitbandantibiotikum gegen Sekundärinfektionen abgeschirmt werden.

Trächtigkeitstoxikose

▶ Durch Haltungs- und Fütterungsfehler ausgelöste Stoffwechselentgleisung in der Hochträchtigkeit oder kurz nach der Geburt.

Ätiologie & Pathogenese

Trächtigkeitstoxikosen können bei allen Caviomorpha vorkommen. Sie sind jedoch bei **Meerschweinchen** besonders häufig anzutreffen, da das relative Fruchtgewicht bei dieser Tierart mit bis zu 35 % extrem hoch ist. Für die Entwicklung der Feten ist daher eine besonders hohe Energiezufuhr erforderlich.

Bei der Trächtigkeitstoxikose handelt es sich um eine Stoffwechselentgleisung, die kurz vor oder einige Tage nach der Geburt auftreten kann. Besonders häufig sind adipöse Tiere betroffen. Als Auslöser für die Entstehung der Erkrankung kommen sowohl Stressfaktoren als auch Haltungs- und Fütterungsfehler in Betracht:
- Stressfaktoren sind beispielsweise fehlende Rückzugsmöglichkeiten, Unruhe sowie andere, parallel bestehende Erkrankungen.
- Ein haltungsbedingtes Problem ist besonders Bewegungsmangel. Dieser entsteht bei Haltung in zu kleinen Käfigen ohne Beschäftigungsmöglichkeiten.
- Die begünstigenden Fütterungsfehler sind vielfältig:
  - plötzliche Futterumstellungen
  - hohe Energie- und Fettgehalte der Ration bei gleichzeitigem Mangel an Rohfaser vor und in der Frühphase der Trächtigkeit, die zu einer Adipositas geführt haben
  - ein zu niedriger Energiegehalt in der Ration in fortgeschrittenen Trächtigkeitsphasen, der die Entstehung einer Energiemangelsituation fördert

Gerät das Muttertier in einen Energiemangel, führt dies zu einem überstürzten Abbau von Fettreserven. Dieser hat bei adipösen Tieren besonders rasch gravierende Folgen. Bei ihnen besteht bereits eine alimentäre Leberverfettung mit eingeschränkter Organfunktion. Die Leber wird nun zusätzlich mit freien Fettsäuren überflutet, die nicht in diesem Umfang verstoffwechselt werden können. Zudem entstehen Ketonkörper, die das Organ zusätzlich schädigen. Der Leberstoffwechsel bricht zusammen.

Klinik

Kurz vor oder einige Tage nach der Geburt stellen die Tiere plötzlich die Futter- und Wasseraufnahme ein und werden apathisch. Innerhalb kürzester Zeit kommt es zu Bewusstseinstrübungen und Krämpfen. Der Tod tritt meist innerhalb von 24–48 Stunden ein. Daneben kommen auch plötzliche Todesfälle vor, ohne dass vorangegangene Erkrankungssymptome beobachtet werden konnten.

Diagnose

Bereits der Erkrankungszeitpunkt und das akute Krankheitsgeschehen lassen den Verdacht auf eine Toxikose zu. Bei Urinuntersuchungen sind Ketonkörper, Proteine und eine Senkung des pH-Wertes in den sauren Bereich nachweisbar. Blutuntersuchungen ergeben Erhöhungen der Werte für GOT (AST), GPT (ALT), Bilirubin und Cholesterin. Aufgrund einer bestehenden Hyperlipidämie besitzt das Blutplasma ein milchig-trübes Aussehen.

Therapie & Prognose

Ein therapeutisches Eingreifen bringt aufgrund der massiven Leberschädigung meist keinen Erfolg mehr. Versuchsweise erhalten die Patienten Infusionen [89] mit Zusatz von Glukose [87] und Kalziumglukonat [80]. Vitamine sollten ebenfalls substituiert werden.

Bei hochträchtigen Tieren kann durch einen Kaiserschnitt in Einzelfällen das Leben der Jungtiere gerettet werden.

> **T Therapie bei Trächtigkeitstoxikose**
> - Infusionen (z. B. Sterofundin®) [89], 60 ml/kg i.v., i.p.
> - Glukose [87], 500 mg/kg i.v., s.c.
> - Kalziumglukonat [80], 50 mg/kg langsam i.v., s.c.
> - Vitaminsubstitution
> - Zwangsfütterung [115]

Prophylaxe

Da eine Behandlung der Erkrankung meist erfolglos ist, kommt ihrer Prävention eine entscheidende Bedeutung zu. Schon im Vorfeld einer Trächtigkeit müssen die Tiere adäquat ernährt werden (▶ S. 5 ff) und dürfen nicht verfetten.

Mit fortschreitender Gravidität muss die Ration den veränderten Verhältnissen angepasst werden. Einerseits steigt der Energie- und Kalziumbedarf für die Fruchtentwicklung, andererseits nimmt mit steigender Fruchtgröße die Futteraufnahmekapazität des Muttertiers ab.

Meerschweinchen erhalten weiterhin qualitativ hochwertiges Heu als Grundfutter. Der „Kraftfutteranteil" kann erhöht werden, wobei pelletierten Futtermitteln der Vorzug zu geben ist. Diese können durch Untermischen von Trockengemüse und Weizen- oder Haferflocken noch zusätzlich energetisch aufgewertet werden. Frischfutter mit geringer Energiedichte, wie Gurke, Tomate oder Salat, wird gegen solches mit höherer Energiedichte, z.B. Wurzelgemüse, Obst oder Broccoli, ausgetauscht. Der Anteil strukturierten Grünfutters (Gras, Löwenzahn, Kräuter) muss unverändert hoch bleiben.

Auch bei **Degus** ist ein ausreichendes, hochwertiges Heuangebot unverzichtbar und auch bei ihnen können Getreideflocken zusätzliche Energie liefern. Gelegentliche Gaben von Kolbenhirse sind ebenfalls möglich. Ausreichende Kalziumgehalte werden durch das Anbieten von Kräutern, Löwenzahn und Broccoli erreicht.

Chinchillas werden mit schmackhaftem Kräuterheu und inhaltlich ausgewogenen Chinchillapellets ernährt.

Bei allen trächtigen Tieren muss Stress vermieden und für ausreichende Bewegungsmöglichkeiten gesorgt werden.

Septikämie

▶ Häufige, aus bakteriellen Infektionen hervorgehende Erkrankung.

Ätiologie & Pathogenese

Septikämien können aus allen bakteriellen Infektionen hervorgehen. Besonders oft nehmen sie ihren Ausgang jedoch aus Erkrankungen des Darmtrakts.

Klinik

Unabhängig von der Art der Grunderkrankung kommt es zu fortschreitender Apathie bis hin zu Bewusstseinsstörungen (▶ Abb. 13.9). Es besteht Schocksymptomatik (▶ S. 311) mit pumpender

▶ Abb. 13.9 Seitenlage und Krämpfe bei einem Degu mit Septikämie nach Verdauungsstörungen.

Atmung (▶ S. 36). Im Endstadium sind oftmals Ruderbewegungen oder Krämpfe zu beobachten und es besteht eine Hypothermie.

Diagnose
Die Diagnose ergibt sich aus der Anamnese, in der vor allem nach vorangegangenen Erkrankungen gefragt werden sollte, sowie der klinischen Untersuchung. Bei dieser können meist bereits die Symptome einer Grunderkrankung, wie eine kot- oder urinverschmutzte Anogenitalregion oder Nasen- und Augenausfluss, gefunden werden.

Therapie & Prognose
Eine Behandlung kommt bei einer Septikämie, die bereits zu neurologischen Ausfällen geführt hat, meist zu spät. Ein geeignetes Antibiotikum muss intravenös appliziert werden. Enrofloxacin [4] oder Marbofloxacin [6] können in verdünnter Form auch intraperitoneal verabreicht werden.

Hepatopathien
▶ Einschränkungen der Leberfunktion durch Fehlernährung oder Infektionen.

Ätiologie & Pathogenese
Die Leberverfettung ist die Hepatopathie, die bei Heimtieren am häufigsten vorkommt. Sie kann bis zu einem Funktionsverlust des Organs führen, besonders wenn das Tier in eine Energiemangelsituation kommt. Bakterielle Infektionen oder tumoröse Veränderungen sind weniger oft anzutreffen. Infektiöse Leberschädigungen werden besonders durch *Bacillus piliformis* (Tyzzer's Disease) hervorgerufen oder entstehen im Rahmen einer Besiedlung mit Streptokokken und Staphylokokken. Seltenere Erreger sind *Yersinia pseudotuberculosis* oder *Francisella tularensis*. Auch in Rahmen der Leukose sind Beteiligungen der Leber möglich, die dann z. B. von leukotischen Infiltraten durchsetzt wird.

Die Leber ist das wichtigste Stoffwechsel- und Entgiftungsorgan. Kann sie ihre Aufgaben nicht mehr erfüllen, so kommt es zu einer Anhäufung von Giftstoffen (v. a. Ammoniak), die zu schweren Beeinträchtigungen der zerebralen Funktionen führen (Hepatoenzephalopathie).

Klinik
Bei einem fortschreitenden Funktionsverlust der Leber kommt es zunächst zu Inappetenz und zunehmender Apathie. Schließlich treten Bewusstseinstrübungen und Bewusstlosigkeit ein (Coma hepaticum). Im Endstadium sind oft Krämpfe zu beobachten.

Diagnose
Proteinurie, Ketonurie und Absenkungen des Harn-pH in den sauren Bereich sind Anzeichen einer schweren Stoffwechselentgleisung. Eine Erhöhung der Transaminasen (ALT, AST) und des Bilirubinwerts weisen auf ausgeprägte akute Leberschädigungen hin (▶ Abb. 13.10).

Therapie & Prognose
Besteht bereits eine Hepatoenzephalopathie, so ist eine Behandlung nicht mehr möglich, da die Leberschädigung bereits zu weit fortgeschritten ist. Die Tiere sollten euthanasiert werden. In frühen Erkrankungsstadien kann eine intensive unterstützende Lebertherapie mit Infusionen [89] mit Glukosezusatz [87], Vitamin-B-Präparaten [82], biologischen Präparaten, wie z. B. Hepar comp.® [120] und Zwangsfütterung [115] zu einer Regeneration der Organfunktion führen.

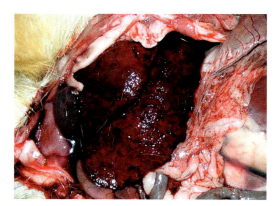

▶ **Abb. 13.10** Situs eines Meerschweinchens: Die Leber weist generalisierte fleckige Verfärbungen und eine feinhöckerige Oberflächenstruktur auf.

Nephropathien

▶ Bei Caviomorpha selten vorkommende Nierenerkrankungen, die sekundär zu neurologischen Symptomen führen können.

Ätiologie & Pathogenese
Nierenerkrankungen kommen bei den Caviomorpha vergleichsweise selten vor. Gelegentlich lösen tumoröse Veränderungen (v. a. bei Leukose), Nephrolithen oder beim Meerschweinchen auch die Enzephalitozoonose chronische Niereninsuffizienzen aus. Aus akuten bakteriellen Infektionen der Nieren können akute Insuffizienzen hervorgehen. Es kommt zu einer Anhäufung von Harnstoff im Organismus, woraus letztlich eine Schädigung des zentralen Nervensystems resultiert.

Klinik
Bei chronischer Nierenschädigung bestimmt eine fortschreitende Abmagerung das klinische Bild (▶ S. 292). Die Patienten haben ein struppiges, ungepflegtes Fell. Bei akuter Niereninsuffizienz stehen unspezifische Anzeichen, wie plötzliche Apathie und Inappetenz (▶ S. 303), im Vordergrund. Im Endstadium einer Nierenerkrankung sind Ataxien, später Bewusstseinstrübungen und Krämpfe zu beobachten.

Diagnose
Die Diagnose ergibt sich aus einer Blutuntersuchung, bei der deutlich erhöhte Werte für Harnstoff und Kreatinin nachgewiesen werden können. Bei fortgeschrittener chronischer Niereninsuffizienz bestehen außerdem renale Anämien und Elektrolytverschiebungen, wie Hyperkaliämie und Hyponatriämie. Eine ein- oder beidseitige Nephrolithiasis kann auf Röntgenaufnahmen nachgewiesen werden. Auch Vergrößerungen der Nieren oder Verlegungen eines oder beider Ureter durch Konkremente stellen sich dar. Die Struktur der Nieren kann nur sonografisch beurteilt werden, um so z. B. Nierentumoren zu erkennen. Akute Niereninsuffizienzen sind von deutlichen Leukozytosen begleitet.

Therapie & Prognose
Kommt es bereits zu neurologischen Ausfallerscheinungen, so ist eine Behandlung nicht mehr sinnvoll. Das Tier sollte euthanasiert werden.

Insulinom, Neoplasien der Bauchspeicheldrüse MS

▶ Entartungen des Pankreas, die durch gesteigerte Insulinproduktion Hypoglykämien auslösen.

Ätiologie & Pathogenese
Insulinome werden gelegentlich bei **Meerschweinchen** diagnostiziert. Durch Entartung der Inselzellen kommt es zu verstärkter Insulinproduktion, sodass Hypoglykämien resultieren.

Die Erkrankung bleibt meist lange unentdeckt. Da Meerschweinchen über den gesamten Tag in kleinen Mengen Futter aufnehmen, können erhöhte Insulinspiegel über längere Zeit abgefangen werden. Bei weiterem Tumorwachstum und steigender Insulinproduktion reichen die Futtermengen für eine ausreichende Glukosezufuhr jedoch nicht mehr aus.

Neben Insulinomen kommen auch Neoplasien des Pankreas vor, die den endo- und exokrinen Anteil betreffen. Die Produktion von Verdauungsenzymen nimmt dabei ab.

Klinik
Die Tiere zeigen plötzlich Muskelzittern und Ataxien, schließlich kommt es zu Krämpfen und Koma.

Ist auch der exokrine Anteil der Bauchspeicheldrüse betroffen, so entstehen auffällige Störungen der Fettverdauung. Der Kot ist geformt, aber weicher als normal und er färbt sich deutlich gelb.

Diagnose
Besteht ein Insulinom, so ist bei Blutuntersuchungen stets eine deutliche Hypoglykämie nachweisbar, die sich durch Glukoseinfusionen nur kurzfristig beeinflussen lässt. Bei der Abdomenpalpation kann eine derbe Umfangsvermehrung im kranialen Abdomen ertastet werden.

Therapie & Prognose
Eine Behandlung ist nicht möglich, da trotz Glukoseinfusion nur noch marginale Glukoselevel im Serum erhalten bleiben. Das Tier sollte eingeschläfert werden.

Herzerkrankungen

▶ Relativ häufig vorkommende Erkrankungen unterschiedlicher Ausprägung.

Ätiologie

Bei den Caviomorpha kommen die gleichen Herzerkrankungen wie bei Hunden und Katzen vor. Nur im dekompensierten Stadium werden Schwächen der Hinterhand ausgelöst, die eine neurologische Symptomatik vortäuschen können. Bei **Chinchillas** werden relativ oft kardial bedingte Anfallsgeschehen beobachtet, die vermutlich auf dekompensierte Arrhythmien zurückzuführen sind.

Klinik

Bei dekompensierter Herzinsuffizienz können Ataxien bis hin zu Paresen der Hinterhand beobachtet werden. Die Tiere befinden sich meist in reduziertem Allgemeinzustand, fressen schlecht und sind abgemagert (▶ S. 289). Durch Thoraxerguss oder Lungenödeme kann Dyspnoe (▶ S. 33) hinzukommen (▶ Abb. 13.11).

Chinchillas mit kardial bedingten Anfällen sind zunächst vom Allgemeinbefinden weitgehend ungestört und fallen lediglich durch langsam fortschreitende Gewichtsverluste auf. Zu Beginn eines Anfalls fallen sie meist plötzlich auf die Seite und beginnen zu krampfen, wobei sowohl tonische als auch tonisch-klonische Krämpfe beobachtet werden können. Anschließend sind die Tiere leicht ermattet, erholen sich jedoch in der Regel schnell. Erfolgt keine Behandlung, so sind bei weiterem Fortschreiten der Erkrankung deutliche Mobilitätsverluste und weitere Gewichtsabnahmen zu verzeichnen.

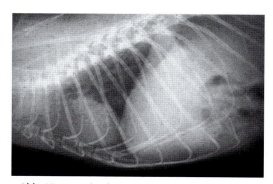

▶ **Abb. 13.11** Perikarderguss bei einem Chinchilla: Durch Flüssigkeitsansammlungen im Herzbeutel erhält das Herz eine rundliche Form.

Diagnose

Bei der Auskultation lassen sich Herzgeräusche unterschiedlichen Ausmaßes wahrnehmen. Röntgenologisch liegt eine Vergrößerung des Herzschattens vor, der bei gleichzeitig bestehenden Lungenveränderungen, z. B. einem Thoraxerguss oder Lungenödem, schlecht abgrenzbar sein kann. Die genauere Diagnostik kann nur mithilfe eines EKG und einer Ultraschalluntersuchung erfolgen. Bei Meerschweinen mit Herzerkrankungen sollte außerdem eine Untersuchung des T4-Wertes eingeleitet werden.

Therapie & Prognose

Die Behandlung ist von der Art der Herzerkrankung abhängig (▶ S. 289) und sollte möglichst nur nach vollständiger kardiologischer Untersuchung eingeleitet werden. Bei bereits dekompensierten Herzinsuffizienzen ist die Prognose äußerst vorsichtig zu stellen.

Enzephalitozoonose MS

▶ Protozoeninfektion, die bei **Meerschweinchen** gelegentlich zentralnervöse Symptome verursacht.

Ätiologie & Pathogenese

Der Erreger der Enzephalitozoonose ist *Encephalitozoon cuniculi*, eine obligat intrazellulär lebende Mikrosporidienart. Hauptwirt dieser Protozoen ist das Kaninchen, aber auch eine Vielzahl anderer Säuger kann infiziert werden.

Der Erreger wird mit dem Urin ausgeschieden und von anderen Tieren über kontaminiertes Futter aufgenommen. Er gelangt aus dem Darm in die Blutbahn und siedelt sich bevorzugt im zentralen Nervensystem und den Nieren an. Dort entstehen nicht-eitrige, granulomatöse Entzündungen.

Meerschweinchen sind für eine Infektion offensichtlich weniger empfänglich als Kaninchen, können sich durch Kontakt zu Kaninchen aber dennoch infizieren.

Klinik

Bei Meerschweinchen werden vorwiegend Kopfschiefhaltung und Ataxien, gelegentlich aber auch plötzliche Lähmungserscheinungen beobachtet. Gleichzeitig bestehen zeitweilig Nystagmus und Verzögerungen der Pupillenreflexe. Das Allgemeinbefinden der Tiere ist meist ungestört, die Futteraufnahme erhalten.

Diagnose
Es muss ein systematischer Ausschluss aller möglichen Differenzialdiagnosen erfolgen; bei Kopfschiefhaltung müssen insbesondere mögliche Otitiden und Schädeltraumata abgeklärt werden. Bei Lähmungserscheinungen kommen als Differenzialdiagnosen in erster Linie Wirbelsäulentraumata sowie die Meerschweinchenlähme in Betracht. Antikörper gegen *Encephalitozoon cuniculi* können serologisch nachgewiesen werden und so die Verdachtsdiagnose stützen.

Therapie & Prognose
Eine Behandlung erfolgt rein symptomatisch. Die Tiere erhalten Dexamethason [71], Antibiotika und B-Vitamine [82]. Zusätzliche Gaben von Fenbendazol [12] können die Erregerdichte im Darm verringern und erfassen evtl. auch einen Teil der im Blut zirkulierenden Protozoen. Wird mit einer Therapie frühzeitig nach dem Einsetzen der Symptome begonnen, so ist die Prognose günstig.

> **T Therapie der Enzephalitozoonose**
> - Dexamethason [71],
>   1× tgl. 0,2 mg/kg s.c., p.o.
> - Antibiotikum, z. B.
>   - Chloramphenicol [1],
>   2× tgl. 50 mg/kg p.o.
>   - Enrofloxacin [4],
>   1× tgl. 10 mg/kg s.c., p.o.
>   - Marbofloxacin [6],
>   1× tgl. 4 mg/kg s.c., p.o.
> - B-Vitamine [82], 1× tgl. 0,5 ml/kg s.c., p.o.
> - Flüssigkeitssubstitution [89] (Vollelektrolytlösung), 20–40 ml/kg s.c.
> - Paramunitätsinducer [118], [142], [143]
> - ggf. Physiotherapie

Toxoplasmose
▶ Selten vorkommende Infektion mit Protozoen.

Ätiologie & Pathogenese
Erreger der Erkrankung ist der einzellige Parasit *Toxoplasma gondii*. Einziger in unseren Regionen vorkommender Endwirt ist die Katze. Die Meerschweinchenverwandten sind zwar empfänglich für Infektionen, sie fungieren jedoch ausschließlich als Zwischenwirte und scheiden keine infektiösen Stadien aus.

> ⚠ Eine Ansteckung des Menschen mit Toxoplasmose durch Meerschweinchen, Chinchillas oder Degus ist nicht möglich!

Caviomorpha können sich über kontaminiertes Futter, das mit Katzenkot verunreinigt ist, infizieren. Auch eine Übertragung von der Mutter auf die Jungtiere über die Milch ist möglich. Toxoplasmen vermehren sich in ihren Zwischenwirten nur ungeschlechtlich. Mit der Ausbildung von Antikörpern kommt es zur Entstehung von Toxoplasma-Zysten, die bevorzugt im zentralen Nervensystem, der Skelettmuskulatur und den Augen angesiedelt sind.

Klinik
Die Infektion verläuft in der Regel latent, in Einzelfällen können jedoch klinische Symptome auftreten. Die Erkrankung beginnt mit unspezifischen Anzeichen, wie Apathie und Inappetenz; es folgen oft Lungenentzündungen mit serös-eitrigem Nasen- und Augenausfluss. Durchfälle können hinzukommen. Die neurologischen Ausfallerscheinungen sind vielgestaltig. Neben Lähmungserscheinungen werden auch Anfallsgeschehen und Opisthotonus beobachtet. Die Patienten sterben nach einem wenige Tage andauernden Krankheitsverlauf.

Diagnose
Eine sichere Diagnose ist intra vitam nur durch eine serologische Untersuchung möglich. Post mortem kann der Erreger aus veränderten Organen isoliert werden.

Therapie & Prognose
Therapieversuche können mit Sulfadoxin/Trimethoprim- [9] (40/8 mg/kg s.c., p.o.) oder Sulfonamid/Pyrimethamin-Kombinationen durchgeführt werden. Pyrimethamin muss aus der Humanmedizin umgewidmet werden. Es wird in einer Dosierung von 0,25–0,5 mg/kg über 2 Wochen empfohlen; ein Behandlungserfolg ist jedoch stets fraglich.

Sarcoptesräude MS

▶ Häufige Parasitose des **Meerschweinchens**; durch starken Juckreiz werden Krämpfe ausgelöst.

Ätiologie & Pathogenese
Die Sarcoptesräude des Meerschweinchens wird durch die Grabmilbe *Trixacarus caviae* hervorgerufen.

Klinik
Es kommt zu Fellverlusten und starken Hautverdickungen mit Borkenbildung (▶ S. 255). Betroffene Tiere weisen massiven Juckreiz auf. Dieser ist oftmals so stark, dass die Meerschweinchen bei jeder Berührung zu krampfen beginnen und es zu epileptiformen Anfällen kommen kann.

Diagnose
Die Diagnose ergibt sich bei massivem Befall bereits durch das typische klinische Bild. Die Milben können zudem mikroskopisch in tiefen Hautgeschabseln nachgewiesen werden.

Therapie & Prognose
Eine Behandlung erfolgt mit Imidacloprid/Moxidectin 15 oder Selamectin 24 als Spot-on. Alternativ kann Ivermectin 16 eingesetzt werden. Alle Partnertiere müssen in die Behandlung einbezogen werden. Bei bakterieller Sekundärinfektion ist zudem eine antibiotische Abdeckung erforderlich. Die Prognose ist abhängig vom Allgemeinzustand des Tieres und dem Ausmaß evtl. bereits bestehender Sekundärinfektionen.

Hypokalzämie CH

▶ Bei **Chinchillas** durch Fütterungsfehler und genetische Prädisposition hervorgerufene tetanische Zustände.

Ätiologie & Pathogenese
Hypokalzämische Zustände werden häufig bei Chinchillas beobachtet. Als Ursache kommen Fütterungsfehler sowie außerdem offensichtlich eine genetische Komponente in Betracht.

Ein fütterungsbedingter Kalziummangel entsteht leicht, wenn die Tiere Mischfuttermittel erhalten. Es werden dann vorwiegend Getreidekomponenten selektiert, während die weniger schmackhaften, mineralstoffsupplementierten Pellets dagegen übrig bleiben. Werden bei Fütterung pelletierter Alleinfuttermittel zu große Mengen an kalziumarmen „Leckerli", wie Trockenobst oder Nüsse, angeboten, entsteht das gleiche Phänomen.

Familiär gehäuft werden bei Chinchillas aber auch trotz adäquater Fütterung Hypokalzämien nachgewiesen.

Klinik
Es werden zunächst Schwächen der Hinterhand sowie Muskelzittern beobachtet, ohne dass das Allgemeinbefinden der Tiere beeinträchtigt scheint. Die Veränderungen treten anfangs nur gelegentlich auf und dauern meist nur wenige Sekunden an. Die Abstände zwischen den „Anfällen" werden jedoch kürzer und es treten dann auch Krämpfe hinzu, nach denen die Tiere deutlich erschöpft wirken.

Diagnose
Erste Hinweise auf eine Kalziummangelsituation kann bereits die Adspektion der Inzisivi liefern. Die physiologischerweise kräftig gelb-orange gefärbten Zähne entfärben sich und werden blassgelb bis weißlich (▶ Abb. 13.12). Eine Diagnosesi-

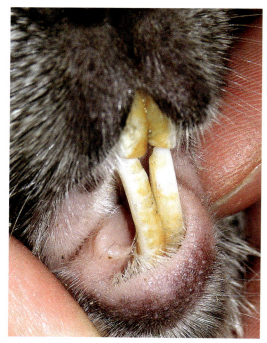

▶ **Abb. 13.12** Entfärbung der Schneidezähne durch Kalziummangel bei einem Chinchilla.

cherung erfolgt anhand von Blutuntersuchungen. Diese sollten möglichst kurz nach einem Anfallsgeschehen durchgeführt werden. Es können dann deutliche Hypokalzämien bei Normo- oder Hyperphosphatämie festgestellt werden. Durch die detaillierte Erhebung der Fütterungsanamnese muss ermittelt werden, ob eine fütterungsbedingte Problematik besteht.

Therapie & Prognose

Das betroffene Chinchilla erhält Infusionen mit Kalziumglukonat [80], das subkutan verabreicht werden kann.

Die Fütterung muss den Bedürfnissen des Chinchillas angepasst werden. Das Tier erhält neben hochwertigem Heu ein spezielles pelletiertes Alleinfuttermittel für Chinchillas. Mischfuttermittel sind ungeeignet. Leckerbissen dürfen nicht uneingeschränkt zur Verfügung stehen, sondern werden nur vereinzelt als Belohnung angeboten. Bei Tieren, die offensichtlich korrekt ernährt werden und die dennoch Hypokalzämien entwickeln, muss eine zusätzliche Kalziumsubstitution mithilfe von Brausetabletten über das Trinkwasser oder besser noch durch Kautabletten erfolgen.

Die Prognose bei fütterungsbedingten Kalziummangelerscheinungen ist gut. Liegen Hypokalzämien bei korrekt ernährten Tieren vor, so ist es deutlich schwieriger, eine dauerhafte Normokalzämie zu erreichen.

Diagnostischer Leitfaden: Lahmheit

Anamnese
- Alter
  - MS > 5 Jahre
  - D > 4 Jahre
  - CH > 10–12 Jahre
- Rasse MS → Satinmeerschweinchen
- Haltungsbedingungen
- Trauma

Klinische Untersuchung
- eine Gliedmaße betroffen
  - hgr. Weichteilschwellung → Röntgen
    - Fraktur
    - o.b.B.
  - ggr. bis mgr. Schwellung → Röntgen → Osteolyse
  - Pfote geschwollen → Röntgen → evtl. Osteolyse
  - Gelenke geschwollen
    - starke Schwellung, warm, schmerzhaft
    - mäßige Schwellung, mäßig schmerzhaft
- wechselnde/mehrere Gliedmaßen betroffen
  - Abmagerung → palpatorisch beidseits Auftreibungen der Kieferknochen, Beweglichkeit der Gelenke eingeschränkt

14.4 Diagnostischer Leitfaden: Lahmheit

	▶ Tumor?	▶ S. 235	
	▶ Arthrose?	▶ S. 236	
	▶ Osteodystrophie?	▶ S. 232	
	▶ Pododermatitis?	▶ S. 237	
	▶ Fraktur?	▶ S. 228	
	▶ Weichteiltrauma?	▶ S. 235	

▶ Knochenstruktur o.b.B.		▶ traumatische Fraktur	▶ S. 228
▶ Knochenstruktur pathologisch		▶ Spontanfraktur	▶ S. 232
		▶ Weichteiltrauma	▶ S. 235
▶ Biopsie		▶ Osteomyelitis	▶ S. 234
		▶ Knochentumor	▶ S. 235
▶ bakt. US		▶ Pododermatitis	▶ S. 237
▶ Röntgen	▶ Osteolyse	▶ Arthritis	▶ S. 236
▶ Röntgen	▶ arthrotische Zubildungen	▶ Arthrose	▶ S. 236
▶ Röntgen Schädel/Becken und Hinterbeine	▶ Demineralisierung des gesamten Skeletts	▶ Osteodystrophie	▶ S. 232

Bestehen palpatorische Veränderungen der Wirbelsäule?

Erkrankungen der Wirbelsäule (▶ S. 209f) können für Ataxien und Schwächen der Hinterhand verantwortlich sein, die Lahmheiten vortäuschen. Daher wird die Wirbelsäule von kranial nach kaudal durchtastet. Es wird auf Schmerzhaftigkeit sowie auf Auftreibungen oder Stufenbildung geachtet.

Liegen Muskelatrophien vor?

Muskelatrophien werden besonders bei chronischen Erkrankungen beobachtet, die zu herabgesetzter Mobilität und verminderter Gliedmaßenbelastung führen, so z. B. bei Arthrosen (▶ S. 236) oder der Osteodystrophie (▶ S. 232) der Satinmeerschweinchen. Bei progressiven Wirbelsäulenerkrankungen (▶ S. 209) finden sich deutliche Rückbildungen der Muskulatur der Beckengliedmaßen.

Bestehen neurologische Ausfallerscheinungen?

Bei jeder Ataxie und Veränderung des Gangbilds, die nicht eindeutig einer Erkrankung des Bewegungsapparats zuzuordnen ist, muss eine neurologische Untersuchung durchgeführt werden. Besonders bei der Enzephalitozoonose (▶ S. 218) sind oftmals weitere neurologische Ausfallerscheinungen, z. B. Verzögerungen der Pupillenreflexe, zu beobachten.

Gibt es Anzeichen einer Herzerkrankung?

Bestehen ein schwankender Gang und Gleichgewichtsstörungen, so sollte in jedem Fall eine gründliche Auskultation des Herzens angeschlossen werden, insbesondere, wenn es sich um ein älteres Tier handelt und auch deutliche Störungen des Allgemeinbefindens vorliegen.

14.4.3 Diagnosesicherung durch weiterführende Untersuchungen

Röntgenuntersuchungen sind bei Störungen des Bewegungsapparats das wichtigste Hilfsmittel. Sie dienen der Diagnose von Frakturen (s. u.) oder Veränderungen der Knochenstruktur, wie sie bei Osteomyelitis (▶ S. 234), Osteodystrophie (▶ S. 232) oder Knochentumoren (▶ S. 235) vorliegen. Auch Gelenkveränderungen im Sinne einer Arthritis (▶ S. 236) oder Arthrose (▶ S. 236) können so diagnostiziert werden. Röntgenaufnahmen werden außerdem bei Verdacht auf Herzkrankheiten (▶ S. 289) oder Erkrankungen der Wirbelsäule (▶ S. 209ff) angefertigt.

> ❗ Bei Röntgenuntersuchungen der Wirbelsäule muss äußerst vorsichtig vorgegangen werden. Der Patient darf nicht zu sehr gestreckt werden, um Instabilitäten nicht zu verstärken. Eine Sedation des Tieres ist abzulehnen, da es auch durch die Muskelerschlaffung zu Instabilitäten kommen kann.

Blutuntersuchungen sind besonders zur Absicherung einer Osteodystrophie (▶ S. 232) sinnvoll. Bei Weichteiltraumata (▶ S. 235) kann eine Erhöhung der Kreatinkinase, evtl. auch der GOT (AST) zur Diagnosefindung beitragen.

Serologische Untersuchungen dienen der Abklärung einer Infektion mit *Encephalitozoon cuniculi* (▶ S. 218).

EKG und Echokardiografie werden bei Verdacht auf eine kardiale Genese der Symptomatik eingeleitet.

Knochenbiopsien sind unter Umständen erforderlich, um röntgenologisch sichtbare Knochenveränderungen charakterisieren zu können.

Bei ulzerierender Pododermatitis (▶ S. 237) sollte stets eine **mikrobiologische Untersuchung** eingeleitet werden, um gezielt nach Antibiogramm behandeln zu können.

14.5 Erkrankungen

Traumatische Fraktur

▶ Meist durch Stürze verursachte Brüche der Gliedmaßen.

Ätiologie & Pathogenese

Frakturen der Gliedmaßen entstehen in den meisten Fällen durch Stürze. Sie können außerdem nach Hängenbleiben im Käfiggitter auftreten.

Da die Knochen der Tiere sehr fragil sind, entstehen oft Splitterfrakturen. Die Fragmente sind scharfkantig und verletzen die Haut, sodass offene Verletzungen resultieren und Sekundärinfektionen des Knochens erfolgen können.

Bei Chinchillas werden besonders häufig Tibiafrakturen, bei Meerschweinchen Brüche des Femurs diagnostiziert.

Klinik
Es kommt zu hochgradigen Lahmheiten und Schwellungen der betroffenen Gliedmaße. Das Bein wird meist vollständig entlastet.

Diagnose
Die Diagnose ergibt sich bereits bei der Palpation der betroffenen Gliedmaße (Schwellung, Krepitation). Oftmals sind zudem, insbesondere beim Chinchilla, flächige Hämatome in Haut und Unterhaut sichtbar. Röntgenaufnahmen schließen sich an, um Art und Lokalisation der Fraktur exakt bestimmen zu können (▶ Abb. 14.4, ▶ Abb. 14.5, ▶ Abb. 14.6).

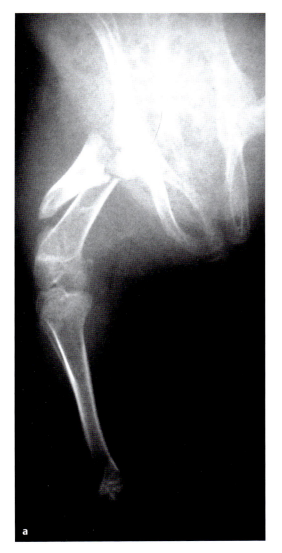
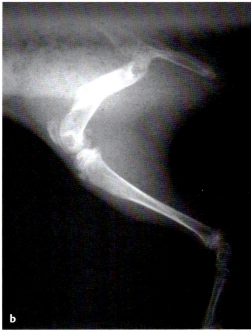

▶ Abb. 14.4 Femurfraktur beim Meerschweinchen. a Ventrodorsale Projektion. b Laterolaterale Projektion.

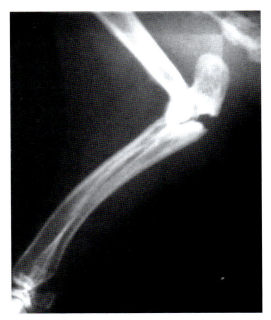

▶ **Abb. 14.5** Olekranon-Fraktur beim Meerschweinchen.

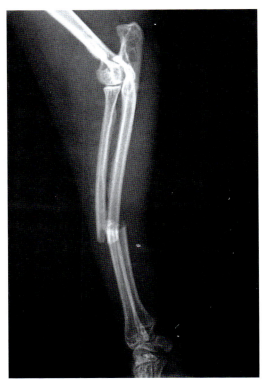

▶ **Abb. 14.6** Radius-Ulna-Fraktur eines Chinchillas.

Therapie

Zehenfrakturen müssen meist nicht versorgt werden, so lange es sich um geschlossene Brüche handelt. Stützverbände sind aufgrund der geringen Größe der Tiere in der Regel nicht zufriedenstellend anzulegen. Sie werden zudem meist nicht toleriert und besonders von Chinchillas und Degus sofort „zerlegt".

Frakturen der Röhrenknochen sollten immer chirurgisch versorgt werden, um einen guten Heilungsprozess und eine Wiederherstellung der Gliedmaßenfunktion zu erreichen. Lediglich bei ganz jungen Tieren mit noch ausgeprägtem Knochenstoffwechsel kommt es durch Schienenverbände und bei absoluter Ruhigstellung des Patienten zu zufriedenstellenden Heilungserfolgen.

Prinzipiell können bei Meerschweinchen und Chinchillas fast alle **Osteosyntheseverfahren** zum Einsatz kommen, wie sie auch bei Hund und Katze durchgeführt werden. Da allerdings sehr häufig Splitterfrakturen vorliegen, ist eine exakte Reposition der Frakturenden meist nicht möglich. Eine sekundäre Frakturheilung mit Kallusbildung ist daher die Regel. Nekrotische Splitter werden intra operationem entfernt, vitale Anteile sollten jedoch belassen werden, damit sie in den Kallus eingebaut werden und eine zusätzliche Stabilisierung bewirken können.

Plattenosteosynthesen werden nur in absoluten Ausnahmefällen durchgeführt. Splitterfrakturen befinden sich oft gelenknah, sodass kein Raum für das Anbringen mehrerer Schrauben am kurzen Frakturende bleibt. Das Einbringen von Schrauben birgt außerdem das Risiko eines weiteren Splitterns. Zudem bedeutet das Entfernen einer Osteosyntheseplatte nach Frakturheilung einen weiteren operativen Eingriff mit langer Narkosedauer.

Marknagelungen (▶ Abb. 14.7) sind insofern vorteilhaft, als dass der Nagel relativ leicht in den Markraum geschoben werden kann. Eine Pinentfernung ist später gut möglich, da seine Enden meist unmittelbar unter der Haut gelegen sind. Der Nagel wird entweder über das proximale Ende des frakturierten Knochens oder über den Frakturspalt in den Markraum eingebracht. Es muss darauf geachtet werden, dass der Nagel nicht in den Gelenkspalt gelangt, da es sonst spä-

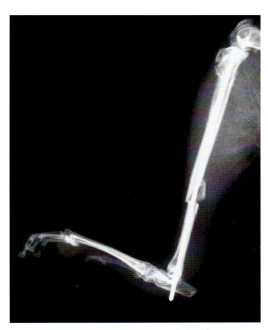

▶ Abb. 14.7 Marknagelung einer Tibiafraktur beim Chinchilla.

ter zu Arthrosen kommt, die die Beweglichkeit einschränken.

Nachteil der intramedullären Nagelung ist, dass in den engen Markraum in der Regel nur ein Pin eingebracht werden kann, sodass eine Rotationsinstabilität resultiert. Insbesondere an den Hintergliedmaßen, auf denen bei Degus und Chinchillas die Hauptlast des Körpergewichts liegt, ist die Nagelung mit nur einem Nagel risikoreich. Bei Degus besteht jedoch oft aufgrund der äußerst dünnen Knochen keine andere Möglichkeit der Frakturversorgung. Selbst Marknägel sind nicht immer in den Markraum einzubringen. Alternativ kann auf sterile Kanülenspitzen zurückgegriffen werden, die dann dauerhaft im Knochen verbleiben.

❗ Marknagelungen dürfen nicht bei offenen Frakturen durchgeführt werden, da es mit dem Nagel zu einer Keimeinschleppung von den Frakturenden in den Knochen kommt.

Der **Fixateur externe** hat sich bei den meisten Frakturen von Chinchillas und Meerschweinchen als Methode der Wahl erwiesen. Er ist schnell anzulegen und es kann auch bei Splitterfrakturen eine gute Stabilität erzielt werden. Erstaunlicherweise wird er von den Tieren in der Regel nicht benagt und hat außerdem den Vorteil, dass er nach Ausheilung der Fraktur rasch und unter nur kurzer Narkose entfernt werden kann.

In jedes Knochenfragment werden 2 Nägel eingebracht, um eine ausreichende Stabilität zu erzielen. Diese werden extern über eine Brücke verbunden. Als Material für diese Verbindung haben sich leichte Polymer-Kunststoffe (Techno-Vit®) bewährt, die individuell modelliert werden können. Die Nägel müssen möglichst zentral durch den Knochen gebohrt werden, damit sie nicht ausbrechen. Die gelenknahen Nägel werden im 90°-Winkel zum Knochen und damit parallel zum Gelenkspalt angelegt. Die übrigen Nägel sollten einen Winkel von etwa 70° zum Knochen aufweisen.

Bei Frakturen von Tibia bzw. Radius/Ulna wird ein Typ-2-Fixateur gewählt. Hierbei stehen die Nägel auf beiden Seiten des Knochens lang heraus und werden über eine externe Brücke fixiert (▶ Abb. 14.8). Bei Frakturen des Femurs wird in der Regel ein Typ-1-Fixateur angelegt, der nur auf der lateralen Gliedmaßenseite eine externe Brücke besitzt. Eine zusätzliche Stabilisierung kann über einen intramedullären Nagel erreicht werden, dessen aus dem Knochen ragendes Ende in die externe Brücke integriert wird.

Als ergänzende Fixationsmethoden eignen sich **Cerclagen**, die v. a. dazu dienen, Knochenfragmente in Position zu halten. **Zugschrauben** werden besonders bei Gelenkfrakturen (z. B. Condylusfraktur) verwendet. Sie ermöglichen eine gute Kompression des Frakturspalts.

Amputationen einzelner Zehen können problemlos durchgeführt werden, wobei eine Exartikulation im nächsten proximal gelegenen Gelenk erfolgt. Der Gelenkknorpel muss dabei vollständig entfernt werden.

Amputationen gesamter Gliedmaßen sollten nur als Ultima Ratio in absoluten Ausnahmefällen durchgeführt werden (z. B. nicht heilende, nekrotische Frakturen, Splitterbrüche unter Gelenkbeteiligung). Die Amputation eines Vorderbeins kann meist recht gut ausgeglichen werden. Insbesondere beim Meerschweinchen ist jedoch auch hier nach Ausheilung auf eine besonders dicke, weich gepolsterte Eintreu zu achten und die verbleibende Vorderpfote regelmäßig zu kontrollieren, um einer Pododermatits vorbeugen zu können. Da auf

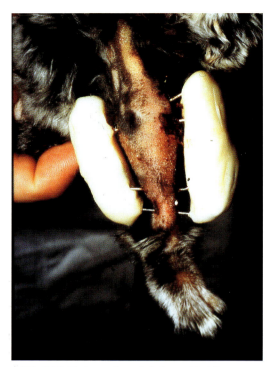

▶ **Abb. 14.8** Fixateur externe bei einem Chinchilla.

den Hintergliedmaßen bei Chinchillas und Degus die Hauptlast des Körpergewichts liegt, kommt es nach Amputation eines Hinterbeins meist schnell zu Arthrosenbildung und Pododermatitis des verbleibenden Beines. Wird dennoch eine Amputation durchgeführt, so muss sie im proximalen Femurschaft erfolgen. Andernfalls kommt es, bedingt durch die ausgeprägte Gliedmaßenwinkelung, zu ständigem Bodenkontakt des Amputationsstumpfs und daraus resultierenden Drucknekrosen. Es ist außerdem darauf zu achten, dass die Knochenenden abgerundet werden, um eine spätere Verletzung der abdeckenden Muskulatur zu verhindern.

Prognose
Die Prognose ist bei offenen Frakturen, insbesondere wenn sich bereits Anzeichen einer Infektion zeigen, äußerst vorsichtig einzuschätzen. Hingegen sind geschlossene Frakturen – in Abhängigkeit vom Alter des Patienten, Grad einer eventuellen Splitterung sowie Lokalisation der Fraktur – prognostisch eher gut zu bewerten.

Nachsorge
Im Anschluss an Frakturversorgungen (und Amputationen) erhalten die Tiere ausreichend lange ein Analgetikum (z. B. Carprofen [101], Meloxicam [102]). Zudem werden die Tiere über einen Zeitraum von mindestens 10 Tagen mit einem knochengängigen Antibiotikum (z. B. Enrofloxacin [4]) versorgt. Die Patienten sollten außerdem möglichst ruhig gehalten werden. Häuschen, Sitzbretter sowie Klettermöglichkeiten werden aus dem Käfig entfernt, um Sprünge zu verhindern.

Spontanfraktur
▶ Selten vorkommende Brüche durch pathologische Veränderungen der Knochenstruktur.

Ätiologie & Pathogenese
Pathologische Frakturen sind bei den Meerschweinchenverwandten nur äußerst selten zu diagnostizieren. Mögliche Ursachen sind Osteomyelitiden (besonders nach Pododermatitis), Osteosarkome sowie Osteodystrophien.

Klinik
Es bestehen hochgradige Lahmheiten, das Allgemeinbefinden des Patienten ist meist deutlich gestört.

Diagnose
Auf Röntgenaufnahmen werden pathologische Veränderungen der Knochensubstanz sichtbar.

Therapie & Prognose
Eine Behandlung ist in der Regel nicht möglich und auch nicht sinnvoll. Eine Frakturversorgung kann allenfalls bei alimentärer sekundärer Osteodystrophie versucht werden, wenn die Fütterung des Tieres gleichzeitig umgestellt und optimiert wird. In allen anderen Fällen muss der Patient euthanasiert werden.

Osteodystrophie MS

▶ Spezielle Erkrankung bei Satinmeerschweinchen. Bei anderen Tieren nur äußerst selten infolge von Fütterungsfehlern oder chronischen Niereninsuffizienzen.

Ätiologie & Pathogenese

In Ausnahmefällen können auch bei **Chinchillas** und **Degus** sekundäre renale Osteodystrophien infolge chronischer Nephropathien diagnostiziert werden. Bei anhaltender Kalzium-Mangelernährung sind zudem alimentäre Osteodystrophien möglich.

Osteodystrophien kommen jedoch besonders bei **Satinmeerschweinchen** gehäuft vor und sind vermutlich auf einen genetischen Defekt zurückzuführen. Im Verlauf der Erkrankung wird Knochengewebe durch weniger festes Fasergewebe ersetzt. Dadurch kommt es zu Inkongruenzen und Schmerzen in den Gelenken, sodass deutliche Bewegungsstörungen resultieren.

Klinik

Die Tiere fallen dadurch auf, dass sie im Liegen die Beine möglichst gerade vom Körper wegstrecken. Im Sitzen oder im Stand „trippeln" die Meerschweinchen, da sie versuchen alle Beine gleichmäßig zu entlasten (▶ Abb. 14.9). Die Fortbewegung erfolgt hoppelnd, ähnlich der eines Kaninchens. In fortgeschrittenen Stadien sind die Tiere nicht mehr in der Lage aufzustehen oder zu laufen.

Als weitere Symptome sind besonders Störungen der Futteraufnahme zu beobachten, die zu fortschreitender Abmagerung führen (▶ S. 296).

Diagnose

❗ Bei Satinmeerschweinchen, die aufgrund von Bewegungsstörungen bei gleichzeitiger Abmagerung vorgestellt werden, sollte stets an die Möglichkeit einer Osteodystrophie gedacht werden.

Bei der klinischen Untersuchung fallen Auftreibungen der Kieferknochen (▶ Abb. 16.16 a und b) sowie eine eingeschränkte Beweglichkeit der

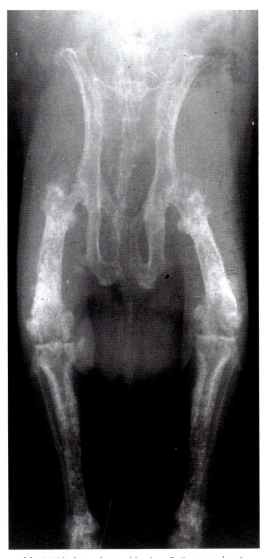

▶ **Abb. 14.10** Osteodystrophie eines Satinmeerschweinchens: Das gesamte Skelett weist Demineralisationserscheinungen auf.

▶ **Abb. 14.9** Satinmeerschweinchen: Schonende Haltung des linken Hinterbeins.

Gelenke, insbesondere der Hintergliedmaßen, auf. Röntgenologisch sind generalisierte Demineralisierungen des Skeletts zu erkennen (▶ Abb. 14.10). Die Gelenke sind oft fast vollständig aufgelöst. Bei Blutuntersuchungen ergeben sich außerdem Verschiebungen des Kalzium-Phosphor-Verhältnisses (Hypokalzämie bei Normo- oder Hyperphosphatämie) bei Erhöhungen der alkalischen Phosphatase.

Therapie & Prognose
Eine Behandlung der Erkrankung ist nach dem derzeitigen Kenntnisstand nicht möglich. Die Tiere sollten euthanasiert werden, wenn bereits Einschränkungen der Beweglichkeit und fortschreitender Gewichtsverlust zu verzeichnen sind.

Osteomyelitis
▶ Meist infolge offener Frakturen entstehende bakterielle Infektion des Knochens.

Ätiologie & Pathogenese
Osteomyelitiden an den Gliedmaßen entstehen nach Infektionen offener Frakturen, entweder durch Kontamination mit Keimen aus der Umgebung des Tieres oder durch Erregereinschleppung bei der Frakturversorgung. Auch tiefe Verletzungen des Weichteilgewebes mit bakterieller Infektion können sekundär auf den Knochen übergreifen (▶ Abb. 14.11).

Klinik
Die Tiere zeigen, nach anfänglich besserer Fortbewegung durch Frakturversorgung, wieder massive Lahmheiten. Die betroffene Gliedmaße ist schmerzhaft. Das Allgemeinbefinden kann erheblich gestört sein.

Diagnose
Die Diagnose wird in erster Linie mithilfe von Röntgenaufnahmen gestellt, auf denen Auflösungserscheinungen der Knochensubstanz sichtbar werden. Bei Blutuntersuchungen sind die Leukozytenzahlen drastisch erhöht. Es kann eine erneute Operation des Tieres erforderlich werden, um Tupferproben für eine bakteriologische Untersuchung aus dem infizierten Gewebe zu entnehmen.

Therapie & Prognose
Die Tiere erhalten ein knochengängiges Antibiotikum (z. B. Enrofloxacin [4], Marbofloxacin [6]) sowie außerdem ein Analgetikum. Kann die Infektion

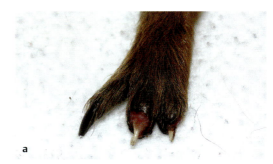
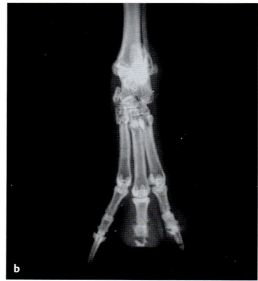

▶ Abb. 14.11 Tiefe Abrasionsverletzung an der Hinterpfote eines Meerschweinchens (**a**), die eine sekundäre Osteomyelitis verursacht hat (**b**). (**c**) Pfote nach Zehenamputation.

nicht unter Kontrolle gebracht werden, so ist als letzte Möglichkeit eine Amputation der Gliedmaße im gesunden Gewebe zu erwägen (▶ S. 231). Anderenfalls sollte der Patient euthanasiert werden. Die äußerst vorsichtige Prognose sollte bereits bei Behandlungsbeginn mit dem Patientenbesitzer besprochen werden.

Knochentumor (Osteosarkom)

▶ Besonders bei älteren Meerschweinchen vorkommende Neoplasie.

Ätiologie

Osteosarkome werden besonders bei älteren **Meerschweinchen** diagnostiziert. Sie treten vorwiegend am Humerus auf.

Klinik

Die Tiere leiden unter progressiv fortschreitenden Lahmheiten. Aufgrund starker Schmerzen kommt es zudem zu zunehmenden Störungen des Allgemeinbefindens mit Inappetenz.

Diagnose

In fortgeschrittenen Stadien lassen sich bereits palpatorisch Knochenauftreibungen feststellen. Röntgenologisch sind zunächst osteolytische Prozesse, später wolkige Zubildungen zu erkennen (▶ Abb. 14.12).

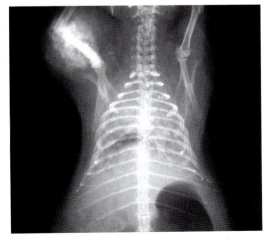

▶ **Abb. 14.12** Osteosarkom des rechten Humerus bei einem Meerschweinchen mit Metastasierung in die Lunge.

Therapie & Prognose

Eine Behandlung ist nicht sinnvoll. Zwar besteht theoretisch die Möglichkeit einer Gliedmaßenamputation, jedoch liegen in der Regel bereits Lungenmetastasen vor, wenn der Primärtumor Beschwerden verursacht. Können die Tiere mit Analgetika nicht mehr beschwerdefrei gehalten werden, so sollten sie eingeschläfert werden.

Weichteiltrauma

▶ Durch verschiedene Arten von Traumata hervorgerufene Läsionen von Muskeln, Sehnen und Bändern des Bewegungsapparats.

Ätiologie & Pathogenese

Durch Stürze, Hängenbleiben im Käfiggitter, Einklemmen in Türen oder ähnliche Unfälle kann es zu Quetschungen der Muskeln und/oder Überdehnungen von Sehnen und Bändern an den Gliedmaßen kommen.

Klinik

Die Tiere weisen Lahmheiten unterschiedlichen Grades auf. Die betroffene Gliedmaße kann geschwollen und schmerzhaft sein. Gelegentlich sind flächige Hämatome der Unterhaut insbesondere beim Chinchilla zu sehen.

Diagnose

Die Diagnose ergibt sich vor allem anhand von Röntgenaufnahmen, auf denen keine Frakturen oder Veränderungen der Knochenstruktur festzustellen sind. Bei Blutuntersuchungen sind bei ausgeprägten Läsionen der Muskulatur Erhöhungen der Kreatinkinase und der GOT (AST) zu verzeichnen.

Therapie & Prognose

Liegen keine offenen Verletzungen vor, so erhalten die Tiere über einige Tage ein Analgetikum (z. B. Metacam® [102], Rimadyl® [101]) und werden ruhig gehalten. Sind Läsionen sowie ausgeprägte Hämatome vorhanden, empfiehlt sich eine antibiotische Abschirmung. Wunden können zudem lokal mit milden Antiseptika (z. B. Rivanol® [94]) behandelt werden.

Muskuläre Verletzungen heilen meist innerhalb weniger Tage aus. Sind Gelenkbänder beteiligt, so muss oft mit einer mehrwöchigen Heilungsphase gerechnet werden.

Infektiöse Arthritis

▶ Durch Infektionen hervorgerufene Gelenkerkrankung.

Ätiologie & Pathogenese

Infektiöse Gelenkentzündungen entstehen vorwiegend nach Pododermatitis durch Keimausbreitung entlang der Sehnenscheiden. Sie werden aber auch bei Allgemeininfektionen beobachtet, bei denen sich die Erreger im Bereich der Gelenke absiedeln.

Klinik

Infektiöse Entzündungen gehen mit massiven Schwellungen und Schmerzen einher und führen zu akuten und hochgradigen Lahmheiten. Die Beweglichkeit des betroffenen Gelenks ist drastisch eingeschränkt. Das Allgemeinbefinden kann deutlich reduziert sein, insbesondere wenn die Arthritis aus einer Allgemeininfektion resultiert.

Diagnose

Palpatorisch ist das Gelenk vermehrt gefüllt und angeschwollen (▶ Abb. 14.13). Es ist zudem vermehrt warm und schmerzhaft. Seine Beweglichkeit ist aufgrund der starken Schwellung deutlich eingeschränkt. Röntgenologisch sind osteolytische Prozesse der am Gelenk beteiligten Knochenenden zu diagnostizieren. Im Blutbild besteht eine deutliche Leukozytose.

Therapie & Prognose

Bei infektiösen Erkrankungen ist die Behandlung mit einem gelenkgängigen Antibiotikum (z.B. Marbofloxacin **6**, Enrofloxacin **4**) erforderlich. Die Patienten erhalten zudem ein Analgetikum (z.B. Rimadyl® **101**, Metacam® **102**). Bestehen Störungen des Allgemeinbefindens, so sind zusätzliche unterstützende Maßnahmen, wie Flüssigkeitssubstitution und Zwangsernährung, unbedingt erforderlich.

Die Prognose einer infektiösen Arthritis ist immer vorsichtig zu beurteilen, insbesondere wenn sie aus einer Allgemeinerkrankung hervorgeht. Aber auch lokal begrenzte Infektionen sind oft schwer therapierbar. In vielen Fällen bleibt eine Versteifung des Gelenks zurück.

Arthrose

▶ Durch degenerative Prozesse hervorgerufene Gelenkerkrankung.

Ätiologie & Pathogenese

Arthrosen werden überwiegend bei alten Tieren diagnostiziert. Es handelt sich um degenerative Veränderungen der Gelenke. Durch Überbeanspruchung (z.B. bei Adipositas) oder altersbedingte Elastizitätsverluste des Gelenkknorpels kommt es zu dessen Erosion und Auffaserung. Aus dem veränderten Knorpelgewebe werden Partikel mobilisiert, die sekundär zu einer schmerzhaften Synovitis führen. Auch die Wirbelsäule ist überdurchschnittlich häufig betroffen, hier kommen sowohl Spondylosen als auch Sponylarthrosen vor (▶ S. 209).

Klinik

Arthrosen führen zu fortschreitender Einschränkung der Beweglichkeit, ohne dass der Allgemeinzustand des Tieres nennenswert beeinträchtigt ist. Die verminderte Mobilität kann bei feucht-kalter Witterung oder Wetterumschwüngen besonders stark ausgeprägt sein, während der Patient z.B. bei trockener Wärme über längere Phasen beschwerdefrei ist.

Diagnose

Bei Arthrosen ist die Beweglichkeit des Gelenks eingeschränkt; die passive Bewegung kann schmerzhaft sein. Auf Röntgenaufnahmen sind Unebenheiten an den Gelenkflächen zu sehen (▶ Abb. 14.14).

▶ **Abb. 14.13** Verdickung von Tarsalgelenk und Metatarsus bei infektiöser Arthritis.

Therapie & Prognose

Es erfolgt eine analgetische und entzündungshemmende Behandlung mit nicht-steroidalen Antiphlogistika (z. B. Carprofen [101], Meloxicam [102]). Diese sollte zunächst über einen Zeitraum von etwa einer Woche aufrechterhalten werden, um akute Entzündungsprozesse einzudämmen. Treten nach Absetzen der Medikamente erneut Beschwerden auf, so ist das Behandlungsintervall zu verlängern. Das Antiphlogistikum wird ggf. als Dauertherapeutikum eingesetzt, wobei die Dosis, dem klinischen Bild angepasst, langsam auf ein erforderliches Minimum heruntergefahren wird. Parallel kann das betroffene Tier durch biologische Präparate, wie Discus comp.® ad. us. vet. [138], in akuten Schüben von Arthrosen im Hüftgelenks- und Wirbelsäulenbereich oder durch z. B. Zeel® ad. us. vet. [141] in der langfristigen Therapie von Arthrosen durch eine Verbesserung der Knorpelelastizität unterstützt werden. Dies kann helfen, die Intervalle zwischen den Einsätzen eines NSAID zu verlängern oder in Kombination die Menge des benötigten Analgetikums etwas niedriger anzusetzen. Auf diese Weise können die Patienten oftmals über einen langen Zeitraum beschwerdefrei gehalten werden.

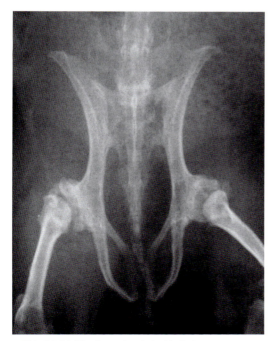

▶ **Abb. 14.14** Massive arthrotische Veränderungen an beiden Hüftgelenken eines Meerschweinchens.

Pododermatitis ulcerosa (Sohlengeschwür)

▶ Durch Fehlbelastung und Haltungsfehler hervorgerufene Entzündung der Ballen.

Ätiologie & Pathogenese

Ulzerative Entzündungen der Ballen werden besonders oft bei **Meerschweinchen**, gelegentlich aber auch bei **Chinchillas** und **Degus** beobachtet.

Eine wichtige Ursache bei Meerschweinchen und Degus sind überlange Krallen, sodass es zu einer Fehlbelastung der Ballen kommt. Meerschweinchen sind dabei besonders prädisponiert, da sich überwachsene Krallen schnell korkenzieherartig eindrehen.

Weitere prädisponierende Faktoren sind Haltung auf ungeeignetem Untergrund, schlechte Hygieneverhältnisse (nasse Einstreu), Adipositas (übermäßige Belastung) sowie außerdem eine Erkrankung einzelner Gliedmaßen, sodass diese ent- und die übrigen dagegen verstärkt belastet werden. Amputationen können ebenfalls durch Fehlbelastung bzw. Überlastung der verbliebenen 3 Pfoten zur Entstehung einer Pododermatitis beitragen. Auch Erkrankungen, die mit Störungen des Allgemeinbefindens einhergehen, können sekundär zu Pododermatitis führen. Die Tiere urinieren dann unter sich und bleiben in der nassen Einstreu sitzen.

Es entstehen Drucknekrosen der Haut. Diese wird rissig, sodass ein Eindringen von Keimen, besonders *Staphylococcus* spp. und *Streptococcus* spp., begünstigt wird. Es entstehen zunächst lokal begrenzte Entzündungen mit z. T. eitriger Gewebseinschmelzung, die sich jedoch auf den gesamten Fuß und entlang der Sehnenscheiden bis zu den Gelenken ausbreiten können. Auch ein Übergreifen auf knöcherne Strukturen ist möglich.

Klinik

Im Anfangsstadium ist eine trockene, dünne und gerötete Haut sichtbar (▶ Abb. 14.15). Im weiteren Verlauf entstehen Risse und Krusten. Der Ballen ist prall geschwollen, verdickt und gerötet (▶ Abb. 14.16). Bei akuten Entzündungen ist der Ballen vermehrt warm und bei Palpation schmerzhaft. Das Allgemeinbefinden der Tiere kann deutlich gestört sein. Es besteht eine deutliche Bewegungs-

▶ **Abb. 14.15** Beginnende Pododermatitis (Meerschweinchen).

▶ **Abb. 14.16** Fortgeschrittene Pododermatitis (Meerschweinchen).

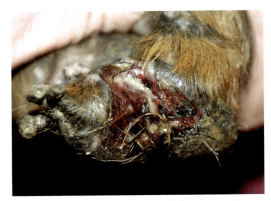

▶ **Abb. 14.17** Eitrig-ulzerierende Pododermatitis mit massiver Verdickung des Metatarsus und unter Einbeziehung des Sprunggelenks (Meerschweinchen).

Diagnose

Die Diagnose einer Pododermatitis ergibt sich bereits bei der klinischen Untersuchung. Liegen ausgeprägte Schwellungen und Entzündungen vor, so sollten Röntgenaufnahmen angefertigt werden, um ein Übergreifen der Infektion auf den Knochen und die Gelenke ausschließen zu können. Weiterhin werden mikrobiologische Untersuchungen eingeleitet, um gezielt nach Antibiogramm behandeln zu können. Zu diesem Zweck müssen oberflächliche Krusten vom Ballen abgelöst werden, damit Tupferproben aus tiefer gelegenen Bereichen entnommen werden können.

Es ist zudem erforderlich, die Ursache der Erkrankung zu ermitteln.

Therapie & Prognose

Die Behandlung einer Pododermatitis ist stets langwierig. Bestehen nur Hautveränderungen, so sollte der Ballen täglich mit Dexpanthenol-haltiger Salbe [91] eingerieben werden, damit die Haut abheilt und geschmeidiger wird. So können die Entstehung von Rissen und ein sekundäres Eindringen von Keimen verhindert werden.

Liegen bereits ausgeprägte Schwellungen mit Krustenbildung vor, so sollte das Tier systemisch mit einem Antibiotikum behandelt werden. Dabei ist Präparaten der Vorzug zu geben, die ausreichende Wirkstoffspiegel im Knochen und den Gelenken erreichen können (z. B. Enrofloxacin [4], Marbofloxacin [6]). Zusätzlich muss der Fuß täglich gebadet werden (z. B. Kamillenaufguss, Rivanol® [94]), um

unlust. Schreitet das Geschehen weiter fort, so finden sich Verdickungen oder auch Abszesse des gesamten Fußes sowie weiterhin eine Schwellung und Versteifung der Gelenke (▶ Abb. 14.17).

die Krusten langsam aufzuweichen. Nach dem Bad wird der Fuß gut getrocknet und mit wundheilungsfördernden Salben (z.B. Bepanthen® Wund- und Heilsalbe [91] oder Bepanthen® Antiseptische Wundcreme [92]) eingerieben. Gepolsterte Schutzverbände dienen der Druckentlastung beim Laufen. Sie werden von Meerschweinchen meist gut toleriert, von Chinchillas und Degus dagegen in der Regel nicht geduldet.

Abszedierende Veränderungen müssen in Allgemeinanästhesie gespalten und ausgeräumt werden. Nekrotisches Material wird dabei entfernt. Gründliche Wundspülungen mit Akridinfarbstoffen [94] oder verdünnten Jodlösungen [98] schließen sich an und müssen täglich wiederholt werden. Das Auftragen von enzymhaltigen Salben [93] (z.B. Nekrolyt®, PanaVeyxal®) hat sich zusätzlich als heilungsfördernd erwiesen.

In jedem Fall müssen mögliche prädisponierende Faktoren ausgeschlossen werden: überlange Krallen werden gekürzt, Haltungsbedingungen optimiert, adipöse Tiere abgespeckt. Erkrankungen, die zu verminderter Mobilität führen, werden therapiert. Die Patienten müssen außerdem auf weichem Untergrund gehalten werden. Sind noch keine offenen Hautläsionen vorhanden, dienen als Einstreu Holzspäne, die mit einer dicken Schicht Heu überstreut werden. Tiere mit drastischeren Veränderungen sollten auf Handtüchern gehalten werden, um ein Eindringen von Staub in die Wunden zu vermeiden.

Patienten, die aufgrund einer Pododermatitis Bewegungsstörungen aufweisen, müssen zudem mit einem Analgetikum (z.B. Metacam® [102], Rimadyl® [101]) versorgt werden.

Bestehen lediglich anfängliche Hautveränderungen, so ist die Prognose als gut zu beurteilen.

Bei tiefer greifenden Läsionen und deutlicher Ballenschwellung ist eine Restitutio ad integrum in der Regel nicht möglich. Auch nach Beseitigung der Infektion und Entzündung wird der Ballen in vielen Fällen vergrößert bleiben. Das Tier kann dennoch beschwerdefrei leben. Besteht bereits eine Knocheninfektion, so ist die Prognose als äußerst vorsichtig zu beurteilen. Tiere, bei denen es aufgrund einer infektiösen Osteomyelitis bereits zu pathologischen Frakturen gekommen ist, sollten euthanasiert werden.

T Therapie der Pododermatitis
- Ausschluss der prädisponierenden Faktoren
- gepolsterter Käfiguntergrund
- Polsterverbände
- tägliches Reinigen und Spülen der Ulzerationen:
  - Kamillenbäder
  - Antiseptika, z. B. Rivanol® [94]
  - Auftragen enzymhaltiger Salbe [93] (z. B. PanaVeyxal®) oder antiseptischer Salbe (z. B. Bepanthen® Antiseptische Wundcreme [92])
- bei geschlossener Haut: Wund- und Heilsalbe (z. B. Bepanthen® [91])
- systemische Antibiotika-Applikation bis zur Abheilung, z. B.
  - Enrofloxacin [4] (Baytril®), 1× tgl. 10 mg/kg s.c., p.o.
  - Marbofloxacin [6] (Marbocyl®), 1× tgl. 4 mg/kg s.c., p.o.
- Analgetika, z. B.
  - Meloxicam [102] (Metacam®), 1–2× tgl. 0,2 mg/kg s.c., p.o.
  - Carprofen [101] (Rimadyl®), 1× tgl. 5 mg/kg s.c., p.o.

15 Fell- und/oder Hautveränderungen

Das Leitsymptom kann mit verschiedenen Veränderungen einhergehen:
- Fell:
  - Fellverlust (lokal, diffus)
  - Haarbruch
  - Verfilzungen
  - Verfärbungen
- Haut:
  - Rötung
  - Schuppenbildung
  - Krustenbildung
  - Verletzungen
  - Schwellungen
  - Juckreiz

15.1 Tierartliche Besonderheiten

Sowohl die Haut als auch das Haarkleid der Meerschweinchenverwandten weisen einige Besonderheiten auf.

Die Haut des **Meerschweinchens** ist extrem derb und sehr straff. Als spezielle Hautanhangsorgane sind das Kaudalorgan (Glandula caudalis) und die Perinealdrüsen (Glandulae perineales) ausgebildet. Das Kaudalorgan ist ein Drüsenfeld, das im Kreuzbeinbereich lokalisiert ist. Es produziert ein fettiges Talgdrüsensekret, das zu einer Verklebung der Haare in dieser Region führt (▶ **Abb. 15.1 a+b**). Das Kaudalorgan ist bei unkastrierten Böcken besonders deutlich ausgebildet. Es wird als akzessorische Geschlechtsdrüse gedeutet.

> ❗ **Fettig verklebtes Fell im Bereich des Kaudalorgans darf nicht als pathologische Hautveränderung bewertet werden.**

Die Perinealdrüsen befinden sich zwischen Anus und Geschlechtsöffnung und münden mit ihren Ausführungsgängen in die unpaare Perinealtasche. In ihr sammelt sich das fetthaltige, weißliche Drüsensekret, das einen intensiven Geruch aufweist (▶ **Abb. 9.1**). Drüsen und Perinealtaschen sind bei unkastrierten Böcken am stärksten ausgeprägt.

Das Haarkleid des Meerschweinchens folgt keinem saisonalen Wechsel, wie es z. B. beim Kaninchen der Fall ist. Es weist euch keinen synchronisierten Wechsel, wie bei Ratte und Maus auf, sondern unterliegt einem sogenannten Haarzyklus. Einer Haarwachstumsphase, die beendet ist, wenn die für das Tier typische Haarlänge erreicht ist, schließt sich eine Ruhephase an. Diese dauert für jedes Haar eine definierte Zeit. Durch nachwachsende Haare werden die Ruhehaare schließlich in ihren Follikeln gelockert und fallen aus. So ist bei den Tieren ein ständiger diffuser Haarausfall und -ersatz zu beobachten.

> ❗ **Haarlose Stellen befinden sich bei Meerschweinchen hinter den Ohren und in engem Umkreis um die Zitzen. Diese dürfen nicht als pathologische Alopezie fehlgedeutet werden.**

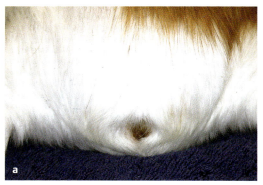 

▶ **Abb. 15.1 a** Kaudalorgan eines weiblichen Meerschweinchens. **b** Kaudalorgan eines unkastrierten Meerschweinchenbocks.

▶ **Abb. 15.2** Geschorenes Fell bei einem Chinchilla: Die büschelweise Anordnung der Haare ist deutlich zu erkennen.

▶ **Abb. 15.3** Schwanz eines Degus.

Chinchillas haben eine sehr feine, dünne und empfindliche Haut. Aus jedem Haarfollikel wachsen bis zu 60 Härchen, die senkrecht vom Körper abstehen (▶ **Abb. 15.2**). 75 % des Haarkleids besteht aus feinen, seidigen Flaumhaaren. Die übrigen Haare sind als gestreckte Grannenhaare ausgebildet. Entgegen vieler Berichte gruppieren sich um die Haarfollikel auch Talgdrüsen. Dennoch ist das feine Fell nicht wasserabweisend und sehr empfindlich. Zur Pflege benötigen die Tiere ein feines Badesubstrat, um das Haarkleid regelmäßig entfetten zu können (▶ **S. 272**). Auch bei Chinchillas gibt es keinen saisonalen Fellwechsel. Über den genauen Ablauf besteht noch Uneinigkeit, die Verhältnisse scheinen jedoch denen beim Meerschweinchen zu ähneln.

Chinchillas können in Stresssituationen Fellbüschel abwerfen. Das Nachwachsen dieser Haare kann im Extremfall mehrere Monate dauern. Dieser Mechanismus wird so gedeutet, dass er den Fluchttieren dazu dient, sowohl bei Rangordnungskämpfen als auch beim Ergreifen durch Raubtiere ohne gravierende Substanzverluste entkommen zu können.

Über Fell und Haut des **Degus** gibt es bisher kaum Untersuchungen. Die Haut ist weniger dick und derb als bei Meerschweinchen, jedoch nicht so empfindlich wie bei Chinchillas. Ein saisonaler Fellwechsel ist auch bei dieser Tierart nicht zu beobachten. Ein Haarzyklus ähnlich dem des Meerschweinchens ist zu vermuten.

Degus haben lange feine Tasthaare, die nicht nur an der Schnauze lokalisiert sind, sondern auch von der Vorderbrust über die Schultern und die Flankengegend bis zum Schwanzansatz ziehen. Besonders empfindlich ist der fein behaarte Schwanz, der in einer quastenartigen, büscheligen Behaarung endet (▶ **Abb. 15.3**). Er besitzt eine „Sollbruchstelle", an der die Haut abreißt, wenn das Tier am Schwanz festgehalten wird. Degus benötigen zur Fellpflege – ebenso wie Chinchillas – ein adäquates Sandbad.

❗ **Degus und Chinchillas, denen keine oder ungeeignete Staubbäder zur Verfügung gestellt werden, haben ein fettiges Haarkleid. Bei Chinchillas kommt es zusätzlich zu Verfilzungen und Haarbruch.**

15.2 Therapiegrundsätze

- Vorsicht ist geboten beim Einsatz von Kortikoiden! Durch ihre immunsuppressive Wirkung kann ein Krankheitsgeschehen erheblich verstärkt werden. Kortikosteroide sollten daher erst nach erfolgter bzw. eingeleiteter Diagnostik verwendet werden. Sie werden nur kurzzeitig bei massivem Juckreiz verabreicht. Gleichzeitig muss eine ätiologische Therapie (Antibiotikum, Antimykotikum, Antiparasitikum) begonnen werden!
- Eine Behandlung führt bei parasitären Erkrankungen nur dann zum Erfolg, wenn alle Partnertiere in die Therapie einbezogen werden. Anderenfalls ist mit ständigen Reinfektionen zu rechnen.
- Einige Parasiten leben nicht ständig auf ihrem Wirtstier. Sie halten sich in dessen Umgebung auf und legen dort ihre Eier ab. Eine Therapie führt nur dann zu dauerhaftem Erfolg, wenn alle Aufenthaltsorte des Tieres mitbehandelt werden.

15 – Fell- und/oder Hautveränderungen

- Eine lokale Behandlung von Hauterkrankungen ist bei Kleinsäugern in der Regel wenig sinnvoll. Einerseits wird das umgebende Fell langfristig verunreinigt, andererseits werden solche Präparate in der Regel schnell abgeleckt. Dies führt dazu, dass bereits entzündete Hautareale durch das Belecken weiter gereizt werden. Außerdem gelangen die Wirkstoffe in den empfindlichen Gastrointestinaltrakt und können dort die physiologische Mikroflora stören. Es dürfen daher nur Präparate eingesetzt werden, die bei oraler Aufnahme keine Nebenwirkungen haben. Alternativ muss das betroffene Tier während des Behandlungszeitraums einen Halskragen tragen (▶ Abb. 15.4). Dies ist jedoch nur äußerst selten notwendig.

P Praxistipp

Herstellung eines Halskragens
Ein Halskragen kann aus Röntgenfolie selbst gebastelt werden. Aus der Folie wird ein offener Ring ausgeschnitten. Dieser wird um den Hals des Tieres angepasst und mit Klebeband zugeklebt. Auch der dem Hals anliegende Rand der Folie sollte überklebt werden, um Hautverletzungen zu vermeiden. Der Kragen muss so lang sein, dass das Tier mit seinen Schneidezähnen den Rand nicht fassen kann.

15.3
Wichtige Ursachen

Fellverluste sind in den meisten Fällen als pathologisch anzusehen. Alopezien im Rahmen eines saisonalen Fellwechsels gibt es bei den Caviomorpha nicht.

Bei Meerschweinchen hat jedoch die Trächtigkeit Einfluss auf den Haarzyklus. Durch steigenden Östrogenspiegel nimmt die Haarproduktion kontinuierlich ab und erreicht zum Geburtstermin ihr Minimum. Nach der Geburt kommt es dann nach Absinken des Östrogenlevels zu einem überstürzten Haarwachstum, sodass die Ruhehaare ausfallen. Ein flächenhafter, symmetrischer Haarausfall an den Flanken, oft auch am Bauch, ist die Folge. Dieses Phänomen wird als **Effluvium post partum** bezeichnet.

Bei **Meerschweinchen** kommen besonders häufig **parasitäre Hauterkrankungen** vor (▶ Tab. 15.1). Besonders oft sind die **Sarcoptesräude** sowie ein Befall mit **Pelzmilben** und **Haarlingen** zu diagnostizieren. **Demodikosen** und **Cheyletiellosen** sind dagegen selten. Chinchillas und Degus fungieren lediglich in Einzelfällen als Fehlwirt für **Milben, Läuse** oder **Flöhe**, die auch beim Meerschweinchen gelegentlich auffindbar sind. Bei Meerschweinchen spielen außerdem hormonelle Störungen, wie bei **Hyper-** oder **Hypothyreose** sowie bei **Ovarialzysten** eine große Rolle. Als weiteres spezifisches Krankheitsbild der Meerschweinchen ist zudem der **Lippengrind** zu nennen.

Chinchillas werden häufig mit **Fellbruch** oder wegen **Fellbeißens** vorgestellt. Diese Symptome können durch verschiedene Faktoren, wie Dermatomykosen, ungeeignete Sandbäder, Stress und Fütterungsfehler, hervorgerufen werden.

Degus haben einen äußerst empfindlichen Schwanz. Infolge fehlerhafter Haltungsbedingungen wird bei den Tieren häufig ein **Abriss der Schwanzhaut** beobachtet.

Bei allen 3 Tierarten können regelmäßig **Dermatomykosen** diagnostiziert werden. **Bakterielle Infektionen** der Haut kommen ebenfalls häufig vor. Sie entstehen meist sekundär nach **Bissverletzungen**, Hypersalivation bei **Zahnerkrankungen** oder **parasitären Infektionen**.

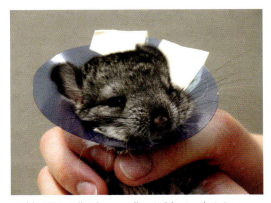

▶ **Abb. 15.4** Selbst hergestellter Halskragen bei einem jungen Chinchilla.

▶ Tab. 15.1 Wichtige Ursachen für Fell- und/oder Hautveränderungen.

Ursache	Bedeutung	siehe Seite	Bemerkungen, siehe auch andere Leitsymptome
Sarcoptesräude	+++	▶ S. 255	MS , Neurolog. Ausfallserscheinungen, ▶ S. 197
Pelzmilbenbefall	+++	▶ S. 257	MS
Haarlingsbefall	+++	▶ S. 261	MS
Hyperthyreose	+++	▶ S. 270	MS , Durchfall, ▶ S. 38, äußerliche UV, ▶ S. 74, Polydipsie, ▶ S. 185, Abmagerung, ▶ S. 273
Dermatomykose	++	▶ S. 263	–
bakterielle Dermatitis	++	▶ S. 265	–
Lippengrind	++	▶ S. 266	MS
Fellbruch/Fellfressen	++	▶ S. 270	CH , D
Ovarialzysten	++	▶ S. 268	MS , Schmerz/UV kaudales Abdomen, ▶ S. 112, Abmagerung, ▶ S. 273
Bissverletzung	+	▶ S. 250	–
Spritzennekrose	+	▶ S. 253	–
Zahn-/Kiefererkrankung	+	▶ S. 254	Durchfall, ▶ S. 38, Abmagerung, ▶ S. 273
Ornithonyssus-bacoti-Befall	+	▶ S. 260	–
Läusebefall	+	▶ S. 262	–
Flohbefall	+	▶ S. 263	–
Entzündung/Neoplasie des Kaudalorgans	+	▶ S. 267	MS
Hypothyreose	+	▶ S. 270	MS , äußerliche UV, ▶ S. 74, Abmagerung, ▶ S. 273
Abriss der Schwanzhaut	+	▶ S. 268	D
Rohfasermangel	(+)	▶ S. 254	–
Demodikose	(+)	▶ S. 259	MS
Cheyletiellose	(+)	▶ S. 259	MS

15.4 Diagnostischer Leitfaden: Fell- und/oder Hautveränderungen (▶ S. 246)

15.4.1 Besonderes Augenmerk bei der Anamnese

Haltungsbedingungen: Kontakt zu artgleichen oder artfremden Tieren kann Aufschluss über mögliche Infektionswege von Ektoparasiten oder Pilzen geben. Auch müssen solche Tiere ggf. in die Behandlung einbezogen werden. Rangordnungskämpfe können zu Bissverletzungen (▶ S. 250) führen. Besonders detailliert müssen die Haltungsbedingungen bei Chinchillas mit Fellbruch oder Fellbeißen (▶ S. 270) hinterfragt werden. Sowohl Stress als auch ungeeignete Sandbäder sind wichtige Faktoren für Haarschäden.

Fütterung: Bezüglich der Rationszusammensetzung muss besonders hinterfragt werden, ob das Tier ausreichend Heu, Stroh oder strukturiertes Frischfutter bekommt. Rohfasermangel (▶ S. 254) kann zu Fellfressen (▶ S. 270) führen.

Futteraufnahmeverhalten: Bei nässenden Veränderungen im Bereich von Maul, Hals und Vorderbrust sollte hinterfragt werden, ob bei dem Tier ein verändertes Kauverhalten oder Selektieren bestimmter Futtermittel beobachtet wurde. Bei Zahnerkrankungen (▶ S. 254) kommt es oft zu verstärktem Speichelfluss.

Symptome/Verhalten: Juckreiz und dadurch ausgelöste Unruhe besteht bei den meisten parasitären Hauterkrankungen (▶ S. 255 ff). Dermatomykosen (▶ S. 263) gehen dagegen seltener mit Pruritus einher. Er fehlt gänzlich bei hormonell induzierter Alopezie durch Über- oder Unterfunktion der Schilddrüse (▶ S. 270) sowie Ovarialzysten (▶ S. 268). Insbesondere bei Chinchillas mit Fellbruch oder Alopezien ist zu hinterfragen, ob die Besitzer ein Fellbeißen (▶ S. 270) beobachtet haben.

Vorbehandlung: Je nach vorangegangener Diagnostik und Therapie können bestimmte Erkrankungen ausgeschlossen werden. Bei manchen Tieren entwickeln sich jedoch erst einige Wochen nach Injektionen Spritzennekrosen (▶ S. 253), die als Bissverletzungen (▶ S. 250) oder infektiöse Hauterkrankungen (▶ S. 255 ff) fehlgedeutet werden können.

15.4.2 Besonderes Augenmerk bei der klinischen Untersuchung

Bei einer detaillierten Untersuchung der Haut und des Haarkleids ist die gesamte Körperoberfläche zu betrachten. Dabei ist auf Fellverluste, Haarbruch und Verfilzungen sowie auf Rötungen, Schuppen, Krusten und Schwellungen zu achten.

Wo sind die Fellverluste lokalisiert?

Bei parasitären Erkrankungen (▶ S. 255 ff), die mit Juckreiz einhergehen, kratzen sich die Tiere zunächst mit den Hinterbeinen, sodass kahle Stellen primär in der vorderen Körperregion zu finden sind. Im weiteren Verlauf und bei zunehmendem Pruritus benagen sich die Patienten an den erreichbaren hinteren Körperpartien, sodass auch dort Fellverluste auftreten. Bei Dermatomykosen (▶ S. 263) kommt es bei klassischer Verlaufsform oft zu Alopezien um Nase und Augen. Bei Degus und Chinchillas sind sehr häufig die Pfoten allein oder zusätzlich von Fellverlust betroffen. Ein Pilzbefall kann allerdings auch diffuse Alopezien am gesamten Körper hervorrufen. Durch hormonell aktive Ovarialzysten (▶ S. 268) hervorgerufener Haarausfall ist zunächst im Flankenbereich lokalisiert, breitet sich später aber auch auf den Bauch, die Hinterbeine und letztlich den gesamten Stamm aus. Die Kopfbehaarung bleibt in der Regel erhalten. Dysfunktionen der Schilddrüse (▶ S. 270) beim Meerschweinchen führen meist zunächst zu einer Ausdünnung des Felles im Inguinalbereich und an der Innenseite der Oberschenkel. Wird die Erkrankung nicht behandelt, so kann das gesamte Fell schütter werden. Einzeln gehaltene Tiere mit Rohfasermangel (▶ S. 254) fressen das erreichbare Fell des Stammes und der Gliedmaßen, sodass die Haare des Kopfes völlig unversehrt sind. Bei Gruppenhaltung benagen sich die Tiere gegenseitig. In solchen Fällen ist auch die Kopfbehaarung nicht mehr intakt.

Ist die Haut der kahlen Stellen verändert?

Ist die Alopezie durch Fellfressen bei Rohfasermangel (▶ S. 254) oder durch hormonelle Störungen, wie bei aktiven Ovarialzysten (▶ S. 268) induziert, so ist die Haut selbst unverändert. Auch bei Schilddrüsenfunktionsstörungen (▶ S. 270) finden sich zunächst keine Veränderungen. Bei fortgeschrittener Hyperthyreose (▶ S. 270) wird die Haut jedoch oft trocken. Hypothyreosen (▶ S. 270) führen zur Entstehung von Myxödemen, die sich vom Bug bis in den Inguinalbereich und die Gliedmaßen erstrecken. Gelegentlich können in diesen Regionen auch krustöse, nicht juckende Hautveränderungen beobachtet werden. Besteht Juckreiz, so finden sich schorfige Kratzwunden. Diese sind besonders bei Sarcoptesräude (▶ S. 255) und einem Befall mit *Ornithonyssus bacoti* (▶ S. 260) zu finden. Dermatomykosen (▶ S. 263) führen oft zu Rötungen und Austrocknung der Haut. Bei Meerschweinchen geht eine Dermatomykose auch sehr häufig mit der Bildung dicker Schuppen im Rücken- und Kruppenbereich einher. Bei der Cheyletiellose (▶ S. 259) sind dicke, weiße, kleieartige Schuppenbeläge zu finden. Hypersalivation bei Zahnerkrankungen (▶ S. 254) führt schnell zu Rötungen der feuchten Hautareale. Die Haut weicht auf und kann sich sekundär infizieren. Bakterielle Dermatitiden (▶ S. 265) gehen mit krustigen oder feuchtschmierigen Veränderungen einher. Dicke Krusten sind auch bei Spritzennekrosen (▶ S. 253) zu finden. Diese sind allerdings stets trocken und beeinträchtigen den Patienten nicht.

Besteht Juckreiz?

Bei einem Befall mit Läusen (▶ S. 262), Flöhen (▶ S. 263) und der Milbe *Ornithonyssus bacoti* (▶ S. 260) ist stets Juckreiz vorhanden. Gleiches gilt für die Sarcoptesräude (▶ S. 255) des Meerschweinchens. Die Cheyletiellose (▶ S. 259) und die Demodikose (▶ S. 259) sind, ebenso wie eine Dermatomykose (▶ S. 263), nicht immer von Pruritus begleitet. Infektionen mit Haarlingen (▶ S. 261) oder Pelzmilben (▶ S. 257) lösen nur bei hoher Befallsrate Juckreiz aus. Bei hormonell induziertem Fellverlust durch Ovarialzysten (▶ S. 268) oder Schilddrüsenerkrankungen (▶ S. 270) fehlt Juckreiz immer.

Sind makroskopisch Parasiten im Fell zu finden?

Flöhe (▶ S. 263), Läuse (▶ S. 262), Haarlinge (▶ S. 261) und auch Pelzmilben (▶ S. 257) sind oft bereits mit bloßem Auge oder der Lupe im Fell zu finden. Nach solchen Parasiten muss gesucht werden, wenn das Tier unter Pruritus leidet. Flohkot und Läusenissen sind dabei zudem leicht mithilfe eines Flohkamms aufzufinden. Haarlinge (▶ S. 261) finden sich klassischerweise im Bereich der vorderen Körperhälfte, Pelzmilben (▶ S. 257) sind an der hinteren Rückenpartie und den Oberschenkeln lokalisiert. Es ist allerdings zu bedenken, dass sich beide Parasitenarten bei starkem Befall auch auf andere Körperregionen ausdehnen.

Gibt es Hinweise auf eine hormonell bedingte Alopezie?

Bei Meerschweinchen werden Haarverluste durch hormonell aktive Ovarialzysten (▶ S. 268) hervorgerufen. Daher sollte das Abdomen palpiert werden, um zystische Veränderungen der Eierstöcke diagnostizieren zu können.

> ❗ Es ist zu beachten, dass die Zystengröße nicht mit der hormonellen Aktivität korreliert. Bei hormonell induzierter Alopezie sind die Ovarialzysten häufig nur relativ klein.

Besteht aufgrund der Lokalisation des Haarausfalls der Verdacht auf eine Schilddrüsenerkrankung (▶ S. 270), so muss das Tier auf weitere Anzeichen untersucht werden. Es wird überprüft, ob Umfangsvermehrungen im Schilddrüsenbereich zu palpieren sind. Eine gründliche Auskultation des Herzens dient der Diagnose von Herzgeräuschen, die bei Schilddrüsenpatienten fast immer zu finden sind.

Diagnostischer Leitfaden: Fell- und/oder Hautveränderungen

Anamnese

Klinische Untersuchung

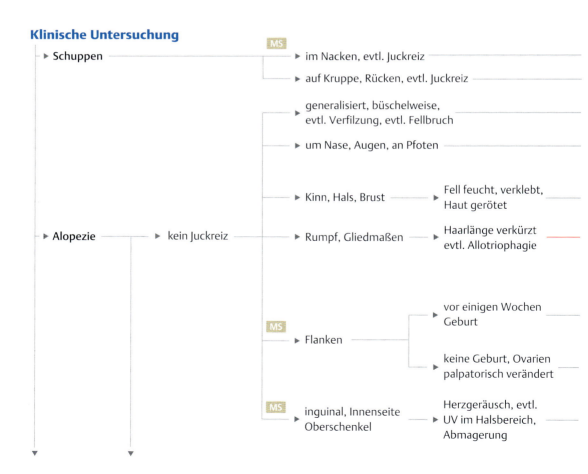

15.4 Diagnostischer Leitfaden: Fell- und/oder Hautveränderungen

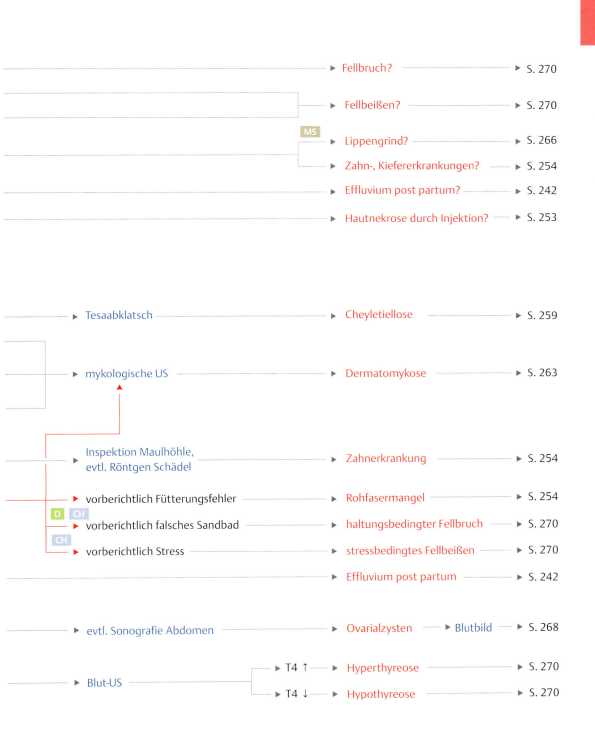

15 – Fell- und/oder Hautveränderungen

Fortsetzung: **Fell- und/oder Hautveränderungen**

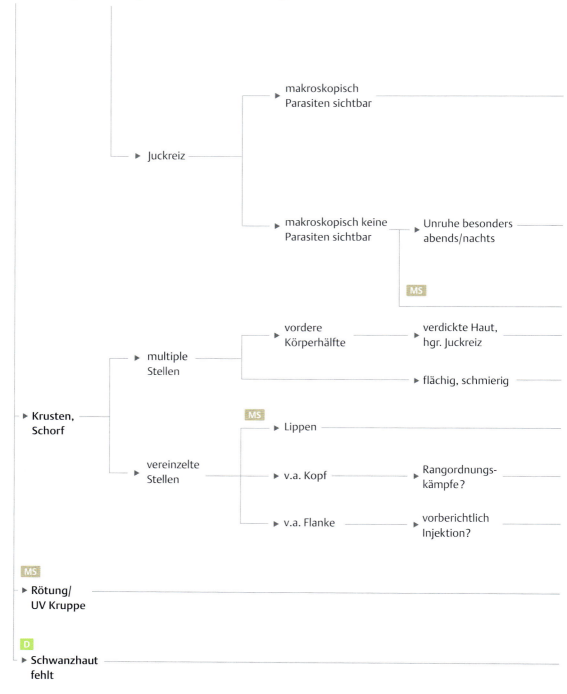

15.4 Diagnostischer Leitfaden: Fell- und/oder Hautveränderungen

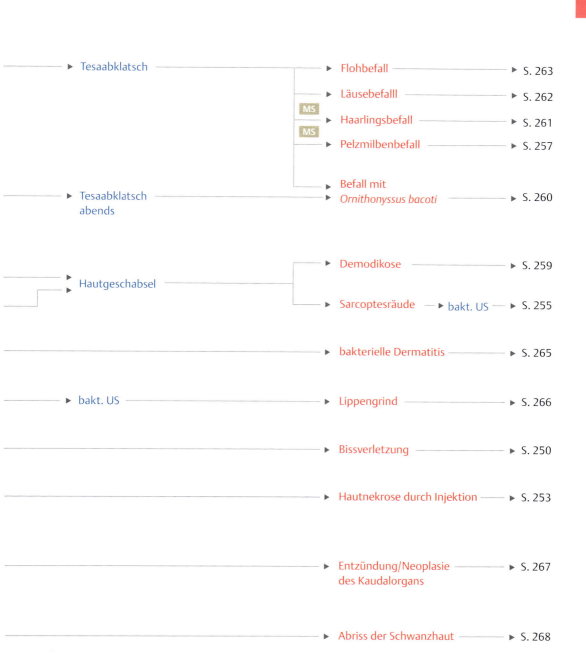

15.4.3 Diagnosesicherung durch weiterführende Untersuchungen

Mykologische, bakteriologische bzw. parasitologische Untersuchungen müssen eingeleitet werden, wenn sich anhand des klinischen Bildes keine eindeutige Diagnose stellen lässt (▶ S. 345 ff).

Mykologische Untersuchungen sollten v. a. bei umschriebenem Haarausfall um Nase und Augen oder an den Pfoten eingeleitet werden. Sie sind auch bei diffusem Fellverlust mit Haarbruch oder Verfilzungen bzw. Verfärbungen des Felles ratsam. Gleiches gilt, wenn sich bei Meerschweinchen große, weiße Schuppen im Kruppenbereich finden. **Parasitologische Untersuchungen** werden bei allen Fellverlusten mit Juckreiz eingeleitet. Mithilfe von Tesafilm-Abklatschpräparaten können *Läuse* (▶ S. 262), *Pelzmilben* (▶ S. 257), *Haarlinge* (▶ S. 261) und *Cheyletiellen* (▶ S. 259) nachgewiesen werden. Auch *Ornithonyssus bacoti* (▶ S. 260) parasitiert auf der Hautoberfläche, befindet sich aber in der Regel nur abends und nachts auf dem Wirtstier. Geht aus der Anamnese hervor, dass das Tier besonders zu diesen Zeiten Juckreiz aufweist, so sollte der Besitzer zu Hause ein Abklatschpräparat anfertigen und auch die Umgebung (z. B. Innenseiten von Schlafhäusern) miteinbeziehen. Eine Diagnose von *Demodexmilben* (▶ S. 259) und *Trixacarus caviae* (▶ S. 255) ist nur durch die Entnahme von Hautgeschabseln möglich.

Bestehen großflächige krustöse oder schmierige Hautveränderungen, so ist eine **mikrobiologische Untersuchung** einzuleiten.

Blutuntersuchungen müssen z. B. bei Verdacht auf eine *Schilddrüsenerkrankung* (▶ S. 270) durchgeführt werden, um den T4-Wert zu bestimmen. Die Erstellung eines Blutbilds ist bei *östrogeninduzierter Alopezie* (▶ S. 268) sinnvoll, wenn das Tier kastriert werden soll. So können hormonell bedingte Panzytopenien diagnostiziert werden.

15.5 Erkrankungen

Bissverletzungen

▶ Meist durch Artgenossen, seltener durch artfremde Tiere beigefügte Verletzungen.

Ätiologie & Pathogenese

Bissverletzungen entstehen meist im Rahmen von Rangordnungskämpfen innerhalb einer artgleichen Tiergruppe. Oft werden aber auch Meerschweinchen von Kaninchen gebissen. Zwischen beiden Tierarten kommt es häufig zu erheblichen Missverständnissen, die auf ihre unterschiedliche Körpersprache und abweichende Lautäußerungen zurückzuführen sind. Auch Bissverletzungen durch Fleischfresser (Hund, Katze, Fuchs, Marder) sind möglich. Dabei sind allerdings oberflächliche Hautverletzungen eher die Ausnahme. Meist haben solche Unfälle deutlich gravierendere Folgen.

Klinik

Durch Rangordnungskämpfe entstehen oft haarlose Stellen oder offene Verletzungen im Kopfbereich (▶ **Abb. 15.5**) sowie im Anogenitalbereich (▶ **Abb. 15.6**). Meerschweinchen, die mit Kaninchen zusammen gehalten werden, weisen häufig krustöse Veränderungen im Nacken und am Rücken auf. Diese entstehen dadurch, dass Kaninchen sich beim Besteigen, das auf sexuelle Über-

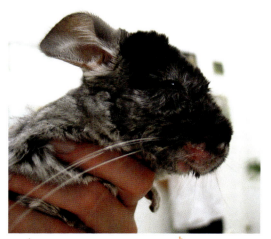

▶ **Abb. 15.5** Bissverletzung im Maulbereich.

sprungshandlungen oder auf Dominanzverhalten zurückzuführen ist, festbeißen.

Durch bakterielle Sekundärinfektion können sich schmierige bis nässende oder abszedierende Läsionen entwickeln. Diese gehen mitunter auch mit verstärktem Juckreiz einher. Bei Rangordnungskämpfen von Meerschweinchenböcken kommt es gelegentlich zu Bissverletzungen am Skrotum mit den Folgen einer Orchitis (▶ S. 144).

Diagnose

Die Diagnose ergibt sich vor allem aus der Anamnese der Haltungsbedingungen. Differenzialdiagnostisch ist, besonders bei Meerschweinchen, eine parasitäre Erkrankung mit Juckreiz auszuschließen. Bestehen schmierige Hautveränderungen, so sollte eine bakteriologische Untersuchung eingeleitet werden, um gezielt antibiotisch behandeln zu können.

Therapie & Prognose

Oberflächliche, kleine Bissverletzungen heilen meist ohne Behandlung ab. Größere oder tiefere Läsionen sollten antibiotisch behandelt werden, um spätere Komplikationen auszuschließen. Dabei ist einer systemischen Therapie unbedingt der Vorzug zu geben, da Salben von den Tieren als störend empfunden und abgeleckt werden. Sie verschmieren zudem das Fell, das insbesondere bei Chinchillas später schwer zu reinigen ist. Eine lokale Behandlung mit milden Antiseptika (z. B. Rivanol® 94) ist jedoch möglich. Auch gelförmige Präparate, die die Reepithelisierung fördern, können bei flächigen Verletzungen angewendet werden (z. B. Actihaemyl® Gel 61), da sie nach dem Auftragen rasch trocknen und nicht fetten.

Wichtig ist besonders die Vermeidung weiterer Bissverletzungen. Rivalisierende Tiere müssen getrennt und ggf. mit neuen Partnern vergesellschaftet werden. Eine Kastration der Tiere bringt meist keine Abhilfe, wenn bereits mit Verletzungen einhergehende Rangordnungskämpfe entstanden sind.

Bis zum Abheilen bzw. Abtrocknen der Verletzungen sollten die Sandbäder aus Käfigen von Chinchillas und Degus entfernt werden.

Prophylaxe

Natürlich kann nicht jeder Rangordnungskampf verhindert werden. Viele Probleme entstehen jedoch durch unsachgemäße Haltung und Vergesellschaftung der Tiere und sind daher vermeidbar.

Eine gemeinsame Haltung von Kaninchen und Meerschweinchen kann generell nicht befürwortet werden. Die Tierarten sind so verschieden, dass Missverständnisse vorprogrammiert sind. Zudem kann ein artfremdes Tier niemals einen artgleichen Partner ersetzen.

Bei der Vergesellschaftung von **Meerschweinchen** sollten die Familienstrukturen wild lebender Tiere bedacht werden: Ein Bock lebt mit mehreren Weibchen sowie deren Jungtieren zusammen. Innerhalb der Gruppe besteht eine Rangordnung. Junge Männchen werden mit Erreichen der Geschlechtsreife vertrieben. Auch in der Heimtierhaltung ist daher eine Gruppe mit einem Böckchen und mehreren weiblichen Meerschweinchen optimal. Dies bedeutet aber nicht, dass die gemeinsame Haltung männlicher Tiere im Heimtierbereich nicht möglich ist. Sie ist sogar meist problemlos, solange kein direkter oder geruchlicher Kontakt zu weiblichen Meerschweinchen besteht. Eine rein weibliche Gruppe kann gelegentlich zu wiederkehrenden Unruhen in der Rangordnungsstruktur führen, aber auch abhängig vom Einzeltiercharakter sehr harmonisch sein. Eine Haltung von mehreren weiblichen und mehreren männlichen Tieren ist nur dann möglich, wenn die Böckchen frühkastriert worden sind.

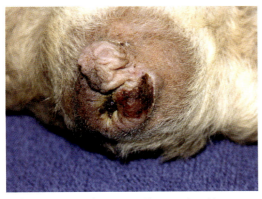

▶ **Abb. 15.6** Bissverletzung am Skrotum eines Meerschweinchens.

Vergesellschaftung von Meerschweinchen

- Gemischtgeschlechtliche Gruppen mit unkastrierten Böcken sind zu vermeiden. Entsprechend darf in eine „Männergruppe" kein Weibchen gesetzt werden. Es kommt dann sofort zu Rangordnungskämpfen zwischen den Böcken, auch wenn diese zuvor lange friedlich zusammengelebt haben.
- Bei der Vergesellschaftung von adulten Tieren bestehen 2 Möglichkeiten:
  - In der 1. Variante werden die Tiere in einem für beide Parteien fremden Terrain, auf das noch keiner Revieransprüche hat, zusammengesetzt. Beim Erkunden des neuen Bereichs wird dann auch der neue Partner kennengelernt und meist rasch akzeptiert. Verläuft die Zusammenführung friedlich, können die Tiere nach einigen Stunden in ihr vollständig gereinigtes dauerhaftes Gehege umziehen.
  - Die 2. Möglichkeit besteht darin, dass sich die Meerschweinchen zunächst durch das Gitter benachbarter Käfige annähern und sich dann beim gemeinsamen Freilauf kennenlernen.
- Jungtiere können meist problemlos in eine bestehende Gruppe integriert werden, da sie automatisch den rangniedrigsten Platz einnehmen. Auch eine sofortige Vergesellschaftung mehrerer Jungtiere miteinander ist unkompliziert.

Auch **Chinchillas** leben in freier Wildbahn im Familienverband, bestehend aus einem Männchen und mehreren Weibchen. Männliche Tiere werden vertrieben, sobald sie geschlechtsreif sind. Chinchillas agieren bei Rangordnungskämpfen ausgesprochen brutal, sodass gravierende Bissverletzungen, auch mit Todesfolge, keine Seltenheit sind. Bei der Vergesellschaftung und Haltung von Chinchillas gibt es keine allgemeingültigen Regeln; jedes Tier ist ein Individuum und reagiert anders. Dennoch kann das Risiko von Bissverletzungen bei Beachtung gewisser Richtlinien minimiert werden. Besonders wichtig ist, dass Chinchillas innerhalb ihres Käfigs ausreichend Rückzugsmöglichkeiten haben, um Streitigkeiten aus dem Weg gehen zu können.

Vergesellschaftung von Chinchillas

- Vergesellschaftungsversuche sollten stets am Tage vorgenommen werden, da die Tiere dann deutlich weniger aktiv sind! Es muss außerdem stets ein 2. Käfig zur Verfügung stehen, in den ein neu eintreffendes Tier notfalls umquartiert werden kann, falls die Tiere sich nicht auf Anhieb aneinander gewöhnen lassen.
- Jungtiere vor Erreichen der Geschlechtsreife können meist problemlos vergesellschaftet werden. Besonders bewährt hat sich die Zusammenführung im Alter von etwa 12 Wochen.
- Soll ein geschlechtsreifes Chinchilla mit einem zweiten vergesellschaftet werden, so empfiehlt sich folgendes Vorgehen: Das erste Tier wird in eine kleine, niedrige Transportbox gesetzt, in der es sich nicht vollständig aufrichten kann. Der neue Partner kommt in die Kiste dazu. Die kleine Box soll verhindern, dass die Chinchillas eine aufrechte „Kampfhaltung" annehmen können. So können Beißerein oftmals vermieden werden. Der Transportkäfig sollte in einen Raum gestellt werden, den das „alte" Tier nicht kennt, damit jegliches Revierverhalten unterbunden wird. Auch eine kurze Autofahrt kann dabei hilfreich sein, die Tiere von Auseinandersetzungen abzuhalten. In der Zwischenzeit wird die Voliere gründlich gereinigt. Inventar sollte möglichst ausgetauscht werden, damit wenig gewohnte Gerüche übrig bleiben. Auch eine komplette Umstrukturierung des Käfigs ist sinnvoll. Frühestens nach 2–3 Stunden werden beide Chinchillas dann in den „neuen" Käfig gesetzt. Außer einigen Rangeleien (gegenseitiges Aufreiten, Jagen, Besprizten mit Urin) zur Festlegung der Rangordnung kommt es meist nicht zu gefährlichen Zwischenfällen. Die Tiere müssen jedoch zunächst aufmerksam beobachtet und bei Beißereien sofort wieder getrennt werden. Im Zweifelsfall, z. B. bei bekannt dominanten Tieren, sollte eine Unterbringung über einige Tage in einem kleineren Käfig erfolgen, bevor die Chinchillas in die endgültige Voliere umgesetzt werden.
- Grundsätzlich gilt, sofern die Chinchillas bereits geschlechtsreif sind, dass die Vergesellschaftung mit einem getrenntgeschlechtlichen Partner oft einfacher gelingt als mit einem gleichgeschlechtlichen.

▼

- Gleichgeschlechtliche Paare oder Gruppen können, besonders wenn sie miteinander aufwachsen, aber ebenfalls meist gut zusammen gehalten werden. Es sollte jedoch kein Kontakt zu andersgeschlechtlichen Tieren bestehen, da sonst schnell Rangordnungskämpfe entstehen.

Degus leben in ihrer natürlichen Umgebung in Familiengruppen mit mehreren männlichen und mehreren weiblichen Tieren zusammen. Mehrere Familien bilden eine lockere Kolonie. Allerdings beansprucht jede Kleingruppe, bestehend aus 10–15 Tieren, ihr eigenes Revier. Für beide Geschlechter besteht eine getrennte Rangordnung, die durch heranwachsende und geschlechtsreif werdende Jungtiere auch wieder verändert werden kann. Die Tiere sind daher von Natur aus deutlich flexibler als Meerschweinchen und Chinchillas. Gemischtgeschlechtliche Gruppen sind in der Regel problemlos zu halten und auch neue Tiere können meist recht einfach integriert werden.

Vergesellschaftung von Degus
- Die Vergesellschaftung von Jungtieren untereinander verläuft problemlos, ohne dass Besonderheiten beachtet werden müssen.
- In eine bereits bestehende Gruppe werden am besten Jungtiere integriert, die sich meist mühelos einfügen und schnell akzeptiert werden. Das neue Tier sollte aber zunächst in einem kleinen Käfig in die Voliere gestellt werden, damit eine erste geschützte Kontaktaufnahme möglich ist. Eine erste Zusammenkunft in einer fremden Umgebung ist ebenfalls möglich.
- Bleibt ein einzelner Degu nach Partnerverlust zurück, so sollte der Käfig gründlich gereinigt und umstrukturiert werden. Der neu eingetroffene Degu wird dann als erster in den neu eingerichteten Käfig gesetzt und kann das Revier kurze Zeit allein erkunden. Das alteingessene Tier kommt dazu und akzeptiert meist den neuen Partner, den es im „neuen" Gehege vorfindet.

Hautnekrosen durch Injektion
▶ Durch reizende Medikamente ausgelöste Nekrosen der Haut.

Ätiologie & Pathogenese
Durch reizende Medikamente können besonders bei Chinchillas nekrotische Hautveränderungen ausgelöst werden, die oft erst Wochen nach der Applikation auffallen. Die Nekrosen sind meist an den klassischen Injektionsstellen, der seitlichen Brust- und Bauchwand, lokalisiert.

Klinik
Es kommt an der Injektionsstelle zunächst zu einer lokalen Verdickung der Haut. Sie wird zunehmend hart und nekrotisch, demarkiert und es entsteht eine flächige Kruste, die sich an den Rändern langsam abzulösen beginnt (▶ Abb. 15.7). Zentral auf dieser Kruste stehen meist noch Haarbüschel. Darunter kommt rosige „neue" Haut zum Vorschein. Die Tiere sind durch die Veränderung in der Regel nicht beeinträchtigt; Juckreiz besteht nicht.

Diagnose
Die Diagnose ergibt sich aus dem typischen klinischen Bild und der Anamnese, aus der hervorgeht, dass das Tier Injektionen erhalten hat. Dabei ist zu bedenken, dass diese auch bereits mehrere Wochen zurückliegen können.

▶ Abb. 15.7 Spritzennekrose bei einem Meerschweinchen.

Therapie & Prognose

Eine Behandlung ist nicht erforderlich. Die Nekrosen lösen sich nach und nach ab, wenn sich unter ihnen neue Haut bildet. Die Wundheilung kann gefördert werden, indem Wund- und Heilsalben (z. B. Bepanthen® 91) auf die Wundränder aufgetragen werden. Die Salbe sollte allerdings nur äußerst dünn aufgetragen werden, damit es nicht zu fettigen Verklebungen des Felles kommt. Alternativ kann dexpanthenolhaltiges Augengel 58 aufgetragen werden (z. B. Corneregel®). Aus dem Käfig von Chinchillas und Degus sollte bis zum vollständigen Einziehen der Salbe der Badesand entfernt werden, um Verklebungen zu verhindern.

▶ **Abb. 15.8** Hypersalivation und verklebtes Fell bei Zahnerkrankung.

Zahn-/Kiefererkrankungen

▶ Durch Hypersalivation bei Zahnerkrankungen ausgelöste Entzündungen der Haut.

Ätiologie & Pathogenese

Im Rahmen von Zahnerkrankungen kommt es häufig zu vermehrtem Speichelfluss, sodass Verklebungen und feuchte Dermatitiden entstehen.

Klinik

Feuchtes Fell und dadurch gerötete Haut findet sich im Maulbereich (▶ **Abb. 15.8**) sowie an Hals, Vorderbrust und den Vorderpfoten. Manche Tiere beginnen außerdem, sich als Übersprungshandlung das verklebte Fell auszureißen, sodass flächige Alopezien resultieren. Diese können sowohl an der Brust als auch im Bauch-, Rücken- oder Flankenbereich lokalisiert sein.

Diagnose

Werden die genannten klinischen Symptome beobachtet, so muss sowohl eine Palpation der Kieferknochen als auch eine gründliche Inspektion der Maulhöhle erfolgen. Werden Knochenauftreibungen oder Eiteransammlungen im Maul entdeckt, so sind weiterhin Röntgenaufnahmen des Schädels anzufertigen.

Therapie & Prognose

Es muss eine Korrektur der Zähne erfolgen (▶ **S. 282**), damit der vermehrte Speichelfluss unterbunden wird. Eine Behandlung der Haut ist meist nicht erforderlich. Sie regeneriert sich schnell, wenn es zur Abtrocknung des Felles kommt bzw. das Tier sich keine Haare mehr ausreißt. Besteht das Problem bereits länger, so kann die Haut allerdings massiv entzündlich verändert sein. Sekundärinfektionen mit Staphylokokken spielen dabei meist eine Rolle. In solchen Fällen sollte der Patient eine systemische Antibiotikabehandlung bis zur Abheilung erhalten. Zusätzlich kann bei Bedarf chlorhexidinhaltiges Gel 90 dünn aufgetragen werden (z. B. Clorexyderm® Spot Gel).

Rohfasermangel

▶ Durch Fütterungsfehler hervorgerufenes Fellfressen.

Ätiologie & Pathogenese

Ein Rohfasermangel ist nur relativ selten und unter schlechten Haltungsbedingungen vorzufinden. Er kommt gelegentlich auch bei Patienten vor, deren Besitzer über die Bedürfnisse ihrer Haustiere völlig uninformiert sind. Hauptursache für einen Rohfasermangel ist das Fehlen von Heu.

Klinik

Die Tiere versuchen den Rohfasermangel dadurch auszugleichen, dass sie ihr eigenes Fell fressen. Bei Einzelhaltung ist dann nur noch das Haarkleid des Kopfes intakt. Bei Chinchillas entsteht dadurch das klassische Bild der „Löwenmähne". Sind weitere Artgenossen vorhanden, so benagen sich die Tiere auch gegenseitig, sodass auch das Fell im Kopfbereich fehlt (▶ **Abb. 15.9**). Außer den Hautveränderungen bestehen in der Regel auch Verdauungs-

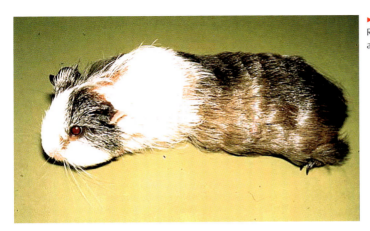

▶ **Abb. 15.9** Meerschweinchen mit Rohfasermangel: Das gesamte Fell ist angefressen.

störungen, da die physiologische Darmflora beim Fehlen strukturierter Rohfaser instabil wird. Eine Obstipation aufgrund von Fellansammlungen ist dabei ebenfalls in Einzelfällen möglich.

Diagnose
Die Diagnose ergibt sich aus der Fütterungsanamnese und dem klinischen Bild. Bei Verdauungsstörungen müssen Kotuntersuchungen durchgeführt werden.

Therapie & Prophylaxe
Die Fütterung der Tiere muss schnellstens umgestellt werden. Für **Chinchillas** ist dabei ein Rohfaseranteil von mindestens 18%, für **Meerschweinchen** und **Degus** von mindestens 16% anzustreben. Dies wird besonders durch qualitativ hochwertiges Heu erreicht. Auch strukturiertes Frischfutter (z.B. Kräuter, Löwenzahn, Möhrengrün) kann zur Erhöhung des Rohfaseranteils beitragen.

Liegen Verdauungsstörungen vor, so sollten die Tiere zudem Probiotika (z.B. BeneBac® 38) oder Präparate mit pro- und präbiotischen Inhaltsstoffen (z.B. Fibreplex® 37, ProPreBac® 37) erhalten, um die Darmflora zu stabilisieren. Hefedurchfälle, die oft sekundär zu beobachten sind, werden mit Nystatin 29 behandelt (▶ S. 53).

Sarcoptesräude MS Z

▶ Häufige Ektoparasitose des **Meerschweinchens**, die mit starkem Juckreiz einhergeht.

Ätiologie & Pathogenese
Die Sarcoptesräude des Meerschweinchens wird durch *Trixacarus caviae* hervorgerufen. Die Grabmilben leben auf der Hautoberfläche und in den oberen Hautschichten, wo sie sich überwiegend von Gewebeflüssigkeiten ernähren. Sie legen Bohrgänge an, in denen die Eier abgelegt werden. Ohne Wirtstier sind die Parasiten nur wenige Tage überlebensfähig.

Sowohl durch mechanische Irritationen als auch durch eine Hypersensitivität gegenüber dem Milbenspeichel entstehen hochgradiger Juckreiz und Unruhe.

Eine Infektion erfolgt durch direkten Kontakt. Nicht alle Tiere erkranken klinisch. Symptome werden besonders bei supprimiertem Immunsystem ausgelöst.

Klinik
Ein Befall mit Räudemilben kann symptomlos verlaufen, wenn der Wirt einen stabilen Immunstatus aufweist. Durch Stressfaktoren und damit verbundener Immunsuppression ist jedoch eine explosionsartige Parasitenvermehrung mit dem Ausbruch klinischer Symptome möglich. Die Tiere zeigen hochgradigen Juckreiz und sind unruhig. Durch Kratzen mit den Hinterpfoten entstehen zunächst kleine Wunden im Bereich der vorderen Körperhälfte, die dann verschorfen.

⚠ **Diese Kratzwunden dürfen nicht mit Bissverletzungen verwechselt werden!**

Bei zunehmendem Juckreiz beginnen die Tiere dann, sich die Haut im Flankenbereich aufzubeißen. Es entstehen flächige Wunden, die durch bakterielle Sekundärinfektionen (oft mit Staphylokokken) eine schmierige Oberfläche bekommen. Zudem treten generalisierte Alopezien auf, die Haut wird hyperkeratotisch, trocken, schuppig und faltig (▶ Abb. 15.10 und ▶ Abb. 15.11). Bei weiter fortgeschrittenem Krankheitsverlauf leiden die Tiere, bedingt durch den unerträglichen Juckreiz, unter Anfällen (▶ S. 220). Sie magern ab und sterben an allgemeiner Entkräftung oder Sekundärinfektionen (v. a. Atemwegsinfektionen).

Diagnose
Bereits im Anfangsstadium der Erkrankung weisen Krusten in der vorderen Körperhälfte auf Juckreiz durch Milbenbefall hin. Im fortgeschrittenen Stadium ist das klinische Bild mit seinen Hautveränderungen pathognomonisch für eine Sarcoptesräude. Milben können in oberflächlichen Hautgeschabseln mikroskopisch nachgewiesen werden (▶ Abb. 15.12). Bestehen schmierig-krustige Hautveränderungen, so sollten mikrobiologische Untersuchungen eingeleitet werden, um Sekundärinfektionen gezielt behandeln zu können.

Therapie & Prognose
Eine Behandlung der Räude erfolgt mit Selamectin [24], Imidacloprid + Moxidectin [15] oder Ivermectin [16]. Den Spot-on-Präparaten ist hierbei aufgrund ihrer einfachen Applikation und längeren Wirksamkeit sowie der in der Regel besseren

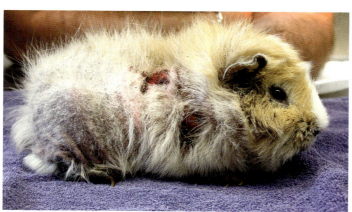

▶ **Abb. 15.10** Sarcoptesräude: Alopezie, schuppige, hyperkeratotische und faltige Haut, flächige Krustenbildung.

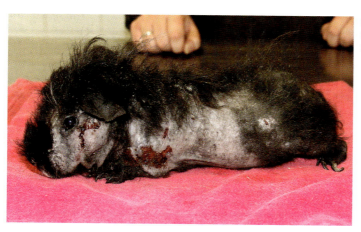

▶ **Abb. 15.11** Sarcoptesräude mit sekundärer Dermatomykose und bakterieller Dermatitis.

▶ **Abb. 15.12** *Trixacarus caviae.*

Resistenzlage und Verträglichkeit der Vorzug zu geben. Auf die früher üblichen Waschbehandlungen sollte verzichtet werden, da sie mit viel Stress für das Meerschweinchen verbunden sind und die verwendeten Wirkstoffe eine deutlich höhere Toxizität (z.B. bei oraler Aufnahme von Resten beim Putzen) als die vorgenannten aufweisen. Liegen sekundäre Hautinfektionen vor, so muss zusätzlich eine systemische Antibiotikabehandlung durchgeführt werden. Bei höchstgradigem Juckreiz können die Tiere – einen gleichzeitigen antiparasitären Behandlungsbeginn vorausgesetzt – für einige Tage mit kurzwirksamen Kortikoiden versorgt werden. Auch eine unterstützende Applikation von Paramunitätsinducern ist sinnvoll, um das Immunsystem zu stabilisieren. Fressen die Meerschweinchen nicht ausreichend, so müssen sie zwangsernährt werden.

Bestehen lediglich Hautveränderungen, so ist die Prognose für den Patienten als gut zu bezeichnen. Ist das Tier bereits fortgeschritten abgemagert und bestehen Sekundärinfektionen, so ist die Prognose auch bei intensiv unterstützender und kausaler Therapie vorsichtig einzuschätzen.

Prophylaxe
Räudemilben werden in den meisten Fällen durch Neuzugänge in einen bestehenden Bestand eingeschleppt. Eine Ansteckung kann nur vermieden werden, indem „neue" Tiere für mehrere Wochen in einem separaten Raum in Quarantäne gehalten werden. Durch den mit der neuen Umgebung verbundenen Stress kommt es oft schnell zu einem Ausbruch klinischer Räudesymptome, sodass dann nur dieses einzelne Tier einer Behandlung unterzogen werden muss. Diese Vorgehensweise empfiehlt sich in jedem Fall für größere Meerschweinchenbestände.

Soll ein aus einer Gruppe zurückgebliebenes Meerschweinchen ein neues Partnertier erhalten, so empfiehlt sich vor der Vergesellschaftung der Tiere zumindest eine gründliche tierärztliche Untersuchung. Dabei ist allerdings zu beachten, dass ein latenter Milbenbefall klinisch nicht zu diagnostizieren ist.

T Therapie der Sarcoptesräude
- Selamectin [24] (Stronghold®), 15–30 mg/kg lokal, 2× im Abstand von 3–4 Wochen oder
- Imidacloprid/Moxidectin [15] (Advocate®), 10/1 mg/kg lokal, 2× im Abstand von 3–4 Wochen oder
- Ivermectin [16] (Ivomec®), 0,3–0,5(–1) mg/kg s.c., 3× im Abstand von 7–10 d
- ggf. Behandlung von Sekundärinfektionen mit Antibiotika (nach Antibiogramm), z.B.
  - Enrofloxacin [4] (Baytril®), 1× tgl. 10 mg/kg s.c., p.o.
  - Chloramphenicol [1] (Chloromycetin Palmitat®), 2× tgl. 50 mg/kg p.o.
- ggf. Paramunitätsinducer [118]
- Reinigung von Käfig und Inventar
- Behandlung aller Partnertiere!

Humanpathogenität
Durch direkten Kontakt mit an Räude erkrankten Meerschweinchen kann eine Pseudoscabies entstehen, die durch juckende, papuläre Hautveränderungen an Armen und Beinen gekennzeichnet ist. Bei Behandlung der Tiere heilen die Symptome des Menschen in der Regel spontan aus.

Pelzmilbenbefall MS
▶ Häufig vorkommende Parasitose des **Meerschweinchens,** die nur bei starkem Befall zu klinischen Erscheinungen führt.

Ätiologie & Pathogenese
Die Pelzmilbe *Chirodiscoides caviae* parasitiert im Fell des Meerschweinchens, wobei sie sich mit ihren speziellen Haftscheiben an den Haaren festhält. Auch die Eier werden an den Haaren befestigt. Die Milben ernähren sich von Schuppen

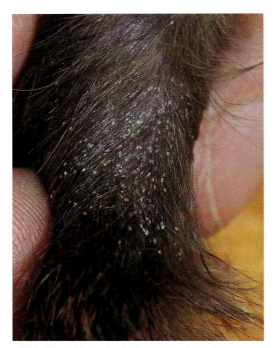

▶ **Abb. 15.13** Meerschweinchen mit hochgradigem Pelzmilbenbefall. Die an den Haaren befestigten Eier sind makroskopisch zu erkennen.

▶ **Abb. 15.14** *Chirodiscoides caviae.*

und Hautausscheidungen ihres Wirtstiers. Nur bei Massenbefall entstehen klinische Symptome.

Die Milben sind bevorzugt im Fell der hinteren Rückenpartie und der Oberschenkel lokalisiert (▶ Abb. 15.13). Bei starkem Befall sind sie jedoch auch im Bereich des vorderen Rückens und des Nackens zu finden.

Klinik
Ein geringgradiger Befall kann lange klinisch unauffällig bleiben und lediglich als Zufallsbefund entdeckt werden. Bei starkem Befall leiden die betroffenen Meerschweinchen unter Juckreiz und Unruhe. Durch Kratzen entstehen Hautrötungen, verschorfende Wunden und partielle Alopezien.

Diagnose
Adulte Milben können bereits makroskopisch oder mit einer Lupe am Tier erkannt werden. Außerdem können Haare oder Tesafilm-Abklatschpräparate mikroskopisch untersucht werden, um die Milben und ihre Eier nachzuweisen (▶ Abb. 15.14).

Therapie & Prognose
Eine Behandlung kann mit verschiedenen Antiparasitika erfolgen. Geeignet sind z. B. Selamectin [24] (Stronghold®), Fipronil [13] (Frontline®), Propoxur [22] (Bolfo®), Imidacloprid + Moxidectin [15] (Advocate®) und Ivermectin [16] (Ivomec®). Dabei sind Puder zunächst vor allem hilfreich, um die Befallsrate mit adulten Parasiten kurzfristig zu senken, während Spot-on-Präparate für die längerfristige Behandlung aller Milbenstadien vorteilhaft sind.

Prognostisch ist ein Pelzmilbenbefall gut zu bewerten, in der Regel heilen auch die sekundären Hautveränderungen rasch und problemlos aus.

Prophylaxe
Pelzmilben werden meist durch neu zugekaufte oder auch in Pflege genommene Meerschweinchen übertragen. Vor einer Vergesellschaftung empfiehlt sich daher eine tierärztliche Untersuchung, um eine Ansteckung zu verhindern.

> **T Therapie des Pelzmilben-Befalls**
> - Propoxur [22] (Bolfo®), 3× im Abstand von 1 Woche
> - Selamectin [24] (Stronghold®), 15 mg/kg als Spot-on, 2× im Abstand von 3 Wochen
> - Imidacloprid/Moxidectin [15] (Advocate®), 10/1 mg/kg als Spot-on, 2 x im Abstand von 3–4 Wochen
> - Ivermectin [16] (Ivomec®), 0,3–0,5(–1) mg/kg s.c., mehrmals im Anstand von 1 Woche
> - Fipronil [13] (Frontline® Spray), 3 ml/kg, 1-malig

Demodikose MS

▶ Äußerst seltene Parasitose bei **Meerschweinchen,** die häufig symptomlos verläuft.

Ätiologie & Pathogenese
Demodikosen kommen in seltenen Fällen bei Meerschweinchen vor. Sie werden durch die Haarbalgmilbe *Demodex caviae* verursacht. Die Milben leben tief in den Haarbälgen und Talgdrüsen, wo auch ihre gesamte Entwicklung verläuft.

Klinik
Ein Demodex-Befall bleibt meist symptomlos. Ein Ausbruch klinischer Symptome wird vermutlich durch Immunsuppression begünstigt. Es kommt zu schütterem Haarwuchs am Stamm und an den Gliedmaßen. Nur in Ausnahmefällen werden flächige Alopezien, Hautrötungen und -verdickungen sowie ausgeprägter Pruritus beobachtet.

Diagnose
Die Milben können in tiefen Hautgeschabseln nachgewiesen werden (▶ **Abb. 15.15**). Die Nachweisrate ist höher, wenn die entsprechende Hautstelle zunächst gequetscht wird, sodass die Milben aus den Haarbälgen weiter an die Oberfläche gelangen. Eine Aufbereitung der Probe mit Kalilauge erleichtert die Diagnostik.

Therapie & Prognose
Die Behandlung wird mit Imidacloprid/Moxidectin [15], Selamectin [24] oder Ivermectin [16] durchgeführt. Bestehen ausgelöst durch Juckreiz flächige Verletzungen mit Sekundärinfektionen, so ist eine zusätzliche antibiotische Behandlung erforderlich.

Die Behandlung ist oft langwierig und muss in jedem Fall über mehrere Wochen aufrechterhalten werden. Um den Immunstatus des Tieres zu verbessern, können Paramunitätsinducer [118] appliziert werden.

Cheyletiellose MS

▶ Bei **Meerschweinchen** selten vorkommende Parasitose, die mit starker Schuppenbildung einhergeht.

Ätiologie & Pathogenese
Cheyletiellosen werden gelegentlich bei Meerschweinchen beobachtet. Sie werden, wie auch bei anderen Tierarten, durch die Raubmilbe *Cheyletiella parasitovorax* verursacht. Diese lebt in den oberen Hautschichten und heftet ihre Eier an die Haare des Wirtstiers. Sie ernährt sich von den Hautprodukten ihres Wirtes.

Eine Ansteckung von Meerschweinchen kann besonders bei gemeinsamer Haltung mit Kaninchen erfolgen, die als häufiger Wirt der Milben fungieren. Aber auch eine Infektion von Meerschweinchen zu Meerschweinchen ist möglich.

Klinik
Es kommt zu Alopezie und kleieartigen Schuppenbelägen, vorwiegend zwischen den Schulterblättern und am Rücken. Juckreiz ist nicht immer vorhanden. Manche Tiere sind jedoch äußerst unruhig und kratzen sich, sodass sekundäre Verletzungen resultieren.

Diagnose
Die Milben sind leicht mithilfe von Tesafilm-Abklatschpräparaten unter dem Mikroskop nachzuweisen (▶ **Abb. 15.16**). Differenzialdiagnostisch ist insbesondere eine Dermatomykose auszuschließen.

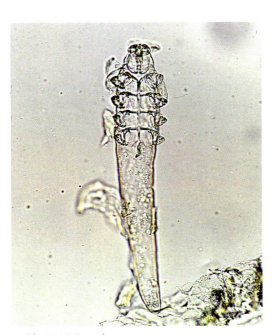

▶ **Abb. 15.15** *Demodex* sp.

▶ **Abb. 15.16** *Cheyletiella parasitovorax.*

Therapie & Prognose
Eine Behandlung erfolgt mit Selamectin [24] oder Imidacloprid/Moxidectin [15]. Alle Partnertiere, insbesondere im gleichen Haushalt lebende Kaninchen, müssen in die Therapie einbezogen werden, damit es nicht zu Reinfektionen kommt. Käfig und Inventar sollten gründlich gereinigt werden.

*Ornithonyssus-bacoti-*Befall
▶ Mit starkem Juckreiz einhergehende Parasitose; eher bei Kleinnagern vorkommend.

Ätiologie & Pathogenese
Die Milbe *Ornithonyssus bacoti* (tropische Rattenmilbe) (▶ **Abb. 15.17**) ist eigentlich ein typischer Ektoparasit von Kleinnagern (Ratte, Hamster, Maus), kann aber auch **Meerschweinchen, Chinchillas** und **Degus** befallen, wenn diese in unmittelbarer Nachbarschaft der eigentlichen Wirtstiere gehalten werden (z. B. in kommerziellen Großzuchten, Zoofachhandlungen, Tierheimen).

Die Milben suchen nur zum Blutsaugen den Wirt auf. Ihre Nahrungsaufnahme erfolgt überwiegend abends und nachts. Die übrige Zeit verstecken sie sich in der Einstreu oder in Ritzen von Käfiginventar.

Klinik
Die Tiere sind besonders in den Abendstunden auffällig unruhig und kratzen sich. Schlafhäuschen oder andere Unterschlüpfe, in denen die Milben sitzen, werden gemieden. Infolge des Juckreizes entstehen Kratzwunden, die verschorfen. Auch bakterielle Sekundärinfektionen sind möglich. Bei massivem Befall entstehen besonders bei Jungtieren Anämien.

Diagnose
Milben sind nur selten auf dem Wirtstier nachzuweisen. Sie können in der Einstreu oder in Verstecken (z. B. auf der Unterseite von Schlafhäuschen, Tonröhren etc.) gefunden werden, wo sie nach dem Blutsaugen als rötliche oder in nüchternem Zustand als graue Punkte makroskopisch sichtbar sind. Die Besitzer müssen ggf. im Originalkäfig des Tieres nach den Milben suchen oder in den Abendstunden Tesafilm-Abklatschpräparate von den Tieren oder von der Unter- bzw. Innenseite von Einrichtungsgegenständen anfertigen.

Therapie & Prognose
Die Behandlung eines *Ornithonyssus-bacoti-*Befalls ist langwierig, da nicht nur alle Wirtstiere, sondern auch die gesamte Umgebung gründlich behandelt werden muss. Tropische Rattenmilben sind ansonsten in der Lage, mehrere Monate in der Umgebung (Wohnung) ohne Blutmahlzeit zu überleben und dann erneut ihre Wirtstiere zu befallen.

Alle möglichen Wirtstiere, auch die in benachbarten Käfigen, insbesondere Kleinnager, aber auch Kaninchen, erhalten Selamectin [24], Imidacloprid/Moxidectin [15] oder Ivermectin [16]. Weitere Säugetiere (z. B. Hunde, Katzen), die im gleichen Haushalt leben, müssen ebenfalls mitbehandelt werden, da sie als Fehlwirt für die weitere Ernährung der Milben sorgen können. Käfige werden alle ca. 3 Tage komplett entleert und gründlich gereinigt. Gleiches gilt für Einrichtungsgegen-

▶ **Abb. 15.17** *Ornithonyssus bacoti.*

stände. Holzinventar (inklusive aller Kletteräste) muss vernichtet oder über 2 Stunden bei 50–60 °C im Backofen „hitzesterilisiert" werden. Die Umgebung der Tiere sowie selbstgebaute Holzkäfige müssen wiederholt mit Flohsprays behandelt werden. Zu empfehlen sind für diesen Zweck Sprays, die eine nur geringe Toxizität für Säuger aufweisen und neben dem Abtöten der adulten Parasiten gleichzeitig die Entwicklung von Eiern und Larven längerfristig hemmen (z. B. Neudovet® Ungezieferflächenspray Eco 23). Ausreichende Lüftungszeiten sind dennoch einzuhalten.

Haarlingsbefall MS

▶ Häufige Parasitose des **Meerschweinchens**, die nur bei starkem Befall zu klinischen Symptomen führt.

Ätiologie & Pathogenese

Bei Meerschweinchen kommen die 3 Haarlingsarten *Gliricola porcelli* (▶ Abb. 15.18), *Gyropus ovalis* (▶ Abb. 15.19) und *Trimenopon hispidum* (▶ Abb. 15.20) vor. *Gliricola porcelli* ist dabei mit Abstand der am häufigsten vorkommende Haarling. Die Parasiten leben im Haarkleid ihres Wirtes und ernähren sich von Haut und Hautausscheidungen. Die Eier werden einzeln an die Haare des Meerschweinchens geheftet. Aus ihnen entwickeln sich über 3 Larvenstadien die adulten Haarlinge. Prädilektionsstellen der Haarlinge sind die vorderen Körperregionen, v. a. Kopf, Hals und Vorderbeine, bei starkem Befall sind die Parasiten aber auch in weiter kaudal gelegenen Bereichen zu finden. Eine Infektion erfolgt vorwiegend durch direkten Kontakt von Tier zu Tier, eine Parasitenübertragung über belebte und unbelebte Vektoren ist jedoch ebenfalls möglich. Hohe Befallsraten werden besonders bei Tieren mit vorgeschädigtem Immunsystem festgestellt.

Klinik

Geringer Befall bleibt oft symptomlos. Stärkere Befallsraten führen zu Unruhe und Juckreiz. Es entstehen Kratzwunden, aus denen sich sekundär flächige bakterielle Dermatitiden entwickeln können. Die Tiere magern ab und erkranken häufig an Sekundärinfektionen.

Diagnose

Die Haarlinge können bereits mit bloßem Auge oder mit der Lupe im Fell des Meerschweinchens gefunden werden. Ein Nachweis adulter Stadien und ihrer Eier ist aber auch mithilfe von Tesafilm-Abklatschpräparaten möglich, die mikroskopisch untersucht werden.

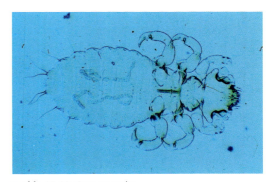

▶ Abb. 15.19 *Gyropus ovalis*.

▶ Abb. 15.18 *Gliricola porcelli*.

▶ Abb. 15.20 *Trimenopon hispidum*.

Therapie & Prognose

Eine Behandlung des Haarlingsbefalls ist relativ unkompliziert, da die Parasiten nicht sonderlich widerstandsfähig sind. Die Therapie kann mit verschiedenen Wirkstoffen durchgeführt werden. Gut wirksam sind Selamectin [24] (Stronghold®), Imidacloprid/Moxidectin [15] (Advocate®), Ivermectin [16] (Ivomec®), Fipronil [13] (Frontline®), Propoxur [22] (Bolfo®) oder Permethrin [20] (Defencare Puder®). Die Puder senken dabei besonders schnell die Belastung mit adulten Stadien, während die Spot-on-Präparate zwar etwas länger für die „Anflutung" benötigen, aber den Vorteil der längeren Wirksamkeit und der deutlich geringen Wahrscheinlichkeit der oralen Aufnahme des Wirkstoffs beim Putzen haben.

Alle Partnertiere sind in die Behandlung einzubeziehen. Auch Käfige, Inventar, Transportboxen und Aufenthaltsplätze außerhalb des Käfigs müssen gründlich gereinigt werden.

> **T Therapie des Haarlingsbefalls**
> - Selamectin [24] (Stronghold®), 15 mg/kg als Spot-on, 2 x im Abstand von 3–4 Wochen
> - Ivermectin [16] (Ivomec®), 0,3–0,5(–1) mg/kg s.c., 3× im Abstand von 1 Woche
> - Imidacloprid/Moxidectin [15] (Advocate®), 10/1 mg/kg als Spot-on, 2 x im Abstand von 3–4 Wochen
> - Fipronil [13] (Frontline® Spray), 3 ml/kg, 1-malig
> - Propoxur [22] (Bolfo® Puder), 3× im Abstand von 1 Woche
> - Permethrin [20] (Defencare® Puder), 2–3 x im Abstand von 1 Woche

Prophylaxe

Da eine Infektion mit Haarlingen überwiegend durch direkten Kontakt zwischen Meerschweinchen erfolgt, sollten neu zugekaufte Tiere vor einer Vergesellschaftung gründlich nach den Parasiten abgesucht werden. Da diese bereits makroskopisch sichtbar sind, kann eine Untersuchung problemlos auch vom Tierbesitzer durchgeführt werden.

Zudem ist eine Übertragung auch durch den Menschen möglich. Ein „verirrter" Haarling kann auf die Hand gelangen und so auf ein anderes Meerschweinchen übertragen werden. Besitzer infizierter Tiere sollten daher angehalten werden, sich nach Kontakt die Hände zu waschen, bevor sie ein gesundes Meerschweinchen anfassen. Gleiches gilt auch für Tierärzte zwischen der Behandlung zweier Meerschweinchen-Patienten.

Läusebefall

▷ Selten vorkommende Parasitose, die mit Juckreiz und starker Unruhe einhergeht.

Ätiologie & Pathogenese

Es gibt keine für **Meerschweinchen, Chinchillas** oder **Degus** spezifischen Läuse, alle 3 Tierarten sind für wirtsfremde Läuse jedoch empfänglich. Zu einem Befall mit *Polyplax serrata* oder *Polyplax spinulosa* kann es bei enger nachbarschaftlicher Haltung mit Ratten und Mäusen kommen. Auch für die Kaninchenlaus *Haemodipsus ventricosus* besteht prinzipiell die Möglichkeit der Übertragung.

Klinik

Die Tiere werden unruhig, zeigen Juckreiz und es entstehen krustige Hautwunden, die sich sekundär infizieren können.

Diagnose

Durch Tesafilm-Abklatschpräparate können Läuse und Eier (Nissen) mikroskopisch identifiziert werden (▶ Abb. 15.21). Der Nachweis der adulten Parasiten gelingt meist bereits makroskopisch am Tier oder mithilfe einer Lupe.

▶ **Abb. 15.21** *Polyplax* spp.

Therapie & Prognose

Die Tiere sollten zunächst mit einem Flohpuder (z. B. Propoxur 22, Bolfo®) bestäubt werden, um die adulten Läuse schnell zu reduzieren. Weiterhin erhalten die Patienten Selamectin 24 (Stronghold®) oder Imidacloprid/Moxidectin 15 (Advocate®), um auch aus den Nissen nachschlüpfende Parasiten abtöten zu können. Käfig und Inventar sollten gründlich gereinigt und alle Partnertiere sowie die Tiere, die als Ansteckungsquelle fungiert haben, in die Behandlung einbezogen werden.

Flohbefall

▶ Durch Hunde- und Katzenflöhe hervorgerufene Parasitose.

Ätiologie & Pathogenese

Wirtsspezifische Flöhe für **Meerschweinchen, Chinchillas** und **Degus** gibt es nicht. Durch Katzen oder Hunde können jedoch *Ctenocephalides felis* bzw. *Ctenocephalides canis* auf die kleinen Heimtiere übertragen werden.

Klinik

Die Tiere sind unruhig und kratzen sich heftig, sodass Wunden entstehen, die später verschorfen.

Diagnose

Flöhe und Flohkot sind, wie auch bei Hunden und Katzen, am Patienten zu diagnostizieren.

Therapie & Prognose

Da Hunde- und Katzenflöhe weitreichende Resistenzen aufweisen, ist eine Behandlung mit Flohpudern in der Regel nicht ausreichend. Die Tiere erhalten Selamectin 24 (Stronghold®) oder Imidacloprid 14 (Advantage®). Nur bei Meerschweinchen kann außerdem Fipronil 13 (Frontline®) eingesetzt werden. Weiterhin ist Lufenuron 17 (Program®) bei allen Caviomorpha gut verträglich. Auch im Haushalt befindliche Hunde oder Katzen sowie alle Partnertiere müssen selbstverständlich einer Therapie unterzogen werden. Um dauerhaft eine Vermehrung der Parasiten auf dem Wirtstier zu verhindern, sollten Antiparasitika über einen Zeitraum von 3 Monaten angewendet werden.

Käfig und Inventar sind regelmäßig komplett zu reinigen, Holzgegenstände sollten ausgetauscht oder mit einem Flohspray (z. B. Neudovet® Ungezieferflächenspray Eco) eingesprüht werden. Eine Umgebungsbehandlung ist ebenfalls erforderlich.

Dermatomykose Z

▶ Infektiöse Erkrankung mit mäßiger Kontagiosität und unterschiedlicher Ausprägung.

Ätiologie & Pathogenese

Hauptverursacher von Dermatomykosen bei den Meerschweinchenverwandten ist *Trichophyton mentagrophytes*. Andere *Trichophyton* sp. oder *Microsporum* sp. werden seltener diagnostiziert.

Eine Pilzübertragung erfolgt sowohl durch direkten Kontakt als auch durch Vektoren, mit denen pilzbefallene Schuppen oder Haare weitergetragen werden können. Infizierte Tiere können symptomlose Sporenträger sein und die Erkrankung so verbreiten.

> ❗ *Mikrosporum-* und *Trichophyton-*Arten sind auch auf den Menschen übertragbar. Bei einer Pilzerkrankung des Besitzers sollte daher, auch bei fehlender klinischer Symptomatik, eine mykologische Untersuchung des Heimtiers eingeleitet werden.

Klinik

Klassische Verläufe der Mykose äußern sich zunächst in Form von lokal begrenzter Alopezie an Nase (▶ Abb. 15.22), Augen (▶ Abb. 15.23) und Ohren (▶ Abb. 15.24). Im weiteren Verlauf kommt es zum Haarverlust an den Pfoten (▶ Abb. 15.25). Bei **Chinchilla** und **Degu** sind kahle Pfoten auch oft das erste Symptom einer Dermatomykose. Die Haut ist trocken, etwas gerötet und weist dezente Schuppenbildung auf. Bei **Meerschweinchen** finden sich oftmals am Rücken- und Kruppenbereich dicke Schuppenbeläge, die Haare lassen sich büschelweise ausziehen (▶ Abb. 15.26). Bei Chinchillas sind Dermatomykosen auch für diffusen Haarausfall und Haarbruch verantwortlich. Die feinen Haare sind oft massiv verfilzt (▶ Abb. 15.27). Sowohl bei Chinchillas als auch bei Degus können im Rahmen einer Hautpilzerkrankung gelegentlich auch Verfärbungen der Haare beobachtet werden.

Juckreiz ist nicht immer vorhanden. Er tritt verstärkt dann auf, wenn bakterielle Sekundärinfektionen bestehen.

15 – Fell- und/oder Hautveränderungen

▶ **Abb. 15.22** Trichophytie bei einem Meerschweinchen.

▶ **Abb. 15.23** Lokal begrenzte Dermatomykose im Augenbereich.

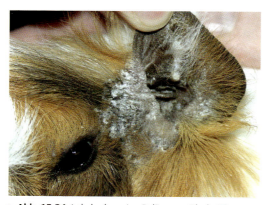

▶ **Abb. 15.24** Lokal-schuppige Beläge am Ohr bei Dermatophytose.

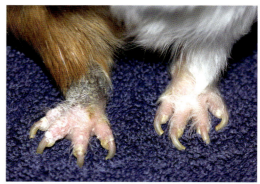

▶ **Abb. 15.25** Alopezie an den Pfoten bei Dermatomykose beim Meerschweinchen.

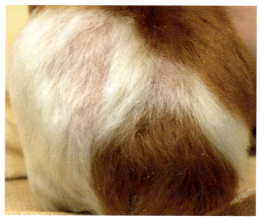

▶ **Abb. 15.26** Dermatomykose mit diffusem Haarausfall im hinteren Körperbereich und deutlicher Schuppenbildung.

▶ **Abb. 15.27** Haarbruch und Verfilzungen des Felles bei Dermatomykose.

Diagnose

Im Randbereich der veränderten Hautstellen werden oberflächliche Hautgeschabsel und Haare entnommen. Es kann ein mikroskopischer Nachweis von Sporen und Hyphen erfolgen. Weiterhin ist die Anzucht auf Spezialnährböden möglich.

> ⚠ Eine alleinige Diagnose einer Dermatomykose mithilfe der Wood'schen Lampe ist nicht möglich, da nur *Microsporum canis* grünlich fluoresziert!

Therapie & Prognose

Itraconazol 28 ist zur systemischen Behandlung einer Dermatomykose beim Heimtier derzeit das Mittel der Wahl. Eine ausschließlich lokale Behandlung mit Enilkonazol 27 bringt oft nicht den gewünschten Erfolg, da Pilzsporen nicht nur in klinisch veränderten Arealen zu finden sind. Eniconazol kann aber besonders bei hartnäckigen Mykosen die systemische Therapie sinnvoll unterstützen. Die Randbezirke der betroffenen Hautstellen sollten dann etwas geschoren werden, um eine bessere Behandlung gewährleisten zu können.

Eine antimykotische Behandlung sollte über einen Zeitraum von mindestens 6 Wochen aufrechterhalten werden. Eine gleichzeitige Umgebungsdesinfektion ist sinnvoll, um eine ständige Neuansteckung zu verhindern und eine dauerhafte Ausheilung zu erreichen.

> **T** **Therapie der Dermatomykose**
> - systemische Behandlung:
>   - Itraconazol 28, 10 mg/kg p.o., 3 × über 7 Tage, dazwischen je 7 Tage Behandlungspause
> - ggf. zusätzlich lokale Behandlung:
>   - Waschbehandlung mit Enilkonazol 27 (Imaverol®), 1:50 verdünnt, alle 3–4 Tage bis zur Abheilung

Bakterielle Dermatitis

▶ Durch sekundäre Keimbesiedlung hervorgerufene Hautentzündung.

Ätiologie & Pathogenese

Bakterielle Dermatitiden entstehen meist sekundär nach Schädigung der Haut durch Parasitosen, Mykosen oder Bissverletzungen. Meist sind *Staphylococcus* spp. an dem Geschehen beteiligt.

Klinik

Es entstehen flächige Hautveränderungen mit Belägen, die schmierig oder krustig sein können (▶ Abb. 15.28). Meist ist auch Juckreiz vorhanden. Durch heftiges Kratzen schreiten die Erosionen stetig weiter fort.

Diagnose

Bestehen infizierte Hautwunden, so muss in jedem Fall die primäre Ursache geklärt werden. Anamnestisch sind Rangordnungskämpfe abzuklären sowie parasitologische und mykologische Untersuchungen einzuleiten. Zur Identifizierung der bakteriellen Sekundärerreger werden Tupferproben aus den feuchten Bereichen der Hautareale entnommen. Bestehen flächige Krusten, so sollten diese am Rand abgelöst werden, um Proben aus dem darunter befindlichem Gewebe gewinnen zu können.

Therapie & Prognose

Je nach Primärursache werden antimykotische oder antiparasitäre Behandlungen eingeleitet. Rivalisierende Partnertiere müssen getrennt werden. Die bakterielle Sekundärinfektion wird durch

▶ **Abb. 15.28** Bakterielle Dermatitis.

systemische Gaben eines Antibiotikums (möglichst nach Antibiogramm) behandelt. Eine lokale Salbenapplikation ist dagegen wenig sinnvoll. Durch Krustenbildung gelangt der Wirkstoff nicht ausreichend in die Tiefe. Zudem werden Salben von den Patienten oft als unangenehm empfunden und schnell abgeleckt.

Cheylitis (Lippengrind) MS

▶ Entzündung der Lippen beim **Meerschweinchen** mit multifaktorieller Genese.

Ätiologie & Pathogenese

Die genaue Pathogenese des Lippengrinds beim Meerschweinchen ist bisher nicht geklärt. Als Ursachen werden eine unzureichende Versorgung mit den Vitaminen A oder C, ein Mangel an ungesättigten Fettsäuren, Resistenzschwächen und Mikroverletzungen der Haut durch Futterbestandteile diskutiert.

Sicherlich löst ein Vitamin-C-Mangel das Bild eines Skorbut aus, bei dem es auch zu entsprechenden Veränderungen der Lippen kommt. Auffällig häufig werden in der Praxis jedoch besonders gut genährte Meerschweinchen mit Cheylitis vorgestellt, die ein vielfältiges Angebot an Frischfutter erhalten, sodass bei diesen Tieren Vitamin-C- und Vitamin-A-Mängel ausgeschlossen werden können. Auffällig ist außerdem, dass Patienten, die einmal an einer Cheylitis erkrankt waren, zu immer wiederkehrenden Rezidiven neigen.

Klinik

Es bilden sich zunächst kleine Schorfstellen und Risse an Lippen, Mundwinkeln und Philtrum, aus denen sich im weiteren Verlauf dicke Krusten mit erheblichen Entzündungen entwickeln können (▶ Abb. 15.29). In solchen Fällen fressen die Tiere meist schlechter, da die Nahrungsaufnahme mit Schmerzen verbunden ist.

Diagnose

Die Diagnose ergibt sich durch das charakteristische klinische Bild. Mikrobiologische Untersuchungen sind sinnvoll, um das Spektrum der beteiligten Erreger identifizieren zu können. Meist sind *Staphylococcus* spp., oft auch Hefen nachweisbar.

▶ **Abb. 15.29** Lippengrind.

Therapie & Prognose

Da die genaue Ursache der Veränderungen unklar ist, bereitet auch eine gezielte Behandlung Schwierigkeiten. Bei beginnenden, geringgradigen Veränderungen sollte die Haut zunächst mit milden Antiseptika (z.B. Rivanol® 94, verdünnte Jodlösungen 98, Clorexyderm® Spot Gel 90) betupft werden. Weiterhin werden mehrmals täglich Wund- und Heilsalben (z.B. Bepanthen® Wund- und Heilsalbe 91 oder Bepanthen® Antiseptische Wundcreme 92) eingesetzt, um ein weiteres Einreißen der trockenen Haut zu verhindern und bereits bestehende Krusten besser ablösen zu können.

Bestehen ausgeprägtere Läsionen, so ist eine antibiotische, beim Nachweis von Hefen auch antimykotische Behandlung meist unumgänglich. Der lokale Einsatz kombinierter Präparate (z.B. Surolan®, Aurizon®) kann versucht werden. Es ist allerdings zum einen zu bedenken, dass es durch diese öligen Lösungen zu massiven Verschmutzungen des Felles kommt, und dass die Präparate zum anderen stets auch ein Kortison enthalten, welches die Wundheilung verzögern kann. Auch die Verträglichkeit der lokal angewendeten Präparate bei oraler Aufnahme durch Ablecken sollte hinterfragt werden. Eine systemische Applikation von Antibiotika muss ggf. zusätzlich zur zuerst beschrieben lokalen Therapie erfolgen.

Das Fütterungsregime muss in jedem Fall besprochen werden. Besteht Verdacht auf einen Vitaminmangel, so muss dieser durch entsprechendes Frischfutter oder Vitaminpräparate behoben werden. Ungesättigte Fettsäuren können in Form von Leinsamen oder Leinöl substituiert werden. Bei vielen Patienten kann der Einsatz von Paramunitätsinducern [118] die Heilung fördern.

> **T Therapie des Lippengrinds**
> - in leichten Fällen lokale Behandlung mit:
>   - milden Antiseptika (z. B. Rivanol® [94], verdünnte Jodlösungen [98])
>   - Wund- und Heilsalbe (z. B. Bepanthen® Wund- und Heilsalbe [91], Bepanthen® Antiseptische Wundcreme [92])
>   - evtl. antibiotisch und antimykotisch wirkenden Präparaten (z. B. Surolan®, Aurizon®)
>   - evtl. Substitution von Vitamin C [84]
>   - evtl. Substitution ungesättigter Fettsäuren
> - bei schwerem Verlauf zusätzlich:
>   - systemische antibiotische Therapie
>   - Paramunitätsinducer [118]

Entzündung/Neoplasie des Kaudalorgans [MS]

▶ Entzündliche oder tumoröse Veränderungen des beim **Meerschweinchen** im Kruppenbereich befindlichen Drüsenfelds.

Ätiologie & Pathogenese
Entzündungen und Umfangsvermehrungen des Kaudalorgans können bei Meerschweinchen regelmäßig beobachtet werden. Besonders häufig scheinen unkastrierte Böcke betroffen zu sein, bei denen das Drüsenfeld besonders deutlich ausgeprägt ist.
Oft vorkommende Neoplasien sind Talgdrüsenadenome und -adenokarzinome, wobei die benignen Formen überwiegen. Hyperplasien (▶ Abb. 15.30) werden insbesondere bei älteren Tieren beobachtet.

Klinik
Bei Entzündungen des Kaudalorgans kommt es zu vermehrter Sekretion der Drüsen. Das Fell im Kruppenbereich ist großflächig verklebt, die Haut ist verstärkt feucht, gerötet und verdickt. Oft besteht Juckreiz.
Bei Umfangsvermehrungen steht das Fell der Kruppe ab. Beschwerden, wie Juckreiz, treten in der Regel nur dann auf, wenn Sekundärinfektionen bestehen.

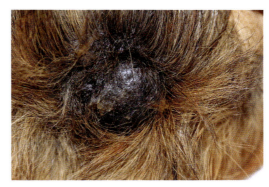

▶ **Abb. 15.30** Hyperplasie des Kaudalorgans.

Diagnose
Bei Entzündungen des Kaudalorgans oder sekundär infizierten Neoplasien empfiehlt sich die Entnahme von Tupferproben zur bakteriologischen Untersuchung.

Therapie & Prognose
Entzündliche Veränderungen müssen durch systemische Applikation eines Antibiotikums behandelt werden. Salben werden meist schnell abgeleckt und gelangen aufgrund der verstärkten Drüsenproduktion auch nicht in ausreichendem Maße in die Haut. Das Drüsenfeld sollte aber zusätzlich lokal mit milden Antiseptika behandelt werden, nachdem das Fell um die entzündete Region großzügig entfernt wurde.
Tumoröse Veränderungen sind in Allgemeinnarkose chirurgisch zu entfernen.

> ❗ Auch kleinere Neoplasien sollten möglichst frühzeitig entfernt werden. Bestehen bereits großflächige Veränderungen, so kommt es schnell zu Problemen beim Wundverschluss, da im Kruppenbereich nur wenig überschüssige Haut vorhanden ist.

Abriss der Schwanzhaut D

▶ Durch Unfälle oder unsachgemäßes Handling verursachte Verletzungen der empfindlichen Schwanzhaut des Degus.

Ätiologie & Pathogenese

Degus haben eine feine, empfindliche Schwanzhaut. Diese reißt leicht ab, wenn die Tiere am Schwanz fixiert werden oder an ungeeigneten Einrichtungsgegenständen (z.B. Laufrädern, deren Rückwand nicht geschlossen ist) hängen bleiben.

Klinik

Die Schwanzhaut fehlt über unterschiedlich lange Abschnitte des Schwanzes. Zunächst entstehen recht ausgeprägte Blutungen, die jedoch meist schnell stoppen. Das freiliegende Gewebe trocknet rasch ein und wird nekrotisch. Die Tiere sind in der Regel nicht beeinträchtigt. In seltenen Fällen entstehen durch sekundäre Keimbesiedlung schmierige Entzündungen, die zu aufsteigenden Infektionen führen können. Es besteht dann Juckreiz und der Schwanz wird intensiv benagt.

Diagnose

Die Diagnose ergibt sich aus dem klinischen Bild. Die Ursache muss anamnestisch ermittelt werden. Bestehen Sekundärinfektionen des Schwanzstumpfs, werden bakteriologische Untersuchungen eingeleitet, um die beteiligten Keime identifizieren zu können.

Therapie & Prognose

Eine Behandlung ist nicht immer erforderlich. Meist amputieren sich die Tiere das nekrotische Schwanzende selbst und es kommt zur komplikationslosen Abheilung des Stumpfes (▶ Abb. 15.31). Liegen schmierige sekundäre Infektionen vor, so müssen die Patienten systemisch mit einem knochen- und ZNS-gängigen Antibiotikum (z.B. Enrofloxacin [4], Chloramphenicol [1]) behandelt werden, um aufsteigende Entzündungen über den Wirbelkanal zu verhindern. Eine zusätzliche lokale Behandlung erfolgt durch Bäder des Schwanzes in milden antiseptischen Lösungen (Rivanol® [94], verdünnte Jodlösungen [98]). Salben sollten nicht aufgetragen werden, da sie die Tiere zu vermehrtem Belecken veranlassen. Eine Amputation im augenscheinlich gesunden Bereich ist sinnvoll.

▶ **Abb. 15.31** Abgeheilter Schwanzabriss bei einem Degu.

Es muss allerdings bedacht werden, dass Degus dazu neigen, die frischen Nähte sofort aufzuknabbern. Daher sollte nach einem solchen Eingriff ein Halskragen aufgesetzt werden.

Ovarialzysten MS

▶ Eierstockzysten gehen beim Meerschweinchen häufig mit einer durch Östrogenüberschuss verursachten Alopezie einher.

Ätiologie & Pathogenese

Zystisch veränderte Eierstöcke kommen bei einem hohen Prozentsatz der weiblichen **Meerschweinchen** vor. Die genaue Ursache ist nicht geklärt; hormonelle Imbalancen werden für die Veränderungen verantwortlich gemacht. Es wurde früher vermutet, dass die Einzelhaltung weiblicher Meerschweinchen die Entstehung von Zysten begünstigt. Jedoch werden solche Veränderungen auch bei Zuchttieren beobachtet, die regelmäßig Kontakt zu männlichen Artgenossen haben. In manchen Fällen werden durch die Ovarien übermäßige Mengen an Östrogenen produziert. Dies hat verschiedene Folgen. Es kommt zum einen verstärkten Haarausfall, der zunächst meist im Flankenbereich beginnt, sich bei anhaltender hormoneller Stimulation aber auf den gesamten Körper ausweiten kann. Zum Anderen entstehen Suppressionen des Knochenmarks mit den Folgen einer Panzytopenie und Immunsuppression. Die Tiere sind verstärkt anfällig für Infektionen. Bei Zuchttieren fällt als erstes Anzeichen eine Unfruchtbarkeit auf.

Ovarialzysten können auch bei **Chinchillas** und **Degus** auftreten. Sie führen bei diesen Tieren jedoch nicht zu hormonell bedingter Alopezie.

Allerdings können sie die Ursache für Fruchtbarkeitsstörungen sein.

Klinik
Im Anfangsstadium der Erkrankung wird ein bilateral symmetrischer Haarausfall in der Flankengegend sichtbar (▶ Abb. 15.32). Dieser dehnt sich auf Hinterbeine und Bauch aus und schreitet auch bis zum Rücken fort. Die Haut ist unverändert, Juckreiz besteht nicht. Sekundärinfektionen, besonders oft Atemwegsinfektionen oder eine Pharyngitis, die sich schlecht beeinflussen lässt, sind möglich. Viele Patienten zeigen zudem fortschreitende Gewichtsverluste (▶ S. 298).

Diagnose
Ovarialzysten können meist bereits beidseits der Lendenwirbelsäule durch die Bauchdecke hindurch palpiert werden.

❗ **Bei der Palpation von Ovarialzysten ist zu beachten, dass hormonell aktive Zysten oftmals eher klein sind!**

Eine Alopezie, die beidseits symmetrisch auf den Flankenbereich begrenzt ist, ist typisch für den hormonell bedingten Haarausfall. Sind die Fellverluste im weiteren Verlauf nicht mehr lokal begrenzt, so müssen durch Blutuntersuchungen vor allem Schilddrüsenerkrankungen ausgeschlossen werden. In Zweifelsfällen sind zudem Dermatomykosen durch Pilzkulturen differenzialdiagnostisch abzugrenzen. Mit parasitären Veränderungen sind die durch Ovarialzysten hervorgerufenen Alopezien weniger zu verwechseln, da Parasitosen meist mit Juckreiz einhergehen.

Durch eine Blutuntersuchung kann zudem überprüft werden, ob es durch den Östrogeneinfluss bereits zu einer Blutbildveränderung gekommen ist.

Therapie & Prognose
Ein dauerhafter Therapieerfolg ist nur durch die Kastration des Tieres möglich. Der Eingriff sollte aber nur dann durchgeführt werden, wenn sich der Patient in einem guten, narkosefähigen Allgemeinzustand befindet. Es sollte von einer Operation abgesehen werden, wenn das Tier sehr alt ist oder an weiteren Erkrankungen leidet. Auch ansonsten gesund erscheinende Tiere mit großflächigen Fellverlusten sollten nicht sofort operiert werden. Es muss bei ihnen davon ausgegangen werden, dass durch Östrogeneinfluss bereits eine Knochenmarksdepression entstanden sein kann. Eine Narkose kann das Immunsystem weiter schwächen.

In solchen Fällen sollte zunächst eine konservative Behandlung erfolgen. Voluminösere Zysten können unter kurzer Inhalationsnarkose punktiert und die Flüssigkeit abgezogen werden. Die Tiere erhalten zudem HCG [72] (humanes Choriongonadotropin), das mehrfach, jedoch mindestens 3-malig im Abstand von 10–14 Tagen appliziert wird. Wächst das Fell wieder gut nach, so kann die Behandlung unterbrochen werden. Neue Therapieintervalle werden jedoch nach unterschiedlich langen Abständen erforderlich.

Soll das Meerschweinchen kastriert werden, so sollte HCG [72] vor der Operation zumindest 2-mal verabreicht werden, um den Östrogenspiegel ausreichend abzusenken. Eine begleitende Behandlung mit Paramunitätsinducern [118] kann helfen, das Immunsystem des Patienten zu stabilisieren. Um die Infektabwehr zu steigern, erhalten die Tiere außerdem ausreichende Mengen an Vitamin C (Frischfutter, Vitamintropfen).

Befindet sich ein Patient mit fortgeschrittener Alopezie bereits in einem reduzierten Ernährungszustand, so ist eine immunstimulierende Therapie ebenfalls sinnvoll. Zudem sollte ggf. eine antibiotische Abschirmung erfolgen.

▶ Abb. 15.32 Hormonell bedingte Alopezie durch Ovarialzysten.

> **T** **Therapie der Ovarialzysten**
> - chirurgische Behandlung: Ovariektomie/Ovariohystektomie
> - konservative Behandlung
>   - HCG [72] (Ovogest®), 100 IE/kg s.c., mehrmals im Abstand von 10–14 Tagen
> - unterstützende Behandlung
>   - Antibiotikum bei Sekundärinfektion
>   - Paramunitätsinducer [118] zur Stabilisierung des Immunsystems
>   - Vitamin-C-reiche Fütterung

Hyperthyreose, Hypothyreose [MS]

▶ Bei **Meerschweinchen** vorkommende Schilddrüsenfunktionsstörungen; führen zu Alopezie ohne Juckreiz.

Ätiologie & Pathogenese
Überfunktionen der Schilddrüse kommen bei Meerschweinchen häufig vor. Besonders oft sind ältere Tiere ab einem Alter von 5 Jahren betroffen. Neben Hyperplasien sind auch Neoplasien für gesteigerte hormonelle Aktivitäten verantwortlich. Hypothyreosen sind deutlich seltener zu beobachten.

Klinik
Sowohl bei Über- als auch bei Unterfunktionen der Schilddrüse sind häufig Alopezien zu beobachten. Zunächst kommt es zu einer Ausdünnung des Felles im Inguinalbereich und an der Medialfläche der Innenschenkel (▶ **Abb. 15.33**). Der Haarverlust schreitet jedoch weiter fort. Er ist meist besonders an der hinteren Körperhälfte ausgeprägt, kann aber auch generalisiert auftreten. Die Haut ist trockener als bei gesunden Tieren. Juckreiz ist nicht zu beobachten.

Diagnose
Beim Bestehen der beschriebenen Fellverluste, kombiniert mit fortschreitender Abmagerung (▶ S. 294) und der Diagnose eines Herzgeräuschs, sollte an eine Schilddrüsenfunktionsstörung gedacht werden. Bei vielen Patienten lässt sich am Hals eine häufig linsen- bis erbsengroße Umfangsvermehrung der Schilddrüse palpieren (▶ S. 93). Bei fortgeschrittenen Unterfunktionen sind zudem Ödembildungen ausgehend von Hals und Unterbauch zu beobachten. Eine Absicherung der Verdachtsdiagnose erfolgt über eine Bestimmung des T4-Werts.

▶ **Abb. 15.33** Hormonell bedingte Alopezie bei Hyperthyreose.

Therapie & Prognose
Bei Hyperthyreose erhalten die Tiere lebenslang Thiamazol [77] oder Carbimazol [70] (▶ S. 294). Hypothyreote Patienten werden mit L-Thyroxin [74] behandelt (▶ S. 295). Die Intervalle zwischen den Blutkontrollen sind abhängig vom weiteren Verlauf. Kann der T4-Wert stabil eingestellt werden, wächst meist auch das Fell vollständig nach.

Fellbruch/Fellbeißen [CH] [D]

▶ Bei **Chinchillas** und **Degus** vorkommende Veränderungen des Haarkleids unterschiedlicher Ätiologie.

Ätiologie & Pathogenese
Fellbruch und Fellbeißen sind keine Erkrankungen, sondern lediglich Symptome, die verschiedene Ursachen haben können. Die exakte Pathogenese wird viel diskutiert, konnte bislang aber noch nicht abschließend geklärt werden.

Fellbruch wird hauptsächlich durch folgende Faktoren ausgelöst:

- Bei Dermatomykosen (▶ S. 263) werden die Haare von feinem Pilzmyzel umsponnen, dadurch geschädigt und brechen ab.
- Sandbäder mit ungeeignetem, scharfkantigem Badesubstrat schädigen Fell und Haut.

Fellbeißen kann einen Fellbruch vortäuschen, da die Haare meist nicht vollständig entfernt, sondern nur gekürzt werden. Fellfressen kann auf die folgenden Ursachen zurückzuführen sein:
- Rohfasermangel (▶ S. 254) führt dazu, dass die Tiere sich selber das Fell abfressen, um damit ihren Rohfaserbedarf zu decken. Zu einem Mangel kommt es vorwiegend durch unzureichendes oder fehlendes Heuangebot. Ein Mangel an strukturierter Rohfaser kann jedoch noch andere Folgen haben. Fehlt Rohfaser, so kommt es zu Instabilitäten und einer Reduktion der physiologischen Darmflora. Daraus resultiert möglicherweise auch eine reduzierte Vitaminsynthese, die eine sekundäre Mangelsituation auslösen kann. Auch diese kann sich wiederum nachteilig auf die Haarbeschaffenheit auswirken.
- Stress kann ebenfalls Fellbeißen auslösen. Als Stressfaktoren kommen Bewegungsmangel, Rangordnungsprobleme, bei Chinchillas ständige Störungen während der Ruhezeiten am Tage und bei Degus insbesondere eine Einzelhaltung in Betracht.
- Bei Zahnerkrankungen (▶ S. 254) beginnen manche Tiere ebenfalls, sich das Fell auszureißen, sei es als Übersprungshandlung oder weil die Haare mit Speichel verklebt sind.
- Weiterhin werden für Chinchillas Störungen der Nebennieren- und Schilddrüsenfunktion als Verursacher diskutiert; eindeutige Belege für diese Vermutung fehlen jedoch bislang.
- Bei Degus entstehen haarlose Areale gelegentlich bei übermäßiger Fellpflege durch das Partnertier.

Fellbeißer sind in der Heimtierhaltung seltener anzutreffen als in der kommerziellen Chinchillazucht. Es ist daher anzunehmen, dass suboptimale Haltungs- und Fütterungsbedingungen bei dieser Tierart einen erheblichen Anteil an dem Fehlverhalten haben. Während Heimtiere in der Regel qualitativ hochwertiges Heu zur Verfügung haben, werden Nutztiere ausschließlich mit pelletierten Alleinfuttermitteln ernährt. In Chinchillafarmen bewohnen die Tiere zudem enge Käfige (meist mit Drahtböden), sodass Bewegungsmangel und dadurch Stress entsteht.

Klinik

Das klinische Erscheinungsbild beim Fellbeißen ist äußerst variabel. Neben begrenzten haarlosen Bezirken, die oft im Lenden- und Oberschenkelbereich lokalisiert sind (▶ Abb. 15.34), kann fast der gesamte Körper mit Ausnahme des Kopfes betroffen sein, sodass bei Chinchillas das Bild der sogenannten „Löwenmähne" entsteht. Weiterhin ist auch eine generalisierte Ausdünnung des Haarkleids möglich. Grundsätzlich gilt, dass anhand der klinischen Symptomatik in der Regel nur selten ein Rückschluss auf die Ursache der Veränderungen möglich ist. Ein Hinweis auf eine Zahnerkrankung als Auslöser für das Fellfressen ist eine Hypersalivation, die zu Verklebungen des Felles an Maul, Hals und Vorderbrust führt. Ist ein Rohfasermangel (▶ S. 254) für die Veränderungen verantwortlich, so bestehen oft auch Verdauungsstörungen.

Liegt eine Dermatomykose zugrunde, so sind neben Fellbruch auch oft Verfilzungen und Ausdünnungen des Haarkleids, gelegentlich auch Verfärbungen zu beobachten. Sind ungeeignete Sandbäder die Ursache, so fühlt sich das Fell meist deutlich fettig-schmierig an.

Durch übermäßige Fellpflege hervorgerufene Alopezien bei Degus sind vorwiegend am Rücken und zwischen den Schultern lokalisiert.

▶ **Abb. 15.34** Fellbeißer.

Diagnose

Es sollten stets mykologische Untersuchungen eingeleitet werden, um Dermatomykosen ausschließen zu können. Mikroskopische Untersuchungen können hier erste Hinweise liefern. Auch die Maulhöhle ist gründlich zu untersuchen, damit Zahnprobleme erkannt und korrigiert werden können.

Besonderes Augenmerk ist jedoch auf die Haltungs- und Fütterungsbedingungen zu legen. Diese müssen sorgfältig hinterfragt werden.

Therapie & Prophylaxe

Die Ursache der Symptomatik muss abgeschaltet werden. Zahnfehlstellungen sind zu korrigieren (▶ S. 254), Dermatomykosen zu behandeln (▶ S. 263). Die Fütterung muss dem hohen Rohfaserbedarf (mind. 18 %) der Chinchillas und Degus angepasst werden. Stressfaktoren sind auszuschalten.

Mangelhafte Sandbäder sind gegen geeignete auszutauschen. Verschiedene **Badesubstrate** werden für Chinchillas angeboten:

- Zahlreiche der als „Chinchillasand" deklarierten Produkte enthalten Quarzsand. Sandkörner sind aber als Badesubstrat für Chinchillas und auch für Degus völlig ungeeignet. Sie besitzen eine geschlossene Oberfläche und können dadurch keine Feuchtigkeit aufnehmen. Zudem sind sie scharfkantig und führen dadurch zu Fellschäden und Mikroläsionen der Haut.
- Geeignet sind dagegen Tonminerale. Sie besitzen eine poröse Oberflächenstruktur und können sowohl Flüssigkeit als auch Fett binden. In fein gemahlenem, ungebranntem Zustand haben sie keine Kanten. Als Badesubstrat finden besonders Attapulgus und Sepiolith Anwendung, die gleichermaßen gut geeignet sind.

> ❗ **Auch Degus benötigen ein adäquates Badesubstrat. Tonminerale sind auch bei ihnen am besten geeignet. Quarzsand ist nicht in der Lage, das Haarkleid ausreichend zu reinigen, sodass ein strähniges, fettiges Fell resultiert.**

16 Abmagerung

Zahlreiche Erkrankungen gehen mit Abmagerung einher. Die parallel auftretenden Symptome können daher abhängig von der Grundursache der Gewichtsabnahme variieren. Häufig fallen folgende Veränderungen auf:
- Apathie, Schwäche
- Exsikkose
- ungepflegtes, struppiges Fell
- Fellverlust
- Durchfall
- umfangsvermehrtes Abdomen
- Katarakt
- Hypersalivation, speichelverklebtes Fell im Kinn- und Halsbereich

▶ Abb. 16.1 Meerschweinchen mit hochgradig reduziertem Ernährungszustand.

16.1 Tierartliche Besonderheiten

Der Ernährungszustand eines **Chinchillas, Meerschweinchens** oder **Degus** kann, ebenso wie bei Hund und Katze, durch Palpation von Wirbelsäule und Rippen beurteilt werden. Die reine Adspektion des Tieres ist nicht ausreichend, da das Fell mehr Körperfülle vortäuschen kann. Ist der Patient in schlechtem Ernährungszustand, so stehen die knöchernen Strukturen deutlich vor, besonders die Rückenmuskulatur wirkt stark eingefallen (▶ Abb. 16.1). Erst nach dem Abbau der „äußeren" Fettreserven kommt es auch zum Einschmelzen der intraabdominalen Fettdepots. Diese lagern sich besonders um die Nieren und die Harnblase an. Sie füllen nicht, wie beim Kaninchen, die ganze Bauchhöhle aus und fungieren daher auch nicht ausreichend als „Kontrastgeber" auf Röntgenaufnahmen.

16.2 Therapiegrundsätze

Bei Erkrankungen, die zu Abmagerung führen, handelt es sich um eher chronische Krankheitsgeschehen. Gewichtsverluste schreiten bei den kleinen Tieren jedoch wesentlich schneller fort als bei Hunden und Katzen. Sofortmaßnahmen sind dann einzuleiten, wenn die Tiere deutliche Störungen des Allgemeinbefindens aufweisen und davon auszugehen ist, dass es bereits zu Stoffwechselentgleisungen gekommen ist. Im Vordergrund der Behandlung steht dabei eine Substitution von Flüssigkeit und Glukose. Der Kreislauf ist ggf. zu stabilisieren. Breitspektrumantibiotika sollten umgehend verabreicht werden, wenn es die Behandlung der Grunderkrankung erfordert oder wenn z. B. durch eine Nahrungsverweigerung von mehr als einem Tag von einer beginnenden Enterotoxämie als sekundärer Veränderung ausgegangen werden muss.

➕ Sofortmaßnahmen

1. Flüssigkeitssubstitution [89] (Vollelektrolytlösung), 40–60 ml/kg s.c., i.p., i.v.
2. Glukosezufuhr [87], bis 500 mg/kg s.c.
3. Kreislaufstabilisierung:
   - Etilefrin [46] (Effortil®), 0,5–1 mg/kg p.o
   - Prednisolon [76] (z. B. Medrate solubile®), 10–20 mg/kg i.m., i.p., i.v.
4. Antibiotikum, z. B.
   - Enrofloxacin [4] (Baytril®), 1× tgl. 10 mg/kg s.c., p.o
   - Chloramphenicol [1] (Chloromycetin® Palmitat), 2× tgl. 50 mg/kg p.o

16.3 Wichtige Ursachen

Gewichtsverluste können prinzipiell durch alle Erkrankungen hervorgerufen werden, die mit einer verminderten Futteraufnahme einhergehen. Besonders häufige Ursachen sind Krankheiten der Verdauungsorgane, wobei Veränderungen des Kauapparats im Vordergrund stehen (▶ Tab. 16.1). Auch chronische Verdauungsstörungen unterschiedlicher Genese kommen häufiger vor. Bei Meerschweinchen spielen zudem Entzündungen des Rachenraums eine wichtige Rolle. Besonders oft sind außerdem kardiale Erkrankungen sowie bei Meerschweinchen Hyper- oder Hypothyreosen für eine Abmagerung verantwortlich zu machen.

Gewichtsverluste sind bei allen Caviomorpha in fortgeschrittenem Alter zu verzeichnen. Fütterungsbedingte Probleme sind dagegen eher die Ausnahme. Es besteht in der Heimtierhaltung eher die Gefahr einer Verfettung der Tiere durch zu reichhaltige Fütterung und Bewegungsmangel.

▶ **Tab. 16.1** Häufige Ursachen für Abmagerung.

Ursache	Bedeutung	siehe Seite	Bemerkungen, siehe auch andere Leitsymptome
Zahn- und Kiefererkrankungen	+++	▶ S. 282	Durchfall ▶ S. 38, Äußerliche UV ▶ S. 74, Fell-/Hautveränderungen ▶ S. 240
Pharyngitis	+++	▶ S. 286	MS
Herzerkrankungen	+++	▶ S. 289	Dyspnoe ▶ S. 18, Neurolog. Ausfallserscheinungen ▶ S. 197
Hyperthyreose	+++	▶ S. 294	MS, Durchfall ▶ S. 38, Äußerliche UV ▶ S. 74, Fell-/Hautveränderungen ▶ S. 240
altersbedingte Gewichtsverluste	++	▶ S. 281	–
Osteodystrophie	++	▶ S. 296	Satin-MS, Lahmheit ▶ S. 222
chronische Enteritis	++	▶ S. 289	–
Knochentumor	+	▶ S. 287	v. a. MS, Äußerliche UV ▶ S. 74, Lahmheit ▶ S. 222
chronische Niereninsuffizienz	+	▶ S. 292	Neurolog. Ausfallserscheinungen ▶ S. 197
Diabetes mellitus	+	▶ S. 293	Abmagerung nur bei CH, D, Polydipsie ▶ S. 185
Hypothyreose	+	▶ S. 295	MS, Äußerliche UV ▶ S. 74, Fell-/Hautveränderungen ▶ S. 240
Ovarialzysten	+	▶ S. 298	MS, Schmerz/UV kaudales Abdomen ▶ S. 112, Fell-/Hautveränderungen ▶ S. 240
Neoplasien von Abdominalorganen	+	▶ S. 299	–
Leukose	+	▶ S. 300	Äußerliche UV ▶ S. 74
stressbedingte Gewichtsverluste	+	▶ S. 292	–
Rodentiose	(+)	▶ S. 301	–
Tularämie	(+)	▶ S. 302	–
fütterungsbedingte Gewichtsverluste	(+)	▶ S. 302	–

Infektiöse Erkrankungen, wie die Leukose, die Rodentiose und die Tularämie sind nur selten anzutreffen. Häufiger sind, besonders bei **Meerschweinchen**, raumfordernde Prozesse im Abdomen (z. B. Ovarialzysten, Milztumor), die die Futteraufnahmekapazität der Tiere einschränken. Bei Satinmeerschweinchen ist außerdem die Osteodystrophie eine wichtige Ursache für Gewichtsverluste. Diabetische Erkrankungen führen in der Regel nur bei **Chinchillas** und **Degus** zu Abmagerung, bei **Meerschweinchen** wird eher eine Fettleibigkeit beobachtet.

16.4
Diagnostischer Leitfaden: Abmagerung (▶ S. 276)

16.4.1 Besonderes Augenmerk bei der Anamnese

Alter: Bei älteren Tieren können senile Kachexien (▶ S. 281) auftreten. Der Eintritt solcher Veränderungen ist von der möglichen Lebenserwartung der jeweiligen Tierart abhängig. Neoplasien von Abdominalorganen (▶ S. 299) sind ebenfalls vorwiegend bei älteren Patienten zu diagnostizieren.

Fütterungsbedingungen: Die Rationszusammensetzung ist besonders dann detailliert zu hinterfragen, wenn der Verdacht besteht, dass das Tier nicht adäquat gefüttert wird.

Futteraufnahmeverhalten: Das Futteraufnahmeverhalten kann wichtige Hinweise auf die Art der zugrunde liegenden Krankheit liefern. Bei Zahnerkrankungen (▶ S. 282) besteht zunächst meist noch Interesse am Futter. Es wird jedoch nach einigen vorsichtigen Kaubewegungen wieder ausgespuckt oder die Tiere benötigen deutlich mehr Zeit zum Zerkleinern. Auch werden oft besonders weiche Futtermittel (z. B. Gurke, Apfel, Birne, Rosinen) selektiert. Gleiches gilt bei der Osteodystrophie (▶ S. 296) der Satinmeerschweinchen, bei der die Knochen durch weniger festes Fasergewebe ersetzt werden. Besteht eine Pharyngitis (▶ S. 296), so beobachten die Besitzer oft, dass die Meerschweinchen zwar normal kauen, dann aber beginnen zu würgen oder zu husten und das Futter wieder ausspucken. Liegen intraabdominale Umfangsvermehrungen (▶ S. 299) vor, so zeigen die Tiere unverminderten Appetit und scheinen ständig zu fressen. Die Futteraufnahmekapazität ist jedoch deutlich reduziert, sodass die Gesamtmenge des aufgenommenen Futters sinkt. Dies fällt dem Besitzer aber allenfalls bei Einzelhaltung auf. Auch täuscht der zunehmende Bauchumfang den Besitzer zunächst über die tatsächlichen Gewichtsverluste hinweg; das betroffene Tier wird oftmals eine Zeit lang als eher adipös empfunden. Bestehen chronische Infektionserkrankungen, wie die Leukose (▶ S. 300), die Rodentiose (▶ S. 301) oder die Tularämie (▶ S. 302), so ist der Appetit der Patienten meist deutlich reduziert. Herzerkrankungen (▶ S. 289) können sowohl bei erhaltener als auch bei reduzierter Futteraufnahme zu Gewichtsverlusten führen. Bei einem Diabetes mellitus (▶ S. 293) ist der Appetit in der Regel zunächst deutlich gesteigert, gleichzeitig besteht Polydipsie. Allerdings magern nur Chinchillas und Degus frühzeitig ab, während Meerschweinchen zunächst noch zunehmen. Ein ebenfalls auffälliges Trinkverhalten jedoch bei gleichzeitig vermindertem Appetit fällt bei chronischen Niereninsuffizienzen (▶ S. 292) auf. Im Rahmen von Hyperthyreosen (▶ S. 294) nehmen die Meerschweinchen meist zunächst noch normale oder sogar gesteigerte Futtermengen auf. In fortgeschrittenen Fällen wird die Futteraufnahme jedoch zusehends reduziert.

Haltungsbedingungen: Die Haltungsbedingungen können vor allem Hinweise auf stressbedingte Gewichtsverluste (▶ S. 292) geben. Als Stressoren können z. B. übermäßige Wärme oder Kälte sowie Umzug, Partnerverlust oder Rangordnungskämpfe fungieren.

Allgemeinbefinden und Mobilität: Bei altersbedingter Abmagerung (▶ S. 281) ist das Allgemeinbefinden des Tieres meist ungestört. Der Bewegungsdrang kann aufgrund des Alters reduziert sein. Bestehen Zahnerkrankungen (▶ S. 282), so sind die Tiere meist noch in gutem Allgemeinzustand, so lange noch marginale Futtermengen aufgenommen werden und keine sekundären Verdauungsstörungen bestehen. Gleiches gilt für Veränderungen, die die Futteraufnahmekapazität einschränken. Herzerkrankungen (▶ S. 289) führen meist zu einer verminderten Mobilität, was besonders bei Jungtieren auffällt. Osteodystrophien (▶ S. 296) bewirken im fortgeschrittenen Stadium einen deutlichen Mobilitätsverlust, da der gesamte Bewegungsapparat an Stabilität verliert.

Diagnostischer Leitfaden: Abmagerung

Anamnese

- ▶ Alter
- ▶ Rasse — ▶ Satinmeerschweinchen
- ▶ Fütterung
  - ▶ Rationsmenge und -zusammensetzung
  - ▶ Menge und Art der Futteraufnahme
- ▶ Haltung — ▶ Gruppenzusammensetzung, Stressfaktoren

Klinische Untersuchung

- ▶ Polyphagie — ▶ Polydipsie, Polyurie, evtl. Katarakt
- ▶ erhaltene Futteraufnahme
  - ▶ Abdomen umfangsvermehrt — ▶ Röntgen/Sonografie Abdomen
    - ▶ UV seitlich der LWS
    - ▶ UV im mittleren bis kaudalen Abdomen
  - ▶ Diarrhoe — ▶ Kot-US — ▶ Hefen, Bakterien Parasiten
  - ▶ keine weiteren klinischen Befunde
  - ▶ Alopezie inguinal, am Bauch — ▶ Herzgeräusch, evtl. UV im Schilddrüsenbereich
  - ▶ Herzgeräusch, — ▶ Röntgen Thorax — ▶ Kardiomegalie, Gefäßstauung, Thoraxverschattung (Thoraxerguss, Lungenödem), Hepatomegalie

16.4 Diagnostischer Leitfaden: Abmagerung

- senile Kachexie? → S. 281
- Osteodystrophie? → S. 296
- fütterungsbedingte Kachexie? → S. 302
- Zahnerkrankung? → S. 282
- stressbedingte Abmagerung? → S. 292

- Blut- u. Harn-US
  - Glukosurie, Hyperglykämie → Diabetes mellitus → S. 293
  - homogen → Ovarialzysten → S. 298
  - inhomogen, evtl. Verkalkungen → Ovarialtumor → S. 299
- ggf. Probelaparatomie
  - Milztumor → S. 129
  - Uterustumor → S. 299
  - Tumor anderer Organe → S. 299
  - chronische Enteritis → S. 289
- Blut- u. Harn-US
  - o.b.B. → stressbedingte Abmagerung → S. 292
  - o.b.B. → altersbedingte Abmagerung → S. 281
  - o.b.B. → fütterungsbedingte Abmagerung → S. 302
- Blut-US
  - T4 ↑ → Hyperthyreose → S. 294
  - T4 ↓ → Hypothyreose → S. 295
- EKG u. Echokardiografie → Herzerkrankung → S. 287

Fortsetzung: **Abmagerung**

- ▸ reduzierte Futteraufnahme
  - ▸ Herzgeräusch, Arrhythmie
    - ▸ Röntgen Thorax
      - ▸ Kardiomegalie, Gefäßstauung, Thoraxverschattung (Thoraxerguss, Lungenödem), Hepatomegalie
  - ▸ Kau-, Schluckbeschwerden, evtl. Speicheln
    - ▸ US Maul, Rachen u. Kiefer
      - ▸ Zähne überlang, locker, mit Kanten, Eiterbildung
      - MS ▸ Rachen gerötet, Bläschen/Mikroabszesse
      - ▸ asymmetrische, harte Auftreibung am Kiefer, evtl. eine Zahnreihe verschoben
      - MS ▸ symmetrische, flächige Auftreibung des Kiefers, evtl. eingeschränkte Beweglichkeit der Gelenke
  - MS ▸ Bewegungsstörungen
  - ▸ Lymphknoten vergrößert
    - ▸ Punktion Lymphknoten
      - ▸ unreifes, polymorphes Zellbild
  - ▸ palpatorisch Leberschwellung
    - ▸ Sonografie Abdomen
      - ▸ unregelm. Leberstruktur mit echoreichen Bezirken
      - ▸ Gefäße dilatiert

16.4 Diagnostischer Leitfaden: Abmagerung

▸ EKG u. Echokardiografie → ▸ Herzerkrankung → ▸ S. 289

▸ ggf. Röntgen Schädel → ▸ Zahnerkrankung → ▸ S. 282

▸ Würgereiz bei Palpation im Kehlbereich → ▸ Pharyngitis → ▸ S. 286

▸ Röntgen Schädel → ▸ Osteolyse/wolkige Auftreibung → ▸ Knochentumor → ▸ S. 287

▸ Röntgen Schädel, Becken u. Hinterbeine → ▸ generalisierte Mineralisationsstörungen → ▸ Osteodystrophie → ▸ S. 296

▸ Sonografie Abdomen → ▸ Leber, Milz, Darmlymphknoten inhomogen vergrößert → ▸ Leukose → ▸ S. 300

▸ evtl. Fieberschübe → ▸ Rodentiose / ▸ Tularämie → Pathologie mit Erregerisolierung → ▸ S. 301 / ▸ S. 302

▸ Leberstauung → ▸ Herzerkrankung → ▸ Echokardiografie → ▸ S. 289
→ ▸ S. 109

16.4.2 Besonderes Augenmerk bei der klinischen Untersuchung

Da prinzipiell alle Erkrankungen, die mit Inappetenz bzw. eingeschränkter Futteraufnahme einhergehen, auch zu Abmagerung führen, sollte bei diesem Leitsymptom stets eine ausführliche und gründliche klinische Untersuchung durchgeführt werden, die alle Organsysteme berücksichtigt.

Besteht eine Erkrankung der Zähne und/oder des Kiefers?

Krankheiten der Zähne und des Kiefers (▶ S. 282) spielen eine wichtige Rolle bei Gewichtsverlusten. Daher ist der gesamte Kauapparat gründlich zu untersuchen. Zunächst werden durch Hochziehen der Lippen die Inzisivi begutachtet. Es wird auf Längenunterschiede, Lockerungen und Verfärbungen geachtet. Die Backenzähne können nur dann befriedigend beurteilt werden, wenn die Mundhöhle mit Maul- und Wangenspreizer adäquater Größe geöffnet worden ist. Es ist auf Fehlstellungen der Zähne, Kanten- oder Spitzenbildung, Lockerung, Schleimhautverletzungen und Eiteransammlungen zu achten. Beim Meerschweinchen muss mit einem Zungenspatel außerdem der Zungenwulst vorsichtig herunter gedrückt werden. Nur so kann der Rachenraum ausreichend eingesehen werden, um entzündliche Veränderungen diagnostizieren zu können. Weiterhin wird der gesamte Kieferknochen abgetastet. Auftreibungen können infolge apikalen Zahnwachstums oder bei Neoplasien (▶ S. 287) entstehen. Kieferabszesse (▶ S. 83) sind als pralle, fluktuierende Umfangsvermehrungen zu ertasten.

Liegen Anzeichen für Verdauungsstörungen vor?

Kotverunreinigungen in der Anogenitalregion können erste Hinweise für Verdauungsstörungen (▶ S. 289) liefern. Bei der Auskultation des Abdomens lassen sich oft verstärkte Verdauungsgeräusche als Anzeichen einer Enteritis vernehmen.

> ❗ Es ist zu beachten, dass Verdauungsstörungen sowohl der Auslöser einer Abmagerung sein können als auch sekundär bei verändertem Fressverhalten auftreten.

Sind Veränderungen im Abdomen zu finden?

Ein umfangsvermehrtes Abdomen bei gleichzeitiger Abmagerung deutet auf raumfordernde Prozesse (▶ S. 298) hin, die die Futteraufnahmekapazität einschränken. Durch sorgfältige Palpation können Größenzunahmen von Gebärmutter, Ovarien, Milz oder Darmlymphknoten erkannt werden. Chronische Infektionen, wie die Rodentiose (▶ S. 301), die Leukose (▶ S. 300) und die Tularämie (▶ S. 302) führen möglicherweise zu einer Lebervergrößerung. Auch der Darm ist palpatorisch zu beurteilen. Sowohl vermehrte Gasansammlungen als auch Verdickungen der Darmwand, wie sie bei chronischen Enteritiden (▶ S. 289) häufig vorkommen, sind zu ertasten.

Bestehen Anzeichen einer Herzerkrankung?

Bei kardial bedingten Gewichtsverlusten sind oft deutliche Herzgeräusche oder Arrhythmien wahrzunehmen. Eine Dämpfung der Herztöne kann Hinweise auf einen Thoraxerguss liefern.

> ❗ Da die kleinen Tiere sehr hohe Herzfrequenzen haben, ist die Beurteilung der Auskultation nicht einfach. Sie sollte daher sehr sorgfältig und ausreichend lange durchgeführt werden.

Sind Augenveränderungen zu finden?

Es sollten in jedem Fall die Augen betrachtet werden, da bei Diabetes-Erkrankungen (▶ S. 293) häufig Katarakte entstehen.

Liegen Fellveränderungen vor?

Bei abgemagerten Meerschweinchen sollte stets das Fell im Inguinalbereich und am Bauch begutachtet werden. Bei Schilddrüsenfunktionsstörungen (▶ S. 294f) kommt es oft zu Alopezien, die inguinal beginnen und sich auf den Bauch und die Innenschenkel ausdehnen.

16.4.3 Diagnosesicherung durch weiterführende Untersuchungen

Werden bei der klinischen Allgemeinuntersuchung keine besonderen Befunde oder aber Linsentrübungen festgestellt, so sind bei normaler oder gesteigerter Futteraufnahme zunächst **Blut- und Harnuntersuchungen** durchzuführen, um einen Diabetes mellitus (▶ S. 293) ausschließen zu können. Auch eine Niereninsuffizienz (▶ S. 292), die je nach Grad der Erkrankung mit unauffälliger oder verminderter Futteraufnahme einhergeht, kann so abgeklärt werden. Bei Meerschweinchen empfiehlt es sich außerdem den T4-Wert zu überprüfen, um eine Schilddrüsenerkrankung (▶ S. 294, ▶ S. 295) diagnostizieren zu können.

Röntgenaufnahmen des Schädels müssen angefertigt werden, wenn Auftreibungen des Kiefers vorliegen, Zähne gelockert sind oder sich Eiteransammlungen in der Maulhöhle finden. Auch bei Satinmeerschweinchen, deren Kauapparat unauffällig erscheint, muss der Schädel geröntgt werden, um osteodystrophische Veränderungen (▶ S. 296) sichtbar zu machen.

Röntgen- oder Ultraschalluntersuchungen des Abdomens dienen zur Absicherung abdominaler Palpationsbefunde und dem Ausschluß von Nephrolithen bei Niereninsuffizienz.

Röntgenaufnahmen des Thorax werden bei Verdacht auf eine Herzerkrankung (▶ S. 289) erstellt. Ergeben sich auch hierbei abweichende Befunde, so werden weitere Untersuchungen, wie **EKG** und **Echokardiografie**, angeschlossen.

Bestehen Anzeichen für Verdauungsstörungen (▶ S. 289), erfolgt eine **Kotuntersuchung** im Nativpräparat, anschließend mithilfe der Flotationsmethode. Verlaufen diese Verfahren negativ, so kann eine bakteriologische Untersuchung sinnvoll sein.

Bestehen Veränderungen von Lymphknoten und/oder Leber, kann eine **Punktion** mit anschließender **zytologischer Untersuchung** ein wichtiges Hilfsmittel darstellen.

16.5 Erkrankungen

Altersbedingte Gewichtsverluste

▶ Durch Reduktion des Stoffwechsels hervorgerufene Gewichtsabnahme bei alternden Tieren.

Ätiologie & Pathogenese

Bei alten Tieren kommt es trotz guter Futteraufnahme häufig zu einer Gewichtsreduktion durch generalisierte Atrophie von Muskeln, Skelett und inneren Organen. Diese wird durch einen reduzierten Gesamtstoffwechsel, verminderte hormonelle Stimulation und beeinträchtigte Regenerationsprozesse des alternden Organismus hervorgerufen. Dieser Prozess beginnt bei **Degus**, die eine Lebenserwartung von 5–7 Jahren haben, etwa im Alter von 4 Jahren. Bei **Meerschweinchen** (Lebenserwartung bis max. 8–10 Jahre) werden senile Gewichtsverluste mit etwa 6–7 Jahren beobachtet. **Chinchillas** können dagegen ein Alter von bis zu 20 Jahren (in Ausnahmefällen auch mehr) erreichen. Gewichtsreduktionen, die ausschließlich durch Alterungsprozesse hervorgerufen werden, sind bei dieser Tierart erst ab einem Alter von ca. 15 Jahren zu erwarten.

Klinik

Die Tiere weisen meist eine generalisierte Muskelrückbildung auf, Alterskatarakte sind möglich. Auch die Mobilität ist oft eingeschränkt, die Ruhephasen sind verlängert.

Diagnose

Eine Diagnose kann nur nach Ausschluss aller möglichen Differenzialdiagnosen gestellt werden. Insbesondere beim Bestehen von Katarakten muss eine diabetische Erkrankung durch Harn- und Blutuntersuchungen ausgeschlossen werden.

Therapie & Prognose

Es kann versucht werden einer zu rasch fortschreitenden Abmagerung entgegenzuwirken, indem der Energiegehalt der Ration erhöht wird. Bei Meerschweinchen sollten Frischfuttermittel mit geringem Energiegehalt (z. B. Gurke, Salat) gegen solche mit höherer Energiedichte (z. B. Wurzelgemüse, Obst) ausgetauscht werden. Weizen- und Haferflocken sowie Trockengemüse werden zu einem hochwertigen pelletierten Alleinfuttermittel gemischt. Für Degus kann der Anteil hochwertigen pelletierten Trockenfutters erhöht und in der Frischfutterration die Salatmenge zugunsten von Wurzelgemüse verringert werden. Auch gelegentliche Gaben von Kolbenhirse sorgen für zusätzliche Kalorienzufuhr. Obst (weder frisch noch getrocknet) sollte nicht als Energielieferant dienen, da es im Verdacht steht, Diabetes mellitus auszulösen. Chinchillas sollten ein schmackhaftes und hochwertiges pelletiertes Seniorenfutter erhalten. Übermäßige Gaben von Obst und Getreide sind wegen des empfindlichen Verdauungstrakts nicht zu empfehlen.

> ⚠ Bei allen diesen Fütterungsmaßnahmen muss darauf geachtet werden, dass der Rohfaseranteil der Ration sowie die Zufuhr an Mineralstoffen ausreichend hoch bleiben.

Zahn- und Kiefererkrankungen
▶ Häufigste Ursache für Gewichtsverluste; meist multifaktorielle Genese.

Ätiologie & Pathogenese
Zahnerkrankungen können verschiedene Ursachen haben, die einzeln oder auch kombiniert vorkommen können:
- **Genetisch bedingte Fehlstellungen** führen oft bereits bei Jungtieren zu Problemen. Zu ihnen gehört die Brachygnathia superior (▶ **Abb. 16.2**), bei der durch Verkürzung des Oberkiefers die oberen hinter den unteren Inzisivi stehen.
- Bei älteren Tieren kommt es aufgrund einer **Bindegewebsschwäche** zum Abkippen der Backenzähne. Die Zähne des Oberkiefers neigen sich dabei in der Regel nach buccal, die des Unterkiefers nach lingual.
- Ein **Mangel an strukturierter Rohfaser** hat ungenügende Kauaktivität zur Folge, sodass die Zähne nicht ausreichend abgerieben werden.
- Ein **Kalziumdefizit in der Futterration** führt auf Dauer zu einer sekundären alimentären Osteodystrophie, die sich zunächst vor allem in einer Verschlechterung der Zahnqualität bemerkbar macht. Bei Chinchillas und Degus kommt es zu einer Entfärbung der Inzisivi, bei Meerschweinchen werden sie glasig oder bräunlich. Die Zähne verlieren zudem an Festigkeit und lockern sich in den Alveolen, sodass Keime leichter eindringen und Entzündungen hervorrufen können. Kalzium-Resorptionsstörungen gehen mit den gleichen Symptomen einher.
- **Traumata** (Stürze, Einhängen in das Käfiggitter) können Frakturen der Inzisivi zur Folge haben. Dabei kommt es auch häufig zu einer Entzündung der Zahnsäckchen, sodass die Schneidezähne fehlgestellt nachwachsen. Bei Meerschweinchen wird oft eine Deformation einzelner Inzisivi beobachtet. Sie splissen auf und wachsen in Form einzelner weicher Fasern nach, die keinerlei Festigkeit mehr besitzen.
- Bei **Verlust einzelner Zähne** kann der Abrieb des entsprechenden Antagonisten vermindert sein.
- Alle **Erkrankungen mit Inappetenz** führen durch verminderte Kauaktivität zu einem reduzierten Zahnabrieb.

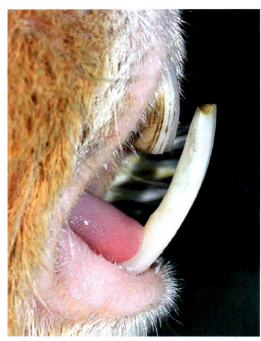

▶ **Abb. 16.2** Brachygnathia superior bei einem Meerschweinchen.

Klinik

Erstes Anzeichen einer Zahnerkrankung ist oft eine Veränderung der Kotkonsistenz (▶ S. 46). Diese kommt einerseits dadurch zustande, dass die Tiere weniger intensiv kauen und die in größeren Stücken abgeschluckte Nahrung Fehlgärungsprozesse im Verdauungstrakt begünstigt. Andererseits wird bevorzugt weicheres, rohfaserarmes Futter aufgenommen, woraus eine Instabilität der Darmflora resultiert. Vermindert sich die Futteraufnahme weiter, so sind gravierendere Verdauungsstörungen (besonders Tympanien) zu beobachten und das Allgemeinbefinden des Tieres verschlechtert sich.

Ein weiteres Anzeichen einer Zahnerkrankung ist ein übermäßiger Speichelfluss, der zu Fellverklebungen an Maul, Hals, Vorderbrust und der Medialfläche der Vorderbeine führt.

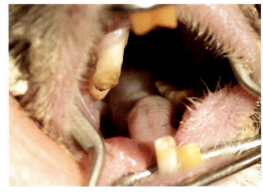

▶ **Abb. 16.3** Zahnfehlstellung bei einem Chinchilla: Die Backenzähne des rechten Oberkiefers sind überwachsen und neigen sich in Richtung der Backenschleimhaut. Die Zähne des Unterkiefers bilden Kanten nach lingual aus.

Diagnose

Eine Verdachtsdiagnose kann bereits anhand der Anamnese gestellt werden: Die Tiere haben oftmals noch Interesse am Futter, lassen es nach einigen vorsichtigen Kauversuchen jedoch liegen. Andere benötigen auffallend lange für den Kauvorgang und wischen sich zwischendurch immer wieder mit der Pfote über das Maul, als wollten sie einen Fremdkörper entfernen.

Der Kiefer wird abgetastet, um Auftreibungen erkennen zu können. Dabei ist zu berücksichtigen, dass bei Meerschweinchen, deren Backenzähne mit einem deutlichen Neigungswinkel im Kiefer verankert sind, Exostosen durch apikales Zahnwachstum nicht am ventralen Kieferrand aufteten, sondern lateral unter der Kaumuskulatur.

Dann erfolgt eine Adspektion der Inzisivi. Bei Meerschweinchen kann deren schräge Abnutzung bereits Hinweise auf Probleme im Backenzahnbereich (ausweichende Kaubewegungen bei Inkongruenz der Kauflächen) liefern. Die Ursache kann jedoch auch eine Entzündung und/oder Lockerung eines Inzisivus sein, der dann durch Schrägstellung des Kiefers geschont wird.

Ver- bzw. Entfärbungen der Schneidezähne sind Anzeichen eines Kalziummangels. Die Backenzähne sollten bei ausreichend geöffneter Maulhöhle beurteilt werden (▶ Abb. 16.3 und ▶ Abb. 16.4). Es wird auf Fehlstellungen, Überlänge, Kantenbildung, Veränderungen des Durchmes-

▶ **Abb. 16.4** Zahnfehlstellung bei einem Meerschweinchen: Die Backenzähne des rechten Oberkiefers sind massiv überwachsen.

sers und Lockerung der Zähne geachtet, weiterhin auf Schleimhautverletzungen der Wange und der Zunge sowie Eiterbildung.

> ⚠ Werden gelockerte Zähne und eitrige Alveolen gefunden, so müssen Röntgenaufnahmen des Schädels angefertigt werden! Gleiches gilt auch, wenn bei Meerschweinchen der Durchmesser eines oder mehrerer Zähne vergrößert erscheint.

Nur so können Granulombildungen der apikalen Zahnanteile sowie entzündliche Veränderungen des Kiefers diagnostiziert werden (▶ Abb. 16.5, ▶ Abb. 16.6, ▶ Abb. 16.7).

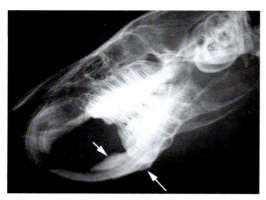

▶ **Abb. 16.5** Schädel eines Meerschweinchens: Es finden sich Auftreibungen und Auflockerungen der Knochenstruktur (Pfeile) im Bereich der Unterkieferinzisivi.

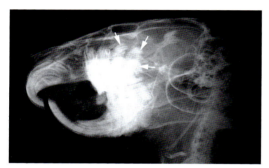

▶ **Abb. 16.6** Schädel eines Chinchilla: Die apikalen Spitzen der Molaren sind deutlich nach kaudal geneigt und haben Granulome (Pfeile) ausgebildet.

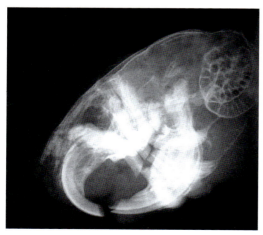

▶ **Abb. 16.7** Schädel eines Degu: Sämtliche Backenzähne in Ober- und Unterkiefer zeigen apikales Wachstum und weisen Granulome auf.

Therapie

Kurze Zahnkorrekturen einzelner Spitzen und Kanten sind in den meisten Fällen ohne Sedation des Tieres möglich.

Eine Narkose wird allerdings stets dann notwendig, wenn eine vollständige Korrektur der Zahnreihen zur Wiederherstellung einer korrekten Okklusion mithilfe von rotierenden Diamantschleifern erfolgen muss. Sie ist auch dann unverzichtbar, wenn durch Zahnfehlstellungen bereits tiefe Schleimhautläsionen verursacht wurden, sodass Manipulationen in der Maulhöhle für den Patienten mit großen Schmerzen verbunden sind. Sie sollte ebenfalls erwogen werden, wenn das betroffene Tier besonders panisch reagiert. Es ist allerdings auch zu berücksichtigen, dass eine Sedation bei abgemagerten Tieren mit reduziertem Futteraufnahmeverhalten ein größeres Risiko birgt. Die schonendste Methode ist eine Isofluran-Inhaltionsnarkose, die individuell gesteuert werden kann und nach der die Patienten innerhalb weniger Minuten wieder erwachen.

Überwachsene Inzisivi werden grundsätzlich mit einer Trennscheibe gekürzt. Ein Abknipsen mit Krallenscheren oder Korrekturzangen ist obsolet, da die Zähne leicht splittern, insbesondere, wenn sie eine verminderte Qualität aufweisen. Oftmals wird zudem beim Knipsen versehentlich die Pulpahöhle durch die Splitterungen eröffnet, was zum Eindringen von Keimen und zu einer fortgeleiteten Entzündung über den apikalen Zahnbereich bis in den Kieferknochen hinein führen kann. Zusätzlich können durch die Hebelwirkung dauerhafte Schäden im Bereich des Zahnsäckchens entstehen, die eine weitere Verschlechterung der Zahnqualität oder eine Deformation oder Fehlstellung des nachwachsenden Zahnes nach sich ziehen. Einzelne Kanten und Spitzen an den Backenzähnen werden mithilfe einer Korrekturzange entfernt, der Zahn danach mit einer diamantierten Feile geglättet. Weiterhin müssen überlange Zähne, die die umgebenden Zähne überragen und damit ein Stufengebiss bilden, auf entsprechendes Niveau heruntergekürzt und angeglichen werden, auch wenn sie noch keine Spitzen oder Kanten ausgebildet haben. Andernfalls ist eine physiologische Kaubewegung nicht möglich. Insbesondere beim Meerschweinchen ist zudem oftmals der letzte Molare, meist im Unterkiefer, von einer speziellen Veränderung betroffen, bei der die Kaufläche sich nicht nur schalenartig sowohl nach buccal als auch nach lingual ausbildet, sondern bei der der Zahn häufig auch noch erheblich an Umfang zunimmt. In den beiden letztgenannten Fällen ist eine Korrektur mit rotierenden Instrumenten in Sedation anzuraten.

Sind Zähne nur dezent gelockert, so sollten sie unter das Niveau der Nachbarn gekürzt werden, um für einige Zeit ihre Beteiligung am Kauvorgang zu verhindern. In vielen Fällen festigen sich diese Zähne wieder. Dies kann, wenn röntgenologisch auch Zahngranulome nachgewiesen werden, durch eine Behandlung mit einem knochengängigen Antibiotikum unterstützt werden. Ist ein Zahn stärker gelockert und die Alveole zudem vereitert, so sollte eine Extraktion in Allgemeinanästhesie vorgenommen werden. Die Extrationswunde muss gründlich mit einem scharfen Löffel auskürettiert und anschließend mit einer milden desinfizierenden Lösung ausgespült werden, um alle Granulomanteile sicher zu entfernen. Die Wundhöhle wird anschließend mit einer Schleimhautnaht verschlossen. Im Anschluss erhalten die Tiere für mindestens eine Woche ein Antibiotikum sowie ein Analgetikum.

Die Behandlung von Kieferabszessen wird auf ▶ S.83ff ausführlich beschrieben und daher hier nur kurz angerissen: Röntgenaufnahmen in mindestens 2 Ebenen sind unverzichtbar, um alle am Abszess beteiligten Zähne zweifelsfrei identifizieren und nachfolgend extrahieren zu können. Zusätzlich muss der Abszess von außen präpariert und die Abszesskapsel möglichst weitgehend entfernt werden. Ein Anteil dieser Kapsel sollte zur mikrobiologischen Untersuchung eingeschickt werden, da hieraus häufiger als aus dem eitrigen Abszessinhalt noch lebensfähige Keime isoliert werden können. Nach einer gründlichen Kürettage, bei der versucht wird, die Reste der Abszesskapsel möglichst vollständig zu entfernen, wird die Wundhöhle gründlich gespült und für die Nachbehandlung nach außen weitgehend offen gelassen. Die Maulschleimhaut wird mit feinem resorbierbaren Nahtmaterial vernäht. Sollte das aufgrund der engen anatomischen Verhältnisse nicht möglich sein, so kann ein resorbierbares Gelatineschwämmchen (z.B. Gelastypt®) eingelegt werden, um zunächst die Verbindung zwischen Maul- und äußerer Wundhöhle zu verschließen.

Prognose

Liegen lediglich isolierte Fehlstellungen vor, so halten regelmäßige Zahnkorrekturen das Allgemeinbefinden und den Ernährungszustand des Tieres stabil. Auch wenn einzelne Zähne extrahiert werden müssen, ist die Prognose als gut zu bezeichnen. Werden bereits osteomyelitische Veränderungen des Kiefers und ausgeprägte Granulombildungen diagnostiziert, so ist die Prognose dagegen als äußerst vorsichtig zu beurteilen. Durch länger andauernde antibiotische Behandlung kann versucht werden, den Zustand des Tieres noch über einige Zeit stabil zu halten.

Bei Meerschweinchen ist immer wieder zu beobachten, dass sie auch nach einer Zahnkorrektur nicht wieder zu fressen beginnen, wenn eine Zahnerkrankung zuvor bereits seit längerer Zeit zu Inappetenz geführt hat. Die Ursache liegt häufig in einer fortgeschrittenen **Atrophie der Kau-** und besonders **der Zungenmuskulatur**. Die Zunge, die sich bei gesunden Meerschweinchen als prall-elastisches Gebilde darstellt, fällt deutlich ein und wird schlaff. Dadurch ist ein mechanischer Futtertransport in der Maulhöhle nicht mehr regelrecht möglich. Bei Meerschweinchen mit länger bestehender Inappetenz sollte daher auch immer die Zunge beurteilt werden. Ist diese bereits deutlich atrophiert, so ist die weitere Prognose als ungünstig zu beurteilen.

Als Komplikation bei Meerschweinchen, die aufgrund einer Zahnerkrankung über einige Tage inappetent waren, ist die **nekrotisierende Stomatitis** zu nennen. Es handelt sich hierbei um eine Erkrankung, bei der sich die Maulschleimhaut in flächigen, weißen Belägen ablöst, sodass offene Läsionen zurückbleiben. Diese sind äußerst schmerzhaft, sodass die Patienten auch nach erfolgter Zahnkorrektur nicht mit der Futteraufnahme beginnen. Die Ursache der Erkrankung ist bisher nicht bekannt. Ihr scheint jedoch eine Immunsuppression zugrunde zu liegen. Eine Virusgenese (Herpesviren) wird diskutiert. In den meisten Fällen versterben die Tiere 2–3 Tage nach Beginn der ersten Symptome. Es kann versucht werden, die Meerschweinchen durch Infusionen [89] mit Glukose- [87] und Vitaminzusatz, antibiotische Abschirmung, Analgetika, Immunstimulanzien [118] und Zwangsfütterung [115] zu stabilisieren. Nur in einem geringen Prozentsatz führt diese Behandlung jedoch zum Erfolg, sodass bei Ausbruch einer nekrotisierenden Stomatitis je nach Allgemeinzustand des Patienten auch die Möglichkeit eine Euthanasie erwogen werden sollte.

Bei allen 3 Tierarten kann gelegentlich infolge einer Zahnerkrankung eine **Stomatitis** beobachtet werden. Als Ursache kommen sowohl bakterielle Infektionen von Schleimhautläsionen vor, die durch Zahnspitzen entstanden sind, als auch Mykosen, v. a. mit *Candida* sp., die bei den oft deutlich immunsupprimierten Patienten zu flächigen weißlichen Belägen der Zungen- und Wangenschleimhaut führen (▶ Abb. 16.8). Es muss dann eine zügige Behandlung mit Antibiotika bzw. Nystatin [29] erfolgen, da solche Tiere oft auch die Zwangsfütterung komplett verweigern.

Prophylaxe
Vielfach können schwere Zahnerkrankungen durch adäquate Fütterung verhindert werden. Besonders wichtig ist ein hoher Rohfasergehalt der Ration, der bei Chinchillas 18 %, bei Meerschweinchen und Degus 16 % nicht unterschreiten sollte. Dadurch werden eine ausreichende Kauaktivität und damit ein genügender Zahnabrieb gewährleistet. Bei der Rationsgestaltung muss außerdem auf eine ausreichende Kalziumzufuhr geachtet werden, um eine stabile Zahnqualität zu sichern. Chinchillas sollten in ausreichender Menge mineralstoffsupplementierte Pellets aufnehmen. Zusätzlich können Kalziumtabletten angeboten werden. Bei Meerschweinchen und Degus kann eine gesteigerte Substitution über Frischfutter erfolgen, wobei besonders Kräuter, Möhrengrün und Brokkoli als gute Kalziumlieferanten fungieren. Allerdings darf nicht ausschließlich und einseitig kalziumbetont gefüttert werden, da ansonsten einer Urolithiasis Vorschub geleistet werden würde (▶ S. 174). Die Tiere sollten außerdem genügend benagbares Material in Form von Ästen (z. B. ungespritzter Obstbaum, Weide, Haselnuss) zur Verfügung haben, um den Schneidezahnabrieb zu fördern.

Pharyngitis MS
▶ Durch bakterielle Infektionen hervorgerufene Rachenentzündung bei **Meerschweinchen**; besonders oft bei Tieren mit supprimiertem Immunsystem.

Ätiologie & Pathogenese
Bei Meerschweinchen können immer wieder Entzündungen des Rachens als Ursache für Inappetenz und Abmagerung verantwortlich gemacht werden. Diese werden sowohl isoliert als auch im Rahmen von Allgemeininfektionen beobachtet. Ihre Entstehung scheint durch immunsupprimierende Faktoren begünstigt zu werden. Besonders oft sind Tiere betroffen, bei denen aufgrund einer vorangegangenen Zahnerkrankung bereits eine verminderte Kondition vorliegt, die eine Schilddrüsenerkrankung aufweisen oder bei denen hormonell aktive Ovarialzysten auffallen.

Klinik
Die Tiere nehmen häufig zunächst noch Futter auf, kauen auch, beginnen dann aber zu würgen, wischen sich mit den Pfoten über das Maul und spucken die zerkleinerte Nahrung wieder aus. In fortgeschrittenen Fällen speicheln die Meerschweinchen vermehrt. Würgereiz und Husten sind auch unabhängig von der Nahrungsaufnahme zu beobachten.

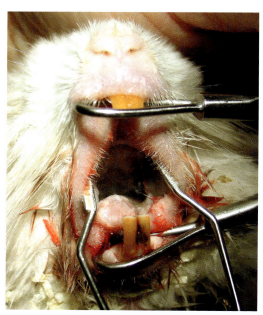

▶ **Abb. 16.8** Stomatitis bei einem Chinchilla: Die Zunge weist flächige weiße Beläge auf.

Diagnose

Bereits die Anamnese lässt Schluckstörungen vermuten. Der Kehlkopfbereich sollte vorsichtig palpiert werden. Bei fortgeschrittener Erkrankung lässt sich dadurch bereits ein Würgereiz oder Husten auslösen. Der Rachenbereich kann nur eingesehen werden, wenn die Maulhöhle ausreichend weit mit Kiefer- und Wangenspreizer geöffnet und die Zunge mit einem Spatel heruntergedrückt wird. Bei Entzündungen lassen sich massive Rötungen und Hyperämisierungen der Schleimhaut nachweisen. Auch Bläschen oder kleine Mikroabszedierungen können vorhanden sein (▶ Abb. 16.9).

Therapie & Prognose

Eine Behandlung ist oft langwierig. Da die Meerschweinchen vielfach erst wieder mit einer ausreichenden Futteraufnahme beginnen, wenn die Veränderungen vollständig abgeklungen sind, muss sofort mit einer ausreichenden und adäquaten Zwangsfütterung (▶ S. 304) begonnen werden.

Die Tiere erhalten eine allgemeinantibiotische Behandlung, deren Erfolg bereits nach 3–5 Tagen kontrolliert werden sollte. Ist nach diesem Zeitraum noch keine Besserung eingetreten, so sollte das Antibiotikum gewechselt werden. Es besteht sonst die Gefahr einer zu lange andauernden Inappetenz mit den Folgen einer Atrophie der Zungen- und Kaumuskulatur (siehe Zahn- und Kiefererkrankungen, ▶ S. 282).

Neben einer antibiotischen Behandlung erhalten die Tiere ein Analgetikum. Zur lokalen Behandlung können außerdem desinfizierende Mundsprays (z. B. Hexoral® [95]) eingesetzt werden. Sie werden am besten vor jeder Zwangsfütterung appliziert, da sie neben einem desinfizierenden auch einen lokalanästhetischen Effekt haben und dem Tier so das Abschlucken erleichtern.

Die Therapie kann durch Applikation eines Paramunitätsinducers [118] unterstützt werden, um das Immunsystem des Tieres zu stabilisieren.

Die Behandlung muss aufrechterhalten werden, bis die Rachenveränderungen abgeheilt sind und das Meerschweinchen wieder selbständig Nahrung aufnimmt. Eine Therapiedauer von mindestens 10 Tagen ist dabei die Regel. Erfolgt keine rasche Besserung oder tritt nach kurzer Zeit erneut eine Pharyngitis auf, so muss nach einer evtl. dahinterliegenden Grundursache gesucht werden, die das Immunsystem des Tieres beeinträchtigt.

> ❗ **Nach einer ausgeheilten Pharyngitis bleiben oftmals Verkalkungen in den Mikroabszessen zurück, die weiterhin als weißliche Plaques im Rachen sichtbar sind. Dies darf nicht mit einer erneuten oder weiterhin bestehenden Erkrankung verwechselt werden! Liegt eine noch „aktive" Pharyngitis vor, so sind neben den typischen klinischen Symptomen auch Rötungen, Schwellungen oder Gefäßinjektionen im Rachen sichtbar. Weiterhin kann meist bei einer Palpation des Kehlkopfs ein Husten- oder Würgereiz ausgelöst werden.**

Knochentumor

▶ Osteosarkome, die zu Auflösungen und Deformationen der Kieferknochen führen.

Ätiologie

Osteosarkome der Schädelknochen werden insbesondere bei Meerschweinchen häufig beobachtet. Befinden sich die Neoplasien im Bereich des Kiefers, so entstehen dort Auftreibungen und Deformationen, die langsam zu Veränderungen der Zahnstellung führen. Die Kauflächen passen nicht mehr kongruent aufeinander, sodass der Kauvorgang mechanisch gestört wird. Außerdem werden durch den Druck beim Kauen Schmerzen ausgelöst.

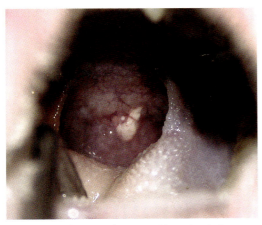

▶ Abb. 16.9 Pharyngitis bei einem Meerschweinchen: Die Rachenschleimhaut ist hyperämisiert und rot-bläulich verfärbt. Zentral befindet sich ein eitriger Plaque.

Klinik

Liegt ein Knochentumor vor, so ist das betroffene Tier zunehmend weniger in der Lage, hartes Futter zu kauen und selektiert daher weiche, rohfaserarme Anteile der Ration. Verdauungsstörungen und Gewichtsverluste sind die Folge. Viele Patienten entwickeln eine ausgeprägte Hypersalivation. In fortgeschrittenen Stadien des Tumorwachstums kommt es häufig zu sekundären Infektionen und der Ausbildung von Kieferabszessen.

Diagnose

Je nach Lokalisation und Größe eines Knochentumors kann eine Auftreibung des Kiefers schon adspektorisch oder bei der palpatorischen Untersuchung gefunden werden. Bei der Adspektion der Inzisivi fällt deren schräge Abnutzung auf, wenn die Kongruenz der Zahnreihen aufgehoben ist und sich eine zunehmende Malokklusion entwickelt (▶ **Abb. 16.10**). Auffällige Anhebungen, Verschiebungen oder Fehlstellungen von Zähnen (▶ **Abb. 16.11**) werden bei der Inspektion der Maulhöhle offensichtlich. Auf Röntgenaufnahmen des Schädels sind osteolytische Prozesse oder wolkige Auftreibungen zu diagnostizieren (▶ **Abb. 6.7**, ▶ **Abb. 16.12**).

Bereits in frühen Stadien einer Knochentumorerkrankung, in denen weder Zahnfehlstellungen noch röntgenologische Knochenveränderungen nachgewiesen werden können, fällt bei Meerschweinchen mit reduzierter Futteraufnahme häufig eine deutliche Leukozytose (oft um 20.000/µl) auf, die antibiotisch nicht oder kaum zu beeinflussen ist. Differenzialdiagnostisch ist in solchen Fällen eine Leukose (▶ **S. 300**) auszuschließen.

▶ **Abb. 16.10** Schräg abgeschliffene Schneidezähne und Malokklusion infolge eines Osteosarkoms im Kieferknochen.

▶ **Abb. 16.11** Osteosarkom des rechten Unterkiefers bei einem Meerschweinchen: Die rechte Zahnreihe wird infolge der Knochenauftreibung angehoben und nach lingual geneigt.

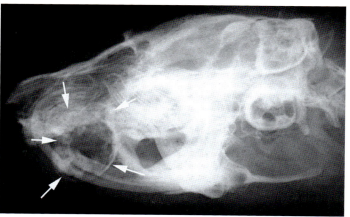

▶ **Abb. 16.12** Osteosarkom (Pfeile) am Schädel eines Meerschweinchens.

Therapie & Prognose

Eine Behandlung ist nicht möglich. Tiere mit infizierten Tumoren sollten euthanasiert werden (▶ S. 30). Gleiches gilt für Patienten, die bereits eine deutliche Malokklusion aufweisen und nicht mehr schmerzfrei Futter aufnehmen können.

In anderen Fällen kann durch Gabe von Analgetika versucht werden, das Tier noch eine Weile schmerzfrei zu halten. Eine dauerhafte antibiotische Behandlung ist sinnvoll, um Sekundärinfektionen zu verhindern. Für eine adäquate Ernährung mit ausreichendem Rohfaseranteil muss gesorgt werden, um Verdauungsstörungen vorzubeugen. Zu diesem Zweck können eingeweichte pelletierte Futtermittel oder auch zur Zwangsernährung geeignete Futtermischungen angeboten werden.

Chronische Enteritis

▶ Durch verschiedene Faktoren ausgelöste Schädigungen von Darmschleimhaut und Mikroflora, die zu Resorptionsstörungen führen.

Ätiologie & Pathogenese

Chronische Darmentzündungen führen über eine Schädigung der Schleimhaut sowie durch Störungen der physiologischen Mikroflora zu Resorptionsstörungen, aus denen eine Abmagerung resultieren kann.

Solche Erkrankungen können durch Parasitosen verursacht werden. Bei **Meerschweinchen** spielt in diesem Zusammenhang besonders ein Befall mit *Paraspidodera uncinata* oder Kokzidien eine Rolle. Aber auch eine massive Besiedlung durch Flagellaten kommt vor. Bei **Chinchillas** ist die Giardiasis ein häufiger Auslöser chronischer oder rezidivierender Durchfälle. Weiterhin können aber auch Zahnerkrankungen oder Fütterungsfehler zu anhaltenden Instabilitäten der Darmflora führen. Bei **Meerschweinchen** werden chronische Durchfälle außerdem im Rahmen von Hyperthyreosen beobachtet. Häufig ist parallel eine sekundäre Überwucherung der Darmflora mit Hefen (*Cyniclomyces guttulatus* oder selten *Candida* sp.) festzustellen.

Klinik

Die Tiere haben weichen, feucht glänzenden Kot oder breiige Durchfälle. Das Allgemeinbefinden ist meist nur wenig gestört.

Diagnose

Durch eine sorgfältige Erhebung der Fütterungsanamnese können Fütterungsfehler als Ursache chronischer Verdauungsstörungen ausgeschlossen werden. Eine gründliche Untersuchung der Maulhöhle ist erforderlich, um Zahnerkrankungen diagnostizieren zu können. Weiterhin ist selbstverständlich eine Kotuntersuchung essenziell. Zunächst sollte ein Nativpräparat angefertigt werden. Darin können sowohl vermehrte Ansammlungen von Trichomonaden oder Amöben beim Meerschweinchen als auch sekundäre Darmmykosen festgestellt werden. Giardien sind nicht immer mikroskopisch nachweisbar, sodass in jedem Fall ein entsprechendes Testverfahren eingeleitet werden sollte. Durch Flotation können Oxyureneier des Meerschweinchens sowie Kokzidienoozysten angereichert werden. Verlaufen alle Untersuchungen negativ, so empfiehlt sich eine mikrobiologische Kotuntersuchung, um bakterielle Erreger nachweisen zu können.

Therapie & Prognose

Je nach Ursache der Erkrankung sind Fütterungsumstellungen, Zahnkorrekturen oder antimykotische bzw. antiparasitäre Behandlungen erforderlich.

Auch nach dem Abstellen der Ursache der Enteritis erholt sich die geschädigte Darmflora, die bei den Caviomorpha äußerst empfindlich ist, oft nur sehr langsam. Mit einer „Rehabilitationszeit" von mehreren Wochen muss gerechnet werden. Die Tiere sollten Prä- und Probiotika erhalten. Zudem wird eine Fütterung mit hohem Gehalt an strukturierter Rohfaser angestrebt (▶ S. 40 f).

Herzerkrankungen

▶ Relativ häufig vorkommende Erkrankungen unterschiedlicher Genese.

Ätiologie & Pathogenese

Erkrankungen des Herzens kommen zumindest bei **Meerschweinchen** und **Chinchillas** häufig vor. Prinzipiell handelt es sich um ähnliche Veränderungen wie auch bei Hunden und Katzen. Bei Meerschweinchen werden neben Insuffizienzen der Atrioventrikularklappen auch häufig hypertrophe Kardiomyopathien diagnostiziert. Bei Chinchillas scheinen dagegen dilatative Formen der Kardiomyopathie zu überwiegen. Über Herzerkrankungen bei **Degus** ist bisher noch nicht viel bekannt, da bei den kleinen Tieren eine aussagekräftige echokardiografische Untersuchung mit den herkömmlichen Schallköpfen noch nicht möglich ist. Besonders bei alten Tieren können jedoch häufig Herzgeräusche festgestellt werden, die auch mit klinischer Symptomatik (besonders Abmagerung und Apathie) einhergehen.

Herzerkrankungen kommen bereits bei Jungtieren vor, sodass in solchen Fällen von kongenitalen Veränderungen ausgegangen werden muss. Bei älteren Patienten werden Probleme durch Gewebealterung hervorgerufen. Klappenschlussdefekte können zudem auch als Folge von Infektionen entstehen. Insbesondere bei Atemwegsinfektionen besteht die Gefahr, dass sich Erreger auch im Bereich der Herzklappen ansiedeln und dort zu Entzündungen mit späteren narbigen Veränderungen führen. Bei Meerschweinchen werden kardiale Probleme besonders auch als Begleiterscheinung einer Schilddrüsenfunktionsstörung beobachtet. Hierbei führt eine Hyperthyreose zu tachykarden Veränderungen, während eine Hypothyreose mit Bradykardie und ihren Folgen einhergeht.

Klinik

Die Symptomatik ist meist unspezifisch. Im Vordergrund stehen Gewichtsverluste, zunächst bei erhaltener, später jedoch deutlich reduzierter Futteraufnahme. Auch die Mobilität des Tieres lässt meist nach. Dies fällt besonders bei Jungtieren auf, die deutlich ruhiger sind als gesunde gleichaltrige Artgenossen.

Weiterhin werden gelegentlich Anfallsgeschehen beobachtet (▶ S. 218). Dekompensierte Insuffizienzen können außerdem mit Ataxien und Paresen (▶ S. 218) sowie mit Atembeschwerden durch Thoraxerguss oder Lungenödem (▶ S. 33) einhergehen. Bei Meerschweinchen, deren kardiale Problematik durch Störungen der Schilddrüsenfunktion hervorgerufen wird, sind begleitend oft Alopezien zu beobachten (▶ S. 270). Tastbare Umfangsvermehrungen im Bereich der Schilddrüse erhärten hier diesen Verdacht.

Diagnose

Bei der Auskultation lassen sich Herzgeräusche wahrnehmen. Bei Meerschweinchen mit Hyperthyreosen sind außerdem häufig Tachykardien mit pochenden Herztönen nachzuweisen. Bei Hypothyreosen ist die Herzfrequenz oft verlangsamt. Besteht ein Thorax- oder Perikarderguss, so sind die Herztöne deutlich gedämpft. Beim Vorliegen eines Lungenödems sind feuchte Atemgeräusche zu hören.

Röntgenologisch liegt eine Vergrößerung des Herzschattens vor (▶ **Abb. 16.13**). Er erhält eine kugelige Form bei Bestehen eines Perikardergusses. Die Herzsilhouette ist oftmals nicht klar begrenzt, wenn ein Thoraxerguss oder ein Lun-

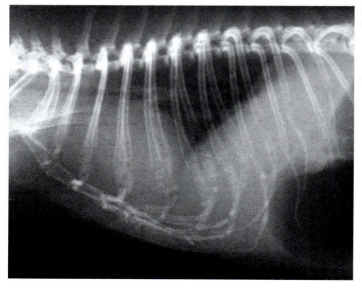

▶ **Abb. 16.13** Kardiomegalie bei einem Meerschweinchen.

genödem besteht. Es ist eine Stauung der Gefäße, besonders der Vena cava caudalis und der Aorta, nachweisbar. Als weiteres Anzeichen einer Stauungssituation kann eine Hepatomegalie beobachtet werden. Meerschweinchen mit Hypothyreosen neigen zur Bildung massiver Unterhautödeme, die röntgenologisch besonders eindrucksvoll deutlich werden (▶ Abb. 16.15).

❗ **Insbesondere beim Meerschweinchen müssen bei der Beurteilung der seitlichen Thoraxaufnahme Besonderheiten berücksichtigt werden: Zum einen ist aufgrund des weiten kranialen Mediastinums und der vergleichsweise kleinen kranialen Lungenlappen stets eine physiologische präkardiale Verschattung vorhanden. Zum anderen wirkt die Lunge auch in physiologischem Zustand aufgrund von eingelagertem lymphatischen Gewebe in der Regel leicht verwaschen.**

Eine weitere Charakterisierung der Herzerkrankung muss im Weiteren durch EKG und Echokardiografie erfolgen. Bei Meerschweinchen mit Herzerkrankungen sollte außerdem eine Untersuchung des T4-Wertes eingeleitet werden.

Therapie & Prognose

Eine Therapie ist unbedingt erforderlich, wenn bereits klinische Symptome vorliegen. Bestehen noch keine Beschwerden, ist anhand der Ergebnisse der echokardiografischen Untersuchung abzuwägen, ob eine Behandlung bereits sinnvoll erscheint. Dabei ist zu bedenken, dass eine Herzerkrankung nicht geheilt, sondern der Zustand durch Medikamente lediglich stabil gehalten werden kann. Ein frühzeitiges Eingreifen ist daher als sinnvoll zu bewerten.

Vor dem Beginn einer Behandlung muss der Patientenbesitzer darüber aufgeklärt werden, dass es sich um eine lebenslange Therapie handelt, die nicht abgebrochen werden darf. Außerdem müssen regelmäßige Kontrollen (etwa 1-mal im Jahr) durchgeführt werden, um die Medikation veränderten Verhältnissen anpassen zu können. Die Behandlung ist von der Art der Herzerkrankung abhängig und sollte möglichst nur nach vollständiger kardiologischer Untersuchung eingeleitet werden.

Furosemid **47** wird beim Vorliegen von Lungenödemen oder intrathorakalen Ergüssen eingesetzt. Es kann aber auch bei leichten Insuffizienzen der Atrioventrikularklappen beim Meerschweinchen gut als alleinige Dauermedikation eingesetzt und der Zustand der Tiere dadurch deutlich verbessert werden. Die Dosierung wird dabei individuell an das Allgemeinbefinden des Patienten angepasst. Dies ist mit den für Hund und Katze üblichen Tabletten nur schwer zu erreichen. Die Furosemid-Injektionslösung (Dimazon®) kann jedoch auch oral eingegeben und somit sehr exakt dosiert werden.

ACE-Hemmer werden besonders bei klinisch manifesten Klappeninsuffizienzen und hypertrophen Kardiomyopathien verwendet, sind aber auch bei tachykarden Arrhythmien und dilatativen Kardiomyopathien einsetzbar. Zu Beginn einer Therapie sollten die Medikamente zunächst für 3–4 Tage in halber Dosierung appliziert werden, da sie eine deutlich Blutdruck-senkende Wirkung besitzen. Dies kann sich bei Patienten, die aufgrund ihrer Erkrankung ohnehin matt sind, weiter nachteilig auswirken. ACE-Hemmer liegen nicht nur in Tablettenform, sondern auch flüssig vor, sodass eine gute gewichtsabhängige Dosierbarkeit möglich ist.

Pimobendan **51** wird aufgrund seiner positiv inotropen Wirkung bei dilatativen Kardiomyopathien eingesetzt. Es kann zudem bei fortgeschrittenen Klappeninsuffizienzen angewendet werden. Zur Eingabe besteht entweder die Möglichkeit, die kleinste Größe der Kautabletten entsprechend zu zerteilen oder das in den Kapseln enthaltene Pulver in einer definierten Wassermenge aufzulösen und einzugeben.

Digitalispräparate dienen der Behandlung von Patienten mit dilatativen Kardiomyopathien und tachykarden Arrhythmien. In der Heimtiermedizin hat sich der Einsatz des flüssigen Medikaments Lenoxin liquidum® **44** bewährt. Es kann bei den kleinen Tieren exakter dosiert werden als Tabletten.

❗ **Kann keine echokardiografische Untersuchung durchgeführt werden, so dürfen niemals auf Verdacht hin Digitalispräparate appliziert werden. In solchen Fällen ist dem Einsatz von ACE-Hemmern der Vorzug zu geben.**

Bei Kleinsäugern einsetzbare Herzmedikamente

- Diuretika
  - Furosemid [47], 1–2× tgl. 1–5 mg/kg s.c., p.o.
- Inotropika
  - Pimobendan [51], 2 x tgl. 0,25 mg/kg p.o.
- ACE-Hemmer, z. B.
  - Enalapril [45], 1× tgl. 0,5–1 mg/kg p.o.
  - Ramipril [54], 1× tgl. 0,125 mg/kg p.o.
  - Imidaprilhydrochlorid [48], 1× tgl. 0,125–0,25 mg/kg p.o.
- Herzglykoside
  - Metildigoxin [50], 1× tgl. 0,005–0,01 mg/kg p.o.
  - Digoxin [44], 1× tgl. 0,005–0,01 mg/kg p.o.

Chronische Niereninsuffizienz

▶ Bei Meerschweinchenverwandten selten vorkommende Erkrankung unterschiedlicher Genese.

Ätiologie & Pathogenese

Nierenerkrankungen kommen bei den Caviomorpha eher selten vor. In Einzelfällen können tumoröse Veränderungen (v.a. bei Leukose) oder Nephrolithen chronische Niereninsuffizienzen auslösen. Insbesondere beim Meerschweinchen ist auch eine Enzephalitozoonose als Grundursache zu bedenken. Es kommt zu einer Anhäufung von Harnstoff im Organismus, woraus letztlich eine Schädigung des zentralen Nervensystems resultiert.

Klinik

Im Vordergrund der klinischen Symptomatik steht eine fortschreitende Abmagerung. Die Patienten haben ein struppiges, ungepflegtes Fell. Im Endstadium der Erkrankung sind Ataxien, später Bewusstseinstrübungen und Krämpfe zu beobachten.

Diagnose

Die Diagnose ergibt sich durch eine Blutuntersuchung, bei der erhöhte Werte für Harnstoff und Kreatinin nachgewiesen werden können. Bei fortgeschrittener chronischer Niereninsuffizienz bestehen außerdem renale Anämien und Elektrolytverschiebungen (Hyperkaliämie, Hyponatriämie). Der Verdacht einer Enzephalitozoonose kann serologisch erhärtet werden. Auf Röntgenaufnahmen kann eine beidseitige Nephrolithiasis nachgewiesen werden. Auch Vergrößerungen der Nieren, z. B. bei Tumoren, stellen sich meist dar; ihre Struktur muss sonografisch beurteilt werden.

Therapie & Prognose

Behandlungsversuche bei chronischer Niereninsuffizienz dienen stets nur einer gewissen Lebensverlängerung. Infusionen können hierbei das Allgemeinbefinden des Tieres oft noch einmal verbessern. Zusätzlich kann die Nierenfunktion durch biologische Präparate, wie Renes viscum® oder der Kombination **S**olidago/**U**bichinon/**Co**enzyme comp® (SUC), unterstützt werden. Auch damit können sowohl das Befinden des Patienten als auch seine Nierenwerte über die Infusionstherapie hinaus oftmals noch einmal über einen z. T. längeren Zeitraum stabilisiert werden.

In Fällen mit deutlich eingeschränktem Allgemeinbefinden und massiv erhöhten Nierenwerten sollte der Patient jedoch euthanasiert werden.

Stressbedingte Gewichtsverluste

▶ Durch verschiedenste, meist haltungsbedingte Faktoren verursacht.

Ätiologie & Pathogenese

Stressbedingte Gewichtsverluste können verschiedenste Ursachen haben. Rangniedrige Tiere werden oftmals von anderen Artgenossen gejagt und vom Futter fern gehalten. Bei der gemeinsamen Haltung von Kaninchen und **Meerschweinchen** kommt es oft dazu, dass das Meerschweinchen vom Kaninchen bestiegen, gejagt oder gebissen wird. Meerschweinchen werden zudem gelegentlich in Außenställen gehalten. Durch unzureichende Wärmedämmung oder fehlende Unterschlüpfe in Gehegen kann Kältestress entstehen. Auch zu hohe Temperaturen im Sommer kommen als Stressoren in Betracht. Bei den nachtaktiven **Chinchillas** können ständige Störungen der Ruhephasen am Tag erheblichen Stress ausüben. Bei allen Tierarten führen zu häufige Bedeckungen zu Abmagerung.

Klinik

Abgesehen von der Abmagerung sind weitere klinische Symptome von der Art der einwirkenden Stressfaktoren abhängig. So können Bissverletzungen auf Rangordnungskämpfe hindeuten. Chinchillas, die permanentem Stress ausgesetzt sind, beginnen häufig Fell zu fressen. Dies kommt auch beim Degu gelegentlich vor.

Diagnose

Die Diagnose ergibt sich durch die Erhebung der Haltungsbedingungen, die sehr genau erfragt werden sollten, und dem Ausschluss anderer Differenzialdiagnosen durch klinische Allgemeinuntersuchung und entsprechende weiterführende Untersuchungen (z.B. Harn- und Blutuntersuchung).

Therapie & Prognose

Alle Stressfaktoren müssen ausgeschaltet werden. Wird ein Tier in einer Gruppe unterdrückt, so ist es, zusammen mit einem weiteren, ruhigen Artgenossen, zu separieren. Meerschweinchen, die von Kaninchen bedrängt werden, werden ebenfalls von diesen getrennt.

❗ **Die gemeinsame Haltung von Kaninchen und Meerschweinchen kann generell nicht empfohlen werden. Die Tierarten haben vollständig unterschiedliche Verhaltensmuster und Kommunikationsweisen. Während beim Kaninchen vor allem die Körpersprache eine Rolle spielt, steht bei der Kommunikation der Meerschweinchen die Lautsprache im Vordergrund. Missverständnisse sind daher vorprogrammiert und ein artgleicher Partner kann durch die Vergesellschaftung artfremder Tiere in keinem Fall ersetzt werden!**

Übermäßige Kälte- oder Wärmeeinwirkungen sind zu vermeiden. Bei Chinchillas ist darauf zu achten, dass sie am Tage nicht gestört werden.

Diabetes mellitus

▶ Bei Degus und Chinchillas mit Abmagerung einhergehende endokrine Erkrankung.

Ätiologie & Pathogenese

Der Diabetes des **Meerschweinchens** ähnelt dem insulinunabhängigen (juvenilen) Diabetes mellitus des Menschen. Seine Entstehung ist noch unklar. Neben einer genetischen wird auch eine virale Genese diskutiert.

Auch die Ätiologie des Diabetes bei **Chinchillas** und **Degus** ist bisher nicht geklärt. Während beim Chinchilla eine genetische Komponente vermutet wird, wird bei Degus neben dem Verdacht einer viralen Genese vor allem eine besondere Insulinstruktur für die Erkrankung verantwortlich gemacht, die den Abbau größerer Glukosemengen verhindert.

Klinik

Degus und Chinchillas magern im Verlauf einer Diabetes-Erkrankung trotz guter oder gesteigerter Futteraufnahme ab. Im fortgeschrittenen Stadium, in dem Nephropathien und Hepatopathien entstehen, verweigern die Tiere schließlich die Nahrung.

❗ **Bei diabetischen Meerschweinchen kommt es nicht zur Abmagerung, sondern eher zu einer Fettleibigkeit!**

Als weitere Symptome sind Polydipsie und Polyurie zu beobachten (▶ S. 185). Auch beidseitige Katarakte treten häufig auf (▶ S. 72).

Diagnose

Bei Harnuntersuchungen wird eine Glukosurie nachgewiesen. Liegen bereits Stoffwechselentgleisungen vor, befinden sich im Urin auch Ketonkörper. Durch Blutuntersuchungen sind Hyperglykämien nachzuweisen. Diese liegen bei diabetischen Meerschweinchen meist deutlich über 250 mg/dl. Bei Chinchillas und Degus können bereits Werte über 200 mg/dl als Anzeichen für einen Diabetes gewertet werden. Sowohl beim Meerschweinchen als auch beim Chinchilla kann die Verdachtsdiagnose durch die Bestimmung der Fructosamine bestätigt werden.

> ⚠ Sind jüngere Meerschweinchen bis etwa zum 2. Lebensjahr betroffen, die zudem sehr deutliche Hyperglykämien (bis 450 mg/dl) aufweisen, so sollte auch der T4-Wert bestimmt werden. Meist ist parallel eine Schilddrüsenüberfunktion festzustellen, bei deren Behandlung auch die Blutzuckerwerte wieder deutlich sinken.

Therapie & Prognose

> ⚠ Eine Behandlung sollte nur eingeleitet werden, wenn bei wiederholten Blutzuckerkontrollen Hyperglykämien nachgewiesen werden.

Die Tiere werden unter regelmäßigen Blutzuckerkontrollen auf Insulin 73 eingestellt. Dabei ist lang wirkenden Präparaten der Vorzug zu geben. Als Anfangsdosis sollte 1 IE/kg gewählt werden. Gleichzeitig ist die Fütterung anzupassen (▶ S. 190). In den meisten Fällen ist eine Insulintherapie nicht möglich, da der Besitzer keine regelmäßigen Injektionen verabreichen möchte. Hier kann dann nur über die Fütterung versucht werden, das Allgemeinbefinden des betroffenen Tieres möglichst lange stabil zu halten. Sind bereits Ketonkörper im Urin nachweisbar, ist die Prognose ungünstig bis infaust, da eine Stabilisierung des Stoffwechsels in der Regel nicht mehr gelingt.

Hyperthyreose MS

▶ Bei **Meerschweinchen** häufig auftretende Überfunktion der Schilddrüse.

Ätiologie & Pathogenese

Hyperthyreosen können bei Meerschweinchen jeder Altersstufe vorkommen. Neben Hyperplasien der Schilddrüse können auch Neoplasien (sowohl Adenome als auch Adenokarzinome) für eine Überproduktion von Schilddrüsenhormonen verantwortlich sein.

Die Schilddrüse reguliert den Gesamtstoffwechsel und die meisten somatischen Zellen besitzen Rezeptoren für Schilddrüsenhormone. Diese haben eine stoffwechselstimulierende Wirkung. Eine vermehrte Abgabe führt zu einer Erhöhung des Grundumsatzes.

Klinik

Im Anfangsstadium der Erkrankung sind die Tiere oftmals hyperaktiv. Gerade alte Tiere scheinen plötzlich „aufzublühen". Sie fressen gut oder übermäßig, dennoch fallen Gewichtsverluste auf. Schreiten diese weiter fort, so nimmt auch die Mobilität der Patienten ab, was noch durch progressive Schädigungen des Herzmuskels unterstützt wird. Schließlich reduziert sich auch die Futteraufnahme und die Meerschweinchen verfallen zusehends. Nicht selten bringen die Tiere nur noch die Hälfte ihres Ursprungsgewichts auf die Waage. Viele Patienten leiden unter chronischen, schmierigen Durchfällen (▶ S. 57). Bei manchen Tieren fallen weiterhin Polydipsie und Polyurie auf (▶ S. 192). Typisch für hyperthyreote Patienten ist außerdem eine fortschreitende Alopezie, die in der Regel im Inguinalbereich beginnt (▶ S. 270). Ebenfalls häufig ist eine erhöhte Infektanfälligkeit festzustellen; betroffene Tiere leiden z. B. oftmals unter Rachenentzündungen, die nur sehr verzögert abheilen.

Diagnose

Abmagerung bei beginnenden Fellverlusten im Bereich der Inguinalregion und der Innenschenkel kann bereits als erster Hinweis den Verdacht auf eine Schilddrüsenerkrankung lenken. Gleichzeitig bestehen außerdem Herzgeräusche unterschiedlichen Grades. Oft lassen sich Tachykardien mit pochendem Herzschlag nachweisen. Bei vielen Tieren kann die hyperplastische Schilddrüse als linsen- bis erbsengroße Umfangsvermehrung palpiert werden. Neoplasien des Organs sind oft erheblich größer (▶ S. 93). Eine Diagnosesicherung erfolgt durch Bestimmung des T4-Wertes, ggf. in Verbindung mit dem freien Thyroxin.

Therapie

Vor Beginn der Therapie muss der Besitzer darüber aufgeklärt werden, dass es sich um eine Dauerbehandlung handelt, die regelmäßige Kontrollen des Schilddrüsenwerts erforderlich macht.

Eine Behandlung kann sowohl mit Carbimazol 70 als auch mit Thiamazol 77 erfolgen. Nach eigenen Erfahrungen werden mit Thiamazol jedoch schnellere Therapieerfolge erzielt. Beide Wirkstoffe sind in Form von 5 mg-Tabletten im Handel. Da eine der Dosierung angepasste, korrekte Zerteilung schwierig ist, empfiehlt es sich, die Tablette zu zermörsern und in einer definierten Menge Wasser aufzulösen. Von dieser Suspension erhält das Tier täglich die benötigte Menge.

> ❗ Eine erste Kontrolle des Schilddrüsenwerts erfolgt etwa 6 Wochen nach Behandlungsbeginn, eine Dosisanpassung erfolgt abhängig von der Höhe des Blutwerts unter Berücksichtigung der klinischen Symptome.

Sind die Tiere im Allgemeinbefinden gestört, so sollten sie initial mit einem Paramunitätsinducer unterstützt werden. Andernfalls besteht leicht die Gefahr von Sekundärinfektionen bei den immunsupprimierten Patienten. Sind bereits Infekte vorhanden, so müssen diese ausreichend lange antibiotisch behandelt werden.

Prognose

Sind die Tiere bereits längere Zeit inappetent und stark abgemagert, so kommt eine Behandlung häufig zu spät. Oftmals erkranken die Patienten an tödlich verlaufenden Sekundärinfektionen, nicht selten Pneumonien, da das Immunsystem massiv geschädigt ist. Manche Meerschweinchen sterben an allgemeiner Entkräftung, noch bevor die Behandlung anschlagen kann. Ist das Allgemeinbefinden noch stabil, so kann durch entsprechende Therapie eine gute Einstellung des Patienten erfolgen.

> 🇹 **Therapie der Hyperthyreose**
> - Initial:
>   - Thiamazol 77, 1× tgl. 1–2 mg/kg p.o.
>   - Carbimazol 70, 1× tgl. 1–2 mg/kg p.o.

Hypothyreose MS

▶ Bei **Meerschweinchen** gelegentlich vorkommende Unterfunktion der Schilddrüse.

Ätiologie & Pathogenese

Hypothyreosen kommen bei Meerschweinchen gelegentlich vor, sind jedoch deutlich seltener als Überfunktionen der Schilddrüse. Durch Mangel an Schilddrüsenhormonen wird der Gesamtumsatz des Organismus gesenkt.

Klinik

Die Meerschweinchen werden zunächst träger und nehmen an Gewicht zu. Dieser Zustand wird von Besitzern allerdings meist nicht registriert. Verminderte Mobilität wird von ihnen auf die Fettleibigkeit zurückgeführt.

Im fortgeschrittenen Stadium kommt es dann jedoch zu Gewichtsverlusten, die Tiere fressen schlecht. Alopezien (▶ S. 270) treten hinzu, die denen bei einer Hyperthyreose gleichen: Fellverluste sind primär am Bauch und den Innenschenkeln zu finden. Bei der Palpation der Patienten lassen sich oft ausgeprägte Myxödeme an den Gliedmaßen und am Bauch diagnostizieren. Die Unterhaut vom Bug bis in den Inguinalbereich kann „matratzenartig" verdickt sein (▶ Abb. 16.14 und ▶ Abb. 16.15). Bei der Auskultation sind Herzgeräusche wahrzunehmen. In vielen Fällen besteht eine Bradykardie.

▶ **Abb. 16.14** Alopezie und Myxödem bei Hypothyreose.

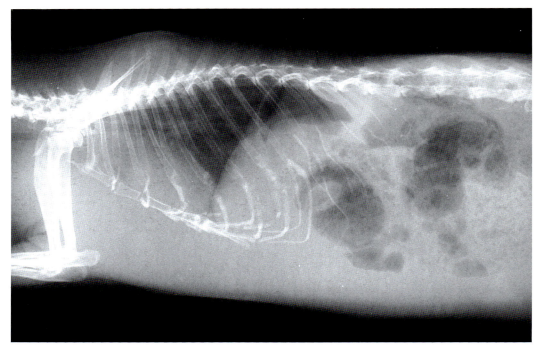

▶ **Abb. 16.15** Myxödem bei Hypothyreose.

Diagnose
Die Befunde der klinischen Untersuchung sollten an eine Schilddrüsenerkrankung denken lassen. Eine Bestimmung des T4-Wertes ist erforderlich. Dieser liegt bei hypothyreoten Meerschweinchen unter 0,5 µg/dl.

Therapie & Prognose
Die Patienten werden oft erst in schlechtem Allgemeinzustand und mit ausgeprägter Myxödembildung vorgestellt. Eine Therapie kommt in solchen Fällen meist zu spät. Bei weniger fortgeschrittener Symptomatik kann jedoch eine erfolgreiche Behandlung mit L-Thyroxin 74 (Forthyron®, Leventa®) durchgeführt werden. Der T4-Wert ist erstmalig etwa 4–6 Wochen nach Behandlungsbeginn zu kontrollieren. Sind bereits beginnende Ödeme vorhanden, so muss zunächst zusätzlich eine Entwässerung erfolgen.

Osteodystrophie MS
▶ Spezielle Erkrankung bei **Satinmeerschweinchen**. Bei anderen Tieren äußerst selten infolge von Fütterungsfehlern oder chronischen Niereninsuffizienzen.

Ätiologie & Pathogenese
Sekundäre renale Osteodystrophien bei chronischer Niereninsuffizienz oder sekundäre alimentäre Osteodystrophien durch hohe Phosphor- und niedrige Kalziumgehalte des Futters werden bei den Caviomorpha nur in Einzelfällen diagnostiziert. Eine große Bedeutung hat dagegen die Osteodystrophie der Satinmeerschweinchen.

❗ **Bei jedem Satinmeerschweinchen mit Gewichtsverlust muss unbedingt eine Osteodystrophie als Ursache ausgeschlossen werden!**

Diese Tiere stellen keine eigenständige Rasse dar. Durch den Begriff wird lediglich die Fellbeschaffenheit beschrieben. Das Satin-Gen wird rezessiv vererbt. Es führt zu einer Aushöhlung des Haarschafts. Dadurch entsteht eine veränderte Lichtreflexion und das Fell bekommt einen seidigen Glanz. Zudem ist die Fellbeschaffenheit feiner und weicher als bei anderen Meerschweinchen. Satinfell findet sich mittlerweile bei allen Meerschweinchenrassen. Der besondere Glanz ist vor allem bei Glatthaartieren mit rötlichen Farben auffällig. Bei Langhaarmeerschweinchen sticht er weniger hervor. Bei diesen Tieren, besonders bei Rassen mit eigentlich drahtigem Fell, wie Texel-, Alpaca- oder Merino-Meerschweinchen, fällt eher die veränderte, feine Haarbeschaffenheit auf.

Bei Satinmeerschweinchen sind gehäuft Osteodystrophien zu beobachten, deren Ursache bisher noch nicht abschließend geklärt ist; eine genetische Ätiologie muss jedoch vermutet werden. Unabhängig von der Art der Fütterung und bei vollständig erhaltener Nierenfunktion entwickeln sich Störungen des Knochenstoffwechsels, die bei Normalhaartieren bisher nicht nachgewiesen wurden. Erste Veränderungen der Knochenbeschaffenheit werden bei manchen Tieren bereits im Alter von 10–12 Monaten sichtbar, bei manchen Meerschweinchen auch erst deutlich später. Kurzhaarige Tiere scheinen im Durchschnitt früher zu erkranken als Langhaarmeerschweinchen.

Die genaue Pathogenese der Erkrankung ist unklar. Nach den Ergebnissen bisheriger Untersuchungen ist zu vermuten, dass trotz erhaltener Nierenfunktion die Resorptionsvorgänge für Kalzium aus dem Darm gestört sind. Auch bei hoher Kalziumzufuhr mit dem Futter lassen sich im Serum deutliche Hypokalzämien nachweisen.

Klinik

Erste Anzeichen einer Erkrankung sind dezente, aber kontinuierliche Gewichtsverluste, die anfangs nur etwa 20 g pro Woche betragen, dann aber forciert fortschreiten. Da der Knochen durch weniger stabiles Fasergewebe ersetzt wird, haben die Tiere zunehmend Probleme hartes Futter zu kauen. Weiche Futtermittel, wie Gurke, Tomate und Obst, werden selektiert, bis schließlich die Futteraufnahme völlig sistiert. Weiterhin bestehen Bewegungsstörungen (▶ S. 233), z. B. ein „hoppelndes" Gangbild.

Die klinische Symptomatik ist von Tier zu Tier sehr unterschiedlich ausgeprägt. Während manche Meerschweinchen kaum noch laufen können, im Liegen aber noch gut fressen, stellen andere die Futteraufnahme ein, wenn noch keine auffälligen Bewegungsstörungen vorliegen.

Diagnose

Schon in weniger weit fortgeschrittenen Fällen der Osteodystrophie lassen sich palpatorisch Auftreibungen der Knochen des Unterkiefers erkennen. Im weiteren Verlauf ist oftmals die Beweglichkeit der Gelenke an Vorder- und Hintergliedmaßen eingeschränkt.

Röntgenologisch lässt sich eine Demineralisierung des Skeletts unterschiedlicher Ausprägung nachweisen. Erste osteodystrophische Veränderungen werden besonders an den Knochen des Schädels (▶ Abb. 16.16 a+b) und der langen Röhrenknochen sichtbar (▶ Abb. 14.10). Es empfiehlt

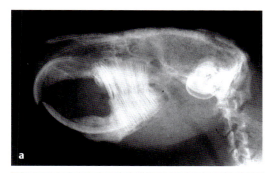

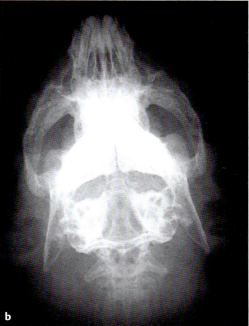

▶ Abb. 16.16 Schädelaufnahme bei Osteodystrophie des Satinmeerschweinchens; (a) laterolaterale und (b) dorsoventrale Projektion.

sich daher, Aufnahmen des Schädels in beiden Ebenen sowie von Lendenwirbelsäule, Becken und Hintergliedmaßen im ventrodorsalen Strahlengang anzufertigen. Im Anfangsstadium der Osteodystrophie ist zunächst eine dezente Verbreiterung und Auflockerung der Knochenkompakta zu sehen. Diese verbreitert und lockert sich im weiteren Verlauf kontinuierlich weiter und auch die Spongiosa erhält eine unruhige und aufgelockerte Beschaffenheit. Im Endstadium der Erkrankung löst sich die Knochenkompakta fast vollständig auf. Auch Anteile der übrigen Knochenstrukturen sind „verschwunden", da sie durch weniger dichtes und damit röntgenologisch schlechter erfassbares Fasergewebe ersetzt werden. Die Wirbelkörper weisen eine wabenartige Struktur auf.

Bei Blutuntersuchungen sind zunächst dezente Erhöhungen der alkalischen Phosphatase als Anzeichen eines gesteigerten Knochenstoffwechsels festzustellen. Später steigen die Werte deutlicher an. Zusätzlich ist eine Hypokalzämie bei Normo- oder Hyperphosphatämie nachzuweisen.

Therapie & Prognose
Eine Behandlung erkrankter Tiere ist bisher nicht möglich. Zusätzliche Kalziumgaben mit dem Futter können die Erkrankung nicht aufhalten. Meerschweinchen, bei denen bereits Störungen des Futteraufnahmeverhaltens mit Gewichtsverlusten zu verzeichnen sind, sollten daher eingeschläfert werden.

Ovarialzysten MS
▶ Voluminöse zystische Veränderungen der Eierstöcke führen zur Verdrängung anderer Bauchhöhlenorgane.

Ätiologie & Pathogenese
Zystische Veränderungen der Ovarien kommen bei einem großen Teil der weiblichen **Meerschweinchen** vor. Ihre genaue Entstehungsweise ist unklar. Als Ursache werden hormonelle Dysregulationen vermutet.

Klinik
Bei manchen Meerschweinchen werden die Zysten so groß, dass der Magen-Darm-Trakt eingeengt und die Futteraufnahmekapazität eingeschränkt wird (▶ Abb. 16.17). Die Tiere magern

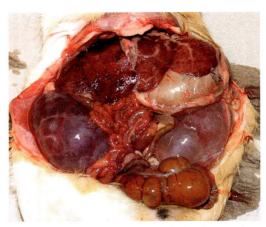

▶ **Abb. 16.17** Situs: Beidseitige raumfordernde Ovarialzysten.

bei zunehmendem Bauchumfang ab. Auch Verdauungsstörungen in Form von Obstipationen können beobachtet werden. In Einzelfällen ist auch eine Beeinträchtigung der Atmung vorhanden, da durch vermehrten Druck das Zwerchfell vorgewölbt und der Thoraxraum verkleinert wird (▶ S. 18). Große, nur wenig gekammerte Zysten weisen häufig eine geringere Hormonproduktion als kleintraubige Zysten auf. Der typische bilateral symmetrische Fellverlust an den Flanken ist daher eher selten bei Meerschweinchen mit großlumigen Zysten ausgeprägt.

Diagnose
Große, zystisch veränderte Ovarien können bereits palpatorisch gut nachgewiesen werden. Sie sind meist prall und haben, da es sich in der Regel um polyzystische Gebilde handelt, eine höckrige Oberfläche. Eine Absicherung der Diagnose ist durch Röntgen (ventrodorsale Projektion) und Ultraschall möglich (▶ Abb. 16.18).

Therapie & Prognose
Die Zysten werden punktiert und die Flüssigkeit abgezogen, um eine Entlastung zu schaffen. Zuvor muss die Flüssigkeitsmenge, die abgesaugt werden soll, durch eine Infusion substituiert werden, um einen Volumenmangelschock zu vermeiden. Sollten die Zysten einer Seite deutlich mehr als 30 ml Inhalt haben, so ist es sinnvoll, die andere Seite in einer 2. Sitzung zu punktieren, um den Kreislauf des Tieres nicht zu stark zu belasten. An-

16.5 Erkrankungen

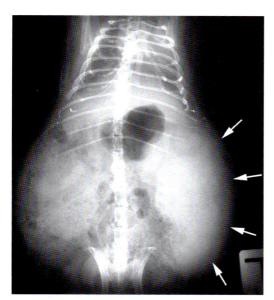

▶ **Abb. 16.18** Große Ovarialzysten: Die der rechten Körperseite wird durch Darminhalt überlagert.

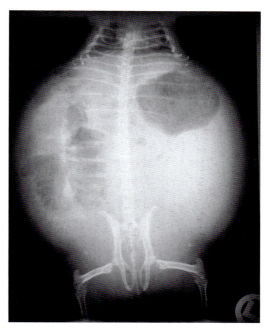

▶ **Abb. 16.19** Riesiger Uterustumor und Aszites bei einem Meerschweinchen: Der Blinddarm wird vollständig auf die rechte Körperseite verdrängt.

schließend kann den Tieren ein HCG-Präparat appliziert werden, um ein rasches „Nachfüllen" der zystischen Veränderungen zu verhindern (▶ S. 125). Spätestens bei wiederkehrender Problematik ist eine Kastration anzuraten (▶ S. 149).

Neoplasien von Abdominalorganen

▶ Tumorerkrankungen, die durch Einengung des Verdauungstrakts zu Abmagerung führen.

Ätiologie & Pathogenese

Große, raumfordernde Tumore der Bauchhöhlenorgane kommen beim Meerschweinchen deutlich häufiger als bei Chinchilla oder Degu vor. Sie können zu einer Verdrängung des Verdauungstrakts und dadurch zu eingeschränkter Futteraufnahmekapazität mit der Folge einer Abmagerung führen. Besonders häufig kommen Neoplasien der Milz, der Darmlymphknoten, der Gebärmutter oder der Eierstöcke vor (▶ S. 129, ▶ S. 127). Sie können als Primärtumoren des jeweiligen Organs oder auch beispielsweise im Rahmen einer Leukose auftreten.

Klinik

Der Bauchumfang der Tiere kann erheblich zunehmen. Die Abmagerung wird anhand der vorstehenden Wirbelsäule jedoch deutlich. Verdauungsstörungen, die ebenfalls durch Verdrängung der entsprechenden Organe verursacht werden, sind möglich.

Diagnose

Bereits bei der Abdomenpalpation können intraabdominale Umfangsvermehrungen festgestellt werden. Eine Absicherung und Zuordnung erfolgt mithilfe der Röntgen- und Ultraschalluntersuchung, ggf. durch Probelaparotomie (▶ **Abb. 16.19**).

Therapie & Prognose

Eine chirurgische Entfernung der Tumore ist die einzig sinnvolle Behandlung. Sie ist allerdings nur dann möglich, wenn es noch nicht zu weitreichenden Verklebungen mit anderen Bauchhöhlenorganen oder zu Metastasierungen gekommen ist. Eine röntgenologische Beurteilung der Lunge ist daher im Vorfeld der Operation anzuraten.

Leukose

▶ Virale Infektion, die mit tumoröser Entartung verschiedener Organe einhergeht.

Ätiologie & Pathogenese

Leukosen kommen bei Meerschweinchen häufiger vor, können aber auch vereinzelt bei Chinchillas und Degus auftreten. Als Erreger der Leukose sind für das Meerschweinchen Oncornaviren nachgewiesen. Diese können bereits diaplazentar sowie außerdem mit der Milch von der Mutter auf die Jungtiere übertragen werden. Für die anderen Tierarten kann eine ähnliche Ätiologie vermutet werden.

Klinik

Im Vordergrund der klinischen Symptomatik steht eine fortschreitende Abmagerung, die von Störungen des Allgemeinbefindens mit Inappetenz begleitet sein kann. Typisch beim Meerschweinchen ist weiterhin eine Schwellung aller oberflächlichen Körperlymphknoten, besonders der des Kopfes (▶ S. 90). Bei Meerschweinchen kann außerdem gelegentlich eine leukotische Schwellung der Konjunktiven beobachtet werden. Weiterhin lassen sich Vergrößerungen innerer Organe, wie Leber, Milz und Darmlymphknoten nachweisen (▶ Abb. 16.20).

Bei Chinchilla und Degu stehen die tumoröse Entartungen der inneren Organe und Lymphknoten im Vordergrund. Bei Degus können im Zusammenhang mit leukotischen Erkrankungen auch chronische, unter antibiotischer Behandlung nicht abheilende Stomatitiden beobachtet werden, die zu vollständiger Inappetenz führen (▶ Abb. 16.21). Sind solche entzündlichen Prozesse im Bereich des Gaumens lokalisiert (▶ Abb. 16.22), so kann es zu einer Einbeziehung der knöchernen Strukturen und zum Übergreifen auf die Nasenhöhlen kommen. Es entsteht eitriger Nasenausfluss, der fälschlicherweise einer chronischen Atemwegsinfektion zugeordnet wird.

Diagnose

Eine Vergrößerung aller Körperlymphknoten lässt bereits die Verdachtsdiagnose auf eine Leukose zu, insbesondere wenn bei der Abdomenpalpation auch Umfangsvermehrungen innerer Organe auffallen.

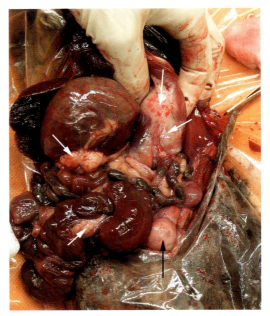

▶ **Abb. 16.20** Leukose: Tumoröse Veränderung der Gekröselymphknoten (weiße Pfeile), der Nierenlymphknoten (weiße Pfeile) und des Uterus (schwarzer Pfeil).

❗ **Leukotisch veränderte Lymphknoten dürfen keinesfalls mit solchen verwechselt werden, die durch Einlagerung in umfangreiche Fettpolster vergrößert erscheinen! Diesen Zustand findet man häufig bei den Achsel- und Kniefaltenlymphknoten wohlgenährter Meerschweinchen. Hinweisend auf eine Leukose sind jedoch stets Vergrößerungen der Lnn. mandibulares und/oder der Lnn. poplitei zu werten.**

Durch Punktion und histologische Untersuchung der Lymphknoten kann die Diagnose bestätigt werden. Aber auch Blutuntersuchungen sind bei der Diagnosefindung hilfreich. Erkrankte Tiere haben Leukozytosen unterschiedlichen Ausmaßes. Bei chronischen Verlaufsformen sind die Leukozyten oft nur milde, bei akuten Formen dagegen drastisch (über 30.000/µl) erhöht. Das Differenzialblutbild weist dabei keinerlei Veränderungen auf, wodurch eine eindeutige Abgrenzung gegenüber Infektionen stattfinden kann, bei denen Leukozytosen zudem mit einer Granulozytose und Lymphopenie vergesellschaftet sind.

16.5 Erkrankungen

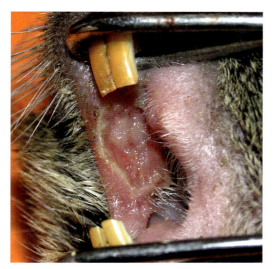

▶ **Abb. 16.21** Stomatitis bei einem Degu mit Leukose.

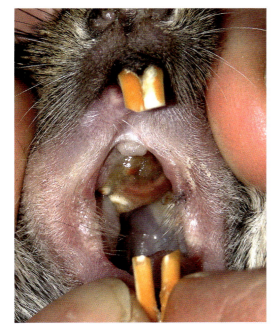

▶ **Abb. 16.22** Chronisch-eitrige Entzündung der Schleimhaut des Gaumens bei einem Degu im Rahmen einer Leukose.

Therapie & Prognose
Eine Behandlung ist in der Regel nicht möglich. Weist das betroffene Tier jedoch nur geringgradige Einschränkungen des Allgemeinzustands und lediglich Schwellungen der äußeren Lymphknoten auf, so kann beim Meerschweinchen in diesen Einzelfällen eine Behandlung mit Interferon-Omega 117 versucht werden. 5-mal im Abstand von jeweils 3 Tagen werden dann 2–2,5 Mill IE Interferon Omega subkutan injiziert, wodurch die Lymphknotenschwellungen häufig abklingen. Es handelt sich hier jedoch nicht um eine vollständige Ausheilung. Die Prognose ist daher trotzdem weiterhin sehr vorsichtig einzuschätzen und ein erneuter Erkrankungsausbruch bleibt möglich, was bereits im Vorfeld mit dem Besitzer besprochen werden muss. Bestehen bereits fortgeschrittene Abmagerung, Apathie und Inappetenz, so sollte das Tier umgehend euthanasiert werden.

Rodentiose (Pseudotuberkulose) Z
▶ Bakterielle Infektionserkrankung; häufig bei Wildnagern, selten bei Heimtieren.

Ätiologie & Pathogenese
Die Rodentiose wird durch *Yersinia pseudotuberculosis* hervorgerufen. Der Erreger ist besonders unter Wildnagern und -kaninchen verbreitet, kann aber auch auf Heimtiere übertragen werden. Er wird mit Kot und Harn ausgeschieden. Die Infektion erfolgt durch kontaminiertes Futter oder Wasser sowie durch direkten Kontakt. Bei der Übertragung kann bei Außenhaltung von Meerschweinchen auch Kot infizierter Vögel eine Rolle spielen. Krankheitsausbrüche werden durch immunsupprimierende Faktoren begünstigt. Es entstehen zyklische Allgemeininfektionen mit akutem, subakutem oder chronischem Verlauf. Die Inkubationszeit der Pseudotuberklulose wird mit 5–10 Tagen angegeben.

❗ *Yersinia pseudotuberculosis* ist humanpathogen!

Klinik
Am häufigsten werden chronische Verlaufsformen beobachtet, die mit unspezifischen Krankheitssymptomen, wie Abmagerung und Schwäche, einhergehen. Auch Durchfälle und Lähmungserscheinungen werden beobachtet. Es kommt zu massiven Schwellungen der Gekröselymphknoten, die Abszedierungstendenzen aufweisen. Die Tiere sterben letztlich an allgemeiner Entkräftung.
Bei akutem Verlauf entstehen Septikämien, die oft zu plötzlichen Todesfällen führen, ohne dass vorherige Symptome zu beobachten sind.

Diagnose

Ein Erregernachweis am lebenden Tier ist oftmals nicht möglich, sodass die Diagnose erst post mortem gestellt werden kann. Bei der Sektion finden sich nekrotische Herde in Organen und Darmlymphknoten, die zur Abszedierung neigen.

Therapie & Prognose

Der Erreger ist in vitro sensibel gegenüber verschiedenen Antibiotika, wie Tetrazyklinen [10] und Chloramphenicol [1]. Dennoch bringen Therapieversuche meist wenig Erfolg, da in den Abszessen keine ausreichenden antibiotischen Wirkspiegel erreicht werden. Der Sinn einer Behandlung ist ohnehin fraglich, da erkrankte Tiere eine potentielle Infektionsquelle, nicht zuletzt auch für den Menschen, darstellen. Eine Euthanasie des Patienten erscheint daher sinnvoll.

Tularämie

▶ Bakterielle Infektion; bei Heimtieren äußerst selten.

Ätiologie & Pathogenese

Die Tularämie wird durch *Francisella tularensis* hervorgerufen. Hauptwirte des Erregers sind Wildnager und Hasen, unter denen die Erkrankung seuchenhaft auftreten kann. Eine Übertragung auf Heimtiere kann bei Außenhaltung durch Kontakt zu Wildnagern oder durch kontaminierte Ausscheidungen von Vögeln erfolgen. Auch Zecken können als Vektoren fungieren.

❗ *Francisella tularensis* ist humanpathogen!

Klinik

Die Erkrankung nimmt einen chronisch-unspezifischen Verlauf mit fortschreitender Abmagerung. Schwellungen von Leber und Milz können auftreten.

Diagnose

Eine sichere Diagnose ist nur durch eine pathologische Untersuchung mit Erregerisolierung möglich.

Therapie & Prognose

Theoretisch sind Chloramphenicol [1] und Tetrazykline [10] wirksam. Da der Erreger jedoch humanpathogen ist, sollte eine Euthanasie des Tieres erwogen werden.

Fütterungsbedingte Gewichtsverluste

▶ Sehr selten; nur bei extrem schlechtem Fütterungsregime.

Ätiologie & Pathogenese

Eine fütterungsbedingte Abmagerung ist bei Heimtieren eher selten. Viele Tiere weisen eher eine Adipositas auf, da die Ration zu reichhaltig ist. Gewichtsverluste entstehen dann, wenn die Tiere ausschließlich mit Heu minderwertiger Qualität ernährt werden, lediglich ergänzt durch wenig gehaltvolles Frischfutter, wie Gurke und Salat. Auch unregelmäßige Fütterung mit Fastenzeiten oder ein absoluter Futtermangel bei schlechten Haltungsbedingungen führen zur Abmagerung.

Klinik

Außer einer Abmagerung sind oft keine auffälligen Befunde zu erheben. Bei Tieren aus schlechten Haltungsbedingungen, die mit nicht adäquatem Futter ernährt werden, können begleitende Verdauungsstörungen durch Rohfasermangel auftreten. Solche Patienten fressen dann auch das eigene Fell, um den Rohfaserbedarf zu decken, sodass entsprechende Felldefekte vorliegen (▶ S. 254). Besteht gleichzeitig ein Kalziummangel, so liegen auch Veränderungen der Zähne vor, die bei Degus und Chinchillas zunächst besonders in Form von Entfärbungen der Inzisivi deutlich werden.

Diagnose

Die Diagnose ergibt sich aus der Fütterungsanamnese. Andere Ursachen sollten durch gründliche klinische Untersuchung, ggf. auch Blutuntersuchungen, ausgeschlossen werden.

Therapie & Prognose

Die Tiere erhalten eine den Bedürfnissen angepasste Fütterung (▶ S. 4), bei der neben einer ausreichenden Kalorienzufuhr aber auch auf einen ausreichenden Rohfasergehalt geachtet werden muss. Unter adäquatem Fütterungsregime sind dann schnelle Gewichtszunahmen zu verzeichnen.

17 Unspezifische Symptomatik

Die häufigsten allgemeinen Krankheitssymptome sind Apathie und Inappetenz. Sie können sowohl isoliert als auch in Kombination mit weiteren Anzeichen auftreten.

17.1 Allgemeines

Apathie und/oder Inappetenz sind häufige Vorstellungsgründe von **Meerschweinchen, Chinchillas** und **Degus**. Die Tiere sind Fluchttiere, die Krankheitsanzeichen so lange wie möglich kaschieren. Erkrankte Tiere werden für den Besitzer oft erst bei fortgeschritten schlechtem Allgemeinbefinden auffällig, z. B. wenn sie die Nahrungsaufnahme einstellen und sich von der Gruppe absondern.

Gezielte Fragen können helfen, die Anamnese aufzuarbeiten. Beispielsweise ist dem Besitzer vielleicht gelegentlich Durchfallkot im Gehege aufgefallen, den er nicht einem speziellen Tier zuordnen konnte und deshalb nicht weiter erwähnt. Oder es hat vielleicht ein Standortwechsel des Käfigs in einen kühleren Raum stattgefunden, was für den Besitzer zunächst nicht wichtig erscheint, sodass er erst auf Nachfrage davon berichtet. Oft ergeben sich in einem solchen anamnestischen Gespräch noch zahlreiche Hinweise, die Rückschlüsse auf die Art der Erkrankung liefern können. Durch eine gründliche klinische Allgemeinuntersuchung können zudem meist weitere Symptome gefunden werden, die die Art der möglichen Grunderkrankung weiter eingrenzen. Dennoch gibt es Fälle, in denen auch diese Untersuchung zunächst noch keine eindeutigen Hinweise liefert. Das folgende Kapitel soll daher einen kurzen Überblick über einige Erkrankungen geben, die vielfach mit unspezifischer Symptomatik einhergehen.

17.2 Therapiegrundsätze

Bei Tieren, die dem Vorbericht zufolge apathisch und/oder inappetent sind, sollte zunächst eine Unterstützung der Kreislauffunktion und Anregung des Stoffwechsels erfolgen. Dies geschieht über eine Infusion mit einer Vollelektrolytlösung [89], die zudem als Puffer bei azidotischer Stoffwechsellage fungiert. Dies ist besonders wichtig, da physiologische Puffersysteme bei den Caviomorpha nur unzureichend ausgebildet sind. Um einen überstürzten Fettabbau bei Inappetenz zu verhindern, der insbesondere beim Meerschweinchen rasch zu massiver Überlastung der Leberfunktion führt, wird zudem Glukoselösung [87] verabreicht.

Weiterhin müssen bei anorektischen Patienten Vitamine substituiert werden. Insbesondere die Versorgung mit B-Vitaminen [82] beruht bei Meerschweinchen, Chinchilla und Degu auf der Eigensynthese im Darm und der Aufnahme über Zäkotrophie bzw. Koprophagie. Frisst das erkrankte Tier jedoch nicht, so folgen daraus sehr rasch Verdauungsstörungen und eine mangelhafte Vitaminproduktion. Beim Meerschweinchen ist zudem Vitamin C [84] zu substituieren, da dies nicht selbst synthetisiert werden kann und der Bedarf ausschließlich über die Nahrungsaufnahme gedeckt wird.

Da Inappetenz häufig eine Reaktion auf starke Schmerzen darstellt, kann auch die Applikation eines Analgetikums als Sofortmaßnahme sinnvoll sein.

Die Gabe eines Antibiotikums ist immer dann in Erwägung zu ziehen, wenn erste Hinweise auf eine Infektion vorliegen oder die Inappetenz bereits einen Tag oder länger andauert. Im letztgenannten Fall ist mit Verschiebungen der Darmflora zu rechnen, die zu hochgradigen Verdauungsstörungen mit den Folgen einer Enterotoxämie führen können. Bei der Wahl des Antibiotikums ist darauf zu achten, ein Präparat zu wählen, das aufgrund seines Wirkungsspektrums schonend für die physiologische Darmflora ist (z. B. Sulfadoxin/Trimethoprim-Kombinationen [9]). Zudem ist zu berücksichtigen, dass Enrofloxacin [4] beim Meerschweinchen gelegentlich deutlich Appetit mindernd wirkt, sodass dieser Wirkstoff gerade bei inappetenten Tieren nicht als Antibiotikum der 1. Wahl eingesetzt wird.

Eine besonders wichtige Rolle kommt zudem der umgehenden Einleitung einer adäquaten Zwangsernährung zu.

✚ Sofortmaßnahmen

Bei Apathie und Inappetenz:
1. Flüssigkeitssubstitution mit Vollelektrolytlösung [89], 40–60 ml/kg i.p., s.c., i.v.
2. Glukoselösung [87], bis 500 mg/kg s.c.
3. Vitaminsubstitution:
   - B-Vitamine [82] bei allen 3 Tierarten
   - Vitamin C [84] bei Meerschweinchen
4. Analgetikum, z. B.
   - Carprofen [101] (Rimadyl®), 5 mg/kg s.c.
   - Meloxicam [102] (Metacam®), 0,2 mg/kg s.c., p.o.
   - Metamizol [103] (Novalgin®), 20–50 mg/kg s.c., p.o.
5. ggf. Antibiotikum, z. B.
   - Chloramphenicol [1] (Chloromycetin® Palmitat), 2× tgl. 50 mg/kg p.o.
   - Sulfadoxin/Trimethoprim [9] (Cotrim E-ratiopharm®), 2× tgl. 40/8 mg/kg p.o.
   - Marbofloxacin [6] (Marbocyl®), 1× tgl. 4 mg/kg s.c., p.o.
6. Zwangsernährung

▶ **Abb. 17.1** Zwangsfütterung.

Der sofortige Beginn einer **Zwangsernährung** (▶ Abb. 17.1) ist eine der wesentlichsten Maßnahmen bei Inappetenz. Die Tiere nehmen normalerweise in ihren Aktivitätsphasen ständig Nahrung auf. Da ihre Darmwände sehr dünn sind und die Darmmuskulatur nur über eine geringgradige Eigenmotorik verfügt, gewährleistet nur eine gleichmäßige Futteraufnahme einen ungestörten Transport des Darminhalts und unterstützt damit die Verdauungsvorgänge. Frisst das Tier nicht mehr, so ist der Weitertransport des Futterbreis nur noch in geringem Umfang möglich und es kann zu verschiedenen, z.T. schwerwiegenden Verdauungsstörungen kommen, meist beginnend mit Gärungsvorgängen, die in eine Tympanie münden. Weiterhin kann sich die Zusammensetzung der Darmflora massiv verschieben, da „nützliche" Bakterien absterben und andere sich rasant vermehren. Eine Überwucherung der Darmflora mit Hefen (besonders häufig z.B. mit *Cyniclomyces guttulatus*) bewirkt neben Veränderungen der Kotkonsistenz auch Übelkeit und damit weitere Futterverweigerung. Zusätzlich versucht der Körper den entstehenden Energiemangel durch Mobilisation von Fettreserven auszugleichen. Die daraus folgende hochgradige Belastung der Leber mit freien Fettsäuren führt zu einer metabolischen Leberverfettung. Die entstehenden Ketonkörper rufen zusätzlich eine toxische Leberverfettung hervor.

Eine adäquate breiförmige Nahrung für alle 3 Tierarten muss folgenden Anforderungen genügen:
- Sie muss einen Rohfasergehalt von mindestens 18 % aufweisen, um die Verdauungstätigkeit optimal zu unterstützen.
- Sie muss aber auch den Energiebedarf des Tieres vollständig decken können, um einer Forcierung des Fettabbaus und den daraus resultierenden Folgen für die Leberfunktion entgegenzutreten.
- Zudem muss ausreichend Wasser zugeführt werden, um den Flüssigkeitsbedarf zu decken.

Es gibt verschiedene Möglichkeiten der Zwangsfütterung:
- Fertigprodukte, wie Critical Care® [115], wurden speziell für die Bedürfnisse herbivorer Kleintiere entwickelt. Es handelt sich dabei um Produkte in Pulverform, die lediglich mit Wasser angerührt werden müssen.
- Eine weitere Möglichkeit der Versorgung besteht in einem Brei aus aufgelösten Futter-

pellets oder aufgelösten Futterkugeln. Um die Schmackhaftigkeit zu erhöhen, kann für Degus etwas Gemüsebrei und für Meerschweinchen etwas ungesüßter Obst- oder Gemüsebrei für Babys (HIPP®, Alete®) untergemischt werden.

Die tägliche Gesamtration darf bei beiden Breimischungen 60 ml/kg verteilt auf mehrere Mahlzeiten nicht unterschreiten.
Die Nahrung des inappetenten Patienten sollte zudem durch B-Vitamine ergänzt werden, die beim gesunden Tier nach der Synthese im Zäkum mit dem Kot aufgenommen werden. Für das Meerschweinchen ist außerdem die Versorgung mit Vitamin C unbedingt erforderlich. Sowohl für die Versorgung mit B-Vitaminen als auch mit Vitamin C können die entsprechenden Injektionslösungen problemlos oral verabreicht werden.

> ❗ **Babybrei darf niemals zur alleinigen Zwangsfütterung eingesetzt werden. Weder sind ausreichende Rohfasergehalte darin vorhanden noch ist der Energiegehalt zur Bedarfsdeckung ausreichend!**

Durch die vorangegangene Nahrungskarenz können sich zu Beginn der Zwangsfütterung bereits Fehlgärungen im Magen-Darm-Trakt entwickelt haben. In diesen Fällen ist es sinnvoll, zu den Mahlzeiten ein Antitympanikum (z. B. Dimeticon [33]) zu verabreichen und zur Unterstützung der physiologischen Darmflora ein Probiotikum [38] (z. B. Bene Bac®) oder ein prä- und probiotisch wirkendes Präparat (z. B. ProPreBac®) zu ergänzen. Die Zwangsfütterung erfolgt regelmäßig etwa alle 2–3 Stunden während der Aktivitätsphasen des Patienten. Keinesfalls darf z. B. ein Chinchilla mehrmals täglich zur Fütterung geweckt werden!
Parallel zur Zwangsernährung sollten dem betroffenen Tier stets hochwertiges Heu sowie die gewohnte Futterpalette, evtl. in zerkleinerter Form, zur Verfügung stehen. Auch sollte versucht werden, den Futterbrei in kleinen, abgewogenen Portionen in einem Schälchen anzubieten. Jeder selbst gefressene Bissen ist als Erfolg zu werten!
Insbesondere beim Meerschweinchen setzt bereits in den ersten Tagen nach dem vollständigen Sistieren der selbständigen Nahrungsaufnahme eine zunehmende Hypotrophie der Kau- und Zungenmuskulatur ein. Selbst wenn die Grunderkrankung beseitigt ist, kann dies die Ursache sein, warum der Patient zwar wieder selber fressen möchte, aber nicht mehr in der Lage ist, abzubeißen oder das Futter zu zermahlen. Daher muss der inappetente Patient nicht nur gefüttert, sondern auch immer wieder zur eigenständigen Futteraufnahme animiert werden.

> **P Praxistipp**
> Optimal für die Zwangsfütterung geeignet sind die Fütterungsspritzen, die von der Fa. Albrecht vertrieben werden. Sie besitzen einen weiteren Konus als Spritzen mit Luer-Ansatz, sodass auch gröbere Futterbestandteile oder ein etwas dicker angerührter Brei problemlos hindurchpassen. Zudem ist der Konus länger als bei „normalen" Spritzen, sodass er ausreichend weit in die Maulhöhle hineinreicht. Zusätzlich ist er an der Öffnung leicht abgerundet, sodass das Verletzungsrisiko minimiert wird. Fütterungsspritzen sind derzeit in einer 10 ml- und 3 ml-Variante erhältlich. Alternativ eignen sich schmale 1 ml-Spritzen, da sie ebenfalls leicht ins Maul eingeführt werden können. Bei Tuberkulinspritzen ohne Spardorn kann der enge Konus bei Bedarf abgeschnitten werden, damit größere Fasern nicht in der Spritze hängen bleiben. Es muss dabei darauf geachtet werden, dass keine scharfen Kanten entstehen, die die Schleimhaut verletzen könnten. Eine weitere gute Möglichkeit ist die Verwendung von Metacam®-Dosierungsspritzen. Diese haben einen weiteren Konus als herkömmliche Spritzen. Das relativ enge Verbindungsloch vom Konus zum „Spritzenkörper" kann leicht, z. B. mit einer Schere, aufgebohrt werden, damit auch gröbere Nahrungsbestandteile hindurch gelangen können. Nachteilig ist hier lediglich, dass der Konus kürzer ist als bei Spritzen zu Injektion.

17.3 Wichtige Ursachen

Prinzipiell kann fast jede Erkrankung, die mit Schmerzen verbunden ist, sowie jede Infektionskrankheit zu unspezifischer Symptomatik mit Apathie und Inappetenz führen. Dies sind für den Besitzer oft die auffälligsten und einzigen Anzeichen einer Erkrankung.
Zahnerkrankungen gehören zu den häufigsten Ursachen für unspezifische Krankheitssym-

17 – Unspezifische Symptomatik

ptome (▶ Tab. 17.1). Einer vollständigen Nahrungsverweigerung gehen meist einige Tage der reduzierten Futteraufnahme oder der Selektion weicher Futterbestandteile voraus. In der für die Caviomorpha üblichen Gruppenhaltung sind solche Verhaltensänderungen des Einzeltiers für den Besitzer jedoch oft nur schwer zu beurteilen.

Bei **Hitzschlag** ebenso wie bei akuten Stoffwechselentgleisungen, wie der **Trächtigkeitstoxikose** oder dem **Fettlebersyndrom**, stehen unspezifische Symptome fast immer im Vordergrund. Erst im fortgeschrittenen Stadium sind Bewusstseinstrübungen und Krämpfe zu beobachten.

Auch **Herzerkrankungen** gehen oft mit unspezifischen Symptomen einher. Sie verlaufen

▶ **Tab. 17.1** Auswahl wichtiger Erkrankungen, die häufig unspezifische Symptome verursachen.

Ursache	siehe Seite	Bemerkungen, siehe auch andere Leitsymptome
Zahnerkrankungen	▶ S. 46, ▶ S. 282	Durchfall, ▶ S. 38, Abmagerung, ▶ S. 273
Hitzschlag	▶ S. 36, ▶ S. 212	Dispnoe, ▶ S. 18, neurolog. Ausfallserscheinungen, ▶ S. 197
Septikämie, Enterotoxämie	▶ S. 36, ▶ S. 215	Dispnoe, ▶ S. 18, neurolog. Ausfallserscheinungen, ▶ S. 197
Trächtigkeitstoxikose	▶ S. 214	neurolog. Ausfallserscheinungen, ▶ S. 197
Herzerkrankung	▶ S. 33, ▶ S. 289	Dispnoe, ▶ S. 18, Abmagerung, ▶ S. 273
Hyperthyreose	▶ S. 270, ▶ S. 294	MS, Fell-/Hautveränderungen, ▶ S. 240, Abmagerung, ▶ S. 273
Hypothyreose	▶ S. 270, ▶ S. 295	MS, Fell-/Hautveränderungen, ▶ S. 240, Abmagerung, ▶ S. 273
Adenoviruspneumonie	▶ S. 25	MS, Dyspnoe, ▶ S. 18
Endometritis, Pyometra	▶ S. 164	Vaginalausfluss, ▶ S. 149
Hämometra, Uterustumor	▶ S. 127, ▶ S. 159 ff, ▶ S. 182	Schmerzen/UV kaudales Abdomen, ▶ S. 112, Vaginalausfluss, ▶ S. 149, Urinveränderungen, ▶ S. 167
Urolithiasis, Nephrolithiasis	▶ S. 174	Schmerzen/UV kaudales Abdomen, ▶ S. 112, Urinveränderungen, ▶ S. 167
Konkremente der Glandula vesicularis	▶ S. 179	MS, CH, Schmerzen/UV kaudales Abdomen, ▶ S. 112, Urinveränderungen, ▶ S. 167
Pharyngitis	▶ S. 286	MS, Abmagerung, ▶ S. 273
Obstipation	▶ S. 121	v. a. bei CH, Schmerzen/UV kaudales Abdomen, ▶ S. 112
Hepatopathie	▶ S. 108 ff, ▶ S. 216	v. a. Fettlebersyndrom, Schmerzen/UV kaudales Abdomen, ▶ S. 100, neurolog. Ausfallserscheinungen, ▶ S. 197
Osteodystrophie	▶ S. 232, ▶ S. 296	Satin-MS, Abmagerung, ▶ S. 222, Lahmheit, ▶ S. 273

oft schleichend, mit vermindertem Appetit, eingeschränkter Mobilität und fortschreitenden Gewichtsverlusten. Akute Verlaufsformen mit Atemnot durch Lungenödeme oder Thoraxerguss sind im Verhältnis seltener anzutreffen. Ähnliche uncharakteristische Erscheinungen treten bei Hyperthyreosen sowie in fortgeschrittenen Fällen bei der Hypothyreose des Meerschweinchens auf. Gleiches gilt für die Osteodystrophie der Satinmeerschweinchen, bei der durch Knochenerweichung Mobilitätsverluste und mechanische Probleme bei der Futteraufnahme resultieren.

Bei der Adenoviruspneumonie des Meerschweinchens stehen oftmals zunächst nicht respiratorische Symptome im Vordergrund. Die Tiere sitzen mit gesträubtem Fell in einer Ecke des Käfigs und verweigern die Futteraufnahme. Dezenter seröser Augen- und Nasenausfluss treten meist erst später hinzu.

Eine Pharyngitis, die ebenfalls bei Meerschweinchen häufig vorkommt, führt zu Schmerzen beim Schlucken. Die Tiere fressen nicht mehr und ziehen sich zurück. Gelegentliches Husten oder Würgen ist nicht bei jedem Tier gleich offensichtlich.

Obstipationen führen besonders bei Chinchillas zu plötzlicher Apathie und Inappetenz. Kotanschoppungen im Darm sind äußerst schmerzhaft und führen sekundär zu weiteren Verdauungsstörungen.

Eine Uro- oder Neprolithiasis sowie Konkremente der Samenblasendrüsen können je nach Sitz und Größe ebenfalls über einen längeren Zeitraum ohne eindeutig sichtbare Urinveränderungen oder permanente Probleme beim Harnabsatz einhergehen. Vielmehr ist es möglich, dass das betroffene Tier zunächst lediglich ein reduziertes Allgemeinbefinden oder eine eingeschränkte Futteraufnahme sowie gelegentliche Schmerzen beim Urinabsatz zeigt, ohne dass weitere „typische" Symptome vorhanden sind.

Eitriger Vaginalausfluss, wie er bei infektiöser Endometritis auftritt, wird meist vom Besitzer nicht bemerkt und ist auch bei der klinischen Untersuchung nicht immer sofort nachweisbar. Auffällig sind dagegen schnelle Verschlechterungen des Allgemeinbefindens bei sistierender Futteraufnahme. Nicht infektiöse Erkrankungen der Gebärmutter, wie Hämometra oder Uterustumore, können mit chronischen Blutungen einhergehen, die fortschreitende Anämien zur Folge haben und dadurch letztlich zu Apathie und Inappetenz führen.

17.4 Anamnese

Insbesondere bei unspezifischer Symptomatik muss besonderer Wert auf eine ausführliche Anamnese gelegt werden. Der Besitzer ist zu verschiedenen Punkten genauestens zu befragen:

Dauer der Symptome, vorangegangene Erkrankungen/Symptome

Leider ist es oftmals schwierig, den genauen Zeitpunkt des Auftretens der ersten Veränderungen zu erfahren. Chinchillas, Meerschweinchen und Degus werden üblicherweise in Gruppen gehalten, wie es ihrer natürlichen Lebensweise entspricht. Dadurch ist es jedoch insbesondere bei geringgradigen oder unspezifischen Symptomen für den Besitzer schwierig, diese zu erkennen oder einem Einzeltier zuzuordnen.

Aus diesem Grund sollten nach dem ersten Bericht des Besitzers gezielte Fragen gestellt werden, um die üblichen Gewohnheiten des Tieres und etwaige Veränderungen zu erfahren: Hat der Patient am Vortag wirklich noch ausreichende Mengen an Futter aufgenommen oder werden bereits seit längerer Zeit bestimmte bevorzugte Futtermittel selektiert? Veränderte Fressgewohnheiten können auf eine Zahnerkrankung (▶ S. 282), eine Pharyngitis (▶ S. 286) oder eine Osteodystrophie (▶ S. 296) hinweisen. Haben sich die Aktivitäten des Tieres verändert? Sind verlängerte Ruhephasen aufgefallen oder hat sich der Patient häufiger aus der Gruppe abgesondert? Mobilitätseinbußen können sowohl bei Herzerkrankungen (▶ S. 289) als auch bei der Osteodystrophie (▶ S. 296) beobachtet werden. Besonders bei jungen Meerschweinchen, Chinchillas und Degus muss erfragt werden, ob das Tier ein für das Alter angemessenes Spielverhalten an den Tag legt. Bei kongenitalen Herzerkrankungen (▶ S. 289) fällt oft auf, dass Jungtiere im Vergleich zu gleichaltrigen Partnern weniger mobil sind und schneller ermüden.

Vorangegangene Symptome oder Erkrankungen liefern weitere wichtige Hinweise. Septikämien (▶ S. 215) können auch aus latent verlaufenden Infektionen hervorgehen. So kann bereits gelegentliches Niesen oder eine feuchte Nase ein Anzeichen für eine versteckte Atemwegsinfektion sein. Ist aufgefallen, dass der Patient beim Urinabsatz gelegentlich Laute von sich gibt oder den hinteren Körperbereich anhebt? Dies kann ein Hinweis auf Konkremente in den Harnwegen oder den akzessorischen Geschlechtsdrüsen sein (▶ S. 179). Enterotoxämien (▶ S. 215) entwickeln sich häufig nach dezenten chronischen Verdauungsstörungen, die von den Besitzern oft nicht ernst genommen werden, da sie das Allgemeinbefinden des Tieres zunächst nicht beeinträchtigen. Primärerkrankungen, die eine Suppression des Immunsystems bewirken, führen bei Meerschweinchen häufig sekundär zur Entstehung einer Pharyngitis (▶ S. 286). Bei adipösen Tieren können Ersterkrankungen, die mit Inappetenz einhergehen, sekundär ein Fettlebersyndrom (▶ S. 108) mit akuter Verschlechterung des Allgemeinzustands verursachen.

Haltungsbedingungen

Bei akuten Erkrankungen ist besonders von Interesse, ob in letzter Zeit ein neues Tier in den Bestand hinzugekommen ist. Sowohl bakterielle als auch virale Infektionen können latent verlaufen, wenn das Tier eine Immunität aufgebaut hat. Wird der Erreger auf andere Tiere übertragen, die bisher noch keinen Kontakt mit ihm hatten, so kann bei ihnen die Erkrankung jedoch ausbrechen. Besondere Probleme kann in diesem Zusammenhang die Adenoviruspneumonie (▶ S. 25) des Meerschweinchens bereiten. Gleiches gilt für Infektionen mit Streptokokken und Staphylokokken, die bei neu infizierten Tieren schnell zu Allgemeininfektionen mit Septikämie (▶ S. 215) führen können.

In den Sommermonaten können die Haltungsbedingungen (Käfigstandort am Sonnenfenster, Außenhaltung ohne Schattenplatz, überhitzte Dachgeschosswohnung) wichtige Hinweise auf einen Hitzschlag (▶ S. 212) liefern.

Auch nach möglichen Stressfaktoren sollte gefragt werden (z. B. Tod des Partners, Vergesellschaftung mit neuen Partnertieren, Änderung des Käfigstandorts).

Fütterung

Plötzliche Änderungen der Rationszusammensetzung oder die Aufnahme ungeeigneten Futters können akute Verdauungsstörungen (Durchfall, Tympanie, Obstipation) mit nachfolgender Enterotoxämie (▶ S. 215) auslösen. Eine energetische Unterversorgung verursacht bei tragenden Tieren und bei Patienten, die vor wenigen Tagen geworfen haben, nicht selten eine Trächtigkeitstoxikose (▶ S. 214). Eine rohfaser- und kalziumarme Ernährung kann Zahnerkrankungen (▶ S. 282) fördern.

Trächtigkeit, Geburt

Nicht nur in der Hochträchtigkeit, sondern auch noch einige Tage nach der Geburt kann eine Trächtigkeitstoxikose (▶ S. 214) entstehen.

17.5 Klinische Untersuchung

Wird ein Patient aufgrund unspezifischer Symptome vorgestellt, so muss die klinische Allgemeinuntersuchung besonders sorgfältig erfolgen. Auch geringgradig ausgeprägte Symptome sind zu beachten, um im Zusammenhang mit gezielten weiterführenden Untersuchungen eine Diagnose stellen und den Patienten schnellstmöglich optimal therapieren zu können.

Der Ernährungszustand liefert erste Hinweise auf die Dauer des Krankheitsgeschehens.

> ❗ Bei vielen kachektischen Patienten fällt der schlechte Ernährungszustand nicht sofort auf, da die Tiere durch gesträubtes Fell mehr Körperfülle vortäuschen oder aufgrund ihrer Rasse ein fülliges Fell besitzen, das eine adspektorische Einschätzung des Körpergewichts kaum möglich macht (z. B. Lunkarya- oder Texel-Meerschweinchen). Erst die Palpation der Wirbelsäule und der Rippen zeigt das wahre Ausmaß der Abmagerung.

Eine Abmagerung (▶ S. 273) (▶ Abb. 17.2) deutet auf ein chronisches Krankheitsgeschehen hin, wie es besonders bei Herzerkrankungen (▶ S. 289), Osteodystrophien (▶ S. 296) oder Schilddrüsenfunktionsstörungen (▶ S. 294) zu beobachten

▶ **Abb. 17.2** Hochgradig reduzierter Allgemeinzustand.

ist. Adipöse Tiere können dagegen im Zuge eines Fettlebersyndroms (▶ S. 108) oder einer Trächtigkeitstoxikose (▶ S. 214) plötzliche Apathie und Inappetenz zeigen. Blasse bis porzellanfarbene Schleimhäute sind möglicherweise Hinweis auf chronische Blutungsanämien, die beispielsweise bei Hämometra (▶ S. 159) oder Neoplasien des Uterus (▶ S. 162) auftreten.

Prinzipiell sollten alle Organsysteme in die Untersuchung einbezogen werden, damit auch unterschwellige Erkrankungen erkannt werden, die Auslöser für eine Septikämie (▶ S. 215) sein können. Bei vorberichtlicher Inappetenz muss in jedem Fall die Maulhöhle gründlich untersucht werden, da Zahnerkrankungen (▶ S. 282) eine der wichtigsten Ursachen für Anorexie sind. Bei Meerschweinchen sollte zudem der Rachenraum adspiziert werden, da die Tiere häufig unter einer Pharyngitis (▶ S. 286) leiden, die Schmerzen beim Schlucken verursacht. Durch vorsichtige Palpation des Kehlbereichs kann bei solchen Patienten zudem oft ein Husten- oder Würgereiz ausgelöst werden, da der Kehlkopf vielfach in das Entzündungsgeschehen einbezogen ist. Eine Palpation der Kiefer- und weiteren Schädelknochen gibt einerseits Auskunft über apikales Wachstum bei Zahnerkrankungen (▶ S. 282), andererseits können auch symmetrische Auftreibungen der Knochen bei Osteodystrophie (▶ S. 296) erkannt werden.

Wichtig ist weiterhin eine Auskultation des Herzens. Diese muss an einem ruhigen Ort und ausreichend lange durchgeführt werden. Nur so können bei der hohen Herzfrequenz der kleinen Tiere Anzeichen für Herzerkrankungen (▶ S. 289) gefunden werden. Es ist zu bedenken, dass Herzgeräusche oder auffällig veränderte Herzfrequenzen bei Meerschweinchen im Rahmen von Hyper- (▶ S. 294) oder Hypothyreosen (▶ S. 295) auftreten können.

Durch gründliche Abdomenpalpation werden Erkrankungen des Magen-Darm-Trakts erfasst. Vermehrte Gas- oder Flüssigkeitsansammlungen im Darmlumen sind als Hinweis auf Verdauungsstörungen zu werten, die in eine Enterotoxämie (▶ S. 212) münden können. Gleiches gilt für Obstipationen (▶ S. 282), bei denen deutliche Anschoppungen im Darm zu fühlen sind. Weiterhin können Uteruserkrankungen (▶ S. 159) bei sorgfältiger Palpation erkannt werden. Schmerzreaktionen bei Palpation im Nieren- oder Blasenbereich sind bei Konkrementbildungen (▶ S. 174) oftmals deutlich ausgeprägt.

Bei Meerschweinchen sollte zudem gezielt nach Hinweisen für Funktionsstörungen der Schilddrüse (▶ S. 294) gesucht werden. Hier sind beispielsweise Fellverluste im Inguinalbereich und der Innenseite der Oberschenkel sowie Umfangsvermehrungen im Halsbereich zu nennen.

17.6 Weiterführende Untersuchungen

Werden auch bei der klinischen Allgemeinuntersuchung keine spezifischen Krankheitssymptome gefunden, so empfiehlt sich zunächst eine **Blutuntersuchung**. Leukozytosen geben Hinweise auf akute infektiöse Geschehen, wie Endometritiden (▶ S. 164), Leukopenien weisen eher auf einen chronischen Krankheitsverlauf hin. Anämien können die Folge chronischer Blutverluste bei Hämometra (▶ S. 159) oder Uterustumoren (▶ S. 162) sein. Weiterhin sollten in jedem Fall die Leberwerte überprüft werden, wobei die GLDH und die ALT als spezifische Parameter für eine Schädigung des Organs anzusehen sind. Auch der Blutzuckerwert und die Elektrolyte werden bestimmt, sodass Stoffwechselentgleisungen insbesondere bei Trächtigkeitstoxikosen (▶ S. 214) und Hepatopathien (▶ S. 108 ff) diagnostiziert und korrigiert werden können. Die Nierenfunktion kann bei infektiösen Geschehen oder auch bei länger bestehender Nephrolithiasis (▶ S. 174) eingeschränkt sein, sodass auch eine Überprüfung von Harnstoff und

Kreatinin sinnvoll erscheint. Besteht ein Verdacht auf eine Osteodystrophie (▶ S. 296), sollten die Werte für Kalzium, anorganisches Phosphor und die alkalische Phosphatase überprüft werden.

Bei Meerschweinchen, die einen chronischen Erkrankungsverlauf mit Abmagerung zeigen, ist eine Untersuchung des T4-Werts zur Überprüfung der Schilddrüsenfunktion empfehlenswert, da oftmals Hyperthyreosen (▶ S. 294), gelegentlich auch Hypothyreosen (▶ S. 295), die Ursache sind.

Eine **Harnuntersuchung** kann die Verdachtsdiagnose einer Trächtigkeitstoxikose (▶ S. 214) mit fortgeschrittener Hepatopathie (▶ S. 108 ff) unterstützen, wenn eine Ketonurie nachweisbar ist. Auch Harngries wird offensichtlich. Urinanalysen dienen weiterhin dem Nachweis einer Zystitis (▶ S. 173) oder Nephritis (▶ S. 123), die sekundär eine Septikämie (▶ S. 215) auslösen können. **Röntgenaufnahmen** des Thorax dienen der weiteren Abklärung von Auskultationsbefunden der Lunge und des Herzens. Das Abdomen wird geröntgt, um das Ausmaß von Tympanien (▶ S. 105) oder auch Obstipationen (▶ S. 121) feststellen zu können. Auch Umfangsvermehrungen der Gebärmutter (▶ S. 159 ff), Nephro- und Urolithiasis (▶ S. 174) sowie Konkremente in den akzessorischen Geschlechtsdrüsen (▶ S. 179) werden auf ihnen sichtbar. Schädelaufnahmen sind anzufertigen, wenn eine Zahnerkrankung (▶ S. 282) die Ursache für die Symptomatik ist. Zudem können auf solchen Bildern Mineralisationsstörungen des Skeletts bei Osteodystrophie (▶ S. 296) diagnostiziert werden.

Flüssigkeitsansammlungen in der Gebärmutter, wie sie bei Hämometra (▶ S. 159) und Pyometra (▶ S. 164) vorhanden sind, werden am besten im Rahmen einer **Ultraschalluntersuchung** diagnostiziert.

Bei jeder Form von Verdauungsstörungen, die in einer Enterotoxämie (▶ S. 215) münden können, müssen **Kotuntersuchungen** eingeleitet werden, um die Ursache erkennen und gezielt behandeln zu können. Bereits anhand von Nativausstrichen ist der Nachweis von Hefen möglich, der auf Instabilitäten der Darmflora hindeutet. Zusätzliche parasitologische und bakteriologische Untersuchungen werden ggf. eingeleitet.

18 Schock

Für ein Schockgeschehen kommen sowohl bei Meerschweinchen als auch bei Chinchilla und Degu die gleichen Faktoren infrage. Häufige Ursachen sind Septikämien, hochgradige Schmerzzustände, Tympanien, Hypovolämien oder Traumata. Typische Schocksymptome sind:
- Apathie/Somnolenz
- Seitenlage/Brust-Bauchlage
- flacher Puls
- flache, frequente oder verlangsamte Atmung
- porzellanfarbene oder zyanotische Schleimhäute (▶ Abb. 18.1, ▶ Abb. 18.2)
- Hypothermie

18.1 Therapiegrundsätze

Bei einem Schockgeschehen ist ein rasches, gezieltes Vorgehen essenziell. Stabilisierende, symptomatische Maßnahmen müssen umgehend eingeleitet werden. Obwohl die Ursache nicht immer sofort eindeutig ist, müssen diagnostische Schritte zunächst zurückstehen oder nach der Erstversorgung des Patienten mit größter Umsicht und nach Abwägung der Risiken eingeleitet werden.

⊕ Sofortmaßnahmen
1. Freilegen der Atemwege, Sauerstoffzufuhr
2. Blutungen stoppen
3. Flüssigkeitssubstitution
   - Vollelektrolytlösung 89, 40–60 ml/kg i.p., (i.v.)
   - ggf. Glukoselösung (5%) 87, bis 500 mg/kg
4. Kreislaufstabilisierung
   - Etilefrin 46 (Effortil®), 0,5–1 mg/kg p.o.
   - Prednisolon 76 (Solu Decortin®, Medrate solubile®), 10–20 mg/kg i.v., i.m., i.p.
5. Breitspektrumantibiotikum bei Traumata, Hitzschlag, Verdacht auf Septikämie
   - Enrofloxacin 4 (Baytril®), 10 mg/kg s.c., i.p.
   - Marbofloxacin 6 (Marbocyl®), 4 mg/kg s.c., i.v., i.p.
6. Analgetikum nach Traumata oder anderen schmerzhaften Zuständen (z.B. hochgradige Tympanie)
   - Carprofen 101 (Rimadyl®), 5 mg/kg s.c.
   - Meloxicam 102 (Metacam®), 0,2 mg/kg s.c.
7. Tier in ruhigen, abgedunkelten Raum verbringen
8. Wärmezufuhr, Temperaturkontrolle

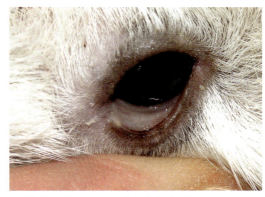

▶ Abb. 18.1 Blasse Konjunktivalschleimhäute.

▶ Abb. 18.2 Zyanotische Maulschleimhäute.

Schockzustände führen immer zu einer Minderdurchblutung der Gewebe; Hypoxie ist die Folge. Daher muss sofort eine **Sauerstoffzufuhr** gesichert werden. Insbesondere beim Meerschweinchen befinden sich evtl. noch größere Mengen stark eingespeichelter Futterreste in der Maulhöhle, die in die Atemwege gelangen könnten. Falls der Zustand des Tieres es zulässt, sollte dieser Brei beispielsweise mithilfe von Stieltupfern vorsichtig entfernt werden. Der Patient muss dann in einen Sauerstoffkäfig verbracht werden oder eine Sauerstoffzufuhr mithilfe einer Narkosemaske erhalten. Diese Maßnahme besitzt wiederum beim **Meerschweinchen** eine besondere Bedeutung. Die Lunge gilt als das „Schockorgan" dieser Tierart, da sie sehr rasch mit massiven Bronchospasmen reagiert. Aufgrund der stark ausgeprägten Bronchialmuskulatur des Meerschweinchens entstehen daraus herdförmige bis großflächige Atelektasen, sodass nur noch geringe Anteile des Lungengewebes ihre Funktion erfüllen können. Dies potenziert die Gefahr der hypoxischen Schäden im minderdurchbluteten Gewebe.

Liegen offene Verletzungen vor, so muss umgehend eine **Blutungsstillung** vorgenommen werden, da die absolute Blutmenge von Meerschweinchen, Chinchilla und Degu entsprechend ihrer Größe sehr gering ist.

Eine **Flüssigkeitssubstitution** sollte mit körperwarmen Infusionslösungen [89] erfolgen, um einer Hypothermie entgegenzutreten. Eine Ausnahme bildet hier ein Schock infolge eines Hitzschlags. Eine intravenöse Zufuhr über eine Butterfly-Kanüle ist aufgrund des geringen Venendurchmessers bei Meerschweinchen und Chinchilla nur selten, beim Degu gar nicht möglich. Bei Meerschweinchen besteht zudem das Problem, dass die Haut der Tiere so fest ist, dass die Braunüle in der Regel nur nach einer Hautinzision in die Vene eingeführt werden kann. Eine alternative Applikationsform, die ebenfalls eine rasche Resorption gewährleistet, ist die intraperitoneale Gabe. Um hierbei keine Verletzungen zu verursachen, hat sich ebenfalls der Einsatz einer Braunüle bewährt. Da die linke Seite des Abdomens zum überwiegenden Teil vom Zäkum ausgefüllt wird, sollte die Braunüle im Bereich der rechten Flanke durch die Bauchwand gestochen werden. Die metallene Führkanüle wird dann sofort entfernt und lediglich der weiche und flexible Venenkatheter weiter vorgeschoben.

> **!** Subkutane Infusionen sind bei Schockgeschehen nicht geeignet, da eine ausreichende Flüssigkeitsresorption bei instabiler Kreislaufsituation nicht gewährleistet ist.

Zur Flüssigkeitssubstitution eignen sich Ringer-Laktat-Infusionslösungen [89] am besten, da sie eine ausreichende Pufferkapazität besitzen. Ringer-Lösung enthält dagegen zwar die wichtigsten Kationen, besitzt jedoch kein Puffersystem. Isotone Kochsalzlösung [88] ist wegen ihrer einseitigen Formulierung bei isotoner Dehydratation und Volumenmangel nur äußerst begrenzt einsetzbar. Sie ist allenfalls bei Niereninsuffizienz mit Hyponatriämie und Hyperkaliämie geeignet. Bei Tieren, aus deren Anamnese eine vorangegangene Inappetenz hervorgeht, sollte zudem eine Applikation von Glukoselösung [87] erfolgen, um zumindest eine marginale Zufuhr von Nährstoffen zu sichern. Diese Maßnahme ist insbesondere bei Meerschweinchen wichtig, da diese einen äußerst empfindlichen Leberstoffwechsel aufweisen.

Eine **Kreislaufstabilisierung** erfolgt einerseits bereits durch Flüssigkeitszufuhr, andererseits kann das synthetische Sympathomimetikum Etilefrin [46] (Effortil®) eingesetzt werden. Es sorgt durch seine α-mimetische Wirkung für eine Vasokonstriktion und führt damit zu einer Blutdruckerhöhung, während gleichzeitig seine $β_1$-mimetischen Eigenschaften für eine Stimulierung der Herzfunktion (insbesondere für die Erhöhung von Herzfrequenz und Kontraktionskraft) verantwortlich sind. Bei Schockgeschehen infolge von Anaphylaxien und Endotoxinbildung kommen zudem wässrig gelöste Methylprednisolonester [76] (z. B. Solu Decortin®, Medrate solubile®) aufgrund ihrer besonders raschen Wirksamkeit zum Einsatz. Trotz ihrer sehr kurzen Halbwertzeit wird ihre Anwendung aufgrund kurzfristiger immunsupprimierender Effekte bei infektiös bedingten Schockgeschehen kontrovers diskutiert. Eine Applikation unter antibiotischer Abschirmung erscheint daher angezeigt.

Die Gabe eines breitwirksamen **Antibiotikums** ist bei Schockgeschehen sinnvoll und insbesonre bei septikämisch oder traumatisch bedingten Schockzuständen unerlässlich. Marbocyl® 6 kann intravenös appliziert, aber auch, ebenso wie Baytril® 4, in verdünnter Form intraperitoneal verabreicht werden.

Eine Applikation von **Analgetika** muss bei allen traumatisch ausgelösten Schockzuständen sowie auch bei anderen Erkrankungen, die mit Schmerzen einhergehen (z. B. Tympanien), erfolgen. Falls Einschränkungen der Leber- und/oder der Nierenfunktion zu befürchten sind, ist die verzögerte Verstoffwechselung sowohl bei der Wahl des analgetischen Wirkstoffs als auch bei seiner Dosierung zu berücksichtigen.

Schockbegleitende Hypothermien können leicht zu einem lebensbedrohlichen Faktor werden. Eine regelmäßige **Temperaturkontrolle** muss daher im Rahmen der Akutversorgung und auch während der ersten Regenerationsphase gewährleistet sein. Liegt eine Hypothermie vor, so kann eine **Wärmezufuhr** mithilfe von Wärmflaschen, regulierbaren Induktions-Wärmematten, Wärmeplatten wie dem SnuggleSafe® oder behelfsweise mit OP-Handschuhen, die mit warmem Wasser gefüllt werden, erfolgen (▶ Abb. 18.3). Rotlichtlampen bergen dagegen die Gefahr einer Überhitzung, da der Patient nicht in der Lage ist, der Wärme auszuweichen.

▶ **Abb. 18.3** Wärmezufuhr durch wassergefüllte OP-Handschuhe.

⚠ Besteht Verdacht auf ein Schädeltrauma, so wird eher eine milde Hypothermie (37–38 °C) angestrebt, um die Bildung von Hirnödemen zu vermeiden.

Teil III
Weiterführende Untersuchungen

19	Blutuntersuchung	316
20	Harnuntersuchung	325
21	Kotuntersuchung	329
22	Röntgendiagnostik	330
23	Ultraschalldiagnostik	342
24	Elektrokardiografie	344
25	Dermatologische Diagnostik	345

19 Blutuntersuchung

19.1 Blutentnahme

Die Blutentnahme beim **Meerschweinchen** ist recht problemlos möglich. Routinemäßig hat sich die Punktion der **Vena saphena lateralis** als zweckmäßig erwiesen. Zur Probennahme wird der Patient in Brust-Bauchlage so auf dem Untersuchungstisch fixiert, dass ein Hinterbein über die Tischkante ragt (▶ Abb. 19.1 a). Dieses wird vom Untersuchenden nach unten gestreckt gehalten, während der/die Tiermedizinische Fachangestellte die Vene oberhalb des Kniegelenks anstaut. Die Vene verläuft lateral der Achillessehne kaudal über den Unterschenkel. Dort wird das Fell geschoren oder gescheitelt; die Punktionsstelle wird mit Alkohol desinfiziert. Bei den meisten Meerschweinchen ist die Vena saphena aufgrund der kurzen, meist dicken Beinchen auch im angestauten Zustand nicht sicht- oder tastbar, Ausnahmen bilden sehr magere Meerschweinchen oder gelegentlich Tiere mit unpigmentierter Haut. Die Punktion der Vene gelingt jedoch zuverlässig bei einem Einstich direkt lateral der Achillessehne im mittleren Drittel des Unterschenkels in einem Winkel < 45°. Optimal eignen sich Kanülen der Größe 0,70 × 30 mm (22 G) oder 0,60 × 25 mm (23 G). Das entnommene Blut läuft frei in ein Probenröhrchen ab (▶ Abb. 19.1 a–c).

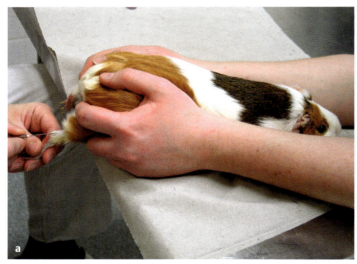

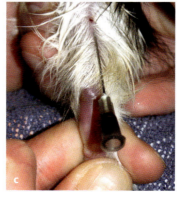

▶ **Abb. 19.1 a** Lagerung zur Blutentnahme beim Meerschweinchen. **b** Darstellung der Vena saphena lateralis beim Meerschweinchen. **c** Punktion der Vena saphena lateralis beim Meerschweinchen.

Die Probenmenge, die so gewonnen werden kann, reicht im Regelfall zur Erstellung eines Blutbilds sowie der gängigen blutchemischen Parameter völlig aus.

Die routinemäßige Blutentnahme bei **Chinchilla** und **Degu** erfolgt bei gleicher Lagerung ebenfalls aus der **Vena saphena lateralis** (▶ Abb. 19.2). Bei diesen beiden Tierarten ist die angestaute Vene in der Regel nach Scheiteln des Felles und Befeuchten mit Alkohol sichtbar. Die gewonnene Probenmenge reicht insbesondere beim Degu nicht für ein Suchprofil aus, doch gezielte Untersuchungen einzelner Parameter sind möglich.

> ❗ Bei kreislaufschwachen Tieren kommt es vor, dass das Blut zwar in die Kanüle fließt, jedoch bereits im Konus zu gerinnen beginnt, bevor ein Tropfen in das Probenröhrchen geflossen ist. In diesen Fällen empfiehlt es sich, zuvor den Konus abzubrechen und nur mit der Nadel zu punktieren. So können häufig auch noch in schlechter Kreislaufsituation oder bei kleinen Tieren mit sehr zarten Venen einige Tropfen Blut für die Bestimmung ausgewählter Parameter gewonnen werden.

Die **Vena cephalica antebrachii** ist bei **Meerschweinchen** und **Chinchilla** sehr dünn, sodass nur einzelne Bluttropfen gewonnen werden können. Für gezielte Kontrollen von Einzelparametern (z. B. Blutzuckerbestimmung) ist die Punktion jedoch möglich. Der Patient sollte hierzu in Brust-Bauchlage fixiert werden. Der/die Tiermedizinische Fachangestellte streckt ein Vorderbein des Tieres oberhalb des Ellenbogens und staut gleichzeitig die Vene an. Die Punktionsstelle wird geschoren oder das Fell gescheitelt, die Hautdesinfektion erfolgt mit Alkohol. Die Stärke der verwendeten Kanüle sollte 0,55 × 25 mm (24 G) nicht überschreiten.

Die Punktion der **Vena cephalica antebrachii** ist beim **Degu** aufgrund des extrem kleinen Gefäßdurchmessers nicht sinnvoll.

Die Punktion der **Vena cava cranialis** oder der **Vena jugularis** kann aufgrund der hohen Verletzungsgefahr nur am sedierten Tier erfolgen und ist daher zur Routinediagnostik nicht geeignet. Die Belastung von Herz-Kreislauf, Leber und Niere eines geschwächten Tieres, dessen Erkrankung noch nicht exakt eingeschätzt werden kann, durch eine zusätzliche Narkose erscheint nicht sinnvoll.

19.2 Hämatologie

Die Messung für Hämoglobin und Hämatokrit sowie die Zählung von Erythrozyten, Leukozyten und Thrombozyten kann problemlos mit einem hämatologischen Blutanalysegerät erfolgen (▶ Tab. 19.1, ▶ Tab. 19.2, ▶ Tab. 19.3). In manchen Fällen bereitet jedoch die Erstellung des stark lymphozytär betonten Differenzialblutbilds Schwierigkeiten aufgrund der sogenannten „Pseudoeosinophilen" (▶ Abb. 19.3). Es handelt sich hierbei um neutrophile Granulozyten, die im Zytoplasma eosinophile Granula besitzen und so von älteren Geräten oder Geräten ohne genaue Tierartauswahl meist fehlbewertet werden, sodass fälschlich Eosinophilie befundet werden. Im direkten Vergleich zu „echten" eosinophilen Granulozyten sind die Pseudoeosinophilen jedoch kleiner und besitzen dichter gelagerte Granula. Ihr Kern ist in 2–5 Segmente unterteilt. Moderne Analysegeräte, bei denen auch die Heimtierarten im Programm ausgewählt werden können, erstellen in der Regel ein korrektes Differenzialblutbild.

Sollte das Differenzialblutbild nicht in der Praxis erstellt werden, so ist im Anschreiben an das Labor ein entsprechender Hinweis auf die Tierart des Patienten zu vermerken. Fällt eine außerordentlich hohe Eosinophilie auf, so sollte der Wert noch einmal hinterfragt oder überprüft werden (▶ Tab. 19.4).

▶ Abb. 19.2 Blutentnahme beim Degu.

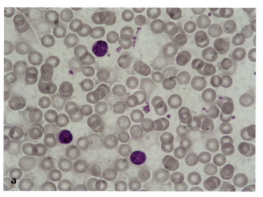 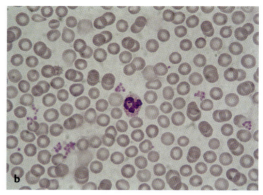

▶ **Abb. 19.3** Blutausstrich eines Meerschweinchens. **a** Lymphozyten **b** Neutrophiler Granulozyt mit eosinophiler Tüpfelung (= pseudoeosinophiler Granulozyt).

▶ **Tab. 19.1** Hämatologische Richtwerte.

Parameter	Einheit	Richtwert Meerschweinchen	Richtwert Chinchilla	Richtwert Degu
Hämoglobin	g/dl	10,0–17,2	11,7–13,5	7,2–15,0
Hämatokrit	%	32–50	33–49	29–54
Erythrozyten	$10^6/\mu l$	4,0–7,0	6,6–10,7	4,2–13,9
Leukozyten	$10^3/\mu l$	4,5–10,5	7,6–11,5	3,2–10,9
• neutrophile Granulozyten	%	22–48	23–45	11–65
• basophile Granulozyten	%	0–3	0–1	0–6
• eosinophile Granulozyten	%	0–3	0–3	0–3
• Lymphozyten	%	39–72	51–73	29–86
• Monozyten	%	1–10	1–4	0–8
Thrombozyten	$10^3/\mu l$	260–370	254–298	435–475

▶ **Tab. 19.2** Relevante Umrechnungsfaktoren für das Blutbild.

Parameter	SI-Einheit	Umrechnungsfaktor SI in alte Einheit	alte Einheit
Hämoglobin	mmol/l	1,61	g/dl
Hämatokrit	l/l	100	%
Erythrozyten	$10^{12}/l$	1,0	$10^6/\mu l$

▶ Tab. 19.3 Veränderungen im Blutbild und mögliche Ursachen.

Blutwert	Veränderung	
–	Erhöhung	Erniedrigung
Leukozyten	Infektionskrankheit, endogene Intoxikation (Enterotoxämie, Urämie, Ketose bei Diabetes mellitus), Hyperthyreose, Hämatome, Tumorerkrankung, Kortisonbehandlung, leukämische Leukose, milde Leukozytosen können stressbedingt entstehen	chronische Infektion, Schock/Blutdruckabfall, iatrogen (Chloramphenicol)
Hämatokrit	relative Erhöhung: Dehydratation, Kreislaufschock absolute Erhöhung: chron. Lungenerkrankung, chron. Herzinsuffizienz	Blutungen, Hyperinfusion
Hämoglobin	Exsikkose, Kreislaufschock, chron. Herzinsuffizienz und/oder Lungenerkrankung	Blutungen
Erythrozyten	Bewertung wie bei Hb und Hkt	Blutungen
Thrombozyten	reaktiv nach Blutverlusten, OP	Bildungsstörung (z. B. Sepsis, Knochenmarkverdrängung bei Leukose), Verteilungsstörung (z. B. Herzinsuffizienz), DIC

▶ Tab. 19.4 Veränderungen im Differenzialblutbild und mögliche Ursachen.

Blutwert	Veränderung	
–	Erhöhung	Erniedrigung
neutrophile Granulozyten	bakterielle Allgemeininfektion, lokale bakterielle Infektion (Abszesse, Pyometra), Urämie, Azidose, Tumorerkrankung, postoperative Zustände, physiologische Erhöhung bei Stress oder Geburt	chronische Infektion, Septikämie, Endotoxinschock, iatrogen (Chloramphenicol)
Lymphozyten	gelegentlich bei chronischen bakteriellen Infektionen	Stresszustände, Immunsuppression, Glukokortikoidtherapie
eosinophile Granulozyten	Allergie, Parasitosen	Stress, Glukokortikoidtherapie
Monozyten	chronische Infektionen, hämolytische Anämie, Glukokortikoidtherapie	–
basophile Granulozyten	vereinzelt bei Parasitosen oder Allergien	–

19.3
Blutchemische Parameter

19.3.1 Elektrolyte

Der **Kalzium**gehalt im Serum von Meerschweinchen, Chinchilla und Degu ist sehr stark fütterungsabhängig (▶ Tab. 19.5, ▶ Tab. 19.7). Kalzium wird bei diesen Tieren nicht bedarfsorientiert resorbiert, sondern der überwiegende Teil des Nahrungskalziums wird zunächst aufgenommen und Überschüsse über die Niere wieder herausgefiltert und mit dem Urin ausgeschieden. Daraus erklären sich sehr stark schwankende Kalziumwerte.

Die Bestimmung von **Phosphor** erfolgt in Form der Messung des anorganischen Serum-Phosphats.

Das Verhältnis von **Kalzium** zu **Phosphor** sollte keinesfalls 2:1 unterschreiten; eher sind Verhältnisse von 3:1 oder darüber bei entsprechender Fütterungsanamnese als physiologisch anzusehen. Eine besondere Bedeutung bekommt das Kalzium-Phosphor-Verhältnis bei der Diagnostik der Osteodystrophie der Satinmeerschweinchen. Hier fällt ein stark verschobenes Ca:P-Verhältnis auf, bei dem eine Hypokalzämie mit einer Hyper- oder Normophosphatämie vergesellschaftet ist. Gleichzeitig liegt eine hochgradige Erhöhung der alkalischen Phosphatase vor.

Ein niedriger **Natrium**-Spiegel im Zusammenhang mit einer Erhöhung des Serum-**Kaliums** weist auf eine akute oder chronische Nierenerkrankung hin. Der **Kalium**spiegel sollte zudem im Rahmen einer längerfristigen Therapie mit Diuretika kontrolliert werden. Deutlich erniedrigte Werte sind bei artgerechter, abwechslungsreicher Fütterung in der Regel nicht festzustellen.

19.3.2 Enzyme

Die in den Mitochondrien lokalisierte **Glutamatdehydrogenase** (GLDH) ist bei Meerschweinchen, Chinchilla und Degu streng leberspezifisch; eine Erhöhung dieses Enzyms zeigt eine deutliche Leberschädigung an. Bei inappetenten Meerschweinchen ist eine GLDH-Erhöhung bereits nach kurzer Zeit nachweisbar.

Die **Alanin-Aminotransferase** (ALT = GPT, Glutamat-Pyruvat-Transaminase) ist ebenfalls ein leberspezifisches Enzym, das sowohl bei chronischen als auch akuten Lebererkrankungen im Serum ansteigt.

Deutlich weniger spezifisch ist die **Aspartat-Amino-Transferase** (AST = GOT, Glutamat-Oxalazetat-Transaminase) zu bewerten, da dieses Enzym außer in der Leber noch in hoher Konzentration im Skelettmuskel sowie in geringen Mengen in Pankreas, Herzmuskel und Niere lokalisiert ist. Eine AST-Erhöhung im Serum kann daher nicht nur auf eine Hepatopathie, sondern z. B. auch auf ein Trauma hinweisen.

Die **alkalische Phosphatase** (AP) ist in der Leber im Gallengangsepithel, in Knochenzellen und in den Nieren in besonders hoher Aktivität nachweisbar, kommt aber auch in anderen Geweben vor. Ihre Aktivität ist altersabhängig. Junge Tiere weisen höhere Serumgehalte dieses Enzyms auf als ältere Tiere.

Die alkalische Phosphatase kann zwar bei Lebererkrankungen deutlich erhöht sein, nimmt aber u. a. auch bei verschiedenen Osteopathien als Zeichen gesteigerter Osteoblastenaktivität zu. Erhebliche Erhöhungen des AP-Wertes sind z. B. im Serum von Satinmeerschweinchen im Rahmen einer Osteodystrophie nachweisbar. Gleichzeitig liegt ein sehr enges und verschobenes Kalzium-Phosphor-Verhältnis vor.

Ähnlich wie die AP ist die **γ-Glutamyl-Transferase** (γ-GT oder GGT) außer in der Leber noch in weiteren Geweben und Strukturen lokalisiert. Da sie zudem erheblich träger reagiert, spielt sie in der Diagnostik von Erkrankungen der Caviomorpha eine eher untergeordnete Rolle.

Die **Laktatdehydrogenase** (LDH) ist ein unspezifisches Enzym, das in zahlreichen Geweben vorkommt und dessen Erhöhung im Serum auf entzündliche oder degenerative Krankheitsprozesse hindeutet.

Erhöhungen der **Kreatinkinase** (CK) werden als Hinweis insbesondere auf Traumata der Muskulatur oder eine Myositis gewertet. Obwohl dieses Enzym als muskelspezifisch gilt, kann es auch in anderen Organen nachgewiesen werden.

▶ Tab. 19.5 Blutchemische Richtwerte.

Parameter	Einheit	Richtwert Meerschweinchen	Richtwert Chinchilla	Richtwert Degu
Natrium	mmol/l	135–150	130–150	–
Kalium	mmol/l	3,5–5,0	4,0–4,7	–
Kalzium	mmol/l	1,3–2,9	2,5–3,7	0,9–3,5
anorganisches Phosphat	mmol/l	0,9–2,0	1,3–2,6	0,7–2,8
Glukose	mg/dl	100–230	60–160	55–200
Fruktosamine	µmol/l	135–270	215–296	–
Harnstoff	mg/dl	9–35	10–25	–
Kreatinin	mg/dl	0,5–1,6	0,5–1,7	0,6–2,0
Glutamatdehydrogenase (GLDH)	U/l	0,6–10,0	0,5–10,0	–
Laktatdehydrogenase (LDH)	U/l	80–200	–	–
Aspartat-Amino-Transferase (AST, GOT = Glutamat-Oxalazetat-Transaminase)	U/l	25–70	15–45	–
Alanin-Aminotransferase (ALT, GPT = Glutamat-Pyruvat-Transaminase)	U/l	25–60	10–35	bis 33
alkalische Phosphatase (AP)	U/l	20–150	3–59	bis 257
Kreatinkinase (CK)	U/l	160–200	–	–
γ-Glutamyl-Transferase (γ-GT)	U/l	bis 12	–	bis 16,25
Bilirubin	µmol/l	0,2–1,6	0,5–3,0	–
Gallensäuren	µmol/l	bis 40	–	–
Cholesterin	mg/dl	16–43	40–100	64–121
Triglyceride	mmol/l	0,5–2	–	0,39–4
Gesamteiweiß	g/l	42–68	33–60	32–77
Albumin	g/l	21–39	25–42	16–60
Thyroxin (T4)*	µg/dl	0,5–1,2	–	–
freies Thyroxin (fT4)	pmol/l	10–20	–	–

* Bei Messung mittels Chemilumineszenz.

▶ **Tab. 19.6** Relevante Umrechnungsfaktoren für die Blutchemie.

Parameter	SI-Einheit	Umrechnungsfaktor SI in alte Einheit	alte Einheit
Bilirubin gesamt	µmol/l	0,059	mg/dl
Harnstoff	mmol/l	6,006	mg/dl
Kreatinin	µmol/l	0,0113	mg/dl
Glukose	mmol/l	18,016	mg/dl
Cholesterin	mmol/l	38,664	mg/dl

▶ **Tab. 19.7** Häufige Ursachen für Veränderungen blutchemischer Parameter.

Blutwert	Veränderung	
–	Erhöhung	Erniedrigung
Glukose	Diabetes mellitus, Hyperthyreose, iatrogen (Glukoseinfusion, Kortison)	längere Inappetenz, Schock, Insulinom
Harnstoff	extrarenal: Hungern, Glukokortikoidgabe prärenal: Dehydratation, Schock, Herzinsuffizienz renal: Nephritis, Niereninsuffizienz, Nierentumor, (Leukose), Trauma, postrenal: Verschluss oder Ruptur der ableitenden Harnwege	–
Kreatinin	prärenal: Dehydratation, Schock, Herzinsuffizienz renal: Nephritis, Niereninsuffizienz, Nierentumor (Leukose), Trauma postrenal: Verlegung oder Ruptur der ableitenden Harnwege	–
alkalische Phosphatase (AP)	physiologisch: Wachstum, Gravidität pathologisch: Osteopathien (Osteodystrophie, Frakturen, Tumor, Osteomyelitis), Hepatopathien, Hyperthyreose, evtl. Diabetes mellitus	–
Kreatinkinase (CK)	Muskeltrauma, Myositis, Kreislaufschock	–
Glutamatdehydrogenase (GLDH)	akute und chron. Hepatopathien	–
Laktatdehydrogenase (LDH)	entzündliche und degenerative Prozesse	–
Alanin-Aminotransferase (ALT, GPT = Glutamat-Pyruvat-Transaminase)	akute und chron. Hepatopathien	–
Aspartat-Amino-Transferase (AST, GOT = Glutamat-Oxalazetat-Transaminase)	Hepatopathien, Traumata, Skelettmuskelerkrankungen	–
γ-Glutamyl-Transferase (γ-GT)	akute und chron. Hepatopathien, Leukose, Herzinsuffizienz	–
Bilirubin	Hepatopathien, Hämolyse	–

▶ **Tab. 19.7** Fortsetzung.

Blutwert	Veränderung	
	Erhöhung	Erniedrigung
Gallensäuren	Hepatopathien mit Cholestase	–
Gesamteiweiß	–	chron. Darmerkrankungen, chron. Hepatopathien, Blutverlust nach außen
Albumin	Dehydratation	chron. Enteropathien, Niereninsuffizienz, Hyperinfusion
Cholesterin	Diabetes mellitus, Hypothyreose, exsudative Enteropathie, nephrotisches Syndrom	–
Triglyceride	Diabetes mellitus, Hypothyreose, exsudative Enteropathie, nephrotisches Syndrom	–
Natrium	unzureichende Wasseraufnahme	Durchfall, Niereninsuffizienz
Kalium	Nephropathien, Hypoxie, Gewebszerstörungen (Trauma, OP, Tumor)	Durchfallerkrankungen
Kalzium	Ca-Überangebot im Futter, Vitamin-D-Hypervitaminose → Urolithiasis, Organverkalkung	Ca-Unterversorgung mit dem Futter → Eklampsie
anorganisches Phosphat	renaler/alimentärer sek. Hyperparathyreoidismus	–

19.3.3 Weitere blutchemische Werte

Harnstoff und **Kreatinin** werden zur Diagnostik einer Niereninsuffizienz, aber auch zur Kontrolle der Nierenfunktion im Rahmen aller anderen Erkrankungen bestimmt, die mit einer Nephropathie einhergehen können, z. B. Urolithiasis oder Herzerkrankungen (▶ Tab. 19.7).

Bilirubin ist bei verschiedenen Hepatopathien sowie tumorösen Erkrankungen der Leber mit Gallengangsobstruktionen, z. B. Leukose, erhöht. Hämolysen haben ebenfalls eine Erhöhung des Serum-Bilirubins zur Folge.

Der Serum-**Glukose**-Wert ist insbesondere zur Diagnostik des Diabetes mellitus von Bedeutung. Der betroffene Patient darf vor einer Blutzuckerbestimmung nicht hungern. Physiologisch entstehen niemals längere Nahrungskarenzen, sodass der gemessene Wert nicht bewertet werden kann. Zudem entstehen durch das Fasten aufgrund der Physiologie der Caviomorpha innerhalb kurzer Zeit schwerwiegende Verdauungsstörungen. Die Fütterung soll also zunächst unverändert erfolgen. Der Besitzer soll jedoch alle Rationsbestandteile auflisten, um daraus Rückschlüsse ziehen und ggf. eine geeignetere Zusammensetzung finden zu können.

> ❗ Die Einleitung einer Insulintherapie darf auch bei ungewöhnlich hohen Glukosewerten niemals auf nur einer einzigen Blutzuckerbestimmung beruhen!

Beim Meerschweinchen sind zudem Hyperglykämien im Rahmen von Hyperthyreosen sowie Hypoglykämien im Zusammenhang mit einem Insulinom festzustellen.

19.4
Serologische Untersuchung

Serologische Untersuchungen werden bei den Caviomorpha höchst selten durchgeführt. Gelegentlich ist der Antikörpernachweis gegen *Encephalitozoon cuniculi* mittels Tuschetest beim Meerschweinchen sinnvoll, wenn das betroffene Tier Tortikollis und andere neurologische Ausfallerscheinungen zeigt, insbesondere wenn vorberichtlich Kontakt zu Kaninchen bestand oder nicht ausgeschlossen werden kann.

20 Harnuntersuchung

20.1

Harngewinnung

Spontanharn: Der Patient wird in eine saubere, nicht eingestreute Transportbox gesetzt, bis der Urinabsatz erfolgt ist. Der Harn wird dann mit einer sterilen Spritze aufgezogen, ist aber aufgrund der Kontaminationen, die insbesondere auf Keime, z. B. aus dem Fell und von der Haut zurückzuführen sind, nicht zur Einleitung einer mikrobiologischen Untersuchung geeignet. Problemlos sind aber sowohl die Untersuchung mittels Teststreifen als auch die mikroskopische Untersuchung möglich und auswertbar.

Diese Methode der Harngewinnung eignet sich insbesondere für Meerschweinchen. Bei Chinchilla und Degu ergibt sich zum einen das Problem, dass diese Tiere deutlich weniger Flüssigkeit aufnehmen und daher auch seltener und weniger Urin absetzen. Daher kann evtl. auch nach Stunden in der Transportbox noch kein oder kaum ein Urinabsatz erfolgt sein. Zum anderen verschmiert die geringe Urinmenge in der kahlen Transportbox oftmals nahezu vollständig im Fell des betroffenen Tieres, sodass auch aus diesem Grund kein Auffangen zur Untersuchung möglich ist.

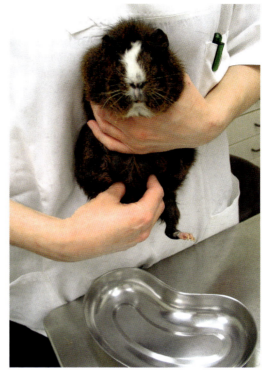

▶ **Abb. 20.1** Harnentnahme durch Blasenkompression.

Blasenkompression: Liegen keinerlei Verlegungen der ableitenden Harnwege, z. B. durch einen Harnröhrenstein, vor, so kann versucht werden, die Blase durch sanfte manuelle Kompression zu entleeren. Dabei wird das betroffene Tier senkrecht vor den Körper des Untersuchenden gehalten, wobei eine Hand den Brustkorb des Patienten umgreift und die zweite die Blase vorsichtig ausmassiert (▶ **Abb. 20.1**). Diese Haltung hat den Vorteil, dass evtl. in der Blase vorhandener Gries in Richtung Blasenhals absinkt und bei der Entleerung der Blase ebenfalls abgesetzt wird. Akzeptiert der Patient diese Haltung nicht und übt starke Abwehrreaktionen aus, so ist es ebenfalls möglich, das Tier auf dem Unterarm des Untersuchenden zu lagern. Mit einer Hand wird dann die Blase umfasst und vorsichtig entleert, während die zweite Hand zur weiteren Fixation des Tieres genutzt wird.

Der durch die Kompression gewonnene Urin wird in einem sauberen Gefäß aufgefangen und kann wiederum zur Untersuchung mittels Teststreifen oder zur mikroskopischen Beurteilung herangezogen werden. Für eine mikrobiologische Harnuntersuchung eignet sich diese Probe nur eingeschränkt. Auch in diesem Fall liegen Kontaminationen vor, die berücksichtigt werden müssen. Hierbei handelt es sich vorwiegend um Staphylokokken und Streptokokken, die sich auf der Haut befinden.

Katheterharn: Diese Methode der Harngewinnung ist sehr vorsichtig zu beurteilen, da die Urethralschleimhaut bei den Caviomorpha äußerst empfindlich und ein Einschleppen von Keimen in die Blase denkbar ist. Verhältnismäßig leicht ist das Katheterisieren bei weiblichen Meerschweinchen mit einer sehr feinen, flexiblen Ernährungssonde möglich. Beim männlichen Meerschweinchen sowie beim männlichen und weiblichen Chinchilla ist die Harnröhre jeweils deutlich enger

▶ **Abb. 20.2** Katheterisieren der Harnblase bei einem Meerschweinchenbock mithilfe einer dünnen Ernährungssonde.

ausgebildet, sodass eine weiche Ernährungssonde o.ä. von der Stärke maximal eines Katerkatheters, besser noch feiner, benötigt wird (▶ **Abb. 20.2**). Katerkatheter selbst sind zu starr und bergen daher beim Kleinsäuger eine hohe Gefahr der Verletzung der Schleimhaut bis hin zur Perforation der Urethra. Eine Katheterisierung ist beim Degu aufgrund der Feinheit der Strukturen nicht möglich, ausreichend kleine und flexible Katheter oder Ersatzprodukte stehen nicht zur Verfügung.

Katheterharn eignet sich zwar sowohl für die Erhebung eines Harnstatus als auch für eine mikrobiologische Untersuchung, aufgrund der genannten Schwierigkeiten und möglichen Komplikationen sollte aber nur in Ausnahmefällen auf das Katheterisieren zurückgegriffen werden.

Zystozentese: Bei der Blasenpunktion kann Urin für die mikrobiologische Untersuchung gewonnen oder eine pralle Blase bei Verlegung der Urethra durch ein Harnröhrenkonkrement entlastet werden. Da Meerschweinchen, Chinchilla und Degu aber nur selten so fixiert werden können, dass dieser Eingriff sicher und ohne Abwehrreaktionen durchgeführt werden kann, ist eine kurze Inhalationsnarkose sinnvoll. Die Blase sollte durch die Bauchdecke hindurch manuell fixiert werden. Die Punktion muss mit einer möglichst feinen Kanüle im rechten Winkel zur Blasenwand erfolgen, um diese so wenig wie möglich zu verletzen. Ein Vorgehen unter Ultraschallkontrolle ist vorteilhaft und bei mäßig gefüllter Blase sogar Voraussetzung für einen sicheren Eingriff.

20.2 Harnanalyse

20.2.1 Makroskopische Untersuchung

Bei der makroskopischen Untersuchung werden zunächst Farbe, Konsistenz und Beimengungen der Harnprobe beurteilt.

Die **Farbe** des Urins sollte gelblich sein (▶ **Abb. 20.3**), kann aber durch Futterpigmente oder infolge von Oxidationsprozessen bis ins orange-rötliche reichen.

Die **Konsistenz** des Harns ist bei Meerschweinchen, Chinchilla und Degu dünnflüssig. Weist der Harn eine eher schleimige Konsistenz auf, so deutet dies auf einen hohen Leukozytengehalt im Rahmen schwerwiegender Entzündungen hin. Verschiedene Keimstämme können zudem in sehr seltenen Fällen zusätzlich die Schleimbildung fördern. Beim weiblichen Tier ist zudem die Möglichkeit zu überprüfen, dass es sich um schleimigen Vaginalausfluss handelt. Gelegentlich kann bei allen 3 Tierarten eine Mukometra entstehen, die durch eine übermäßige Produktion der Uterindrüsen infolge von hormonellen Imbalancen hervorgerufen wird. Ist der Muttermund geöffnet, entleert sich der muköse Inhalt durch das Pressen beim Urinabsatz. Weitere **Beimengungen** sind Kalziumkristalle, die den Harn physiologischerweise trüben. Sie entstehen, weil überschüssiges Nahrungskalzium über die Nieren herausgefiltert und mit dem Urin ausgeschieden wird. Aufgrund des alkalischen Harn-pH-Werts der Caviomorpha fällt Kalzium in Kristallform aus.

Blut kann ebenfalls im Urin enthalten sein. Im Gegensatz zu physiologischen Verfärbungen des Urins, die gleichmäßig die gesamte Harnmenge betreffen, sind Blutbeimengungen meist in Form von Schlieren oder Tropfen makroskopisch sichtbar. Sie können im Rahmen einer Urolithiasis aus der Blase, der Harnröhre, oder, beim männlichen Meerschweinchen oder Chinchilla, auch aus der Samenblasendrüse stammen. Sie können außerdem auf eine Zystitis zurückzuführen sein. Stammt das Blut aus der Gebärmutter, so werden die Tropfen meist zum Ende des Urinabsatzes verloren. Diese Blutungen treten in der Regel auch nicht bei jedem Harnabsatz auf.

Auch makroskopisch gelb erscheinender Urin kann Blutzellen enthalten, die dann bei der che-

▶ **Abb. 20.3** Physiologischer gelblich-trüber Harn eines Meerschweinchens.

mischen oder mikroskopischen Untersuchung diagnostiziert werden.

20.2.2 Sensorische Untersuchung

Der Urin von Meerschweinchen, Chinchilla und Degu weist einen artspezifischen Geruch auf. Abweichungen, beispielsweise fauliger oder stechender Geruch, sind auf zumeist hochgradige Entzündungserscheinungen der Harnblase zurückzuführen.

20.2.3 Chemische Untersuchung

Die chemische Untersuchung kann mit handelsüblichen Teststreifen erfolgen.
- Der **pH-Wert** des Urins liegt bei gesunden Meerschweinchen, Chinchillas und Degus bei 8–9. Abweichungen in den neutralen oder gar sauren Bereich sind als Hinweise auf ein massives Entzündungsgeschehen zu werten. Eine Absenkung ist zudem im Rahmen der Trächtigkeitstoxikose oder des Fettlebersyndroms zu beobachten.
- Eine mittel- bis hochgradige **Protein**urie tritt im Zusammenhang mit Nephropathien auf. In geringem Maße sind Eiweiße auch im Urin gesunder Caviomorpha nachweisbar. Die Ursache hierfür ist noch unbekannt, wobei auch falsch positive Testreaktionen durch das stark alkalische Milieu denkbar sind.
- **Glukose** ist bei gesunden Tieren nicht im Urin nachweisbar. Glukosurien weisen auf einen Diabetes mellitus hin oder treten im Rahmen hochgradiger Nierenschädigungen auf.
- Der Nachweis von **Ketonkörpern** lässt auf schwere Stoffwechselentgleisungen schließen. Eine Ketonurie tritt insbesondere im Zusammenhang mit dem Fettlebersyndrom oder der Trächtigkeitstoxikose sowie bei einem weit fortgeschrittenen, unbehandelten Diabetes mellitus auf.
- Der Nachweis von **Nitrit** im Urin ist als Hinweis auf eine Harnwegsentzündung zu werten, da durch bestimmte pathogene Keime Nitrat zu Nitrit reduziert werden kann.
- Ist **Bilirubin** im Harn nachweisbar, kann auf Hämolysen oder eine Obstruktion der Gallengänge, z. B. im Rahmen einer Leukose, geschlossen werden. Bilirubinurien sind bei den Caviomorpha eher selten nachweisbar.
- Gleiches gilt für **Urobilinogen**, das ebenfalls im Zusammenhang mit Hämolysen oder schweren Hepatopathien in den Harn gelangen kann.
- **Erythrozyten** und **Hämoglobin** sind bei Blutungen im Harn- oder Geschlechtstrakt im Urin nachweisbar. Zum einen deuten sie auf Zystitiden oder eine Urolithiasis (inkl. der Konkremente der akzessorischen Geschlechtsdrüsen des Meerschweinchens oder Chinchillas) hin, zum anderen können Blutzellen auch aus dem weiblichen Geschlechtstrakt stammen, wenn beim Harnabsatz Sekrete aus der Vagina abgegangen sind.
- Die Anzeige von **Leukozyten** auf dem Harnstreifen ist mit Vorsicht zu werten. Es können falsch positive Ergebnisse angezeigt werden. Die Überprüfung einer vermeintlichen Leukozytose in der mikroskopischen Harnuntersuchung ist anzuraten.

20.2.4 Physikalische Untersuchung

Die Bestimmung des spezifischen Gewichts besitzt bei allen Tierarten mit physiologischer Kristallurie kaum Aussagekraft. Das Harngewicht kann sehr große Schwankungen aufweisen, abhängig von der Menge des mit der Nahrung aufgenommenen Kalziums und der daraus resultierenden Menge an Kalziumkristallen im Urin.

20.2.5 Mikroskopische Untersuchung

Die mikroskopische Harnuntersuchung sollte in jedem Fall immer dann erfolgen, wenn bei der chemischen Untersuchung abweichende Befunde erhoben wurden.

> ❗ Aufgrund der hohen Menge an Kalziumkristallen im Urin empfiehlt es sich jedoch nicht, die Probe zu zentrifugieren. Eine Beurteilung des Sediments wäre durch die Überlagerungen der Kristalle (vorwiegend amorphe Kalziumkarbonat- und Kalziumoxalatkristalle) nur schwer möglich (▶ Abb. 20.4 a und b).

Der mikroskopische Nachweis von **Leukozyten** sowie von anderen **Blutzellen** ist als Hinweis auf ein entzündliches Geschehen zu werten. Allerdings muss auch in diesen Fällen berücksichtigt werden, dass die Blutbeimengung aus dem Geschlechtstrakt stammen kann.

Sind in geringem Maße **Rund-** oder **Plattenepithelzellen** aufzufinden, so ist von einem physiologischen Befund auszugehen. Erst das massenhafte Auftreten von Epithelien deutet auf Erkrankungen im Harntrakt hin.

Ein mikroskopischer Nachweis von **Bakterien** sollte die Einleitung einer mikrobiologischen Untersuchung zur Folge haben, insbesondere, wenn der Harn auf sterilem Wege gewonnen wurde.

20.2.6 Mikrobiologische Untersuchung

Eine **mikrobiologische Urinuntersuchung** mit Erstellung eines Antibiogramms ist bei allen Harnwegsinfekten anzuraten, da die beteiligten Keime oftmals über weitreichende Resistenzen verfügen können. Wurde der Urin nicht steril gewonnen, müssen Kontaminationen mit Hautkeimen berücksichtigt werden. Als Kontaminanten sind vorwiegend Staphylokokken und Streptokokken zu berücksichtigen und von den eigentlichen Krankheitserregern zu differenzieren.

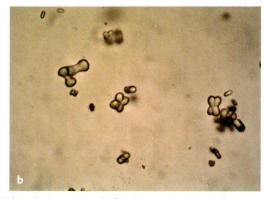

▶ **Abb. 20.4** Harnausstrich (ungefärbt, nicht zentrifugiert). **a** Kalziumkarbonat-Kristalle. **b** Kalziumoxalat-Monohydrat-Kristalle.

21 Kotuntersuchung

Kotuntersuchungen werden routinemäßig bei allen Verdauungsstörungen von Meerschweinchen, Chinchillas und Degus eingeleitet.

- Grundsätzlich sollte zunächst ein **Nativpräparat** beurteilt werden: Hierzu wird eine kleine Menge Kot mit einigen Tropfen Leitungswasser oder physiologischer Kochsalzlösung suspendiert. Ein Tropfen davon wird auf einen Objektträger gegeben, mit einem Deckgläschen abgedeckt und bei 100- bzw. 400-facher Vergrößerung mikroskopisch beurteilt. Kann keine Kotprobe gewonnen werden, besteht die Möglichkeit, mit einem feuchten Wattetupfer einen Rektumabstrich zu entnehmen (▶ Abb. 21.1) und den Tupfer dann auf einem Objektträger abzurollen. Die Aussagekraft ist aufgrund der geringen Kotmenge im Vergleich zur oben beschriebenen Methode nur begrenzt. Falsch negative Ergebnisse können möglich sein, sodass die Untersuchung ggf. zu einem späteren Zeitpunkt wiederholt werden muss.

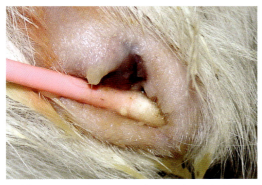

▶ **Abb. 21.1** Entnahme eines Rektumtupfers beim Meerschweinchen.

Mit der Herstellung eines Nativpräparats können schnell und unkompliziert verschiedene Veränderungen nachgewiesen werden. Beispiele hierfür sind eine Hefepilzüberwucherung der Darmflora, ein Kokzidienbefall oder evtl. auch ein Befall mit Protozoen. Während eine Amöbiasis oder Trichomoniasis beim Meerschweinchen oftmals leicht diagnostiziert werden kann, ist der Nachweis einer Giardiasis beim Chinchilla meist nur in akuten oder hochgradigen Fällen zuverlässig möglich. Hier darf also nur ein positiver Befund berücksichtigt werden.

- Die **Flotationsmethode** wird wie bei allen anderen Tierarten durchgeführt. Mit ihrer Hilfe lassen sich Nematodeneier anreichern, um damit z. B. einen Befall mit *Paraspidodera uncinata* beim Meerschweinchen nachzuweisen. Auch eine Kokzidiendiagnostik ist mithilfe der Flotationsmethode möglich.
- Eine **serologische Kotuntersuchung** ist insbesondere zum Nachweis einer Giardiasis beim Chinchilla anzuraten, da Nativausstriche vor allem bei chronischem oder symptomlosem Befall falsch negative Ergebnisse erbringen können. Verschiedene der für Hund und Katze erhältlichen Schnelltests weisen inzwischen auch die Giardien des Chinchillas zuverlässig nach, zudem wird die Untersuchung in jedem veterinärmedizinischen Labor durchgeführt.
- Bei schwerwiegenden Durchfallerkrankungen ist in jedem Fall eine **mikrobiologische Kotuntersuchung** sinnvoll, da die auslösenden Keime weitreichende Resistenzen aufweisen können.

22 Röntgendiagnostik

22.1 Allgemeines

Die Anfertigung von Röntgenaufnahmen ist zur genauen Diagnostik vieler Erkrankungen ergänzend zur Allgemeinuntersuchung unerlässlich.

Die häufigsten Indikationen sind:
- Diagnose von Zahn- und Kiefererkrankungen
- Diagnose von Herz- und Lungenerkrankungen
- Diagnose von intraabdominalen Erkrankungen
- Diagnose von Skeletterkrankungen
- Auffinden von Metastasen bei Vorliegen eines Primärtumors
- Darstellung der Zahl und Größe der Jungtiere im Rahmen der Trächtigkeitsdiagnostik bzw. bei Geburtsstörungen

Die Röntgendiagnostik dient dabei vorwiegend der Absicherung von Befunden, die im Rahmen der klinischen Untersuchung erhoben werden konnten.

▶ **Abb. 22.1 a** Lagerung zum Röntgen des Abdomens, laterolaterale Projektion. **b** Lagerung zum Röntgen des Abdomens, ventrodorsale Projektion.

22.2 Technische Voraussetzungen

Für Hunde und Katzen übliche Röntgenanlagen können auch für Caviomorpha genutzt werden. Der Film-Fokus-Abstand sollte 80–100 cm betragen. Ideal ist die Verwendung von feinzeichnenden Mammografiefolien, um trotz der geringen Größe des Patienten alle Strukturen kontrastreich und gut differenziert darstellen zu können. Die Röntgenaufnahmen müssen ohne Verwendung von Rastern angefertigt werden.

22.3 Lagerung und Durchführung

Der Patient wird direkt auf der Röntgenkassette gelagert. Die korrekte Lagerung und auch das Anfertigen der Röntgenaufnahmen in 2 Ebenen sind dabei die Grundlagen für eine sichere Diagnostik.

> ❗ Eine Sedation ist zum Anfertigen von Röntgenaufnahmen nicht erforderlich!

Die Lagerung zur Anfertigung von Röntgenaufnahmen des Thorax und des Abdomens in laterolateralem und ventrodorsalem Strahlengang erfolgt wie bei Hund und Katze. Die Gliedmaßen müssen entsprechend nach kranial oder kaudal ausgezogen werden, um Überlagerungen mit den zu beurteilenden Strukturen zu vermeiden (▶ Abb. 22.1 a+b).

Röntgenaufnahmen des Schädels werden ebenfalls stets in mindestens 2 Ebenen angefertigt. Für die seitliche Projektion wird der Kopf des Patienten auf die Röntgenplatte gelegt, der Körper jedoch angehoben. Dadurch liegt der Kopf flach auf der Röntgenplatte und kann durch Drehungen des Körpers in die gewünschte Position gebracht werden, um beispielsweise einen Kieferquadranten gesondert herauszuprojizieren (▶ Abb. 22.2 a). Zur Anfertigung der Aufnahme im dorsoventralen Strahlengang wird der Kopf des Tieres so auf der Röntgenplatte positioniert, dass das Kinn flach aufliegt. Auch bei widerspenstigen Tieren kann dies recht problemlos durch leichten, nicht schmerzhaften Druck im Nackenbereich erreicht

22.4 Interpretation von Röntgenaufnahmen

22.4.1 Thorax

Der Thorax der Caviomorpha ist vergleichsweise klein. Umso wichtiger ist neben der korrekten Lagerung auch das vollständige Ausziehen der Vordergliedmaßen nach kranial, um eine Überlagerung durch Schulter- und Oberarmknochen und die Muskulatur zu verhindern.

> ⚠ Bei Meerschweinchen ist bei der Beurteilung von Thoraxaufnahmen als Besonderheit zu beachten, dass die knorpeligen Anteile der Rippen im Laufe des Alterns physiologischerweise zunehmend auflockern und keine klare Begrenzung mehr aufweisen (▶ Abb. 22.3 c).

Herz

Bei seitlicher Projektion liegt das Herz etwa zwischen dem 3.–6. Rippenpaar und erstreckt sich bei Chinchilla und Degu über ca. 2½, beim Meerschweinchen eher über 3 Interkostalräume. Es hat eine stumpf-kegelige, beim Meerschweinchen eher runde Form und ist in seiner Längsachse leicht nach kranial gekippt. Insbesondere beim Meerschweinchen fällt physiologisch eine präkardiale Verschattung auf, die auf die geringe Größe des kranialen Lungenlappens und das weite Mediastinum zurückzuführen ist (▶ Abb. 22.3 a, ▶ Abb. 22.4 a, ▶ Abb. 22.5 a).

In der ventrodorsalen Projektion liegt die Herzspitze links und das Herz stellt sich beim Chinchilla und Degu oval, beim Meerschweinchen eher rundlich dar (▶ Abb. 22.3 b, ▶ Abb. 22.4 b, ▶ Abb. 22.5 b).

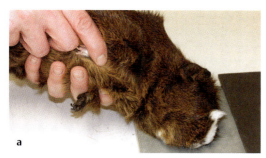
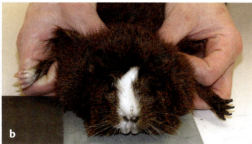
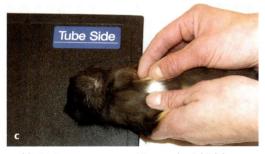

▶ **Abb. 22.2** **a** Lagerung zum Röntgen des Schädels, laterolaterale Projektion. **b** Lagerung zum Röntgen des Schädels, dorsoventrale Projektion. **c** Lagerung zum Röntgen des Schädels, rostrokaudale Projektion.

werden (▶ Abb. 22.2 b). Soll eine Aufnahme im rostrokaudalen Strahlengang angefertigt werden, so ist der Patient in Rücklage zu positionieren. Die Vordergliedmaßen werden nach kaudal an den Rumpf angelegt. Der Körper muss dann leicht angehoben werden, um eine senkrechte Lagerung des Kiefers zur Platte zu erreichen (▶ Abb. 22.2 c).

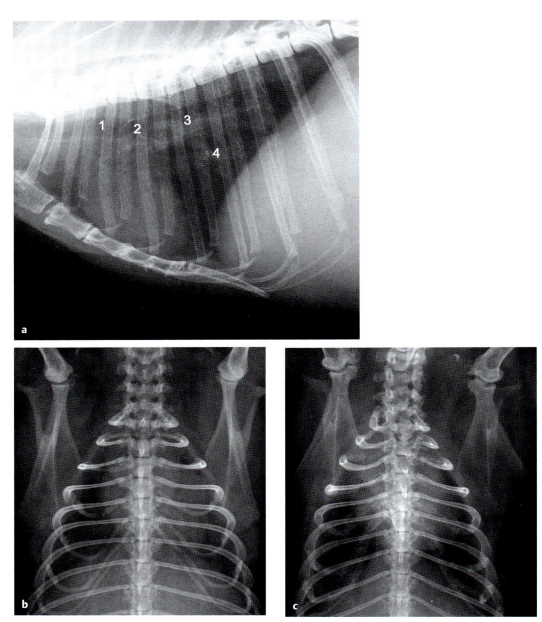

▶ **Abb. 22.3 a** Thorax eines Meerschweinchens, o.b.B., laterolaterale Projektion: (1) Trachea, (2) Aufzweigung der Trachea, (3) Aorta, (4) Vena cava caudalis. **b** Thorax eines Meerschweinchens (1,5 Jahre), o.b.B., ventrodorsale Projektion: Rippen und Rippenknorpel sind scharf begrenzt. **c** Thorax eines Meerschweinchens (4 Jahre), o.b.B., ventrodorsale Projektion: Die Rippenknorpel zeigen physiologische, altersbedingte Auflösungserscheinungen.

▶ **Abb. 22.4 a** Thorax eines Chinchillas, o.b.B., laterolaterale Projektion: (1) Trachea, (2) Aufzweigung der Trachea, (3) Aorta, (4) Vena cava caudalis.
b Thorax eines Chinchillas, o.b.B., ventrodorsale Projektion.

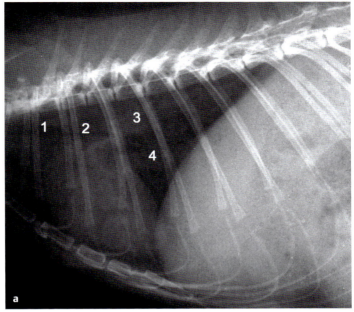

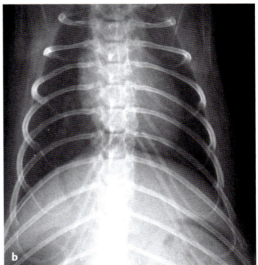

Trachea

Die Bifurkation der Trachea liegt etwa auf Höhe des 5. Rippenpaars (▶ Abb. 22.3 a, ▶ Abb. 22.4 a, ▶ Abb. 22.5 a).

Lunge und Gefäße

Der präkardiale Lungenbereich erscheint physiologisch stets etwas verschattet, was durch den kleinen kranialen Lungenlappen und das weite kraniale Mediastinum bedingt und beim Meerschweinchen besonders ausgeprägt ist. Die restlichen Lungenanteile wirken gut belüftet, können aber beim Meerschweinchen aufgrund des großen Anteils an lymphatischem Gewebe in der Lunge ebenfalls etwas verwaschen erscheinen, sodass bis auf die Vena cava cranialis und die Aorta keine weitere Gefäßzeichnung sichtbar ist (▶ Abb. 22.3 a, ▶ Abb. 22.4 a, ▶ Abb. 22.5 a).

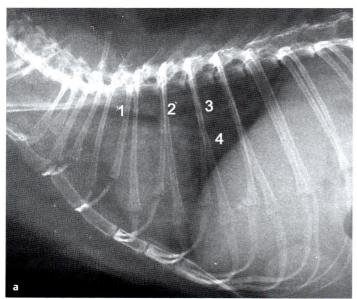

▶ **Abb. 22.5 a** Thorax eines Degus, o.b.B., laterolaterale Projektion: (1) Trachea, (2) Aufzweigung der Trachea, (3) Aorta, (4) Vena cava caudalis. **b** Thorax eines Degus, o.b.B., ventrodorsale Projektion.

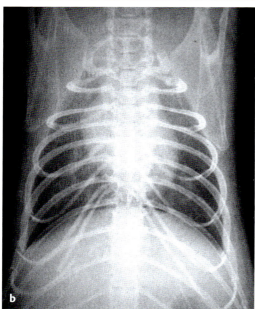

22.4.2 Abdomen

Die Abgrenzung der Bauchhöhlenorgane ist bei sehr jungen, kleinen oder kachektischen Patienten sehr schwierig. Bei wohlgenährten Tieren sind die Organstrukturen durch den Kontrast des Bauchhöhlenfetts gut darstellbar (▶ Abb. 22.6, ▶ Abb. 22.7, ▶ Abb. 22.8)

Leber

Die Leber sollte bei einem gesunden Tier nicht über den Rippenbogen hinausreichen. Insbesondere beim Meerschweinchen ist aber aufgrund von Fetteinlagerungen in das Organ eine Vergrößerung auch bei klinisch gesunden Tieren sichtbar. Das Lebergewebe sollte eine homogene Struktur aufweisen.

22.4 Interpretation von Röntgenaufnahmen

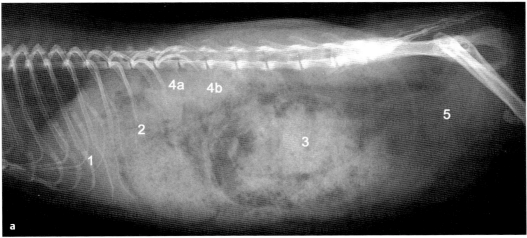

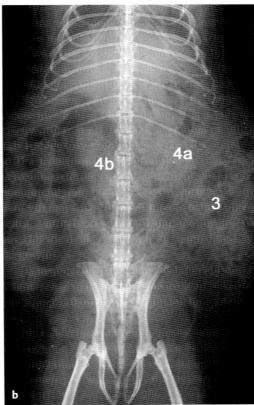

▶ **Abb. 22.6 a** Abdomen eines Meerschweinchens, o.b.B., laterolaterale Projektion: (1) Leber, (2) Magen, (3) Blinddarm, (4a) rechte Niere, (4b) linke Niere, (5) Harnblase.
b Abdomen eines Meerschweinchens, o.b.B., ventrodorsale Projektion: (3) Blinddarm, (4a) rechte Niere, (4b) linke Niere.

Abweichende Befunde:
- Hepatomegalie, z. B. bei Fettleber, Tumoren (inkl. Leukose), Stauungsleber
- Gewebe inhomogen, z. B. bei Tumoren

Magen-Darm-Trakt
Aufgrund der kontinuierlichen Futteraufnahme ist der Magen-Darm-Trakt stets gleichmäßig gefüllt. Der ansonsten homogene Inhalt kann insbesondere beim Meerschweinchen mit kleinen Gaseinschlüssen unregelmäßig durchsetzt sein.

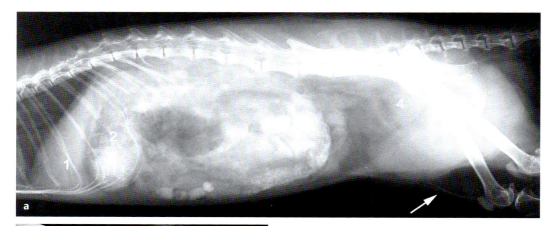
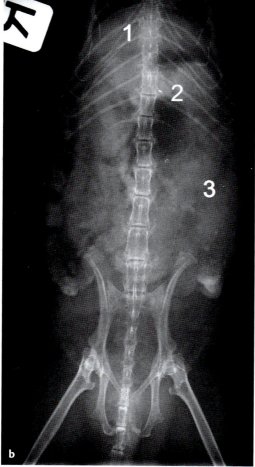

▶ **Abb. 22.7 a** Abdomen eines Chinchillas, o.b.B., laterolaterale Projektion: (1) Leber, (2) Magen, (3) Blinddarm, (4) Harnblase, Pfeil = Peniskochen. **b** Abdomen eines Chinchillas, o.b.B., ventrodorsale Projektion: (1) Leber, (2) Magen, (3) Blinddarm.

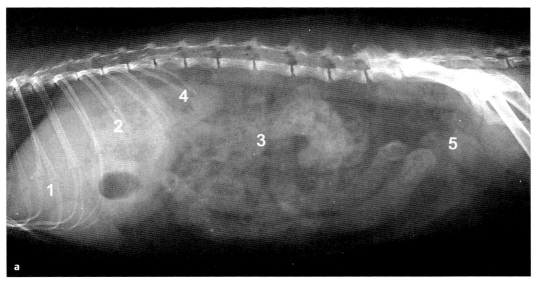

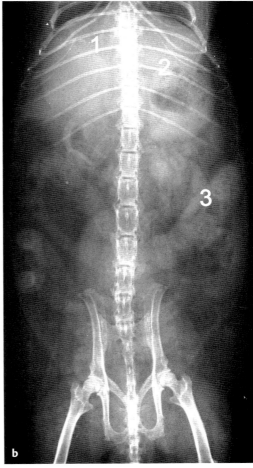

▶ **Abb. 22.8 a** Abdomen eines Degus, o.b.B., laterolaterale Projektion: (1) Leber, (2) Magen, (3) Blinddarm, (4) Niere, (5) Harnblase. **b** Abdomen eines Degus, o.b.B., ventrodorsale Projektion: (1) Leber, (2) Magen, (3) Blinddarm.

Abweichende Befunde:
- große Gasansammlungen im Magen- und/oder Darmbereich bei Tympanien, je nach Lokalisation sind Magen-, Darm-, Blinddarm- oder generalisierte Tympanien zu unterscheiden
- Darmabschnitte erscheinen angeschoppt, der Inhalt deutlich verdichtet bei Obstipationen
- Darminhalt wenig röntgendicht mit massenhaft kleinen Gaseinschlüssen bei feinschaumiger Gärung mit nachfolgendem Durchfall

Nieren

Die Nieren sind bohnenförmig mit glatter Oberfläche und bei gut gefülltem Magen-Darm-Trakt nicht immer vollständig abgrenzbar. Die linke Niere liegt etwas kaudal der rechten im kranialen Lendenwirbelbereich.

Abweichende Befunde:
- Vergrößerung der Nieren, evtl. ungleichmäßige Oberfläche bei Tumoren, insbesondere Leukose
- röntgendichte, z. T. körnig erscheinende Verschattung im Nierenbeckenbereich bei Nephrolithiasis

Harnblase

Die Harnblase weist eine eher rundliche bis längsovale Form auf. Ihre Röntgendichte variiert mit dem Füllungszustand und dem Gehalt von Kalziumkristallen im Urin.

Abweichende Befunde:
- diffuser, röntgendichter Ausguss der Blase oder diffuse, röntgendichte Ablagerungen im ventralen Blasenbereich bei Blasengrieß (bei den Caviomorpha eher selten anzutreffen)
- unregelmäßige Verschattungen in der Blase oder der Blasenwand beim Meerschweinchen bei eitriger Zystitis oder bei Tumoren der Blasenwand möglich
- rundliche, röntgendichte Struktur(-en) in sehr unterschiedlicher Größenausprägung im Blasenlumen bei Blasensteinen

Samenblasendrüse

Im physiologischen Zustand ist die Samenblasendrüse in der Regel nicht darstellbar. Sind jedoch in der ventrodorsalen Abdomenaufnahme des männlichen Meerschweinchens oder Chinchillas ein oder mehrere Konkremente außerhalb der Harnblase parallel zur Wirbelsäule erkennbar, so liegen diese meist in der Samenblasendrüse.

Uterus

Beim Meerschweinchen, Chinchilla und Degu ist die gesunde Metra nicht darstellbar. Bei adipösen Tieren kann sie manchmal jedoch durch das kontrastgebende Fett im Lig. latum uteri sichtbar werden. Um diesen Fall von einer krankhaften Veränderung abzugrenzen, sollte sich eine Ultraschalluntersuchung anschließen.

Abweichende Befunde:
- Metraschlingen darstellbar bei Fetteinlagerungen im breiten Mutterband oder endometrialer Hyperplasie, v. a. beim Chinchilla
- verdickte, weite Uterusschlingen darstellbar bei Hämometra, Pyometra oder Mukometra
- rundliche Verschattungen, insbesondere beim Meerschweinchen, z. T. von Hühnereigröße und mehr, bei Uterustumoren oder Vaginaltumoren, die in das Uteruslumen ragen

22.4.3 Schädel

Durch das lebenslange Wachstum aller Zähne sind Meerschweinchen, Chinchilla und Degu häufig von Veränderungen des Kieferknochens und/oder der Zähne betroffen, die eine röntgenologische Beurteilung erforderlich machen.

Die Röntgenaufnahmen sollten grundsätzlich in mindestens 2 Ebenen angefertigt werden, um alle Strukturen korrekt beurteilen zu können. Sind bei der Allgemeinuntersuchung nur einseitig sicht- oder tastbare Befunde aufgefallen, so kann die entsprechend betroffene Seite durch Verkippen des Kopfes auf laterolateralen Aufnahmen zusätzlich herausprojiziert und der Befund so besser zugeordnet werden.

Abgesehen von der meist im Vordergrund stehenden Diagnostik von Zahn- und Kiefererkrankungen können auch die Bullae tympanicae röntgenologisch beurteilt werden. Auffallend sind hierbei beim Degu und noch ausgeprägter beim Chinchilla die sehr großen und schneckenartig gewundenen knöchernen Gänge.

Laterolaterale Aufnahme

(▶ Abb. 22.9 a, ▶ Abb. 22.11a, ▶ Abb. 22.12a)

- Die Inzisivi im Ober- und Unterkiefer stellen sich sichelförmig und meißelartig dar. Die oberen Schneidezähne stehen vor den unteren.
- Sowohl im Ober- als auch im Unterkiefer sollten je 4 Backenzähne pro Seite klar voneinander abgegrenzt sein.
- Die Okklusionsflächen der Backenzähne passen kongruent aufeinander.
- Beim Meerschweinchen und Chinchilla stehen die Backenzähne relativ parallel zueinander, wobei die apikalen Spitzen der letzten Backenzähne im Ober- und Unterkiefer leicht nach kaudal geneigt sind. Beim Degu ist die Spitze des letzten Backenzahns im Ober- und Unterkiefer deutlich nach kaudal geneigt. Die Spitzen der Prämolaren des Oberkiefers weisen nach rostral.
- Die Gesamtlänge der Backenzähne nimmt von rostral nach kaudal ab.
- Der apikale Bereich der Unterkieferinzisivi und der ersten beiden Backenzähne überlagern sich.
- Alle Zähne weisen im apikalen Bereich Aufhellungen auf, die auf die Wachstumzone (Zahnsäckchen) zurückzuführen sind.
- Aufgrund ihrer Struktur weisen die Zähne eine „Längsstreifung" auf, die sich über die gesamte Zahnlänge erstreckt. Sie ist beim Meerschweinchen besonders deutlich ausgebildet.
- Die Nasenhöhlen sind gut belüftet.

Dorsoventrale Aufnahme

(▶ Abb. 22.9 b, ▶ Abb. 22.11b, ▶ Abb. 22.12b)

- Aufgrund der leichten Neigung der Unterkieferbackenzähne nach lingual und der Oberkieferbackenzähne nach buccal ist eine exakte Aufsicht auf den Zahnquerschnitt röntgenologisch nicht möglich.
- Der Querschnitt der Schneidezahnspitzen ist sichtbar und klar abgegrenzt.
- Alle knöchernen Strukturen weisen klare Abgrenzungen auf und sind zueinander symmetrisch.
- Durch Augen und Muskulatur entstehende Weichteilschatten sind ebenfalls symmetrisch.
- Die beidseits symmetrischen Bullae tympanicae weisen physiologischerweise deutliche Aufhellungen im Inneren auf. Insbesondere bei Chinchilla und Degu ist die knöcherne Begrenzung sehr dünn.

Rostrokaudale Aufnahme

(▶ Abb. 22.10)

- Die Okklusionsflächen sind tierartspezifisch geneigt und symmetrisch.
- Die knöcherne Begrenzung der Bullae tympanicae ist beidseits symmetrisch.
- Die Kiefergelenke sind beidseits symmetrisch und weisen glatte Gelenkflächen auf.
- Die Symphyse der Mandibula ist scharf begrenzt sichtbar.
- Die Backenzähne weisen aufgrund ihrer Struktur eine besonders beim Meerschweinchen

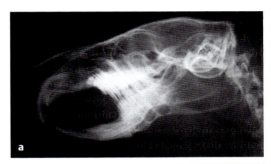

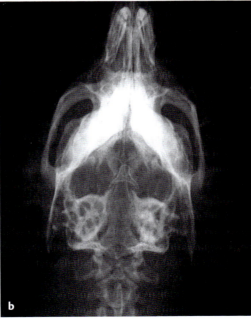

▶ Abb. 22.9 Schädel eines Meerschweinchens, o.b.B.
a Laterolaterale Projektion. b Dorsoventrale Projektion.

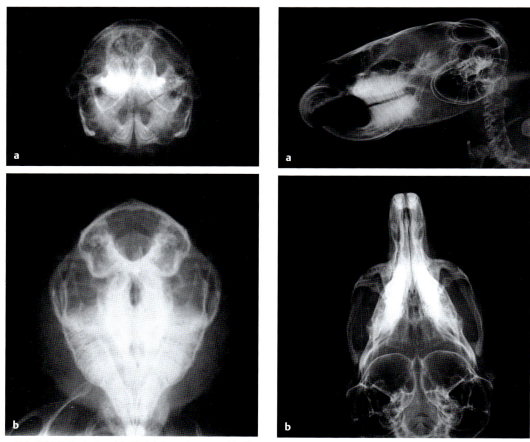

▶ **Abb. 22.10** Rostrokaudale Projektion mit unterschiedlichen Verkippungswinkeln

▶ **Abb. 22.11** Schädel eines Chinchillas, o.b.B. **a** Laterolaterale Projektion. **b** Dorsoventrale Projektion.

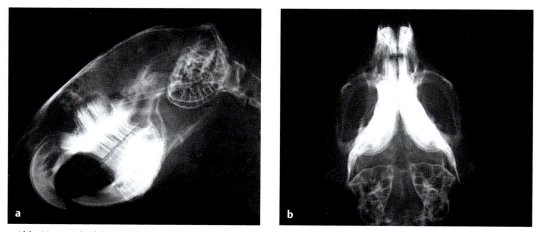

▶ **Abb. 22.12** Schädel eines Degus, o.b.B. **a** Laterolaterale Projektion. **b** Dorsoventrale Projektion.

ausgeprägte „Längsstreifung" auf, die sich bis an das apikale Zahnende erstreckt.
- Die apikalen Zahnenden, v. a. der unteren Backenzähne, sind klar begrenzt sichtbar.

22.5 Kontrastmitteluntersuchung

Eine Kontrastmitteluntersuchung des Magen-Darm-Trakts von Meerschweinchen, Chinchilla und Degu bei Verdacht auf ein Passagehindernis wird nur in absoluten Ausnahmefällen eingeleitet und ist nur unter bestimmten Voraussetzungen sinnvoll. Liegen beispielsweise Obstipationen vor, ist das betroffene Tier in der Regel inappetent. Aufgrund der dünnen Muskulatur des Magens und des Darms und der nur sehr schwach ausgeprägten Eigenmotorik würde das Kontrastmittel nur bei erhaltener, kontinuierlicher Nahrungsaufnahme weitertransportiert werden. Der eingegebene Kontrastbrei verbleibt beim inappetenten Patienten aber im Magen, ohne dass dies eine Aussage zulassen würde. Eine regelmäßige, engmaschige Zwangsfütterung ist daher notwendig, um den Kontrastbrei kontinuierlich weiterzuschieben und so eine beurteilbare Darstellung des Magen-Darm-Trakts oder eines Passagehindernisses zu erhalten. Andernfalls ist es nicht möglich, die erzielten Aufnahmen zu beurteilen.

Bei Dacryocystitiden mit einer Stenose des Tränennasenkanals kann die genaue Lokalisation der Verlegung mithilfe eines jodhaltigen Röntgenkontrastmittels dargestellt werden. Die Applikation des Kontrastmittels in den Tränennasenkanal erfolgt mittels einer flexiblen Braunüle.

23 Ultraschalldiagnostik

23.1 Abdominale Sonografie

Die Ultraschalluntersuchung des Bauchraums wird vorwiegend bei unklaren Palpations- oder Röntgenbefunden durchgeführt. Insbesondere sind Erkrankungen der Gebärmutter, Trächtigkeitsuntersuchungen, Konkremente im Harntrakt oder die genaue Zuordnung von Umfangsvermehrungen im Abdomen Indikationen für die Sonografie.

Aufgrund der geringen Größe der Patienten sollten Schallköpfe mit einer Frequenz von mindestens 7,5 MHz, bei kleinen Degus besser 10 MHz verwendet werden.

Abgesehen davon, dass die zahlreichen, auch bei gesunden Tieren feststellbaren Gaseinschlüsse im Darm die vollständige Darstellung aller Organe erschweren können, erfolgt die Ultraschalluntersuchung genau wie bei Hund und Katze.

> ❗ Um die Organe bei der Sonografie des Abdomens möglichst optimal beurteilen zu können, hat es sich bei planbaren Untersuchungen bewährt, dem Patienten ab dem Vortag 3 x tgl. 1 ml/kg KG Dimeticon eingeben zu lassen. So können Gaseinschlüsse im Darmtrakt auf ein Minimum reduziert werden.

Zur Lagerung für die abdominale Sonografie hält ein Helfer/eine Helferin das Tier in aufrechter Position, da die Rückenlage von den meisten Meerschweinchen, Chinchillas und Degus in der Regel nur kurzfristig geduldet wird (▶ Abb. 23.1).

▶ **Abb. 23.1** Lagerung zur abdominalen Sonografie.

23.2 Echokardiografie

Die Ultraschalldiagnostik erlaubt die genauesten Aussagen über die Art und den Schweregrad einer Herzerkrankung. Sie wird im Moment jedoch vorwiegend beim Meerschweinchen und nur selten beim Chinchilla eingesetzt. Der Patient ist in Seitenlage auf einem Lochtisch zu fixieren, sodass der Schallkopf von unten an die Thoraxwand herangeführt werden kann (▶ Abb. 23.2 a). Wird diese Position nicht geduldet, so können Brustkorb und Vorderbeine des auf dem Tisch sitzenden Tieres angehoben werden, um den Schallkopf an geeigneter Stelle anzusetzen (▶ Abb. 23.2 b). Auch in diesem Fall sollte der Schallkopf mindestens eine Frequenz von 7,5 MHz aufweisen.

Beim Meerschweinchen dominieren Klappeninsuffizienzen und hypertrophe Kardiomyopathien, beim Chinchilla sind neben Klappeninsuffizienzen eher dilatative Kardiomyopathien festzustellen.

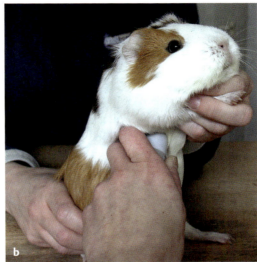

▶ **Abb. 23.2** Lagerung zur Echokardiografie.

24 Elektrokardiografie (EKG)

Die Lagerung zur Ableitung des Elektrokardiogramms erfolgt in rechter Seitenlage, wobei die Gliedmaßen parallel zueinander gehalten werden. Die Elektroden werden mit Krokodilklemmen befestigt (▶ Abb. 24.1). Die Ableitungspunkte entsprechen denen bei Hund und Katze und werden für die Darstellung der bipolaren Extremitätenableitungen nach Einthoven und der unipolaren Extremitätenableitungen nach Goldberger verwendet (▶ Tab. 24.1). Das EKG-Gerät ist auf 1 cm/mV bzw. 2 cm/mV zu eichen. Die Schreibgeschwindigkeit sollte 55 oder 75 mm/sec betragen.

▶ **Tab. 24.1** Physiologische EKG-Werte bei Meerschweinchen (Ableitung II nach Einthoven).

Parameter	Richtwert
Herzfrequenz	240–370/min
P-Welle	bis 0,05 mV; ≤ 0,02 sec
Q-Zacke	selten vorhanden; ≤ 0,1 mV
R-Zacke	≤ 0,7 mV
T-Zacke	meist negativ; −0,15 bis +0,1; ≤ 0,04 sec
PQ-Intervall	≤ 0,07 sec
QT-Strecke	≤ 0,14 sec
QRS-Dauer	≤ 0,03 sec

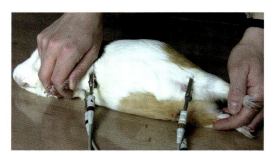

▶ **Abb. 24.1** Lagerung eines Meerschweinchens zum Schreiben eines EKG.

25 Dermatologische Diagnostik

Veränderungen der Haut, die durch Bakterien und Pilze hervorgerufen werden, kommen bei Meerschweinchen, Chinchilla und Degu häufig vor. Parasitosen sind vorwiegend bei Meerschweinchen anzutreffen. Degus und Chinchillas fungieren nach bisherigem Kenntnisstand ausschließlich als Fehlwirte für Parasiten anderer Tierarten. Bei Meerschweinchen ist außerdem zu berücksichtigen, dass Fellverluste durch hormonelle Erkrankungen (Schilddrüsendysfunktionen, Ovarialzysten) hervorgerufen werden können. Insbesondere beim Chinchilla muss bei Fellveränderungen auch ein Fellfressen/Fellbeißen aufgrund von psychischem Stress oder im Zusammenhang mit Rohfasermangel differenzialdiagnostisch bedacht werden.

Dermatologische Erkrankungen erfordern zur eindeutigen Differenzierung gezielte weiterführende Untersuchungen.

25.1 Parasitologische Untersuchungen

- **Tesafilm-Abklatschpräparate** helfen bei der Diagnostik von auf der Haut lebenden Parasiten. Hier sind z. B. die Pelzmilbe des Meerschweinchens, verschiedene Haarlinge und *Ornithonyssus bacoti* von besonderer Bedeutung. Die Cheyletiellose des Meerschweinchens, die mit massiver Schuppenbildung einhergeht, kommt deutlich seltener vor, kann aber ebenfalls mithilfe eines Abklatschpräparats nachgewiesen werden. Läuse oder Flöhe spielen eher eine untergeordnete Rolle und können bereits durch Auskämmen und nachfolgende mikroskopische Betrachtung diagnostiziert werden.
- **Oberflächliche Hautgeschabsel** sind insbesondere zum Nachweis von Sarkoptesräude sinnvoll.
- **Tiefe Hautgeschabsel** müssen entnommen werden, wenn der Verdacht auf die seltener vorkommende Demodikose besteht.

25.2 Mykologische Untersuchungen

Dermatomykosen kommen bei Meerschweinchen, Chinchilla und Degu vergleichsweise häufig vor. Trichophytie steht dabei im Vordergrund, aber auch Mikrosporie muss berücksichtigt werden. Typische Anzeichen sind umschriebener Haarausfall um Nase und Augen oder an den Pfoten. Aber auch diffuser Haarverlust mit Fellbruch kann durch einen Pilzbefall verursacht werden. Insbesondere beim Meerschweinchen werden häufig auch rein schuppig-krustige Hautveränderungen im Zusammenhang mit einer Dermatomykose beobachtet.

Die Wood'sche Lampe ist zur alleinigen mykologischen Diagnostik nicht geeignet, da nur einige *Microsporum-canis*-Arten unter dem Licht grün fluoreszieren. Sinnvoll ist eine Kultivierung von Hautgeschabseln aus den Randbereichen der Veränderungen und von Haaren auf speziellen Pilzkulturböden. Zur genauen Differenzierung des jeweiligen Hautpilzes sollte jedoch eine Probe an ein Labor eingeschickt werden. Da die Diagnostik einige Zeit in Anspruch nimmt, sollte bei begründetem Verdacht parallel mit der Therapie begonnen werden.

25.3 Bakteriologische Untersuchungen

Bei allen sezernierenden und krustigen Hautveränderungen, insbesondere wenn sie größere Areale betreffen, sollte eine bakteriologische Untersuchung eingeleitet werden. Zur Probennahme eignen sich die üblichen sterilen Stieltupfer mit Amies-Transportmedium.

25.4 Histologische Untersuchungen

Bioptate für die histologische Untersuchung werden mithilfe von handelsüblichen Hautstanzen unter Lokalanästhesie entnommen. Eine histologische Untersuchung ist sinnvoll bei allen chronischen Hautveränderungen, bei denen die vorangegangenen Untersuchungen ohne Ergebnis geblieben sind. Besteht der Verdacht auf eine Neoplasie, so ist das veränderte Areal mit entsprechendem Sicherheitsabstand vollständig zu entnehmen und einzusenden.

▶ **Abb. 25.1** Alopezie im Flankenbereich bei Ovarialzysten.

25.5 Untersuchungen bei Verdacht auf hormonelle Erkrankungen

Bei Meerschweinchen sind gehäuft Alopezien hormoneller Genese anzutreffen. Bei weiblichen Tieren mit Alopezien insbesondere im Flankenbereich sind hormonell aktive Ovarien als Ursache wahrscheinlich (▶ **Abb. 25.1**). Sowohl palpatorisch als auch sonografisch können zystisch veränderte Eierstöcke diagnostiziert werden.

Fellverluste im Bereich der Innenschenkel, der Inguinalregion und des Bauches sind häufig bei Schilddrüsenfunktionsstörungen zu finden (▶ **Abb. 25.2**), wobei eine Hyperthyreose wesentlich häufiger vorkommt als eine Hypothyreose. Bei solchen Tieren sollten Blutuntersuchungen eingeleitet werden, um den T4-Wert zu bestimmen, insbesondere wenn weitere klinische Anzeichen, wie Abmagerung, Umfangsvermehrungen am Hals und Herzgeräusche, zu diagnostizieren sind.

▶ **Abb. 25.2** Alopezie bei Hyperthyreose.

Teil IV
Anhang

26	Medikamentenverzeichnis	348
27	Abbildungsnachweis	361
28	Sachverzeichnis	362

26 Medikamentenverzeichnis

1. Antibiotika (▶ Tab. 26.1)
2. Antiparasitika (▶ Tab. 26.2)
3. Antimykotika (▶ Tab. 26.3)
4. Verdauungstrakt (▶ Tab. 26.4)
5. Respirationstrakt (▶ Tab. 26.5)
6. Herz-Kreislauf-System (▶ Tab. 26.6)
7. Auge (▶ Tab. 26.7)
8. Hormone, Kortikoide (▶ Tab. 26.8)
9. Vitamine, Mineralstoffe, Spurenelemente (▶ Tab. 26.9)
10. Infusionslösungen (▶ Tab. 26.10)
11. Wundbehandlung (▶ Tab. 26.11)
12. Analgetika (▶ Tab. 26.12)
13. Narkotika, Narkoseprämedikation, Euthanasie (▶ Tab. 26.13)
14. künstliche Ernährung (▶ Tab. 26.14)
15. Paramunitätsinducer, Präparate zur Beeinflussung des Immunsystems (▶ Tab. 26.15)
16. Beispiele für Homöopathika und biologische Heilmittel (▶ Tab. 26.16)

Dieses Medikamentenverzeichnis wurde sorgfältig nach dem derzeitigen Kenntnisstand der Wissenschaft erstellt. Es ist zu beachten, dass nur wenige Medikamente für kleine Heimtiere zugelassen sind. Auch gibt es kaum Studien zur Pharmakokinetik der genannten Wirkstoffe bei diesen Tieren. Die angegebenen Dosierungen entstammen teilweise der Fachliteratur, teilweise wurden für Hund und Katze gebräuchliche Dosierungen auf Kleinsäuger umgerechnet. Bei der Umwidmung von Arzneimitteln sind die geltenden gesetzlichen Bestimmungen einzuhalten.

Um einen möglichst guten Therapieerfolg zu gewährleisten, sind bestimmte Grundsätze zu beachten, die sich besonders auf den Einsatz von Antibiotika beziehen:

- Die Tiere müssen vor Beginn der medikamentellen Therapie auf einer geeigneten Waage gewogen werden, um das Gewicht exakt bestimmen zu können. Nur so ist eine genaue Medikamentendosierung möglich. Unterdosierungen gefährden nicht nur den Behandlungserfolg, sie begünstigen bei Chemotherapeutika auch die Entstehung von Resistenzen.
- Eine antibiotische Behandlung muss auch bei Kleinsäugern ausreichend lange durchgeführt werden. Die Unterschreitung eines 1-wöchigen Therapieintervalls fördert die Resistenzentstehung und ist in den meisten Fällen therapeutisch unsinnig. In vielen Fällen sind ohnehin deutlich längere Behandlungen erforderlich.
- Meerschweinchen, Chinchillas und Degus besitzen eine grampositive Darmflora, die äußerst empfindlich ist. Chemotherapeutika mit ausschließlich bzw. überwiegend grampositivem Wirkungsspektrum sollten daher nicht verwendet werden.
- Kleine Heimtiere besitzen deutlich höhere Stoffwechselraten als Hunde und Katzen. Daher haben viele Medikamente eine kürzere Wirkungsdauer. Dies ist wiederum besonders bei Chemotherapeutika zu beachten. Antibiotische Präparate, die bei Hund und Katze Depotwirkung besitzen (z.B. Marbofloxacin [6]), müssen bei Kleinsäugern täglich appliziert werden.
- Bei der Anwendung von Augenpräparaten ist zu bedenken, dass die Tiere den Wirkstoff durch Putzen oral aufnehmen können. Es sollten daher möglichst Wirkstoffe verwendet werden, die auch bei systemischer Anwendung verträglich sind. Müssen Ophthalmologika eingesetzt werden, die bei oraler Aufnahme zu Instabilitäten der Darmflora führen können, so sind Formulierungen in Tropfen- oder Gelform vorzuziehen, da diese keine Rückstände im Fell hinterlassen. Ein weiterer Vorteil von Präparaten in Tropfen- oder Gelform liegt darin, dass sie nicht zu Verklebungen des Tränen-Nasen-Kanals führen können. Augentropfen gelangen zudem in den Kanal hinein, sodass sie bei Dacryocystitiden die Applikationsform der Wahl darstellen. Grundsätzlich ist bei Degus und Chinchillas zu bedenken, dass es während einer Therapie mit Augenpräparaten zu zusätzlichen Irritationen kommen kann, da Bestandteile des Sandbads haften bleiben könnten.
- Auch bei der Verwendung von Salben zur äußerlichen Anwendung auf der Haut ist zu bedenken, dass die Gefahr der oralen Aufnahme groß ist, sodass Nebenwirkungen auftreten

können. Zudem animiert eine Salbe durch ihre fettige Textur in der Regel zu intensivem Putzen, sodass die Haut zusätzlich gereizt wird. Die Patienten müssen ggf. durch einen Halskragen geschützt werden. Bei jedem Salbeneinsatz ist zu bedenken, dass das Haarkleid langfristig verunreinigt werden kann. Eine Anwendung ist nur sinnvoll, wenn die veränderten Hautstellen der Behandlung gut zugänglich sind und darüber liegendes Fell durch Rasur entfernt wurde. Auch im Bereich der Haut sind daher flüssige Formulierungen zum Auftupfen und Präparate in Gelform vorzuziehen.
- Im Anschluss an das Verzeichnis der gebräuchlichsten schulmedizinischen Wirkstoffe, die nach Anwendungsgebieten geordnet aufgeführt werden, folgt eine kurze Auflistung häufig eingesetzter homöopathischer Fertigpräparate, die beim Heimtier oftmals unterstützend angewendet werden können. Berücksichtigt wurden hier lediglich Komplexmittel. Der Übersichtlichkeit halber ist auf eine Auflistung der einzelnen Inhaltsstoffe verzichtet worden, jedoch erfolgt die Angabe des üblichen Einsatzgebiets. Meist ist es möglich, Injektionslösungen oral einzugeben. Diese sind in der Regel geschmacksneutral und werden gut aufgenommen. Auch die Verabreichung von Globuli und aufgelösten Tabletten ist problemlos. Verzichtet werden sollte auf die Gabe von Fertigpräparaten in Tropfenform, sofern Alternativen vorhanden sind, da diese oftmals einen hohen Alkoholgehalt aufweisen.

▶ **Tab. 26.1** Antibiotika (Behandlungsdauer i.d.R. 7–10 d).

	Präparat/Handelsname	Dosierung	Besonderheiten
1	**Chloramphenicol** Chloromycetin® Palmitat	50 mg/kg, 2× tgl. p.o.	Liquorgängig. Ausscheidung wird durch Leber-/Nierenfunktionsstörungen verzögert.
2	**Ciprofloxacin** Ciprobay®	10 mg/kg, 2× tgl. p.o.	Liquor-, knochen- und gelenkgängig. Nicht während Laktation, Trächtigkeit oder bei Tieren im Wachstum.
3	**Doxycyclin** Doxycyclin-ratiopharm®	5–10 mg/kg, 1× tgl. s.c.	Nur bei intakter Leber- und Nierenfunktion! Gefahr von Durchfällen! Keinesfalls orale Applikation!
4	**Enrofloxacin** Baytril®	10 mg/kg, 1× tgl. s.c., p.o.	Liquor-, knochen- und gelenkgängig. Nicht während Laktation, Trächtigkeit oder bei Tieren im Wachstum.
5	**Gentamicin** Gentamicin 50®	2,5–8 mg/kg, 2× tgl. s.c.	Nur als Reserveantibiotikum! Nephro- und ototoxisch! Nur bei intakter Nierenfunktion!
6	**Marbofloxacin** Marbocyl FD®	4 mg/kg, 1× tgl. s.c., p.o., i.p.	Liquorgängig. Nicht während Laktation, Trächtigkeit oder bei Tieren im Wachstum. Injektionslösung kann auch oral gegeben werden.
7	**Metronidazol** Metronidazol B.Braun® 5 mg/ml Infusionslsg., Metronidazol Artesan® 250 mg	10–20 mg/kg, 2× tgl. s.c., p.o.	Bei Infektionen mit Anaerobiern und Flagellaten.
8	**Oxytetracyclin** Terramycin LA®	10–20 mg/kg, 1× tgl. s.c.	Nur bei intakter Leber- und Nierenfunktion! Gefahr von Durchfällen!

▶ **Tab. 26.1** Fortsetzung.

Präparat/Handelsname	Dosierung	Besonderheiten
9 **Sulfadoxin/Trimethoprim** Borgal® 24%, Cotrim K-ratiopharm®, Cotrim E-ratiopharm®	30–40/6–8 mg/kg, 1 × tgl. s.c. 2 × tgl. p.o.	Auf ausreichende Flüssigkeitszufuhr achten! Nicht in der Trächtigkeit! Injektionslösung verdünnen, sonst gewebereizend!
10 **Tetracyclin**	10–20 mg/kg, 2 × tgl. p.o.	Gefahr von Durchfällen, besonders bei oraler Gabe! Nur bei intakter Leber- und Nierenfunktion! Keine längere Anwendung in der Trächtigkeit.

▶ **Tab. 26.2** Antiparasitika.

Präparat/Handelsname	Dosierung	Besonderheiten
11 **Febantel + Pyrantel** Welpan® Susp.	10 mg/kg, 1 × tgl. p.o. über 3 d	Bei Nematodenbefall.
12 **Fenbendazol** Panacur®	20–50 mg/kg, 1 × tgl. p.o. über 5 d	Bei Nematodenbefall, Giardiasis. Wiederholung nach 2 Wochen. Bei Flagellatenbefall über 7–10 Tage.
13 **Fipronil** Frontline® Spray	MS ca. 3 ml/kg	Nur bei Meerschweinchen! Bei Haarlingen, Pelzmilben, Läusen, Flöhen.
14 **Imidacloprid** Advantage®	20 mg/kg, 1-malig als Spot-on	Gegen Flöhe. Wiederholung alle 4 Wochen.
15 **Imidacloprid + Moxidectin** Advocate®	10 + 1 mg/kg als Spot-on	Gegen Milben und Flöhe. Wiederholung bei Bedarf nach 4 Wochen.
16 **Ivermectin** Ivomec®	0,3–0,5(-1) mg/kg, 1 x s.c.	2–3 × im Abstand von 7–10 Tagen.
17 **Lufenuron** Program®	50 mg/kg oral, alle 3–4 Wochen	Zur Prophylaxe und zur unterstützenden Behandlung bei Flohbefall.
18 **Mebendazol** Telmin®	20–25 mg/kg, 1 × tgl. p.o. über 3–5 d	Bei Nematodenbefall. Wiederholung nach 2 Wochen.
19 **Nitenpyram** Capstar®	1 mg/kg p.o.	Bei Myiasis. Bei Bedarf nach 24 Stunden 1 x wiederholen, in Kombination mit Spot-on-Präparat anwenden.
20 **Permethrin** Defencare Ungezieferpuder®	äußerliche Anwendung 1 x wöchentlich	Gegen Haarlinge, Pelzmilben, Läuse, Flöhe (Wirkung bei Hunde- u. Katzenfloh unzureichend). Anwendung 2–3-mal.
21 **Praziquantel** Praziquasel® Inj.Lsg.	5 mg/kg, 1-malig s.c.	Gegen Bandwürmer. Evtl. nach 2 Wochen wiederholen.
22 **Propoxur** Bolfo®	äußerliche Anwendung, 1 × wöchentlich	Gegen Haarlinge, Pelzmilben, Läuse, Flöhe (Wirkung bei Hunde- u. Katzenfloh unzureichend). Anwendung 2–3-mal.

▶ Tab. 26.2 Fortsetzung.

	Präparat/Handelsname	Dosierung	Besonderheiten
23	Pyrethrum + Methopren Neudovet® Ungeziefer-FlächensprayECO	zur Umgebungsbehandlung	Bei Befall mit Flöhen, Haarlingen und Milben inkl. *Ornithonyssus bacoti*.
24	Selamectin Stronghold®	15 mg/kg, als Spot-on	2× im Abstand von 3–4 Wochen, bei Demodikose alle 14 Tage. Bei Sarcoptesräude des MS bis 30 mg/kg.
25	Toltrazuril Baycox®	10 mg/kg, 1 × tgl. p.o.	Mittel der Wahl bei Kokzidiose. 3 Tage Behandlung – 3 Tage Pause – 3 Tage Behandlung.

▶ Tab. 26.3 Antimykotika.

	Präparat/Handelsname	Dosierung	Besonderheiten
26	Clotrimazol Canesten®	äußerliche Anwendung	Nicht ablecken lassen! Fell vor Anwendung großflächig rasieren.
27	Enilkonazol Imaverol®	äußerliche Anwendung (1:50 verdünnt), 1 × tgl.	Bei Dermatomykosen. Über mehrere Wochen im Abstand von 2–4 Tagen lokal anwenden in Kombination mit der systemischen Gabe von Itrafungol®.
28	Itraconazol Itrafungol®	5–10 mg/kg p.o.	3-malige Behandlung über 7 Tage, dazwischen je 7 Tage Behandlungspause. Zusätzliche lokale Behandlung mit Imaverol® möglich.
29	Nystatin Nystatin-Albrecht®	15–20 mg/kg (60.000–90.000 IE/kg), 2 × tgl. p.o.	Bei Darmmykosen über 7–10 Tage.

▶ Tab. 26.4 Verdauungstrakt.

	Präparat/Handelsname	Dosierung	Besonderheiten
30	Aktivkohle	1 g/kg p.o.	Nur bei gesicherter Vergiftung, nicht bei Durchfällen anderer Genese!
31	Bariumsulfat Bariumsulfat WDT®	5–10 ml/kg, 1-malig p.o.	Röntgenkontrastmittel. Lange Verweildauer durch Zäkotrophie.
32	Butylscopolamin Buscopan®, Buscopan compositum®	0,5–1 mg/kg, 1–2 × tgl. s.c.	Anwendung v. a. bei Spasmen im Harnwegsbereich. Bei wiederholter Anwendung Gefahr der Darmatonie. Nicht bei Tympanien oder Obstipation! In Kombination mit Metamizol nur 0,4–0,8 mg/kg!
33	Dimeticon Dimeticon-Albrecht®	0,8–1 ml/kg, mehrmals tgl. p.o.	Bei Tympanie, v. a. feinschaumigen Gärungsprozessen.
34	Lactulose Lactulose-Albrecht®	2 ml/kg, 2–3 × tgl. p.o.	Bei Obstipationen.

▶ Tab. 26.4 Fortsetzung.

Präparat/Handelsname	Dosierung	Besonderheiten
35 Metoclopramid MCP-ratiopharm®	1–5 mg/kg, 2–3 × tgl. s.c., p.o.	Nur über 3–4 Tage, sonst Gefahr der Darmatonie nach Absetzen.
36 Paraffinum liquidum Paraffinum perliquidum®	3–5 ml/kg, 2–3 × tgl. p.o.	Bei Obstipation.
37 Präbiotikum ProPreBac®, Fibreplex®	bedarfsweise	Bei instabiler Darmflora und gestörter Darmpassage.
38 Probiotikum Bene Bac®	nach Bedarf	Zur Stabilisierung der Darmflora.

▶ Tab. 26.5 Respirationstrakt.

Präparat/Handelsname	Dosierung	Besonderheiten
39 Acetylcystein NAC-ratiopharm®	3 mg/kg, 2 × tgl. p.o., s.c. 0,1 ml Inj.-Lsg. auf 5 ml NaCl zur Inhalation	Mukolytikum. Inj.-Lsg. kann zur Inhalation verwendet werden.
40 Bromhexin Bisolvon®	0,5 mg/kg, 1–2 × tgl. p.o.	Sekretolytikum.
41 Doxapram Dopram-V®	5–10 mg/kg s.c., i.m., i.v., p.o.	Atemstimulans. In Notfällen auch intralingual!
42 Theophyllin Solosin Tropfen®, Euphylong 200 Inj.-Lsg.®	2–3 mg/kg, 2–3 × tgl. p.o., s.c.	Bronchodilatator.

▶ Tab. 26.6 Herz-Kreislauf-System.

Präparat/Handelsname	Dosierung	Besonderheiten
43 Benazepril Fortekor®	0,125–0,25 mg/kg 1 × tägl. p.o.	ACE-Hemmer.
44 Digoxin Lenoxin liquidum®	0,005–0,01 mg/kg, 1 × tgl. p.o.	Bei dilatativer Kardiomyopathie und tachykarder Arrhythmie.
45 Enalapril Enacard®	0,5–1 mg/kg, 1 × tgl. p.o.	ACE-Hemmer.
46 Etilefrin Effortil®	0,5–1 mg/kg, 3–4 × tgl. p.o.	Sympathomimetikum. Bei Bedarf alle 3–4 Stunden.
47 Furosemid Dimazon®	1–5 mg/kg, 1–2 × tgl. s.c., i.m., p.o.	Bei Ödemen, Thoraxerguss. Bei hochdosierter Daueranwendung regelmäßige Kaliumkontrollen. Bei Schädeltrauma ggf. auch i.v.

▶ Tab. 26.6 Fortsetzung.

	Präparat/Handelsname	Dosierung	Besonderheiten
48	Imidaprilhydrochlorid Prilium®	0,125–0,25 mg/kg 1 × tgl. p.o.	ACE-Hemmer.
49	Mannitol Mannitol-Lösung®	0,3 g/kg/h i.v.	Streng i.v. applizieren. Zur Senkung des IOD bei Glaukom, bei Hirnödem nach Ausschluss intrakranieller Blutungen.
50	Metildigoxin Lanitop mite®	0,005–0,01 mg/kg, 1 × tgl. p.o.	Bei dilatativer Kardiomyopathie und tachykarder Arrhythmie.
51	Pimobendan Vetmedin®	0,25 mg/kg, 2 × tgl. p.o.	Inotropikum.
52	Propentofyllin Karsivan®	10–20 mg/kg, 1–2 × tgl. p.o.	Bei Durchblutungsstörungen.
53	Propranolol Dociton®	0,02 mg/kg, 3 × tgl. i.v., p.o.	β-Blocker. Bei tachykarden Arrhythmien.
54	Ramipril Vasotop®	0,125 mg/kg, 1 × tgl. p.o.	ACE-Hemmer.

▶ Tab. 26.7 Auge.
(AT = Augentropfen, AS = Augensalbe)

	Präparat/Handelsname	Dosierung	Besonderheiten
55	Atropinsulfat Atropin-POS®	2–3 × tgl.	Mydriatikum. Bei schmerzhaften Entzündungen zur Lösung von Ziliarspasmen; zur Lösung von Synechien.
56	Chloramphenicol Posifenicol C® 1%	mehrmals tgl.	Bei bakteriellen Infektionen der vorderen Augenabschnitte.
57	Dexamethason Dexamethason-Augensalbe®, Jenapharm®, Dexagel®, Dexa EDO Augentropfen®	2–3 × tgl.	Bei nicht infektiösen Entzündungen der vorderen Augenabschnitte. Nur bei intakter Kornea!
58	Dexpanthenol Bepanthen® Augen- u. Nasensalbe, Corneregel® Fluid oder Gel	2–3 × tgl.	Bei Haut- und Schleimhautläsionen am Auge.
59	Fusidinsäure Fucithalmic-Vet®	mehrmals tgl.	Bei bakteriellen Infektionen der vorderen Augenabschnitte.
60	Gentamicin Refobacin® AT	mehrmals tgl.	Bei bakteriellen Infektionen der vorderen Augenabschnitte.
61	Hämodialysat aus Kälberblut Actihaemyl® Augengel	mehrmals tgl.	Bei Hornhautulzera und -verletzungen.
62	Norfloxacin Chibroxin®	mehrmals tgl.	Bei bakteriellen Infektionen der vorderen Augenabschnitte.
63	Ofloxacin Floxal®	mehrmals tgl.	Bei bakteriellen Infektionen der vorderen Augenabschnitte.

▶ Tab. 26.7 Fortsetzung.

	Präparat/Handelsname	Dosierung	Besonderheiten
64	**Oxytetracyclin** Oxytetracyclin-Augensalbe Jenapharm®	mehrmals tgl.	Bei bakteriellen Infektionen der vorderen Augenabschnitte.
65	**Prednisolonacetat** Ultracortenol®, Inflanefran® forte	mehrmals tgl., ggf. stündlich	Bei schweren nicht infektiösen Entzündungen des Auges. Nur bei intakter Kornea!
66	**Vitamin A** Oculotect®, Vitagel®, Vitafluid®	3 × tgl.	Bei Hornhauterosionen.
67	**Vitamin A+ Thiamin + Ca-Panthotenat** Regepithel®	3 × tgl.	Bei Hornhautdefekten und -erosionen.
68	**Kombinationspräparate: Antibiotikum + Kortikoid** z. B. Isopto-Max®, Terracortril®-AT, Dexagenta AT, Dexa-Polyspektran®	mehrmals tgl.	Bei Konjunktivitis, Dacryocystitis und Entzündungen der vorderen Augenabschnitte. Nur bei intakter Kornea! Bei Dacryocystitis AT verwenden!

▶ Tab. 26.8 Hormone, Kortikoide.

	Präparat/Handelsname	Dosierung	Besonderheiten
69	**Cabergolin** Galastop®	12,5 µg/kg, 1 × tgl. p.o.	Bei Lactatio falsa über 4–6 Tage (z. B. im Rahmen einer Gynäkomastie).
70	**Carbimazol** Carbimazol 5 mg Henning®	1–2 mg/kg, 1 × tgl. p.o.	Bei Hyperthyreose des Meerschweinchens als Dauertherapie. MS
71	**Dexamethason** Dexasel®	0,2 mg/kg, 1 × tgl. s.c., p.o.	Antiinflammatorische Wirkung. Appetitanregende und durststeigernde Wirkung. Bei höherer Dosierung Immunsuppression! Antibiotische Abschirmung sinnvoll.
72	**HCG** Ovogest® 1500	100 I.E./kg s.c.	Bei hormonell aktiven Ovarialzysten. Mind. 3 × im Abstand von 10–14 Tagen.
73	**Insulin** Caninsulin®	1–3 I.E./kg, 1–2 × tgl. s.c.	Anfangsdosis: 1 I.E./kg.
74	**L-Thyroxin** Forthyron®, Leventa®	10–20 µg/kg, 1 × tgl. p.o.	Bei Hypothyreose des Meerschweinchens. MS
75	**Oxytocin** Oxytocin®	0,5–1 I.E./kg, 1 × ig s.c., i.m.	Bei Wehenschwäche.
76	**Prednisolon** Medrate solubile®, Solu-Decortin®, Prednisolonacetat 1 %®	1–2 mg/kg, 1 × tgl. s.c., p.o., 10–20 mg/kg i.v., i.m., i.p., 1-malig bei Schock	Nicht in der Frühträchtigkeit!
77	**Thiamazol** Thiamazol 5 mg Henning®	1–2 mg/kg, 1 × tgl. p.o.	Bei Hyperthyreose des Meerschweinchens als Dauertherapeutikum. MS

▶ **Tab. 26.9** Vitamine, Mineralstoffe, Spurenelemente.

	Präparat/Handelsname	Dosierung	Besonderheiten
78	**Eisen** Eisendextran 20®	5 mg/kg, 1-malig i.m.	Wiederholung evtl. nach 10 Tagen.
79	**Kalium** Rekawan®	20 mg/kg, 1 × tgl. p.o.	Evtl. bei Dauereinsatz von Diuretika. Nur bei nachgewiesener Hypokaliämie.
80	**Kalziumglukonat** Calciumgluconat 10 % B. Braun® Inj. Lsg.	bis 50 mg/kg s.c., i.v.	i.v.-Gaben nur langsam und unter Kontrolle der Herztätigkeit!
81	**Mineralstoffgemisch & Vitamine** Korvimin ZVT®	1 Messerspitze/Tier/d	Als Zusatz zur Ersatzmilch bei Handaufzucht.
82	**Vitamin-B-Komplex** (B_1, B_2, B_3, B_5, B_6, B_{12}) Vitamin B-Komplex pro injectione®	0,5–1 ml/kg, 1 × tgl. s.c., p.o.	Substitution bei Verdauungsstörungen. Bei ZNS-Störungen.
83	**Vitamin B_{12}** Catosal®	150 µg/kg, 1 × tgl. s.c., p.o.	Substitution bei Verdauungsstörungen.
84	**Vitamin C** Ursovit C-Pulver®	50–100 mg/kg, 1 × tgl. p.o.	Bei Meerschweinchen. MS
85	**Vitamin K** Konakion®	1–5 mg/kg, 1–2 × tgl. s.c.	Bei Blutungsneigung, Gerinnungsstörungen.

▶ **Tab. 26.10** Infusionslösungen.

	Präparat/Handelsname	Dosierung	Besonderheiten
86	**Aminosäurenlösung** Amynin®	10–20 ml/kg, 1–2 × tgl. p.o., s.c., i.v.	Nicht bei Leberfunktionsstörungen, nur zu deren Prophylaxe!
87	**Glukose** Glucosel®	bis 500 mg/kg 1–2 × tgl. p.o., s.c., i.v.	Zur parenteralen Kalorienzufuhr. 10- u. 20 %ige Lsg. sind gewebereizend – nur verdünnt oder streng i.v. anwenden! 5 %ige Lsg. unverdünnt anwendbar.
88	**Isotone Kochsalzlösung** Isotone Kochsalz-Lösung 0,9 % Braun®	60–100 ml/kg/d i.v., s.c.	V.a. bei chronischer Niereninsuffizienz mit Hyponatriämie u. Hyperkaliämie.
89	**Vollelektrolyt-Lösung** Ringer-Lactat-Lösung®, Jonosteril®	60–100 ml/kg/d i.v., s.c.	Bei isotoner Dehydratation. Applikation i.p. möglich.

▶ **Tab. 26.11** Wundbehandlung.

Präparat/Handelsname	Dosierung	Besonderheiten
90 **Chlorhexidin-Gluconat** Dentisept®-Paste, Clorexyderm® Spot Gel	2–3 × tgl.	Zur lokalen Behandlung von Schleimhautläsionen in der Maulhöhle bzw. zur Wundbehandlung der Haut.
91 **Dexpanthenol** Bepanthen® Roche Wund- und Heilsalbe	mehrmals tgl. lokal auftragen	Adjuvans bei Hautläsionen.
92 **Dexpanthenol + Chlorhexidin** Bepanthen® Antiseptische Wundcreme	mehrmals tgl. lokal auftragen	Bei infizierten Hautläsionen.
93 **enzymhaltige Salbe (Trypsin, Chymotrypsin, Papain)** Nekrolyt®, PanaVeyxal®	1- bis mehrmals tgl. lokal auf Wundflächen	Zur Behandlung von nässenden und ulzerierenden Wunden sowie Abszesshöhlen.
94 **Ethacridinlactat** Rivanol®	0,01 %ig	Lokales Antiseptikum zur Wundbehandlung und Spülung von Wundhöhlen.
95 **Hexetidin** Hexoral®	1 Sprühstoß 2–3 × tgl.	Zur lokalen Behandlung von Schleimhautläsionen in der Maulhöhle.
96 **Lebertran, Zinkoxid** Desitin Salbe®	1–2 × tgl.	Salbe zur Abdeckung flächiger, entzündlicher Hautveränderungen.
97 **Octenidin-HCl** Octenivet® Wundgel oder Wundspüllösung	1 × tgl.	Zur feuchten Wundbehandlung und zum Spülen infizierter Wunden.
98 **Povidon-Iod** Vet-Sept®	mind. 1:5 verdünnt	Lokales Antiseptikum. Bevorzugt wässrige Lösungen verwenden! Wundbehandlung, Spülung von Wundhöhlen.
99 **Undecylenamidopropyl-Betain, Polyhexamid** Prontovet®	1 × tgl.	Lokales Antiseptikum zur Wundbehandlung und Spülung von Wundhöhlen.

▶ **Tab. 26.12** Analgetika.

Präparat/Handelsname	Dosierung	Besonderheiten
100 **Buprenorphin** Buprenovet®, Vetergesic®	MS 0,05–0,1 mg/kg, 2–3 × tgl. s.c., i.m., i.v.	Morphinabkömmling; fällt unter BTM-Gesetz. Bei starken postoperativen Schmerzzuständen. Nur bei intakter Leberfunktion!
101 **Carprofen** Rimadyl®	5 mg/kg, 1 × tgl. s.c.	Nur bei intakter Leberfunktion!
102 **Meloxicam** Metacam®	0,2 mg/kg 1 × tgl. s.c., p.o.	Initial 2 x tgl. Gabe/Dosierung bis 0,5 mg/kg möglich. Nur bei intakter Leber- u. Nierenfunktion! Nicht in Laktation oder Trächtigkeit!
103 **Metamizol** Novaminsulfon®, Novalgin®	20–50 mg/kg, 2–4 × tgl. s.c., p.o.	Bei Dauertherapie Blutbildschäden möglich! Bei Überdosierung Schockgefahr! Nur bei intakter Nierenfunktion!
104 **Tolfenaminsäure** Tolfedine®	4 mg/kg, 1 × tgl. s.c., p.o.	Über max. 3 d.

▶ **Tab. 26.13** Narkotika, Narkoseprämedikation, Euthanasie.

Präparat/Handelsname	Dosierung	Besonderheiten
105 **Atipamezol** Antisedan®	MS 1 mg/kg s.c. CH 0,5 mg/kg s.c.	Antagonist für Medetomidin 108. 111 und Xylazin 112.
106 **Atropinsulfat** Atropin-Braun®	0,05–0,1 mg/kg s.c., i.m.	Als Prämedikation v. a. vor Inhalationsnarkosen. Verhindert Bronchosekretion.
107 **Diazepam** Diazepam-ratiopharm®	1–5 mg/kg s.c., i.m., i.v.	Bei Anfällen und zur Sedation.
108 **Fentanyl & Midazolam & Medetomidin** Fentanyl Janssen® & Dormicum® & Domitor®	MS 0,025 mg/kg & 1 mg/kg & 0,2 mg/kg i.m. CH 0,02 mg/kg & 1 mg/kg & 0,05 mg/kg i.m.	Vollständig antagonisierbar mit Naloxon 113, Flumazenil 109 und Atipamezol 105.
109 **Flumazenil** Anexate®	MS CH 0,1 mg/kg s.c., i.m.	Antagonist für Midazolam 108 und Diazepam 107.
110 **Isofluran** Isoflo®	Einleitung: 4–5 Vol%, dann 2–3 Vol%	Inhalationsnarkose. Erforderliche Konzentration abhängig von sedativer Prämedikation. Starke Bronchosekretion! Immer Prämedikation mit Atropin!
111 **Ketamin & Medetomidin** Ketavet® & Domitor®	CH 5 mg/kg & 0,06 mg/kg i.m.	Zur Sedation ½–⅓ der Dosierung. Medetomidin antagonisierbar mit Atipamezol. 105 Cave: Ketaminüberhang! Antagonisierung erst ca. 45 min nach Ketamingabe.

▶ **Tab. 26.13** Fortsetzung.

Präparat/Handelsname	Dosierung	Besonderheiten
112 **Ketamin & Xylazin** Ketavet® & Xylazin 2 %®	MS 40–60 mg/kg s.c., i.m. & 3–4 mg/kg s.c. i.m. CH 30–40 mg/kg s.c., i.m. & 1,5–2 mg/kg s.c., i.m. D 60 mg/kg s.c., i.m. & 6 mg/kg s.c., i.m.	Zur Sedation ⅓–½ der angegebenen Dosierung.
113 **Naloxon** Naloxon-ratiopharm®	MS CH 0,03 mg/kg s.c.	Antagonist für Fentanyl [108].
114 **Pentobarbital** Narcoren®	500–800 mg/kg i.v., i.p., i.c.	**Dosierung für Euthanasie!**

▶ **Tab. 26.14** Künstliche Ernährung.

Präparat/Handelsname	Dosierung	Besonderheiten
115 **Critical Care®,** **RodiCare instant®…** kommerzielles Futter zur künstl. Ernährung von Pflanzenfressern; wird mit Wasser angerührt	je nach Verdünnungsgrad 50–80 ml/kg/d	Gesamtmenge auf 6–8 Portionen aufteilen. Bestimmte Formulierungen, z. B. Critical Care Fine Grind®, auch sondengängig.
116 **Breimischung** zermahlene Pellets, Obst-/Gemüsebrei (Alete®, HIPP®), (evtl. Traubenzucker)	ca. 80 ml/kg/d	Applikation auch über Magensonde möglich.

▶ **Tab. 26.15** Paramunitätsinducer, Präparate zur Beeinflussung des Immunsystems.

Präparat/Handelsname	Dosierung	Besonderheiten
117 **Interferon Omega** Virbagen Omega®	alle 3d 2–2,5 Mill. IE s.c., insges. 5 Inj.	Anwendung bei Leukose.
118 **Parapoxvirus ovis** Zylexis®	1 ml/Tier s.c.	Paramunitätsinducer. Bei Tieren unter 400 g auch 0,5 ml s.c. möglich. 3 × nach dem Schema: 1., 2./3. und 7/8. Behandlungstag.

▶ **Tab. 26.16** Beispiele für Homöopathika/biologische Heilmittel.
Bei den systemisch angewendeten Präparaten wird für Heimtiere in akuten Erkrankungsfällen in der Regel bei den meisten hier beispielhaft aufgeführten Präparaten für Injektionslösungen eine Dosierung von 0,5 ml/Tier/d s.c. oder p.o., für Tropfen 5/d, für Globuli 2/d und für Tabletten 1/d angegeben. Für Patienten unter 800 g kann die Dosis weiter herabgesetzt werden. Bei Dauertherapien verlängern sich meist die Dosierungsintervalle. Gibt es eine genaue Dosierungsangabe pro kg KG, so wird diese aufgeführt.

	Präparat/Handelsname	Dosierung	Besonderheiten
	Unterstützung des Verdauungstrakts		
119	ColoSan®	0,3 ml/kg, 3 × tgl. p.o.	Zusammenstellung aus Anis-, Kümmel-, Fenchel- und Zimtöl mit Schwefel. Unterstützend bei Aufgasungen oder feinschaumiger Gärung.
120	Hepar comp.®	–	Bei degenerativen und entzündlichen Erkrankungen der Leber zur Unterstützung und Regeneration der Organfunktion.
121	Mucosa comp.®	–	Zur Schleimhautregeneration, v. a. nach langwierigen oder schwerwiegenden Verdauungsstörungen (insbes. Diarrhoen).
122	Nux vomica-homaccord®, Nux vomica comp.® PLV, Nux vomica-logoplex®	–	In den Inhaltsstoffen etwas variierende Präparate zur Unterstützung bei verschiedenen Verdauungsstörungen, wie spastischen Obstipationen, Tympanien; als Unterstützung bei Lebererkrankungen.
	Unterstützung des Respirationstrakts		
123	Bronchi comp.® PLV	–	Zur Unterstützung bei Erkrankungen der unteren Atemwege.
124	Euphorbium comp.®	–	V.a. bei chronischen Erkrankungen des oberen Atmungstrakts.
125	Euphrasia logoplex®	–	Unterstützend bei Erkältungskrankheiten.
126	Larynx apis® PLV	–	Bei Laryngitis/Pharyngitis.
127	Membrana nasalium® PLV	–	Zur Mukolyse und zur Abschwellung der Schleimhaut bei Sinusitis.
128	Mucosa comp.®	–	Zur Schleimhautregeneration, v. a. bei chronischen Atemwegsinfekten.
129	Sinupret®	–	Zur Mukolyse/Sekretolyse.
	Herz-Kreislauf-System		
130	Coffea praeparata® oral	–	Zur Kreislaufunterstützung.
	Harntrakt		
131	Cantharis comp.®	–	Bei Zystitiden.
132	Mucosa comp.®	–	Z.B. zur Regeneration der Blasenschleimhaut bei langwierigen oder chronischen Zystitiden.
133	Renes viscum® PLV	–	Zur Unterstützung der Nierenfunktion und Besserung des Befindens bei akuter und chronischer Niereninsuffizienz.
134	Solidago comp.® + Ubichinon comp.® + Coenzyme comp.®	–	Zusammen angewandt zur Unterstützung der Nierenfunktion und Besserung des Befindens bei chronischer Niereninsuffizienz.

▶ **Tab. 26.16** Fortsetzung.

Präparat/Handelsname	Dosierung	Besonderheiten
Auge		
135 EuphraVet®, OculoHeel®	–	Bei gereizten Konjunktiven sowie chronischer Konjunktivitis (z. B. bei Allergien) oder chronischer Dacryocystitis.
Wundbehandlung		
136 Arnica-logoplex®	–	Zur Wundheilungsförderung.
137 PhlogAsept® PLV	–	Zur Wundreinigung und -spülung, bei Ekzemen und Abszessen. Muss vor der Anwendung je nach Indikation verdünnt werden!
Schmerzlinderung, Unterstützung bei Erkrankungen der Knochen und Gelenke		
138 Discus comp. ®	–	Zur Unterstützung bei Discopathien und Spondyloarthrosen.
139 Spascupreel®	–	Entkrampfend.
140 Traumeel®	–	Schmerzlindernd, wundheilungsfördernd.
141 Zeel®	–	Zur Schmerzlinderung und Verbesserung der Gelenkfunktion, v. a. bei chronisch-degenerativen Gelenkerkrankungen, ggf. als Dauertherapie.
Immunstimulanzien, Paramunitätsinducer		
142 Echinacea comp. ®, Echinacea-logoplex®, PetMun cuniculus® PLV	–	Immunstimulans, v. a. bei bakteriellen Infektionen oder in der Prophylaxe, Anwendung über ca. 2 Wochen.
143 Engystol®	–	Immunstimulans, v. a. bei viralen Infektionen oder in der Prophylaxe. Anwendung über ca. 2 Wochen oder nach dem Schema: 1., 2., 8. und 15. Tag.

27 Abbildungsnachweis

Dr. Barbara Glöckner/Thorsten Schäfer, Tierarztpraxis Dr. H. Brieger, Anhaltinerstr. 2a, 14163 Berlin:
▶ Abb. 2.1, ▶ Abb. 3.4, ▶ Abb. 4.12, ▶ Abb. 6.13, ▶ Abb. 7.3, ▶ Abb. 7.6, ▶ Abb. 8.1, ▶ Abb. 8.5, ▶ Abb. 8.7, ▶ Abb. 8.15, ▶ Abb. 8.16, ▶ Abb. 8.19, ▶ Abb. 10.5, ▶ Abb. 11.8, ▶ Abb. 11.11, ▶ Abb. 11.16 b, ▶ Abb. 11.19 a+b, ▶ Abb. 12.4, ▶ Abb. 14.12, ▶ Abb. 14.14, ▶ Abb. 15.5, ▶ Abb. 15.22, ▶ Abb. 15.31, ▶ Abb. 16.8, ▶ Abb. 16.10, ▶ Abb. 16.14, ▶ Abb. 16.19, ▶ Abb. 19.1 a, ▶ Abb. 20.1, ▶ Abb. 22.1 a+b, ▶ Abb. 22.2 a+b

Institut für Parasitologie, FU Berlin, Königsweg 65, 14163 Berlin:
▶ Abb. 4.7, ▶ Abb. 4.8, ▶ Abb. 4.9, ▶ Abb. 4.10 a+b, ▶ Abb. 4.11, ▶ Abb. 15.12, ▶ Abb. 15.15, ▶ Abb. 15.19, ▶ Abb. 15.20

Hans-Joachim Rachow, Königsallee 16, 14193 Berlin:
▶ Abb. 14.9

Dr. Friedrich Roes, Tierarztpraxis Dr. B. Sörensen, Königsbergerstr. 36, 12207 Berlin:
▶ Abb. 8.17

Dr. Anja Ewringmann, Praxis für kleine Heimtiere, Potsdamer Str. 1, 12205 Berlin:
alle übrigen Abbildungen

28 Sachverzeichnis

A

Abdomen, Untersuchung 14
Abmagerung 273 ff
– diagnostischer Leitfaden 276
Abszess
– Gesäuge 97
– intraabdominaler 131
– Kiefer 83, 84, 285
– Lymphknoten 86
– nach Kastration 145
– retrobulbärer 70
– Speicheldrüse 92
– Weichteil 86
Acetylcystein 352
Adenoviruspneumonie 25, 306
Aktivkohle 351
Alanin-Aminotransferase 320 ff
Albumin 321, 323
Alkalische Phosphatase 320 ff
Allergie
– Atmungsapparat 28, 29
– Haut 91
Allgemeinbefinden, Beurteilung 10
Allgemeinuntersuchung 1 ff
ALT 320
Alterskachexie 281
Aminosäurelösung 355
Amöbiasis 50
Amputation 231
Analgetikum 357
Anamnese 2, 4, 7
Antibiotikaintoxikation 55
Antibiotikum 349
Antimykotikum 351
Antiparasitikum 350
AP siehe Alkalische Phosphatase
Arenavirus 25, 64
Arthritis 236
Arthrose 236, 237
Aspartat-Amino-Transferase 320 ff
AST siehe Aspartat-Amino-Transferase
Atemfrequenz 15
Atemwegsinfektion
– bakterielle 26
– virale 25
Atherom 87, 88
Atipamezol 357
Atmungstrakt
– Medikament 352
– Untersuchung 11, 14
Atrophie
– Kaumuskulatur 285, 287
– Zunge 285, 287

Atropinsulfat 353, 357
Aufzucht, mutterlose 96
Auge
– Anatomie 58
– Medikament 353
– Untersuchung 12
Auskultation 14
Augenveränderung 58 ff
– diagnostischer Leitfaden 62
Ausfallerscheinung, neurologische 197 ff
– diagnostischer Leitfaden 202

B

Bacillus piliformis 54 f, 110, 216
Badesand 272
Bariumsulfat 351
Basophiler Granulozyt 318 f
Benazepril 352
Bewegungsapparat
– Anatomie 222
– Lahmheit 222 ff
– Untersuchung 11
Bilirubin 321 ff
Bissverletzung
– Haut 250 f
– Penis 138
Blasenentleerung, manuelle 325
Blasengrieß 175 f
Blasenstein 124, 175 f
Blasentumor 180, 182
Blutchemie 320 ff
Blutentnahme 316 f
Blutuntersuchung 316
Bordetella bronchiseptica 26, 206
Bordetella sp. 64
Bromhexin 352
Bronchitis 26 f
Brückenbildung 13, 194
Brunstzyklus 150
Buprenorphin 357
Butylscopolamin 351

C

Cabergolin 354
Candida sp. 53 f, 286, 289
Carbimazol 354
Carprofen 357
Cerclage 231
Cheyletiella parasitovorax 259, 260
Cheyletiellose 259
Cheylitis 266
Chinchillasand 272

Chirodiscoides caviae 257, 258
Chlamydien 26, 64
Chloramphenicol 349, 353
Chlorhexidin-Gluconat 356
Cholesterin 321 ff
Ciprofloxacin 349
CK (Kreatinkinase) 320 ff
Clostridium piliforme 110, 216 ff
Clotrimazol 351
Ctenocephalides canis 263
Ctenocephalides felis 263
Cyniclomyces guttulatus 289, 304

D

Dacryocystitis 71, 72
Darmkokzidiose 48, 289
Darmmykose 53
Darmtumor 130
Darmtympanie 106, 112, 118
Demodex caviae 259
Demodex sp 259
Demodikose 259
Dermatitis
– bakterielle 265
– parasitäre 255, 257, 259 ff
Dermatomykose 263, 264
Dermatophytose 264
Dexamethason 353 f
Dexpanthenol 353, 356
Diabetes mellitus 190, 293
Diagnostik
– dermatologische 345, 346
– endokrinologische 346
Diazepam 357
Digoxin 352
Dimeticon 351
Doxapram 352
Doxycyclin 349
Durchfall 38 ff
– diagnostischer Leitfaden 44
Dyspnoe 18 ff
– diagnostischer Leitfaden 22

E

Echokardiografie 343
Eimeria caviae 48
Eimeria chinchillae 48
Eisen 355
EKG 344
Elektrokardiografie 344
Elektrolyte 320
Enalapril 352
Encephalitozoon cuniculi 218 f, 324

Endometriale Hyperplasie 127, 159, 160, *182*
Endometritis 127, 164, 306
Enilkonazol 351
Enrofloxacin 349
Entamoeba caviae 50
Entamoeba sp. 50
Enteritis 141
- bakterielle 54
- chronische 289
- durch Inappetenz 48
- fütterungsbedingte 47
- parasitäre 4ff
Enterotoxämie 306
Entzündung
- Darm 47ff, 54, 141, 289
- Gebärmutter 127, 164
- Gesäuge 95
- Harnblase 123, 141, 173
- Hoden 144
- Kaudalorgan 267
- Knochen 234
- Lippe 266
- Niere 123
- Ohr 206
- Rachen 286, 306
- Tränennasenkanal 71
Enzephalitozoonose 218
Enzym 320
Eosinophiler Granulozyt 317ff
Epistaxis 31
Ernährung 4ff
Ernährungszustand, Beurteilung 10, 273
Ersatzmilch 96, 97
Erythrozyt 317ff
Escherichia coli 54
Ethacridinlactat 356
Etilefrin 352
Euthanasie 30, 357
Exophthalmus 69, *70*

F

Febantel 350
Fellbeißen 270, *271*
Fellbruch 270
Fellveränderungen 240
- diagnostischer Leitfaden 246
Fenbendazol 350
Fentanyl 357
Fettauge 58, *59*
Fettleber *108*, 216
Fibrosarkom *89*
Fipronil 350

Fistel, oronasale 32
Fixateur externe 231, *232*
Fixierung, zur Untersuchung 9, *10*
Fliegenmadenbefall 147
Flohbefall 263
Flumazenil 357
Fortpflanzung, Physiologie 150
Fraktur
- Gliedmaße 228
- pathologische 232
- Schädel 207
- traumatische 228
- Wirbelsäule *210*
Francisella tularensis 216, 302
Fruktosamin 321
fT4 321
Furosemid 352
Fusidinsäure 353
Fütterung 4f
- bei Diabetes mellitus 191
- bei Durchfall 41
- bei Urolithiasis 179
- Chinchilla 7
- Degu 7
- Meerschweinchen 6
- während der Trächtigkeit 215
Fütterungsfehler 47

G

Gallensäure 321, 323
Gamma-Glutamyl-Transferase 320ff
Geburtsstörung 157
Gentamicin 349, 353
Gesamteiweiß 321, 323
Gesäugeabszess 97
Gesäugehyperplasie *99*
Gesäuge, Physiologie 74
Geschlechtsbestimmung 2
Geschlechtsorgan, Anatomie
- männlich *132*, *133*
- weiblich 132, 149, *151*
Geschlechtsreife 15, 150
Gewichtsverlust
- altersbedingt 281
- fütterungsbedingter 302
- stressbedingter 292
GGT 320ff
Giardia duodenalis 51
Giardiasis *51*
Glaukom 68
GLDH 320ff
Gliricola porcelli 261
Glukokortikoid 195, 354

Glukose 321f, 355
- Serum 323
Glutamatdehydrogenase 320ff
Granolozyt, basophiler 318f
Gynäkomastie 95
Gyropus ovalis 261

H

Haarlingsbefall 261
Haarwechsel 240, 242
Haemodipsus ventricosus 262
Halskragen *242*
Halskragen, Herstellung 242
Hämatokrit 317ff
Hämatologie 317
Hämodialysat 353
Hämoglobin 317ff
Hämometra *128*, 159, *160*, 182, 306
Handaufzucht 96
Harn
- physiologischer *167*, **327**
- Probenentnahme 325
- Untersuchung 325ff
Harnröhrenstein 124, *142*, 175f
Harnstoff 321ff
Haut
- Anatomie 74
- Untersuchung 11
Hautnekrose 253
Hauttumor 89
Hautturgor 14
HCG 354
Hefedurchfall 53
Hepatitis 111
- infektiöse 110, 216
- traumatische 110
Hepatopathie 110, 216, 306
Hernie 94, *95*
Herz
- Frequenz 14f
- Medikament 352
- Untersuchung 14
Herzerkrankung 33, 218, 289, 306
Hexetidin 356
Hitzschlag 36, 212, 306
Hodenfettkörper *133*
Hodentumor 144
Homöopathikum 359
Hormon, Medikament 354
Hydrometra 183
Hyperplasie
- Endometrium 127
- Endometrium 159, *160*, *182*

- Gesäuge 99
- Schilddrüse 93, 270, 294

Hyperthyreose 57, 93, 192, 270, 294, 306, 346
Hypokalzämie 220
Hypothyreose 9f, 270, 295, 306
Hypotrophie
- Kaumuskulatur 305
- Zungenmuskulatur 305

I

Imidacloprid 350
Imidaprilhydrochlorid 353
Infusionslösung 355
Infusionstherapie 312
Insulin 354
Insulinom 217
Interferon Omega 358
Intoxikation
- Antibiotikum 55
- Giftpflanze 56
- Oleander 213

Intubation 19
Isofluran 357
Itraconazol 351
Ivermectin 350

K

Kachexie
- altersbedingte 281
- fütterungsbedingte 302
- stressbedingte 292

Kalium 355
- Serum 320f, 323

Kalziumglukonat 355
Kalziummangel 220
Kalzium, Serum 320f, 323
Kalziumstoffwechsel 167, 174
Kardiomyopathie 289, 291
Kastration
- männlich 145, 146
- weiblich 149

Kastrationsabszess 145
Katarakt 72, 73, 185, 190
Katheterharn 325f
Kaudalorgan 74, 240
- Entzündung 267
- Tumor 267

Keratitis 65
Ketamin 357
Kieferabszess 83f, 285
Kiefererkrankung 46, 194, 254, 282
Klebsiella pneumoniae 26
Klossiella cobayae 123
Knochentumor 87

- Gliedmaße 235
- Schädel 287, 288

Kochsalzlösung isotone 355
Kokzidiose
- Darm 48, 289
- Niere 123

Konjunktivitis 64, 65
Konkrement
- akzessorische Geschlechtsdrüse 125, 179, 180, 181, 306
- Harnröhre 142
- Harnweg 124, 174ff, 178

Kornealäsion 65, 66
Körpertemperatur 15
Kortikoid 354
Kotuntersuchung 329
Kreatinin 321ff
Kreatinkinase 320ff

L

Lactulose 351
Lahmheit 222ff
- diagnostischer Leitfaden 226

Laktatdehydrogenase 320ff
Läusebefall 262
LCM 25
LDH 320ff
Leberstauung 109
Lebertran 356
Lebertumor 130
Leberverfettung 108, 216
Leukose 90, 111, 300f
Leukozyt 317ff
Linsentrübung 72f
Lipom 88
Liposarkom 89
Lippengrind 266
L-Thyroxin 354
Lufenuron 350
Lungenblutung 31
Lungenödem 33
Lungentumor 29, 30
Lymphadenitis 90
Lymphozyt 319
Lymphozytäre Choriomeningitis 25

M

Magen-Darm-Trakt
- Untersuchung 15

Magensonde 107
Magentympanie 35, 100, 105, 106
Mammatumor 98
Mannitol 353
Marbofloxacin 349
Marknagelung 230, 231

Mastitis 95, 96
Maulhöhle, Untersuchung 12
Mebendazol 350
Medetomidin 357
Meerschweinchenlähme 212
Melanom, malignes 89
Meloxicam 357
Metamizol 357
Methopren 351
Metildigoxin 353
Metoclopramid 352
Metronidazol 349
Microsporum canis 265
Midazolam 357
Milztumor 129, 130
Mineralstoff 355
Monozyt 319
Moxidectin 350
Mukometra 183
Mutterlose Aufzucht 96
Myiasis 147
Mykoplasmen 64
Mykose
- Darm 53
- Haut 263

Myxödem 295f

N

Naloxon 358
Narkoseprämedikation 357
Narkotikum 357
Nase, Untersuchung 12
Natrium 320f
Nekrose, Haut 253
Nekrotisierende Stomatitis 285
Nematodenbefall 52
Neoplasien siehe Tumor
Nephritis 123
Nephrolithiasis 124, 174, 177, 306
Nephropathie 217
Neutrophiler Granulozyt 317, 318, 319
Niereninsuffizienz
- akute 217
- chronische 217, 292

Nierenkokzidiose 123
Nierentumor 130
Nitenpyram 350
Norfloxacin 353
Nystatin 351

O

Obstipation 106, 121f, 306
Octenidin-HCl 356
Ofloxacin 353

Ohr, Untersuchung 12
Oleandervergiftung 213
Oncornavirus 90, 111, 300
Orchitis 144
Ornithonyssus bacoti 260
Ornithonyssus bacoti 260
Osseäre Choristie 68, 69
Osteodystrophie *233*, 296, *297*, 306
– sekundäre 179
Osteomyelitis 234
Osteosarkom
– Gliedmaße *235*
– Schädel 287, *288*
Osteosynthese 230
Otitis 206, *207*
Ovarialtumor 127, *128*
Ovarialzyste 125 f, *164*, 268, *298*, *299*
Ovariektomie *149*
Oxytetracyclin 349, 354
Oxytocin 354
Oxyure 52

P

Paraffin 352
Paramunitätsinducer 358
Parapoxvirus ovis 358
Paraspidodera uncinata 52, 289
Pasteurella sp. 165
Pasteurella multocida 26, 206
Paukenhöhle *197*
Pelzmilbenbefall 257, *258*
Penisprolaps *138*
Pentobarbital 358
Perikarderguss 30, 33 f
Perinealdrüse 132, 240
Perinealtasche, Anschoppung *143*
Permethrin 350
Pflegezustand, Beurteilung 11
Pharyngitis 286, *287*, 306
Phosphat, anorganisches 320, 323
Phosphatase, alkalische 320 ff
Physiologische Daten 15
Pimobendan 353
Plattenosteosynthese 230
Pneumonie 26, 27
Pododermatitis 237, *238*
Poliovirus 212
Polydipsie 185 ff
– diagnostischer Leitfaden 188
– fütterungsbedingte 193
– haltungsbedingte 193
– kortisoninduzierte 195
Polyhexamid 356

Polyplax sp. 262
Polyplax serrata 262
Polyplax spinulosa 262
Povidon-Iod 356
Präbiotikum 352
Präputialödem *138*
Praziquantel 350
Prednisolon 354
Prednisolonacetat 354
Probiotikum 352
Prolaps
– Penis *138*
– Rektum 139, *140*
– Uterus 140, *141*
Propentofyllin 353
Propoxur 350
Propranolol 353
Pseudomonas sp. 64, 165
Pseudotuberkulose 301
Pyometra *164*, *165*, 306
Pyrantel 350
Pyrethrum 351

R

Ramipril 353
Rationsgestaltung 6, 7
Räude 220, 255, *256*
Rektumprolaps 139, *140*
Rhinitis 27
Rodentiose 301
Rohfasermangel 254, *255*
Röntgendiagnostik 330
– Anlage 330
– Beurteilung 331, 334, 338
– Folie 330
– Kontrastmittel 341
– Lagerung *330 f*
Rückenmarkläsion 210

S

Saccharomyces guttulatus 53 f
Salmonella enteritidis 54
Salmonella typhimurium 54
Salmonellose 54 f
Samenblasendrüse *179*
Sandbad 272
Sarcoptesräude 220, 255, *256*
Säugezeit 150
Schädelfraktur 207
Schädeltrauma 207, *208*
Scheidentumor 165, 184
Schilddrüse
– Hyperplasie 93, 270, 294
– Tumor *93*, *94*
Schleimhaut, Untersuchung 11

Schockbehandlung 311
Schwanzhaut, Abriss 268
Selamectin 351
Septikämie 36, *215*, 306
Serologie 324
Signalement 2
Sohlengeschwür 237
Sonografie 342
Speicheldrüsenabszess 92
Speicheldrüsenzyste 92
Spondylarthrose 209
Spontanfraktur 232
Spontanharn 325
Spritzennekrose *253*
Spurenelement 355
Staphylococcus sp. 26, 54, 86, 110, 165, 173, 206, 216, 237, 265, 266
Stauungsleber 109
Stomatitis 286
Streptococcus sp. 26, 54, 86, 92, 110, 165, 173, 206, 216, 237
Streptococcus pneumoniae 64
Streptococcus zooepidemicus 90
Sulfadoxin 350

T

T4 siehe Thyroxin
Talgdrüsenadenom 87, *88*, 267
Tetracyclin 350
Theophyllin 352
Thiamazol 354
Thoraxerguss 30, 33, *34*
Thrombozyt 317 ff
Thyroxin 321
– freies 321
Tolfenaminsäure 357
Toltrazuril 351
Torsio uteri 157 ff
Totalprotein 321, 323
Toxoplasma gondii 219
Toxoplasmose 219
Trächtigkeitsdauer 150
Trächtigkeitsstörung 157
Trächtigkeitstoxikose 214, 306
Tränennasenkanal, Entzündung 71
Trauma
– Rückenmark 210
– Schädel 207
– Weichteil 235
– Wirbelsäule 210
Trichomonas sp. *50*
– *caviae* 49
– *flagellipora* 49
Trichomoniasis 49

Trichophytie 264
Trichophyton mentagrophytes 263
Triglycerid 321, 323
Trimenopon hispidum 261
Trimethoprim 350
Trixacarus caviae 220, 255, 257
Tularämie 302
Tumor
- Bauchspeicheldrüse 217
- Darm *121*, 130
- Fettgewebe 88
- Gesäuge 98
- Gliedmaße *235*
- Harnblase 180, *182*
- Haut 89
- Hoden 144
- Kaudalorgan 267
- Knochen 87, 235, 287
- Leber 130
- Lunge 29, *30*
- Lymphknoten 130, *131*, 299
- Milz 299
- Niere 130
- Ovar 127, *128*, 299
- Schädel 287, 288
- Scheide 165, 184
- Schilddrüse *93*, 94
- Uterus 127, *129*, 162, *163*, 164, *183*, 299
- Wirbelsäule 210, *211*
Tympanie
- Darm *106*, 118, *119*, *120*
- Magen 105, *106*, *119*, *120*
Tyzzer's Disease 54, 55, 110, 216

U

Ultraschalldiagnostik 342, 343
Umfangsvermehrung
- Anogenitalbereich 132 ff
  - diagnostischer Leitfaden 136
- äußerliche 74 ff
  - diagnostischer Leitfaden 78
- kaudales Abdomen 112 ff
  - diagnostischer Leitfaden 116
- kraniales Abdomen 100
  - diagnostischer Leitfaden 102 ff
Undecylenamidopropyl-Betain 356
Urin *167*, 325 ff
- Veränderung 168 ff
  - diagnostischer Leitfaden 170
Urolithiasis 124, 174, 306
Uterusprolaps 140, *141*
Uterustumor 127, *129*, 162, *163*, *164*, *182*, *183*, 299, 306
Uveitis 66, 67

V

Vaginalausfluss 149 ff
- diagnostischer Leitfaden 154
Verband 222, 223
Verdauungstrakt
- Anatomie 100
- Medikament 351
- Phsiologie 38
Vergesellschaftung 251 ff
Vergiftung
- Antibiotika 55
- Giftpflanze 56
- Oleander 213
Vitamin 355
Vollelektrolyt-Lösung 355

W

Weichteilabszess 86
Weichteiltrauma 235
Wirbelsäulenerkrankung, degenerative 209
Wirbelsäulentrauma 210
Wundbehandlung 356
Wurfgröße 150

X

Xylazin 358

Y

Yersinia enterocolitica 54
Yersinia pseudotuberculosis 216, 301

Z

Zahn
- -erkrankung 46, 194, 254, 282, 306
- Extraktion 85
- -formel 15
- -fehlstellung *194*, 195
- Korrektur 284 f
- Untersuchung 12, 15
Zäkotrophie 39
Zinkoxid 356
Zuchtreife 150
Zugschraube 231
Zwangsernährung 41, *304*, 305
Zwerchfellruptur 35
Zyklus 15, 150
Zystitis 123, 141, 173
Zystotomie *178*
Zystozentese 326
Zytomegalievirus 64

Problemorientiert und praxisnah.

A. Wehrend
Leitsymptome Gynäkologie und Geburtshilfe beim Hund
Diagnostischer Leitfaden und Therapie
2010, 195 S., 176 Abb., 13 Tab., kt.
ISBN 978-3-8304-1076-8
64,95 € [D]

Dieses Buch leitet Sie sicher von der Anamnese über die gynäkologische und geburtshilfliche Untersuchung bis hin zum Kaiserschnitt. Was tun, wenn die Zuchthündin einfach nicht trächtig wird? Das Gesäuge angeschwollen ist? Oder sich abends noch ein geburtshilflicher Notfall in der Praxis ankündigt? Profitieren Sie besonders von der problemorientierten Herangehensweise:

> Fließdiagramme als Entscheidungshilfe – zielsicher vom Leitsymptom zur Diagnose.

> Anschauliche Darstellung von Deckzeitpunktbestimmung und Trächtigkeitsuntersuchung.

> Schritt-für-Schritt-Anleitungen zu allen gynäkologischen und geburtshilflichen Operationen.

> Ausführliches Medikamentenverzeichnis.

Tel. (0711) 8931-900   kundenservice@thieme.de
Fax (0711) 8931-901   www.enke.de
MVS Medizinverlage Stuttgart GmbH & Co. KG
Oswald-Hesse-Straße 50, 70469 Stuttgart

Schildkröten in der Praxis
– kein Grund sich zurückzuziehen.

Bringen Schildkrötenpatienten Sie in Verlegenheit? Das können Sie ändern!
Ob Land- oder Wasserschildkröten
– dieses Buch vermittelt Ihnen:

> Wissenswertes zu Arten, Haltung, Fütterung, Zucht und Überwinterung für eine kompetente Beratung

> das diagnostische Methodenspektrum von der Blutentnahme bis hin zu MRT und CT

> die wichtigen Leitsymptome und Krankheiten mit detaillierten Beschreibungen

> die gezielte Therapie, unterstützt durch spezifische Medikamentenlisten und ausführliche OP-Anleitungen

P. Kölle (Hrsg.)
Die Schildkröte
Heimtier und Patient
2009, 280 S., 173 Abb., 44 Tab., kt.
ISBN 978-3-8304-1066-9
59,95 € [D]

Preisänderungen und Irrtum vorbehalten (Stand: 8/11). €-Preise gültig in Deutschland.

Tel. (0711) 8931-900   kundenservice@thieme.de
Fax (0711) 8931-901   www.enke.de
MVS Medizinverlage Stuttgart GmbH & Co. KG
Oswald-Hesse-Straße 50, 70469 Stuttgart